Wilfried Weber

Die Entwicklung der nördlichen Weinbaugrenze in Europa

Eine historisch-geographische Untersuchung

FORSCHUNGEN ZUR DEUTSCHEN LANDESKUNDE

Herausgegeben vom Zentralausschuß für deutsche Landeskunde:

Ch. Borcherdt, M. Born †, K. Fehn, G. Heinritz, H. Jäger, H. J. Klink,
A. Leidlmair, E. Meynen, E. Plewe, K. Ruppert, G. Sandner, P. Schöller,
H. Schroeder-Lanz, W. Sperling, E. Wirth

in Verbindung mit E. Otremba und C. Schott

durch **Gerold Richter**

Gedruckt mit Unterstützung des Stabilisierungsfonds für Wein, Mainz
und des Ministeriums für Landwirtschaft, Weinbau und Forsten
des Landes Rheinland-Pfalz

FORSCHUNGEN ZUR DEUTSCHEN LANDESKUNDE

Band 216

Wilfried Weber

Die Entwicklung der nördlichen Weinbaugrenze in Europa

Eine historisch-geographische Untersuchung

1980

Zentralausschuß für deutsche Landeskunde, Selbstverlag, 5500 Trier

Zuschriften, die die Forschungen zur deutschen Landeskunde betreffen, sind zu richten an:

Prof. Dr. G. Richter, Zentralausschuß für deutsche Landeskunde, Universität Trier, Postfach 3825, D-5500 Trier

Schriftleitung: Manfred J. Müller

ISBN 3-88143-009-1

Alle Rechte vorbehalten

Composersatz: Matthias Kapp, Trier, Telefon 3 66 05
Reproduktion und Druck: Anton Hain KG, Meisenheim/Glan
Schutzumschlag und Titel: Matthias Kapp, Trier, Telefon 3 66 05

VORWORT

Die vorliegende Untersuchung entstand in den Jahren 1975–1978 auf Anregung von Prof. Dr. Fritz Fezer, dem ich für die Förderung meiner Arbeit sehr zu Dank verpflichtet bin. Als Prof. Fezer das Klima des Rhein-Neckar-Raumes untersuchte, wurde er mehrfach nach der „Rebwürdigkeit" bestimmter Lagen gefragt (FEZER u. SEITZ, 1978). Er schlug mir deshalb vor, die nördliche Weinbaugrenze durch ganz Europa zu verfolgen. Schon Ende der 20er Jahre unseres Jahrhunderts war Daniel HÄBERLE ebenfalls am Heidelberger Geographischen Institut ähnlichen Fragen nachgegangen.

Das Thema der Arbeit berührt eine Vielzahl wissenschaftlicher Disziplinen, deren Ergebnisse nach Raum und Zeit betrachtet und verarbeitet wurden. Neben der Komplexität bereiteten vor allem die Literaturbeschaffung und die Literaturauswahl viel Mühe, bedingt durch die zeitliche und räumliche Weite des Untersuchungsgegenstandes bzw. -raumes. Die zusammengestellte umfangreiche Bibliographie ist deshalb als eine wesentliche Frucht dieser Arbeit zu betrachten, die die weitere Beschäftigung mit dem nördlichen europäischen Weinbau erleichtern soll. Die Titel waren in nahezu allen europäischen Sprachen geschrieben und machten umfangreiche Übersetzungen notwendig. Deshalb geht mein besonderer Dank an Frau P. Schindler und Frau E. Fuchs, die mir einen Großteil der Übersetzungen besorgten. Zu Dank verpflichtet bin ich auch dem Leiter der Dokumentation der Weinbauforschung an der Bundesforschungsanstalt für Rebenzüchtung Geilweilerhof, Herrn Dr. Berndt, der mir durch die Benutzung der Kartei und Bibliothek viele Titel zugänglich machte. Vor allem aber danke ich meiner Frau, die viele Stunden ihrer Freizeit für den Fortgang dieser Arbeit opferte.

Dem Herausgeber der Forschungen zur deutschen Landeskunde gilt mein besonderer Dank für die Aufnahme der Arbeit in diese Reihe.

Wilfried Weber

INHALTSVERZEICHNIS

	Vorwort	5
1.	Problemstellung, Übersicht, Gliederung	11
1.1	Lage und Abgrenzung des Untersuchungsgebietes	12
2.	Die Bedingungen des Weinbaus	15
2.1	Die physischen Faktoren	15
2.1.1	Klima	15
2.1.1.1	Großklima	15
2.1.1.2	Topoklima	24
2.1.1.3	Bestandsklima	29
2.1.2	Boden	30
2.2	Die anthropogenen Faktoren	32
2.2.1	Weinbautechnik	33
2.2.2	Rentabilität	39
2.2.3	Weinbaupolitik	42
2.2.4	Wertschätzung der Rebe und des Weines	45
3.	Die historisch-geographische Entwicklung der Rebkultur in Europa	48
3.1	Die Ausbreitung der Rebe bis zum frühen Mittelalter (800)	50
3.2	Die Ausdehnung des Weinbaus bis 1600	55
3.3	Die Entwicklung des Weinbaus bis zum 2. Weltkrieg	63
3.4	Beschreibung der aktuellen nördlichen Weinbaugrenzen	74
3.5	Zusammenfassung	81
4.	Die Ursachen der Verschiebungen der Weinbaugrenze	85
4.1	Klima	88
4.1.1	Großklima	90
4.1.2	Topoklima	104
4.1.3	Bestandsklima	111
4.2	Boden	112
4.3	Weinbautechnik	114
4.3.1	Anbautechnik	115
4.3.2	Weinbergsarbeiten	119
4.3.3	Rebsorten	125
4.3.4	Weinbereitung	129
4.3.5	Fortschritt und Tradition	133
4.4	Rentabilität	134
4.4.1	Aufwand und Ertrag	137
4.4.2	Betriebsverhältnisse	140
4.4.3	Arbeitskräfte und Löhne	148

4.4.4	Krisen und Blütezeiten	153
4.4.4.1	Absatzkrisen	155
4.4.4.2	Anbaukrisen	157
4.4.4.2.1	Schädlinge und Krankheiten	157
4.4.4.2.2	Bodeneinflüsse	166
4.4.5	Weinpreise	167
4.5	Weinbaupolitik	170
4.5.1	Träger der Weinbaupolitik	170
4.5.1.1	Kirche und Klöster	170
4.5.1.2	Adel	175
4.5.1.3	Städte	178
4.5.1.4	Staat	182
4.5.1.5	Vereine und Genossenschaften	184
4.5.2	Mittel der Weinbaupolitik	186
4.5.2.1	Gesetze und Verordnungen	186
4.5.2.2	Abgaben und Zölle	191
4.6	Wertschätzung der Rebe und des Weines	195
4.6.1	Stellung des Weines	195
4.6.1.1	Weinkonsum	198
4.6.1.2	Bevorzugung bestimmter Weine	201
4.6.1.3	Verdrängung durch andere Getränke	208
4.6.2	Stellung des Weinbaus	214
4.6.2.1	Übergang zu anderen Kulturen	215
4.6.2.2	Nachfolgekulturen	219
4.7	Weinhandel	224
4.7.1	Entwicklung des Weinhandels	225
4.7.2	Umfang und Verbreitung des Weinhandels	230
4.7.3	Weintransport	236
4.7.3.1	Landtransporte	237
4.7.3.2	Flußtransporte	239
4.7.3.3	Seetransporte	242
4.7.4	Bedingungen des Weinhandels	243
4.8	Kriege	246
4.8.1	Zerstörungen	246
4.8.2	Folgen	248
4.8.3	Der Dreißigjährige Krieg	249
4.9	Hobbyweinbau	252
5.	Gesamtbetrachtung	257
	Summary	264
	Anmerkungen	267
	1. Problemstellung, Übersicht, Gliederung	267
	2. Die Bedingungen des Weinbaus	267
	3. Die historisch-geographische Entwicklung der Rebkultur in Europa	272
	4. Die Ursachen der Verschiebungen der Weinbaugrenze	276

Literaturverzeichnis.. 289

Verzeichnis der Atlanten und Karten 310

VERZEICHNIS DER FIGUREN

1	Weinbau und Wärmesummen in England	21
2	Junitemperaturen und Regenmengen in Geisenheim im Vergleich mit den Weinerträgen von Johannisberg.......................	23
3	Verbreiteter Hangweinbau bei Eger (Erlau)................	26
4	Thermische Oasen an Elbe, Saale und Unstrut.............	28
5	Ertragsrebflächen und Weinmosternten in Baden-Württemberg 1952–1976...	45
6	Flurname „Weinberg" nordöstlich Görlitz	51
7	Flurname „Vinna Hora" südlich Hultschin................	52
8	Ehemalige Weinberge in der Uckermark..................	58
9	Weinbau in Niedersachsen vom 10. bis 16. Jahrhundert.....	59
10	Zeugen einstigen Weinbaus bei Prerau in Mähren..........	61
11	Weinbauorte in Rußland im 17. Jahrhundert...............	65
12	Laon heute ohne Weinbau..............................	69
13	Starke Selektion der Exposition und Höhenlagen im Tal der Aisne östlich Soissons....................................	76
14	Verbreiteter Hangweinbau südöstlich Reims...............	76
15	Flächenweinbau in der Ebene südlich Perpignan	77
16	Flächenweinbau in Südungarn bei Kunbaja................	78
17	Weinbaubetriebe und Rebflächen in den nordfranzösischen Departements 1975.................................	80
18	Sommertemperaturen und Weinqualitäten vom 17. bis 20. Jahrhundert.......................................	103
19	Entwicklung der Rebflächen in Böhmen, Mähren, Württemberg und im Departement Eure vom 17. bis 20. Jahrhundert	103
20	Lage der ehemaligen Weinberge südwestlich Berlin.........	105
21	Selektion der Standorte im Melniker Weinbau.............	107
22	Das Weinbaugebiet von Saale und Unstrut	108
23	Kloster in Medingen und benachbarten Flurname „Weinberg"	170
24	Ehemaliges Schloß und benachbarte Flurnamen „Vattevigne" und „les Bouliévins" nordöstlich Amiens.................	176
25	Die Verbreitung des Obstweins in Westeuropa.............	213
26	Weinfernhandel vom Neusiedlerseegebiet in der Mitte des 17. Jahrhunderts...................................	232
27	Die Verbreitung des Elsässer- und des Rheinweins im Mittelalter.....	235

VERZEICHNIS DER TABELLEN

1	Klimadaten deutscher Weinbauorte	19
2	Temperatursummen und mittlere Julitemperaturen in Polen	20
3	Durchschnittliche Mostgewichte und Säuregehalt in der DDR und Polen	38
4	Erziehungsarten in Böhmen	118
5	Umfang der Reblausverseuchung und der Bekämpfungsverfahren in Frankreich zwischen 1879 und 1902	159
6	Entwicklung der Pfropfrebenanlagen in Frankreich 1883–1904	163
7	Rückgang des Weinbaus in den nordfranzösischen Departements Aisne, Ardennes, Eure und Oise von 1840–1903	166
8	Durchschnittliche Schätzwerte der Brünner Weinberge 1365–1509	179
9	Baumbestand im Meißener Ratsweinberg 1716–1834	217

VERZEICHNIS DER BILDER

1	Anhäufeln der Rebstöcke bei Zielona Góra (Grünberg) 1971	35
2	Ehemalige Weinbergsterrassen in Claverton, Somerset	49
3	Verödete Weinberge in Oberlößnitz/Sachsen	49
4	Laon mit seinen Weinbergen um 1789	69
5	Rebe im Hof Olufson in Aalborg in Dänemark	82
6	Glashaus mit Rebe und Tomaten in Vust westlich Fjerritslev in Dänemark	82
7	Weinberge in Melnik (Böhmen) heute	107
8	Bodendesinfektion mit Schwefelkohlenstoff	162
9	Verbrennen der Reben und Rebpfähle	162
10	Kirchlicher und klösterlicher Weinbau in Nordfrankreich	172
11	Weinberge um Lüttich 1694	181
12	Erdbeerkulturen auf früheren Reblausherden	224
13	Weinberge „Wackerbarths Ruhe", Niederlößnitz bei Dresden	254
14	„Winzerhaus" bei Grünberg 1929	254
15	Weinberg für Touristen in Hambledon, Hampshire	256
16	Blick über die Rebanlage des Hambledon Vineyard	256

KARTEN IM ANHANG

1   Die Ausbreitung des Weinbaus in Europa vom 3. bis zum 15. Jahrhundert
2   Aktuelle Nordgrenzen des europäischen Weinbaus und der europäischen Wildreben

1. PROBLEMSTELLUNG, ÜBERSICHT, GLIEDERUNG

Der Weinbau ist seit Jahrhunderten Gegenstand vieler wissenschaftlicher Disziplinen. Im Gefolge der sogenannten Hausväterliteratur erschienen schon im 16. Jahrhundert belehrende Werke über den rechten Anbau der Rebe, wie etwa das Weinbauhandbuch von JAN HAD (Prag 1558): „Der Weingarten, in welcher Lage er sein soll, auf welche Art und Weise der Mensch ihn bearbeiten soll, damit er davon viel Gewinn hat." (zit. nach FROLEC, 1973, S. 97). Auch in Sachsen wollten das „Weinbauw-Buch" von DEHN-ROTHFELSER (Leipzig 1629) und das „Klein-Vinicultur-Büchlein" von JOHANN PAUL KNOHLL (Dresden 1667) eine Verbesserung der eher extensiven Anbauweise erreichen. Diese Art von Weinbauliteratur, die sich bis in unsere Tage hinein findet, gewann eine steigende Bedeutung mit dem Aufkommen des Qualitätsgedankens im 18. Jahrhundert und der fortschreitenden Keller- und Anbautechnik im 19. Jahrhundert.

Zu diesem mehr fachspezifischen Schrifttum gesellten sich seit dem 18. Jahrhundert Werke mit „historischen und topographischen Interessen" (WEINHOLD, 1973, S. 4), wozu wahrscheinlich die Veränderungen im Weinbau anregten. Zu der reinen Beschreibung traten deshalb sehr bald immer mehr Studien, die sich mit den Ursachen dieser Veränderungen befaßten. Außer historischen und geographischen Arbeiten waren es vor allem volks- und betriebswirtschaftliche (vgl. BOIE, 1922; POMTOW, 1910).

Der Weinbau als rein geographisches Problem wurde bis zum 2. Weltkrieg vorwiegend im Blickfeld klimatischer und historischer Fragenkreise gesehen (SCHLEGEL, 1973, S. 1). Seit 1950 setzten sich verstärkt agrar- und sozialgeographische Aspekte durch, die neben der allgemeinen Kennzeichnung der Weinbaulandschaft vor allem die funktionalen Zusammenhänge zwischen Weinbau, Kulturlandschaft und Bevölkerung zum Inhalt haben. Dabei gebührt nach WIRTH (1964, S. 428) gerade dem Weinbau die „Krone der geographischen Betrachtung", sind doch „nirgends sonst im Bereich der Agrargeographie naturgeographische Gegebenheiten und menschliches Bemühen in einem so vielfältigen, subtilen Kontakt und in einer so sehr auf feinste Nuancen ansprechenden Wechselwirkung wie gerade hier".

Entsprechend diesem subtilen Kräftespiel befassen sich die Arbeiten mit sozialgeographischer Betrachtungsweise meist mit kleinen überschaubaren Räumen (vgl. TISOWSKY, 1957; GRIES, 1969), während etwa historische Studien über den Weinbau auch größere Untersuchungsgebiete umfassen (vgl. DION, 1959; WEINHOLD, 1973). Die Übertragung solcher lokalen und regionalen Untersuchungsergebnisse und ihre Verallgemeinerung ist aber nur bedingt möglich. Andererseits besteht bei einem großräumigen Untersuchungsgebiet natürlich die Gefahr, daß regionale und lokale Unterschiede übersehen werden (HAHN, 1956, S. 11).

Dieser Gefahr versucht die vorliegende Arbeit dadurch zu begegnen, daß sie durch synchrone Auswertung von groß- und kleinräumigen Weinbauuntersuchungen sowohl die allgemeinen als auch die besonderen Züge in den Veränderungen der nördlichen Weinbaugrenze in Europa berücksichtigt.

Die Weite des Untersuchungsgebietes machte es notwendig, auf bereits veröffentlichtes Material zurückzugreifen. Die Beschaffung der Weinbauschriften aus den verschiedenen europäischen Ländern war sehr schwierig und damit auch lückenhaft. Es kann daher nicht das Ziel dieser Arbeit sein, alle ehemaligen und jetzigen Standorte der Weinrebe im Norden Europas festzustellen, sondern es soll vielmehr die regionale Verbreitung des Weinbaus festgehalten und deren Veränderungen und ihre Ursachen untersucht werden. Dabei soll die historische Betrachtungsweise dazu verhelfen, den gegenwärtigen Zustand des nördlichen Weinbaus besser zu verstehen.

Gegenüber früheren Anläufen zur Beschreibung der nördlichen Weinbaugrenze wird der Weinbau West- und Osteuropas in die Untersuchung mit einbezogen, wobei auch neuere Entwicklungen Berücksichtigung finden.

Eine solche Arbeit, die eine zusammenfassende Betrachtung der nördlichen Weinbaugrenze ganz Europas zum Thema hat, fehlte bisher in der Weinbauliteratur. Aber erst sie ermöglicht eine vergleichende Darstellung der einzelnen Entwicklungen und hat gerade jetzt ihre Berechtigung, da bereits eine Vielzahl veröffentlichter Monographien einzelner Weinbauorte und -gebiete eine Auswertung im europäischen Rahmen erlaubt, und außerdem derzeit in einigen Ländern Bestrebungen im Gange sind, den nördlichen Weinbau wieder zu beleben und die damit die Frage aktualisieren.

Die vorliegende Arbeit untersucht zunächst die ökologischen Bedingungen des Weinbaus im allgemeinen, vergleicht sie dann mit den Verhältnissen an der polaren Anbaugrenze und untersucht danach die anthropogene Einflußnahme. In einem historischen Überblick wird die Entwicklung des Weinbaus im Untersuchungsgebiet aufgezeigt, wobei die einzelnen Stadien der Verbreitung festgehalten werden. Die Hypothese, die Weinbaugrenze habe sich wegen Klimaschwankungen verschoben, war nach Art und Gewicht zu überprüfen. Ausgehend von den bekannten und in vielen Arbeiten häufig nur pauschal geäußerten Ursachen, die hier an Hand von Beispielen aus nördlichen Weinbauorten auf ihre tatsächliche Relevanz hin geprüft werden, soll der gesamte Ursachenkomplex für die Veränderungen der nördlichen europäischen Weinbaugrenze in Raum und Zeit aufgezeigt werden.

1.1   LAGE UND ABGRENZUNG DES UNTERSUCHUNGSGEBIETES

Die Festlegung einer Grenze erfordert die Orientierung an bestimmten Richtwerten. Beim Weinbau bietet sich gleich eine Vielzahl unterschiedlicher Grenzwerte an, je nachdem, ob man die Rebe, das Produkt oder den Betrieb im Auge hat. Der bisher verwendete Begriff der „nördlichen oder polaren Weinbaugrenze" erfordert deshalb eine nähere Bestimmung.

Der Anbau von Kulturreben (Vitis vinifera ssp. sativa) beruht letztlich auf einer Synthese zwischen den natürlichen Bedingungen und der Pflege des Menschen. Eine

Definition der „Nordgrenze des Weinbaus" muß deshalb beide Aspekte beinhalten. Über die Bedeutung dieser zwei Formkräfte des Weinbaus gehen die Meinungen allerdings weit auseinander. Während für die einen allein die natürlichen Gegebenheiten die Anbaugrenzen darstellen[1], nimmt für die anderen der Mensch in seiner geographischen Gesamtsituation „die Wertung vor" (RUPPERT, 1960, S. 58), auch unter Beachtung der natürlichen Verhältnisse.

Die absolute nördliche Anbaugrenze der Weinrebe wird im wesentlichen vom Klima bestimmt, während die weiter südlich verlaufende relative Anbaugrenze mehr wirtschaftliche Ursachen hat, da erst dort der geringere Kapital- und Arbeitsaufwand den Weinbau wirtschaftlich machen (JENSCH, 1957, S. 77).

Da die aktuelle nördliche Weinbaugrenze hauptsächlich eine Grenze des lohnenden Weinbaus[2] für die Getränkeproduktion ist, soll sie im folgenden als Nordgrenze des Erwerbsweinbaus bezeichnet werden.

Die Schwellenwerte der Rentabilität werden vom Menschen beeinflußt und verändern sich im Laufe der Zeit. Auch unterscheiden sich die Werte bei Haupterwerbs-, Nebenerwerbs- und Hobbywinzern, je nachdem, ob sie für den Markt oder den Eigenbedarf produzieren. Nach SCHLEGEL (1973, S. 51) darf bei einem rentablen Rebbau „die Summe aus Transport- und Produktionskosten je Mengeneinheit des Produkts nicht größer sein als der Preis, welcher dafür bezahlt wird". Da aber sowohl Transport- und Produktionskosten als auch die Preise noch von anderen Faktoren, etwa dem Einfluß des Staates abhängig sein können, ist es im Einzelfall schwierig oder gar unmöglich, den rentablen Weinbau an seiner nördlichen Verbreitungsgrenze nachzuweisen[3].

Eine weitere Möglichkeit der Grenzziehung bietet das äußere Erscheinungsbild, das eine Bewertung der Bedeutung des Weinbaus innerhalb der Weinbaugebiete erlaubt. So sind zum Beispiel nach RUPPERT (1960, S. 56) in Franken alle die Orte für den Weinbau von Bedeutung, deren Reblandanteil fünf Prozent der Nutzfläche überschreiten, in der Pfalz müssen es mehr als zehn Prozent sein. Auch SCHRÖDER (1953, S. 54) benutzt zur Rekonstruierung der geographischen Bedeutung des Weinbaus in Württemberg sogenannte „Intensitätszonen". Seinem Beispiel folgt WERLE (1977, S. 106–110) für den Weinbau an der Obermosel. Während SCHRÖDER aber nur von drei Intensitätszonen ausgeht, sind es bei WERLE vier: In Zone I und II nimmt der Weinbau über 20 Prozent der Wirtschaftsfläche ein, wobei er in Zone I nahezu in Monokultur betrieben wird und in Zone II mehr den Rang einer „Leitkultur" einnimmt. Seine Bedeutung verringert sich in Zone III zu einer „Begleitkultur" und in Zone IV (Rebflächenanteil unter fünf Prozent) ist er „ohne nennenswerte Bedeutung im Wirtschaftsgefüge dieses Raumes" (WERLE, 1977, S. 106). Die Abnahme der Rebfläche nach Norden läuft mit der Abnahme der wirtschaftlichen Bedeutung parallel.

Ähnlich verhält es sich mit der Abhahme der Betriebsgröße. Jenseits der relativen (wirtschaftlichen) Anbaugrenze beschäftigen sich nur noch Nebenerwerbs- und Hobbyweingärtner auf kleinen Parzellen mit dem Weinbau. Unter Berücksichtigung des technischen Fortschritts ist heute aber als Mindestgröße für einen reinen Vollerwerbsweinbaubetrieb mit Selbstvermarktung an der Nordgrenze des Anbaus ein Hektar anzusetzen[4]. Dieser Grenzwert steigt zur Zeit an und wird in einigen nördlichen Weinbaugebieten schon übertroffen (vgl. 4.4.2). Unterhalb dieser Betriebsgröße ist der Anbau nur im Nebenerwerb oder als Hobby möglich.

Wenn sich diese Arbeit aber auch mit dem Weinbau bis zur absoluten Anbaugrenze beschäftigt, so deshalb, weil in früheren Zeiten andere Betriebsgrößen galten, und außerdem der Hobbyweinbau in ökologischer Hinsicht sehr aufschlußreich für den Weinbau überhaupt ist. In welch kleinem Maße der Weinbau an seiner nördlichen Verbreitungsgrenze überhaupt günstige Bedingungen findet, zeigt bereits seine geringe flächenhafte Verbreitung bei vorherrschendem punkt- und linienhaften Auftreten.

Das Untersuchungsgebiet erstreckt sich im nördlichen Bereich von Mittelengland über Südskandinavien, Polen, den mittleren Teil der Sowjetunion bis zu den südlichen Ausläufern des Ural, im südlichen Bereich von Westfrankreich über die Weinbaugebiete in und an den Alpen und Karpaten bis zum Nordkaukasus. Durch diese Nord-Süd-Dehnung der Grenze wird der weiträumige Charakter der nördlichen Weinbaugrenze deutlich, die nicht linienhaft, sondern als ein breiter Saum angesehen werden muß. Innerhalb dieses Saumes befindet sich der Hangweinbau überall in einer marginalen Position. Deshalb erscheint auch die Heranziehung von Beispielen aus der inneren nördlichen Anbauzone für die Darstellung der Veränderungen des Weinbaus der äußeren nördlichen Anbauzone gerechtfertigt. Das Schwergewicht der Untersuchung liegt aber bei der Nordgrenze des **verbreiteten Hangweinbaus**, die alle die Weinbaubetriebe im nördlichen West-, Mittel- und Osteuropa umfaßt, die im Freien Trauben für die Weinbereitung auf mindesten einem Hektar Rebfläche produzieren. Bis dahin ist der Weinbau im Haupterwerb **möglich**, auch wenn er in den nördlichen Weinbauorten nur selten so betrieben wird. Nördlich davon finden sich bis zur absoluten Anbaugrenze noch kleinere Weinberge von Hobby- und Nebenerwerbswinzern mit anderer Zielsetzung.

2. DIE BEDINGUNGEN DES WEINBAUS

Die Bindung des nördlichen Weinbaus an bestimmte Standorte weist schon auf seine Abhängigkeit von den natürlichen Bedingungen hin. Das Klima, die Lage und der Boden engen seine Verbreitungsmöglichkeit ein und zeigen die „geringe ökologische Streubreite der Rebe" (SCHELL, 1936, S. 4).
Wenn man aber die viel weiter südlich verlaufende Verbreitungsgrenze der europäischen Wildrebe (Vitis vinifera ssp. silvestris G) zum Vergleich heranzieht (s. Karte 2)[1], dann scheint der Mensch doch fähig zu sein, beim Anbau der Kulturrebe (Vitis vinifera ssp. sativa d. C.) die physischen Faktoren abzuschwächen oder in ihrer Auswirkung zu differenzieren. Auch die Auswahl eines bestimmten Hanges oder das Vorkommen des Weinbaus in einer bestimmten Landschaft bei gleichzeitiger Auslassung gleichwertiger oder gar günstigerer in der Nachbarschaft zeigen, daß sich der Mensch nicht nur einseitig nach physischen, sondern zum Beispiel auch nach historischen, wirtschaftlichen und sozialen Gesichtspunkten richtet.

2.1 DIE PHYSISCHEN FAKTOREN

2.1.1 *Klima*

2.1.1.1 Großklima

Es gibt nur wenige Kulturpflanzen, bei denen Witterung und Klima eine so bedeutende Rolle spielen wie bei der Weinrebe. Ihren Ansprüchen an den Witterungsablauf kann der nördliche Weinbau nur an wenigen Standorten gerecht werden; eine „klimatische Selektion" (HELLWIG, 1955, S. 10) scheint überall notwendig. So erreichen in der Bundesrepublik Deutschland nur etwa 1/4 der Trauben die Vollreife, ein weiteres Viertel liegt unter 60° Öchsle (K. M. HOFFMANN, 1970, S. 72). Die jährlichen Qualitätsunterschiede zeugen von der Bedeutung des Klimafaktors für den Weinbau, zumal doch alle technischen Bemühungen darauf hinauslaufen, eine einheitlich gute Qualität zu erzeugen. Über die Anforderungen an das Klima scheint allerdings eine klare Aussage sehr schwierig. Noch im letzten Jahrhundert schreibt BUJACK (1834, S. 45): „Wichtig mag immerhin die Sommer- und Wintertemperatur an sich sein, aber weit wichtiger ist das Verhältnis beider zueinander und löst uns manches Räthsel". Seither wurde an Hand von Temperatursummen und Mittelwerten versucht, die Anbaumöglichkeit für Reben festzulegen und Grenzwerte für ihre Verbreitung herauszuarbeiten.

Nach A. von HUMBOLDT soll das Julimittel mindestens 18° C betragen[2], nach ENGELBRECHT (1898, S. 101) 19° C. Dagegen grenzt HELLWIG (1955, S. 16) in Süddeutschland die für den Weinbau nicht mehr geeigneten Gebiete mit der 17°-Juliisotherme ab. REINDL (1904, S. 134) bindet das gute Gedeihen des Weinstocks an die Maiisotherme von 14° R (= 17,5° C) und an die Septemberisotherme von 15° R (= 18,75° C). Nach K. MÜLLER (1930, S. 420) ist für das Wachstum der Rebe eine mittlere Jahrestemperatur von mindestens 9° C erforderlich, nach MORGEN (1958, S. 35) mindestens 8,5° C und eine mittlere Wintertemperatur von nicht weniger als Null Grad. Um Weinbau überhaupt noch mit Erfolg betreiben zu können, fordert A. v. BABO (zit. nach POMTOW, 1910, S. 71 f.) eine jährliche Durchschnittstemperatur von mindesten 9° C und Mitteltemperaturen von 18,5° C für den wärmsten und höchstens − 4° C für den kältesten Monat[3].

Andere Autoren verfeinern die Werte, indem sie die Wachstumsperiode der Rebe in ihre Betrachtungen mit einbeziehen. So fordert M. BOUSSINGAULT 1844, daß es nach dem Ansatz der Beeren im Juli noch einen Monat mit mindestens 19° C geben müsse[4]. Bei MARRES (1950, S. 11) heißt es; „Or il faut a la vigne, au moment de la floraison, une temperature de 15° à 16°; du débourrage à la maturité, 165 jours avec une moyenne de 18°; 108 jours avec une moyenne de 19° depuis la floraison; au moment des vendanges, une moyenne de 18° à 20° est nécessaire au départ de la fermentation".

Von anderer Seite wiederum werden die Wärmesummen im Jahr oder während der Vegetationszeit als die Hauptgrenzfaktoren des Weinbaus angesehen.

Die Wachstumsperiode der Rebe ist in etwa an die Zeit gebunden, in der die Tagesmittel 10° C und höher liegen. Sie beginnt an der nördlichen Weinbaugrenze etwa Ende April und dauert bis längstens Mitte Oktober. In dieser Zeit soll nach A. de CANDOLLE (1855, S. 364 f.) die Wärmesumme insgesamt mehr als 2900° C betragen, verbunden mit der Forderung von höchstens 12 Regentagen im Monat der Reife. Nach BAUER (1959, S. 65) muß die durchschnittliche Tagestemperatur in der Wachstumsperiode über 15° C liegen. Auch N. J. BECKER (1977, S. 79) fordert für den heutigen Weinbau, daß die Summe der positiven Abweichungen der mittleren Tagestemperaturen von 10° C in der Vegetationszeit den Wert 1000 übersteigen und die Summe der über 0° C liegenden mittleren Tagestemperaturen größer als 2840 sein soll. Diese Werte betrachten VOGT/GÖTZ (1977, S. 27) als „Faustzahl" für die deutschen spätreifenden Sorten. Sie werden von ihnen ergänzt mit der Forderung nach einer, im langjährigen Durchschnitt, Mindestvegetationszeit von etwa 180 frostfreien Tagen. K. MÜLLER (1930, S. 421) und VOGT (4. Aufl. 1967, S. 64) halten eine jährliche Sonnenscheindauer von mindestens 1300 Stunden für den Rebbau erforderlich; mindestens 1350 Stunden sollen es nach K. M. HOFFMANN (1977, S. 34) dagegen allein während der Vegetationsperiode sein.

Eine neuere Untersuchung berücksichtigt gleichzeitig die Temperatur- und Lichtverhältnisse der Rebe während ihrer Vegetationszeit, wobei davon ausgegangen wird, „daß die relative Ungunst des Temperaturklimas in den nördlichen Weinbaugebieten durch die längere Dauer der Sommertage zum Teil kompensiert wird" (N. J. BECKER, 1977, S. 78). Das heliothermische Produkt von J. BRANAS[5] wird berechnet aus der Summe X der positiven Abweichungen der mittleren Tagestemperaturen von 10° in der Vegetationszeit und der Lichthelligkeitsdauer H in dieser

Zeitspanne. Nach BRANAS soll die Rebkultur nicht mehr möglich sein, wo dieses heliothermische Produkt (X x H x 10^{-6}) den Wert 2,6 unterschreitet[6]. Da im Kontinentalklima Osteuropas die Nordgrenze des Erwerbsweinbaus von der X x H-Grenzlinie abweicht, greift BRANAS dort auf die $-1°$ C Januarisotherme zurück (zit. nach N. J. BECKER, 1978, S. 72).

Obere Grenzwerte für den Weinbau in Bezug auf die Temperatur werden von ARAGO und BAUER genannt. Nach ARAGO (zit. nach WILKE, 1903, S. 7) bildet ein Jahresmittel von 22° C die obere Anbaugrenze, nach BAUER (1959, S. 65) ein solches von 21° C.

Allein die verwirrende Vielzahl der Indizes weist schon auf die Schwierigkeiten hin, allgemein gültige Temperaturwerte für die optimalen Bedingungen des Weinbaus bzw. seine Mindestvoraussetzungen zu finden.

Unter den den Weinbau begrenzenden Klimafaktoren steht die Temperatur an erster Stelle. Während HÄBERLE (1926, S. 411) vor allem die Sommertemperatur für entscheidend hält, sind es nach SCHELL (1936, S. 6) „die Tiefsttemperaturen während des Winters, die Häufigkeit von schädigenden Spät- und Frühfrösten und die Witterungsgestaltung während der frostfreien Periode". Dabei müssen für die Ertragssicherheit und Ertragshöhe alle drei Punkte berücksichtigt werden, bei der Qulität nur die beiden letzten (SCHELL, 1936, S. 6).

Die Rebe ist in ihrer gesamten Entwicklung sehr temperaturempfindlich. Keine der bekannten Rebsorten ist gegen Fröste bei saftgrünem Zustand in der Vegetationszeit resistent (MORGEN, 1958, S. 42). Besonders gefährlich sind Spätfröste im Frühjahr, die die jungen Triebe gefährden, und Frühfröste im Herbst, die die Vegetationszeit verkürzen. Nach HÄBERLE (1926, S. 412) ist dort der Weinbau ausgeschlossen, wo die Frühjahrsfröste durchschnittlich bis Mitte Mai dauern und die Herbstfröste bereits Mitte Oktober auftreten. Nach SCHLEGEL (1973, S. 9) sollten Frühjahrsfröste im Weinbaugebiet in der zweiten Aprilhälfte und später nicht mehr erscheinen.

Neben den Frühjahrs- und Herbstfrösten schädigen auch die Winterfröste das Holz der Reben. Deshalb verweisen auch die absoluten mittleren Minima auf die Kulturfähigkeit der Rebe und ihre Verbreitung (WENDLING, 1966, S. 23), wobei ein allgemein gültiger Schwellenwert allerdings nur schwer zu finden ist. Die Gefährdung der Rebe durch Winterfröste hängt unter anderem davon ab, ob sie bei trockener oder nasser Kälte oder bei jungem oder altem Holz auftreten (vgl. KILLINGER, 1971, S. 158). Vertragen trockene Knospen Temperaturen von $-5°$ C noch ohne Schaden, so werden schnee- oder regennasse Knospen schon bei $-1,5°$ C geschädigt (SCHLEGEL, 1973, S. 9). Im allgemeinen erträgt das reife Holz eine trockene Kälte zwischen -15 und $-20°$ C, doch wird dieser Durchschnittswert weitgehend von den Werten für einzelne Sorten modifiziert. Die Grenze der Winterfrostfestigkeit der Portugieserreben liegt bei $-12°$ C, des Müller-Thurgau bei $-15°$ C (AICHELE, 1965, S. 8) und des Blauburgunders bei $-20°$ C (SCHLEGEL, 1973, S. 9). Nach BAUER (1959, S. 65) ertragen die Reben bei voller Saftruhe einzelne Kälteperioden bis $-26°$ C, wobei dickmarkige Sorten wie Neuberger und Portugieser weniger winterfrostwiderständig sind. MAKEJEV (1971) ermittelte für einige Sorten in der Sowjetunion eine Frostresistenz bis $-32°$ C, für die Wurzeln nur $-7°$ bis $-8°$ C, für die Knospen bis $-16°$ und $-18°$ C. Als besonders frostresistent gelten dort Traminer und Welschriesling, die angeblich bis zu $-34°$ C überstehen sollen (KIL-

LINGER, 1971, S. 158). In der Ukraine, wo solche Temperaturen erreicht werden, werden die Rebstöcke bis zu einer Hähe von 20 bis 25 cm abgedeckt (GOLLMICK, 1976, S. 102). Nach DAVITAYA (1938, S. 169) zeigt für die Sowjetunion die − 15° C-Isotherme der Durchschnittstemperatur der absoluten jährlichen Minima die Grenze des Weinbaus auf, wo man ohne Bedeckung im Winter auskommt, die − 35° C-Isotherme dagegen die Grenze mit Bedeckung. Der Unterschied in der Frostresistenz zwischen wilder Weinrebe und Kulturrebe liegt bei mindestens 10 bis 15° C (EVREINOFF, 1951, S. 532).
Neben der Gefährdung des Weinbaus durch Frost weist MORGEN (1958, S. 42) ganz allgemein auf die wachstumshemmenden Wirkungen niedriger Temperaturen hin, die weit schwerwiegender sind, da sie häufiger als die Fröste auftreten[7]. Dazu gehören auch Befruchtungsstörungen und Verzögerungen im Reifeprozeß durch Nebel- und Taubildung (N. J. BECKER, 1971, 18 f.).
Die Sonnenscheindauer kann neben der Temperatur ausschlaggebend für den Weinbau sein, da bei kühler aber sonnenscheinreicher Witterung der Reifevorgang − die Zuckerbildung − schneller vor sich geht als bei warmer und trüber (WEGER, 1952, S. 193). Schon A. v. HUMBOLDT (Briefwechsel Alexander von Humboldts mit Heinrich Berghaus, II, Leipzig 1863, S. 166) stellte fest: „Am wichtigsten ist aber die von mir aufgestellte Betrachtung, daß bei gleichen Graden mittlerer Sommer- und Winterwärme der Luft, das Reifen der Trauben und anderer Früchte gelingt und nicht gelingt, je nachdem der Himmel heiter oder neblich (bedeckt) ist. Wir messen die Wärme in der Luft, aber nicht die Wärme, welche die direkten Sonnenstrahlen, in das Parenchyma der Pflanzen eindringend, darin hervorbringen. Das ist der Unterschied zwischen coelum sudum (heiter) und nebulosum (De distrib.geogr. plant.p.163); und auf diese photometrischen Unterschiede, die auf das Reifen der Früchte einen so großen Einfluß haben (in der wärmern Normandie gedeiht kein Weinbau) ist nicht genug geachtet worden." Der Bedarf der einzelnen Rebsorten ist dabei unterschiedlich (vgl. UNCKRICH, 1953, S. 467). Im allgemeinen braucht die Rebe umso mehr Licht, je weiter sie nach Norden und in die Höhe reicht.
Gegenüber dem Niederschlag und der Feuchtigkeit ist die Rebe weniger anspruchsvoll und empfindlich. Die Niederschläge sollten beim wirtschaftlichen Weinbau möglichst gering sein, doch gedeiht die Weinrebe zum Beispiel im Tessin auch noch bei über 1600 mm N (SCHLEGEL, 1973, S. 20). Forderte schon CANDOLLE (1855, S. 364) höchstens zwölf Regentage im Monat der Reife, so sollen es nach MARRES (1950, S. 11) 70 Tage ohne Niederschläge zwischen dem Aufbrechen der Knospen und der Reife sein. Nach DERN (1919, S. 436) läßt sich dort die Rebe nicht mehr anbauen, wo die mittlere Regenmenge während der Monate April bis Juni 150 mm und von Juli bis September 120 mm übersteigt; für ihn ist „sicherer, gewinnbringender Weinbau nur dort möglich, wo die mittlere Regenmenge in den ersten drei Monaten weniger als 120 mm und in den folgenden drei weniger als 50 mm beträgt".
Die isolierte Betrachtung der Anforderungen der Rebe an einzelne Klimaelemente führte bisher lediglich zu immer neuen und verwirrenderen Schwellenwerten und Definitionen. Allen Grenzziehungen gemeinsam ist die nachträgliche Beschreibung der vorgefundenen Verhältnisse und ihre ausschließliche Rückführung auf das Klima. Der wahre Wert solcher Angaben zeigt sich sehr bald, wenn man an Hand ihrer einseitigen Orientierung die Weinbauwürdigkeit eines Ortes feststellen will (vgl. Tab. 1).

Tab. 1: Klimadaten deutscher Weinbauorte (Zeitraum 1931–1960) (Deutscher Wetterdienst, Zentralamt; Werte für Meersburg und Temperatursummen nach VOGT/GÖTZ, 1977)

Station	Mittleres Datum des letzten Frostes	Mittleres Datum des ersten Frostes	Mittlere Dauer der frostfreien Zeit (Tage)	Summe der mittleren Tagestemperaturen in der frostfreien Zeit über 0° C	Summe der mittleren Tagestemperaturen in der frostfreien Zeit über 10° C
Freiburg	13. 4.	26. 10.	195	3100	1150
Meersburg	18. 4.	2. 11.	197	2800	860
Neustadt	20. 4.	31. 10.	193	3000	1090
Trier-Petrisberg	25. 4.	24. 10.	181	2700	890
Würzburg	28. 4.	14. 10.	168	2650	960
Geisenheim	14. 4.	29. 10.	197	3000	1040

Station	Mittlere Januartemperatur (°C)	Mittlere Julitemperatur (°C)	Mittlere Jahrestemperatur (°C)	Tiefste je gemessene Temperatur (°C)
Freiburg	1,1	19,4	10,3	− 21,7
Meersburg	− 1,0	17,8	8,6	− 24,8
Neustadt	1,0	19,2	10,1	− 21,7
Trier-Petrisberg	0,6	17,8	9,3	− 20,5
Würzburg	− 0,6	18,4	9,1	− 28,0
Geisenheim	0,7	18,8	9,9	− 23,9

Station	Sonnenscheinstunden im Jahr	Sonnenscheinstunden von April bis Oktober	Niederschlagsmenge (mm) im Jahr	Niederschlagsmenge (mm) Im Sommer (Mai – August)
Freiburg	1770	1386	903	396
Meersburg	1756	1382	855	410
Neustadt	1712	1365	614	239
Trier-Petrisberg	1574	1259	719	286
Würzburg	1730	1378	646	268
Geisenheim	1643	1318	536	224

Nach den Klimakarten wären zum Beispiel Amsterdam und Warschau mit einer mittleren Julitemperatur von 18,8° C, Berlin mit 18,0° C und Danzig mit 17,6° C durchaus noch für den Weinbau geeignet. An nahezu allen Orten in Deutschland wird die durchschnittliche Sonnenscheindauer von mindestens 1300 Stunden im Jahr erreicht. Sie ist in Gebieten mit kontinentalem Klimaeinfluß weit höher. So sind es in Franken und im Saale- und Unstruttal über 1600 Stunden im Jahr. In Ahrweiler dagegen beträgt sie nur 1285 Stunden, da die verstärkte ozeanische Luftzufuhr zu höherer Bewölkung führt. In England gibt es Weinberge, obwohl die für einen wirtschaftlichen Weinbau geforderte Wärmesumme von mindestens 1000° C (= Summe der mittleren Tagestemperaturen über 10° C in der Vegetationsperiode) dort zwischen 1961 und 1970 nirgends erreicht wurde (COCHRANE, 1974, S. 144) (vgl. Fig. 1). Auch in Polen erreichten zwischen 1881–1930 die mittleren Temperaturen des wärmsten Monats ausnahmslos Werte über 18° C, doch lagen die Temperatursummen (= Summen der mittleren Tagestemperaturen über 0° C) nur um 2700° C (vgl. Tab. 2). Die Weinbauorte Frankens weisen fast ausschließlich Jahresdurchschnittstemperaturen unter 9° C und Julidurchschnittstemperaturen unter 18° C auf (RUPPERT, 1960, S. 57). In Würzburg beträgt die mittlere Dauer der frostfreien Zeit nur 168 Tage (vgl. Tab. 2). Von den schweizerischen Rebbaugebieten haben der Thunersee, das Zürcher Weinland und das Bündner Rheintal niedrigere Julimittel als 18° C (SCHLEGEL, 1973, S. 19). Für das Ahrtal hat WENDLING (1966, S. 23) nachgewiesen, daß die allgemeine Schadensgrenze von − 18° C häufig erreicht bzw. überschritten wurde, während die von CANDOLLE geforderte jährliche Wärmesumme von 2900° C zwischen 1934 und 1962 nicht einmal erreicht wurde[8].

Die bisher bekannt gewordenen Auffassungen über die klimatischen Mindestanfor-

Tab. 2: Temperatursummen und mittlere Julitemperaturen in Polen (nach MADEJ, 1955)

Station	Temperatur-Summe über 0° C		Mittlere Julitemperaturen
	1881–1930	1947	1881–1930
Grünberg (Zielona Góra)	2631	3102	18,1
Posen (Poznan)	2741	2961	19,0
Kalisch (Kalisz)	2716	2851	18,9
Wlowclawek	2659	–	18,7
Kielce	2608	2681	18,0
Lublin	2629	2827	18,4
Tarnów	2876	2810	19,1
Breslau (Wroclaw)	2750	2963	18,8
Krakau (Kraków)	2725	2986	18,8
Ratibor (Racibórz)	2616	3137	18,0
Oppeln (Opole)	2726	2915	18,6
Warschau (Warszawa)	2671	3033	18,6

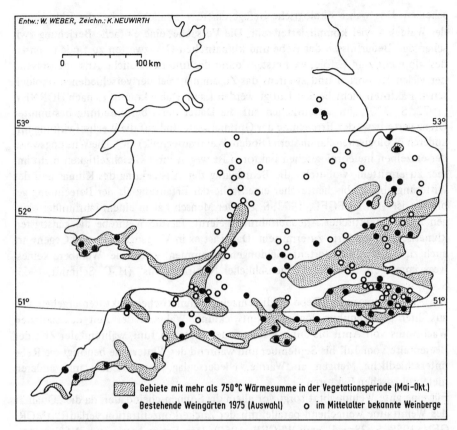

Fig. 1: Weinbau und Wärmesummen in England (nach COCHRANE, 1974; CHAPMAN, 1972; JOHNSON, 1972; PEARKES, 1976)

derungen eines erfolgversprechenden Weinbaus weichen erheblich voneinander ab. Die unterschiedlichen klimatischen Grenzwerte reflektieren sowohl die verschieden hohen Ansprüche der Menschen als auch der Rebsorten. Daraus ergibt sich die Fragwürdigkeit solcher klimatischer Grenzdaten bei der Erfassung des „biologischen Bereichs ‚rentablen' Wachstums" (RUPPERT, 1960, S. 48). Die Korrelation der Weinbaugrenze in Frankreich mit der 18,5°-Isotherme der mittleren Augusttemperatur und der Linie der 31°-Maxima im August (GUILLAUME, 1934, S. 671) oder die Parallelisierung der Weinbaugrenze in Frankreich und Deutschland mit der 2500°-Linie (= Summe der Temperaturen über 0° C in der Vegetationszeit) (DAVITAYA, 1938, S. 135) sprechen allenfalls für die große Variationsbreite des Weinbauklimas und bieten lediglich ein grobes Orientierungsraster für die Eignung einer Gegend zum Weinbau[9]. Die Abgrenzung des nördlichen Weinbaus mit der 19° (ENGELBRECHT, 1898) bzw. der 18,5° C (WERTH, 1931) Juliisotherme in West- und Mitteleuropa und der − 2° Januar- (ENGELBRECHT, 1898) bzw. der + 3° C Novemberisotherme (WERTH, 1931) im Osten Europas weist auf den Zufallscharakter der Beziehungen hin und muß deshalb schon als ein Spiel mit Isolinien erscheinen. Das wahre ökologische Gefüge dürfte — ähnlich wie bei der Kältegrenze des Waldes — viel komplizierter sein. Die Versuche, eine einfache Beziehung zwischen den Bedürfnissen der Rebe und klimatischen Grenzwerten zu finden, führen deshalb nicht zum Erfolg, weil erstens darin das unterschiedliche Anspruchsniveau der vielen Rebsorten und zweitens das Zusammenspiel der verschiedenen ökologischen Faktoren nicht berücksichtigt werden kann. Dabei kommt es nach HORNEY (1972, S. 320) „im wesentlichen auf die Dauer der Überschreitung bestimmter Grenzwerte bzw. der Erreichung der Optimalwerte und auf die Wechselwirkung mit anderen ökologischen Parametern (Boden, Weinbautechnik) an". Die Wirkungsweise der einzelnen meteorologischen Faktoren ist wegen ihrer Gleichzeitigkeit nicht immer zu ermitteln, wodurch „die Beurteilung der Auswirkung des Klimas und des Witterungsablaufs bis heute eher eine Sache der Erfahrung als der Berechnung geblieben ist" (SCHLEGEL, 1973, S. 8). Der Mensch hat in einem jahrhundertelangen Prozeß praktischer Anbauerfahrung gelernt, für die Weinrebe die günstigsten klimatischen Standorte zu ermitteln. Dabei ist es in Vergangenheit und Gegenwart auch zu falschen Standortentscheidungen gekommen, so daß der Weinberg keineswegs immer ein „Dokument menschlicher Naturkenntnis" (H.-C. Schmidt, 1965, S. 14) war.

Die Anforderungen der Rebe an die einzelnen klimatischen Faktoren ergeben sich aus ihrer pflanzenphysiologischen Entwicklung. Während der Zeit des stärksten Wachstums von April bis Juni, während der Blüte im Juni, während der Zeit der Beerenreife vom Juli bis September und während der Winterruhe benötigt die Rebe unterschiedliche Mengen an Wärme, Niederschlag, Sonnenschein und anderen meteorologischen Faktoren.

Für eine gute Weinqualität sorgt vor allem die Sonnenscheindauer, da die „Qualität der Weintraube weitgehend parallel mit der Zuckerkonzentration verläuft" (MORGEN, 1958, S. 38; vgl. auch WEGER, 1952). Den Ertrag bestimmen die Temperatur- und Niederschlagsverhältnisse im Juni (Blüte), wobei sich Temperatur und Ertrag „gleichsinnig" verändern, Niederschlag und Ertrag dagegen „gegensinnig" (SCHELL, 1936, S. 12; s. Fig. 2). Für die Weinmenge sind nach MAY (1957, S. 5) neben den Temperaturen kurz vor, während und kurz nach der Blüte auch die des Monats Oktober entscheidend. Der Säuregrad hängt in erster Linie von den Temperaturen ab und erst in zweiter Linie von Sonnenscheindauer und Niederschlag (MAY, 1957, S. 123). Letzten Endes aber hängen Ertrag und Qualität davon ab, ob die Anforderungen der Rebe an die natürlichen Verhältnisse erfüllt werden — neben den pflegerischen Maßnahmen des Menschen —, wobei das Zusammentreffen möglichst vieler günstiger Faktoren erwünscht ist: Hohe Temperaturmittel sowohl während des Jahres als auch in den Sommermonaten, eine große Zahl von Sommertagen, eine geringe Zahl von Frosttagen, eine lange Andauer des 10° C-Tagesmittels, eine größere Nebelhäufigkeit im Winterhalbjahr in den tieferen Lagen, eine hohe Sonnenscheindauer und geringe Niederschlagssummen mit günstiger Verteilung (MAY, 1957, S. 62).

Die klimatische Grenzlage des nördlichen Weinbaus gibt dem Produkt besondere Eigenheiten[10]. An der Nordgrenze des Erwerbsweinbaus werden hauptsächlich frische, säurebetonte Weißweine mit feinem Bukett und Aroma sowie relativ geringem Alkoholgehalt erzeugt. In wärmeren Gebieten verliert das Aroma vor allem beim Weißwein seine Feinheit, so daß dort vorzugsweise alkoholbetonte Rotweine gebaut

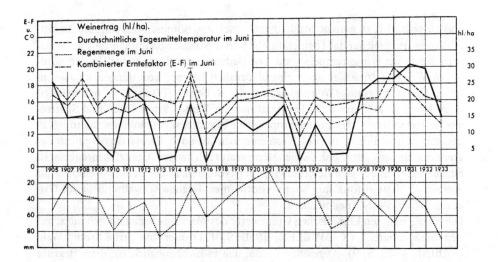

Fig. 2: Junitemperaturen und Regenmengen in Geisenheim im Vergleich mit den Weinerträgen von Johannisberg (SCHELL, 1936)

werden. Wie unterschiedlich das Endprodukt einer Rebsorte in den verschiedenen klimatischen Zonen ausfällt, zeigt N. J. BECKER (1978, S. 77) am Beispiel des Blauen Spätburgunders (Pinot noir). Während er an der Ahr und in der Champagne frisch, säurebetont, aber wenig farbkräftig wird, gerät er in der Bourgogne zu einem farbkräftigen, gerbstoffbetonten, alkohol- und körperreichen Rotwein.

Aus der Beziehung zwischen Klima und Qualität lassen sich die Weinbauzonen ableiten, die für die Produktion von Qualitätsweinen besonders geeignet sind[11]. Sie werden gekennzeichnet „durch eine ausreichend lange und genügend warme Vegetationszeit und durch einen nicht zu heißen und ausreichend feuchten Sommer" (N. J. BECKER, 1978, S. 76). Abweichungen hiervon, etwa bei zu kurzer und zu kühler Vegetationszeit, lassen die Trauben nicht reifen, so daß sie zu viel Säure und zu wenig Alkoholgrade besitzen. Qualitätsgrenzen sind deshalb sehr viel enger gezogen als die absolute Grenze des Rebbaus und entsprechen heute in etwa der Nordgrenze des Erwerbsweinbaus.

Die europäischen Großklimate bieten dem Weinbau unterschiedliche Ausgangspositionen. In Westeuropa und teilweise in Mitteleuropa bewirken atlantische Einflüsse eine verminderte Sonnenscheindauer durch häufige Bewölkung, eine zu geringe Sommertemperatur und relativ hohe Niederschlagssummen und somit eine Begrenzung der Rebkultur. Als Folge treten dort an der Nordgrenze des Weinbaus ein Mangel an Zuckergehalt und damit an Qualität hervor. Nach Osten verstärkt sich der kontinentale Klimaeinfluß mit harten Wintern, kürzerer Vegetationszeit und größeren Temperaturschwankungen. Die damit verbundene Frostgefahr mindert die Ertragshöhe und -sicherheit. Im Übergangsklima Mitteleuropas ermöglicht die Zunahme der sommerlichen Wärme bei gleichzeitig mäßig kalten Wintern einen weiten Vorsoß der Rebkultur nach Norden.

Die das Gedeihen der Rebe begrenzenden Wachstumsfaktoren sind in Westeuropa also vornehmlich zu geringe Strahlungssummen und Sommertemperaturen, in Mitteleuropa unzureichende Temperaturen[12] und Strahlungssummen und in Osteuropa die tiefen Wintertemperaturen. Die Bedeutng der Temperatur für den nördlichen Weinbau tritt hier noch einmal deutlich hervor: Beeinflussen im ozeanischen Klima zu geringe Wärmesummen die Reife der Trauben, so beschränken beim Kontinentalklima tiefe Temperaturen im Winter sowie Früh- und Spätfröste die Rebkultur[13]. Im mitteleuropäischen Übergangsklima können, allerdings in abgeschwächter Form, sowohl Wärmesummen als auch Fröste den Weinbau begrenzen. Diesen unterschiedlichen temperaturabhängigen Grenzfaktoren tragen einige Autoren bei der Beschreibung der Nordgrenze des Erwerbsweinbaus für West- und Mitteleuropa mit Sommerisothermen Rechnung, während sie für Osteuropa Winterisothermen nehmen.

Die obengenannten klimatischen Grenzwerte des Weinbaus beziehen sich meist auf den „brauchbaren" (K. MÜLLER, 1930, S. 421) oder den „trinkbaren" Wein (FABINI, 1860, S. 9). Abgesehen davon, daß es nicht möglich ist, diese Begriffe auch unter dem Aspekt ihrer zeitlichen und räumlichen Wandelbarkeit eindeutig zu bestimmen und daraus absolute Minima für die Bedürfnisse der Rebe abzuleiten, so ist dieser Bezugspunkt heute mehr für die moderne Weinbautechnik als für das Klima relevant. Der Umfang der aufzuwendenden weinbautechnischen Mittel zur Herstellung eines brauchbaren Weines wird von der Wirtschaftlichkeit, und damit von der Marktlage, bestimmt. Nach DAVITAYA (1938, S. 135) hat der wirtschaftliche Weinbau in Europa nur in Nordfrankreich, Südbelgien und Mitteldeutschland seine klimatischen Grenzen erreicht, während sich im übrigen nach Osten ein von der Temperatur bezeichnetes, potentielles Weinbauland ungenutzt erstreckt. Lediglich in der Ukraine und im Wolgagebiet ist die tatsächliche Anbaugrenze der klimatischen angenähert (DAVITAYA, 1938, S. 170). In den übrigen Teilen der Sowjetunion sind für die aktuelle Weinbaugrenze sozialökonomische Gründe ausschlaggebend (DAVITAYA, 1938, S. 166).

2.1.1.2 Topoklima

Von der Lage[14] eines Weinbergs hängt der Erfolg des Weinbaus umso mehr ab, je mehr sich die Orientierungsdaten des Großklimas den Grenzwerten seiner Verbreitung nähern. Das lokale Klima wird wesentlich durch die Unterschiede in der Geländeform, der Hangneigung (Inklination), durch die Stellung des Hanges zur Sonne (Exposition), durch Wind und Feuchtigkeitsverhältnisse und der Erwärmungsfähigkeit des Bodens abgewandelt. Gerade die Unterschiede in der kleinklimatischen Begünstigung sind es, die den Weinbau an seiner nördlichen Verbreitungsgrenze überhaupt ermöglichen, so daß letztlich die lokalklimatische Situation zum dominanten Faktor der Rebverbreitung wird. Nur wer die günstigsten Kombinationen findet, hat Erfolg. Der Mensch kann durch die Auswahl der Lage wesentlich die Wachstumsbedingungen der Rebe beeinflussen. Eine topoklimatische Auslese günstiger Standorte erfolgt daher umso stärker, je weiter nördlich ein Weinbaugebiet liegt.

Beim Vergleich des Moseltales mit den benachbarten Eifel- und Hunsrückhöhen ergeben sich für das Tal geringere Niederschlagsmengen, höhere Temperaturmittel

und ein früherer Frühlingseinzug (WILL, 1939, S. 39): die Modifikationen des Großklimas schaffen im Moseltal ein Eigenklima.
Das Klima eines Standortes wird im wesentlichen durch seinen Wärmehaushalt gekennzeichnet, welcher sich vor allem auf die Vegetationsperiode und die Frostgefährdung auswirkt. Die Lage ist mitentscheidend für Quantität und Qualität und somit auch für die Wirtschaftlichkeit des Weinbaus. LEHMANN (1954) hat für Mitteleuropa einen Schätzungsrahmen entworfen, der die klimatische Güte einer Weinbergslage bewertet. Danach sind von einer hundertprozentigen Qualitätslage im voraus folgende Faktoren als qualitätsmindernd abzuziehen:
1. Ungünstiges Relief und Exposition bis zu 100 Prozent
2. Höhen von 201 bis 300 m 10 Prozent, 301 bis 400 m 20 Prozent, 401 bis 500 m 40 Prozent, über 500 m 70 Prozent
3. Bewölkungsgrad bis 20 Prozent
4. Witterungsanomalien, wie besondere Häufigkeit von Regen, Hagel, Dürre, Wind bis 20 Prozent, davon Wind allein mindestens 10 Prozent
5. Einfluß der Umgebung, wie Horizonteinschränkung und fehlende Strahlungswirkung von größeren Gewässern bis 20 Prozent
6. Nachtfrostgefährdung, wie Kaltluftsee, Einwirkung benachbarter Kaltluftherde, Flachlage bis 10 Prozent.

Die Bedeutung der Neigungswinkel und der Exposition bei der Auswahl einer Lage ergeben sich auch aus der Einteilung von HILLEBRAND (1975/76, S. 21–23), der Lagen mit einem Neigungswinkel von weniger als 10 Prozent als kleine Lagen, ab 18 Prozent als gute und von mehr als 30 Prozent als sehr gute Lagen bezeichnet. Eine Höhe von mehr als 230 m über NN wird von ihm in Deutschland als Standort kleiner Lagen und um 100 m über NN als sehr gute Lage ausgewiesen. Bei der Exposition werden O bis OSO und W bis WNW von ihm als kleine Lagen benannt; die mittleren Lagen liegen nach OSO, SSO sowie SW und W, die guten nach SSO bis SW und die Spitzenlagen nach S und SSW[15].

Ein Überblick über die heutigen Standorte des nördlichen Weinbaus in Europa läßt deutlich die Bedeutung der topoklimatischen Faktoren erkennen. Trotz der heute verbreiteten Tendenz im südlichen Weinbau zum Anbau in der Ebene befinden sich die Weinberge an der nördlichen Verbreitungsgrenze bis auf wenige Ausnahmen in Hanglage[16] (vgl. Fig. 3). Die Möglichkeit des Rebanbaus im Talbereich wird beim nördlichen Weinbau schon von der großklimatischen Situation stark eingeengt, „so daß eine eindeutig topographische Selektion der Standorte stattgefunden hat" (WERLE, 1977, S. 14). Der Hangweinbau ermöglicht den Reben eine höhere Ausnutzung des Strahlungsangebots, was vor allem für West- und Mitteleuropa von Bedeutung ist. In unseren Breiten erreicht der um 25 bis 30 Winkelgrade geneigte Südhang den höchsten Strahlungsgenuß[17] (VOGT/GÖTZ, 1977, S. 69). In Strahlungsnächten kann die Kaltluft in die Senken und Täler abfließen, wo dadurch die frostfreie Zeit verkürzt wird und Fröste die Ernte häufiger mindern. Die klimatischen Vorteile der Hanglage werden noch verstärkt durch die wärmespeichernde und strahlungsreflektierende Wirkung großer Wasserflächen. Sie bremsen durch Verdunstung und Nebelbildung die Ausstrahlung und verringern dadurch die Schadensfröste. Außerdem erhöhen sie durch (spiegelnde) Reflexion der (kurzwelligen) Strahlen den Strahlungsgenuß der Reben, was sich besonders in den Abend- und Morgenstunden positiv auswirkt (H.-C. SCHMIDT,

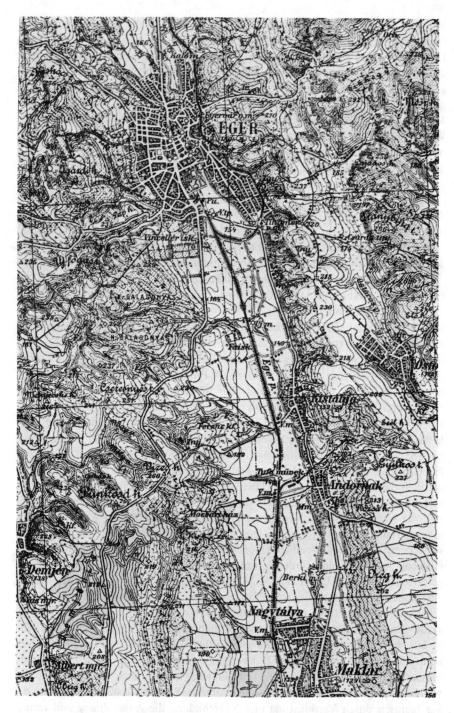

Fig. 3: Verbreiteter Hangweinbau bei Eger (Erlau), 47° 50' n. Br. (Rebfläche fein gepunktet) (Topograph. Karte von Ungarn 1:75 000, Blatt 4865, Eger és Mezökovesd, 1930)

1965, S. 11). Die klimabegünstigten Flußtäler bieten zudem noch Schutz vor Winden (s. M. GEIGER in: FEZER und SEITZ, 1978), welche vor allem bei mangelnder Schneedecke der Rebe schaden können. Auch Wälder in der Nähe der Weinberge schützen vor Wind und Kaltluft und dämpfen die Extremtemperaturen.
Starke Bewölkung und Verdunstungsenergie beeinflussen ebenfalls die Temperaturen des Topoklimas. Schon HÄBERLE (1926, S. 415) hob hervor, daß die besten deutschen Weinbaugebiete im Wind- und Regenschatten von Gebirgszügen liegen. Dabei sind die Niederschläge an den nach Süden gerichteten Hängen bei N, NW und O, NO Winden besonders gering, so daß manche Weinbergshänge trockene Inseln darstellen. KNIPPEL (1953, S. 101) weist darauf hin, daß geringe Niederschläge in nördlicher Breitenlage für mäßiges Wachstum und eine frühe Holzreife sorgen. In extrem trockenen Jahren sind dadurch allerdings auch geringere Erträge und durch das verzögerte Wachstum auch geringere Mostgewichte zu erwarten. Wegen der engen Bindung des nördlichen Weinbaus an die Hänge beeinflussen die lokalklimatischen Faktoren einmal die polare Anbaugrenze der Rebe, zum anderen aber auch ihre Höhengrenze am Hang selbst. Die Obergrenze des Weinbaus steigt nach Süden an und folgt damit den Gesetzen des hypsometrischen und planetarischen Formenwandels. Während der Rebbau im Wallis und in Piemont bis in über 1000 m Meereshöhe betrieben wird (K. M. HOFFMANN, 1977, S. 34), reichen die Reben etwa am Kaiserstuhl von 180 bis 400 m, im Rheingau von 80 bis 300 m und an Mittelrhein und Ahr nur noch von 80 bis 250 m Meereshöhe (VOGT/GÖTZ, 1977, S. 30 und 70). Die untere Grenze des Hangweinbaus grenzt die warme Hangzone in Strahlungsnächten gegen den Kaltluftsee im Tal ab, sie sollte daher in relativen Höhen angegeben werden. Im breiten Oberrheingraben etwa genügt ein Herausragen um 10 bis 20 m, in engen Tälern mit zögerndem Abfluß sind 50 bis 100 m Abstand von der Talsohle zu empfehlen. Die Grenzen des Rebengürtels am Hang nach oben und nach unten hat N. J. BECKER untersucht. Sie werden in den nördlichen Weinbaugebieten von den kleinklimatischen Temperaturverhältnissen gezogen. Die obere Grenze der Rebflächen am Hang liegt dort, „wo infolge zu niedriger Temperaturen die zur Auslösung des Blühens nötigen Temperatursummen zu spät erreicht werden, so daß die Reifephase verkürzt wird und die Temperatursummen der Reifephase im Durchschnitt der Jahre eine genügende Ausreife nicht zulassen" (N. J. BECKER, 1977, S. 90)[18]. Dagegen liegt die untere Grenze des Weinbaus an Talhängen dort, „wo durch zu große Spätfrost- und Frühfrosthäufigkeit die im langjährigen Mittel frostfreie Zeitspanne eine bestimmte Mindestdauer unterschreitet. Als Faustzahl kann eine Dauer von 180 Tagen gelten" (N. J. BECKER, 1977, S. 88). Diese Zahl „kann jedoch nicht global festgelegt werden. Sie muß sich vielmehr nach den klimatischen Gegebenheiten der einzelnen Weinbaugebiete richten" (N. J. BECKER, 1977, S. 98).
Überall dort, wo oberhalb der Rebhänge eine scharfe Geländekante oder ein Waldstreifen den Abfluß der Kaltluft zum Rebgelände verhindert, steigt die Obergrenze des Weinbaus (SCHLEGEL, 1973, S. 18). Neben der Hangneigung spielt aber auch noch die Exposition bei der Festlegung der Höhengrenze eine entscheidende Rolle (vgl. BECKER, 1971, S. 19).
Die lokalklimatische Bindung des nördlichen Weinbaus an die exponierten Hänge zeigt sich zum Beispiel in der Nutzung von Steilhängen mit Böschungswinkeln bis zu 38° an Rhein und Mosel, von kahlen trockenen Felswänden wie bei Tscherno-

sek in Böhmen oder von Moränenzügen und Uferböschungen entlang des Oderurstromtales. Die Weinberge entlang der Wolga nördlich von Kamyšin liegen fast ausnahmslos auf ihrem rechten hohen Ufer (DAVITAYA, 1938, S. 133). Im Saale-Unstrut-Gebiet stehen Reben auf Kalkhängen. Die Lufttemperaturen über den erhitzten Hängen erreichen im Saaletal über Muschelkalk oft bis 70° C, über Buntsandstein bis 60° C (DIETER, 1977, S. 232). Auch für das Tokajer-Weinbaugebiet sind besondere Insolationsverhältnisse kennzeichnend (TELEKI, 1937, S. 31). Für England weist COCHRANE (1974, S. 144) Gebiete mit einer Wärmesumme von 750° während der Vegetationsperiode als für den Weinbau genügend aus, da er damit rechnet, daß die fehlenden 250° durch südliche Hanglage und durch Umgraben des Graswuchses erbracht werden, wodurch sich die mittlere Tagestemperatur in der sechsmonatigen Wachstumsperiode um 1,5° C erhöhte.

Gemeinsam ist allen nördlichen Weinbauorten eine bevorzugte topoklimatische Stellung, die sie gegenüber den umliegenden Gebieten als Wärmeinseln ausweist. Die Becken, Flußtäler und Seeufer bilden thermische Oasen (s. Fig. 4). So sind die Weinbergslagen des Saale-Unstrut-Tales identisch mit Häufungspunkten wärmeliebender Flora und Fauna (DIETER, 1974). Auch in der Schweiz hat SCHLEGEL (1973, S. 22) einen auffälligen Zusammenhang zwischen natürlicher Vegetation und

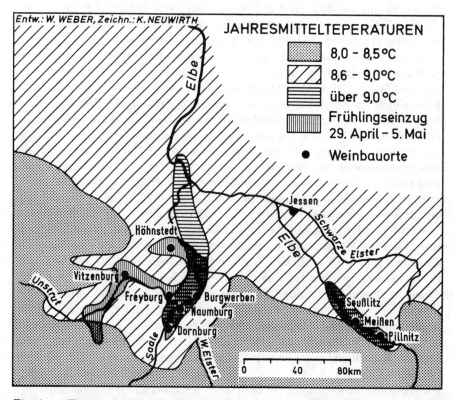

Fig. 4: Thermische Oasen an Elbe, Saale und Unstrut (nach KNIPPEL, 1953 und GOLLMICK, 1976)

dem Rebbau festgestellt. Das lokale Wärmeklima wird zum limitierenden Faktor des Rebanbaus je weiter er nach Norden und in die Höhe vordringt.

2.1.1.3 Bestandsklima

Während das Großklima für den Weinbau einen unveränderlichen Grenzfaktor darstellt, das Topoklima lediglich eine Auswahl der günstigsten Standorte zuläßt, erlaubt einzig das Bestandsklima im Weinberg selbst eine gewisse Einflußnahme durch den Menschen.
Das Bestandsklima hängt wesentlich ab von der Erziehungsform, Zeilenrichtung, Zeilenbreite, Bodenbedeckung etc. (HORNEY, 1972, S. 319). Ausgehend davon, daß Lage und Boden wesentlich das Vegetationsklima in unmittelbarer Umgebung der Pflanze beeinflussen, läßt sich durch Kulturmaßnahmen des Menschen dieses Vegetationsklima verändern. Meteorologische Messungen in Weinbergen ergaben, daß sich das Klima einmal in den Rebzeilen von demjenigen der dazwischenliegenden Gassen unterscheidet, zum andern auch gegenüber der Umgebung abhebt. Dieses Eigenklima kommt aber nur bei fast windstillem Strahlungswetter zustande. Dann kann die Temperatur in einem Weinberg mit Normalerziehung etwa um 3 bis 5° C wärmer als die der Umgebung sein (HORNEY, 1972, S. 313)[19]. Bei Windstille liegt die Temperatur der besonnten Blätter sogar bis zu 10° C über der Lufttemperatur (VOGT/GÖTZ, 1977, S. 70). In Weitraumanlagen wurden gegenüber Normalanlagen niedrigere Temperaturen, höhere Luftfeuchtigkeit und eine geringere Durchlüftung im Laubraum festgestellt, was geringere Mostgewichte[20] und höhere Säuregrade zur Folge haben dürfte (AICHELE, 1965, S. 11). Für HORNEY (1972, S. 315) liegt die Ursache dieser ungünstigen Werte vor allem in dem „Ausblasen des Bestandsklimas" durch den Wind, der vor allem dort besonders wirksam ist, wo der Bestand weiträumig und locker aufgebaut ist[21]. Dabei spielt die Zeilenrichtung eine wichtige Rolle. Sie sollte als Windschutz von Nord nach Süd verlaufen, aber auch weil dadurch der Boden und die Laubwand am günstigsten beschienen werden (HORNEY, 1972, S. 315).
Eingeschränkt wird diese Forderung dadurch, „daß am Hang die Zeilenrichtung aus arbeitstechnischen Gründen durch die Gefällerichtung festgelegt ist" (HORNEY, 1972, S. 315).
Wie wichtig das Bestandsklima für die Rebe ist, beweist auch die Erfahrung, daß einzelne Rebstöcke oder einzelne Zeilen bei uns keine ausreichende Ausreifung der Trauben erlangen, es sei denn, sie werden am Haus an Südwänden gezogen. Auch sind Ackerwingerte stärker frostgefährdet als in geschlossenem Bestand (TICHY, 1954, S. 30). Da aber gerade im nördlichen Weinbau Streulage und Einzelweinberge häufig vorkommen, ist die Rebe dort besonders gefährdet. Die zu erwartende Qualität ist um so geringer, je häufiger das Bestandsklima zerstört wird. Dies geschieht vor allem in windexponierten Weinbergen. In Grenzlagen ist daher der Windschutz „die oft unabdingbare Voraussetzung für den Weinbau bzw. für befriedigende Erträge" (HORNEY, 1972, S. 316). Hecken am Hang können den nächtlichen Kaltluftfluß lenken. Frostgefährdete Geländeteile sind Hangverflachungen, Mulden und Talmündungen (FEZER und SEITZ, 1978). Neben den Schutzstreifen beeinflußt auch die Reberziehung die Temperaturen im Weinberg und somit auch das Wachs-

tum. Um eine größtmögliche Erwärmung der Blätter zu ermöglichen, dürfen im nördlichen Weinbau die Triebe nicht zu dicht stehen, damit möglichst viele Blätter der Sonne ausgesetzt sind. Für die Normalanlage sollte nach HILLEBRAND (1969, S. 561) eine Laubwand angestrebt werden, deren Höhe etwa der Zeilenbreite entspricht, wodurch sich Mostgewichtssteigerungen von 10 Prozent gegenüber kürzeren Laubwänden erreichen lassen.

Auch über den Boden kann das Bestandsklima verbessert werden. Das führt zum Beispiel im Moseltal zum Auflegen von Schieferplatten, dem sogenannten „Schiefern" (AICHELE, 1965, S. 11).

Der nördliche Weinbau ist an vielen Orten nur deshalb möglich, weil das Bestandsklima bessere Bedingungen schafft, als Groß- und Topoklima vorgeben. Der Mensch kann durch geschickte Ausnutzung von Hangrichtung und Neigung, durch eine zweckmäßige Reberziehung, durch den Abstand der Rebzeilen, durch die Höhe der Laubwände sowie durch andere Maßnahmen die Anbauflächen so anlegen, daß dort die Reben mehr Wärme zur Verfügung haben, als ihnen die Witterung bietet.

2.1.2 *Boden*

Zu den natürlichen Voraussetzungen des Weinbaus gehören neben Klima und Lage auch der Boden. Im Vergleich zur Bedeutung der klimatischen und topographischen Selektion der Rebstandorte ist die Auswahl der Rebböden für den Winzer anscheinend weniger schwierig. Das wird schon dadurch deutlich, daß die Reben im Untersuchungsgebiet auf ganz unterschiedlichen Böden wachsen, an der Mosel zum Beispiel auf Tonschiefer, Mergel- und Kalkböden, an Saale und Unstrut auf Muschelkalk, Buntsandstein und Löß, an der Elbe zwischen Melnik und Aussig auf Basalt und Kalkmergel. Auch auf Kiesen und Sanden von Flußterrassen, auf Lehmböden und Moränenablagerungen werden Reben angebaut. Die Vielzahl der Weinbergsböden beweist, „daß die weinbauliche Eignung eines Geländes in unseren nördlichen Anbaugebieten nicht an bestimmte Bodenarten oder Bodentypen gebunden ist" (N. J. BECKER, 1977, S. 89). An der Obermosel fand WERLE (1977, S. 36), daß fast jeder Boden Reben tragen kann[22]. Eine Ausnahme bilden versalzte Böden (VOGT/GÖTZ, 1977, S. 73) und nasse, sehr saure oder extrem flachgründige und extrem trockene Böden, die als weinbaulich ungeeignet ausgegrenzt werden müssen (N. J. BECKER, 1977, S. 89). Auf den mergeligen Südhängen des Strombergs sind Rebe und Eiche die einzig nutzbringenden Pflanzen. Die chemischen Eigenschaften des Bodens sind für den Weinbau nur von untergeordneter Bedeutung, da sie durch sachgemäße Düngung gezielt beeinflußbar sind. Dagegen sind die physikalischen Zustände des Bodens, wie Struktur, Textur, Bodenfarbe, Bodenreaktion, Mächtigkeit der durchwurzelten Zone und Feuchtigkeit des Bodens nur durch tiefgreifendes Umgraben zu verbessern. Aber gerade die physikalischen Bodeneigenschaften sind es, die auf den Wärme- und Wasserhaushalt des Bodens einwirken und damit das Gedeihen der Rebe beeinflussen können.

Die Bodenwärme hängt ab von der Wasserdurchlässigkeit und dem Feuchtigkeitsgehalt des Bodens, die Reflexionswärme, die der bodennahen Luftschicht zugute kommt, vom Feuchtigkeitsgehalt und der Farbe des Bodens. Die Rückstrahlungs-

fähigkeit des Bodens ist besonders bei ungünstigen Klimawerten im nördlichen Weinbau von Bedeutung und kann bis zu einem gewissen Grad die Nachteile einer weniger günstigen Lage ausgleichen. Um Grünberg zum Beispiel sind es gerade die hellen Sandböden, die rasch abtrocknen und dann die Sonnenstrahlung reflektieren (vgl. POMTOW, 1910, S. 61).
Die skelettreichen Gesteinsverwitterungsböden, die durch Abspülung an vielen Weinbergshängen an die Oberfläche gelangt sind, bieten die günstigsten Wärmeverhältnisse, da sie durch ihren hohen Steinanteil viel Wärme speichern können und wegen ihres geringen Wassergehaltes auch leicht erwärmbar sind (VOGT/GÖTZ, 1977, S. 74). So wurden an den dunklen vulkanischen Tuffen des Kaiserstuhls unmittelbar an der Bodenoberfläche Temperaturen bis über 60° C gemessen (VOGT/GÖTZ, 1977, S. 75). Die Temperatur eines Schieferbodens kann bis zu 2° C über derjenigen heller Böden liegen (WERLE, 1977, S. 34).
Die Wärmeabgabe des Bodens, die der Entwicklung der Rebe und der Reife der Traube zugute kommt, ist in Spät- und Frühfrostnächten besonders wichtig, da sie Schäden verhindern kann[23]. Der Einfluß der Bodenwärme wird um so geringer, je günstiger das Klima ist (LEHMANN, 1954, S. 62).
Über die Qualität der Ernte entscheidet nach neueren einschlägigen Untersuchungen an erster Stelle die Sorte, an zweiter Stelle das Klima und erst zuletzt und am wenigsten die chemische Zusammensetzung des Bodens (N. J. BECKER, 1978, S. 71). Unter Berücksichtigung der bodenphysikalischen Faktoren jedoch ist die erzielbare Weinqualität auf den verschiedenen Böden unterschiedlich (N. J. BECKER, 1977, S. 88). Im allgemeinen fehlen den mineralreichen und damit triebkräftigen und fruchtbaren Böden (sog. „Quantitästböden") die physikalischen Voraussetzungen für einen Qualitätsweinbau (HELLWIG, 1955, S. 25). Allerdings sind bestimmte Sorten, wie Müller-Thurgau, Gutedel und viele Neuzüchtungen auf fruchtbare Böden geradezu angewiesen (N. J. BECKER, 1977, S. 89). Die besten Weine wachsen zumeist auf chemisch mageren und geringen Böden bei guter physikalischer Beschaffenheit[24].
Heute wird die Wahl der zu pflanzenden Sorte den jeweiligen Bodenverhältnissen angepaßt. Für jede Bodenart gibt es geeignete Rebsorten, die aus dem Boden jeweils das Beste herausholen. Während aber unsere einheimischen Rebsorten in Bezug auf den Boden recht genügsam sind, stellen die zum Schutz gegen die Reblaus verwendeten amerikanischen Unterlagsreben ganz bestimmte Ansprüche an den Boden. Durch genaue Bodenuntersuchungen[25] und Beachtung der Eigenschaften der Unterlagssorten (vgl. VOGT/GÖTZ, 1977, S. 44 und 78) lassen sich Fehlschläge vermeiden. Wie wichtig selbst kleine Bodenunterschiede für die Wahl der Rebsorte sein können, zeigt H.-C. SCHMIDT (1965, S. 13) am Beispiel zweier Nachbardörfer, wo vor allem edaphische Gründe in einem Dorf den Rotweinanbau zurückgehen ließen.
Auch der Geschmack des Weines wird vom Boden beeinflußt[26]. Da aber die Unterschiede im Geschmackstyp analytisch und quantitativ nicht faßbar sind und sich nicht eindeutig bestimmten Eigenschaften des Bodens zuordnen lassen, kann die Geschmacksprägung der Weine (innerhalb des sorteneigenen Spielraums) nicht als objektives Kriterium für die Grenzziehung des Rebgeländes herangezogen werden (N. J. BECKER, 1977, S. 88). Im allgemeinen liefern steinige Verwitterungsböden „feine, rassige Weine", während schwere Lehm- und Tonböden in trockenen und

heißen Jahren „körperreiche Weine mit harmonischer Säure" erbringen (N. J. BECKER, 1977, S. 88).
Andere Eigenschaften der Böden, wie etwa die Reblausimmunität der Sandböden und ihre geringeren Bearbeitungskosten, beeinflussen den Weinbau nur indirekt. Insgesamt gesehen stellt der Wachstumsfaktor Boden für den nördlichen Weinbau keinen Grenzfaktor dar. In Zweifelsfällen kann in lageklimatisch ungünstigen Lagen „die bessere Erwärmbarkeit der leichten Böden und die gute Wärmespeicherung von Verwitterungsböden den Ausschlag bei einer Entscheidung zugunsten der Weinbauwürdigkeit geben" (N. J. BECKER, 1977, S. 89), was wiederum die besondere Bedeutung des Temperaturfaktors an der Verbreitungsgrenze des nördlichen Weinbaus hervorhebt.

2.2 DIE ANTHROPOGENEN FAKTOREN

Unter Berücksichtigung der natürlichen Bedingungen liegt die Entscheidung für den Weinbau letztlich doch beim wirtschaftenden Menschen[27]. Wenn man einmal von den modernen Auffassungen über den nördlichen Weinbau als Landschaftsschutz (vgl. KRIEGE, 1911, S. 181 f.) mit „ästhetischer Bedeutung" (DOHNAL, 1971, S. 112) absieht, so beruht der Anbau der Rebe zum Zwecke der Weinbereitung vornehmlich auf dem sachlichen Anreiz, das Produkt der Weinbergsarbeit in Ware bzw. Geld umzuwandeln. Die Bedürfnisse des Menschen bestimmen die Verbreitung des nördlichen Erwerbsweinbaus. Dabei spielen wirtschaftliche, soziale und politische Aspekte ebenso eine Rolle, wie die Wertschätzung und Stellung des Weines als Getränk[28]. Diese Einflußfaktoren bestimmen neben Klima und Boden Art und Umfang der menschlichen Kulturmaßnahmen. Über ihre Gewichtung allerdings gehen die Meinungen auseinander (vgl. RUPPERT, 1960, S. 57 f.). Fest steht, daß der hauptsächlich vom Klima gezogene Rahmen vom nördlichen Weinbau nicht immer eingehalten und sowohl über- als auch unterschritten wurde. So ging etwa im Elsaß in einigen klimatisch begünstigten Kantonen der Weinbau zurück, während er in anderen Kantonen, besonders in der weniger günstigen Ebene, zunahm (WINKELMANN, 1960, S. 38). Nach DAVITAYA (1938, S. 134) bleibt in Osteuropa ein großer Raum, den er hinsichtlich der Temperaturen für geeignet hält, vom Weinbau ungenutzt. Für die Sowjetunion stellt er eine spontane Entwicklung der Weinkultur fest, deren Ursachen sozialökonomischer Art sind, so daß die Weinbaugebiete nicht immer mit Gebieten klimatischer Begünstigung übereinstimmen (DAVITAYA, 1938, S. 166).
Da die Bedürfnisse des Menschen veränderlich sind, wandelt sich mit ihnen auch die Stellung des Weinbaus. Veränderungen im Weinbau, deren Ursachen im anthropogenen Bereich liegen, finden ihren besonders nachhaltigen Niederschlag gerade an seiner nördlichen Verbreitungsgrenze, da die Rebe dort im Gegensatz zu klimatisch günstigeren Gebieten nur mit der ganzen pflegerischen Kraft des Menschen gedeiht, so daß jedes Nachlassen der ihr gewidmeten Aufmerksamkeit zu Fehlschlägen führt.

2.2.1 Weinbautechnik

Die pflegerischen Maßnahmen des Winzers umfassen neben Erziehung, Schnitt und Laubarbeiten die Schädlings- und Frostbekämpfung, die Bearbeitung und Düngung des Bodens, die Rebenzüchtung und die Kellerarbeiten. Diese Arbeiten gibt es in fast allen Weinbaugebieten, nur sind sie an der nördlichen Weinbaugrenze infolge der klimatischen Bedingungen besonders vielfältig und umfangreich und damit auch besonders arbeitsaufwendig. Alle Arbeiten im Weinberg laufen letzten Endes darauf hinaus, die Rebe optimal Klima und Boden anzupassen.

Die Erziehung der Rebe durch Schnitt und Unterstützung soll der Traube eine bessere Reife ermöglichen, indem sie sie einmal vor der Nässe und Kälte des Bodens schützt, zum andern aber doch in der Höhe beläßt, in der unter den verschiedenen Boden- und Neigungsverhältnissen die optimale Wärme und Luftfeuchtigkeit vorhanden ist. Es muß die Entfernung vom Boden ausfindig gemacht werden, „die bei möglichst hoher Wärme geringe Temperaturschwankungen zwischen Tag und Nacht und geringe Luftfeuchtigkeit aufweist, so daß Taubildung dort zumeist unterbleibt" (ZILLIG, 1950, S. 41). Daneben soll die Erziehung für hohe Erträge sorgen, ohne die Pflanzen zu überfordern und die Bodenbearbeitung zwischen den Stöcken erleichtern (vgl. VOGT/GÖTZ, 1977, S. 147).

Bei den einzelnen Erziehungsformen, die oft historisch begründet sind (vgl. RIEMANN, 1957, S. 37; BOURQUIN/MADER, 1977), läßt sich in neuerer Zeit eine Tendenz zur Vereinfachung feststellen, bedingt vor allem durch den Einsatz von Maschinen[29]. Daneben spielen bei dieser Entwicklung auch die steigenden Kosten, Krankheiten, künstliche Düngung, Hilfsmittel wie Draht und Kunststoff und Ertragssteigerungen eine Rolle (K. M. HOFFMANN, 1977, S. 39). Die vielfältigen Unterschiede in den Erziehungsarten der einzelnen Weinbaugebiete, die ursprünglich wohl den besonderen lokalen Bedingungen Rechnung tragen sollten, wurden dabei weitgehend beseitigt. Heute sind arbeitswirtschaftliche Überlegungen (vgl. HILLEBRAND, 1975/76, S. 54—88) neben klimatische getreten. Deshalb unterscheiden VOGT/GÖTZ (1977, S. 147) heute grundsätzlich nur noch zwei Richtungen in der Reberziehung: „1. die sogenannte moderne Drahtrahmenerziehung für den Intensivweinbau mit Zeilenabständen von 1,40 bis 2,00 m, geeignet zur Bearbeitung mit Seilzug oder Schmalspurschlepper, und 2. die Erziehung bei weiträumigen Anlagen für den extensiven Weinbau auf größeren, zusammenhängenden Parzellen mit Zeilenabständen über 2,00 bis 3,50 m, geeignet für den Einsatz von Normalschleppern."

Zu den niederen Erziehungsformen gehören Schnitte, die das alte Holz auf eine Höhe von 10 bis 35 cm beschränken. Bei den mittelhohen Erziehungsarten endet das alte Holz in 40 bis 70 cm Höhe, während bei Hocherziehung die Stämme 1,20 bis 1,40 m hoch sind.

Die niedrigen Erziehungsarten erschweren die Bearbeitung und eignen sich nicht für die stärker wachsenden Pfropfreben (VOGT, 1967, S. 89). Wegen deren zunehmender Verwendung und zur Senkung der Produktionskosten erfolgte deshalb in neuerer Zeit eine Umstellung auf hohe und mittelhohe Erziehungsarten[30]. Damit verbunden war die zunehmende Verwendung des Drahtrahmens als Unterstützungsvorrichtung, die den Reben mehr Licht zukommen läßt, wodurch „höhere Erträge bei besserer Qualität und guter Holzreifung erzielt werden und

Krankheiten und Schädlinge besser abgewehrt werden können" (GOLLMICK, 1976, S. 48). Außerdem werden das Anbinden, das Lauben, die Bodenbearbeitung und die Schädlingsbekämpfung bei dieser Erziehungsart erleichtert. Die höheren Erziehungsarten machen größere Stock- und Reihenabstände erforderlich. Diese Pflanzweiten sind außer von der Erziehungsart und der benutzten Unterstützungsvorrichtung noch von der Wuchskraft der Reben und dem Standort abhängig[31]. Heute kommen auf einen Hektar nur noch 4000 bis 6000 Stöcke gegenüber 10 000 bis 12 000 Stöcken früher. Diese Zahl wird bei der Hochkultur oder Weitraumerziehung sogar noch unterschritten, da dort bei Zeilenabständen bis zu 3,50 m und Stockabständen bis 1,50 m jeder Stock etwa 4 m^2 Boden zur Verfügung hat, so daß auf gleicher Fläche etwa die Hälfte der Reben wie bei der Normalerziehung stehen (GOLLMICK, 1976, S. 48). In solchen Anlagen finden Maschinen ideale Einsatzmöglichkeiten, so daß der Anteil der Handarbeit bei der Hocherziehung niedrig ist. Deshalb werden auch an der Nordgrenze des Weinbaus Versuche mit Weitraumkulturen angestellt, etwa auf den flachen Hängen von Saale und Unstrut (DIETER, 1965, S. 179) und in der Sowjetunion, wo bis 1971 5000 ha Reben in Hochkultur angepflanzt waren (KILLINGER, 1971, S. 158). Für die Weitraumanlagen eignen sich besonders gehaltreiche Böden mit mäßig geneigten Hängen, während Skelettböden an steilen Hängen weniger geeignet sind. Auch hohe Niederschläge können dazu zwingen, das stärkere Wachstum in höheren Erziehungsformen zu berücksichtigen, wie dies zum Beispiel im Tessin der Fall ist (SCHLEGEL, 1973, S. 20).
Niedrige Wintertemperaturen beeinflussen ebenfalls die Wahl der Reberziehung. Hochkulturen überstehen besser Spätfröste, niedere dagegen besser Winterfröste (WINKELMANN, 1960, S. 11). In spätfrostgefährdeten Bodenlagen sollte man deshalb nach ZILLIG (1950, S. 42) zu höheren Erziehungsformen übergehen. Allerdings weist H.-C. SCHMIDT (1965, S. 59) darauf hin, daß die Frostgefährdung nicht allein von der Höhe der Erziehung abhängt, da die niedrige Erziehung nur dann geringere Schäden hat, wenn die Stöcke mit Erde und Schnee angehäufelt werden (vgl. Bild 1). In der Sowjetunion zum Beispiel werden 40 Prozent der Gesamtrebfläche im Winter zugedeckt (SCHURICHT, 1973, S. 130)[32], auf der Krim sind es etwa 80 Prozent und im Gebiet von Odessa etwa 50 Prozent (KIEFER/ FETTER, 1971, S. 569). In der Ukraine und der Moldau geht man allmählich zu höheren Erziehungsformen und breiteren Zeilen über, verbunden mit einem Wechsel aus reinen Tallagen in leichte Hanglagen. Bei der Weitraumerziehung zieht man dabei zwei oder drei Schenkel, um bei Ausfall eines Schenkels auf die anderen ausweichen zu können (KIEFER/FETTER, 1971, S. 569). Die niedrige Erziehung ist in der Ukraine größtenteils mit dem Zapfenschnitt gekoppelt (SCHÜTZE, 1964, S. 13). Auch dieser Schnitt dient zur Sicherstellung von Ersatzholz (vgl. VOGT, 1967, S. 99). Dort wo ausschließlich geschützte Reben gezogen werden, empfiehlt KRAMARTCHOUK (1974, S. 242) den einseitigen Schnitt der Schosse, um dadurch die volle Mechanisierung des Anhäufelns und Einebnens und damit einen geringeren Arbeitsaufwand zu ermöglichen.
Als weiterer Schutz vor Winterkälte bietet sich auch das Abdecken mit organischen Materialien an. Zusätzlich können Sträucherreihen zwischen den Rebanlagen zum Schneeauffangen dienen (ŠATILOV, 1972, S. 42). Im Amurgebiet zum Beispiel bauen Hobbywinzer Weinreben in geflochtenen Metallkörben an und nehmen sie im Winter mit der Erde in den Keller, oder man baut, wie in Novosibirsk, Reben in

Bild 1: Anhäufeln der Rebstöcke bei Zielona Góra (Grünberg) 1971 (KRES, 1972)

Gräben an, die im Winter mit Brettern und Erde zugedeckt werden (MAKEJEV, 1971, S. 39).
Diese Maßnahmen zeigen, wie es dem Menschen möglich ist, durch geeignete Pflege die Weinrebe auch in dafür ungeeigneten Räumen zu kultivieren, nur läßt sich dieser Anbau vom wirtschaftlichen Standpunkt nicht mehr vertreten. Neben der Reberziehung bietet auch die Sortenwahl und die Sortenzucht[33] dem Menschen die Möglichkeit, die Rebe sowohl den äußeren Bedingungen als auch seinen eigenen Bedürfnissen anzupassen. Für die Auswahl der Sorten an der nördlichen Verbreitungsgrenze des Weinbaus gelten nach DAVITAYA (1938, S. 171) folgende allgemeinen Grundsätze: 1. geringe Anforderungen gegenüber der Wärme, 2. eine kurze Vegetationsperiode, 3. eine hohe Widerstandsfähigkeit gegenüber winterlichen Bedingungen und 4. eine Widerstandsfähigkeit gegenüber überflüssiger Feuchtigkeit. Für die Standortwahl der jeweiligen Ertragssorte fordern VOGT/GÖTZ (1977, S. 77 f.):
„1. Spätreifende Sorten und verrieselungsempfindliche Sorten gehören in klein-

klimatisch günstige Lagen. Frühreifende, verrieselungsfeste Sorten können in kleinklimatisch zweitrangigen Lagen stehen.

2. Frostgefährdete Zonen sollten, sofern sie überhaupt weinbauwürdig sind, mit Sorten bepflanzt werden, die winterfrostfest sind, nicht zu früh austreiben, möglichst eine gute Beiaugenfruchtbarkeit besitzen und nicht zu spät reifen.
3. Botrytisempfindliche Sorten sollten in ausreichend belüfteten Lagen und nicht in windarmen, feuchten Mulden oder Tälern stehen.
4. Die Bodenansprüche der Sorten sind zu beachten."

Zu dem Wunsch nach klimafesten Sorten tritt aber auch der Wunsch nach Qualitätsverbesserung[34], geringem Arbeitsaufwand[35] und Immunität gegen Krankheiten und Schädlinge[36]. Deshalb kam es auch vor allem nach den Anbaukrisen im 19. Jahrhundert geradezu zu einer Revolution der Rebsorten. Wegen der minderwertigen Qualität der amerikanischen Rebsorten benutzte man sie im Pfropfrebenbau als reblausfeste Unterlagen für die europäischen Edelreben. Dabei bot sich dem Winzer die Möglichkeit, eine von ihm bevorzugte Rebsorte mit verschiedenen Unterlagen den unterschiedlichen Standorten anzupassen. So kann zum Beispiel eine Unterlagensorte den Austrieb um 14 Tage aufschieben (TICHY, 1954, S. 32), was bei Spätfrostgefahr von großer Bedeutung ist. Auch die Rebenzüchtung konnte mit neuen Sorten und Kreuzungen aufwarten (vgl. VOGT/GÖTZ, 1977, S. 36–39), die sich wegen ihrer hohen Winterfestigkeit und kurzer Vegetationsperiode besonders für die nördlichen Weinbaugebiete eignen. Auf der Krim benötigen zum Beispiel neue Züchtungen nur noch 89 Vegetationstage (KIEFER/FETTER, 1971, S. 569). Auch in den übrigen nördlichen Weinbaugebieten der Sowjetunion werden vorwiegend Kreuzungen mit der Amurrebe (V. amurensis) angepflanzt, die sehr kälteresistent sind und sich durch kurze Vegetationsperioden auszeichnen (GROSSE SOWJET-ENZYKLOPÄDIE, 1953, S. 43). Zu diesem Zwecke wurde die UdSSR in 206 natürliche Weinbauzonen mit der entsprechenden Sortenempfehlung eingeteilt (SCHURICHT, 1973, S. 128).

An der Mosel gelangte der Weinbau mit der Rebenzüchtung auch in die Talsohle, wo er vorher aus kleinklimatischen Gründen ausgeschlossen war. In England werden vor allem Müller-Thurgau und frühreifende Neuzüchtungen wie Bacchus, Ehrenfelser, Kanzler, Rabaner etc. angepflanzt (PEARKES, 1976, S. 35 f.).

Die Rebzüchtung nimmt auch Einfluß auf den Ertrag der Rebsorten. Durch Selektion gelang es in entsprechenden Versuchen, beim Silvaner Mehrerträge von 36 Prozent und beim Riesling von 82 Prozent zu erreichen (KNIPPEL, 1953, S. 108). Neben der Ertragssteigerung konnte beim Riesling auch eine Mostgewichtserhöhung von 10 Prozent und eine um 8 Prozent geringere Säure und um 25 Prozent geringere Traubenfäule festgestellt werden (GOLLMICK, 1976, S. 73). Bei allen Neuzüchtungen muß deshalb auch eine ausreichende Qualität gefordert werden, was oft bei den schnellwüchsigen oder frostresistenten Sorten sehr schwierig ist. Bei der Hochkultur werden zwar höhere Erträge, aber auch höhere Säuregehalte und niedrigere Mostgewichte verzeichnet (H.-C. SCHMIDT, 1965, S. 60), doch kommen deshalb für den Qualitätsweinbau keineswegs nur niedere Erziehungsarten in Frage (HÄBERLE, 1926, S. 425), da die „unbedeutenden" Minderwerte der Hochkultur (GOLLMICK, 1976, S. 48) durch eine entsprechende Weinbereitung im Keller ausgeglichen werden können. Dabei hat der Kellermeister an der Nordgrenze des Er-

werbsweinbaus vor allem mit zwei Problemen fertig zu werden: mit den niedrigen Mostgewichten und der oft sehr reichlichen Säure (vgl. Tab. 3).
In England brachten es Neuzüchtungen wie Reichensteiner, Gutenborner, Ehrenfelser, Rabaner, Schönburger 1974 an manchen Orten auf 80 bis 90° Öchsle (English Vineyards Association, Journal No 9, 1975, S. 58), während im selben Jahr der Müller-Thurgau nur 57,5° bzw. 65°, die Huxelrebe 55° bzw. 58° Öchsle erreichte (ebd., S. 18 und 20). Der Säuregehalt lag zwischen 1,08 Prozent (Müller-Thurgau) und 1,52 Prozent (Huxelrebe). Durch geeignete kellertechnische Maßnahmen läßt sich der Säureabbau lenken bzw. verhindern[37], die geringen Öchslegrade dagegen bereiten größere Schwierigkeiten. So vertragen die DDR-Weine keine hohe Zuckerung, da sie sonst „brandig" schmecken (DIETER, 1965, S. 181). Man kann sich bei ungenügenden Mostgewichten dadurch helfen, daß man einen Teil als Sektgrundweine oder zum Verschnitt benutzt. Aber der übrige Most, der nicht genügend Zucker entwickeln konnte und weniger als 60° Öchsle aufweist, wodurch sich auch bei der Vergärung der für die Haltbarkeit des Weines erforderliche Alkohol nicht bilden kann, muß nachträglich angereichert oder verbessert werden. Dies geschieht durch Zusatz von Zucker vor der Gärung, wobei die Erhöhung des natürlichen Alkoholgehalts die Qualität kleiner Weine stark verbessert[38]. In England benötigen zum Beispiel alle Weine bis auf die frühesten eine Zuckerung (English Vineyards Association, Journal No 9, 1975, S. 58).
Wie sehr die moderne Kellertechnik Mostmängel ausgleichen kann, weist H.-C. SCHMIDT (1965, S. 61) für Österreich nach. Dort erzeugten Gebiete, die nach ökologischen Maßstäben für den Quantitätsweinbau prädestiniert erschienen, vielfach bessere Weinqualitäten als die traditionellen Qualitätsgebiete. Im Weinviertel, am Kamp und am Neusiedler See wurden trotz Weitraumkulturen dank besserer Kellertechnik bessere Weine erzeugt als in Kleinbetrieben mit Pfahlkulturen und überholten Kellerpraktiken in sogenannten Qualitätsgebieten.
Die pflegerischen Maßnahmen des Menschen setzen aber nicht erst im Keller ein. Schon die Rebe benötigt, wenn sie in Dauerkultur betrieben wird, eine ständige Pflege. Die verschiedenen Arbeiten verteilen sich fast auf das ganze Jahr (vgl. JENSCH, 1975, S. 79–85). LIEPE (1973, S. 123) teilt diesen ganzjährigen Arbeitsbedarf in vier zeitabhängige Prozeßabschnitte ein, nämlich in Stockpflege und Rebschutz zwischen Januar und Ende Juli und Bodenpflege und Bearbeitung von November bis August. Alle Arbeiten zielen auf eine Anpassung bzw. einen Schutz der Rebe gegenüber den natürlichen Bedingungen und auf eine Verbesserung von Qualität und Quantität ab. Die Bodenpflege sorgt zum Beispiel dafür, daß die dem Weinberg jährlich entnommenen Mengen an Stickstoff, Kalium, Kalzium, Magnesium und Phospor durch eine entsprechende Düngung ersetzt werden, wodurch der Mensch Wachstum und Ertrag beeinflussen kann. Durch das Umpflügen läßt sich die Transpirationskälte des verunkrauteten Bodens mildern. Auch das Zudecken der Reben mit Erde beeinflußt den Wärmehaushalt der Pflanze. Überhaupt ist der Winzer heute zunehmend in der Lage, direkte Maßnahmen zur Frostbekämpfung einzusetzen. Sie reichen vom einfachen Abdecken mit verschiedenen Materialien, bis hin zur Lufttrübung durch Vernebeln, Bewindung, Beheizung oder Beregnung (vgl. VOGT/GÖTZ, 1977, S. 222–226).
Auch die Schädlingsbekämpfung erfordert einen hohen Anteil der Weinbergarbeit. An der nördlichen Anbaugrenze ist der Weinbau gegenüber Schädlingen be-

Tab. 3: Durchschnittliche Mostgewichte und Säuregehalt in der DDR und Polen (nach A. HOFFMANN, 1956 und LIEPE, 1973)

Weinbaugebiet	Durchschnittliche Mostgewichte in °Öchsle in			Durchschnittlicher Säuregehalt in °/oo			
	guten Jahren	mittleren Jahren	schlechten Jahren	Müller-Thurgau Gutedel	Silvaner	Weißburgunder Ruländer Traminer	Riesling
Sächsisches Elbtal, Saale und Unstrut	80–115	65–95	50–75	4–6	6–8	6–10	10–14
Bezirk Grünberg	80–90	60–70	45–55	im Durchschnitt 3 bis 4 °/oo höher			

sonders empfindlich und ist dort „wo seine Existenzbedingungen gerade noch ausreichen ein verhätscheltes hochgezüchtetes Kind, das von Gefahren aller Art umlauert wird" (JENSCH, 1957, S. 82).

Die Höhe des menschlichen Pflegeaufwandes für die Weinrebe findet ihre Grenze dort, wo Zeit, Arbeits- und Sachaufwand größer werden als der Preis für das erzielte Produkt, den Wein.

2.2.2 Rentabilität

Schon bei der Beschreibung der klimatischen Grenzdaten des Weinbaus wurde auf ihren ökonomischen Bezug hingewiesen. Die Rebe gedeiht, mit entsprechender menschlicher Pflege, auch noch unter weit schlechteren natürlichen Bedingungen. Dabei wachsen aber Arbeits- und Kapitalaufwand so stark, daß ein Anbau bis zur absoluten Anbaugrenze in keinem Verhältnis mehr zum erzielten Erfolg stehen würde (JENSCH, 1957, S. 78)[39]. Bei zunehmender Entfernung von Grenzwerten des rentablen Wachstums[40] wird ein erhöhter Einsatz menschlicher Maßnahmen notwendig[41], bei gleichzeitig sinkender Qualität des Produkts. Die Beschränkung des nördlichen Weinbaus auf geeignete Standorte ist deshalb neben der klimatischen Auslese auch eine Rentabilitätsauslese. Dort, wo der Mensch beim Anbau auf die natürliche Gunst eines Raumes besonders angewiesen ist, ist der wirtschaftliche Faktor besonders dominant[42]. Die pflegerischen Arbeitsanforderungen erreichen „ihr Maximum an der relativen Anbaugrenze, das heißt, dort, wo die Rentabilität den Anbau gerade noch gestattet" (JENSCH, 1957, S. 78). Das sowohl in polarer als auch in vertikaler Richtung zunehmende Mißverhältnis zwischen Aufwand und Ertrag äußert sich in einem steten Absinken der Rentabilität von den Kern- zu den Grenzräumen (JENSCH, 1954, S. 342).

Rentabilität setzt auch im Weinbau eine Verzinsung des eingesetzten Kapitals voraus. Sie ist abhängig von der Naturgunst der Lage, der Bewirtschaftung und der Marktsituation. Wegen der unsicheren klimatischen Verhältnisse sind die Grenzbereiche des Weinbaus am anfälligsten für Rentabilitätsschwankungen. Aber auch die Bewirtschaftung der Reben und der Markt können sich, da sie von den Interessen einzelner oder der Gesellschaft abhängig sind, kurzfristig oder langsam verändern und damit zu veränderten Rentabilitätsverhältnissen führen: „Verschlechtert sich der Markt, so kann dies bei bestimmten natürlichen Voraussetzungen zu einem Mißverhältnis zwischen Produktionskosten und Ertrag führen. Der Betrieb wird unrentabel. Unter diesen Bedingungen wird sich der Rebbau auf Lagen mit besseren natürlichen Bedingungen zurückziehen. Umgekehrt werden bei einer Verbesserung der Marktsituation auch unter schlechteren Verhältnissen noch Reben angepflanzt werden. Die Grenzen der Verbreitung des Rebbaus unterliegen somit einem historischen Wnadel" (SCHLEGEL, 1973, S. 10).

Dem Rentabilitätsabfall von den Kern- zu den Grenzräumen wird nach JENSCH (1954, S. 342) auf natürlichem Wege dadurch entgegengewirkt, „daß sich an den kritischen Grenzen immer neue Bodennutzungs- und Betriebssysteme einstellen, mit denen die Rentabilität wieder angehoben wird"[43]. Die künstliche Kompensation des Rentabilitätsverlusts durch staatliche Marktregelung bewirkt dagegen „eine Dehnung der Spannweite der Rentabilitätskurve, das heißt die kritischen Grenzen werden weiter hinausgerückt, und insbesondere die Anbaugrenze als Rentabilitätsgrenze erfährt eine Verschiebung nach außen, was gleichbedeutend ist mit einer Anbauerweiterung" (JENSCH, 1954, S. 342)[44]. Damit erklärt sich nach JENSCH auch die nördlichere Lage der „Weinbaugrenzlandschaften" in Deutschland gegenüber Frankreich, die seiner Ansicht nach neben den natürlichen Anbaubedingungen auch auf einer „erzwungenen Rentabilität" beruhen (JENSCH, 1954, S. 342). Im freien Spiel des marktwirtschaftlichen Wettbewerbs muß jedoch das Bemühen, zu vertretbaren ökonomischen Ergebnissen im nördlichen Weinbau zu kommen, darin bestehen, „über den Anbau von Klonen, fachgerechte Veredelung, Einsatz standortgerechter und ertragsfähiger Rebsorten, Verbesserung des Rebschutzes und anderer technologischer Maßnahmen stabile Erträge bei gleichzeitiger tendenzieller Senkung des Arbeitsaufwandes zu erreichen" (LIEPE, 1973, S. 124). In dieser Richtung hat die Weinbautechnik bereits große Fortschritte erzielt. So stiegen zum Beispiel in der Schweiz die Flächenerträge zwischen 1901 und 1967 von 35,4 hl/ha auf 75,8 hl/ha (SCHLEGEL, 1973, S. 78), in der UdSSR von 25,2 dt/ha in den Jahren 1945/50 auf 52,6 dt/ha im Jahre 1971 (SCHURICHT, 1973, S. 127)[45]. War nach HAHN (1956, S. 68) im Jahre 1956 der Weinbau in der Bundesrepublik nur dort rentabel, wo der Ertrag im Durchschnitt mindestens 50 bis 60 hl/ha betrug, so sind heute diese Werte bereits überholt. Im gesamten Bundesgebiet betrug der durchschnittliche Ertrag zwischen 1970–1975 105,4 hl/ha und im Jahr 1976 lagen selbst die geringsten Hektarerträge mit 57,8 hl/ha im Badischen Frankenland, 61,9 hl/ha am Mittelrhein, 71,2 hl/ha in Mittelfranken und 71,9 hl/ha am Siebengebirge schon über den von HAHN geforderten Werten, was ebenfalls die wachsende Bedeutung und den Fortschritt der Weinbautechnik unterstreicht (DER DEUTSCHE WEINBAU, 11/1977, S. 382).

Für die Sicherheit der Ernten zeichnet auch die moderne Schädlingsbekämpfung verantwortlich[46]. Erst die Schädlingsbekämpfungsmittel machen deshalb nach UNCKRICH (1953, S. 498) den Weinbau bei uns rentabel. Aber alleine die Peronosporaspritzungen, die rund 2/3 des Aufwands für die Schädlingsbekämpfung ausmachen und besonders nach Regenfällen oder hoher Luftfeuchtigkeit und bei Nachttemperaturen über 13° C notwendig werden (H.-C. SCHMIDT, 1965, S. 47), erhöhten den jährlichen Gesamtaufwand in der Außenwirtschaft um 9 Prozent (JENSCH, 1957, S. 82) und die Produktionskosten um 8 bis 10 Prozent (H.-C. SCHMIDT, 1965, S. 48).

Der Arbeitsaufwand, bezogen auf die menschliche Arbeit, ist vor allem abhängig von der Mechanisierung. Der mögliche Mechanisierungsgrand sinkt mit steigender Hangneigung[47]. Da aber gerade die nördlichen Weinberge zum großen Teil auf stark geneigte Hänge angewiesen sind[48], sind sie gegenüber südlichen im Nachteil, da dort der Anbau risikolos in flachhügeliges bis ebenes Gelände vordringen kann. Solche Direktzuglagen sind aber rationeller und damit billiger zu bearbeiten als Steillagen, bei denen der Arbeitsaufwand dreimal so hoch ist wie in Flachlagen (K. M. HOFFMANN, 1977, S. 50)[49]. Der Arbeitsaufwand schwankt daher zum Beispiel im Weinbau der DDR zwischen 800 h/ha in flachgeneigten Weitraumanlagen und 2200 h/ha in Terrassenanlagen[50]. In den letzten 20 Jahren sank in der Bundesrepublik der Arbeitsaufwand von 2000 bis 2500 Akh/ha/J auf etwa die Hälfte und beträgt heute unter Ausnutzung aller technischen Möglichkeiten in Direktzuganlagen 700 bis 900

AKh, in Seilzuglagen 1000 bis 1400 AKh und in Pfahlanlagen (Mosel) 2000 und mehr AKh (K. M. HOFFMANN, 1977, S. 50).
Die Möglichkeiten einer rentablen Bewirtschaftung sind neben der Höhe des Arbeitsaufwandes auch abhängig von den Veränderungen in der Lohn-, Sachkosten- und Weinpreisentwicklung. Während zum Beispiel die Löhne in der Bundesrepublik von 1948 bis 1968 insgesamt um 360 Prozent gestiegen sind und die Sachkosten um etwa 85 Prozent, haben sich die Weinpreise für gute Qualitäten höchstens um 30 Prozent, für Tischweine gar nicht erhöht (HILLEBRAND, 1969, S. 557 f.). Ohne Senkung des Arbeitsaufwands und ohne steigende Flächenerträge wäre die Nordgrenze des europäischen Erwerbsweinbaus weit nach Süden gerückt. Wenn die Lohnsteigerung den größten Teil der Steigerung der Erzeugungskosten ausmacht, sind hiervon vor allem die Steillagen an der Nordgrenze des Erwerbsweinbaus betroffen, da ihr Arbeitsaufwand überdurchschnittlich hoch ist bei gleichzeitig unterdurchschnittlichem Ertrag[51]. Auch wenn zum Beispiel in der DDR beste Qualitäten aus Seilzuglagen international auf Weinausstellungen mit Preisen in Gold bedacht wurden (SCHIELE, 1973, S. 132) und damit über die Qualität ein Teil der Mehrkosten wieder hereingeholt werden konnte, so lagen doch andererseits zum Beispiel an der Nahe die Faßweinpreise für Weine aus Steillagen in der Regel nur um 10 bis 20 DM je Hektoliter höher als aus den Direktzuglagen, obwohl es sich vorwiegend um Rieslingweine handelte (HILLEBRAND, 1969, S. 562). Die Qualitäts- und damit die Weinpreisabstände sind insgesamt geringer geworden.
In welchem Maße es der Anbautechnik, Rebenzüchtung und Kellerwirtschaft gelungen ist, hervorragende Qualitätsweine auch in der Ebene zu erzeugen, zeigt HILLEBRAND (1969, S. 562) am Beispiel Rheinhessen. Dort wuchsen vor 30 Jahren Spitzenweine nur an der Rheinfront, heute sind sie über ganz Rheinhessen verteilt. Da die Weine den gleichen Preis erzielen, wird der gute Wein im Steillagenbetrieb mit sehr hohen Kosten, im Direktzuglagenbetrieb mit niedrigen Kosten erzeugt. Deshalb sieht HILLEBRAND den Weinbau am Steilhang in Zukunft in seiner Rentabilität besonders dort gefährdet, wo der Arbeitsaufwand nicht gesenkt werden kann und keine Qualitätsweine wachsen, die einen hohen Preis bringen. Für den Steilhangbetrieb fordert er deshalb ganz allgemein eine Senkung des Arbeitsaufwandes auf 1000 bis 1200 h/ha und eine Steigerung der Erträge auf möglichst 80 hl/ha. In der Weiterentwicklung der weiträumigen Erziehung sieht er die Zukunft des Weinbaus, da sie eine Senkung des Arbeitsaufwands auf 400 bis 600 h/ha bei einem Durchschnittsertrag von mindestens 80 bis 100 hl/ha ermöglicht (HILLEBRAND, 1969, S. 563)[52].
Für den nördlichen Weinbau stellt die Weitraumkultur allerdings keine echte Alternative dar, da sie gute bis sehr gute Böden und ebene Flächen bzw. schwach geneigte Hänge voraussetzt.
Die unterschiedlichen Wirtschaftssysteme der einzelnen europäischen Staaten bedingen eine ungleiche Entwicklung der Rentabilitätsgrenze des nördlichen Weinbaus[53]. Dem nördlichen Erwerbsweinbau aller Staaten aber gemeinsam ist seine Reduzierung zur wirtschaftlichen Bedeutungslosigkeit, je mehr er sich von seinem Bezugspunkt Rentabilität entfernt und sich auf Tradition, staatliche Unterstützungsmaßnahmen und Freizeitinteressen stützt.

2.2.3 Weinbaupolitik

Die hohe Arbeits- und Kapitalintensität des Weinbaus veranlaßte schon sehr früh sowohl Herrscher und Regierungen, als auch Privatleute und bestimmte Gruppen, den Weinbau ihren Interessen gemäß zu beeinflussen (vgl. GÖNNEWEIN, 1963; WEHLING, 1971). Geschah dies anfangs etwa aus Sorge um die Weinversorgung, so waren es schon bald handfeste wirtschafts- und steuerpolitische Beweggründe. In neuerer Zeit treten zu diesen Motiven Vorsorgemaßnahmen des Staates gegen Überproduktion, minderwertige Qualität, Verfälschung des Weines, Schädlinge etc., wodurch die Produktions- und Absatzverhältnisse gesichert werden sollen. Daneben vertritt die Weinbaupolitik aber auch gesellschaftspolitische Ziele und den Landschaftsschutz. Entsprechend dieser verschiedenen Ziele sind auch die Mittel der Weinbaupolitik sehr vielfältig: Sie reichen von Beratung und Subvention über Preisregelung bis hin zu Anbauverboten und Rodungsprämien. Eine eingehende Beschreibung aller möglichen Maßnahmen und ihre Auswirkungen auf den Weinbau würde den Rahmen dieser Arbeit weit übersteigen. Deshalb sollen im folgenden nur einige weinbaupolitische Motive und ihre Auswirkungen beispielhaft genannt werden.

Die Bestimmungen des Weinbaurechts wurden im Laufe der Zeit immer mehr ausgedehnt und verfeinert. Trotz verschiedener nationalstaatlicher Unterschiede[54] sind heute im allgemeinen sowohl die Sortenwahl, die Auswahl des Rebgeländes, die Reblausbekämpfung, als auch die Qualitätsanforderungen, die Weinbereitung und Kellerbehandlung, die Einteilung und die Auszeichnung der Weine gesetzlichen Bestimmungen unterworfen. Für den nördlichen Weinbau ist die Regelung des Weinmarktes heute zu einer Existenzfrage geworden, da seine Rentabilität bei zunehmender Konkurrenz aus dem Süden immer mehr auf staatlichen Schutzmaßnahmen beruht. Durch den Zusammenschluß der europäischen Länder zu großen Wirtschaftsblöcken stehen die nördlichen Weinbaugebiete im direkten Vergleich mit den südlichen und damit letzten Endes im Produktionsnachteil. Die internationale Verflechtung des Weinmarktes brachte aber auch früher schon Probleme mit sich. So hatte das Alkoholverbot in den USA im Jahre 1919 nicht nur Folgen für den heimischen (vor allem kalifornischen) Weinbau, sondern auch für den europäischen Export (IMMICH, 1920, S. 68). Die Schutzzollpolitik der ehemaligen Abnehmerländer Österreich und Tschechoslowakei nach 1922 führte in Ungarn zu einer jahrelangen ständigen Überproduktion mit allen schädigenden Auswirkungen (TELEKI, 1937, S. 5). In der Europäischen Gemeinschaft versucht man derzeit mit Hilfe von Rodungsprämien, Destillationsprämien und Ausfuhrsubventionen der Weinschwemme Herr zu werden.

Über Art und Umfang der staatlichen Maßnahmen entscheidet dabei immer mehr die Qualität des Weines. So zielt in Frankreich die Weinbaupolitik darauf hin, die Produktion an die qualitative Entwicklung der Nachfrage anzupassen, was durch verbesserte Kelterungsmethoden, Verjüngung der Weinkulturen und Förderung neuer Weinsorten, bei gleichzeitiger Verringerung der Weinbaufläche (– 0,8 Prozent jährlich seit 1960), erreicht werden soll (INFORMATIONSBLÄTTER, Französische Botschaft Bonn, H. 168, 1976, S. 10)[55]. Auch in der Bundesrepublik wollen die staatlichen Maßnahmen den qualitätsorientierten Anbau fördern und ihn auf ungeeigneten Flächen unterbinden. Im Weinwirtschaftsgesetz vom 29. August 1961[56] wurde eine Genehmigungspflicht für Neuanlagen eingeführt, wobei ein

zehnjähriger, nach Gebieten und Sorten gestaffelter Mindestmostgewichtsdurchschnitt entscheidet. Auch kann die Genehmigung auf bestimmte Sorten beschränkt werden. Weiterhin werden im Gesetz eine Meldepflicht der Weinbaubestände, verbilligte Kredite, die Förderung von Qualität und Absatzwerbung und die Errichtung eines Stabilisierungsfonds für Wein als Anstalt des öffentlichen Rechts festgelegt (H.-J. KOCH, 1970, S. 12). Nach dem Inkrafttreten einzelner Verordnungen der Weinmarktordnung in der EWG liefen die deutschen Bemühungen darauf hinaus, gleiche Startbedingungen für ihre peripheren Weinbaugebiete zu schaffen und ihnen bei der Weinverbesserung angemessene Werte einzuräumen. Als Kernstück einer gemeinsamen EG-Weinmarktordnung ist seit 1970 die Abgrenzung der Anbaugebiete und die Festlegung des Ertrages anzusehen[57], womit eine Marktspaltung zwischen Qualitäs- und Quantitätsweinen erreicht wurde. Ihren Niederschlag fand die qualitätsbezogene Abgrenzung der deutschen Weine im 6. Deutschen Weingesetz von 1971, in dem neben der Einteilung der Weine nach amtlicher Qualitätsprüfung auch die Bildung und Abgrenzung der elf Anbaugebiete für Qualitätswein sowie der vier Gebiete für Tafelwein festgelegt wurde (vgl. AID, H. 345, S. 13—15).
Auch in den Zentralverwaltungswirtschaften der osteuropäischen Länder bestimmen vor allem wirtschaftliche Faktoren die Entwicklung des Weinbaus, wobei, wie im westlichen Europa, das mengenmäßige Übergewicht der südlichen Weinbaugebiete und das Streben nach Qualität besondere Probleme darstellen[58]. Daneben dient der Weinbau aber auch im verstärktem Maße gesellschaftspolitischen Zielen. So wurden auf dem 22. Parteitag der KPDSU im Oktober 1961 in Moskau die Weichen für die besondere Enwicklung des Weinbaus und seiner Industrie in der UdSSR gestellt. Eine intensive Nutzung der für den Weinbau günstigen Gebiete sollte Devisen durch Wein- und Tafeltraubenexport[59] ins Land holen, bei gleichzeitiger Werbung für die Fortschritte der Planwirtschaft durch den Absatz von Qualitätsweinen (PEYER, 1970, S. 139). Innerhalb der sowjetischen Gesellschaft sollte der Wein den Genuß von Wodka zurückdrängen (SCHÜTZE, 1964, S. 2)[60] Deshalb wurde eine Erweiterung der Anbaufläche und der verarbeitenden Industrie beschlossen. Die einzelnen Weinbaumaßnahmen wurden auf eine breite wissenschaftliche Grundlage gestellt, welche die natürlichen Voraussetzungen berücksichtigten und ihren Niederschlag in der Spezialisierung der Weinbaugebiete fanden. Für jeden Bezirk wurde von der Regierung der UdSSR ein Standardsortiment im Hinblick auf das Produktionsziel zusammengestellt. So werden zum Beispiel in der nördlichen Weinbauzone der Moldauischen SSR Rebsorten für die Weinbrandherstellung, in der mittleren Zone für Schaumwein und in der südlichen Zone für Markenweine angebaut (GROSSE SOWJET-ENZYKLOPÄDIE, 1953, S. 37). Durch intensive staatliche Förderung des Weinbaus in den osteuropäischen Staaten, auch in Forschung und Wissenschaft, wurden die Rebflächen beträchtlich erweitert (vgl. Tab. bei PEYER, 1970, S. 139; AMBROSI, 1975, S. 7; MÉMENTO de l'OIV, 1975, S. 520 f.).
Ein anderer Aspekt der staatlichen Weinbaupolitik wird am Beispiel der DDR besonders deutlich. Obwohl dort die Reben nur 0,007 Prozent der landwirtschaftlichen Nutzfläche bedecken und der Weinbau damit nicht „nach ökonomischen Maßstäben im Hinblick auf die Bedeutung im Rahmen der Volkswirtschaft, insbesondere der Land- und Nahrungsgüterwirtschaft, eingeordnet werden kann" (LIEPE,

1973, S. 121), genießt der Weinbau dennoch gesamtstaatliches Interesse. In einem Ministerratsbeschluß vom 1. März 1963 werden als Ziele des Weinbaus genannt:
„1. Die Erzeugung von qualitativ hochwertigen Weinen zur Bereicherung des Sortiments.
2. Die Grenzflächen zu bewirtschaften, die an der absoluten Grenze landwirtschaftlicher Nutzung liegen.
3. Den Wert kulturhistorischer Anlagen und Einrichtungen und den landschaftsgestaltenden Faktor, besonders in den Erholungsgebieten, zu erhalten und zu fördern (LIEPE, 1973, S. 121)."
Aus diesen Zielen leitet sich eine Berechtigung des Weinbaus ab, die sich nicht allein auf seine Wirtschaftlichkeit gründet, sondern auch auf seine „ästhetische Bedeutung" (DOHNAL, 1971) und damit ihren Ursprung in der Weinbaupolitik hat. Das hat zur Folge, daß die Rebfläche im Saale-Unstrut-Gebiet von 96 ha im Jahre 1960 auf 253 ha im Jahre 1973 gewachsen ist (SCHIELE, 1973, S. 132), ja sogar bis auf 800 ha steigen soll (SCHOPF, 1973, S. 187). Die vorgeschriebenen Sortenschlüssel bieten dabei eine größtmögliche Gewähr für Ertragssicherheit und Qualität[61].

In den meisten europäischen Staaten wurde nach der Reblausinvasion Ende des 19. Jahrhunderts ihre Bekämpfung und die Rebenveredlung vom Staat in die Hand genommen. In Forschungsanstalten und Weinbauinstituten werden neue Sorten und Verfahren erprobt, die die Grundlagen für einen wirtschaftlichen und qualitätsorientierten Weinbau legen. Durch Verordnung wurden in vielen Ländern die direkttragenden Hybriden verboten[62].

Neben den staatlichen Behörden und Instituten verfolgen auch Gruppen und Verbände weinbaupolitische Ziele. In England zum Beispiel begann die English Vineyards Association 1967 mit 15 Mitgliedern, 1974 hatte sie schon 900 (WOMAN, 7. Februar 1976, S. 40)[63]. In der Bundesrepublik hatten die Weinbauverbände maßgeblichen Anteil bei der Vorbereitung des 6. Deutschen Weingesetzes von 1971 (JÄRGEN, 1974, S. 556 f.).

Wie verschieden sich der Weinbau bei unterschiedlicher staatlicher Förderung entwickeln kann, zeigt das Beispiel des Weinbaus im Grenzraum an der deutschluxemburgischen Obermosel. Während auf luxemburgischer Seite die staatlichen Maßnahmen vor allem nach 1918 zur Ausbildung eines Qualitätsweinbaus mit international konkurrenzfähigen Weinen führten, blieben wegen der abseitigen Lage der Weinorte an der deutschen Obermosel bis 1950 größere staatliche Fördermaßnahmen aus, so daß sich hier der Weinbau einseitig auf die Quantitätserzeugung verlegte. Der größte Teil der Ernten dient zur Schaumweinherstellung oder dem Verschnitt. Fast ausschließlich wird der Elbling, eine Quantitätsrebe angebaut, während diese Rebe im Luxemburger Anbaugebiet auf 28 Prozent zurückgegangen ist (WERLE, 1977, S. 187–191). Die Erweiterung des EG-Marktes und die Verbilligung der Konsumweine bringen den deutschen Winzern an der Obermosel deshalb besonders große Probleme[64].

Jede politische Einflußnahme auf den Weinmarkt stellt eine Beziehungskette von der Marktregelung über den Preis, die Rentabilität und den Betrieb zur Weinbaulandschaft her (JENSCH, 1954, S. 340). Deshalb sind Strukturveränderungen der Grenzbetriebe im nördlichen Erwerbsweinbau immer auch als Folgen einer veränderten Weinbaupolitik anzusehen.

2.2.4 Wertschätzung der Rebe und des Weines

Die Vorzugsstellung des Rebbaus innerhalb der Sonderkulturen lag lange Zeit darin begründet, daß er den Bauern die Möglichkeit bot, auf kleinster Fläche einen größtmöglichen Gewinn zu erwirtschaften und dies auch in für andere Kulturen ungeeigneten Boden- und Reliefverhältnissen. Damit konnte der Weinbau mehr Menschen ernähren und Beschäftigung bieten als andere Kulturen auf gleicher Fläche. An der nördlichen Arealgrenze war die Rebe deshalb unter den möglichen Sonderkulturen solange dominierend, solange dem Wein ein unbeschränkter Absatz ohne Rücksicht auf seine Qualität möglich war. Mit der Verschlechterung der Absatzbedingungen sank jedoch die Bereitschaft der Bauern, Reben zu pflanzen. Die Entwicklung im sekundären und tertiären Bereich bot den ehemaligen Winzern zudem genügend neue Arbeitsplätze, so daß auch die Bedeutung der Bearbeitung landwirtschaftlicher Grenzflächen in den Hintergrund trat. Wenn dennoch heute die Rebe im nördlichen Grenzbereich des europäischen Weinbaus wieder an Beliebtheit gewonnen hat (vgl. Fig. 5), so liegt dies einmal an der, hauptsächlich auf der Qualität des Weines beruhenden, tatsächlichen Rentabilität des Weinbaus, und, im weit größeren Umfange, auf einer durch staatliche Marktregelung „erzwungenen" Rentabilität. Daneben gibt es aber auch noch Einflußfaktoren auf den Beliebtheitsgrad der Rebe außerhalb jeder wirtschaftlicher Überlegungen, wie sie etwa im Hobbyweinbau und im Landschaftsschutz zutage treten.

Die Vorliebe für den Wein ist nicht gleichermaßen bei allen Völkern entwickelt.

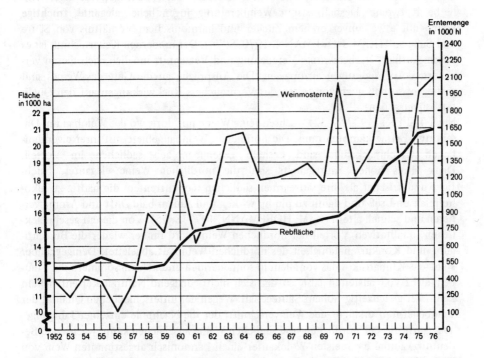

Fig. 5: Ertragsrebflächen und Weinmosternten in Baden-Württemberg 1952–1976 (Statistik von Baden-Württemberg, Bd. 242, 1977)

Dort, wo der Wein erzeugt wird, ist er als Getränk auch am beliebtesten, während in Ländern mit wenig oder gar keinem Weinbau der Wein nur eine geringe Rolle spielt[65]. Diesen Sachverhalt belegen sehr deutlich die Tabellen über den jährlichen Pro-Kopf-Verbrauch einzelner Länder (vgl. MÉMENTO de l'OIV, 1975, S. 541–549). Wenn der Wein heute nur noch in einigen wenigen geschlossenen Weinbaugebieten als tägliches Getränk des Volkes angesehen werden kann, so hat sich seine Rolle von einem Volksgetränk zu einem mehr oder weniger populären Luxusgetränk gewandelt, dessen Stellung von vielen anderen Getränken streitig gemacht wird[66]. Der Wein ist in vielen Haushalten entbehrlich geworden, wo er noch vor Jahrzehnten tägliches Getränk war. Dieser Veränderung des Konsumverhaltens liegen mannigfache Ursachen zugrunde: Eine bessere Versorgung mit anderen Getränken und damit eine größere Auswahl, eine unterschiedliche Preisentwicklung der einzelnen Getränke, eine Abkehr vom alltäglichen Alkoholkonsum und seine Verlagerung auf besondere Anlässe, ein Vorzug von geringeren Alkoholwerten bei dem täglichen Bedarf oder von höheren Alkoholwerten bei besonderem Bedarf, eine momentane modische Hinwendung zu anderen Getränken. Die Bedeutung der einzelnen Faktoren verändert sich in zeitlicher und räumlicher Hinsicht, sie unterliegen sozio-ökonomischen Bedingungen.

Neben dieser allgemeinen Verlagerung des Geschmacks (sprich: des Vorzugs von anderen Getränken) gibt es aber auch innerhalb der Anforderungen der Konsumenten an den Wein selbst eine Geschmacksveränderung. So bevorzugt die heutige deutsche Geschmacksrichtung „beim Wein junge, spritzige, blumige Weißweine, ausgeglichen im Verhältnis von Alkohol, Säure und Restsüße; zarte, samtige, fruchtige, feinherbe Rotweine. Deshalb strebt Weinbereitung jugendliche, elegante, fruchtige Weine mit etwas unvergorenem Zucker und harmonischem Verhältnis von Säure und Süße an" (K. M. HOFFMANN, 1970, S. 74). Der modernen Kellertechnik ist es durch Ausbau, Verbesserung, Veredelung und Verschnitt möglich, sich diesen veränderten Anforderungen anzupassen. Die Ansprüche an die Güte des Weines sind gestiegen, so daß auch von seiten des Verbrauchers Rückwirkungen auf den Qualitätsbau ausgehen.

Nach TELEKI (1937, S. 32) wachsen feine Weine nur dort, wo der Weinbau um Dasein und Ertrag kämpfen muß. Die nördlichen Weinbaugebiete mit ihrer eigentümlichen Geschmacksfülle sind deshalb gegenüber den südlichen im Vorteil. Dank ihres hohen Säuregehalts sind die nördlichen Weine eleganter, fruchtiger und frischer als ihre säurearmen südlichen Konkurrenten, die häufig zu alkoholreich und süß und damit zu plump wirken und zudem bald Duft und Aroma verlieren und schnell altern (K. M. HOFFMANN, 1977, S. 75). Von diesem geschmacklichen, qualitativen Vorteil der nördlichen Weine wird immer wieder die Berechtigung und Konkurrenzfähigkeit des nördlichen Weinbaus abgeleitet. Demgegenüber steht das Klimarisiko, das vor allem in sonnenarmen und kühlen Sommern die Trauben nicht voll ausreifen läßt, so daß sich nicht genügend Naturzucker entwickeln kann, bei gleichzeitig hohem Säuregehalt. Wegen der unterschiedlichen Qualität der Traubenernten erlangte der Weinverschnitt, der die Nachteile einzelner Jahrgänge, aber auch die der nördlichen und südlichen Weine ausgleichen kann, wachsende Bedeutung, zumal die meisten Weinkäufer einen harmonisch abgestimmten Wein von stets gleichbleibender Eigenart und Qualität verlangen (K. M. HOFFMANN, 1977, S. 68). Der Umfang der zulässigen Verschnitte wird in den Weingesetzen der Länder geregelt (vgl. MÉMENTO de l'OIV, 1975), wobei neben dem Qualitätsgedanken auch die Erhaltung des Geschmacksvorteils der nördlichen Weinbauorte[67] und eine Geschmacksbefriedigung der Konsumenten zum Bestandteil weinbaupolitischer Maßnahmen wurden. Die Herstellung und der Bertrieb von Markenweinen (sog. Typenweinen)[68] kommt einer Geschmackslenkung der Konsumenten nahe. Die Geschmacksrichtung ist in den einzelnen Ländern unterschiedlich. In Deutschland kam die Vorliebe für milde Weine nach dem 2. Weltkrieg auf und führte schließlich sogar so weit, daß ausländische Weine bewußt dem deutschen Verbrauchergeschmack angepaßt — besonders was den Restzuckergehalt betrifft — und verwechselbar mit deutschem Wein bezeichnet und aufgemacht wurden, um ihnen den deutschen Markt zu öffnen (JÄRGEN, 1974, S. 556). Auch Importeure deutscher Weißweine in den USA und Kanada bestätigen den Trend zu leichten, bekömmlichen Weinen (DER WEINFREUND, H. 24, 1976, S. 15). Das hat seine Ursache in den Verbrauchergewohnheiten der Weintrinker, die zum Beispiel in der Bundesrepublik zu über 90 Prozent ihren Wein nach dem Essen zum geselligen Zusammensein genießen (DER WEINFREUND, H. 24, 1976, S. 15), ganz im Gegensatz zu den Trinkgewohnheiten in anderen, traditionellen Weinländern wie Italien, Frankreich oder Spanien. Die Vorliebe für deutschen Weißwein in Großbritannien, das nach den USA zweitgrößter Abnehmer von deutschem Wein ist und das die Einfuhr von 1971–1975 um 150 Prozent gesteigert hat, kennzeichnet die Trinkgewohnheiten der Engländer: Der Weißwein wird im Gegensatz zum französischen für sich und nicht unbedingt nur beim Essen getrunken (ALLGEMEINE ZEITUNG, Mainz, 13./14. September 1975). In den südlichen Weinbauländern sind sowohl schwere, süße als auch herbe, durchgegorene Weine beliebt. In der Sowjetunion werden die schweren und süßen Weine den herben und leichten vorgezogen (SCHÜTZE, 1964, S. 11).

Diese unterschiedlichen Geschmacksrichtungen haben ihre Auswirkungen nicht nur auf die Kellertechnik, sondern auch auf die Sortenverteilung und das Produktionsziel in den Weinbaugebieten. In der Bundesrepublik produzieren die Winzer marktgerecht lieblichen Wein, weil die Nachfrage nach durchgorenen, herben Trockenweinen[69] nur gering ist (K. M. HOFFMANN, 1977, S. 78). Der heute überall vertretene anspruchsvolle Geschmack erfordert einen Qualitätsbau, dessen Produkte dem Geschmack der Konsumenten entsprechen und die sich gegenüber den anderen Getränken behaupten können.

3. DIE HISTORISCH-GEOGRAPHISCHE ENTWICKLUNG DER REBKULTUR IN EUROPA

Auch dieser Arbeit soll der eigentlichen Untersuchung über die Ursachen der Verschiebungen der nördlichen Weinbaugrenze ein Abriß der geschichtlichen Entwicklung vorangestellt werden, nicht etwa nur aus bewährtem Brauch wie in der einschlägigen Weinbauliteratur (vgl. HAHN, 1956, S. 13), sondern weil bislang eine solche Übersicht über die Entwicklung der nördlichen Weinbaugrenze ganz Europas fehlte und sich zudem daraus schon wesentliche Aspekte der Verschiebungen, wie Auftreten und Dauer, Häufung und Bewegungsrichtung ergeben.

Der historische Abriß und die darauf aufbauenden Karten sollen einen Überblick über die regionale Verbreitung des Weinbaus vermitteln und können deshalb nicht alle die nördlichen Orte Europas im einzelnen aufführen, die einmal Weinberge hatten oder noch haben[1]. Eine Untergliederung der nördlichen Weinbaugrenze in eine relative und eine absolute Grenze, wie dies bei der Beschreibung der aktuellen europäischen Weinbaugrenze geschieht, war für die zurückliegenden Jahrhunderte nicht möglich, da die Kriterien dafür, wie etwa Größe der Rebfläche, Produktion für den Markt oder Eigenbedarf und Freizeitweinbau nur selten bekannt sind. Die in den Karten 1 und 2 festgehaltenen zeitlichen Schnitte zeigen einmal die Verbreitung des Weinbaus in Europa im 3. Jahrhundert n. Chr., also noch vor den einsetzenden Wirren der Völkerwanderungszeit, von der niemand sagen kann, wie in ihr die Rebkultur überlebte, zum anderen den Weinbau um 800 n. Chr., unter Berücksichtigung der ersten schriftlichen Urkunden, um 1450, mit seinem für Mitteleuropa weitesten Vordringen nach Norden bei relativ breiter Streuung der Weinbauorte und schließlich in unserer Zeit mit dem Zerfall der Weinbaugrenze in viele Weinbauinseln.

Die angeführten Jahreszahlen und Erstnennungen von Weinbergen sagen nichts über den Umfang der Rebfläche aus, es kann sogar angenommen werden, daß zu einem späteren Zeitpunkt, bei wachsender Kenntnis, oder, wie im Mittelalter, bei wachsender Bevölkerungsdichte, der Weinbau zum Teil umfangreicher wurde.

Die aus der einschlägigen Literatur entnommenen Daten und Angaben über den Weinbau beruhen auf örtlichen oder regionalen Nachforschungen und werden jeweils dort belegt. Neben archäologischen Funden und historischen Quellen kamen dabei auch Karten, Reisebeschreibungen, Statistiken und Flurnamen zur Auswertung. Der Aussagewert dieser Quellen ist sehr unterschiedlich und reicht von präzisen Angaben in Urkunden bis hin zu flüchtigen Hinweisen. Die auffälligsten Zeugen einstiger Rebkultur sind heute Weinstöcke an Häusern, Terrassen, Steinriegel und Namen von Fluren und Ortschaften (vgl. Bild 2 u. 3)[2].

Bild 2: Ehemalige Weinbergsterrassen in Claverton, Somerset (ORDISH, 1953)

Bild 3: Verödete Weinberge in Oberlößnitz, Sachsen (NAUMANN, 1924)

3.1 DIE AUSBREITUNG DER REBE BIS ZUM FRÜHEN MITTELALTER (800)

Die Vorgeschichte des Weinbaus reicht weit zurück und ist sagenumwoben (vgl. BASSERMANN-JORDAN, 1975, S. 18). Über die Herkunft der Rebe und der Weinkultur gibt es unterschiedliche Auffassungen. Nach WERTH (1931, S. 38) könnte sich die Weinkultur vom Grenzgebiet der ostasiatischen und vorderasiatischen Wildrebengruppen, also von Nordwestindien, Afghanistan und Turkestan aus, nach Westen und auch nach Osten ausgebreitet haben. R. GRADMANN (1942; zit. nach SCHRÖDER, 1953, S. 24—26) sieht sie im Zusammenhang mit der Entwicklung der Hackbaukultur und verlegt ihren Ursprung an den Südrand des Schwarzen Meeres. Nach dem sowjetrussischen Genetiker N. J. VAVILOV (1887—1942) liegt das Gebiet der größten Formenfülle (Genzentrum) der Weinrebe (Vitis vinifera L.) in den weiten Gebieten zwischen Kaukasus, Kleinasien und Persien (K. M. HOFFMANN, 1977, S. 28). Auf Grund schriftlicher Zeugnisse und vergleichender Sprachuntersuchungen verlegt V. HEHN (1911; zit. nach SCHRÖDER, 1953, S. 23) die Heimat der Rebe und der Weinkultur in das Gebiet südlich des Kaspischen Meeres, von wo sie nach seiner Wanderungstheorie über das Gebiet am unteren Euphrat, von da über Syrien und Kleinasien zu den Griechen, von dort nach Italien und mit den Römern schließlich nach Mitteleuropa gekommen ist.

Diese Auffassungen werden gestützt von der Tatsache, daß allen alten Kulturen Vorder- und Mittelasiens, den Ägyptern, Babyloniern, Assyrern, Phöniziern, Israeliten und Hethitern Weinbau und Weinbereitung schon bekannt waren[3], und daß mit der Ausdehnung der Herrschaftsbereiche nach Westen die Rebe schließlich auch am Mittelmeer kultiviert wurde. (K. M. HOFFMANN, 1977, S. 38)[4].

Demgegenüber wird von anderen Autoren die Wanderungstheorie in Frage gestellt. Sie gehen davon aus, daß nicht nur in den obengenannten Gebieten Wildreben wuchsen, sondern auch in Europa. Hier hatten lediglich die Europäische Wildrebe (Vitis vinifera ssp. silvestris G.) in einem mediterranen Rückzugsgebiet und die Kaukasische Wildrebe (Vitis vinifera ssp. caucasica V.) in einem armenisch-südkaspischen Rückzugsgebiet die Klimaschwankungen des Pleistozäns überstanden (LATTIN, 1939, S. 222), von wo sie die Rhone und den Rhein bzw. die Donau aufwärts wieder nach Mitteleuropa vorstießen (BERTSCH, 1947, S. 122—125). Nach LATTIN (1939, S. 222) dürfte von diesen Wildformen die Kultur- oder Edelrebe (Vitis vinifera ssp. sativa d. C.) ihren Ausgang genommen haben. Für das Donaugebiet um Linz in Österreich hat WERNECK (1955; zit. nach LA BAUME, 1961, S. 43) nachgewiesen, daß dort Rebenrassen einheimischen Ursprungs („donauländischer Herkunft") vorhanden waren und schon genutzt wurden, bevor die Römer mit Rassen mediterranen Ursprungs ihre Rebkultur dorthin brachten. Die Selektion der Kulturrebe aus europäischen Wildrebensorten scheint auch am Oberrhein (WINKELMANN, 1960, S. 15) und in Gallien und Italien gelungen zu sein (BERTSCH, 1947, S. 135). Für Italien wird eine eigenständige Entwicklung des Weinbaus angenommen (vgl. SCHLEGEL, 1973, S. 24)[5].

Die vielen Funde von Traubenkernen aus vorgeschichtlicher Zeit beweisen ganz eindeutig den „autochthonen Charakter der Rebe" für Europa (SCHRÖDER, 1953, S. 24), doch lassen sie hinsichtlich der Nutzungsart der Wildreben bzw. ihrer Mu-

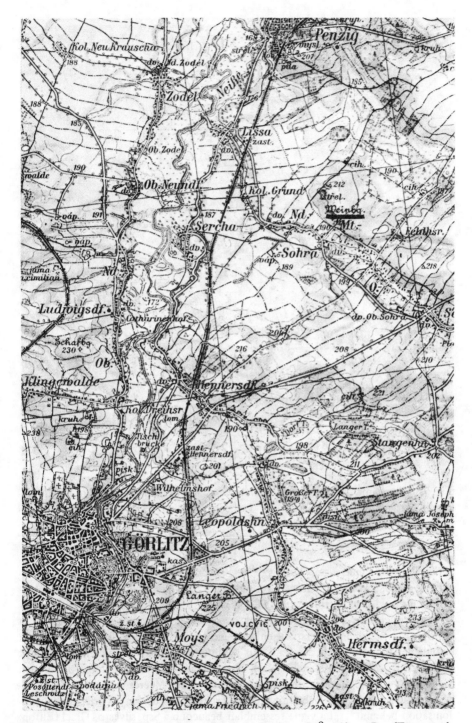

Fig. 6: Flurname „Weinberg" nordöstlich Görlitz, 51° 10' n. Br. (Topograph. Karte 1:75 000 der Tschechoslowakei, Blatt 3554, Černousy a Görlitz, 1932).

Fig. 7: Flurname „Vinna Hora" südlich Hultschin (Hlučin), 49° 55' n. Br. (Topograph. Karte 1:75 000 der Tschechoslowakei, Blatt 4060 Opava a Moravská Ostrava, 1928)

tationen keine eindeutigen Aussagen zu[6]. Deshalb wird auch in der neueren Forschung die Ost-West-Wanderung, zwar nicht mehr für die Rebe, so doch für die Rebkultur nach wie vor vertreten (vgl. SCHRÖDER, 1953, S. 24). Den bewußten Anbau von Edelreben zur Weingewinnung im größeren Umfang betrieben danach in Europa wahrscheinlich zuerst diejenigen südosteuropäischen Völker, die einmal in räumlicher Nachbarschaft des Kaukasus wohnten oder aber im frühen Kontakt mit den alten Hochkulturen standen. Nach Untersuchungen von A. M. NEGRUL in den Gebieten westlich, nördlich und östlich des Schwarzen Meeres war den dortigen Bewohnern die Kultur der Rebe mit kleinen Trauben bereits vor der griechischen Kolonisation bekannt[8]: „La vigne ressemblait beaucoup à Ssp. silvestris Gmel (Europ. Wildrebe) qui pousse actuellement en Crimée. Le début de notre ère voit déjà apparaître la vigne à grosses baies et à gros pèpins qu' on peut classer dans le groupe Ssp. sativa D. C. prol. pontica Negr. et au VIe – VIIe siècle la première place revient aux cépages de cuve, de toute évidence importés de Grèce" (PELIAKH, 1963, S. 1398).

Den Griechen bleibt demnach das große Verdienst, in ihrem Herrschafts- und Einflußbereich für die Verbreitung der Edelrebe und die Verbesserung der Weinkultur gesorgt zu haben. Mit ihnen gelangte die Kulturrebe auch nach Italien und Südfrankreich (HEGI, 1925, S. 374). Im 5. Jahrhundert v. Chr. war die Rebkultur bereits an der Nordküste des Schwarzen Meeres bekannt (PELIAKH, 1963, S. 1399).

Die Römer fanden bei der Eroberung Daciens (106 n. Chr.) einen blühenden Weinbau vor, den sie durch neue Traubensorten, neue Arbeitsgeräte und neue Methoden der Weinbereitung verbesserten (THEODORESCU, 1943, S. 7; vgl. auch PELIAKH, 1963, S. 1401). Auch in anderen Teilen ihres riesigen Reiches sorgten die Römer für eine Verbreitung der Weinkultur. Wenn auch nicht letztlich geklärt ist, ob der mitteleuropäische Weinbau gallisch-griechischen Ursprungs ist (vgl. HAHN, 1956, S. 14), so wurde er doch dort in der Römerzeit durch die Gallier eingeführt (SCHLEGEL, 1973, S. 25). Am Rhein und an der Mosel geschah dies zwischen dem 1. und 3. Jahrhundert n. Chr. (HAHN, 1956, S. 14 f.). Die Germanen sollen nach TERNES (1975, S. 191) wahrscheinlich im Verlauf des 1. Jahrhunderts n. Chr. selbst zu Weinproduzenten geworden sein, vor allem an der Mosel.

Den Nachweis für einen römerzeitlichen Weinbau liefern zumeist Bodenfunde[9], aber auch Anbautechniken, Geräte und Ausdrücke der Weinbausprache (vgl. BASSERMANN-JORDAN, 1975, S. 39–62). Von einem römischen Weinbau zeugen Bodenfunde unter anderem bei Arlons in Südbelgien (BASSERMANN-JORDAN, 1940, S. 3), im Ahrtal (KRIEGE, 1911, S. 6), an der Mosel (WILL, 1939, S. 7 f.), am Mittelrhein (H. SCHMITZ, 1925, S. 14 f.), in Pannonien (PRICKLER, 1965, S. 296) und in Transsylvanien (VINROMAN, S. 3). In Ungarn finden sich erste Spuren eines systematischen Weinbaus der Römer aus dem 3. Jahrhundert n. Chr. in Sabaria (Szombathely) und Scarabantia (Sopron) (TELEKI, 1937, S. 7). Auch in der Normandie (COCHET, 1866, S. 20), in der Zülpicher Börde (GÜNTHER, 1958, S. 68) und im Tokajer-Gebiet (KAŠA, 1969, S. 60) soll der Weinbau römischen Ursprungs sein. Die Schwierigkeiten einer Datierung des Beginns des Weinbaus an allen Orten beruhen auf den wenigen und zudem oftmals vagen schriftlichen Quellen[10]. Die frühesten schriftlichen Zeugnisse über Weinbau in Deutschland stammen von AUSONIUS, der in seiner „Mosella" (um 370 n. Chr.) den Weinbau des Moselgebietes beschreibt und von VENANTIUS FORTUNATUS (530–610) für die Gegend um Andernach (RÖDER, 1953, S. 190).

Die Ausbreitung des Weinbaus entlang der Straßen und Flußtäler ist kennzeichnend für die Römerzeit (BASSERMANN-JORDAN, 1975, S. 62)[11]. Vom ehemals griechischen Massilia wanderte die Rebkultur einmal nach Westen ins Tal der Garonne (SCHULTE, 1905, S. 7) und nach Norden wahrscheinlich über die Saône zur Mosel (DION, 1959, S. 157)[12]. Zur Zeit STRABONs (63 v. Chr. – 26 n. Chr.) erstreckten sich die Weinberge schon bis zur Auvergne und in die Cevennen (COCHET, 1860, S. 20). Im 3. Jahrhundert n. Chr. war sowohl im Bordelais als auch an der Côte d'Or der Weinbau bekannt und verbreitet (RIEMANN, 1957, S. 11). In Pannonien war der römische Weinbau im 3. Jahrhundert n. Chr. „in den Gebieten südlich der Donau (an der Thermenlinie, um Wien und Hollenburg), im nördlichen Burgenland (am Leitha Gebirge) und in der Südsteiermark um Leibnitz (Flavia Solva) verbrei-

tet, während es in den Gebieten nördlich der Donau vermutlich keinen Weinbau gab" (H.-C. SCHMIDT, 1965, S. 15) (s. Karte 1).
Die Wirren der Völkerwanderungszeit konnte der Weinbau an vielen Orten überstehen (vgl. PRICKLER, 1965, S. 297; VINROMAN, S. 3: HAHN, 1956, S. 15). Bereits im 5. Jahrhundert gab es Weinberge in der Normandie, Bretagne, Picardie und dem Artois (BASSERMANN-JORDAN, 1975, S. 158)[13]. In Irland war nach BEDA VENERABILIS (672–735) um 700 an Reben kein Mangel (YOUNGER, 1966, S. 238)[14], ebenso wurde auch in England in einigen Klöstern Wein erzeugt (SIMON, I, 1964, S. 8 f.). Für Lüttich und Huy ist der Weinbau schon für das Jahr 830 nachgewiesen (WINKELMANN, 1960, S. 32).
Schon in der Merowingerzeit überschreitet der Weinbau den Rhein (HAHN, 1956, S. 15) und dringt den Nackar aufwärts nach Württemberg vor (ADELMANN, 1962, S. 5); zur gleichen Zeit gelangt er vom Bodensee bis an die Alb (ADELMANN, 1962, S. 5). Schon 646 wird Weinbau in Regensburg bezeugt (WINKELMANN, 1960, S. 21)[15]. Vom Rhein her dringt der Weinbau auch nach Mainfranken vor, wo er 770 für Münnerstadt, 777 für Hammelburg und 780 für Würzburg belegt ist (WELTE, 1934, S. 14). In der Wetterau und an der oberen Werra findet er sich ebenfalls schon im 8. Jahrhundert (LANDAU, 1843, S. 162 f.). Alle germanischen Volksgesetze mit Ausnahme des Lex Alamanorum berücksichtigen den Weinbau (BASSERMANN-JORDAN, 1975, S. 65).
Während bislang nur von einem Einfluß der griechisch-römischen Tradition auf die europäische Weinkultur die Rede war, ist ein direkter Einfluß des schwarzmeerischen Weinbaus donauaufwärts noch nicht zweifelsfrei geklärt. Bodenfunde in Nordböhmen (WEINHOLD, 1973, S. 290) und in Mähren (FROLEC, 1973, S. 24), sowie die Beschreibung eines arabischen Reisenden um 800 (FROLEC, 1973, S. 24) weisen auf einen alten slawischen Weinbau hin. Dagegen fehlt für einen slawischen Ursprung des sächsischen Weinbaus, wie dies etwa CARLOWITZ (1846, S. 65) vermutet[16], jeder Hinweis (WEINHOLD, 1973, S. 90 und 289–292; KIRBACH, 1900, S. 15). Woher die Slawen allerdings den Weinbau hatten, ob er zum Beispiel durch römische Vermittlung über Ungarn mit den Markomannen bis nach Böhmen gelangte (LIPPERT, 1868, S. 244; Geschichte des Wein- und Hopfenbaues bei Brüx und Ossegg, 1961), oder ob sie ihn von ihrer Wanderung aus dem Osten mitgebracht hatten (PYRIKI, 1928, S. 4), bedarf weiterer Untersuchungen (WEINHOLD, 1973, S. 290). Dagegen konnte WEINHOLD (1975, S. 38 f.) seit dem 9. Jahrhundert „ein Element südöstlicher Herkunft" im europäischen Weinbau nachweisen, das sich mit den Vorfahren der heutigen Bulgaren und Ungarn in den Gebieten nördlich des Schwarzen Meeres und der Donau durchsetzte. Das wichtigste Merkmal dieser Form der Rebkultur, die „wahrscheinlich im transkaukasisch-iranischen Raum ausgebildet wurde", ist die Mostgewinnung ohne Preßmechanismus, also das Austreten mit den Füßen, wie dies in Nordostungarn bis zum Ende des vorigen Jahrhunderts noch üblich war. In den Gebieten links des Rheins und südlich der Donau dagegen setzte sich die griechisch-römische Tradition des Pressens mit der Kelter fort. Ein Überblick über die Verbreitung des Weinbaus in Europa um 800 zeigt einmal eine Verstärkung des Weinbaus in den alten Rebgebieten[17], aber auch ein weiteres Vordringen in neue Gebiete (s. Karte 1).

3.2 DIE AUSDEHNUNG DES WEINBAUS BIS 1600

Zur Festlegung der geographischen Verbreitung des nördlichen Weinbaus während dieses Zeitabschnittes kann sich die historische Weinbauforschung weitgehend auf schriftliche Quellen stützen. Die Anzahl der Dokumente und Urkunden nimmt dabei seit dem 9. Jahrhundert ständig zu. Im folgenden soll eine kleine Auswahl von Weinbergserwähnungen die räumliche Ausdehnung des Weinbaus im nördlichen Europa ungefähr umreißen.

Für viele Orte Badens, Württembergs und Bayerns läßt sich der Weinbau bereits für das 9. und 10. Jahrhundert urkundlich nachweisen (s. SCHRÖDER, 1953, Karte 3; K. MÜLLER, 1953, S. 21; WINKELMANN, 1960, S. 222). Auch an der Mosel mehren sich die Weinbauorte (vgl. WILL, 1939, S. 11), ebenso am Mittel- und Niederrhein. Dort finden sich im 9. Jahrhundert Weinberge rechtsrheinisch im Kreis Neuwied (vgl. H. SCHMITZ, 1925, S. 18), linksrheinisch in den Kreisen Ahrweiler, Mayen, Adenau, Bonn und Rheinbach (H. SCHMITZ, 1925, S. 19). Weiter nördlich wird 893 Weinbau in Gymnich, Enzen und Weingarten/Krs. Euskirchen erwähnt (H. SCHMITZ, 1925, S. 20), 882 in Bachem/Krs. Köln (REICHELT, 1886, S. 73) und 847 in Güsten/Krs. Jülich (H. SCHMITZ, 1925, S. 20). In Belgien werden im Jahre 815 Weinberge gelegt bei Gand, 830 bei Huy und Lüttich (WERWECKE, 1923, S. 643), 854 für Avange bei Dinant (REICHELT, 1886, S. 80). Um Paris ist die Abtei von Saint-Denis in der Karolingerzeit der größte Weinbergsbesitzer, vor allem mit Weinbergen in Arguenteuil und Montmorency (DION, 1959, S. 215). In der Normandie werden zwischen dem 8. und 12. Jahrhundert ausdrücklich Les Andelys, Bayeux, Cherbourg, Coutances als Orte genannt, die ungeeignet sind, Wein zu produzieren (DION, 1959, S. 14)[18]. In England erwähnen die Gesetze König Alfreds (871–901) auch einen Weinberg (SIMON, I, 1964, S. 10). Für Ungarn belegt ein erstes Dokument aus dem Jahre 893 den Weinbau für die Stadt Pécs (TELEKI, 1937, S. 8).

Im 10. Jahrhundert verdichtet sich der Weinbau in den bisher genannten Gebieten. Neben weiteren Erwähnungen bei Köln und im Kreis Jülich (H. SCHMITZ, 1925, S. 20), findet sich Weinbau 939 in Gent und 963 in Tournay (BASSERMANN-JORDAN, 1940, S. 3). In England schenkt König Edwin 955 den Weinberg in Pathenburg in Somerset der Glastonburg Abbey (HYAMS, 1949, S. 37), ein anderer wird 956 in Pamborough in Wedmore/Somerset erwähnt (YOUNGER, 1966, S. 238), und König Edgar (957–975) schließlich verschenkt einen Weinberg in Wycet (SIMON, I, 1964, S. 10). In diesem Jahrhundert dringt der Weinbau ostwärts bis Sachsen vor (BASSERMANN-JORDAN, 1975, S. 134 f.; REICHELT, 1886, S. 77 f.), für Eschwege an der Werra ist er für das Jahr 996 bezeugt (K. HERRMANN, 1875, S. 80). Ob er aber auch schon vereinzelt bei Klöstern und Burgen in Polen (JEŻOWA, 1938, S. 98) und in Böhmen[19] betrieben wird, bleibt ungewiß.

Im 11. Jahrhundert dringt der Weinbau vom Aachener Raum in die Nordeifel und das Dürener Land vor (BAUR, 1962, S. 76), auch im Kreis Mayen verdichtet er sich (H. SCHMITZ, 1925, S. 19); in Nickenich wird er 1069 erwähnt (HÖHN, 1958, S. 88). Die Mindener Bischöfe bauen Wein am Wesergebirge (KRIEG, 1954, S. 33), auch in Hildesheim und Göttingen wird die Rebe gepflegt (REINDL, 1904, S. 72). Waren in England vor der normannischen Eroberung nur zwei Weinberge sicher be-

legt (YOUNGER, 1966, S. 239), so nennt das Domesday Book 1086 38 Weingärten mit insgesamt 130 acres (= 52,6 ha) (YOUNGER, 1966, S. 239). Der größte liegt in Bisham in Berkshire und gehört Henry de Ferrers. Nur zehn der genannten Weinberge sind im Besitz der Kirche. So wird damals Weinbau betrieben möglicherweise von Yorkshire und mit Sicherheit von Cambridgeshire bis Kent und Devon (YOUNGER, 1966, S. 239; PEARKES, 1976, S. 17–32).
An der Saale werden im Jahre 1074 zwei Weinberge in Ober- und Unterpreilipp/ Krs. Rudolstadt erwähnt (ELBRACHT, 1958, S. 159). Im österreichischen Weinviertel werden 1066 erstmals bei Therm Weinberge urkundlich genannt (H.-C. SCHMIDT, 1965, S. 17), in Nordböhmen bei Tschernosek 1088 (LIPPERT, 1868, S. 244)[20].
Für das 12. Jahrhundert werden am Niederrhein im Jahre 1183 Weinberge bei Gladbeck (PAULS, 1885, S. 187) und beim Stift Kaiserwerth 1181 genannt (NORDHOFF, 1883, S. 12). Auch am Harzrand ist schon 1120 Weinbau bezeugt (MENZEL, 1875, S. 228), bei Braunschweig und Stolzenau läßt er sich für die 2. Hälfte des 12. Jahrhunderts nachweisen (OSTEN, 1966, S. 41). Auch das Zisterzienserkloster Marienrode treibt schon im 12. Jahrhundert Weinbau (LINNEMANN, 1914, S. 236). In Westfalen wird er für Bekum bei Lisborn südöstlich Münster bezeugt, ebenso für die Abtei Corvey (BASSERMANN-JORDAN, 1975, S. 140). Für England liegen ebenfalls weitere Belege vor (vgl. SIMON, I, 1964, S. 11–16; PEARKES, 1976, S. 17–20), auch für Neuanpflanzungen in der 1. Hälfte des 12. Jahrhunderts (CARUS-WILSON, 1947, S. 147). Nach Osten dehnt sich der Weinbau bis in die Lausitz und nach Schlesien aus. Dort werden im Jahre 1124 Weinberge bei Trebnitz (POMTOW, 1910, S. 102), im Jahre 1154 bei Guben[21], Fürstenberg, Crossen und Frankfurt a. O. (VEITH, 1966, S. 285), 1150 bei Grünberg (REINDL, 1904, S. 83) und 1200 in Oels erwähnt (CLAUSS, 1961, S. 15). Selbst für Krakau ist er 1143 belegt (BECKMANN, 1937, S. 114), was auch aus einem Reisebericht des arabisch-sizilianischen Geographen EDRISI hervorgeht (JEŻOWA, 1938, S. 98).
Nach Norden dringt der Weinbau bis Brandenburg und Pommern vor (BASSERMANN-JORDAN, 1975, S. 141–144). Der nördlichste Weinberg in Brandenburg liegt beim Kloster Chorin (BASSERMANN-JORDAN, 1975, S. 142), und für das Jahr 1173 sind Reben am Harlunger Berg bei Brandenburg an der Havel bezeugt (REINDL, 1904, S. 74). Im Hinterland verstärken sich die Nennungen. Im Rahmen der Binnenkolonisation werden vom 12. bis 14. Jahrhundert die Nebentäler für den Weinbau erschlossen. Bei Meißen werden 1156, 1157 und 1200 Weinberge bezeugt (CARLOWITZ, 1846, S. 84), in Erfurt 1170 (ELBRACHT, 1958, S. 159) und in Jena 1185 (FALK, 1955, S. 10).
Aus dem 12. Jahrhundert stammen auch erste Berichte über eine Aufgabe des Weinbaus. So werden 1147 in Winzer an der Donau Weinberge zu Äcker umgewandelt (REINDL, 1901, S. 94), ein Weinberg des Klosters Walkenried in Uthleben (zwischen Sangershausen und Nordhausen) wird 1339 schon wieder aufgegeben (MENZEL, 1875, S. 229).
Die ältesten schriftlichen Nachrichten über Weinbau in Mähren stammen vom Benediktinerkloster Třebíč (FROLEC, 1973, S. 28) und von Wollein bei Iglau (WINKELMANN, 1960, S. 32), beide aus dem Jahre 1101. Bei Znaim wird Weinbau 1201 erwähnt (PREISS, 1963, S. 540). In einer Chronik aus dem Jahre 1151 wird

schon von Weinbau bei Kiew berichtet (ČEKAN, 1954, S. 630), der mit dem von Astrachan zu den ältesten in Rußland zählt (ČEKAN, 1954, S. 632).
Im 13. Jahrhundert mehren sich die Anlagen im Hinterland auch in Gebieten, die heute als ungeeignet für den Weinbau angesehen werden. In der Zentraleifel gibt es etliche Weinbauorte (BAUR, 1962, S. 75), aus Bell in der Vordereifel wird schon 1249 von 8 bis 10 ha Weinbergen berichtet (HÖHN, 1958, S. 87). Der Weinbau dringt in den Südteil der Zülpicher Börde vor und das Rurtal aufwärts (GÜNTHER, 1958, S. 69). Aus Oberhessen stammt die älteste Nachricht über Weinbau vom Kloster Haina aus dem Jahre 1215 (LANDAU, 1843, S. 167), Witzenhausen wird 1226 genannt (LANDAU, 1843, S. 172), Altmorschen an der Fulda 1270 (LANDAU, 1843, S. 170) und Oberaschenbach an der Fulda 1290 (WARNECK, 1924, S. 60). Im Kinzigtal gibt es in Rothenbergen schon vor 1250 Weinbau (RÖSCH, 1956, S. 48), für Marburg an der Lahn wird er 1298 bezeugt (WINKELMANN, 1960, S. 32). Von einem Weinberg bei Hamm in Westfalen wird 1213 berichtet (WINKELMANN, 1960, S. 33) und von Abbenrode bei Braunschweig aus dem Jahre 1250 (REINDL, 1904, S. 72). In Esting/Krs. Buch westlich von München wird 1250 Weinbau bezeugt (WINKELMANN, 1960, S. 32).
In Belgien werden Weinberge 1213 in Namur und 1214 in Brügge genannt (BASSERMANN-JORDAN, 1940, S. 3). Aus dem 13. Jahrhundert liegt ein Zeugnis vor über die Ausfuhr von Pariser Wein nach Roskilde, auch England ist ein Hauptabnehmer dieses Weines (DION, 1959, S. 225). Es gibt Weinberge bei Rennes, Dol, Dinan, Montfort, Fougères, Savigné, Lisieux, Oissel (BASSERMANN-JORDAN, 1975, S. 159), in der Picardie unter anderem in Laon, Brie und Fourdrain (DUCHAUSSOY, 1926, S. 507 f.), in der Bretagne unter anderem in Josselin, wo für 1231 Weinbau bezeugt ist (LA BORDERIE, 1892, S. 87). In England gibt es im 13. und 14. Jahrhundert noch Hinweise auf Weinberge, doch auch schon Anzeichen für einen Rückgang (CARUS-WILSON, 1947, S. 147).
Nach Norden dringt der Weinbau bis Schleswig-Holstein, Mecklenburg und Ostpreußen vor. Im Jahre 1229 wird er in Güstrow, 1284 bei Schwerin (BERNITT, 1955, S. 324) und 1283 bei Rostock erwähnt (WINKELMANN, 1960, S. 33). Klösterliche Weinberge sind bei Uetersen und Preetz, im Land Oldenburg und selbst auf Seeland nachweisbar (BASSERMANN- JORDAN, 1975, S. 144; NORDHOFF, 1883, S. 30). In Polen wird Weinbau in Zagość an der unteren Nida im 13. Jahrhundert erwähnt; besonders viele Weinberge gibt es in Sandomierz und Zawichost, in Niederschlesien in Brzeg und Nysa, Oleśnica, Sroda und Wroclaw, in anderen Teilen Polens in Poznań und Plock (SZAFER, 1966, S. 627)[22]. Weiter wird von Weinbergen berichtet 1234 aus Plotzk, 1252 aus Bomst, 1257 aus Kortschin, um 1250 aus Winnagóra (BECKMANN, 1937, S. 114 f.), 1266 aus dem Dorf Järischau/Krs. Schweidnitz (RADLER, 1964, S. 295), 1292 aus Löwenburg (VEITH, 1966, S. 286) und 1263 aus Naumburg a. B. (CZAJKA, 1938, S. 289). Aus der Oberlausitz stammt die erste Erwähnung von 1264 (KNOTHE, 1873, S. 197). In der Niederlausitz besitzen 46 Prozent aller Orte mittelalterlichen Weinbau (KRAUSCH, 1967b, S. 12). Nach REINDL (1904, S. 74) liegt in der Mark die Blütezeit des Weinbaus schon Ende des 13. Jahrhunderts, mit vielen Weinbauorten in der Uckermark (s. Fig. 8), an Spree und Havel und dem Land Teltow (SCHWARTZ, 1896, S. 13 f.).
Für Siebenbürgen ist der Weinbau schon 1206 belegt (FABINI, 1860, S. 11). Im

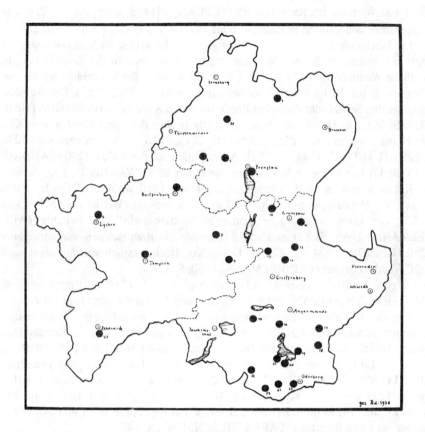

Weinberge in der Uckermark.

Die schwarzen Punkte geben die Oertlichkeiten an, für die aus Urkunden, Namen oder anderer Ueberlieferungen das ehemalige Vorhandensein von Weinbergen bekannt ist:

1. Rollwitz	8. Templin	15. Alt-Künkendorf	22. Chorin
2. Schönermark	9. Gr. Fredenwalde	61. Schmargendorf	23. Nieder-Finow
3. Basedow	10. Blankenburg	17. Stolpe	24. Liepe
4. Prenzlau	11. Gramzow	18. Stolzenhagen	25. Oderberg
5. Boitzenburg	12. Golm	19. Paarstein	26. Jagow
6. Lychen	13. Westlich Schmiedeberg	20. Peelitz	27. Zehdenick
7. Gerswalde	14. Südöstlich Schmiedeberg	21. Plawe	

Fig. 8: Ehemalige Weinberge in der Uckermark (RUDOLPH, 1929)

Jahre 1241 erobern Tartaren das Tokajer Weinbaugebiet und zerstören dabei Weinberge (KAŠA, 1969, S. 60).
Auch im 14. Jahrhundert erfährt der nördliche europäische Weinbau eine weitere Ausdehung, es erfolgt eine „geradezu explosive Verbreitung des Weinbaus im Spätmittelalter" (WEINHOLD, 1973, S. 40). Zwar gibt es im Aachener Raum seit den Karolingern vereinzelt Weinberge, doch erst seit dem 14. Jahrhundert faßt der Weinbeu im Kreis Düren einigermaßen festen Fuß (PAULS, 1885, S. 194), so daß im selben Jahrhundert bereits ein Mangel an Brotgetreide und eine verstärkte Einfuhr aus dem Jülicher Land zu verzeichnen ist (BAUR, 1962, S. 77). Auch an der Saar

steht der Weinbau erst im 14. Jahrhundert in Blüte (WILL, 1939, S. 11), ebenso im Egergraben (PREISS, 1963, S. 540). Im Lahntal reicht der Weinbau von Ahausen bis nach Diez, er findet sich auch in den Nebentälern und auf den Hochflächen des Hintertaunus (FRICKE, 1959, S. 43). In Nordhessen, wo die Angaben selten über das 14. Jahrhundert hinausreichen (WARNECK, 1924, S. 68), erreicht er seine größte Bedeutung ebenfalls erst im späten Mittelalter. Für Kassel ist er 1309 belegt (WARNECK, 1924, S. 59). Im Diemelland gibt es dagegen wenig Weinberge, schon 1395 wird von einem Weinberg ohne Reben berichtet (LANDAU, 1843, S. 170). Auch am Harz wird 1311 wieder ein Weinberg in einen Acker umgewandelt, der erst 1198 angelegt worden war (GROTE, 1869, S. 199). Weiter nördlich wird von Weinbergen berichtet aus Köln (NORDHOFF, 1883, S. 12), Wipperfürth (NORDHOFF, 1883, S. 13), Iserlohn 1330 (NORDHOFF, 1883, S. 14), Bremen 1370 (WINKELMANN, 1960, S. 33), Itzehoe und aus Preetz (REINDL, 1904, S. 72). Der Bischof Florenz von Münster (1364–1378) legt einen Weinberg an seiner Burg Telgte an (DETTEN, 1910/11, S. 458). Zwischen Osning und dem Meer scheint dagegen kein Weinbau betrieben worden zu sein (NORDHOFF, 1883, S. 17; vgl. Fig. 9).
Auch für Nordfrankreich finden sich weitere Belege. Der Historiker MORICO spot-

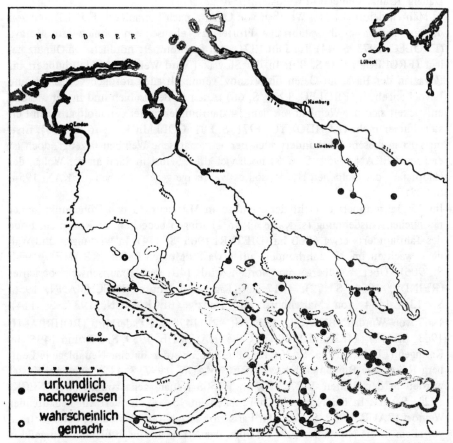

Fig. 9: Weinbau in Niedersachsen vom 10. bis 16. Jahrhundert (F. HAMM, 1951)

tet allerdings, die damaligen Weinberge um Rennes, Dinon, Montfort, Fougères und Savigné hätten mehr Holz als Wein getragen (CARLOWITZ, 1846, S. 69). In England dagegen geht der Weinbau im 14. Jahrhundert schon seinem Niedergang entgegen (YOUNGER, 1966, S. 242).
Im Land des Deutschen Ordens finden sich Weinberge hauptsächlich in der Gegend von Rastenburg, Leunenburg, Rhein, Polsa, Hohenrada, Tapiau und bei Thorn (GIGALSKY, 1908, S. 4; BECKMANN, 1937, S. 111). Für Thorn ist der Weinbau schon 1338 belegt (REINDL, 1904, S. 70), für die Halbinsel Samland bei Königsberg 1320 (WINKELMANN, 1960, S. 33). Im Jahre 1379 bringen die Weinberge des Hochmeisters Winrich von Kniprode zusammen 608 Tonnen Wein (REINDL, 1904, S. 71). In Polen erreicht der Weinbau im 14. Jahrhundert seinen Höhepunkt (KWAPIENIOWA, 1959, S. 400). Bei Przemyśl werden im Jahre 1389 Weinberge erwähnt (BECKMANN, 1937, S. 114). Nördlich von Posen und Gnesen ostwärts bis Kujawien, westwärts bis zur Neumark und nordwärts bis zur Ostsee gibt es offenbar keine Weinberge, da aus diesem Gebiet alle Nachrichten fehlen (BECKMANN, 1937, S. 119). Die nördliche Weinbaugrenze verläuft nach REINDL, (1904) um 1400 über Tönning in Westholstein, Itzehoe, Preetz in Ostholstein, Crivitz bei Schwerin, Frauendorf nördlich von Stettin, Flatow, nördlich von Schneidemühl, Danzig, Kranz, Memel und Windau mit 57° 25' n. Br.
In Mähren dehnt sich der Weinbau von Olmütz nach Prerau (vgl. Fig. 10) und von da zur Brečva in die Mährische Pforte aus, ebenso von Olmütz zur Morava (FROLEC, 1973, S. 44). Im Jahr 1371 ist er für Sternberg nördlich von Olmütz belegt (FROLEC, 1973, S. 87). In der Slowakei wird Wein im 14. Jahrhundert bis Povazian der Ilava, im Osten bis Vranov, vereinzelt auch nördlich von Zilain und Levoci angebaut (FROLEC, 1973, S. 66). Auch in Bessarabien und in der Moldau entwickelt sich der Weinbau seit dem 14. Jahrhundert unter den moldauischen Fürsten immer mehr (KUHIJOVYČ, 1971, S. 881; GOLLMICK, 1976, S. 103). Erstmals ist in diesem Jahrhundert auch der astrachanische Weinbau bezeugt, doch ist er nach ČEKAN (1954, S. 628) noch viel älter. Selbst in Sarai an der Wolga, der Hauptstadt der Goldenen Horde, soll es Weinberge gegeben haben (ČEKAN, 1954, S. 625).
Im 15. Jahrhundert erreicht der Weinbau in Mitteleuropa den Höhepunkt seiner räumlichen Ausdehnung (s. Karte 1). In Thüringen bedecken die Reben am Ende des Jahrhunderts etwa 5000 ha (DIETER, 1965, S. 174). In Wildungen und Waldeck wachsen im 15. Jahrhundert auf etwa 80 Morgen Reben (KRAMER, 1954. S. 906). Über Weinberge im Norden wird 1401 aus Braunschweig berichtet (REINDL, 1904, S. 72), 1417 aus Riga und Thorn (POSCHMANN, 1956, S. 13), 1454 von Marienburg und Danzig (BECKMANN, 1937, S. 114), 1467 von Windau (BUJACK, 1834, S. 52), 1478 aus Paderborn (ROHRBACH, 1963, S. 179), 1483 und 1490 aus Celle (KAUSCHE, 1959, S. 37) und 1496 aus Ratingen (LUCAS, 1916, S. 35). Im Jahre 1433 werden für eine Neuanlage in Lemberg Reiser aus Rumänien bezogen (BECKMANN, 1937, S. 115), auch bei Kassel werden in den Jahren 1427, 1502 und 1503 Neuanlagen erwähnt (WARNECK, 1924, S. 71). In der Nordeifel ist Embken im 15. Jahrhundert ein bedeutender Weinort (BAUR, 1962, S. 76). Um Paris gibt es zahllose Weinberge, deren Erträge vor allem in die Normandie, die Picardie, das Artois und nach Flandern ausgeführt werden (DION, 1959, S. 223 und 226). Noch im 15. Jahrhundert gibt es in Böhmen

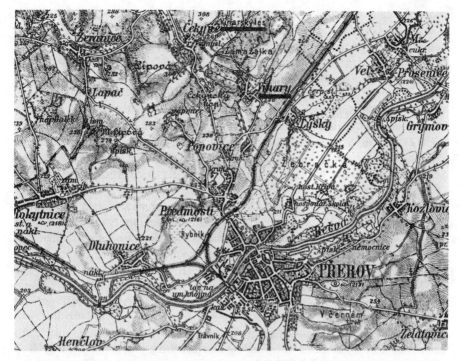

Fig. 10: Zeugen einstigen Weinbaus bei Prerau (Přerov) in Mähren, 40° 30' n. Br.: Ort „Vinary" und Flurnamen „Vinarskýles" (Topograph. Karte 1:75 000 der Tschechoslowakei, Blatt 4259, Kroměříž a Přerov, 1931)

auch Weinbau um Plzeňska, Beraun und Českokrumlowsk, wo er heute ganz verschwunden ist (FROLEC, 1973, S. 97).

Daneben nehmen aber seit dem 15. Jahrhundert auch die Nachrichten zu, die von einem Rückgang des Weinbaus sprechen. In England ist die Rebe vom 15. bis 17. Jahrhundert allenfalls noch ein Bestandteil des Gartens (HYAMS, 1953, S. 35)[23]. In Flémalle am rechten Ufer der Maas gehen schon Ende des 15. Jahrhunderts die Weinberge ein (HALKIN, 1895, S. 88); in der Bretagne hält er sich mindestens bis zum 15. Jahrhundert, in der Normandie und Laval mindestens bis zum 16. Jahrhundert (MUSSET, 1908, S. 268). Für den rheinischen Weinbau unterhalb der Mosel stellt H. SCHMITZ (1925, S. 65) schon zur Zeit der intensivsten Entwicklung und des ausgedehntesten Bestandes im 14. und 15. Jahrhundert an einigen Stellen ein Zurückweichen des Anbaus fest. Nach UYTVEN (1965, S. 246–249) geht der Weinbau überall in den Rheinlanden schon im Laufe des 15. Jahrhunderts zurück. In Mühlhausen an der Unstrut liegen teilweise Weinberge wüst (TÖPFER, 1909, S. 25). Der Weinbau um Brünn erfährt zwischen 1442–1509 insgesamt eine leichte Abnahme (FROLEC, 1973, S. 25).

Im 16. Jahrhundert verstärkt sich im nördlichen west- und mitteleuropäischen Weinbau die rückläufige Tendenz. An der Rur werden in diesem Jahrhundert Anlagen schon wieder aufgegeben (GÜNTHER, 1958, S. 70), in den meisten Weinorten der Nordeifel im 16. und 17. Jahrhundert (BAUR, 1962, S. 76). Am Nordharz geht die Zahl der Weinberge Ende des Jahrhunderts zurück (JAKOBS, 1870, S. 728). In Gudensberg in Hessen wird im Jahre 1575 schon kein Weinberg mehr bebaut, der 1426 erwähnt wurde (BERGMANN, 1957/58, S. 25). Auch an der Saale oberhalb Jenas gibt es viele Beispiele für wüstgefallene Weinberge, vor allem bei kleineren und einzelnen Anpflanzungen, während sich starker und umfassender Weinbau länger hält (H. LÖBE, 1884)[24]. Weitere Beispiele für den Rückgang des Weinbaus in Thüringen führt TÖPFER (1909, S. 44) an. Während aber der Arnstädter Weinbau bereits in der 1. Hälfte des 16. Jahrhunderts zurückgeht (ELBRACHT, 1958, S. 163), tritt in Jena erst in den letzten beiden Jahrzehnten eine Häufung der wüsten Weinberge auf (FALK, 1955, S. 71). Auch in Iphofen am Schwanberg zeigt der Weinbau bereits seit Mitte des 16. Jahrhunderts eine rückläufige Tendenz (TISOWSKY, 1957, S. 27).

Insgesamt ist für Deutschland eine Abnahme der Gesamtanbauflächen festzustellen, vor allem durch die Schrumpfung der Weinbauareale im Norden und Osten, während in Südwestdeutschland die Tendenzen noch gegeneinanderlaufen (vgl. ABEL, 1962, S. 180). In Frankreich geht der Weinbau in den nicht besonders begünstigten Rebgebieten ebenfalls stark zurück (BASSERMANN-JORDAN, 1975, S. 158). Die Abtei Averbode in Brabant besitzt im Jahre 1501 noch 11 ha Weinberge, ein Jahrhundert später, im Jahre 1604, sind alle zerstört und verlassen (JOIGNEAUX, 1852, S. 9).

Trotz der beginnenden rückläufigen Tendenz des nördlichen west- und mitteleuropäischen Weinbaus ist seine Ausdehnung und Bedeutng immer noch sehr groß. In Deutschland beträgt die Rebfläche im 16. Jahrhundert nach Schätzungen etwa 350 000 ha und war damit vier- bis fünfmal so groß wie heute (K. M. HOFFMANN, 1977, S. 20 f.). Allein in Franken soll der Weinbau vor dem Dreißigjährigen Krieg etwa 40 000 bis 45 000 ha umfaßt haben, so daß er heute auf kanpp 6 Prozent der damaligen Anbaufläche zurückgegangen wäre (K. M. HOFFMANN, 1977, S. 166). Die Stadt Fritzlar besitzt Mitte des 16. Jahrhunderts allein über 150 Weingärten mit einem durchschnittlichen Ertrag von 60 bis 70 Fudern (LANDAU, 1843, S. 163). Im Jahre 1542 gibt es um Jena 1308 ha Weinberge, wovon mehr als die Hälfte von Bürgern bebaut werden (FALK, 1955, S. 69). Der mitteldeutsche Weinbau soll damals einen Umfang von 5000 bis 10 000 ha gehabt haben (KNIPPEL, 1953, S. 97). Um Erfurt wachsen vor dem Dreißigjährigen Krieg mehr als 1000 ha Reben (WEINHOLD, 1975, S. 40)[25]. Noch 1603 erbringt der Weinbau um Limburg 50 Fuder Wein (FRICKE, 1959, S. 43). Im Jahre 1579 beträgt der Ertrag der Weinberge von Prag 60 000 hl, um die Stadt befinden sich bis 1600 etwa 1000 ha Reben (FROLEC, 1973, S. 91). Der Umfang des ganzen nordböhmischen Weinbaus wird auf etwa 3000 ha geschätzt (FROLEC, 1973, S. 92).

Auch in der Normandie spielt der Weinbau Ende des 16. Jahrhunderts noch eine bedeutende Rolle (BASSERMANN-JORDAN, 1975, S. 159).

Im 16. Jahrhundert erst gewinnt er in Mecklenburg einen größeren Umfang (NORDHOFF, 1883, S. 25) und erreicht seinen Höhepunkt in den Dörfern des Kreises Grünberg (POMTOW, 1910, S. 103) und in der Niederlausitz (KRAUSCH, 1967b, S. 31). Neuanlagen werden unter anderem 1576 in Beuthen a. O. (POMTOW, 1910, S. 103), 1509 in Spandau, 1525 in der Neustadt Brandenburg (REINDL, 1904, S. 75), 1541 bei Lamspringe (LINNEMANN, 1914,

S. 236), 1559 bei Leitmeritz und im böhmischen Mittelgebirge bis Českolipsko verzeichnet (FROLEC, 1973, S. 93). Bei Sangershausen werden ebenfalls neue Weinberge angelegt (TÖPFER, 1909, S. 63).
Auch in Norddeutschland wird weiter mit Reben experimentiert. Herzog Otto I. zu Harburg läßt 1531 und 1541 zwei Weinberge anlegen (KAUSCHE, 1959, S. 37). König Christian von Dänemark holt im Jahre 1549 Winzer aus Sachsen ins Land (REINDL, 1904, S. 71); 1560 und 1581 wird aus Sachsen Pflanzholz nach Dänemark geschickt (WEINHOLD, 1975, S. 40). Noch Ende des Jahrhunderts gibt es Weinberge bei Lübeck und Plau (REINDL, 1904, S. 72). In Niedersachsen erreicht die Weinbaugrenze vor dem Dreißigjährigen Krieg etwa die Linie Hoya – Bremen – Lüneburg (OSTEN, 1966, S. 41). Am rechten Ufer des Rheins reicht der Weinbau mindestens bis Duisburg (LUCAS, 1916, S. 35). In Komotau gibt es 1597 noch 17 Weingärten (STOCKLÖW, 1880, S. 239).
Im Gegensatz zum westlichen und mittleren Europa dehnt sich der Weinbau in Osteuropa weiterhin aus. Für das 16. Jahrhundert ist er für die südliche Ukraine, Podolien und um Kiew nachgewiesen (BECKMANN, 1937, S. 113).

3.3 DIE ENTWICKLUNG DES WEINBAUS BIS ZUM 2. WELTKRIEG

Brachte schon das 16. Jahrhundert dem nördlichen Weinbau in West- und Mitteleuropa einen deutlich wahrnehmbaren Rückgang, so setzte sich diese Tendenz im 17. Jahrhundert fort, ja sie wurde durch den Dreißigjährigen Krieg noch verstärkt. Die meisten Weinberge der Nordeifel gingen im 16. und 17. Jahrhundert ein (BAUR, 1962, S. 76), in Brabant war Weinbau am Ende des 17. Jahrhunderts nicht mehr üblich (ALANNE, 1963, S. 10). In Wildungen, wo er sich in Resten bis ins 18. Jahrhundert hielt, ging er ebenfalls im 17. Jahrhundert zurück (KRAMER, 1954, S. 905), in der Niederlausitz wurde er Anfang des 17. Jahrhunderts rückläufig (KRAUSCH, 1967b, S. 31). Die Stadt Jena hatte 1542 etwa 1600 Acker Weinberge, 1659 nur noch etwa 1050 Acker, wovon 64 Acker wüst lagen. Insgesamt besaß Jena damals weniger als 1000 Acker (420 ha), was einen Rückgang von 37,5 Prozent ausmachte (FALK, 1955, S. 84). Die Stadt Sangershausen hatte in jenem Jahrhundert noch 214 1/2 Acker Weinberge, von denen 1737 bereits 140 3/4 Acker teilweise wüst lagen, teilweise zu Felder geworden waren und nur noch 73 3/4 Acker Weinberge bebaut wurden (MENZEL, 1875, S. 234)[26]. In Thüringen, wo sich der Rückgang und Verfall des Weinbaus überall seit dem 17. Jahrhundert bemerkbar machte, trat er aber bei Naumburg viel weniger hervor (TÖPFER, 1909, S. 57). Im Fuldatal wurde der Weinbau nach dem Dreißigjährigen Krieg eingestellt, im übrigen Niederhessen erst in der 1. Hälfte des 18. Jahrhunderts (BERGMANN, 1957/58, S. 25).
Bis ins 17. Jahrhundert hinein gab es noch Weinberge um Château-Gontier im Nordwesten Frankreichs (MUSSET, 1908, S. 268). Im Jahre 1603 standen bei der alten Burg Verden noch vier Weingärten, 1663 wurden die Weinberge zu Schöningen und

Jerxheim in Ackerland umgewandelt (STROMBECK, 1870, S. 368). Die Grafen von Waldeck hatten noch 1625 einen eigenen Weingärtner (KRAMER, 1954, S. 905), die Stadt Grünberg im 17. und 18. Jahrhundert noch eigene Weinberge mit drei Winzern. In Masuren gab es 1639 einen Weinberg in Czersk (1564 entstanden) und einen in Wyszogrod (MADEJ, 1955, S. 11). Im 17. Jahrhundert soll es nach mündlicher Überlieferung auch im Deutschordensland noch Weinbau gegeben haben (GIGALSKY, 1908, S. 8). Betrug die Zahl der Weinberge um Prag um 1600 mehr als 2000 mit ebensovielen ständigen Weinbauern und Saisonarbeitern (FROLEC, 1973, S. 98), so setzte nach dem Dreißigjährigen Krieg in Böhmen ein merklicher Rückgang ein und der Weinbau beschränkte sich nur noch auf wenige Gebiete um Prag, Melnik, Tschernosek. Leitmeritz, Zalecko, Beraun, Kutna Hóra bis Chrudim (FROLEC, 1973, S. 117). Nach dem Krieg bestanden auch im Saazer Kreis (Eger) noch einige Weinberge (FROLEC, 1973, S. 114).
In anderen Gebieten, wie etwa in Mähren, gab es bald intensive Bemühungen um den Wiederaufbau (FROLEC, 1973, S. 117). Schon 1651 wurden dort aus Feldern neue Weinberge gemacht (FROLEC, 1973, S. 109), in anderen Gebieten, wie etwa am Schwanberg, wurde unmittelbar nach dem Krieg zunächst die Landwirtschaft bevorzugt und erst um 1700 kam es zu einem verstärkten Wiederaufbau und einer Erweiterung der Anlagen (TISOWSKY, 1957, S. 46 und 49). Auch in der Gegend von Krötzschenbroda gab es Ende des 17. Jahrhunderts viele Neuanlagen (SCHUBERT, 1862, S. 11) und das Spaargebirge bei Meißen wurde erst nach dem Krieg für den Weinbau erschlossen, so daß um 1700 eine zweite Blüte des Meißner Weinbaus verzeichnet werden konnte (M. ZIMMERMANN, 1922). Für das übrige Sachsen stellt CARLOWITZ (1846, S. 113) ebenfalls eine Belebung fest. Noch im Jahre 1669 beabsichtigte die Stadt Osnabrück am Piesberg einen Weinberg anzulegen (WINKLER, 1959, S. 105). In Chwalim/Krs. Bomst wurde mit dem Weinbau erst im 17. Jahrhundert begonnen (BECKMANN, 1937, S. 119), in Deulowitz bei Guben fand im Jahre 1700 der Weinbau zum ersten Mal Erwähnung (KRAUSCH, 1966, S. 90). Im böhmischen Lobositz gab es im Jahre 1636 141 Strich Weingärten, 1654 aber schon 366 Strich (HAUDECK, 1897, S. 149). Noch im 17. Jahrhundert wurden um Laon jährlich 30 000 „pièces" geerntet, von denen 2/3 als Export nach Flandern gingen (DUCHAUSSOY, 1926, S. 508).
Im 17. Jahrhundert zog sich der Weinbau aus vielen extremen Standorten im nördlichen West- und Mitteleuropa zurück, nur an wenigen Orten erlebte er nach dem Krieg eine neue Blüte. Dagegen erfuhr er in Rußland insgesamt eine starke Ausdehnung nach Norden, besonders von Astrachan und Kiew aus (ČEKAN, 1954, S. 635; vgl. Fig. 11). Für Astrachan ist die Anlage eines Weinbergs durch einen österreichischen Mönch im Auftrag des Zaren für das Jahr 1613 bezeugt (W. HAMM, 1886, S. 487). Viel stärker als der mittel- und südosteuropäische Einfluß auf den russischen Weinbau schien aber in dieser frühen Phase der Kosakenweinbau an Terek und Kuma gewesen zu sein. Von dort wurden „wilde Waldreben" bezogen und auf der russischen Seite des Terek wurden im 17. Jahrhundert Reben gepflanzt (ČEKAN, 1954, S. 625). Im Jahre 1663 wird Weinbau in Zarizyn (Wolgograd) genannt, 1667 in Uljanowsk (ČEKAN, 1954, S. 629). Auch in Lubny und Cuguev ist er für dieses Jahr belegt (ČEKAN, 1954, S. 631). Von Čuguev gelangte er nach Moskau und Bogorodizk (ČEKAN, 1954, S. 635). Ein geheimer Befehl aus dem Jahre 1666 stellte dort die Analge eines Weinbergs unter die Fürsorge des Zaren selbst (ČEKAN,

1954, S. 634). Für die folgenden Jahrzehnte gibt es verschiedene Belege für Weingärten in Moskau (ČEKAN, 1954, S. 634). Im Norden der Ukraine kam es auf Grund von Ukasen der Zaren Aleksej Michailovič und Peter I. im 17. und 18. Jahrhundert zu verschiedenen Anbauversuchen, außer in Kiew und Čuguev auch in Péréjaslavl, Isjum und um die Klöster von Poltawa, Zmiew und Sviatogorsk. Relativ große Anlagen entstanden beim Kloster Kievo-Petcherskii (PELIAKH, 1963, S. 1403).

Auch im 18. Jahrhundert hält der Rückgang der Rebflächen und der Weinbauorte im nördlichen West- und Mitteleuropa im allgemeinen an, wenn es auch verschiedentlich noch zu Neuanlagen kam. Im Hochstift Paderborn zum Beispiel wurde auf dem Wilhelmsberg bei Schloß Neuhaus ein Weinberg angelegt, der schon einige Jahre später wieder aufgeforstet werden mußte (ROCKENBACH, 1963b, S. 25 f.). Ein anderer Versuch in Waldeck aus dem Jahre 1784, den Weinbau zu erneuern, war ebenfalls vergebens (KRAMER, 1954, S. 905). In Lübben an der Spree legte 1740 ein Schuster einen Weinberg auf einem Sandhügel an, der schon nach seinem Tode

Fig. 11: Weinbauorte in Rußland im 17. Jahrhundert (nach ČEKAN, 1954)

wieder verfiel (P. RICHTER, 1929, S. 37). Bei HENDERSON (1833, S. 309) finden sich ähnliche Beispiele für England. Selbst im Süden Norwegens wurden einige Weinberge angelegt (vgl. BERTIN, 1971, Karte 18; LAMB, 1966, S. 8). Zur gleichen Zeit stieg in Franken die Zahl der Neuanlagen so sehr, daß um die Mitte des Jahrhunderts die fürstbischöfliche Regierung Anbauverbote aussprechen mußte (WELTE, 1934, S. 23). In einer Beschreibung aus dem Jahre 1792 heißt es: „Der fränkische Bauer ist theils Orten dergestalt auf den Weinbau versessen, daß er ihn nicht nur da, wo er zur Notwendigkeit geworden (nehmlich auf bloß dazu tauglichen Bergen) sondern leider auch da treibt, wo er füglich Getreidefelder oder künstliche Wiesen anzulegen im Stande wäre" (WELTE, 1934, S. 24). Auch im Kinzigtal erhöhte sich im 18. Jahrhundert die Zahl der Weinbauern (RÖSCH, 1956, S. 48). Der Frankenwein war im 17. und 18. Jahrhundert am bekanntesten und wurde erst im 19. Jahrhundert in seiner Beliebtheit von dem Rheinwein und dann von dem Moselwein abgelöst (WELTE, 1934, S. 23). Der Rückgang des fränkischen Weinbaus begann daher erst um die Wende des 18. zum 19. Jahrhundert (WELTE, 1934, S. 24).

In Mähren setzte sich die Blüte des Weinbaus auch in der 2. Hälfte des 18. Jahrhunderts fort, nachdem die Zahl der dortigen Weinberge zwischen 1673 und 1748 unverändert geblieben war (FROLEC, 1973, S. 108). Im Norden Frankreichs gab es bis ins 18. Jahrhundert Weinberge in der Perché (MUSSET, 1908, S. 268). Noch 1728 kaufte die Abtei von Saint-Vaast d'Arras 16 Stück Wein in Verzenay bei Reims und neun Stück in Andrésy am Zusammenfluß der Oise mit der Seine (DION, 1959, S. 226). Um 1800 gab es noch Weinberge in der Normandie (BERGET, 1900, S. 51), und zwar bei Colombel und Argence und in Cagni bei Amiens (SCHULTE, 1905, S. 8). In der Bretagne wurde im 18. Jahrhundert Weinbau nur noch in der Gegend von Nantes, der Halbinsel Rhuis und im unteren Teil der Vilaine betrieben (SÉE, 1936, I, S. 178). In Belgien gingen die Weinberge bei Tournay im Jahre 1709 ein (BASSERMANN-JORDAN, 1940, S. 4).

Nördlich des Siebengebirges gab es noch Weinberge an der unteren Sieg und im Dürener Land. In Nickenich in der Vordereifel, wo sich der Weinbau vereinzelt bis etwa 1830 hielt, wurde nach Mißernten zwischen 1763–1772 auf Ackerbau und Viehzucht umgestellt (HÖHN, 1958, S. 88). Noch um 1800 wurde in Hamburg und anderen norddeutschen Städten sächsischer Wein auf den Weinkarten angeboten (JUNG, 1968). Selbst im Rhöndorf Schönderling gab es 1701 noch zehntpflichtige Weinberge (WELTE, 1934, S. 20). Um Erfurt war schon im Jahre 1762 3/4 des früher bebauten Areals ausgeschlagen oder zu Äckern umgewandelt worden (K. HERRMANN, 1875, S. 101). Zum Gutshof Mamerow bei Güstrow in Mecklenburg gehörte im Jahre 1711 auch ein Weinberg (STROMBECK, 1870, S. 368). Dagegen gab es in der Mark Brandenburg 1782, „auf dem platten Land" in der Prignitz, in der Altmark, Uckermark, im Kreis Glien und Löwenburg und im Kreis Ober-Barnim keinen Weinbau mehr (HAUSEN, 1798, S. 87). Frankfurt an der Oder hatte 1796 noch 52 Weinberge, Werder 1775 367 und 1796 nur noch 240 Weinberge (HÄMPEL, 1928, S. 80). In den kleinen Dörfern um Guben ging der Weinbau schon im 18. Jahrhundert ein (KRAUSCH, 1966, S. 96). Dagegen wurden noch nach 1750 in Deulowitz bei Guben und in Kummerow bei Neuzelle neue Weinberge angelegt (KRAUSCH, 1967b, S. 27 f.). In der Oberlausitz gab es bis ins 18. Jahrhundert hinein Neuanlagen, zumeist von Gutsbesitzern, die sich Reben aus Böhmen und vom Rhein kommen ließen (KNOTHE, 1873, S. 199). In Bautzen legte um 1740 ein Kaufmann aus Ödenburg einen Weinberg an (BRUGER, 1921, S. 51). Nach 1748 ging der böhmische Weinbau stark zurück (FROLEC, 1973, S. 121). Am meisten litt dabei der Weinbau der Städte, die das Interesse an ihm verloren. So verringerte sich die Rebfläche in Leitmeritz um 60 Prozent bei gleichzeitiger Erhöhung der Anzahl der Besitzer um 26 Prozent (FROLEC, 1973, S. 120). Aber auch auf dem Land zeigte der Weinbau eine abnehmende Tendenz, die auch durch einen verstärkten herrschaftlichen Weinbau nicht aufgehalten werden konnte (FROLEC, 1973, S. 121).

In Schlesien legten württembergische Siedler bei Neumittenwald Weinberge an, wo bis 1872 für den Hausbedarf gekeltert wurden (CZAJKA, 1938, S. 289). Bis nach Warschau soll es im 18. Jahrhundert noch vereinzelt Weinberge gegeben haben (MADEJ, 1955, S. 5). Einen bedeutenden Weinbau gab es dagegen in der Walachei und in der Moldau (VELCEA, 1968, S. 171), während er in der Bukowina erst Ende des 18. Jahrhunderts eingeführt wurde (POLEK, 1904). Für Rußland nennt RADING (1793, S. 245) nur die „taurischen, kaukasischen und astrachanschen" Weinbaugebiete, doch spricht FRIEBE (1793, S. 194) auch von Weinbau der Kosaken um Asow, Tscherkask, am Don, Mius und Kalmius, an Bug, Ingul, Ingulez und um Cherson am Dnjepr. Schon Peter der Große (1682–1725) hatte deutsche Weinbauern nach Astrachan geholt (W. HAMM, 1886, S. 487), und die verstärkte Einwanderung deutscher und anderer Kolonisten Ende des Jahrhunderts hob den Weinbau auch in anderen Gebieten. Auf der Krim pflanzte der französische Naturforscher PALLAS mit Unterstützung der Regierung Reben vom Rhein, aus Ungarn, Frankreich und Griechenland (W. HAMM, 1886, S. 481). Im späten 18. Jahrhundert drang der Weinbau auch in den Steppenteil der Ukraine vor (KUHIJOVYČ, 1971, S. 831). Weiter nördlich gab es vereinzelte Stützpunkte. Beim großen Brand im Kreml verbrannten im Jahre 1737 auch 28 Weinstöcke (ČEKAN, 1954, S. 635). Nach FRIEBE (1793, S. 188) verlief die Nordgrenze des russischen Weinbaus bei 48° n. Br. „von der Stadt Krementschug, den Ufern der Samara, des Donetz und des Dons bis Tschernoy Jar an der Wolga ... Zwar kann man über diese Grenze von 48° Weintrauben erziehen, sie werden aber nur blos zum Essen, aber nie zum Keltern zu gebrauchen seyn. Dies kann geschehen bis Kiew, Belgorod, und so ferner, wo gute reife Trauben, wegen ihres erquickenden Saftes, sogar noch ein Gegenstand des Handels werden könnten, wenn sie in nördliche Provinzen, die dieses Gewächses ganz entbehren müssen, verschickt werden".

Auch im 19. Jahrhundert kam es in vielen Gemeinden zu einer Aufgabe des Weinbaus. Erfurt hatte im Jahre 1807 noch 657 Weinberge, 1837 noch 127 und 1863 nur noch 106 (K. HERRMANN, 1875, S. 83). An der unteren Sieg existierte der Weinbau zwischen Mondorf und Lülsdorf bis in die 40er Jahre, zwischen Mondorf und Rheid bis in die 60er Jahre des 19. Jahrhunderts (GRONEWALD, 1939, S. 167). Die Weinberge um Sangershausen verschwanden in den 20er und 30er Jahren (MENZEL, 1875, S. 236). Das Kloster Kamp im Kreis Mörs besaß bis zur Vertreibung der Mönche im Jahre 1802 noch einen Weinberg (ZEPP, 1927, S. 118), in Eitorf an der Sieg wurde 1811 das letzte Mal gelesen (ZEPP, 1927, S. 122). Anfang des 19. Jahrhunderts gab es um Namur nur noch 3 ha Weinberge (HALKIN, 1895, S. 82). In Huy waren es Mitte des 19. Jahrhunderts noch etwa 50 ha und in Lüttich 25 ha Weinberge, während sie in den anderen Provinzen nur ganz geringe Flächen

ausmachten, allerdings auch mit Vorkommen in Flandern und Brabant (HALKIN, 1895, 144–146). Am Ende des Jahrhunderts waren es bei Huy und Amay noch 33 ha, bei Lüttich noch 8 1/2 ha (BASSERMANN-JORDAN, 1903, S. 531). In Nordfrankreich sank die Anbaufläche im Kanton Liancourt von 270 ha im Jahre 1779 auf 60 ha 1836 und auf 0 im Jahre 1868, in Clermont von 162 ha im Jahre 1789 auf 73 ha 1828, 18 ha 1836, und 0 im Jahre 1856 (GUYOT, 1868, S. 482). Bei Laon erinnert nur noch ein Flurname an den früheren Weinbau (s. Bild 4 und Fig. 12).
An anderen Orten wiederum versuchte man auch noch im 19. Jahrhundert, den Weinbau zu erneuern. So kam es am Vorgebirge bei Bonn zwischen 1816 und 1830 zu einer Wiederbelebung, nach 1840 allerdings zu einer dorfweisen Einstellung des Weinbaus. Der letzte Weinberg zwischen Bonn und Köln wurde 1912 gerodet (ZERLETT, 1970, S. 303). Auch bei Düren war von 1816–1832 nach der französischen Besetzung eine steigende Stockzahl zu verzeichnen (PAULS, 1885, S. 199). Der schlesische Weinbau nahm zwischen 1820 und 1864 um 200 ha zu (POMTOW, 1910, S. 104); auch HÄMPEL (1928, S. 81) stellt einen Aufschwung des ostdeutschen Weinbaus für die 50er und 60er Jahre des 19. Jahrhunderts fest[27]. In Grünberg gab es im Jahre 1789 1989 Weinberge, 1806 aber schon 2300 (VEITH, 1966, S. 160). In Kopnitz/Krs. Bomst wurde der Weinbau erst 1828 eingeführt (BECKMANN, 1937, S. 119), in Brzosków bei Zerków ebenfalls um diese Zeit (BECKMANN, 1937, S. 117)[28].
Selbst in Sangershausen gab es im Jahre 1835 noch einen, allerdings erfolglosen, Neuversuch (KUNZE, 1928, S. 93). Auch W. HAMM (1886, S. 201) berichtet von Versuchen bei Halle und von Eigenweinbergen des Herzogs von Anhalt bei Bernburg und Münden. Im Jahre 1830 lebten in Sachsen noch 7220 Menschen ausschließlich vom Weinbau (REINDL, 1904, S. 102). In der Normandie gab es in der 1. Hälfte des 19. Jahrhunderts einen Neuversuch bei Argence (MUSSET, 1908, S. 268), ebenso am Ende des Jahrhunderts in der Picardie (DUSCHAUSSOY, 1928, S. 529–536) und vor 1850 auf der Insel Jersey (CANDOLLE, 1855, S. 339). Auch in Belgien erlebte der Weinbau eine vorübergehende Renaissance mit verschiedenen Versuchen (BERGET, 1899, S. 106), besonders in Flandern (ALANNE, 1963, S. 10) und in Brabant (SCHAYES, 1833, S. 293; JOIGNEAUX, 1852, S. 12). Bei Lüneburg wurden 1830 Versuche in verschiedenen Obstgärten angestellt (ROTH, 1830, S. 3). Von 1820–1840 war in den Kreisen Naumburg, Querfurt und Weissenfels eine Zunahme der Weinberge um 30 Prozent zu verzeichnen, in den darauffolgenden Jahren eine Abnahme um 13 Prozent (BOIE, 1922, S. 13). Im nördlichen Teil des Kreises Grünberg entstanden Neuanlagen um Gorzów (KRES, 1972, S. 215). Noch 1829 wurde Weinbau in Tarchominie betrieben (MADEJ, 1955, S. 11).
In Mähren hielt die aufsteigende Tendenz des Weinbaus bis in die 1. Hälfte des 19. Jahrhunderts an, ab 1830 ging er zurück, wobei sich die Weinberge immer mehr auf Südmähren konzentrierten (FROLEC, 1973, S. 136–143). In Böhmen dagegen war der Rückgang des Weinbaus im 19. Jahrhundert wegen der Urbanisierung und Industrialisierung der Gebiete um die Städte viel schwerwiegender, so daß er sich vor allem auf Tschernosek, Melnik, Lobositz und Leitermitz zurückzog, während um Prag, Kutna Hóra und Chrudim nur unbedeutende Enklaven übrigblieben (FROLEC, 1973, S. 143). In den 60er Jahren des Jahrhunderts gab es erste Rettungsversuche für den böhmischen Weinbau (W. HAMM, 1886, S. 217; ŠIMÁČEK, 1899,

Bild 4: Laon mit seinen Weinbergen um 1789 (DION, 1959)

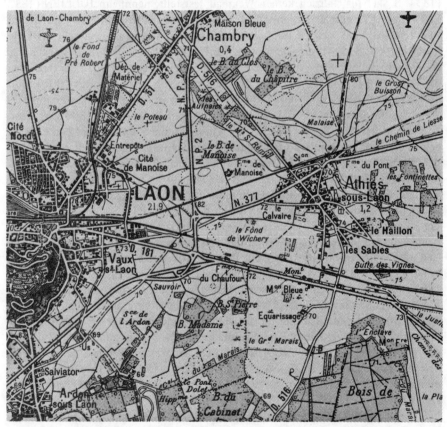

Fig. 12: Laon (49° 35' n. Br.) heute ohne Weinbau. Östlich der Stadt Flurname „Butte des Vignes" (Topograph. Karte 1:50 000 von Frankreich, Blatt XXVII–10 Laon, 1957)

S. 591). Am Schwanberg im Steigerwald lief der Schrumpfungsprozeß in zwei Phasen zwischen 1830—1860 und 1900—1920 ab (TISOWSKY, 1957, S. 59). Auch im Bodenseegebiet, am Hochrhein und an Main und Tauber schrumpfte die Rebfläche (WINKELMANN, 1960, S. 36 f.). Während zum Beispiel der Weinbau um Bamberg noch 1830 die gleiche Ausdehnung wie zur Zeit seiner höchsten Blüte hatte, setzte für Franken das „große Weinbergsterben" erst in der 2. Hälfte des 19. Jahrhundert ein (WELTE, 1934, S. 25). In Unterfranken ging die Rebfläche von 10 465 ha im Jahre 1853 auf 4134 ha im Jahre 1925 zurück (WELTE, 1934, S. 26). Im badischen Tauberland schrumpfte sie in derselben Zeit sogar um 90 Prozent, in Württemberg dagegen nur um 40 Prozent und im Elsaß um 19 Prozent, während in der Rheinpfalz und in Rheinhessen die Rebfläche erheblich zunahm (WELTE, 1934, S. 26).
In Osteuropa entwickelte sich der Weinbau weiterhin positiv. Eine starke Ausdehnung erlebte der rumänische Weinbau (VELCEA, 1968, S. 1). Am Kuban begann er in jenem Jahrhundert, auch in der Bukowina kam es in der Mitte des Jahrhunderts zu Neuversuchen, so daß dort um 1900 insgesamt schon 50 ha Reben vorhanden waren (POLEK, 1904, S. 15). Allerdings liegen über die Entwicklung des Weinbaus in Galizien und der Bukowina unterschiedliche Aussagen vor. Während BUJACK (1834, S. 41) für Galizien keinen Weinbau feststellt, nennt ihn JULLIEN (1832, S. 341) zwar vernachlässigt, aber doch in Renseny im Distrikt Suczawa vorhanden. Für das Jahr 1855 werden für Galizien 50 Morgen Weinberge angegeben (BECKMANN, 1937, S. 114), dagegen sind es bei W. HAMM (1886, S. 221) nur die acht bis zehn Joch des Fürsten Sapieha zu Bilcze im Kreis Tochortkow. In der Bukowina erwähnt JULLIEN (1832, S. 341) die Weinberge von Petronitz. REGNER (1876, S. 437) gibt die Rebfläche der Bukowina mit 80 ha an, mit einem Schwerpunkt des Weinbaus um Czernowitz, nach W. HAMM (1886, S. 221) sind es 180 Joch, besonders bei Suczawa im Tal des Dnjestr. Auch in Bessarabien, das seit 1812 zu Rußland gehört, kam es insbesondere durch deutsche und Schweizer Kolonisten zu bedeutenden Fortschritten im Rebbau, vor allem bei Chabag, Leontiew, Kauschan, Purkari und in der Umgebung von Akermann (W. HAMM, 1886, S. 480)[29].
Wenig einheitlich zeigt sich in der Literatur die Beschreibung der nördlichen Weinbaugrenze im europäischen Rußland. Nach JULLIEN (1832, S. 428—435) lag sie in der Ukraine bei Kiew, wo die Trauben nur selten zur Reife gelangten. Im Gouvernement Jekaterinoslaw gab es Weinbau an den Ufern des Bug, Ingul, Ingulez, Dnjepr und um Otchacov, im Gouvernement Don Kosakenweinbau um Kherson, am rechten Donufer von Tscherkask bis Patisbanskaja und Staniza, fast bis Zarizyn (JULLIEN, 1832, S. 432). Im Gouvernement Orenburg wuchsen nur wenig Reben (JULLIEN, 1832, S. 435). BUJACK (1834, S. 41) zog die Grenze in Galizien bei 48° bis 49° n. Br., in der Moldau und im südlichen Rußland zwischen 47° und 48° n. Br. und an der Wolga bei Zarizyn und Sarepta bei 48° n. Br. Im „pontischen Rußland" gab es nach BRAUNSCHWEIG (1842, S. 18) im Westen Weinbau bis 50° n. Br. und im Osten bis 49° n. Br. Nach CANDOLLE (1855, S. 341) wuchsen in Kiew einige Weinstöcke in Gärten, die schlecht reiften und nicht gekeltert wurden, am Dnjestr fanden sich die ersten Weinberge um Mohilow um 48° n. Br., am Dnjepr bei Krementschug in 49° n. Br., am Bug bei 47° n. Br., am Don von Axais bis Tscherkask, an der Wolga bei Sarepta und Zarizyn in 48 1/3° n. Br., ja sogar zwischen Saratow und Zarizyn am rechten Ufer der Wolga bei 50 1/2° n. Br.[30]. Abgesehen vom kaukasischen und transkaukasischen Weinbau wurde nach WITT (1866,

S. 216) in Rußland vor allem Weinbau in Bessarabien, auf der taurischen Halbinsel, am Don und an beiden Ufern des Terek betrieben. Nach W. HAMM (1886, S. 486) gab es in der Ukraine früher mehr Weinberge, Restweinberge gäbe es in Kiew und außerdem Kosakenweinbau an Bug, Ingul und Ingulez, in den Gouvernements Cherson und Jekaterinoslaw, vorzugsweise am rechten Ufer des Don von Nowo Tscherkask bis Piatusbianskaja und im Regierungsbezirk Stawropol, besonders bei Kisljar (W. HAMM, 1886, S. 487). Der eigentliche Weinbau überschreite nicht oder wenig 47° n. Br. mit Ausnahme der Weinberge bei Saratow unterhalb 52° n. Br. (W. HAMM, 1886, S. 488). Nach BALLAS (1895, 1, S. 173) lag das nördlichste Weinbaugebiet am Don bei Nižne-Čirskaja.

Im Gegensatz zur Ausdehnung des Weinbaus im Osten häuften sich in West- und Mitteleuropa seit 1850 die Nachrichten über den Rückgang des Weinbaus. In Brandenburg sank die Zahl der weinbautreibenden Orte von 250 im Jahre 1864 auf 49 im Jahre 1869 (HÄMPEL, 1928, S. 81), in der Niederlausitz von 77 Orten 1864 auf zehn im Jahre 1868 (KRAUSCH, 1967b, S. 33). In Cottbus ging der Weinbau 1865 ein, in Teltow 1868, in Potsdam 1884, in Luckau 1892, in Guben um die Jahrhundertwende (HÄMPEL, 1928, S. 81). In der Stadt Bonn endete der Weinbau im Jahre 1868 (ZEPP, 1927, S. 127)[31], um 1870 bei Löwen (BASSERMANN-JORDAN, 1940, S. 4), 1856 in Montdidier (DUCHAUSSOY, 1928, S. 516). Die Weinberge in Radojewo bei Posen bestanden nur von 1830–1860 (BECKMANN, 1937, S. 117). Im mecklenburgischen Crivitz in der Nähe des Barnimschen Sees gab es einen Weinberg bis zum Jahre 1860[32]. Die nördlichsten Erwerbsweinberge in Europa lagen in den 60er Jahren bei Brandenburg an der Havel und Umgebung mit 10 ha Rebfläche und in Alt-Karbe bei Friedeberg (53° n. Br.) in der Neumark mit 2,6 ha Rebfläche (W. HAMM, 1886, S. 207). KOOCK (1866, S. 1) nennt als Nordgrenze des Rebenanbaus im Freien zur Weinbereitung für Deutschland 51° n. Br., für geschützte Einzelstöcke 56° n. Br. SCHÜBELER (1862, S. 97) berichtet sogar von vereinzelten Rebstöcken an der norwegischen Küste bis 61° 17' n. Br. Für West- und Mitteleuropa zieht CANDOLLE (1855, S. 339) die Nordgrenze des Weinbaus im Westen Frankreichs bei 47 1/2° n. Br., in Belgien bei 50° 45' und in Berlin bei 52° 31' n. Br.

Nach 1870 verringerten sich Rebfläche und Anzahl der Weinbauorte im nördlichen West- und Mitteleuropa sehr schnell. So bestand der Weinbau in Ober- und Unterpreilipp bei Saalfeld bis zum letzten Viertel des 19. Jahrhunderts (E. KOCH, 1926, S. 87). Im Jahre 1878 gab es in ganz Sachsen noch etwa 1900 ha Weinberge, 1920 nur noch rund 120 ha (KNIPPEL, 1953, S. 99). In Guben waren es 1878 51 ha, 1885 30 ha, 1889 20 ha und im Jahre 1900 noch 4 ha Weinberge (KRAUSCH, 1967b, S. 25), im Kreis Guben ging er von 1871 bis 1891 von 55 ha auf 4 ha zurück (KRAUSCH, 1967b, S. 33). Die Stadt Grünberg verzeichnete von 1878–1908 einen Rückgang der Rebfläche um 34,3 Prozent, von 740 ha auf 486 ha, der Landkreis Grünberg einen Rückgang von 23,6 Prozent, von 613 ha auf 467 ha (POMTOW, 1910, S. 121). Auch im Meißner Land nahm bis 1886 die Zahl der Privatweinberge ständig ab (W. HAMM, 1886, S. 202).

In Nordfrankreich hatte das Departement Aisne im Jahre 1824 noch 9956 ha Rebfläche, im Jahre 1905 nur noch 2030 ha (DUCHAUSSOY, 1926, S. 503), der Kanton Laon im Jahre 1824 677 ha, 1905 nur noch 3 ha (DUCHAUSSOY, 1928, S. 519). Nach COCHET (1866, S. 20) verlief die Verbreitungsgrenze des Weinbaus

in Nordfrankreich um die Mitte des 19. Jahrhunderts etwa von Nonancourt über Gaillon nach Beauvais, dagegen zog sie BERGET (1900, S. 107) schon etwas südlicher von Dreux über Mantes, Soissons, Coucy nach Mouzon an der Maas. In Hennef und Büdingen ging der Weinbau um 1900 ein (ZEPP, 1927, S. 122). An der Ahr zog sich der Weinbau besonders aus den Ortschaften oberhalb Kreuzbergs zurück (KRIEGE, 1911, S. 15). In Hollstadt (Rhön) bestand ein Weinberg bis in die 90er Jahre (WELTE, 1934, S. 19), im schlesischen Winnagóra ging der Weinbau kurz vor 1900 ein (BECKMANN, 1937, S. 115) und im böhmischen Leitmeritz wurde 1897 nur noch dort Weinbau betrieben, wo kein anderer Anbau möglich war (HAUDECK, 1897, S. 151).
Ausnahmen von dieser stark rückläufigen Bewegung des nördlichen Weinbaus in West- und Mitteleuropa gab es nur wenige. So war in der Provinz Posen, wo der Weinbau im Gegensatz zum Weinhandel nur eine geringe Rolle spielte (LAUBERT, 1938, S. 175), im ganzen 19. Jahrhundert ein erheblicher Zuwachs des Weinbauareals zu verzeichnen: Im Jahre 1836 gab es im Kreis Buk 66 Morgen Weinberge, 1855 in ganz Posen 832 Morgen (BECKMANN, 1937, S. 114). Noch in den 90er Jahren kam es zu Neuanlagen bei Chwalim und Schwente, so daß die Gesamttrebfläche Posens von 95,7 ha im Jahre 1896 auf 160 ha im Jahre 1907 stieg (POMTOW, 1910, S. 114). An der Mosel wuchs die Anbaufläche auf Kosten von Ackerland, Lohhecken und Wald (WILL, 1939, S. 19). Im Regierungsbezirk Trier gab es 1878 3440 ha, 1908 4325 ha und 1935 5328 ha Weinberge (WILL, 1939, S. 19).
Am Anfang des 20. Jahrhunderts setzte sich die rückläufige Tendenz im nördlichen Weinbau fort. Bei Winden und Üdingen gab es Weinberge bis zum Jahre 1915 (GÜNTHER, 1958, S. 70). Schon 1920 glaubte IMMICH (1920, S. 54), daß der ostdeutsche Weinbau „in absehbarer Zeit zu einer historischen Tatsache" würde. In Krossen und Züllichau war 1922 der Weinbau fast ganz verschwunden (PAETZ, 1922, S. 112), Restweinberge bestanden vor allem im Besitz von Interessenten, wie zum Beispiel der Weinhändler, weiter (PAETZ, 1922, S. 123), so bei Radewitsch und Padligar und bei Unruhstadt und Chwalim mit je 30 Morgen (PAETZ, 1922, S. 118). Endgültig endete der Weinbau in Krossen im Jahre 1927 (KRAUSCH, 1967b, S. 14). Im Kreis Grünberg gab es 1937 noch 94 ha Weinberge, im Kreis Züllichau-Schwiebus 3 ha, im Kreis Krossen 1 ha, im Kreis Bomst 1 ha und im Kreis Koźuchów 3 ha (KRES, 1972, S. 32)[33]. Nach BOIE (1922, S. 162) gab es 1915 keinen Weinbau mehr in Thüringen. In Sachsen waren die größten Anlagen mit je etwa 6 ha die bei Schloß Seußlitz und die des Stadtweinguts Meißen (DERN, 1919, S. 446). Seit 1900 betrug der Verlust an Weinbergen in der Gemeinde Rödelsee am Schwanberg 50 Prozent, in Wiesenbronn 60 Prozent (TISOWSKY, 1957, S. 70). Die Rebfläche am Siebengebirge umfaßte 1906 115,5 ha, 1925 nur noch 52,2 ha (STANG, 1962, S. 282). Im Jahre 1927 war der nördlichste Weinbauort am Rhein Oberkassel (ZEPP, 1927, S. 163). In Hönningen/Krs. Neuwied nahm die Rebfläche zwischen 1813 und 1927 um 91 Prozent ab, von 61 ha im Jahre 1813 über 70 ha 1870, 35 ha 1914 auf 6,5 ha im Jahre 1927 (ZEPP, 1927, S. 145). Im Saaletal wurden 1932 nur noch 31 ha und im Unstruttal nur noch 41 ha bebaut, während insgesamt 268 ha unbebaut lagen (KRAUSE, 1933). Nach HÄMPEL (1928, S. 80) ging der Weinbau in ganz Ostdeutschland zwischen 1908–1925 um 75 Prozent zurück, bei einer Rebfläche von 1485 ha im Jahre 1908, 1097 ha im Jahre 1913 und 409 ha im Jahre 1925. In den Regierungsbezirken Düsseldorf und Aachen war der Wein-

bau vollständig verschwunden, während er im Regierungsbezirk Köln von fast 1000 ha im Jahre 1816 auf nur 64 ha 1925 sank (ZEPP, 1927, S. 138). In Belgien fand sich im Jahre 1923 Weinbau nur noch um Huy (WERWECKE, 1923, S. 643), der bis 1930 andauerte (DION, 1959, S. 180).
In der Mitte der 20er Jahre kam es in einigen nördlichen Weinbaugebieten zu einer Konsolidierung und teilweise sogar zu einer leichten Ausdehnung der Rebflächen bis zum 2. Weltkrieg. Diese Entwicklung läßt sich für den Weinbau am Siebengebirge nachweisen (STANG, 1962, S. 282), ebenso für Grünberg (Vom schlesischen Weinbau, 1940, S. 183). Im Freistaat Sachsen gab es im Jahre 1923 114 ha Weinberge, 1927 aber schon wieder 270 ha (K. MÜLLER, 1930, S. 721). Weniger bedeutend für die Entwicklung des nördlichen Weinbaus waren kleinere Anbauversuche, wie sie REINDL (1904, S. 109) Anfang des Jahrhunderts für Eisenach anführt, oder die Versuche mit Direktträgern bei Lille zwischen 1925 und 1941 (DION, 1959, S. 9). Dagegen umfaßten die Neuanlagen im neugewonnenen Südosten Polens in der Woiwodschaft Tarnopol, in den Distrikten Šniatyn, Zaleszczki, Borszczów, Czortków und Buczacz 1938 schon 200 ha (JEŻOWA, 1938, S. 100). Auch in Chmielowa in Podolien gab es Weinberge (JEŻOWA, 1938, S. 100)[34]. Weinstöcke an Hausspalieren fanden sich im Jahre 1937 noch in Wiesenau bei Janowitz im Kreis Znin (BECKMANN, 1937, S. 119). In Böhmen beschränkte sich der Weinbau zur Zeit der 1. Republik auf wenige Relikte um Melnik, Tschernosek, Křešic, Raudnitz und Leitmeritz (FROLEC, 1973, S. 158)[35], in Rußland sind die verstreuten Weinbauorte im Norden bis zur Oktoberrevolution belegt (ČEKAN, 1954, S. 634).
Zu Beginn des Jahrhunderts folgte die nördliche Weinbaugrenze in der Bretagne ungefähr dem Grand Plateau, der Wasserscheide zwischen Loire und Vilaine (GADECEAU, 1903, S. 331). Nördlich davon lagen noch einige isolierte Weinberge im Tal der Huisne, in Savigné-l'Évêque und Beaufay, in Coulie, Assé-le-Ribaul, Ségrie und Vernie (MUSSET, 1908, S. 268). WILKE (1903, S. 3) zog als Nordgrenze des europäischen Weinbaus eine Linie, die von der Mündung der Vilaine (47 1/2° n. Br.) der Küste ungefähr parallel nach Lüttich verlief und dann weiter über Bonn, Eisleben, Riesa nördlich von Meißen nach Cottbus und Guben. Bei Bomst (52 1/4° n. Br.) erreichte sie ihren nördlichsten Punkt und senkte sich dann in südöstlicher Richtung zu den Karpaten, die sie bei 48° überschritt. Am Dnjestr stieg sie hinauf bis Mohilow und erreichte bei Krementschug am Dnjepr mit 49° n. Br. ihren nördlichsten Punkt in Osteuropa, von wo sie sich über Sarepta an der Wolga nach Gurjew am Kaspischen See senkte. Nach REINDL (1904) verlief die nördliche Weinbaugrenze in Deutschland südlich von Hildesheim über Rathenow, Oderberg bis nördlich zum Gutsbezirk Adamsdorf in der Neumark (53°) und verließ Deutschland erst unter 52° 10' n. Br. nordöstlich von Winnagóra im Regierungsbezirk Posen. HEGI (1925, V, S. 366) zog die „Nordgrenze der allgemeinen Verbreitung der Weinrebenkultur" in Europa von der Mündung der Loire (47° 5' n. Br.) in nordöstlicher Richtung bis 50°, nördlich von Clermont und Paris, bis Maastricht, Lüttich, Bonn (51°), Mainz (50°), Maintal, Hammelburg, Thüringen, Brandenburg, Schlesien (Grünberg), Posen (Bomst, 52° 30', nördlichster Punkt des gesamten Weinbaugebietes), Galizien (Bilcze ca. 49°), Ungarn (bis 48°), über die Täler des Bug, Dnjestr, Dnjepr und Don (zwischen 48° und 47° schwankend) bis Astrachan (etwa 47° 5')".
In Frankreich hatte sich der Weinbau gegenüber der Beschreibung CANDOLLEs

(1855, S. 338 f.), dessen Nordgrenze von der Mündung der Loire über Mayenne, Les Andelys, Compiègne, Laon zum Tal der Maas zwischen Lüttich und Maastricht verlief, weiter nach Südosten zurückgezogen (vgl. GUILLEAUME, 1934, S. 658 f.). Am weitesten nördlich fanden sich im Jahre 1926 die Weinberge im Arrondissement Laon (DUCHAUSSOY, 1926, S. 505). Eine weitere Beschreibung der Nordgrenze des euroüäischen Erwerbsweinbaus vor dem 2. Weltkrieg stammt von DAVITAYA (1938, S. 133), der sich für West- und Mitteleuropa aber im wesentlichen auf obige Autoren stützte. In Osteuropa verlief die Anbaugrenze nach DAVITAYA hauptsächlich entlang den südlichen Hängen der Karpaten, nördlich von Uschgorod und durch Bilcze in Galizien. Im europäischen Teil der Sowjetunion hielt sie sich etwa zwischen $48°$ und $49°$ n. Br. und ging durch Kamenezk-Podolsk ($48°$ 40' n. Br.), Tulčin ($48°$ 40'), südlich Yman ($48°$ 44'), Kirowo ($48°$ 41'), nördlich Zaporož'e ($48°$ 15') und Šachty ($47°$ 45'). Weiter wendete sie sich nach Norden entlang des Dons und seiner Nebenflüsse Tschir, Medwediza und Choper bis zum Bezirk von Urjupinsk ($50°$ 47'), wo sie einen Halbkreis beschrieb und der Wolga folgte und an der „Breiten Schlucht" (Širokij Buerak) am rechten Ufer der Wolga gegenüber der Station Balakovo ($52°$ 03') ihren nördlichsten Punkt in der UdSSR erreichte. DAVITAYA hob hervor, daß die Weinberge an der Wolga nördlich Kamyšin fast ausnahmslos am rechten hohen Ufer lagen. Von der „Breiten Schlucht" folgte die Grenze dem Lauf der Wolga nach Süden bis Astrachan, wobei die Weinberge einen Streifen entlang der Wolga bildeten. In Gurjew gab es noch Weinbau im geringen Umfang, doch gerieten dort vollständig nur mittlere und teilweise sogar nur späte Sorten.

3.4 BESCHREIBUNG DER AKTUELLEN NÖRDLICHEN WEINBAUGRENZEN

Hier gibt es die gleichen Schwierigkeiten wie in der Geobotanik, wenn das Areal einer Art kartographisch beschrieben wird. Alle bisherigen Betrachter der nördlichen Weinbaugrenze in Europa und in einzelnen Ländern haben die nördlichsten Weinbauorte miteinander verbunden[36]. Diese absolute Darstellung schließt nun aber auch Gebiete mit ein, die zwar innerhalb der Anbaugrenzen liegen, aber selbst keinen Weinbau treiben. In Wirklichkeit kann von einer durchgehenden nördlichen Grenzlinie des Weinbaus natürlich nicht gesprochen werden. Die nördliche Weinbaugrenze war schon immer eine Kette einzelner Weinbauinseln mit verschieden großen Gliedern und Zwischenräumen, deren Entfernung und Größe sowohl von physischen als auch anthropogenen Gesichtspunkten bestimmt werden. Da der Weinbau neben einer unterschiedlichen Flächenausdehnung auch von einer unterschiedlichen Intensität und Intention gekennzeichnet wird, soll im folgenden, entgegen der üblichen Darstellungsweise, nicht von **einer** nördlichen Weinbaugrenze gesprochen werden, sondern von mehreren. Um den absoluten Charakter dieser mehr oder weniger fließenden Grenze zu vermeiden, werden sie in Karte 2 punktiert oder gestrichelt dargestellt; eine Auflösung in einzelne Inseln wurde dagegen aus Gründen der Übersichtlichkeit wegen der großmaßstäblichen Karte aufgegeben. Die auftretenden sprunghaften Veränderungen innerhalb eines sonst kontinuierlichen Übergangsbereichs beruhen auf Veränderungen des Reliefs. Dabei erlauben einzelne Becken weite Vorstöße des großflächigen Anbaus in der Ebene, während Gebirge den Weinbau zurückdrängen und ihn an die Hänge binden.

Eine hauptsächlich vom Klima bestimmte Beschränkung erfährt die nördliche Ausdehnung des **Flächenweinbaus**[37], auf dessen Areal im Unterschied zu den bergigen und hügeligen Weinbauzonen überall Reben angepflanzt werden können. Wenn dies in Wirklichkeit nur selten geschieht, dann ist es nach dem Willen des wirtschaftenden Menschen und beweist den spekulativen Charakter des Weinbaus (vgl. BADER, 1970, S. 328 f.). Der Flächenweinbau findet sich überwiegend in der Ebene und ist mit mindestens 30 Prozent der LNF in allen Weinbaugemeinden dieser Zone dominierend (vgl. Fig. 15). Der Anbau von Massenträgern, die überwiegende Produktion von Konsumwein und eine zumeist extensive[38] Bewirtschaftung, zum Teil ohne Unterstützung, sind weitere Kriterien der Abgrenzung[39].

Die sowohl vom Klima als auch von anthropogenen Faktoren bestimmten Standorte des **verbreiteten Hangweinbaus**[40] schließen sich daran nördlich an (vgl. Fig. 14). Er ist klimatisch stark an die Hänge gebunden, auch wenn er in einigen besonders geschützten Gebieten, wie etwa in der Pfalz, im Weinviertel und am Neusiedlersee ins Flachland hineinreicht. In den einzelnen Weinbaugemeinden erreicht er teilweise einen Anteil von über 50 Prozent der LNF (z. B. an der Mosel und in der Champagne), an anderen Orten ist er dagegen relativ unbedeutend. Um diesen verbreiteten Hangweinbau gegenüber den Einzelstandorten der absoluten Anbaugrenze abzugrenzen, wurden mindestens ein Hektar Rebfläche gefordert. Damit wird deutlich, daß die Nordgrenze des verbreiteten Hangweinbaus auch die potentielle Grenze für Weinbau im Haupterwerb darstellt. Weitere Kennzeichen für den Hangweinbau sind die intensive Bearbeitung und der Anbau von Qualitätssorten.

Als nördlicher Außenposten des Weinbaus ist der **vereinzelte Hangweinbau** anzusehen. Während die Betriebe in der Zone des Flächenweinbaus und des verbreiteten Hangweinbaus den Weinbau im Haupterwerb betreiben **können**, wird jetzt das klimatische Risiko nur noch von Nebenerwerbs- und Hobbywinzern getragen. Der kleinflächige Anbau mit zumeist weit unter einem Hektar Rebfläche ist die Regel. Selbst Einzelstöcke in Gärten und an geschützten Hauswänden werden gezogen. Damit ist schon ausgesagt, daß der Anbau hier weniger der Marktproduktion von Wein gilt, sondern hauptsächlich dem Eigenbedarf an Wein und Trauben. Die Verbreitung des vereinzelten Hangweinbaus nach Norden entspricht dem äußersten nördlichen Vorkommen der Weinrebe im Freien und nähert sich damit am meisten der absoluten nördlichen Weinbaugrenze, die in ihrem tatsächlichen Verlauf allein auf Grund praktischer Anbauversuche an kleinklimatisch günstigen Orten ermittelt werden kann. Dabei ist die Rebe unbedingt an die Hänge gebunden.

Die Nordgrenze des Flächenweinbaus (s. Karte 2) beginnt südlich der Mündung der Garonne, im Bordelais, in dem als einzigem Weinbaugebiet der Erde hohe Qualität und Quantität zusammentreffen (K. M. HOFFMANN, 1977, S. 206) und zieht sich in einem etwa 40 km tiefen Streifen südostwärts bis zur Mittelmeerküste und dieser parallel bis zur Provence[41] (ATLAS de FRANCE, 1960, Karte 45; KALINKE, 1969; STEVENSON, 1976, S. 263). Im Midi, in dem überwiegend Konsumweinbau

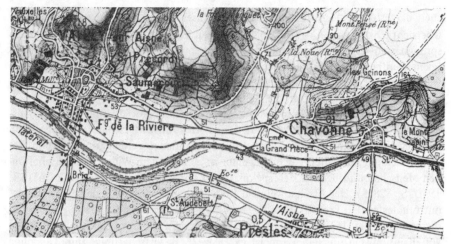

Fig. 13: Starke Selektion der Exposition und Höhenlagen im Tal der Aisne östlich Soissons, 49° 25' n. Br. (Rebfläche schwarz markiert) (Topograph. Karte 1:50 000 von Frankreich, Blatt XXVI–11 Soissons, 1933)

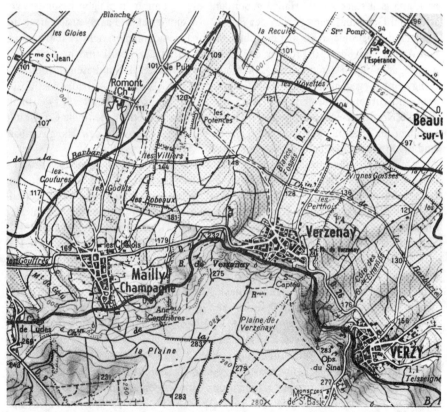

Fig. 14: Verbreiteter Hangweinbau südöstlich Reims, 49° 10' n. Br. (Rebfläche generalisiert umrandet) (Topograph. Karte 1:50 000 von Frankreich, Blatt XXVIII – 12 Reims, 1969)

Fig. 15: Flächenweinbau in der Ebene südlich Perpignan, 42° 35' n. Br. (Rebfläche fein gestrichelt) (Topgraph. Karte 1:50 000 von Frankreich, Blatt XXV–49 Portes-Vendres, 1909)

betrieben wird, befanden sich 1966 45,7 Prozent der französischen Rebfläche (KA-LINKE, 1969, S. 19). Im weiteren Verlauf der Nordgrenze des europäischen Flächenweinbaus werden die einzelnen Anbaugebiete durch Gebirge voneinander getrennt. Er findet sich in der oberitalienischen Tiefebene (vgl. KALINKE, 1970, S. 188 f.) und dann wieder in der Donau-Theiß-Niederung, wo sich allein 115 000 ha von den 246 000 ha der ungarischen Rebfläche erstrecken (NEMETH, 1972, S. 31). Die ungarischen Weinbaugebiete liegen zu 3/4 in der Ebene und zu 1/4 in der Hügel- und Gebirgszone (NEMETH, 1972, S. 31; vgl. Fig. 16). In Rumänien hält sich der Flächenweinbau etwa parallel zur Donau, doch greift er in neuerer Zeit verstärkt auf die Walachei über (BERÉNYI, 1972, S. 88). In der Dobrudscha, wo erst um 1907 Reben gepflanzt worden sind, stehen sie heute schon auf 25 000 ha (GOLLMICK, 1976, S. 112). An der Küste des Schwarzen Meeres reicht der Flächenweinbau bis Odessa und in die Steppe östlich von Cherson (ATLAS SEL'SKOGO, 1960, S. 163; GOLLMICK, 1976, S. 102–105; JOHNSON, 1972, S. 204). Die Grenze des Flächenweinbaus verläuft weiter über Rostow am unteren

Fig. 16: Flächenweinbau in Südungarn bei Kunbaja, 46° 10' n. Br. (Rebfläche fein gepunktet; szölök = Weingärten) (Topograph. Karte 1:75 000 von Ungarn, Blatt 5563 Subotica és Mélykut, 1936)

Don bis zum Steppengebiet am Terek (ATLAS SEL'SKOGO, 1960, S. 163; GOLL-MICK, 1976, S. 105).
Der verbreitete Hangweinbau konnte in den letzten Jahren im Zusammenhang mit der Hobbyweinbaubewegung seine Grenze in einigen westeuropäischen Ländern nach Norden verschieben (s. Karte 2). Vor allem in Großbritannien und Belgien ist der Weinbau zu einer Modeerscheinung geworden. In England und Wales gab es im Jahre 1975 insgesamt etwa 150 ha Weinberge, 1977 aber schon über 200 ha[42]. Nach PEARKES (1976, S. 15) bestanden schon 1973 etwa 150 „commercial vineyards", deren Größe von 1/2 Acre bis zu 15 Acres reichte (PEARKES, 1976, S. 21—32). Nimmt man als untere Grenze des Erwerbsweinbaus nur die Betriebe mit mindestens 2 1/2 Acres (1 ha = 2,47 Acres), so liegen deren nördlichste Weinberge etwa auf der Linie Cardigan (Wales) — Hereford — Stafford — Lincoln — Norfolk (PEARKES, 1976, S. 32). Die größten Betriebe allerdings befinden sich in Südengland (PEARKES, 1976, S. 21—32; CHAPMAN, 1972).
In Frankreich gab es 1975 nur in den Departments Calvados, Côtes du Nord, Eure, Manche, Nord, Orne, Pas de Calais, Paris, Seine Maritime, Somme und Seine St Denis keine Weinberge[43]. Die übrigen nördlichen Departments besaßen 1975 eine unterschiedlich große Anbaufläche (s. Fig. 17).
Die Nordgrenze des Erwerbsweinbaus in Frankreich verläuft heute etwa von Vannes an der Atlantikküste über Rennes, Le Mans, Chateaudun, Mantes an der Seine, Soissons an der Aisne bis zur Maas südlich von Mouzon[44]. In Belgien gibt es außer kleinen Hobbyweingärten auch einige Weinberge „à destination commerciale", so in der Region Hageland bei Overijse (4 ha) und Duisburg (3 ha), in Trazegnies (2 ha) und in Borgloon (1 ha) nordöstlich von Tongern[45]. Die einzigen Freilandweinberge der Niederlande mit etwa einem Hektar Rebfläche liegen an der Maas in der Nähe von Maastricht[46].
In der Bundesrepublik verläuft die Grenze des verbreiteten Hangweinbaus vom Siebengebirge [47] (vgl. DEUTSCHER WEINATLAS, o. J.) den Rhein aufwärts bis zur Lahn und weiter diesen Fluß aufwärts (DEUTSCHER WEINATLAS, o. J., S. 25). In Nordhessen gibt es seit 1952 in Gensungen/Ortsteil Böddiger einen 2,5 ha großen Weinberg, der vor einigen Jahren noch erweitert wurde[48]. Die Weinbaugebiete in der DDR liegen an der Elbe (1972 : 151 ha) und an Saale und Unstrut (1972 : 250 ha) (GOLLMICK, 1976, S. 160—173). Der Anteil der inländischen Flaschenweine am Gesamtverbrauch beträgt im Durchschnitt zwei Prozent (GOLLMICK, 1976, S. 121). An der Saale finden sich Weinberge von Dornburg nördlich Jena bis Kriechau nördlich von Weißenfels, an der Unstrut ab Vitzenburg (GOLLMICK, 1976, S. 160 und Karte). Im Elbtal reicht der Weinbau von Pillnitz oberhalb Dresdens bis Seußlitz zwischen Meißen und Riesa (GOLLMICK, 1976, S. 164 und Karte). Am weitesten nach Norden reicht der verbreitete Hangweinbau in der DDR am Süßen See in Höhnstedt (51° 30') östlich von Eisleben und in Jessen (51° 04') an der Schwarzen Elster (1,25 ha) (GOLLMICK, 1976, S. 169 und Karte).
Die Rebfläche in Polen wird heute auf nicht mehr als 50 ha geschätzt (GOLLMICK, 1976, S. 131)[49]. Im Bezirk Grünberg (Zielona Góra) gab es im Jahre 1965 33,5 ha Weinberge, die zum größten Teil von drei Weinbaubetrieben in Grünberg (51° 56'), einem in Gorrow, einem in Guben und einem in Gronów/Krs. Schwiebus bearbeitet werden (KRES, 1972, S. 123 und 215). Außerhalb dieses größten polnischen Weinbaugebietes besitzt das polnische Obstbauinstitut noch 4 ha Weinberge in

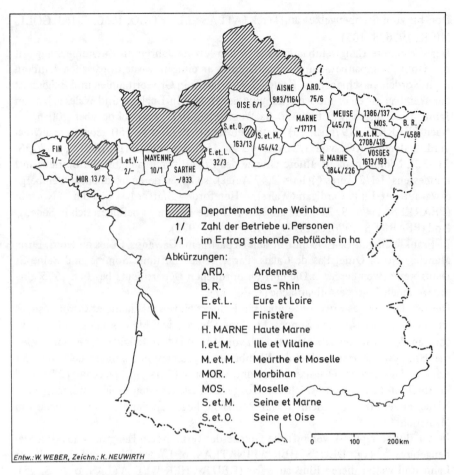

Fig. 17: Weinbaubetriebe und Rebflächen in den nordfranzösischen Departements 1975 (nach Angaben des Instituts National Des Appelations d'Origine Des Vins Et Eaux-De-Vie, Paris)

Nowa Wieś an der Piliza südlich von Warschau. Kleine Weinberge, zwischen 0,2 bis 0,3 ha, befinden sich im Süden des Landes in der Umgebung von Sandomierz, Pińczow und Tarnow[50].
In der Sowjetunion[51] zieht sich die Grenze des verbreiteten Hangweinbaus von der Karpato-Ukraine (GOLLMICK, 1976, S. 103 und 129; vgl. auch VELCEA, 1968, S. 176) über das Weinbaugebiet oberhalb von Chotin am Dnjestr nach Winniza (GROSSE SOWJET-ENZYKLOPÄDIE, 1953, S. 38) und Kiew (ATLAS SEL'SKO-GO HOZJAJSTVA SSSR, 1960, S. 163; KUHIJOVYČ, 1971, S. 881). Dann folgt sie dem Lauf des Dnjepr abwärts bis etwa Tscherkassy und wendet sich nach Südosten zum Donez südlich von Isjum und weiter zum Weinbaugebiet Zimljansk am Don (ATLAS SEL'SKOGO, 1960, S. 163). Bei Saratow an der Wolga erreicht der Hangweinbau in der Sowjetunion seinen nördlichsten Punkt (GOLLMICK, 1976, S. 103; GROSSE SOWJET-ENZYKLOPÄDIE, 1953, S. 43). Wolgaabwärts befinden sich

kleinere Weinberge bei Wolgograd und Astrachan (GROSSE SOWJET-ENZYKLO-
PÄDIE, 1953, S. 43).
Der vereinzelte Hangweinbau mit kleinen Weinbergen und Einzelstöcken konnte
sich nicht zuletzt wegen der vielen frostresistenten Neuzüchtungen mit kurzer Vegetationszeit weit nach Norden ausdehnen (s. Karte 2)[52]. Auf den Britischen Inseln
erstreckt sich seine aktuelle Nordgrenze von Südirland bis zu den englischen Grafschaften Lancaster und Lincoln[53]. Die belgischen Liebhaberweinberge sind über das
ganze Land verstreut[54]. In den Niederlanden findet man Einzelstöcke an geschützten Stellen bis in die nördlichsten Teile[55], ebenso in Norddeutschland und Dänemark (vgl. Bild 5 und 6). An der norwegischen Küste gedeihen einzelne Reben an
Hauswänden und unter Abdeckung im Winter bis 60° n. Br.[56]. Für das Pflanzen
von Reben in Südschweden empfiehlt die schwedische landwirtschaftliche Universität bestimmte Sorten der Vitis vinifera und Vitis labrusca, letztere sogar bis zur
Breite von Stockholm[57]. In Polen finden sich Weinreben auch an neuen Häusern[58],
relativ häufig bis etwa zur Linie Posen – Lodsch – Chelm (MADEJ, 1955, S. 6).
Dank der Neuzüchtungen von I. W. MITSCHURIN konnte die nördliche Weinbau-
grenze im europäischen Teil der Sowjetunion bis zum 56. Breitengrad vorgeschoben
werden (GROSSE SOWJET-ENZYKLOPÄDIE, 1953, S. 7; vgl. auch GOLLMICK,
1976, Karte). Der Staat errichtete an vielen Orten Weinbauversuchsstationen
(GROSSE SOWJET-ENZYKLOPÄDIE, 1953, S. 32 f.) und ermunterte die
Hobbyweingärtner. Das wissenschaftliche Forschungsinstitut für Weinbereitung und
Weinbau in Jalta unterhält in Moskau eine Zweigstelle für den Weinbau im Norden
(GROSSE SOWJET-ENZYKLOPÄDIE, 1953, S. 32). Solche vorgeschobenen Stütz-
punkte des Weinbaus[59] gibt es unter anderem bei Tschernigow, Kursk (RIVALS,
1958, S. 28), Woronesch, Orel, Smolensk, Moskau, Iwanowo, Gorki, Kuibyschew,
Tambow (GROSSE SOWJET-ENZYKLOPÄDIE, 1953, S. 43) und im Gebiet von
Orenburg (ŠATILOV, 1972, S. 41).

3.5   ZUSAMMENFASSUNG

Die Entwicklung des Weinbaus an seiner nördlichen Verbreitungsgrenze in Europa
zeigt in ihrem Ablauf bestimmte Gesetzmäßigkeiten[60].
1. Die Ausbreitung des Weinbaus wird bestimmt durch die großen Kultur- und Sied-
lungsbewegungen. Für Mitteleuropa ergibt sich dadurch eine west-östliche Wanderung der Weinkultur. So hat VEITH (1966, S. 289–298) anhand der schlesischen Weinbauterminologie festgestellt, daß sie primär römisch, sekundär fränkisch, tertiär sächsisch-lausitzisch und erst quartär niederschlesischen Ursprungs
ist. Auch der Vergleich von Weinbautechniken in West- und Mitteldeutschland
erbringt den Nachweis für die west-östliche Vermittlung (WEINHOLD, 1973,
S. 289–292)[61]. Dagegen dringt vom Schwarzen Meer mit den Vorfahren der
Bulgaren und Ungarn seit dem 9. Jahrhundert n. Chr. eine Form der Rebkultur
bis nach Nordostungarn, deren hauptsächliches Merkmal die Mostgewinnung

Bild 5: Rebe im Hof Olufson in Aalborg in Dänemark (ca. 57° n. Br.) im August 1976 mit Trauben (Aufnahme: FEZER)

Bild 6: Glashaus mit Rebe und Tomaten in Vust westlich Fjerritslev in Dänemark (ca. 57° n. Br.) (Aufnahme: FEZER, 1976)

ohne Preßmechanismus ist und die damit im Gegensatz zur griechisch-römischen Tradition des Pressens mit der Kelter (WEINHOLD, 1975, S. 38 f.) steht.
2. Die Ausbreitung des Weinbaus erfolgt seit der Römerzeit entlang wichtiger Verkehrsstraßen und Wasserwege (BASSERMANN-JORDAN, 1975, S. 61). Sie bilden die „Leitlinien der Ausbreitung" (HAHN, 1956, S. 18) und sind zusätzlich für den Weintransport von Bedeutung. Auch Flußtäler ohne starken Verkehr werden, insbesonders seit dem Aufkommen des Terrassenbaus im 10. Jahrhundert (vgl. HAHN, 1976, S. 17 f.), zu wichtigen „klimatischen Leitlinien" (SCHRÖDER, 1953, S. 58).
3. Im Verlaufe seiner starken geographischen und flächenmäßigen Expansion dringt der Weinbau auch in Gebiete und Standorte vor, die für einen erfolgversprechenden Anbau nur ungenügende natürliche Voraussetzungen mitbringen.
4. Für den nördlichen Weinbau ist das punkthafte und isolierte Auftreten der Weinbauorte und Gebiete kennzeichnend. Dafür sind einmal klimatische Gründe verantwortlich, zum anderen aber kommen gerade in den Streugebieten des Weinbaus viel eher ungelenkte Initiativleistungen Einzelner zum Durchbruch, so daß die „Gesetzmäßigkeit des regionalen Fortschreitens" (SCHRÖDER, 1953, S. 57) für die nördliche Weinbaugrenze nur bedingt Gültigkeit hat. Die Innovation[62] wird akzeptiert und nachgeahmt und verbreitet sich phasenhaft und ungleichmäßig weiter, bis sie das Sättigungsstadium erreicht hat.
5. Der Rückgang des Weinbaus führt an seiner nördlichen Verbreitungsgrenze viel häufiger zu seiner völligen Aufgabe, während sich in den Kerngebieten die Fläche verringert.
6. Mit dem Rückgang des nördlichen Weinbaus verbunden ist ein Rückzug auf klimatisch günstige Standorte. Sie bestimmen heute weitgehend den Verlauf der nördlichen Anbaugrenze. In Württemberg entspricht das heutige Anbaugebiet „in seinen Umrissen ziemlich genau dem der Zeit um 1300" (SCHRÖDER, 1953, S. 71), im Moselgebiet soll die Rebfläche vom Jahre 1825 etwa der von 1273 gleichgekommen sein (BASSERMANN-JORDAN, 1975, S. 120).
7. Der zeitliche Ablauf von Ausdehnung und Rückgang des Weinbaus ist in den einzelnen nördlichen Weinbauorten sehr unterschiedlich. Schon seit dem Mittelalter gibt es lokale Veränderungen der nördlichen Weinbaugrenze im negativen Sinn. Dagegen kommt es zu einem generellen Rückgang der Rebfläche im nördlichen West- und Mitteleuropa erst seit dem 16. Jahrhundert. In Oberhessen zum Beispiel beginnt er im 16. Jahrhundert, in der Wetterau und an der Bergstraße erst im 18. Jahrhundert (WINKELMANN, 1960, S. 35). Im 19. Jahrhundert zieht sich der Weinbau in drei Etappen am Niederrhein aus dem Kölner und Aachener Gebiet, dann zwischen Köln und Bonn und schließlich am Vorgebirge und der unteren Sieg zurück (ZEPP, 1927, S. 113). Um 1900 erreicht die Rückverlegung das Siebengebirge, wobei noch offenbleibt, ob das nur ein zeitweiliger Halt ist. Im Gegensatz zu Deutschland gibt es im Weinbau der Schweiz vom Mittelalter bis etwa 1880 einen nahezu ununterbrochenen Aufschwung (SCHLEGEL, 1973, S. 91) und auch in Frankreich scheint die Periode der größten Ausdehnung und Zeit des Rückgangs im allgemeinen etwas später zu liegen als in Deutschland (BASSERMANN-JORDAN, 1975, S. 159)[63]. Seit dem 19. Jahrhundert beginnt in Deutschland eine Zeit des Wiederaufbaus, die allerdings nur in den Kerngebieten zu einer Erweiterung der Anbauflächen führt (HAHN, 1956, S. 28). Dagegen

kann für den nördlichen Weinbau in Osteuropa seit dem 17. Jahrhundert eine stete Aufwärtsentwicklung festgestellt werden, die in unseren Tagen zu Ende zu gehen scheint.
8. Die Veränderungen im Weinbau gehen nur sehr langsam vor sich, da er sich durch ein großes Beharrungsvermögen auszeichnet (HAHN, 1956, S. 29)[64]. Der Niedergang des Weinbaus ist deshalb nur als Abschluß einer Entwicklung anzusehen, deren Anfänge weit zurückreichen können. Demgegenüber verlief die Ausbreitung des Weinbaus nach Norden und Osten sehr viel schneller. Das bewiesen einmal die Vielzahl der Urkunden, die große Anzahl der weinbautreibenden Gemeinden und der Umfang der Rebfläche. So gab es im Mittelalter allein in der Picardie 431 Orte mit Weinbau (DUCHAUSSOY, 1926, S. 517).

4. DIE URSACHEN DER VERSCHIEBUNGEN DER WEINBAUGRENZE

In den meisten Weinbaustudien lokaler und regionaler Art finden sich auch Aussagen über das Vordringen des Weinbaus nach Norden und seinen späteren Rückzug. Dabei wird der Einfluß der verschiedenen Faktoren auf die Verbreitung und die Einstufung ihrer Bedeutung unterschiedlich beurteilt. Für die Zeit der mittelalterlichen Ausbreitung wird vielfach ein wärmeres Klima angenommen (z. B. von H. L. WERNECK, 1950, zit. nach RUPPERT, 1960, S. 49; K. M. HOFFMANN, 1977, S. 24). Andere Autoren betonen mehr den Einfluß anthropogener Faktoren. Immer wieder werden dabei die schlechten Verkehrsverhältnisse hervorgehoben (z. B. H. SCHMITZ, 1925, S. 29; REINDL, 1904, S. 129; DERN, 1919, S. 437; v. WEBER, 1872, S. 21), die Notwendigkeit eigenen Wachstums zur Deckung des Bedarfs (REINDL, 1904, S. 129; WILKE, 1903, S. 7; H. SCHMITZ, 1925, S. 28), ein wenig verwöhnter Geschmack (HÄBERLE, 1930, S. 8), günstige Absatzmöglichkeiten des Weines (H. SCHMITZ, 1925, S. 28), Gebietszersplitterung (KIEFER, 1933, S. 9), Liebhaberei und einfach Nachahmungssucht (DERN, 1919, S. 437). A. v. HUMBOLDT (Briefwechsel Alexander von Humboldts mit Heinrich Berghaus, II, Leipzig 1863, S. 165) schreibt hierzu: „Doch ist nicht zu vergessen, wenn man vom ehemaligen Gedeihen des Weinbaus spricht, daß der Catholicismus und Mangel an Handelsverkehr den Weinbau im Norden begünstigten. Man soff schlechte Weine bei der Messe und in Trinkgelagen, weil man sich bessere nur mit Wichtigkeit verschaffen konnte."
Die Diskussion um die Ursachen des Rückzugs geht zunächst von einer Umkehr obiger Faktoren aus. Das Klima soll sich verschlechtert haben (K. MÜLLER, 1953; SCHREIBER, 1962, S. 36; YOUNGER, 1966, S. 242) und der Boden rebenmüde geworden sein (DERN, 1919, S. 455; FRIEDEL, 1900, S. 296). Die Verbesserung der Verkehrsmittel seit dem 15. Jahrhundert läßt die wirtschaftlichen Faktoren immer mehr an Bedeutung gewinnen[1]. Daraus folgert RUDOLPH (1929, S. 105) für die Uckermark:
„Neben der Teerbrennerei, Glasfabrikation u. a. gehört auch der Weinbau zu den ausgestorbenen Formen des uckermärkischen Erwerbslebens, der einst eine sehr bedeutungsvolle Rolle gespielt hat, wie sich aus mannigfachen Zeugnissen noch erweisen läßt. Dieses Verschwinden solcher einst wichtigen Wirtschaftszweige und ihre Ablösung durch die Einfuhr der betreffenden Erzeugnisse von außerhalb ist eine sehr häufig zu beobachtende Tatsache, die sich aus der fortschreitenden Spezialisierung der Länder und Landschaften auf einzelne bestimmte und ihnen besonders zusagende Produktionszweige und aus den verbesserten Verkehrsmöglichkeiten erklärt, die einen lebhafteren Austausch von selbst erzeugten und von anderswo einzuführenden Gütern gestatten. Gerade der Weinbau ist ein besonders gutes Beispiel für diese Erscheinung und zeigt auch für unsere Heimat, wie ein lange Zeit hindurch sehr wichtiger Erwerbszweig allmählich durch veränderte Wirtschafts- und Verkehrsmöglichkeiten beeinflußt oder gar vernichtet werden kann."

Durch die Ausdehnung des Handels können billigere und bessere Weine beschafft werden, so daß sich mit den erhöhten Ansprüchen an die Güte des Weines auch der Geschmack verändert (BECKMANN, 1937, S. 121; FRIEDEL, 1900, S. 296; ZEPP, 1927, S. 174) und damit der Absatzmarkt für die sauren Weine (HEGI, V, 1925, S. 380; POSCHMANN, 1956, S. 15). Weiter werden als Gründe für den Rückgang genannt: die Aufhebung der Klöster durch Reformation und Säkularisation (BAUR, 1962, S. 78; H. SCHMITZ, 1925, S. 65; REINDL, 1904, S. 133; HEGI, V, 1925, S. 380), Kriege (FRIEDEL, 1900, S. 296), steigende Abgaben (BASSERMANN-JORDAN, 1975, S. 147), die Konkurrenz durch andere Getränke (HEGI, V, 1925, S. 380; REINDL, 1904, S. 131) und Anbaupflanzen (REINDL, 1904, S. 131; BECKMANN, 1937, S. 121), mangelnde Pflege und Kellertechnik (HÄBERLE, 1926, S. 407; HÄMPEL, 1928, S. 84; REINDL, 1904, S. 132) und Rebschädlinge (REINDL, 1904, S. 133).

Für die neuere Zeit werden vor allem die negativen Auswirkungen der Weinfälschungen angeführt (HEGI, V, 1925, S. 380; BASSERMANN-JORDAN, 1975, S. 147 und 190), die Anti-Alkohol- bzw. Abstinenzbewegung (HEGI, V, 1925, S. 180; BASSERMANN-JORDAN, 1975, S.190), die „Promillegrenze" für Kraftfahrer, die Ansiedlung von Industriebetrieben (BADER, 1970, S. 328 f.; DERN, 1919, S. 455; BASSERMANN-JORDAN, 1975, S. 190)[2], der Übergang der Rebflächen in Kleinbesitz und damit in unkundige Hände (DERN, 1919, S. 455), wechselnde Weinmode und der übertriebene „Luxusweinbau" (BASSERMANN-JORDAN, 1975, S. 190). Die meisten dieser Faktoren bringen eine Veränderung der Absatzverhältnisse mit sich.

Neben allgemeinen Aufzählungen dieser Art[3], deren Gültigkeit zum Teil auf ganz Mittel- und Westeuropa übertragen wird, gibt es zahlreiche Untersuchungen, in denen für bestimmte Weinbaugebiete bzw. Weinbauorte Ursachen des Rückgangs genannt werden. Für England nennt YOUNGER (1966, S. 242) seit dem 14. Jahrhundert den Arbeitskräftemangel nach der Pest, das wachsende ausländische Weinangebot und dessen bessere Qualität, und die allmähliche Verschlechterung des Klimas. In der Mark soll nach HAUSEN (1798, S. 82 f.) der Kornbranntwein der Ausfuhr märkischer Weine nach Preußen, Polen, Pommern, Schweden, Dänemark, Norwegen und Rußland ein Ende bereitet haben und zusammen mit höheren Getreidepreisen, verstärktem Biergenuß sowie Mangel an Kenntnissen und der Vernachlässigung ökonomischer Grundsätze zum Eingehen des Weinbaus geführt haben. Für die Niederlausitz nennt KRAUSCH (1967b, S. 32) vermehrten Kartoffelanbau, bessere Preise für Getreide, veränderte Trinkgewohnheiten und allgemeine ökonomische Überlegungen. Im 19. Jahrhundert sind es im Dürener Land die Konkurrenzunfähigkeit gegenüber Rhein- und Moselwein, die Gefährdung durch die Reblaus und die Abwanderung der Arbeitskräfte in die Industrie (GÜNTHER, 1958, S. 71), in Thüringen die höheren Getreidepreise, die eingeführte Stallfütterung, die mehr Dünger für die Landwirtschaft lieferte, und der Kartoffel- und Kleebau (K. HERRMANN, 1875, S. 84). Für die Saale nennt NEUSS (1955, S. 184) den Zollverein, das Festhalten an alten Sorten, das Einschleppen von Peronospora und Phylloxera. In Franken sollen die Kontinentalsperre, welche eine verstärkte Konkurrenz französischer Weine nach sich zog, der Verlust des bayerischen Absatzgebietes, die Brauhäuser und die Aufhebung der Klöster den Rückgang des Weinbaus verursacht haben (WELTE, 1934, S. 24 f.). Während für den Rückgang des Grünberger Weinbaus einmal die Industrie, der Kapitalmangel und die schwindende Liebe zum Weinbau verantwortlich gemacht werden (VOM SCHLESISCHEN WEINBAU, 1940, S. 183), führt ihn PAETZ (1922, S. 119 f.) gleich auf sechs Ursachen zurück: auf die Industrie, den Düngermangel, die geringe Tragfähigkeit und Krankheitswiderstandsfähigkeit verschiedener Sorten, die Peronospora, unkundige Besitzer, den Diebstahl und den straken Vogelfraß. In Mähren liegen die Anfänge des Rückgangs in den Josephinischen Reformen Ende des 18. Jahrhunderts, in der Einfuhr billigerer Weine, der Einführung höherer Geränkesteuern und der hohen Produktion von Branntwein und teilweise hausgemachtem Obstwein begründet (FROLEC, 1973, S. 136). Für die Schweizer Rebbaukrise seit 1880 nennt SCHLEGEL (1973, S. 91) als Ursachen „dieselben wie in anderen Weinbauländern Europas": Krankheiten und Schädlinge, Verteuerung der Produktion durch sich mehrende Pflegemaßnahmen und steigende Löhne, wachsende ausländische Konkurrenz im Zusammenhang mit den sich bessernden Verkehrsverhältnissen und eine Änderung der Konsumgewohnheiten.

Bei einigen Autoren findet sich eine Rangordnung der Ursachen. So nennt zum Beispiel REINDL (1904) als „Hauptursache" für den Rückgang des Weinbaus in Norddeutschland die Einfuhr besserer Weine seit dem Anfang des 14. Jahrhunderts (S. 115) und die verbesserten Verkehrsverhältnisse seit Anfang des 15. Jahrhunderts (S. 131), DERN (1919, S. 438 f.) das Mißverhältnis zwischen Anbaukosten und Gewinn. Für die österreichische Weinbaukrise im 17. Jahrhundert stellt H.-C. SCHMIDT (1965, S. 28) eine „Hierarchie" der Ursachen auf und stellt dabei die staatliche Steuerpolitik des 16. Jahrhunderts an die erste Stelle, Kriege und direkte Kriegsfolgen an die zweite und schließlich die Häufung von Mißjahren im 17. Jahrhundert an die dritte Stelle.

Allein die Tatsache, daß fast nie einzelne Ursachen genannt werden, weist schon auf die Komplexität hin. Erst das Zusammentreffen verschiedener Faktoren leitete den Rückzugsprozeß ein. Zur endgültigen Aufgabe genügten dann oft kleinere Anlässe und äußere Einflüsse, wie zum Beispiel starke Fröste und Zerstörungen durch Kriege, um den inneren Niedergang des Weinbaus zu verdeutlichen. Der Prozeß des Rückzugs war in den einzelnen Weinbauorten von unterschiedlicher Dauer und Intensität. Der Weinbau ging vor allem dort zurück, wo er nicht die alleinige Erwerbsquelle bildete (ZEPP, 1927, S. 172). Insgesamt ist das ständige Auf und Nieder des Weinbaus typisch für das Geschehen an der nördlichen Weinbaugrenze und zeugt auch damit von der ökologischen Randlage und dem hohen Stellenwert anthropogener Faktoren. Als Beispiel sei der Weinbau in Rathenow angeführt, der sich trotz der Zerstörung der Weinberge durch die Schweden im Jahre 1675 und des Erfrierens der Stöcke in den Jahren 1740 und 1802 immer wieder von den schweren Schlägen erholte (SCHWARTZ, 1896, S. 73).

Die vorliegende Arbeit will sich nicht mit einer bloßen Aufzählung von Ursachen begnügen; die bisher genannten Beispiele sollten lediglich einen Einblick in ihre Vielfalt geben. Auch eine vollständige Betrachtung aller möglichen Ursachen ist nicht beabsichtigt, da sie zeitlich, lokal und regional zu verschiedenartig sind und hierfür das Untersuchungsgebiet zu weiträumig ist[4]. Vielmehr sollen die oftmals pauschalen Aussagen über die Ursachen der Verschiebungen der nördlichen Weinbaugrenze auf ihre tatsächliche Bedeutung hin überprüft werden. Dabei gilt es vor allem die Ursachenkomplexe zu entwirren und sie für die nördliche Weinbaugrenze räumlich und zeitlich zu differenzieren, wobei nicht übersehen werden darf, daß viele Faktoren „nur Symptome einer bereits bestehenden Krise und daher nicht geeignet sind, deren Hintergründe aufzuhellen" (H.-C. SCHMIDT, 1965, S. 26). Ein weiteres Ziel dieser historisch-geographischen Untersuchung ist es zu klären, ob heute „wissenschaftliche Erkenntnisse und praktische Erfahrungen die Ursachen des Rückgangs in erheblichem Maße gegenstandslos machten", wie dies etwa KNIPPEL (1953, S. 114) behauptet.

4.1 KLIMA

Die Berichte über exzessive Witterungserscheinungen finden sich schon in den ältesten Chroniken und bezeugen damit einmal ihren außerordentlichen Charakter, zum anderen aber auch die damalige Bedeutng des Weinbaus, in deren Verbindung sie oftmals genannt werden. Einige Beispiele seien hier angeführt: Nicht näher beschriebene Unwetter zerstören im Jahre 1379 die Weinernte bei Minden (DETTEN, 1910/11, S. 458). Bei Eisenberg wird 1528 ebenfalls durch ein Unwetter ein Weinberg zerstört, der danach nicht weider aufgebaut wird (O. WEISE, 1894, S. 26). Auch WELTE (1934, S. 19) berichtet, daß der Weinberg in Rothausen an der fränkischen Saale Mitte des 18. Jahrhunderts durch Unwetter vernichtet und nicht wieder aufgebaut wird. Diese singulären Unwetter lösen hier zwar die Aufgabe des Weinbaus aus, doch sind sie keineswegs die Ursache dafür. Vor allem Nässe, Hagel und Gewitter werden in den alten Berichten immer wieder genannt. In Leitmeritz regnet es 1563 so viel, daß manche die geringen Trauben gar nicht ernteten (FROLEC, 1973, S. 118). Der Hagel zerstört die Weinernten von Brüx 1582 und 1646 (BLUMER, 1930, S. 103), von Leitmeritz 1574 (FROLEC, 1973, S. 118), von Guben 1513, 1540 und 1638, von Senftenberg 1800 und von Sommerfeld in der Niederlausitz im Jahre 1666 (KRAUSCH, 1967b, S. 41). Im Juli 1766 verheert ein Schloßenwetter die Weinberge der Hoflößnitz kurz nach dem Besuch von Kaiser Joseph II. (CARLOWITZ, 1846, S. 116).
Weitaus am häufigsten finden sich in den Berichten, entsprechend ihrer Bedeutung für den Weinbau überhaupt und insbesondere für den nördlichen Weinbau, Aufzählungen von Schäden durch strenge Winter und Spätfröste (vgl. H.-J. SCHMITZ, 1968, S. 64–72)[5]. In Nordenstadt fügt 1263 die Kälte den Weinbergen Schaden zu (WARNECK, 1924, S. 71). Der harte Winter von 1437 zerstört alle Weinberge von Schwetz bis Thorn, die 1538 nicht wieder genannt werden, das heißt wahrscheinlich nicht wieder aufgebaut worden waren (NORDHOFF, 1883, S. 44). Im 15. Jahrhundert wird meistens die Wiederherstellung der Anlagen angestrebt, wie zum Beispiel in Grünberg, wo 1453 die Stöcke bis tief in die Wurzel erfrieren und wo es erst zwölf Jahre später wieder zu nennenswerten Ernten kommt, nachdem Herzog Heinrich IX. Reben aus Ungarn, Österreich und Franken hatte kommen lassen (REINDL, 1904, S. 85). Auch nach der Kälte des Winters 1430/31 dauert es sieben Jahre und nach 1513 acht Jahre, bis wieder Trauben gelesen werden können (POMTOW, 1910, S. 76). Als im 17. Jahrhundert in Čuguev einmal über 2200 Wein-

stöcke aus Kiew erfrieren, holt man Ersatz aus Lubny (ČEKAN, 1954, S. 640). Selbst der strenge Winter des Jahres 1740, der die Weinberge im Werratal zum größten Teil vernichtet, verursacht keine totale Auflassung der Rebfläche (MENK, 1972, S. 73). Dieser Sachverhalt unterstreicht den anthropogenen Faktor der Verbreitung des Weinbaus und zeigt deutlich den festen Willen der Bewohner, Weinbau zu treiben und ihr Beharrungsvermögen und ihre Ausdauer trotz klimatischer Rückschläge.

Im 17. Jahrhundert setzen sich die Berichte über strenge Winter fort. Nun aber werden diese Rückschläge immer häufiger zum Anlaß genommen, den Weinbau ganz aufzugeben. Zwischen Heimbach und Abenden im Rurtal erfrieren die Weinstöcke 1598, 1600, 1608, 1611, 1615 und 1616 (GÜNTHER, 1958, S. 70). Im Jahre 1615 werden die Weingärten des Klosters Pantaleon in Köln so sehr vom Frost in Mitleidenschaft gezogen, daß sie ausgehauen werden müssen und der Abt den Martinswein nicht geben kann (H. SCHMITZ, 1925, S. 57). In den Jahren 1684 und 1694 zerstören kalte Winter die Weinberge in Chauny fast ganz (DUCHAUSSOY, 1926, S. 513) und auch 1709 und 1789 werden in einigen Kantonen des Departements Oise nach den strengen Wintern Weinberge nicht wieder hergestellt (DUCHAUSSOY, 1928, S. 522). Für den Weinbau in Norddeutschland hat vor allem der Winter 1739/40 schlimme Folgen (HAUSEN, 1798, S. 79 f.): Er gibt den Weinbergen in Liepe und dem ehemaligen Klosterweinberg am Plagesee den Todesstoß (RUDOLPH, 1929, S. 112), auch in Neuwedel, Chorin, Fahrland, Sakrow und Rathenow verschwinden daraufhin viele Weinberge (REINDL, 1904, S. 76 f.). In Sommerfeld in der Niederlausitz werden danach zahlreiche Weinberge zu Ackerland (KRAUSCH, 1967b, S. 22). Auch COCHET (1866, S. 23) sieht einen Grund für den Rückzug des Weinbaus aus der Normandie in den langen und strengen Wintern, die das Ende des 17. und den Anfang des 18. Jahrhunderts dort kennzeichnen. Im Arrondissement Chateaudun geben die strengen Winter von 1788 und 1816 den Anstoß zur Aufgabe von Weinbergen (CLEMENT, 1864, S. 309 und 312). Die Schäden durch strenge Winter an der Nordgrenze des europäischen Weinbaus lassen sich bis in die neueste Zeit hinein verfolgen, als zum Beispiel der Winter 1971/72 in der Moldauischen SSR einen Totalschaden von 45 000 ha (davon 36 000 ha Europäerreben) verursacht, bei einer Gesamtfläche von annähernd 260 000 ha (SCHURICHT, 1973, S. 129).

Neben den strengen Winterfrösten vernichten vor allem Spätfröste im Frühjahr die Ernten. Im Jahre 1430 zerstört der Frost am Sonntag Kantate die Weinernte in Hessen, Franken und Schwaben (LANDAU, 1843, S. 178), 1507 erfrieren die Triebe des Weinbergs in Duisburg (LUCAS, 1916, S. 35) und in Leitmeritz schadet der stenge Frost Ende April 1564 den Weingärten sehr (FROLEC, 1973, S. 118). Von Brüx wird 1602 berichtet: „Den 30. Aprillis und 1. und 2. Mai ist durch große Reife und Schneien, Bledern und Gefroste das Weinholz sehr überall erfrert worden, daß das Volk so verzagt und nicht anders gemeint, der Wein wäre gar erfroren" (BLUMER, 1930, S. 103). Das Kloster Altenberg erläßt seinen Pächtern zu Hessel im Jahre 1632 die ganze Pacht, „dieweil selbiges Jahr der Wein zum theil unreif und der Weinstock zum theil verkelt gewesen" (H. SCHMITZ, 1925, S. 57). In Čuguev vernichten späte Frühjahrsfröste die ganze Ernte im Jahre 1697, und fast vollständig in den Jahren 1679 und 1687 (ČEKAN, 1954, S. 644). Auch F. SCHMIDT (1920, S. 12) nennt als Grund für den Rückgang des Weinbaus in Cottbus die vielen

Spätfröste, die **nicht** in der Chronik stehen. HERING (1805, S. 82) berichtet von einem Weinberg bei Mittelkunewalde in der Oberlausitz, welcher erst im Jahre 1750 angelegt worden ist: „Weil aber der Wein selten ganz reif wurde, und oft durch die Fröste im Frühjahr und Herbst Schaden litt, so ist dessen Bau seit dem Jahre 1774 ganz eingestellt worden, und der Berg jetzt mit Birkenholze bewachsen." Im brandenburgischen Wriezen werden die letzten Weinberge nach dem Frost von 1803 gerodet (BRANDENBURGIA, 6, 1897/98, S. 312). In Werder beobachtet LAUFER (1884, S. 88), wie in zwei Jahren die Trauben nicht reif werden und durch frühe Fröste erfrieren. Für den Weinbau nordwärts Andernach beschreibt ZEPP (1927, S. 165) viele Schadensfröste im 19. und 20. Jahrhundert. Spätfröste im Mai und Juni vernichten in Grünberg in den Jahren 1805, 1831, 1838, 1866, 1880 und 1900 die Ernte vollständig (POMTOW, 1910, S. 76). Als Beispiel für Schäden durch frühe Herbstfröste mag Leitmeritz stehen, wo im Jahre 1568 strenge Fröste Mitte September die Ernte vernichten (FROLEC, 1973, S.118), und Čuguev, wo Frost am 4. September alle grünen Weintrauben zerstört und dennoch befohlen wird, die unreifen Trauben probeweise zu pressen und nach Moskau zu schicken (ČEKAN, 1954, S. 649).

Diese Auswahl an schädigenden Witterungseinflüssen an der nördlichen Weinbaugrenze erlaubt schon erste Einsichten in die Bedingungen des nördlichen Weinbaus. Er steht von Anfang an im Kampf gegen die Unbill des Klimas, wie die Chroniken berichten. Die im Vergleich zu südlichen Weinbaugebieten häufigeren Schadensfälle erlauben Rückschlüsse auf seine Rentabilität, einmal wegen der Unsicherheit der Ernten und zum anderen wegen mangelnder Qualität der Trauben durch die von Frösten verkürzte Vegetationsperiode. Weiterhin zeigen die wiederholten Aufbaumaßnahmen des Menschen, daß singuläre Wetterereignisse den Weinbau nicht zurückdrängen konnten. Bei der entdültigen Aufgabe des Weinbaus müssen sich Schadfröste gehäuft oder noch ander Faktoren mitgewirkt haben.

4.1.1 *Großklima*

Die moderne klimahistorische Forschung hat übereinstimmend langfristige Veränderungen der klimatischen Verhältnisse in Europa nachgewiesen[6]. Diese Klimaschwankungen haben ihre Hauptursache „in dem von Strahlung, Land- und Meerverteilung in Gang gehaltenem Zirkulationssystem unserer Atmosphäre" (RUDLOFF, 1967, S. 258). Sie waren deshalb weniger „... Änderungen der mittleren Temperatur- und Niederschlagsverteilung ganzer Jahrhunderte, sondern ... Folgen von exzessiven Witterungsperioden in Zeitabschnitten mit anormaler (meridionaler bzw. zellularer) atmosphärischer Großzirkulation" (FLOHN, 1950, S. 355). An ihrer Realität ist heute nicht mehr zu zweifeln (A. WAGNER, 1940, S. 4). Die Auswirkungen der Veränderungen sind dabei in den einzelnen Teilen Europas nicht einheitlich[7]. Zumindest in West- und Mitteleurpa ist das Mittelalter eine „Periode hoher Klimagunst" mit einer überwiegenden Zahl warmer Sommer und milder Winter (FLOHN, 1954, S. 118; LAMB, 1964, S. 652 f.). Im 15. Jahrhundert machen sich in Mitteleuropa erste Anzeichen einer Veränderung der thermischen Verhältnisse bemerkbar, die dann ab 1540 zu einem entscheidenden „Klimaumbruch" (FLOHN, 1950,

S. 355), im angelsächsischen Sprachgebrauch sogar zu einer „kleinen Eiszeit" (BROOKS, 1949; LAMB, 1966) führen, mit einer Häufung sehr kalter Winter. Sie kommt erst zum Stillstand, nach einer vorübergehenden milden ozeanischen Epoche zwischen 1680 bis 1740, mit der säkularen Temperaturzunahme der letzten 100 Jahre (FLOHN, 1954, S. 118). Bestätigt werden diese großräumigen Klimaaussagen auch durch Einzeluntersuchungen. So stellt F. HAMM (1951, S. 12) für Niedersachsen im ausgehenden Mittelalter ein immer ungünstigeres Klima fest, dessen Auswirkungen zunächst in nördlichen und hochgelegenen Gebieten sichtbar werden, was mit dem Verlauf der Tiefdruckbahnen über Nordeuropa im 16. Jahrhundert erklärt wird (LAMB, 1964, S. 654, Karte 2). Für die Niederlausitz bestätigt KRAUSCH (1967a, S. 21–24) FLOHNs Klimaepochen, indem er einen Zusammenhang zwischen Heuschreckeninvasionen und überdurchschnittlich warmen und trockenen Sommern nachweist. Der Klimaumschwung macht sich dort ab 1553 bemerkbar (KRAUSCH, 1967a, S. 22).

Über das Ausmaß der Veränderungen äußern sich die Klimatologen nur sehr zurückhaltend. FLOHN (1950, S. 352) bezeichnet das Klima im Hochmittelalter als „merklich wärmer als heute", während die „säkulare Temperaturzunahme der letzten 100 Jahre etwa von derselben Größenordnung ist, wie der entsprechende Rückgang um 1550" (FLOHN, 1950, S. 350 f). Etwas konkreter hat ROCZNIK (1972, S. 109) für Mitteleuropa errechnet, daß die Jahrestemperatur von 8,9° C im Zeitraum von 1761–1830 auf 9,1° C von 1901–1970 gestiegen ist, wobei allerdings die Winter insgesamt kälter geworden sind, die Sommer dagegen wärmer (ROCZNIK, 1972, S. 106). In Zentralengland war in den 80er Jahren des 18. Jahrhunderts die durchschnittliche Januartemperatur 2,5° C niedriger als zwischen 1920 und 1940, während sich dagegen in Südengland die Sommer kaum von den heutigen unterschieden (LAMB, 1966, S. 12). Nach HELLER (1969, S. 206) soll die Jahresdurchschnittstemperatur in der Mark Brandenburg 8,5° C, in den heutigen Weinbaugebieten dagegen etwa 10,5° C betragen haben.

Die Ausdehnung des Weinbaus in der mittelalterlichen Periode hoher Klimagunst und das Zusammenfallen seines Rückgangs mit der säkularen Klimaverschlechterung im 16. Jahrhundert sind für FLOHN (1950, S. 353) „kaum ein Zufall". Der Rückgang des Weinbaus in England steht für LAMB (1966, S. 10) mehr im Einklang mit einer Klimaverschlechterung als mit dem steigenden Wettbewerb mit französischen Weinen[8]. Zum Nachweis der Veränderungen des Klimas werden für die Zeit vor den regelmäßigen Instrumentenbeobachtungen (vor 1670) eine Reihe indirekter Klimazeugen herangezogen, auf deren Würdigung im Rahmen dieser Arbeit nicht eingegangen werden kann (vgl. dazu BROOKS, 1949; A. WAGNER, 1940). Auch die Weinrebe bot sich als äußerst feinfühliger Witterungsindikator an, da gerade in nördlichen Breiten ihr Ertrag und ihre Qualität besonders eng mit dem Witterungsablauf verbunden sind. Die weite Verbreitung des Weinbaus zwang zu Vergleichen mit dem heutigen Klima[9]: „The fact that the fruit ripened and that they could be produced at all is sufficiently remarkable if we think of comparisons with the modern climates of the regions mentioned" (LAMB, 1966, S. 8). Aus den Veränderungen der Anbaufläche wurde auf eine Veränderung des Klimas geschlossen.

Weit mehr Information bezüglich des Klimas boten die alten Weinchroniken. Ganz allgemein wird von vielen Autoren daraus abgeleitet, daß die Gegensätze zwischen sommerlichen und winterlichen Extremtemperaturen früher größer waren als heute

(POMTOW, 1910, S. 82; SCHWARTZ, 1896, S. 31; HELLER, 1969, S. 206)[10].
Daneben wird auch die Häufung guter und schlechter Ernten zu Aussagen über das Klima benutzt. Aus der relativen Häufigkeit der guten Weinjahre lassen sich über eine Gleichung Rückschlüsse auf die Sommertemperaturen erhalten (FLOHN, 1967, S. 82). Der dabei errechnete Weinindex W (= die Häufigkeit guter Jahre in Prozent) beträgt zum Beispiel in Südwestdeutschland zwischen 1280—1380 40 Prozent, zwischen 1541—1640 25 Prozent, zwischen 1581—1630 nur 20 Prozent, zwischen 1701 und 1750 50 Prozent und zwischen 1921—1950 43 Prozent (FLOHN, 1967, S. 82—85). Die auffällige Häufung guter oder schlechter Ernten verleitete zur Einordnung der Ernteergebnisse in ein klimatisches Periodensystem[11] oder gar zur eigenständigen Ableitung und Bestimmung zeitlicher Klimaabschnitte. So ordnet WILL (1939, S. 75—82) die Weinernten nach der Moselweinchronik in die 35jährigen Brücknerschen Perioden[12] ein und setzt diese bis 1935 fort. Er kommt zu dem Ergebnis, daß sich Weinmenge und Güte mit geringen Abweichungen in diese Periode eingliedern. K. MÜLLER (1953, S. 241) führt die „periodische Wuchsfreudigkeit" der Rebe und damit die Ursachen guter Weinjahre auf den Organismus der Rebe selbst zurück, „der maßgebend von verschiedenen Witterungsfaktoren bebeeinflußt wird". Aus der Verteilung guter und schlechter Weinjahre, die er mit anderen vom Klima abhängigen naturwissenschaftlichen Begebenheiten vergleicht, gelangt er zu einer Einteilung der Klimaabschnitte von 800 bis 1950 in Wärme- und Kälteperioden (S. 247). Die ermittelten Schwankungen sind relativ klein, verschieden lang und erstrecken sich über 10 bis 80 Jahre. Sie machen deutlich, „daß im Mittelalter bis Mitte des 16. Jahrhunderts ein wärmeres Klima herrschte, als in den späteren Jahrhunderten und bis zur Jetztzeit" (S. 268). Damit geben sie nach K. MÜLLER eine Erklärung für das Vordringen des Weinbaus in größere Höhenlagen und nördliche Breiten und für seinen Rückzug nach 1600 (S. 269).
Auch die Daten der Weinlesetermine werden zu Aussagen über das Klima herangezogen. Diese sogenannte „phänologische Methode" (LE ROY LADURIE, 1972, S. 50) geht dabei von der Annahme aus, daß einem frühen Weinherbst ein warmes Jahr, einem späten ein kaltes Jahr oder wenigstens eine kalte Vegetationsperiode vorausgeht (LE ROY LADURIE, 1972, S. 52). Die ersten Forschungen dieser Art wurden Ende des 19. Jahrhunderts in Frankreich veröffentlicht[13]. In neuerer Zeit hat besonders der französische Historiker LE ROY LADURIE (1972) Weinlesedaten zusammengestellt und auf ihre Klimaaussagen hin überprüft. Aus einer Tabelle über die Lesetermine in Frankreich im 16. Jahrhundert zieht er den Schluß, daß zwischen 1561 und 1600 eine Tendenz zur späten Weinlese bestand, verbunden mit kühlem Frühling und Sommer (S. 367). Auch berichtet er von einer weitgehenden Übereinstimmung der Weinlesekurve Frankreichs mit der Temperaturkurve (1. März bis 1. September) Zentralenglands im 18. Jahrhundert (S. 60 und S. 52, Abb. 5).
Gemäß ihrer großen Bedeutung für den Weinbau muß sich bei einer Schwankung des Klimas vor allem eine Temperaturänderung nachhaltig ausgewirkt haben. Die vorsichtigen, mehr oder minder geschätzten Temperaturangaben für die Zeit vor 1670 machen aber nur deutlich, daß sich die thermischen Verhältnisse damals nicht wesentlich von denen unserer Tage unterschieden und daß, damals wie heute, die nördlichen Weinbauorte im Grenzbereich sicheren Weinbaus lagen, wobei Klimaschwankungen schon allein wegen ihres schwachen und unsicheren Ausmaßes nicht dominieren konnten. So waren in England die „... climatic conditions in the

medieval English vineyards not fully equivalent to those of the northernmost commercial vineyards on the continent today though the difference would be only a few tenths of a degree" (LAMB, 1966, S. 192 und S. 190, Tab. 2 und 3). Etwas konkreter wird LAMB (1966, S. 18) für Südengland: „The summer climate of southern England (as far north as a line from the Fens to Hereford) in the early Middle Ages was similar to that of the Paris – Touraine region of northern France nowadays". Die Unsicherheit der Klimatologen über das Ausmaß der Temperaturveränderungen beweisen dann allerdings seine Worte, als er die im Domesday Book (1085) genannten Weinberge beschreibt: „This implies summer temperatures perhaps 1 to 2° C higher than today, general freedom from May frosts (particularly suggested by the exposure to the north of several low-lying vineyard sites, e.g. at Tewkesbury, in the Fens and at Teynham, Kent) and mostly good Septembers" (S. 7). Wie gering auch die von HELLER angegebene durchschnittliche Jahrestemperatur von $8,5^o$ C in der Mark für einen rentablen Weinbau war, illustriert SCHLEGEL (1973, S. 8 f.) an einem anderen Beispiel: Unter Berücksichtigung einer fast linearen Beziehung zwischen Ertrag und mittlerer Jahrestemperatur würde der Weinbau am Neuenburger See bei einer Senkung der Jahresmitteltemperatur auf $8,5^o$ C keinen Ertrag mehr abwerfen. Auch wenn eine Temperaturerhöhung von 2° C in Südholland bereits den Weinbau ermöglichen würde (RUDLOFF, 1967, S. 73), so verspräche das erreichte Julimittel weinig Erfolg, wenn nicht gleichzeitig die Bewölkung zurückgeht.

Die auch unter Berücksichtigung einer Temperaturerhöhung für den damaligen Weinbau nur ungenügenden Werte werden bestätigt durch Urteile und Reaktionen von Zeitgenossen über die Güte des nördlichen Weines[14]. Die geistlichen Herren von Fritzlar verkauften im Jahre 1332 ihre eigenen Weine in der Stadt, um sich bessere kaufen zu können (WARNECK, 1924, S. 73). Das Produkt der Weinberge, die im 13. und 14. Jahrhundert in Schwyz, Sisikon, Flüelen, Seedorf, Erstfeld, Silenen und Engelberg angebaut wurden, war so sauer, daß es 30 Jahre lang gelagert werden mußte, ehe es konsumiert werden konnte (SCHLEGEL, 1973, S. 33). Der Wein aus dem Dorf Järischau im Kreis Schweidnitz durfte nur dann im Breslauer Sandstift zum Meßopfer verwendet werden, wenn er geraten war (RADLER, 1964, S. 295). Im Archiv der Kirche von Ely in England finden sich Berichte über ungünstige Jahre, in denen kein Wein, sondern nur Sauerwein gemacht wurde (HENDERSON, 1833, S. 305). In Elberfeld wuchs 1408/09 ein Wein, der „nicht zum Trinken langte, sondern zu Essig" (LUCAS, 1916, S. 35). Aus Paris stammt folgende Nachricht von 1429: „Le vin nouvel estoit si petit et si foible qu'on n'en tenoit compte, car tout le meilleur ou la plus grant partie se sentoit plus de verjus que de vin" (DION, 1959, S. 242). Im Inventarprotokoll der Komturei der Johanniterritter zu Mirow aus dem Jahre 1552 wird der Wein aus der Umgebung als „Mirowscher saurer Wein" bezeichnet (BERNITT, 1955, S. 235). In Leitmeritz gab es im Jahre 1573 eine schlechte Weinernte, „es gab wenig Wein und dieser war so sauer, daß er nicht einmal verkauft werden konnte" (HAUDECK, 1898, S. 369). In Hessen, wo in manchen Jahren die Trauben gar nicht reif wurden, meinte im 16. Jahrhundert ein Spanier, dort wachse der „natürliche Essig" (WINKELMANN, 1960, S. 41). Auch die belgischen Weine kamen in einem zeitgenössischen Urteil nicht gut weg: „... et (vites) quidem satis feraces, adeo ut vinum aliquod reddant licet exile et subausterum, ob uvam non satis percoctam..." (GUICHARDIN, Totius Belgii descriptio, 1652, S. 12, zit. nach HALKIN, 1895, S. 122). In Čuguev wurden normalerweise nur Tafeltrauben produziert (ČEKAN, 1954, S. 650). Als man die Trauben 1672 doch einmal auspreßte, war „der Wein so sauer und weiß, weil die kleinen Trauben nicht ausreichten" (ČEKAN, 1954, S. 649). Bei der Probe des Inhalts einer Weinflasche aus dem Jahre 1687, die man 1913, bei Jena fand, wurde von fachmännischer Seite sein Most auf mindestens 14 $^o/oo$ Säure und höchstens etwa 60° Öchsle geschätzt, wobei „das Jahr 1687 zu den mittleren, in Sachsen vielleicht zu den kleinen Weinjahren gehörte" (THIEM, 1928, S. 50). Noch heute liegt die Güte des Mostes am Siebengebirge in schlechten Jahren unter dem Bundesdurchschnitt, in sehr guten Jahren aber darüber (STANG, 1962, S. 287). Für TÖPFER (1909, S. 110) ist deshalb die Hauptursache des Rückgangs des nördlichen Weinbaus die „Beschaffenheit des Erzeugnisses selber", das keinen Absatz mehr fand.

Neben den Aussagen über die Güte finden sich in den zeitgenössischen Urteilen immer wieder Berichte über den mangelnden Ertrag infolge klimatischer Unbill. Der Erfurter Chronist NICOLAUS DE SIEGEN riet schon Ende des 15. Jahrhunderts davon ab, allzuviele Äcker mit Reben zu bepflanzen, weil bei Mißwuchs, „der so häufig in Deutschland auftrete", die armen Klosterbrüder geschädigt würden (K. HERRMANN, 1875, S. 85). Der Berliner Magister COLER schrieb in seinen Büchern (1593–1601) über den brandenburgischen Weinbau:

„Zudeme, so muß er sich keine Unkosten tauren lassen; aufs misten und düngen, aufs hacken, sencken, decken und ander arbeit viel wenden, es bringe oder bringe nicht. Daher man auch pflegt zu sagen, wer einen Weinberg bauen will, der mus einen anderen in der Tasche haben, das ist, Er mus manche Jahr nach einander gar viel mehr auf seinen Berg und Garten wagen. Denn Weinberge bringen nicht alle Jahr, sondern bleiben iren Herren ein, drei, sechs, neun oder zehn Jahre aus, daß er nichts, oder kaum gar ein wenig daraus bekommt, denn den Weinberge kann ein Jahr viel Dinges schaden, die Winterfröste, sonderlich wenn das Holz nicht gedeckt ist, die Maienfröste, Mehltau, die Winde, die Regen und viel anderes mehr, und mus doch ein Weinherr darumb nicht laß oder mürbe werden, und darum an der Arbeit nichts abbrechen lassen" (zit. nach F. SCHMIDT, 1920, S. 6).

Berichte über Mißernten im nördlichen Weinbau, die vor allem auf das ungünstige Klima zurückzuführen sind, finden sich in allen Jahrhunderten. In Grünberg gab es von 1431–1443 zwölf Mißernten hintereinander (FRIEBEL, 1938, S. 183), in Erfurt waren es zwischen 1480 und 1500 nur sechs gute Ernten[15] (ELBRACHT, 1958, S. 164). Als 1536 der Wein in Mähren mißriet, kamen vermehrt die Händler nach Böhmen (LIPPERT, 1868, S. 252). In Aerschot gab es von 1542–1544 hintereinander Mißernten (SCHAYES, 1843, S. 397). Von 15 Ernten in Jena zwischen 1533 und 1547 waren mengenmäßig eine sehr gut, drei gut, fünf mittel, fünf gering und eine Mißernte (FALK, 1955, S. 130). In Čuguev kam es ständig zu Klagen über Hagel und Fröste: Zwischen 1669 und 1701 gab es in sechs Jahren (18 Prozent) Hagel, in 18 Jahren (54,5 Prozent) Fröste, in drei Jahren Fröste im Frühjahr und Herbst, in drei Jahren Fröste und Hagel (ČEKAN, 1954, S. 643). In Guben war im 18. Jahrhundert jedes 4. Jahr ein Fehljahr (GANDER, 1925, S. 495), in Huy kamen im 19. Jahrhundert auf fünf Jahre nur ein gutes (BERGET, 1899, S. 159) und am Niederrhein gab es in der 2. Hälfte des 19. Jahrhunderts höchstens alle fünf bis sieben Jahre einen vollen Herbst (H. SCHMITZ, 1925, S. 54). Vor allem die Häufung der Mißjahre war oftmals Anlaß zur Aufgabe der Weinberge, wie dies zum

Beispiel für die untere Sieg belegt ist. Von dort berichtet der Chronist für die Jahre 1766–1789:
„1766 einen halben Herbst gegeben und guten Wein, 1767, 1768, 1769 und 1770 kein Wein gedriben, 1776 ist ein so scharffen Fröhling gewest, daß den 25. Mai die Weinstöck verkahlet, was grün gewesen ist, doch hat es noch etwas Wein gegeben, 1781 den 25. Mai sind die Weinstöck all verfroren, was nur grün Blätter hat, daß alles dürr ist, 1782 ist einen schlechten Wein gewachsen, daß der Hausmann viel selbst trinken müssen. 1785 haben die Weingartenstöck so voll Trauben gehangen, als ein gedenken kann; sie waren ganz klein, daß wir 8–9 in eine Handvoll haben. Die Traubenlas ist gehalten auf simon und juda. Die abday siegberg hat im weingartshof gehabt 2 stärkefaß und 1 zulast, es ist schlechter wein, die ohm oft per 4 risthaler verkauft, die Maß 3 stüber. 1786 ist ein winnig wein gewachsen. 1787 den 10. sept. ist es des Nachts so kalt gewesen, daß die Trauben den dritten teil verkalt seynd; es waren noch gar keine gefärbten Trauben, den 22. Oktober ist die Traubenles gehalten worden. 1788 ist der Wolf in die Trauben gekommen, ganz stark vor der Blüte. Die Trauben haben aber ausgeblüht, vor dem Monat July, das ist frühzeitig bei uns. Dasselbige Jahr hat es winnig wein gegeben. Die Traubenles ist gehalten worden den 24. sept., sie haben stark angefangen zu faulen, 1789 sind die Weinstöcke verkalt" (zit. nach GRONEWALD, 1939, S. 166).
In Meißen gab es im 18. Jahrhundert in den Jahren 1713 und 1715 Mißwachs, von 1725–27 Mißwachs und Schloße, von 1730–1750 schlechte Ernten und in den Jahren 1762, 1763 und 1766 gänzliche Mißernten (KIRBACH, 1900, S. 58).
An Aufstellungen über die Ernteergebnisse mangelt es nicht. In Thüringen fielen zwischen 1200 und 1800 auf 100 Jahre acht bis neun gute und sieben schlechte Ernten (TÖPFER, 1909, S. 126). Von Grünberg liegen 170 Jahresnotierungen zwischen 1740–1911 vor. Dabei gab es zweimal eine totale Mißernte, 23 mal wenig und sauren Wein, 24 mal eine geringe Ernte, 29 mal guten, aber wenig Wein, in fünf Jahren viel, aber geringwertigen Wein, 47 mal eine mittelmäßige Ernte und 40 mal eine reichliche und gute Ernte (CLAUSS, 1961, S. 22). Die Auswertung der Leseergebnisse und die Verteilung guter und schlechter Ernten wurden ebenfalls zu Vergleichen mit klimatischen Perioden herangezogen (vgl. WEHR, 1934). Für das ostdeutsche Weinbaugebiet kann POMTOW (1910, S. 89 f.) eine Übereinstimmung von BRÜCKNERs Trockenperioden mit höheren Weinerträgen nicht feststellen. Zu dem gleichen Ergebnis kommt CLAUSS (1961, S. 23) für Grünberg. Auch K. MÜLLER (1953, S. 239) kann keine Parallele zwischen Weinjahren und BRÜCKNERschen Klimaperioden feststellen, ebenso wie er eine 100jährige Periode und einen Einfluß der Sonnenfleckenperiode auf die Weinjahre verneint (S. 236 f.). Dagegen berichtet R. WEISE, (1950, S. 123) von Untersuchungen der hl/ha-Durchschnittserträge der Jahre 1878–1938 aus Unterfranken, die rhythmisch wiederkehrende Schwankungen aufzeigen, die „wahrscheinlich mit dem Rhythmus der Sonnenfleckenschwankungen in Zusammenhang zu bringen sind."
Auch die Weinchronik des Ratsweinberges in Meißen läßt irgendeine Regelmäßigkeit in der Wiederkehr guter oder schlechter Weinernten in keiner Weise erkennen (KIRBACH, 1900, S. 73). Selbst die Ernteergebnisse des Meißner Ratsweinbergs und die der benachbarten Weinberge in Krötzschenbroda lassen sich nicht miteinander in Übereinstimmung bringen (SCHUBERT, 1862, S. 14)[16]. Dieser Sachverhalt verdeutlicht noch einmal die Abwandlung, die das Großklima durch das Lage-

klima erfährt und verweist auf die beschränkte Gültigkeit vereinzelter örtlicher Weinchroniken in Bezug auf Großwetterlagen. Schon R. WEISE (1950, S. 124) kommt zu dem Schluß, „daß es nicht statthaft ist, aus der Meßreihe einer einzigen Lage – und sei sie noch so langjährig – allgemein gültige Schlüsse über die Zusammenhänge von Wetter, Klima und Rebe zu ziehen, wie es leider so oft schon getan worden ist". K. MÜLLER (1953) verwendet zwar zur Aufstellung seiner Klimaepochen verschiedene Weinchroniken vom Bodenseegebiet bis zum Tauberland, doch sind sie, wie alle Übersichten dieser Art, einmal für das Mittelalter sehr lückenhaft, zum anderen haben sie „Weinjahre" zur Grundlage, ein nach R. WEISE (1950, S. 122) aus Ertrag und Güte gemischter und in seiner Wetterabhängigkeit unklarer Begriff, der für klimatologische Untersuchungen „nicht empfehlenswert ist". Statt dessen schlägt R. WEISE als Klimakriterium mit geringer Streuung hl/ha-Ertragszahlen vor, die „sehr wohl taugen, kleinklimatische als auch großklimatische Besonderheiten zu untersuchen" (S. 121 f.).

Bis ins 18. Jahrhundert hinein berücksichtigen die Weinchroniken vor allem die Quantität der Ernte. Die Flächenerträge jedoch sind nach A. WAGNER (1940, S. 46) nur für die Beurteilung kurzfristiger Klimaschwankungen brauchbar, vorausgesetzt, daß die sonstigen Faktoren, wie etwa die Bodenbearbeitung, gleichgeblieben sind. Aber ebenso wie das Ausmaß der klimatischen Veränderungen eine unbekannte Größe bleibt, bleibt es auch der Ertrag. Allein aus der nachweisbaren Verschlechterung der thermischen Verhältnisse im 16. Jahrhundert lassen sich keine Aussagen über das Ausmaß einer Ertragsminderung ableiten, da, wie schon TISOWSKY (1957, S. 34) aufzeigt, im Winter die einzelnen Sorten verschieden stark geschädigt werden. Aber auch bei vorhandenem Zahlenmaterial, wie etwa über die Mosterträge des Bürgerspitals in Iphofen seit 1675, liefern MÜLLERs Klimaepochen „keine festen Anhaltspunkte für das Ausmaß einer möglichen langfristigen Schwankung der Durchschnittserträge des Weinbaus" (TISOWSKY, 1957, S. 35). Nach RUDLOFF (1967, S. 91) sind die Ertragsmengen für die klimahistorische Forschung sogar gänzlich ungeeignet, da sie zu sehr von Einzelergebnissen abhängen wie „beispielsweise vom Auftreten von Spätfrösten, Hagelunwettern, schlechter Witterung zur Zeit der Rebblüte und anderen zufälligen Erscheinungen. Ein trockenheißer Sommer mit nachfolgendem schönen Herbst kann bewirken, daß der durch vorausgegangene Witterungseinflüsse geringe Restertrag zur Spitzenklasse gehört. Andererseits kann ein sehr saurer Jahrgang quantitativ Rekordmengen bringen, wenn die Witterung bis zur Rebblüte günstig verlief, der Sommer aber verregnete (zum Beispiel 1922). Die Qualität ist daher ein weit besseres Kriterium zur Abschätzung der Sommertemperatur als die Quantität". An Hand eines Güteindex der Weinernten schließt RUDLOFF auf die Sommertemperaturen im westlichen Mitteleuropa. Seine Tabelle beginnt aber erst im Jahre 1626. Davor werden ihm wohl keine zuverlässigen Qualitätsangaben zur Verfügung gestanden haben. Abgesehen von dem umstrittenen Aussagewert von Quantität und Qualität hinsichtlich langfristiger Klimaänderungen, läßt sich über eine Vermischung beider Begriffe oder einem Austausch bestimmt nicht mehr Klarheit über die klimatischen Verhältnisse erreichen. Dieser Mangel haftet vor allem MÜLLERs Klimaabschnitten an. Auch müssen die Ursachen schlechter Ernten nicht immer klimatisch bedingt sein. So berichtet KORCZ (1958, S. 19) von einer schlechten Ernteserie in Grünberg zwischen 1713 und 1726 mit Ausnahme des Jahres 1723, deren Ursachen nicht zu ermitteln waren, da weder lange, strenge Winter, noch Hagel, Regen und Frühjahrsfröste vorkamen. Bei Güte und Ertrag spielen eben auch noch die Pflege, Krankheiten und Schädlinge und andere Faktoren eine Rolle und deshalb muß die Auswertung der Weinernten in klimatischer Hinsicht immer unsicher bleiben, da sie diese Faktoren außer acht lassen[17]. Der Ableitung von Klimawerten aus den Weinchroniken stehen deren Lükkenhaftigkeit, die unsicheren Aussagen in Bezug auf die Witterung und die Nichtberücksichtigung von anderen Faktoren entgegen. Dagegen läßt sich aus den verschiedenen Weinchroniken eine Zunahme der Mißernten und qualitativ und quantitativ schlechten Ernten mit fortschreitender nördlicher Breite ablesen. So kamen bis zum 19. Jahrhunderts an der Saale in zehn Jahren die Trauben nur einmal zur vollkommenen Reife, viermal gerieten sie mittelmäßig, viermal schlecht und wenigstens einmal ging die Ernte durch Winter- oder Frühjahrsfröste ganz verloren (THRÄNHART, 1845, S. 9). Auch in Bautzen und in Meißen rechnete man auf zehn Weinjahre zwei gute, vier mittlere und vier schlechte (BRUGER, 1921, S. 51). Im Rheingau gab es dagegen von zehn Jahren ein vorzügliches, zwei gute, drei mittelmäßige, ein kleines und drei ganz schlechte Weinjahre (THIEM, 1928, S. 52). Noch im Jahre 1950 schrieb MARRES (1950, S. 83) vom Weinbau bei Paris: „On ne peut espérer des vins de qualité qu'une année sur cinq". In Luxemburg waren von 50 Mosternten zwischen 1906 und 1955 drei gleich Null, zehn unter einem Drittel des Normalertrags und neun unter einem halben Normalertrag (GERGES, 1977, S. 2). Für Deutschland rechnet man heute in einem Jahrzehnt im Durchschnitt mit „zwei Jahrgängen mit sehr guten, zwei bis drei mit guten, zwei mittleren, drei mit geringen bis sehr geringen Qualitäten" (K. M. HOFFMANN, 1977, S. 80).

Neben den zeitgenössischen Urteilen über Güte und Ertrag des nördlichen Weinbaus finden sich immer wieder Aussagen über die Unsicherheit der Ernten, aus denen eindeutig hervorgeht, daß sich die damaligen nördlichen Weinbauern der ungünstigen klimatischen Verhältnisse und ihrer Lage im Grenzbereich des Weinbaus bewußt waren. Aus der Gegend der jetzigen Oberlößnitz stammt eine Urkunde von 1288, die bestimmt, daß im Falle einer Mißernte Geld als Zins gezahlt werden müßte (v. WEBER, 1872, S. 4). König Ludwig VII. von Frankreich institutionalisierte im Jahre 1179 ein jährliches Geschenk von 10 „muids de vin" (Pariser Maß) der Kirche zu Canterbury, zur Ehre des Heiligen Thomas Becket, von seinem Weinberg in Triel mit der Auflage, man solle das Weingeschenk von seinem Keller in Poissy ergänzen, wenn die Ernte in Triel ungenügend wäre (DION, 1959, S. 225). Im Jahre 1387 pachteten drei Ratsherren und ein Bürger vom Kloster St. Pauli in der Bremer Vorstadt einen Acker, um einen Weinberg darauf anzulegen, faßten dabei aber schon ein mögliches Mißlingen des Versuchs ins Auge:

„Wenn aber das desse vorbenamste Kamp nit fruchtbar wesen wellde unde unnutte ware to einem Wyngarden, also dort Bernde (die anderen Unternehmer und ihre Erben) der Hüre, des Arbeydes und der Koste, de ze dar up don mosten, verdrote und nit länger don wolde, so mochten se binnen den negsten teyn Jaren na utriste desses Breves, waner ze wolden, ere tüne, ere Thymber und ere Winstöcke as breken, uprene unde wech nemen" (zit. nach DETTEN, 1910/11, S. 459).

Die Ernte auf den kurfürstlichen Weinbergen zu Röglitz war 1579 so gering, daß nicht einmal das den Superintendenten zu Merseburg ausgesetzte Deputat von sechs Eimern gewährt werden konnte und aus der Leipziger Kellerei entnommen werden mußte (v. WEBER, 1872, S. 19). Dem Oberhauptmann von Gustedt wurden 1628 jährlich zwei Tonnen Wein aus dem Weinberg zu Hessen (nordöstlich Osterwieck) angewiesen „wen daselbsten Wein gewonnen wird" (JACOBS, 1870, S. 728). Die große Anzahl der Pachtermäßigungen durch die Klöster ist auch ein sicheres Zeichen dafür, daß die Erträge nicht immer ausreichend waren (vgl. H. SCHMITZ, 1925, S. 53). Wenn zum Beispiel im Weinberg des Klosters Altzelle in Krötzschenbroda kein Wein oder nicht genügend gewachsen war, mußte der Abt entscheiden, ob stattdessen Geld zu entrichten oder die Weinabgabe den folgenden Jahren zuzuschlagen war (SCHUBERT, 1862, S. 5). Im Siegkreis hieß es schon 1715: „Wenn der Wein geräth, so leben sie herrlich; bei dessen Mißwachs bestehet ein bergischer Butter- oder Haberbauer bessem denn ein Weinbauer" (zit. nach GRONEWALD, 1939, S. 166). Die sächsische Vormundschaftsverordnung verpflichtete die Vormünder, den Weinbergsbesitz ihrer Mündel so rasch wie möglich zu verkaufen, weil die Erträge viel zu ungewiß seien, niemals aber die aufgewandte Mühe lohnen würden (HELLER, 1969, S. 206).

Die Flächenerträge schwankten weit mehr als heute. In Leitmeritz wurden 1563 und 1628 die nicht reif gewordenen Trauben am Stock hängen lassen (LIPPERT, 1868, S. 253). Auch SCHUBERT (1862, S. 12) berichtet, daß in Krötzschenbroda mitunter 20 und mehr Jahre ohne gute Ernten blieben, wie zum Beispiel zwischen 1783 und 1811. In Grünberg dauerte 1835 die Lese bis in den November hinein. Sie erbrachte 60 000 Eimer Most, gegenüber 30 000 bis 35 000 in durchschnittlichen Jahren (FRIEBEL, 1938, S. 183). Dafür gab es in den Jahren 1838, 1841 und 1864 gar keine Ernte (JAKOBI, 1866, S. 584). Solche außergewöhnlichen Ergebnisse blieben nicht ohne Wirkung (vgl. SCHWARTZ, 1896, S. 65). Der Hildesheimer Chronist Johannes Oldekopp berichtete 1540:

„Dieses Jahr war ein ungewöhnlich warmer und trockener Sommer. Der brachte reifen und süßen Wein; nicht allein in den Weinlanden, sondern auch in den Städten, da Weinreben vorhanden waren. Darum wurden hier vor Hildesheim, Braunschweig, Hannover und anderen Städten viel mehr Weinberge durch Ausrodung des Waldes und Verwüstung der Äcker durch große Unkosten und Arbeiten angelegt und gepflanzt. Es wurden zu dem Zwecke viele tausend Weinstöcke aus Frankreich und anderen Ländern für teures Geld bezogen, Weinmeister angenommen und nach hier geholt. Diese Weinstöcke bekamen aber in zwei oder drei Jahren wenige Trauben und diese waren dazu noch unreif und sauer. Im vierten Jahr war der Mai so kalt, daß viele Weinstöcke erfroren und die Weinbergsbesitzer viel Schaden hatten" (zit. nach F. HAMM, 1951, S. 11).

Auch im sächsischen Elbtal bewirkten die guten Ernten von 1677 und 1678 eine Flächenvergrößerung (CARLOWITZ, 1846, S. 113), ebenso im Kreis Bonn die reiche Ernte von 1859 (ZEPP, 1927, S. 130). Dagegen scheint die Aussage HENDERSONS (1833, S. 313) „Ein gutes Jahr wiegt viele schlechte auf" bei den Winzern nicht immer hoch im Kurs gestanden zu haben, vor allem nicht bei einer Häufung von Fehljahren. So wurden im Jahre 1654 in Köln Weingärten gerodet „weilen etlichen jahren hero nichts gewachsen" (H. SCHMITZ, 1925, S. 53). Auch in Königsbrück in der Oberlausitz kam es deshalb zur Ausrodung: „Die Veranlassung hat ohnstreitig gegeben, daß seit langer Zeit keine guten Weinjahre gewesen. Im Jahr 1750 sind 58 Faß, im Jahr 1773 35 Faß gepreßt worden, seitdem aber ist der Ertrag immer sehr unbeträchtlich ausgefallen" (HERING, 1805, S. 89). Nach SARTORIUS (1936/37) steht in der Pfalz das Vordringen oder Zurückweichen des

Weinbaus in die Ebene mehr oder weniger in Beziehung mit dem häufigen Ausbleiben oder Auftreten der Fröste.

Neben der Kritik am Aussagewert der Weinchroniken über klimatische Verhältnisse muß auch Zweifel an der klimatischen Beweiskraft der Weinlesetermine geäußert werden. Auch darin sind Faktoren nichtklimatischer Art enthalten, die nicht zweifelsfrei abgespalten werden können. Dadurch verlieren die Lesetermine als Klimazeugen an Wert. Heute besteht eine Tendenz zur späten, hinausgeschobenen Lese, während die Weinlese früher wegen allerlei Faktoren häufig vorgezogen wurde. Weiterhin ist aus den Weinchroniken nicht ersichtlich, welche Traubensorte gelesen wurde. Davon ist aber der Lesetermin stark abhängig. So müssen es frühe Sorten gewesen sein, wenn zum Beispiel in Fritzlar im allgemeinen die ersten reifen Trauben um den 8. September gefunden wurden (KRAMER, 1954, S. 881), in Camp 1471 am 6. August (PAULS, 1885, S. 244), in Grünberg 1739 schon am 3. August (CLAUSS, 1961, S. 20) und 1816 in Aachen sogar schon am 20. Juli (PAULS, 1885, S. 244). Den ersten neuen Wein gab es in Ulm im Jahre 1540 schon am 7. September (NÜBLING, 1893, S. 2), in Düren 1496 am 1. Oktober (PAULS, 1885, S. 244). Die durchschnittlichen Lesetermine lagen aber später, wobei im allgemeinen ein etwas späterer Lesebeginn mit zunehmender nördlicher Breite festzustellen ist. Allerdings waren die Unterschiede in den Leseterminen zwischen peripherem und subperipherem Weinbau in früherer Zeit nur gering, da es dem mittelalterlichen Weinbau vor allem auf die Quantität ankam und erst der moderne Qualitätsbau die Bedeutung von späten Lesen erkannte. Für die Spätlese bestand in früheren Jahrhunderten „noch keine ökonomische Berechtigung" (BASSERMANN-JORDAN, 1975, S. 283), ihr Wert wurde erst um 1760 im Rheingau durch eine angeblich zufällig verspätete Lese nach eingetretener Edelfäule entdeckt (BASSERMANN-JORDAN, 1975, S. 291 f.).

Der früheste Weinlesetermin in Thüringen war Mitte September und die Lese dauerte meist bei Ende Oktober, manchmal sogar bis in den November hinein (TÖPFER, 1909, S. 75 f.). In Meißen lagen die Lesetermine meist zwischen dem 10. und 27. Oktober (KIRBACH, 1900, S. 73), im böhmischen Tschernosek gewöhnlich in der 2. Hälfte des Oktobers (SCHAMS, III, 1835, S. 213). Auch in Guben war die Lese erst Ende Oktober, Anfang November (GANDER, 1925, S. 493). In Arnstadt wurden die Trauben nicht vor Ende September gelesen, 1613 sogar ausnahmsweise erst am 28. Oktober (ELBRACHT, 1958, S. 159). Eine Aufstellung der Weinlesedaten von Amiens von 1516–1587 weist Termine zwischen dem 9. September und 18. Oktober auf (DUCHAUSSOY, 1928, S. 137), im Rheingau liegen die Termine von 1561–1603 zwischen dem 23. September und dem 3. November (HAAS, 1971, S. 7 f.). Die Lese in Rozdrojowich bei Brünn begann gewöhnlich am 3. Samstag im Oktober (FROLEC, 1973, S. 112) und ein Großteil der Unterlagen aus Nordböhmen datiert die Weinlese um den 20. Oktober, wobei auch sehr viel spätere Termine vorkommen, wie zum Beispiel in Tschernosek am 16. November 1563, nach dem 3. November 1578 und sogar erst nach dem 3. Dezember 1585 (FROLEC, 1973, S. 184). Die Lese in Grünberg fand in neuerer Zeit meist in der 1. Hälfte des Oktobers statt, aber es wurde auch schon im September gelesen, wie in den Jahren 1911, 1920 und 1921, oder erst in der 2. Hälfte des Oktober wie in den Jahren 1900, 1902, und 1904 (KRES, 1966, S. 94). Im 19. Jahrhundert wurde in Huy zwischen dem 10. und 20. Oktober gelesen (BERGET, 1899, S. 159).

Im Laufe der Jahrhunderte wurde die Weinlese immer weiter hinausgeschoben. Der durchschnittliche Lesebeginn lag Ende des 15. Jahrhunderts bei Frankfurt am 24. September, im 19. Jahrhundert am 10. Oktober (PAULS, 1885, S. 244). Für Dijon nennt ANGOT (1883; zit. nach DUCHAUSSOY, 1928, S. 528 und FLOHN, 1950, S. 352) für das 14./15. Jahrhundert den 25. Oktober als Mittelwert, im 16. und 19. Jahrhundert drei bis fünf Tage später, wobei die Extreme 64 Tage auseinanderliegen. Die früheste Lese war am 25. August 1420, die späteste am 28. Oktober 1816. Aus dieser Verschiebung der Lesetermine leitet FLOHN (1950, S. 352) einen Rückgang der Sommertemperaturen ab. Ebenso verfährt BRÜCKNER, der für französische Lesetermine zwischen 1500 und 1700 einen zwei bis drei Tage früheren Lesezeitpunkt feststellt als im 18. und 19. Jahrhundert (zit. nach POMTOW, 1910, S. 93). LE ROY LADURIE (1972), der Weinlesetermine von Weinbauorten in Frankreich, der Schweiz und Deutschland im Hinblick auf ihren Aussagewert für Klimaveränderungen untersuchte, fand zwar für manche Orte eine gewisse Übereinstimmung zwischen Leseterminen und Jahrestemperaturmitteln, in anderen Orten dagegen für den gleichen Zeitabschnitt weit davon abweichende Werte (S. 63). Da diese Diskrepanzen über einen längeren Zeitraum auftreten und nicht auf lokaler ungünstiger Witterung oder Schädlingen beruhen, führt er sie auf veränderte Ansprüche des Menschen an den Wein zurück: „Delayed harvests, then, are a sign of a viticultural and not of a climatic revolution, and reveal an interesting fact of economic history: in order for the delay to take on meteorological significance and indicate a long-term climatic movement, it has to occur in all vineyards at once. But as we have seen, this is not the case here" (S. 63). Noch eine andere Schwäche weisen die Lesetermine für die Klimaforschung auf: sie werfen kein Licht auf den Winter, der der Vegetationsperiode vorangeht (LE ROY LADURIE, 1972, S. 313, Anmerkung 57).
Schon DUCHAUSSOY (1928, S. 527) mußte feststellen daß sich nach den Weinleseterminen von Berry das Klima in der Region Bourges seit mehr als 300 Jahren nicht geändert haben kann. Auch POMTOW (1910, S. 93) mißt der Weinlesekurve und Klimakurve keine allzu große Bedeutung bei, und für REINDL (1904, S. 138) wäre es gar „nutzlos und unvorsichtig", aus der Weinlesetabelle Schlüsse auf einen etwaigen Klimaumschwung in Nord- und Mitteldeutschland ziehen zu wollen. Welche zahlreiche andere Faktoren außer dem Klima in früherer Zeit auf den Lesezeitpunkt Einfluß nahmen, sollen einige Beispiele verdeutlichen. In Čuguev traten die frühen Herbstfröste zwischen dem 4. und 22. September auf und die Lesetermine waren daher von diesen klimatischen Besonderheiten abhängig. Sie lagen zwischen dem 17. August und 26. September, wobei zu der Diskrepanz zwischen dem Wunsch nach Ausreifenlassen der Trauben und den klimatischen Gegebenheiten noch die Order trat, die Trauben möglichst früh nach Moskau zu schicken (ČEKAN, 1954, S. 644). Die Lesedaten sind vor allem kein Kriterium für die Güte des Mostes (MAY, 1957, S. 4). So drängten zum Beispiel die Jenaer Bürger stets auf einen frühen Beginn der Lese „um keine so hohen Verluste durch Wildschäden, Diebstahl[18], zeitige Nachtfröste zu haben und wegen des im November meist einsetzenden herbstlichen Regen- und Nebelwetters. Die fürstlichen Weinmeister dagegen hofften, durch eine längere Reifezeit bessere Weine zu erzielen und den Verlust in der Quantität durch höhere Qualität der Weine ausgleichen zu können" (FALK, 1955, S. 101). Wegen der Zehnt- und Teilerhebung ließen aber auch viele Grundherren,

wie zum Beispiel am Mittelrhein, eine individuelle Lese nicht zu, sondern verlangten ein Abernten sämtlicher Weinberge innerhalb weniger Tage: „Da sich der Lesebeginn nach dem Reifegrad der am frühesten reifenden Traubensorte, des Kleinbergers (Elbling) richten mußte, fanden die Lesen bis zum Beginn des 18. Jahrhunderts und noch später meist schon Ende September oder Anfang Oktober statt" (GRIES, 1969, S. 51). Das Recht, vor dem allgemeinen Herbst lesen zu dürfen, wurde besonders verliehen (vgl. H. SCHMITZ, 1925, S. 46). Umgekehrt lag es aber auch im Interesse der abhängigen Weinbauern, die recht hohe Most- bzw. Weinmengen jährlich abführen mußten, möglichst früh mit der Lese zu beginnen „noch ehe eventuell eine feuchte Witterung einen Teil der Trauben abfallen lassen bzw. es zu einem Faulungsprozeß der Trauben kommen konnte" (H.-J. SCHMITZ, 1968, S. 79). In Huy an der Maas zwang noch 1897 die Traubenfäule zur Lese vor der Reife (BERGET, 1899, S. 159). Etwas sonderbar muten die Anweisungen des Berliner Magisters COLER an, den Vollmond abzuwarten „weil man meinte, daß der Wein, im abnehmenden Monde gekeltert, weit stärker würde, als wenn man ihn nach dem Neumond bereitete" (zit. nach F. SCHMIDT, 1920, S. 5 f.). Die Schwierigkeiten, einen einheitlichen Lesebeginn festzusetzen, dürften sich bei gemischtem Satz, wegen des unterschiedlichen Reifegrads der einzelnen Sorten, noch vermehrt haben, auch für die Festsetzung des Termins durch den Rat oder den Grundherrn (vgl. BASSERMANN-JORDAN, 1975, S. 560—564)[19]. Alle diese Faktoren mindern den Wert der Lesetermine in ihrer Aussage über langfristige Veränderungen der Sommertemperaturen, um so mehr noch, wenn in den Tabellen ganze Lesen überhaupt nicht stattfinden wegen Ernteausfall, wie zum Beispiel 1529, 1567, 1573, 1597 und 1641 in Guben (KRAUSCH, 1967b, S. 41) oder 1695, 1697 und 1699 in Čuguev (ČEKAN, 1954, S. 645).
Die bisher gewonnen Erkenntnisse lassen den Weinbau als Indikator für Klimaveränderungen deshalb als ungeeignet erscheinen, weil sich in ihm klimatische und anthropogene Faktoren überlagern und es nicht möglich ist, den klimatischen Faktor zweifelsfrei und eindeutig abzuspalten. Aussagen über Klimaveränderungen und Klimaabschnitte, die alleine auf dem Weinbau beruhen, müssen daher als nicht gesichert angesehen werden[20]. Schon SCHRÖDER (1953, S. 73—75) weist nach, daß die von K. MÜLLER als Kühlabschnitt bezeichnete Periode zwischen 1553 und 1628 in Württemberg noch eine Zeit der stärksten Ausdehnung des Weinbaus war. Zu demselben Ergebnis gelangt MENK (1972, S. 72 f.) für den Weinbau an der Werra, dessen Rückgang erst in der 2. Hälfte des 18. Jahrhunderts einsetzt. Auch in Mähren beginnt gerade im 16. und 17. Jahrhundert ein neuer Aufschwung des Weinbaus, der am Ende des 18. Jahrhunderts seinen Höhepunkt erreicht (FROLEC, 1973, S. 114). Am Beispiel des Ammerbacher Gemeindeweinbergs bei Jena zeigt FALK (1955, S. 157 f.) auf, daß der Weinbau dort erst ab 1685 infolge ständiger Mißernten unrentabel wurde und darum 1740 ausgehackt und mit Hopfen und Obstbäumen bepflanzt wurde. Im ökologischen Grenzgebiet des Nordtiroler „Unterlandes" ging der Weinbau schon im Mittelalter zurück, obwohl nach FLOHN (1950, S. 352) für die Periode von 1200—1550 keine nennenswerte Verschlechterung des Klimas nachzuweisen ist (H.-C. SCHMIDT, 1965, S. 28).
Hinsichtlich der Rebfläche und ihrer Bewegung konnte schon WILL (1939, S. 82) für das Moselgebiet keine Schwankungen feststellen, die mit den großen Schwankungen des Klimas zusammenfallen. In Iphofen am Schwanberg lagen zwar die mei-

sten ausgestockten Weinberge in stark frostgefährdeten Lagen, doch begünstigten gleichzeitig deren leichte Böden die ackerbauliche Nutzung (TISOWSKY, 1957, S. 35), so daß auch hier nicht der Klimaeinfluß allein maßgebend war; zudem vermochten sich in der nahegelegenen Gemarkung Großlangheim zur gleichen Zeit Rebflächen „in ähnlich frostgefährdeten Lagen gut zu behaupten, während Weinberge am Schwanbergfuß ausgehauen wurden, bzw. verödeten" (TISOWSKY, 1957, S. 35). Wie die Figuren 18 und 19 zeigen, hatten bis in unsere Zeit hinein die Schwankungen der Sommertemperaturen zwar Einfluß auf die Weinqualität, aber nicht auf die Entwicklung der Rebflächen.

Welche Faktoren haben sich nun tatsächlich auf die Verschiebungen der nördlichen Weinbaugrenze ausgewirkt? Diese Frage wird in der einschlägigen Literatur unterschiedlich beantwortet. Während einige Autoren das Mitwirken des Klimas noch bejahen (z. B. FALK, 1955, S. 22; H.-C. SCHMIDT, 1965, S. 28)[21], schließen es andere gänzlich aus (z. B. BASSERMANN-JORDAN, 1975, S. 146 und 1047; LANDAU, 1843, S. 181; ABEL, 1962, S. 180; REINDL, 1904, S. 110: TÖPFER, 1909, S. 125; WARNECK, 1924, S. 71) und machen dafür „anthropogene Momente" (SCHRÖDER, 1953, S. 74), wie zum Beispiel wirtschaftliche Gründe (DION, 1954, S. 18: DUCHAUSSOY, 1928, S. 524), den niedrigen Stand der Produktivkräfte, die zunehmende Konkurrenz des Getreidebaus, Weinhandel und Bier (WEINHOLD, 1973, S. 281–291) oder „zeitliche Veränderungen wirtschaftlicher, politischer und verkehrstechnischer Art" (SCHELL, 1936, S. 1) verantwortlich. Im Gegensatz dazu stehen die Meinungen der betroffenen Winzer über die Gründe des Rückgangs. Sie glauben, das Klima habe sich geändert (HALKIN, 1895, S. 123; TÖPFER, 1909, S. 125; ZEPP, 1927, S. 165).

Die Verschiebungen der nördlichen Weinbaugrenze nur auf das Klima zurückführen zu wollen, würde bedeuten, daß der Weinbau von dem Klima geradezu zwingend vorgeschrieben wird, wenn entsprechend günstige Verhältnisse gegeben sind. Diese determinante Prägekraft des Klimas, wie sie nur von einer allzu einseitigen physikalischen Betrachtungsweise angenommen werden kann, war sowohl in der Vergangenheit als auch in der Gegenwart nicht vorhanden (vgl. RUPPERT, 1960, S. 49). Schon HAHN (1956, S. 9 f.) warnt davor, den physischen Voraussetzungen des Weinbaus eine überragende Bedeutung beizumessen. Die Verschiebungen der nördlichen Weinbaugrenze sind ein komplexer Vorgang, wobei das Klima nur ein Faktor unter vielen ist, der im Sinne FLOHNs lediglich eine Teilursache darstellt, „die wohl eine auslösende Wirkung gehabt haben kann, aber für das Ergebnis kaum allein verantwortlich ist" (FLOHN, 1950, S. 354).

Eine Veränderung des Klimas in historischer Zeit ist heute unbestreitbar, ihre Auswirkung auf den Weinbau war aber wohl geringer als von manchen Klimaforschern angenommen wird. Dafür spricht vor allem die Weite der thermischen Grenzen, innerhalb derer der Anbau stattgefunden hat. So reichte zum Beispiel in Württemberg das geschlossene Weinbaugebiet bis an die Isothermen von $-2\ 1/2°$ C des Januar, $17°$ C des Juli und $7\ 1/2°$ C des Jahres und darüber hinaus (SCHRÖDER, 1953, S. 59), wodurch das subjektive Moment der Geschmacksanforderung und das wirtschaftliche Moment des Ertrages in ihrer Bedeutung erschlossen werden.

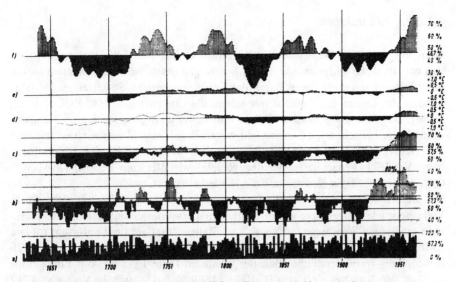

Sonnenflecken, Sommertemperaturen und Weinqualitäten vom 17. bis zum 20. Jahrhundert
a) Jährliche Weinqualität (nach *K. Müller* und *E. Lahr*)
b) 10-jährige übergreifende Mittelwerte der Weinqualität
c) 30-jährige übergreifende Mittelwerte der Weinqualität
d) 30-jährige übergreifende Mittel der Abweichungen der Sommertemperaturen im südlichen Oberrheingebiet
e) 30-jährige übergreifende Mittel der Abweichungen der Sommertemperaturen in Zentral-England (nach *Manley*)
f) 30-jährige übergreifende Mittel der Sonnenflecken-Relativzahlen (nach *Waldmeier, Gleissberg, Baur*)

Fig. 18: Sommertemperaturen und Weinqualitäten vom 17. bis 20. Jahrhundert (RUDLOFF, 1967)

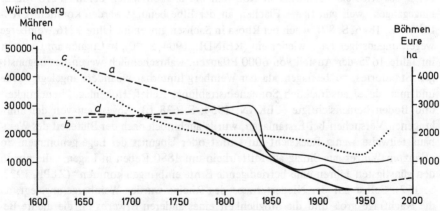

Fig. 19: Entwicklung der Rebflächen in Böhmen (a), Mähren (b), Württemberg (c) und im Departement Eure (d) vom 17. bis 20. Jahrhundert (nach Angaben von FROLEC, 1973; SCHRÖDER, 1953; DOHNAL, 1971; Institut National des Appellations d'Origine des Vins et Eaux-de-Vie, Paris; Statistik von Baden-Württemberg, Bd. 242, 1977)

4.1.2 Topoklima

Beim Vergleich von Weinchroniken benachbarter Lagen und Weinbauorte ergeben sich oft deutliche Unterschiede in den Ernteergebnissen, was unter anderem für die Modifizierung des Großklimas durch das Topoklima spricht. So hatten im 18. Jahrhundert die Dörfer um Saalfeld nur selten alle eine gute Ernte (E. KOCH, 1926, S. 86). Das Jahr 1666 brachte Guben und Krossen ein ausgezeichnetes Weinjahr, während im benachbarten Sommerfeld wegen Hagels eine Mißernte zu verzeichnen war (KRAUSCH, 1967b, S. 45). Sehr deutlich werden die lokalen Unterschiede beim Vergleich benachbarter Weinbaugebiete, wie dies zum Beispiel KRAUSCH (1967b, S. 42–44) für Krossen und die Niederlausitz tut.

Der Mensch erkannte die Vorteile bestimmter Lagen für den Weinbau nicht gleich. Viele Beispiele zeugen von einem langsamen Lernprozeß. Einige der mittelalterlichen englischen Weinberge fanden sich an Stellen „that are now notorious for late spring, and even summer night frosts" (LAMB, 1966, S. 10). Ein übereifriger Gräflich-Stolberg-Wernigerodischer Beamter wollte im Jahre 1555 im Amt Elbingerode im Harz den Weinbau einführen (GROTE, 1869, S. 201). Auch die Versuche, 1717 in Sachsen Korinthen zu erzeugen (REINDL, 1904, S. 98), deuten an, daß man über die klimatischen Anforderungen wenig wußte. Nach BUJACK (1834, S. 53) hatten auch die Ordensritter „keine Ahnung von der geographischen Verbreitung der Pflanzen und den Bedingungen, woran diese geknüpft sind, sich im Gegensatz von der Ausdauer günstige Erfolge versprachen und an eine Akklimatisierung des Weinstocks glauben mochten, besonders da einige sehr schöne Sommer die Mühen lohnten und ertragreich waren". Beim Topoklima stellt sich deshalb weniger die Frage einer zeitlichen Veränderung, als vielmehr die Frage nach der unterschiedlichen Bewertung und Ausnutzung im Laufe der Weinbaugeschichte.

Bei unüberlegter Auswahl der Standorte kam es häufig schon bald wieder zur Aufgabe der Weinberge (vgl. WARNECK, 1924, S. 72)[22]. Die 1162 angelegten Weinberge des Klosters Altenzelle in Roßwein bei Meißen waren bereits 1216 wieder eingegangen, weil günstigere Flächen an der Elbe benutzt werden konnten (CARLOWITZ, 1846, S. 87). Auch bei Rhösa in Sachsen gingen im Jahre 1216 Weinberge wegen ungünstiger Lage wieder ein (REINDL, 1904, S. 90). In Čuguev am Don war im Jahre 1675 der Ausfall von 6000 Pflanzen, wahrscheinlich wegen des ungünstigen Standortes, zu beklagen, da der Weinberg hinterher woanders angelegt wurde und man dabei ausdrücklich Sonneneinstrahlung, Relief, Höhenlage, Feuchtigkeit und Boden berücksichtigte (ČEKAN, 1954, S. 638 f.). Abgesehen von den mißlungenen Versuchen bei Erstanlagen, wurde auch noch nach der Blütezeit des Weinbaus teilweise wenig Rücksicht auf Gunst oder Ungunst der Lage genommen. So pflanzten Winzer aus Sinzig am Mittelrhein um 1880 Reben in Lagen, „die nur in den günstigsten Jahren eine befriedigende Ernte einbringen konnten" (ZEPP, 1927, S. 152). Selbst auf der Niederterrasse des Rheins wurden Weinberge angelegt, da die Nachfrage groß und die Möglichkeit eines anderen Erwerbs für die dichte Bevölkerung gering war (STANG, 1962, S. 281). In Obermerschung/ Krs. Bonn vernichtete deshalb die große Überschwemmung von 1784 den größten Teil dieser Weinberge (ZEPP, 1927, S. 136).

Auch die Anlage von Weinbergen in reinen Nordlagen, wie etwa in den Seitentälern der Saale (WEINHOLD, 1973, S. 37) und in extremen Höhenlagen, zeugen

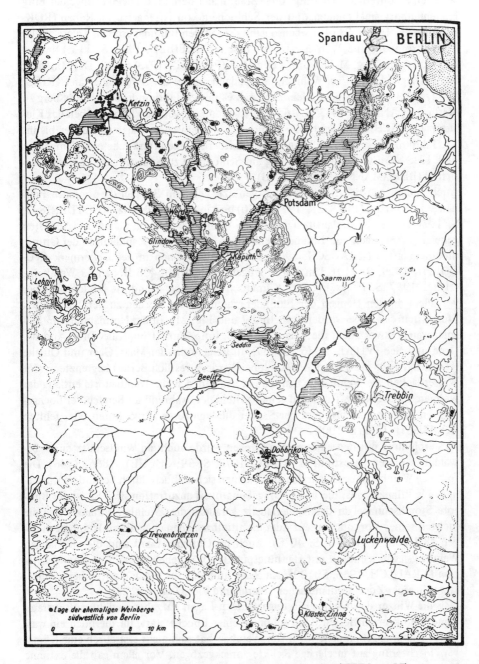

Fig. 20: Lage der ehemaligen Weinberge südwestlich Berlin (HEIN, 1957)

vom langsamen Lernen, oder aber, wie im mittelalterlichen Jena, vom Mangel an geeignetem Gelände (FALK, 1955, S. 16). Die weitaus meisten Berichte sprechen jedoch von dem Bemühen der Winzer, die natürliche Gunst der Lage auszunutzen. Schon früh wird auf windgeschützte Sonnenlagen geachtet. Immer wieder wird von Weinbergen unterhalb der Burg- oder Stadtmauer berichtet: Die Südhänge der Burg Hohenlimburg im Lennetal und der Schloßberg von Altena trugen Reben (ROKKENBACH, 1963a, S. 148), ebenso gab es sie an den Burgmauern von Telgte an der Ems, Stromberg und Werries an der Lippe (SCHREIBER, 1962, S. 33 f.) und an den Burgen in Prag, Melnik und Leitmeritz (FROLEC, 1973, S. 28). Der Mindener Bischof legte 1356 einen Weinberg am Südabhang bei der Stadtmauer an (KRIEG, 1954, S. 33); landgräfliche Weinberge gab es im 15. Jahrhundert am Schloßberg zu Marburg (LANDAU, 1843, S. 165). In Kappenberg wuchsen Reben neben der Klostermauer (SCHREIBER, 1962, S. 34). Im westfälischen Wartburg gab es bis ins 13. Jahrhundert an den Südhängen des Stadtberges eine Pfarrkirche mit Weinbergen und 1238 wird von einem Weinberg am Schloßberg zu Spangenberg in Hessen berichtet (BERGMANN, 1957/58, S. 23).

Auch andere günstige Lagen wurden genutzt, wie zum Beispiel die sonnigen Felshänge in Bautzen (BRUGER, 1921, S. 50) und in der Oberlausitz (KNOTHE, 1873, S. 197). In der Niederlausitz fanden sich Weinberge an nach Süden und Südosten geneigten Abhängen von Endmoränenkuppen oder an den Randhängen der Grundmoränenplatten (KRAUSCH, 1966, S. 100), desgleichen in der Uckermark (RUDOLPH, 1929, S. 110). Um Berlin trugen ehedem von 420 Höhen 33 Weinberge (HEIN, 1957, S. 197; s. Fig. 20). Klimatisch begünstigte Standorte fanden sich aber vor allem an den Hängen der Flußtäler, die damit im Norden zu den wichtigsten Standorten der Rebe wurden (vgl. Bild 7 und Fig. 21). In der Normandie zum Beispiel waren es vor allem die Täler der Seine, Epte, Eure, Iton, Rille, Dive, Andelle, Orne und Sée (VITAL, 1956, S. 157), in Belgien die der Maas, Geer und Ourthe (HALKIN, 1895, S. 75 und 99). Auch bei Werder (westlich Berlin) begrenzten große Wasserflächen die Weinberge. Um Guben häuften sich die Weinbauorte entlang des wärmeren Oder-Neiße-Tales und seiner Seitentäler, während im Bereich der hochgelegenen Endmoränenzüge und der Sander die Weinberge zurücktraten oder fehlten (KRAUSCH, 1966, S. 100).

In Verbindung mit den exponierten Hängen wurde auch ein Windschutz durch bewaldete Kuppen angestrebt (FROLEC, 1973, S. 59; COCHET, 1866, S. 46). Die früheren Weinberge der Niederlausitz zeichnen sich vielfach durch besonders wärmeliebende Pflanzen aus, die in der Umgebung nicht anzutreffen sind. So ist der Blutrote Storchschnabel in der Niederlausitz geradezu die „Weinbergspflanze", da die meisten seiner Vorkommen auf oder unmittelbar neben ehemaligen Weinbergen liegen (KRAUSCH, 1967b, S. 40 f.). Auch im Gubener Land sind die ehemaligen Weinbergslagen identisch mit Häufungspunkten wärmeliebender Flora und Vegetation (KRAUSCH, 1966, S. 100). An Saale und Unstrut liegen die Weinberge eingestreut in einer Zone „südländischer" Fauna und Flora (vgl. Fig. 22).

Daß die Winzer den Weinbau in ungeeigneten Lagen aufgaben und ihn auf Extremstandorten konzentrierten, fand schon in einer Epoche statt, für die noch ein wärmeres Klima angenommen wird. Der Weinbau hat sich nicht erst durch eine Klimaverschlechterung auf inselartige Relikte zurückgezogen. Vor allem gab die extreme Höhenlage ehemaliger Weinberge immer wieder zur Vermutung Anlaß, daß eine Kli-

Bild 7: Weinberge in Melnik (Böhmen, 50° 20' n. Br.) heute (FROLEC, 1973)

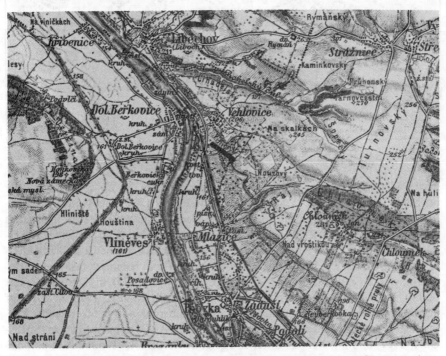

Fig. 21: Selektion der Standorte im Melniker Weinbau (Rebfläche fein gepunktet; Flurname „Vinicny" nördlich Melnik) (Topograph. Karte 1:75 000 der Tschechoslowakei, Blatt 3853 Mělnik, 1927)

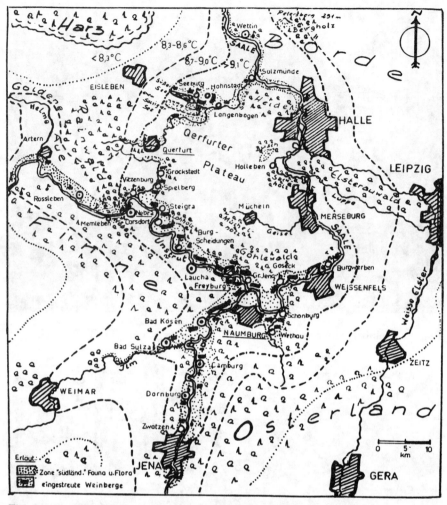

Fig. 22: Das Weinbaugebiet von Saale und Unstrut (DIETER, 1974)

maveränderung die Reben zum Rückzug gezwungen hätte. Im Wallis weist heute die höchste Lage 1100 m auf (Visperterminen), gegenüber 1300 m im vorigen Jahrhundert (SCHLEGEL, 1973, S. 56). Bei Gera fanden sich im Mittelalter Weinberge bis in 500 m Meereshöhe (KRETSCHMER, 1936, S. 32), ebenso im Saalfelder Talkessel (WEINHOLD, 1973, S. 38) und auf der Zvolsker Hochebene in Mähren (FROLEC, 1973, S. 55). Der höchstgelegene Weinberg auf dem böhmisch-mährischen Höhenzug war der Liskovitzer mit 600 m (FROLEC, 1973, S. 53), in Württemberg mit 900 m der Weinberg in Obernheim bei Balingen (SCHRÖDER, 1953, S. 59). Auf der Hohenloher Ebene befand sich 1578 ein Weinberg in 460 m Meereshöhe, während heute im Mainland die Weinberge nur selten bis 400 m hinaufreichen (SAENGER, 1957, S. 105). Für das Unterland zeigt SCHRÖDER, (1953, S. 59) auf, daß die mittlere Höhenlage von 191 m um das Jahr 800 auf 326 m im Jahr 1624 stieg. Aus diesem Hochklettern des Weinbaus in früheren Jahrhunderten und aus der Abnahme der absoluten Höhenzahlen in unserer Zeit läßt sich aber eine Veränderung

der Temperaturen nicht ableiten, da gleichzeitig in anderen Gebieten die absolute Höhengrenze über Jahrhunderte gleichblieb. In Franken stieg sie zum Beispiel nur selten über 400 m, auch in der Blütezeit des Weinbaus (WELTE, 1934, S. 30) nicht. Die mittelalterlichen englischen Weinberge lagen fast alle unter 100 m Meereshöhe, mit Ausnahme einer besonders begünstigten Höhe in Herefordshire mit etwa 200 m[23]. Auch die zeitlichen Unterschiede in den Anforderungen an das Topoklima müssen bei den Veränderungen der Höhengrenze berücksichtigt werden. Zu der ökologischen Notwendigkeit für den nördlichen Weinbau, extrem warme Standorte aufzusuchen, gesellten sich veränderte Anbautechniken und Qualitätsansprüche, die ebenfalls zu einer Verschiebung der absoluten Höhengrenze führten. Die Anlage von Terrassen erfolgte erst nach dem 10. Jahrhundert[24]. Wegen der zahlreichen Weinbergsarbeiten zog man vielerorts bis ins 18. Jahrhundert hinein, ungeachtet klimatischer Nachteile, die weniger geneigten Weinbergslagen den Steillagen vor[25]. Am Schwanberg weist dies TISOWSKY (1957, S. 19 und 25) für das 16. und 17. Jahrhundert nach, als die Weinberge mehr als später auf das Vorland hinausgriffen. Dabei wurde allerdings um 1690 die südlichen Hangexposition besser genutzt als 1825/30 (S. 19). Als schließlich im 18. Jahrhundert verstärkt zu Hanglagen übergegangen wurde, so deshalb, weil sie einmal das einzige herrenlose Land darstellten (S. 51), und zum anderen die Landwirtschaft immer wichtiger wurde (S. 56). Auch in Jena wurde der Weinbau ursprünglich im Tal und an den sanften Röthängen betrieben, nur gelegentlich reichten die Anlagen bis in die steilen Kalkhänge hinauf (FALK, 1955, S. 15 f.). In der Limburger Gegend waren die Rebflächen „nicht auf Steilhänge beschränkt" (FRICKE, 1959, S. 43). In Dertingen und Lindelbach an der Tauber lagen um 1300 viele Weinberge nicht am Berghang, sondern „auf der fast ebenen, sandigen, letzteiszeitlichen Tauberterrasse" (FRIESE, 1961, S. 14). Bis zum Ende des 18. Jahrhunderts befanden sich die Weinberge am Kaiserstuhl bis auf wenige Ausnahmen in der Ebene und am Gebirgsfuß (K. MÜLLER, 1953, S. 32). Eine Änderung brachten die höheren Ansprüche an die Qualität. Schon im 17. Jahrhundert wurden von sächsischen Weinbauschriftstellern nicht zu steile Südhänge empfohlen (WEINHOLD, 1973, S. 47). Die höfischen Richtlinien für Weinbergsanlagen in Rußland lauteten im 17. Jahrhundert: nur dort „wo der Boden schicklich ist", „an geeigneten Orten" und „wo der Boden gut ist" (ČEKAN, 1954, S. 673). HENDERSON (1833, S. 289) schreibt über den Weinbau am Don: „Die Tartaren legen die Weinpflanzungen aus Trägheit in den Niederungen an, obwohl an den Bergen ein weit besserer Wein wachsen würde". Im allgemeinen findet man aber vor dem 18. Jahrhundert selten Bemerkungen über die Güte der Lagen (BASSERMANN-JORDAN, 1975, S. 907). Ebenfalls erst um 1800 finden sich die ersten Empfehlungen für bestimmte Sorten in den verschiedenen Lagen (BASSERMANN-JORDAN, 1975, S. 416; HAUSEN, 1798, S. 157 f.; HORNN, 1801, S. 32). In Beuthen an der Oder läßt sich im 19. Jahrhundert eine starke Abnahme der Weinberge feststellen, die mit vorherrrschender Nordwestexposition zu schlechte Erträge lieferten (JACOBI, 1866, S. 521).
Mit der wachsenden Technisierung der Weinbergsarbeiten setzte Ende des 19. Jahrhunderts wieder eine gegenläufige Bewegung ein, die bis heute andauert. In Baden vergrößerte sich im vorigen Jahrhundert die Rebfläche nur dort, wo ebene Lagen zur Verfügung standen, während sie in Steillagen abnahm (K. MÜLLER, 1953, S. 32). An der Mosel wurden in den letzten 100 Jahren ebenfalls Äcker auf der

Niederterrasse und der unteren Hochterrasse mit Reben bepflanzt (BOURQUIN, 1977, S. 62). Im Obermoselraum war die Tendenz, „den Kern des ursprünglichen Weinbauareals, das heißt die Steillagen im oberen Muschelkalk zu verlassen" weniger bedingt durch Ursachen sozialer Art als vielmehr arbeitstechnischer Art, die eine „Standortverlagerung vom oberen Muschelkalk in die weniger steilen Bereiche des mittleren und unteren Muschelkalk verursachten" (WERLE, 1977, S. 127 f.). Deshalb war es auch für GUYOT (1868, S. 484) im Kanton Beauvais (Oise) „un fait remarquable, c'est que les vignes basses disparaissent et non les vignes hautes". Die Bedeutung der Weinbautechnik für die Auswahl der Standorte in unserer Zeit hat H.-C. SCHMIDT, (1965, S. 178) für Österreich beschrieben: Seit dem Aufkommen der Gespannverordnung und Drahtrahmenunterstützung, besonders aber seit der um 1950 begonnenen Umstellung auf Weitraumkulturen, ist das Relief als Faktor bei der Verbreitung des Weinbaus aufgewertet worden. Durch die Mechanisierung der Betriebe wurde das Gleichgewicht zwischen Bergweinbaugebieten mit Qualitätsweinbau und Feldweinbaugebieten mit Konsumweinbau gestört". Auch in anderen nördlichen Weinbaugebieten stehen die Reben nicht mehr auf Zwangsstandorten, sondern konkurrieren mit anderen Nutzpflanzen um die guten Flächen. Auf Felsterrassen und an Steilhängen schrumpfen die Weinberge von Jahr zu Jahr stärker. Dieser Umstellung in den Erwerbsweinbauregionen steht aber eine Bevorzugung von Extremstandorten im Liebhaberweinbau gegenüber.

Die Ausbreitung des Weinbaus und sein Rückzug folgten nach SCHRÖDER (1953) „klimatischen Leitlinien" (S. 58)[26], ohne daß er dem Klima dabei eine überragende Bedeutung beimißt: „Indessen steht außer Zweifel, daß ein bestimmtes Minimum an kultureller Erschließung in demselben Maße Voraussetzung gewesen ist wie klimatische Bereitschaft" (S. 62). Da für SCHRÖDER die anthropogenen Momente überwiegen, spielte das Klima deshalb bei Ausbreitung und Rückzug nur eine „passive Rolle" (S. 74; vgl. auch SCHLEGEL, 1973, S. 34). Diese in Württemberg gewonnenen Ergebnisse wurden von HAHN (1956, S. 20) auf Mitteleuropa ausgeweitet, ebenso wie das SCHRÖDERsche Prinzip der Rückzugsbewegung, „die klimatische Auslese im topographischen Sinne" (HAHN, 1956, S. 27). Die Abnahme der Weinbauorte im Unterland war im ungünstigen Klimabezirk am größten, im günstigsten Klimabezirk dagegen am geringsten (SCHRÖDER, 1953, S. 72; vgl. auch HELLWIG, 1955, S. 79). Nur die guten Lagen vermochten sich zu halten. Auch an Elbe, Saale und Unstrut kam es zu einem jahrhundertelangen Selektionsprozeß, in dessen Verlauf nach und nach alle ungünstigen Rebstandorte aufgegeben wurden (WEINHOLD, 1973, S. 45)[27]. Vom 16. bis 19. Jahrhundert vollzog sich der Rückzug des Weinbaus auf „Areale mit günstigsten Vegetationsbedingungen" (WEINHOLD, 1973, S. 50)[28]. Dies führte zum Beispiel in Württemberg seit dem 19. Jahrhundert zu der fast ausschließlichen Beschränkung auf Gebiete mit mittleren Temperaturen von mindestens 18° C im Juli und höchstens − 2° C im Januar (SCHRÖDER, 1953, S. 72). In der Niederlausitz hielt sich der Weinbau in den günstigsten Lagen am längsten, während er in schlechten Lagen schon im Laufe des 18. Jahrhunderts aufgegeben wurde (KRAUSCH, 1966, S. 100). Die Weinberge in der Kölner Bucht verschwanden zuerst in der Ebene, dann folgten die des Vorgebirges und schließlich die Hanglagen am Rhein (ZEPP, 1927, S. 156). Auch WALTER (1932, S. 28) bestätigt das Prinzip der klimatischen Auslese beim Rückgang des Weinbaus in Branbenburg: „Als der Weinbau nach Rentabilitätsgesichtspunkten betrieben werden

mußte, machten sich die ungüstigeren natürlichen Bedingungen in der Mark nachdrücklich geltend. Wenn innerhalb der allmählichen Rückentwicklung des Weinbaus einzelne Zentren nicht berührt wurden und der einst über die ganze Mark gleichmäßig verbreitete Weinbau sich mehr und mehr zu einer inselartigen Verstreuung auflöste, so lag das zweifellos an der Mannigfaltigkeit der mikroklimatischen Voraussetzungen, die einige günstige Klimainseln herausbildeten".
Dagegen zeigt RUPPERT (1960) im untern Maingebiet auf, daß nicht unbedingt eine Selektion nach den besten natürlichen Bedingungen stattfinden muß, da die „Tätigkeit der menschlichen Gruppen nach verschiedenen Gesichtspunkten orientiert ist und weil das Handeln des Menschen nicht immer nach ökonomischen Rentabilitätsberechnungen ausgerichtet ist" (S. 59)[29]. Er führt Beispiele an, wo sich der Weinbau trotz Klimagunst nicht halten konnte, während er es an weniger günstigen Stellen vermochte (S. 58–60). DION (1959) weist vor allem auf die Bedeutung der wirtschaftlichen und verkehrstechnischen Faktoren für die Standorte der Weinberge in Frankreich hin. So entwickelte sich der Weinbau vor allem an den Straßen und Wasserstraßen. Selbst an den Häfen der südlichen Bretagne fand er sich, da dorthin Händler kamen (S. 50). Die Qualität und der Ruf der Weine hing von der Nähe der Exporthäfen ab (S. 58 f.). In der Brie gab es nur in dem Teil zwischen Marne und Seine Weinberge, der der Flußschiffahrt zugänglich war (S. 547)[30].
Bei allen Gegensätzlichkeiten über eine klimatische oder ein anthropogene Selektion der Rebstandorte bleibt beiden Parteien doch gemeinsam, daß das Klima dabei insgesamt nur eine passive Rolle gespielt hat. Allerdings scheinen bei der Ausbreitung des Weinbaus die anthropogenen Faktoren zu überwiegen, während beim Rückgang die klimatischen Aspekte an Bedeutung gewinnen. Seit dem ausgehenden Mittelalter mehren sich jedenfalls die Anzeichen dafür, daß die ökologischen Faktoren mehr Beachtung finden, wobei allerdings immer berücksichtigt werden muß, daß an das Ergebnis des Weinbaus, den Wein, geringere Anforderungen gestellt wurden und dementsprechend auch an die Lage. Die weitere Entwicklung der Standortfrage steht im Einklang mit den verbesserten Möglichkeiten des Handels und damit im Zeichen der Rentabilität, der sich die nördliche Weinbaugrenze anpassen mußte. Danach ist „bei gleichwertigen wirtschaftlichen Bedingungen die klimatische, insbesondere die thermische Gunst der ausschlaggebende Risikofaktor" (H.-C. SCHMIDT, 1965, S. 178). Der Bedeutungszuwachs des Topoklimas für den Weinbau hängt daher mit vielfältigen anthropogenen Faktoren zusammen und ist auch ohne eine Klimaveränderung zu erklären. Die historischen Nachrichten über die Standorte des Weinbaus zeigen immer auch Momente eines bestimmten menschlichen Verhaltens auf, die sich nicht auf das Klima zurückführen lassen.

4.1.3 *Bestandsklima*

Die Werte dieses Klimas werden von der menschlichen Weinbautechnik beeinflußt. Daraus ergibt sich die wachsende Bedeutung des Bestandsklimas für den Weinbau mit dem zunehmenden wissenschaftlichen Fortschritt, wie er vor allem im 19. Jahrhundert einsetzte. Aber auch im Mittelalter gab es schon Versuche, das Bestands- und das Topoklima der Weinberge zu verbessern. Seit dem 10. Jahrhundert ermöglichte die Technik des Terrassenbaus die Ausnutzung der klimatischen Vorzüge der steileren Talhänge (vgl. HAHN, 1956, S. 17 f.; NEUSS, 1955), so daß von nun an auch von „Weinbergen" gesprochen wurde und nicht nur von „Weingärten" (SCHRÖDER, 1953, S. 44). Auch bei niedrigen Höhen, aber steilen Hängen, wie etwa im Krossener Rebgebiet, wo sich Randhöhen bis 40 m über den Oderspiegel erheben, wurden Terrassen gebaut (POMTOW, 1910, S. 127).

Eine Veränderung der klimatischen Bedingungen brachte auch die Ausnutzung von Wasserflächen. So wurden im Mittelalter an der Ahr Weiher gestaut, um das Klima zu mildern (RAUSCH, 1963, S. 2). Sie sollten das Makroklima im Tal günstiger gestalten, wie dies auch in unseren Tagen als Folge der kanalisierten Mosel mit ihrer fünfmal vergrößerten Wassermasse und ihrer dreimal vergrößerten Wasserfläche geschah (GERGES, 1977, S. 2)[31]. Weitere Eingriffe des Menschen in das Bestandsklima, wie etwa der Übergang zum reinen Satz oder die Beseitigung der vielen Obstbäume in den Weinbergen, werden in den folgenden Kapiteln berücksichtigt. Insgesamt hat damit im Weinbauklima wohl nur das Bestandsklima eine wesentliche Veränderung erfahren.

4.2   BODEN

Nach den eingangs gemachten Aussagen über die geringen Ansprüche der Weinrebe an den Boden müßte geschlossen werden, daß er deshalb auch wenig bei der Anlage von Weinbergen berücksichtigt wurde. Dagegen sprechen allerdings zahlreiche Beispiele, die davon zeugen, wie sehr die technischen Möglichkeiten der Bodenbearbeitung beim Weinbau in den Vordergrund treten. Im Oberrheingraben brachte die Verlagerung des Weinbaus aus den frühmittelalterlichen flachen Lagen mit ihren sandigen bis lehmigen Böden auch eine Veränderung des edaphischen Untergrundes mit sich, da seit dem Hochmittelalter die Gebirgsränder mit ihren steinigen Böden bevorzugt wurden (WINKELMANN, 1960, S. 51). Die Weinberge um Jena wurden vor allem nahe der Talsohle im besser zu bearbeitenden Röt angelegt, während die höheren Lagen des Muschelkalks selten genutzt wurden (WEINHOLD, 1973, S. 37). In Iphofen am Schwanberg konzentrieren sich heute die Weinberge auf den Bereich der schweren Keuperböden, während die Exposition, trotz überwiegend südlicher Richtung, offensichtlich weniger wichtig für die Auswahl der Standorte war (TISOWSKY, 1957, S. 14). Dagegen setzten sich in der gleichen Gemeinde um 1690 die Rebanlagen über die Bodenunterschiede weitgehend hinweg, da vor allem flache Lagen bevorzugt wurden (TISOWSKY, 1957, S. 19). Die Abwägung von Exposition, Inklination und Boden zeigte in der Vergangenheit unterschiedliche Ergebnisse. Dabei standen neben den technischen Möglichkeiten der Bodenbearbeitung auch schon bodenkundliche Überlegungen: In der Uckermark standen die Reben vor allem auf den Hängen der baltischen Endmoräne und auf dem südlich davon gelegenen leichten, warmen und trockenen Boden, während nördlich davon auf dem schweren, kalten und nassen Boden nur vereinzelt dort Weinberge anzutreffen waren, wo der Sandboden durch die Geschiebemergeldecke reichte (RUDOLPH, 1929, S. 110 f.). In der Oberlausitz gab es Weinberge auf dem Sandboden der Heidestriche (KNOTHE, 1873, S. 197), in der Niederlausitz an den Moränenhängen, wo der Boden meist aus Sand und vielfach von Lehmschichten überlagert war (KRAUSCH, 1966, S. 101). Diese Beispiele zeigen auch, wie nötig es im nördlichen Weinbau war, das Weinbergsklima auch durch den Boden zu verbessern.

Die Auswirkungen eines guten Bodens auf den Rebbau waren durchaus bekannt. Im 17. Jahrhundert wurden 200 Fuder (ein Fuder = 40 Pfund) Weinbergserde aus Astrachan nach Ismailowo an der Moskwa gebracht, wo viel Sorgfalt auf die Bodenbearbeitung verwendet wurde (ČEKAN, 1954, S. 639). Die deutschen Kolonisten auf der Krim, die den Weinbau im 18./19. Jahrhundert auch in die Steppengebiete ausdehnten, versuchten, durch Veränderung des Bodens die Qualität des Weines zu heben: „So erzielten sie zum Beispiel durch Ausschachten der Erde in einer Tiefe von etwa anderthalb Meter und Auffüllen der Lücken mit Lehm und Kies (Lehm und Kies bilden den besten Boden für Weinreben) Weine, die in ihrer Qualität denen der Südkrim nicht weit nachstanden. Mein Großvater ließ im Laufe der Zeit zwölf Hektar ausschachten und mit Lehm und Kies auffüllen, darauf erstklassige Weinreben anpflanzen, die nur Qualitätsweine lieferten" (DER WEINBAU DER DEUTSCHEN KOLONISTEN IN DER KRIM, 1955, S. 70). Diese bewußte Hinwendung zu guten Weinbergsböden stand im Zusammenhang mit den veränderten Anforderungen an Güte und Ertrag. Nach MUSSET (1908, S. 270) zog sich deshalb in Nordwestfrankreich der Weinbau aus der Bocage und den kalten Böden des Armorikanischen Massivs zurück und v. WEBER (1872, S. 20) hält es für eine auffällige Erscheinung „daß bis zu den Zeiten des Dreißigjährigen Krieges ... in vielen Gegenden Deutschlands und insbesondere auch Sachsens, ein unnatürliches Übermaß des Weinbaus auf ganz undankbarem Boden stattfand".

Einige Autoren messen der negativen Veränderung des Bodens beim Rückgang des Weinbaus eine besondere Bedeutung bei (vgl. 4.4.4.2.2). So macht POMTOW (1910, S. 85) für den Rückgang der Ernten in Ostdeutschland eher die Bodenmüdigkeit als eine Klimaveränderung verantwortlich[32], wobei er allerdings offen läßt, warum es zu diesem Vorgang ausgerechnet an der Nordgrenze des Weinbaus kommen sollte, wo doch in den Kerngebieten des Rebbaus schon sehr viel länger und wohl auch intensiver Rebbau in Monokultur betrieben wurde[33].

Auch DESLISLE (1851; zit. nach DION, 1959, S. 18) glaubte, daß der Boden nicht weniger als das Klima zum Mißerfolg des Weinbaus in der Normandie beigetragen habe: „Indépendamment de la variabilité et de l'humidité du climat, cette culture était repoussée par une circonstance géologique dont nos bons aieux ne se doutaient pas: l'absence du calcaire grossier et des terrains tertiaires en général". Demgegenüber ist DION (1959, S. 18) der Ansicht, daß die Weinbergsböden im Norden Frankreichs nicht danach ausgesucht wurden, welche Stoffe sie der Rebe geben konnten, sondern er sieht in der Auswahl vor allem eine Rivalität zwischen dem Getreidebau und dem Weinbau, wobei sich die Reben auf die Böden zurückziehen mußten, die für den Getreidebau ungeeignet waren. Die Dominanz technischer und wirtschaftlicher Überlegungen bei der Bodenauswahl im nördlichen Weinbau läßt auch dem Faktor Boden nur eine passive Rolle bei der Ausbreitung und dem Rückgang des Weinbaus zukommen.

4.3 WEINBAUTECHNIK

Die Entwicklung der Landwirtschaft vollzog sich in Europa bis zum 18. Jahrhundert ohne revolutionäre Wandlungen. Bis zum Dreißigjähringen Krieg lassen sich keine wesentlichen Veränderungen nachweisen und noch bis ins 18. Jahrhundert hinein bewegte sich die landwirtschaftliche Technik „in sehr traditionalen und wenig rationalen Bahnen" (WINKLER, 1959, S. 6). Aus Gründen der Agrarverfassung überwog bis ins 18. Jahrhundert hinein die Dreifelderwirtschaft mit ausgesprochen extensiver Anbauweise. Zwar fanden die Kartoffel um 1700 und der Kleebau im 18. Jahrhundert Eingang in die bäuerliche Nutzung, doch war zum Beispiel das Anbauareal der Kartoffel in Iphofen noch um 1780 gänzlich unbedeutend (TISOWSKY, 1957, S. 55). Dort dauerte die Umstellung von der Dreifelderwirtschaft auf die Wechselwirtschaft bis etwa 1830 (TISOWSKY, 1957, S. 55), in Mähren sogar bis etwa 1840 (FROLEC, 1973, S. 137). Aber auch mit der Stallfütterung und dem Anbau von Brachfrüchten war das Leistungsniveau der Landwirtschaft bis dahin noch recht niedrig (FROLEC, 1973, S. 115; TISOWSKY, 1957, S. 57). Danach machten sich allerdings die Verbesserungen der landwirtschaftlichen Produktionstechnik, wie künstlicher Dünger und bessere Arbeitstechnik, zunehmend bemerkbar, so daß die Leistungssteigerung eine „wesentliche Verschiebung der Flächenproduktivität von Weinbau und Landwirtschaft" bewirkte (TISOWSKY, 1957, S. 83). Auch WEINHOLD (1973, S. 281) spricht von einer „Disproportion": „Die Bewegung im gesamten Produktionszweig geht rascher vor sich als in der Rebkultur, seinem Teilgebiet. Anzeichen dafür finden sich bereits im 18. Jahrhundert. Verstärkt tritt dieses Mißverhältnis während des 19. Jahrhunderts hervor". Während nun in der Landwirtschaft die Erträge bei sinkendem Arbeitsaufwand ständig steigen[34], kann der Weinbau damit nicht Schritt halten. Wegen der Anbaukrisen in der 2. Hälfte des 19. Jahrhunderts sanken sogar noch die Erträge. Für viele, besonders kleinbäuerliche Betriebe, war damit eine Abkehr vom Weinbau verbunden. Für den Weinbau bei Meißen wird als einer der Hauptgründe des Niedergangs der „Aufschwung der Landwirtschaft, namentlich in den letzten Jahrzehnten des verflossenen Jahrhunderts" genannt (M. ZIMMERMANN, 1922). Im Kreis Querfurt stieg der Zuckerrübenanbau von 4016 ha im Jahre 1878 auf 7270 ha im Jahre 1900, im Kreis Naumburg von 104 ha auf 260 ha (BOIE, 1922, S. 40).

Im Weinbau kamen dagegen die technischen Neuerungen und verbesserten Produktionsmethoden überwiegend erst in unserem Jahrhundert zum Tragen. Bis dahin blieb der Weinbau ein „Reservat der manuellen Arbeit" (WEINHOLD, 1973, S. 281). Mit der Einführung von Pflug, Drahterziehung, Rebenselektion und Selbstkelterung konnten die Produktionskosten gesenkt und gleichzeitig die Erträge wesentlich gesteigert werden. Dieser Prozeß der Rationalisierung, der in allen Weinbaugebieten noch heute andauert, läuft vor allem auf eine Einschränkung des hohen Anteils der Handarbeit hinaus. Viele nördlichen Weinbauorte sind allerdings bei dieser weinbautechnischen Umstellung infolge ihrer Bindung an mehr oder weniger steile Hänge und wegen ihres hohen Anteils an kleinen Flächen im Nachteil, da dort die technischen Neuerungen nur begrenzt eingesetzt werden können und damit der Arbeitsaufwand und die Produktionskosten höher sind als in flachen Lagen.

4.3.1 Anbautechnik

Wenn auch die bedeutenden Neuerungen in der Weinbautechnik erst im 19. Jahrhundert aufkamen, so gab es doch auch schon in früherer Zeit Verbesserungen in der Anbauweise[35]. Charakteristisch für deren Verbreitung war, daß sie von den Kerngebieten des Weinbaus ausgingen und erst mit zeitlicher Verzögerung die Randgebiete erreichten. So weist WEINHOLD (1973) darauf hin, daß die Weinkultur an Elbe, Saale und Unstrut im 15. Jahrhundert hinsichtlich der Arbeitsverfahren nicht auf der gleichen Höhe war wie an Rhein und Mosel, vor allem was Bodenbehandlung und Reberziehung betraf (S. 157). Während im Elsaß die Einführung der 3. Hacke schon um 1450 nachzuweisen ist (S. 155), fand sie sich an der Elbe erst ein Jahrhundert später (S. 158); ebenso verhielt es sich mit dem Schnitt auf Bogreben. Im Rheingau ging man schon Mitte des 18. Jahrhunderts zum Qualitätsweinbau über, während in Franken noch im 19. Jahrhundert die Anbaumethoden vielerorts rückständig waren (RUPPERT, 1960, S. 52). Anfang des 17. Jahrhunderts wurden in Sachsen etliche neue Weinberge „nach württembergischer Art" angelegt oder umgestaltet. Damit waren vor allem die Anlage von Terrassen, der Zeilenbau und der Schnitt auf mehrere Bogreben gemeint (WEINHOLD, 1973, S. 162). Die Übernahme von Arbeitsverfahren aus den eigentlichen Weinbaugebieten ließ aber auch veraltete Verfahren in den nördlichen Weinbauorten, gleichsam als Endstation, bewahren, stellenweise bis in unser Jahrhundert hinein. Die „marginale Stellung" der nördlichen europäischen Weinbaugebiete auch in Bezug auf die Weinbautechnik wird dadurch bestätigt (WEINHOLD, 1973, S. 291).

Ein gutes Beispiel hierfür ist das sogenannte Vergruben oder auch „Senken", das heißt das Verjüngen in Gruben. Dieses Verfahren stammt aus alter Zeit (BASSERMANN-JORDAN, 1975, S. 207) und wurde bis ins 20. Jahrhundert hinein bewahrt. Nach der Neuanlage von Weinbergen durch Stecklinge mußten die Weinstöcke im Laufe der Zeit verjüngt, Lücken ausgefüllt oder Stöcke vermehrt werden. Dazu wurden neben den alten Rebstöcken Gruben ausgehoben, Bogreben des alten Stocks hineingelegt und mit Erde und Dünger bedeckt (vgl. HAUSEN, 1798, S. 152 f.; POMTOW, 1910, S. 154—161). Der sich entwickelnde neue Rebstock wurde im zweiten Jahr vom Mutterstock getrennt und der alte Stock herausgenommen. Diese Arbeit geschah in Burgund systematisch zwischen dem 15. und 20. Jahr nach der Anlage des Weinbergs (A. SCHMIDT, 1896, S. 7). In anderen Gegenden, etwa in Böhmen, unterblieb die Trennung vom Mutterstock, so daß sich die Wurzeln völlig regellos verflochten: „Hier zu Lande liegen die Wurzeln vom Beginn des Weingartens bis zu seinem Ausgange als halb oder ganz verfaulte Knoten in der Art unter sich und über sich, daß das Ganze als ein Geflecht von einer Fäulniss erscheint" (A. SCHMIDT, 1869, S. 8). Bei dieser Kulturart blieb ein Weinberg ständig erhalten, er mußte nie gerodet werden. Man sprach von einem „ewigen Wingert". Auch im Vorgebirge wurde die Trennung des neuen Rebstocks vom Mutterstock unterlassen, so daß in der Praxis ein gebogener Rebstock zwei Stämme hatte (ZERLETT, 1970, S. 311). Der Bestand des Weinbergs blieb dadurch zwar gesichert, doch kam es im Laufe der Zeit zu Ertrags- und Qualitätsminderungen. Für Ostdeutschland sieht POMTOW (1910, S. 156—158) deshalb im Vergruben eine Hauptursache für den Rückgang des Weinbaus. Als Nachteile des Senkverfahrens zählt er unter anderem die geringe Düngergabe, die für acht bis zehn Jahre reichen sollte, das Wurzelgeflecht

und den dadurch begünstigten Wurzelschimmel, die allmähliche Entartung der Reben und die Rebenmüdigkeit des Bodens auf[36]. Auch M. ZIMMERMANN (1922) glaubt eine Hauptursache für den Rückgang des Weinbaus an der Elbe darin zu finden, daß wegen des Senkens Neuanlagen unterblieben[37].
Die modernen Anforderungen an den Qualitätsweinbau haben die Nutzungszeit von Rebanlagen stark verringert. Während noch im 19. Jahrhundert im Tokajer Weinbaugebiet viele Rebstöcke über 100 Jahre alt waren (SCHLUMBERGER, 1937, S. 47), forderte POMTOW im Jahre 1910: „An die Stelle des Senkens sollte also einerseits zur Verjüngung die regelmäßige Neuanlage nach 30 bis 40 Jahren treten, andererseits die alle drei Jahre zu wiederholende Düngung der gesamten Oberfläche des Weingartens" (POMTOW, 1910, S. 159). Damit ging er weiter als die Weinbauschulen in Krossen und Grünberg, die für das dortige Gebiet ein Höchstalter von 40 bis 50 Jahren empfahlen (POMTOW, 1910, S. 69). Heute wird den Pfropfrebenanlagen ein Alter von 20 bis 25 Jahren zugestanden, bis sie abgewirtschaftet sind und erneuert werden müssen (VOGT/GÖTZ, 1977, S. 123). Die verkürzte Lebensdauer ist dabei vor allem auf die Auslesezüchtung zurückzuführen (K. M. HOFFMANN, 1977, S. 54).
Die Erziehung der Rebe folgte zunächst der traditionellen Überlieferung, wie es sich zum Beispiel bei der auf griechischer Vermittlung beruhenden Pfahlerziehung an der Mosel und der römischen Rahmenerziehung in der Pfalz zeigt. Vor allem war das schon in der Antike nachweisbare Verfahren des Lage- oder Lagenwerks, bei dem die Reben an der Erdoberfläche fortrankten, in den nördlichen Anbaugebieten einst weit verbreitet (WEINHOLD, 1973, S. 207). In England war Anfang des 12. Jahrhunderts sowohl die hohe Erziehung („high vines") als auch das Lagenwerk ohne Pfähle („ground vines") bekannt, letzteres war auch in Frankreich bis zum Ende des Mittelalters allgemein verbreitet (YOUNGER, 1966, S. 246–250). Gegen Ende des Mittelalters wird die niedrige Erziehung an Pfählen („low starked vines") in Nordwesteuropa modern (YOUNGER, 1966, S. 249). Auch im Ordensland waren die meisten Weinberge „mit kurzen Stöcken bepflanzt, deren Ranken über die Erde krochen und nicht an langen Pfählen mit Reisig aufgebunden wurden. Doch machte bisweilen die Lage des Weinlandes auch dieses Verfahren nötig. Dann gedieh die Frucht aber nicht sonderlich und gelangte nicht früher als mitten im November, nachdem sie ein paar Mal von einem tüchtigen Froste gelitten hatte, zur Reife. In den anderen Weinbergen aber, wo man keine Pfähle brauchte, war die Ernte viel früher; doch hatte der Wein vielfach einen Erdgeschmack, den er in den ersten Jahren oft nicht verlor" (GIGALSKY, 1908, S. 5).
Daß der nördliche Weinbau zunächst von seinen südlichen Ursprungsländern beeinflußt wurde, zeigt auch das Beispiel Böhmen. Dort wurde im 16. Jahrhundert der Kopfschnitt geläufig, während am Anfang des böhmischen Weinbaus noch auf altes hohes Holz geschnitten wurde, was in Südeuropa verbreitet ist (FROLEC, 1973, S. 176). Im südlichen Teil Bessarabiens wurde noch im vorigen Jahrhundert die Rebe kurz geschnitten und ohne Unterstützung wachsen lassen, während man unter dem Namen „römische oder moldauische Erziehungsart" im mittleren und nördlichen Bessarabien die Rebe an Pfähle anband (SALOMON, 1872, S. 100). Auch in Siebenbürgen war im letzten Jahrhundert die Pfahlerziehung mit Schenkelschnitt und Bogreben gebräuchlich.
Im allgemeinen setzten sich im nördlichen Weinbau die niedrigen Erziehungsarten

durch, die die Bodenwärme besser nutzen und auch im Winter leichter abgedeckt werden konnten. Das anfängliche Verfahren des Lagenwerks, das die vom Boden reflektierte Sonnenwärme maximal ausnutzen sollte, brachte eine vermehrte Frostgefahr mit sich, so daß bis zum 16. Jahrhundert weitgehend von dieser ganz niedrigen Erziehungsart Abstand genommen wurde (WEINHOLD, 1973, S. 207)[38]. Ebenso verhielt es sich mit dem sogenannten Zwergbau an der Oder, der noch bis ins 19. Jahrhundert hinein in Grünberg Verwendung fand (JACOBI, 1866, S. 577). Sowohl für die Hocherziehung an Pfählen als auch das Lagenwerk wurde bis in unsere Zeit der Kopf- und Bockschnitt, letzterer auch unter dem Namen Schenkel- oder Zapfenschnitt, verwendet. Beim Bockschnitt wurden aus dem oberen Stammende der Rebe zwei bis fünf Äste (Schenkel) gezogen, an denen Tragzapfen (Knothölzer) mit je zwei bis vier Augen saßen. Die Zapfen wurden möglichst in gleicher Höhe und im Kreis um den Stamm angeordnet (WEINHOLD, 1973, S. 202). Der Kopfschnitt war die niedrigste Form der Reberziehung. Das alte Holz endete in etwa 10 cm Höhe über dem Boden mit einer etwas kugeligen Verdickung, auf die im Frühjahr drei bis sechs Tragzapfen angeschnitten wurden (WEINHOLD, 1973, S. 204). Beide Verfahren des Rebschnitts hielten sich bis in unsere Zeit, obwohl seit dem 16. Jahrhundert der rheinische Bogrebenschnitt im Norden bekannt war und auch mit seiner Übergangsform zwischen Bock- und Bogenschnitt im 17. und 18. Jahrhundert nachweisbar ist (WEINHOLD, 1973, S. 205)[39]. Allerdings setzte er sich in den mittel- und ostdeutschen Weinbauorten erst nach dem 1. Weltkrieg durch, was letztlich zu einem „verhältnismäßig einheitlichen Bild" des Rebschnitts führte: dem Bogrebenschnitt mit Pfahl- oder Drahterziehung (WEINHOLD, 1973, S. 207).

In den meisten nördlichen Weinbaugebieten waren Varianten der niedrigen Erziehung an Pfählen in Anwendung. Auf Sandboden wuchsen die Triebe bis in 1 bis 1 1/2 m Höhe, während sie auf etwas besserem Boden an Pfählen oder Spalieren bis in 2 bis 2 1/2 m Höhe gezogen wurden (SCHWARTZ, 1896, S. 87). Diesem stärkeren Wachstum trug man allerdings auch mit einem anderen Schnitt Rechnung, wie etwa bei Krossen, wo auf lehmig-sandigen Boden Bogreben mit acht bis zwölf Augen angeschnitten wurden (POMTOW, 1910, S. 141 f.). Ortsklimatische Verhältnisse finden in der Reberziehung auch heute noch ihren Niederschlag. Während an der Saale sowohl die Anzahl der Bogreben als auch die Zapfen verdoppelt werden, um Ausweichmöglichkeiten bei Winterfrostschäden zu haben, werden im Meißen-Radebeuler-Gebiet, wo die Jahresmitteltemperatur höher liegt und der dunkle Urgesteinsboden die Wärme besser speichern kann, keine Bodenzapfen (sog. „Frostzapfen") angeschnitten (KNIPPEL, 1953, S. 107)[40]. In Brandenburg wurden die Reben außer im Zwergbau mit Pfahlunterstützung auch in Laubgängen, an Wänden und an Zäunen gezogen (SCHWARTZ, 1896, S. 31). Am Vorgebirge betrieb man neben der Pfahlerziehung auch den sogenannten „Donnenbau", an den vielerorts noch Flurnamen erinnern. Dabei wurden die Rebstöcke „an Hecken aus Spanndraht gezüchtet" (ZERLETT, 1970, S. 310). In Rumänien wurden die Reben ohne Unterstützung oder an Geländern aus Schilf gezogen (W. HAMM, 1886, S. 479).

Technische und wirtschaftliche Gründe führten seit dem Ausgang des 19. Jahrhunderts immer stärker zu einer Vereinfachung der Erziehungsarten. So herrschten in Österreich bis zum 1. Weltkrieg niedrige Erziehungsarten mit Stockhöhen unter 40 cm und Pfahlunterstützung vor, während danach in steigendem Umfang mittelhohe Erziehungsarten mit 40 bis 80 cm Stammhöhe und Drahtrahmenunterstützung, seit 1950 auch Hochkulturen verwendet werden (H.-C. SCHMIDT, 1965, S. 58). Letztere benötigt nur 25 Prozent des Pflanzmaterials der niedrigen Erziehung und kostet nur 40 Prozent der Neuanlage einer Pfahlkultur (H.-C. SCHMIDT, 1965, S. 58)[41]. Diese Kehrtwendung in den Erziehungsarten nördlicher Weinbaugebiete wurde erst durch die Erkenntnisse der modernen Weinbauwissenschaft ermöglicht, die durch Züchtung frostresistenter und schnellwüchsiger Sorten auch im Norden eine höhere Erziehungsart ermöglichten. Die Umstellung wird am Beispiel Böhmen sehr gut sichtbar (s. Tab. 4). Auch in Mitteldeutschland ging man in diesem Jahrhundert vom niedrigen Bockschnitt zum Bogrebenschnitt über, wegen der damit erreichbaren höheren und besseren Erträge und der besseren Schädlingsbekämpfung (KNIPPEL, 1953, S. 106). Verbunden mit der Einführung dieses Rebschnitts war der Übergang zur Drahterziehung. Die Pfahlerziehung sollte, so BOURQUIN (1977, S. 67), auf ihre eigentlichen Standorte, nämlich auf steilste Lagen mit über 40 Prozent Steigung und auf Terrassenlagen zurückgedrängt werden. Allerdings darf man die arbeitstechnischen Vorteile der Pfahlerziehung, vor allem bei stark parzelliertem Kleinbesitz, nicht übersehen (vgl. JENSCH, 1957, S. 86).

Das äußere Bild des Weinbergs mit geraden Zeilen oder Reihen, mit gleichmäßigen Stockabständen und einheitlicher Sorte ist erst eine relativ junge Erscheinung, die ihre Entstehung der Technisierung der Weinbergsarbeiten zu verdanken hat. Das Senkverfahren führte zu unregelmäßigen Stockabständen, auch wenn seit dem 16. Jahrhundert verstärkt auf gerade Zeilen geachtet wurde. In der Brandenburgischen Weinmeisterordnung von 1578 und 1617 heißt es, daß „jeder Stock von dem andern drei Schuh lang, und nicht weiter oder enger gerade nach der Zeile gelegt werden soll" (HAUSEN, 1798, S. 150 f.). Im Jahre 1604 sollte in Meißen den Winzern die württembergische Art des Anbaus in Zeilen gelehrt werden (KIRBACH, 1900, S. 51). Auch in Ismailowo und Čuguev achtete man im 17. Jahrhundert auf gerade Reihen (ČEKAN, 1954, S. 642). Aber noch 1801 heißt es bei HORNN (1801, S. 6) über den sächsischen Weinbau: „In den meisten Weingebürgen stehen die Stöcke ohne Ordnung unter einander" und JACOBI (1866, S. 577) schreibt von Grünberg: „Die Weinstöcke werden ungefähr fünf Fuß von einander angelegt, von manchen Weinbergsbesitzern (doch anscheinend nicht mit Vortheil) in regelmäßigen Reihen". Die Stockabstände waren häufig zu schmal bemessen und boten den Rebstöcken äußerst geringe Entwicklungsmöglichkeiten. In der oben zitierten Brandenburgischen Weinmeisterordnung von 1578 werden drei Schuh (ein Schuh = 25 bis 34 cm) gefordert. Auch von nur 60 cm Stockabstand wird berichtet (H.-C. SCHMIDT, 1965, S. 39) und noch im 19. Jahrhundert gab es im Tokajer Weinbaugebiet Weinberge mit „viel und unregelmäßig gesetzten Stöcken, die höchstens einen Schuh

Tab. 4: Erziehungsarten in Böhmen (nach DOHNAL, 1971)

Jahr	niedrige Erziehung	mittlere Erziehung	hohe Erziehung
1968	52,0 %	42,5 %	5,5 %
1975 (geplant)	11,0 %	61,5 %	27,5 %
1980 (geplant)	6,6 %	56,0 %	37,0 %

weit voneinander entfernt waren" (SCHLUMBERGER, 1937, S. 47). Aus Böhmen wird aus dieser Zeit von einem Abstand von drei bis vier Zoll (1 Zoll = 2,6 cm) berichtet (A. SCHMIDT, 1869, S. 8).
Mit Beginn des Qualitätsweinbaus ändern sich diese Abstände. Schon im Jahre 1798 fordert HAUSEN (S. 151): „Mir scheint daher vorteilhaft zu seyn, wenn die Reihen und Stöcke 5, noch besser 6 Fuß von einander angelegt werden". In Mähren ergeht um 1800 Anweisung, die Rebstöcke bei gutem Boden im Abstand von 1,13 m, bei schlechtem von 0,97 m zu setzen (FROLEC, 1973, S. 144). Heute liegt der Stockabstand bei der Normalerziehung zwischen 1,20 bis 1,50 m und 1,40 bis 2,00 m Reihenabstand (K. M. HOFFMANN, 1977, S. 40; vgl. auch VOGT/GÖTZ, 1977, S. 131 f.). Die Zahl der Rebstöcke je Hektar ist durch die größeren Standweiten erheblich verringert worden, während sich die Qualität und der Ertrag erhöhten. Bei einem Reihenabstand von 1,90 m und einem Stockabstand von 1,30 m werden heute noch etwa 4000 Stöcke je Hektar benötigt (K. M. HOFFMANN, 1977, S. 40). Noch im vorigen Jahrhundert kamen am Vorgebirge bei Bonn auf einen preußischen Morgen (2553 m^2) 3600 Stöcke (ZERLETT, 1970, S. 310), in Niederösterreich und Mähren oft 12 000 bis 15 000 Stöcke pro Joch (1 Joch = 0,575 ha) (SCHLUMBERGER, 1937, S. 57). Nach H.-C. SCHMIDT (1965, S. 39) sollen manchmal sogar bis zu 34 000 Reben auf einem Hektar gestanden haben.
Neben der unregelmäßigen Zeilung und den geringen Stockabständen waren es vor allem die verschiedenen Rebsorten in einem Weinberg, die sein äußeres Erscheinungsbild bestimmten. Im Oderweinbau waren es bisweilen fünf bis sieben bunt durcheinander stehende Sorten (POMTOW, 1910, S. 161). Wenn dann, trotz unterschiedlicher Reife, nur an einem Termin gelesen wurde, war es um die Qualität des Weines schlecht bestellt. Eine bewußte Einpflanzung von anderen Sorten, wie es um 1800 im Rheingau mit Rieslingreben geschah, um den Geschmack und die Haltbarkeit des Weines zu verbessern (GRIES, 1969, S. 85), dürfte nur selten vorgelegen haben. Ausschlaggebend war meist der Wunsch nach Sicherheit bei Ernteausfall einer Sorte bei nur geringen Qualitätsansprüchen. Die Nachteile des Anbaus im gemischten Satz lagen vor allem in der Gleichbehandlung von Schnitt, Düngung und Lese, so daß die Trennung der Sorten und der Anbau im reinen Satz eine wesentliche Forderung des Qualitätsweinbaus darstellten.
Die Unzulänglichkeiten in der Anbautechnik früherer Jahrhunderte hatten für die nördlichen Weinbauorte weit schlimmere Folgen als für die Kerngebiete. Durch die niedrigen Erziehungsarten und die geringen Stock- und Zeilenabstände wurden die klimatischen Ausgangswerte nicht optimal genutzt, was sich letztlich auf Qualität und Quantität auswirkte. Hinzu kam ein langes Festhalten an der unregelmäßigen Zeilung und dem gemischten Satz, was zu einer Erhöhung des Arbeitsaufwandes führte. Während in den eigentlichen Weinbaugebieten die Umstellung frühzeitig erfolgte, hielt sich in den Randgebieten des Weinbaus die traditionelle Anbautechnik sehr viel länger zum Nachteil des nördlichen Weinbaus.

4.3.2 Weinbergsarbeiten

Von den zahllosen Arbeiten im Weinberg sollen hier nur diejenigen herausgegriffen werden, deren Ausführung und Entwicklung einen wesentlichen Einfluß auf den nördlichen Weinbau hatten. In allen Weinbaugebieten läßt sich seit dem Mittelalter eine Vermehrung der verschiedenen Arbeitsgänge feststellen[42]. Am Mittelrhein waren ursprünglich nur das Schneiden, Binden und Hacken alljährlich zu verrichten: „Im 14. Jahrhundert kam das Lauben und Ausbrechen der Geiztriebe sowie das regelmäßige Entfernen des Unkrauts hinzu. Um 1600 waren es schon zehn verschiedene Arbeitsgänge, aus denen bis zum Ende des 18. Jahrhunderts 19 geworden waren" (GRIES, 1969, S. 66). In unserem Jahrhundert ließ vor allem die Schädlingsbekämpfung die Arbeitszeit für die gleiche Fläche sprunghaft in die Höhe schnellen, so daß nicht zuletzt der erhöhte Arbeitsaufwand und die erhöhten Arbeitsansprüche einen Teil des Rückgangs der Rebfläche verursachten (RUPPERT, 1960, S. 53)[43].

Die Bodenbearbeitung, die schon bei den Römern vor allem der Auflockerung des Bodens und der Beseitigung des Unkrauts diente (BASSERMANN-JORDAN, 1975, S. 257), wurde verfeinert. Während noch im 13. Jahrhundert die Weinberge nur einmal im Frühjahr umgehackt und dann liegengelassen wurden (H. SCHMITZ, 1925, S. 45), kam es im ausgehenden Mittelalter zur Ausbildung einer 2. und 3. Hacke, letztere sezte sich erst allmählich und auch nicht überall durch. An der Mosel war sie erst im 18. Jahrhundert allgemein verbindlich (WEINHOLD, 1973, S. 167). Die große Bedeutung des Hackens spiegelt sich auch in dem Wort „Häcker" für Winzer (BASSERMANN-JORDAN, 1975, S. 263). Die fünf Grundarbeiten des Jenaer Winzers im Mittelalter bestanden aus dem Rebenschnitt, dem Pfahlsetzen und Anbinden, dem Hacken, dem Lesen und dem Decken. Wenig später wurde das Anheften und das Entlauben in der Reifezeit eingeführt (FALK, 1955, S. 90). Überhaupt scheinen seit der Renaissancezeit die Weinbergsarbeiten verfeinert und häufiger ausgeführt worden zu sein (BASSERMANN-JORDAN, 1975, S. 266; WEINHOLD, 1973, S. 157). Danach entsprach die Bearbeitung der Weinberge im ausgehenden 16. Jahrhundert durchaus der zu Beginn des 19. Jahrhunderts üblichen Wirtschaftsweise (TISOWSKY, 1957, S. 29; H. SCHMITZ, 1925, S. 45).

Zur Pflege des Weinbergsbodens gehörte auch die ausreichende Düngung. Neben der bereits beschriebenen einmaligen Düngergabe beim Vergruben, die je nach Bodenbeschaffenheit auch variieren konnte (HAUSEN, 1978, S. 152), wurde der Weinberg in einem mehr oder minder großen Turnus gedüngt. Dabei traten große, nicht nur auf unterschiedlichen Böden und Rebanlagen beruhende, lokale Verschiedenheiten hervor: Während es schon zur Römerzeit Düngungsperioden von zwei bis vier Jahren gab (BASSERMANN-JORDAN, 1975, S. 240), wurde nach LAMPRECHT (1886, II, S. 177) im Moselgebiet zwischen dem 13. und 18. Jahrhundert nur alle sechs bis sieben Jahre gedüngt. Unterhalb der Mosel wird im 13. und 14. Jahrhundert vereinzelt von einem acht- bis neunjährigen Rhythmus berichtet, bis im 16. Jahrhundert ein sechs- bis siebenjähriger Rhythmus an seine Stelle trat, der bis ins 19. Jahrhundert hinein andauerte (H. SCHMITZ, 1925, S. 43). In Löwen wurde im 15. Jahrhundert einmal in acht Jahren Mist in den Weinberg gefahren (LINDEMANS, I, 1952, S. 130). Um Langenlois (Österreich) wurde 1830 nur etwa alle sechs Jahre gedüngt und damit noch häufiger als in anderen Gebieten (H.-C. SCHMIDT, 1965, S. 41). Am Mittelrhein gab man den ursprünglichen zehn- bis zwölfjährigen Umlauf der Düngung zugunsten eines neunjährigen auf und war im 18. Jahrhundert bei einem siebenjährigen angelangt (GRIES, 1969, S. 67).

Die Häufigkeit der Düngergabe wurde in den Pachtverträgen genau festgelegt. Der

Viehdünger stand dabei an erster Stelle, doch wurde auch anderer Dünger verwendet (vgl. BASSERMANN-JORDAN, 1975, S. 232–242; KIRBACH, 1900, S. 65). Mitte des 19. Jahrhunderts gelangte man zur Verwendung von künstlichem Dünger. Seither ist die Düngung zum Untersuchungsobjekt vieler Fachrichtungen geworden, als dessen Ergebnis heute auch im Weinbau eine gezielte Düngung unter Verwendung der verschiedensten mineralischen und organischen Düngemittel stattfindet[44]. Dabei kann die Ausbringung der mineralischen Dünger nicht nur über den Boden, sondern auch über das Blatt geschehen (vgl. VOGT/GÖTZ, 1977, S. 92–105). Nicht zuletzt diesen modernen Düngungsmethoden hat der Weinbau die ständig wachsenden Erträge der letzten Jahrzehnte zu verdanken[45].

Der ständig hohe Bedarf an organischem Dünger brachte sehr frühzeitig besonders dort Probleme, wo überwiegend Weinbau betrieben wurde und die Landwirtschaft und Viehaltung diesem untergeordnet waren. Solche Gebiete, wie etwa die Pfalz, Rheinhessen und der Rheingau, waren seit alter Zeit Zuschußgebiete für Viehdünger (BASSERMANN-JORDAN, 1975, S. 234). Aber auch in den nördlichen Weinbauorten, wo der Weinbau zumeist nur als Nebenzweig der Landwirtschaft betrieben wurde, gab es Schwierigkeiten bei der Düngerbeschaffung. Durch seinen erhöhten Düngerbedarf stand dort der Weinbau ständig in Konkurrenz mit dem Ackerbau, was sich sowohl in Krisen- als auch in Konjunkturzeiten auswirkte. Hinzu kommt, daß bis ins 18. Jahrhundert hinein der selbsterzeugte Dünger auch für die Landwirtschaft nicht ausreichte (vgl. GRIES, 1969, S. 67): „Der zu jener Zeit am stärksten empfundene und am meisten beklagte Übelstand lag in der unzureichenden Düngung des Bodens, welche ihrerseits durch die geringe Futtererzeugung bedingt war. Der Feldfutterbau war noch unbekannt; die Futtererträge des Ackers beschränkten sich auf Stroh-, Brach- und Stoppelweiden. Damit wird ein Kernproblem damaligen Ackerbaus umrissen. Die Bodenpflege ist dadurch völlig mangelhaft und es ergibt sich, wie GOLTZ meint, ein circulus vituosus: unzureichende Futterproduktion auf Grund der schlechten Düngung, was die Unmöglichkeit bewirkt, viel Vieh, besonders Rindvieh, zu halten, gut zu ernähren und wiederum Dünger zu bekommen" (WINKLER, 1959, S. 103 f.). Diese unterentwickelte Stallhaltung, bei der man den größten Teil des Viehbestandes im Herbst abschlachtete, war die eigentliche Ursache der mangelhaften Düngergaben auch in den Weinbergen, zudem dort wegen der überwiegenden Handarbeit nur wenig Zugtiere benötigt wurden. Die Folgen dieser ungenügenden Düngung waren gerade in den nördlichen Randgebieten für den Weinbau besonders schlimm. Auf Grund der geringen Flächenproduktivität, mitverursacht durch die mangelhaften Düngergaben, widmete man sich im 18. und 19. Jahrhundert lieber dem Ackerbau, da dieser sich immer günstiger gestaltete. Diese Feststellung als Grund für den Rückgang des Weinbaus trifft FROLEC (1973, S. 60) für die Gegend nördlich von Brünn. Aus Brandenburg berichtet HAUSEN (1798, S. 110) bezüglich des Düngers: „Dieser kann aber gegenwärtig besser zum Ackerbau angewendet werden, und es bleibt weniger zum Weinbau, welcher doch weit mehrern erfordert, übrig". Eine Abwendung vom Weinbau erfolgte auch in der Oberlausitz, was sich zunächst in geringeren Düngergaben zeigte, die den Ertrag noch mehr schmälerten: „Die Hauptursache, warum es in der Oberlausitz meist bei Versuchen im Weinbau geblieben, und darinn keine große Fortschritte gemacht worden, scheint daran zu liegen, weil der Weinbau ohne starke und häufige Düngung nicht bestehen kann, und die Erfahrung diejenigen, welche Versuche angestellt, bald überzeugt, daß dabei zu viel von der Düngung, welcher unser im Durchschnitt genommener wenig fruchtbarer Boden so sehr bedarf, dem Feldbau, dessen Ertrag doch immer sicherer und besser, entnommen werden müsse" (HERING, 1805, S. 92 f.). Auch aus Böhmen heißt es: „Als jedoch den Weinbergsanlagen in Folge des forcierten und ertragreichen Cerealien- und Hackfruchtbaues nicht mehr die nothwendige reichliche Düngung und die bedeutende Arbeitskräfte in Anspruch nehmende fleissige Bearbeitung gegönnt wurde, sank der Ertrag des Weinbaus rasch, die Stöcke verkümmerten, gingen zu Grunde und die übrig gebliebenen wurden größtenteils unfruchtbar" (ÜBER DEN WEINBAU IN BÖHMEN, 1876, S. 8). Der Düngermangel war auch nach Meinung von PAETZ (1922, S. 119) einer der Gründe für den Rückgang des Weinbaus der Stadt Grünberg. In unserer Zeit sieht H.-C. SCHMIDT (1965, S. 58) in der mangelhaften Düngung die Hauptursache für die geringen Hektarerträge im österreichischen Weinbau.

Eine gerade für die nördlichen Weinbauorte typische Weinbergsarbeit waren die Winterschutzarbeiten. Darunter fielen vor allem das Niederlegen, Abdecken oder Anhäufeln der Reben gegen die Winterfröste. Diese Arbeiten waren schon im Mittelalter gebräuchlich, also lange vor einer Klimaverschlechterung. Die niedrigen Erziehungsarten erleichterten das Abdecken: „Am Don, am Terek und an manchen Orten Bessarabiens wird der Stamm so kurz über der Erde abgeschnitten, daß die Reben im Herbste niedergelegt werden können" (WITT, 1866, S. 223). In einer Urkunde des Nonnenklosters zu Brehna heißt es 1526: „2 1/2 groschen meister Clawß das er hat helfen den Wein decken" (BODE, 1909, S. 87). Die Abdeckung erfolgte meiste mit Erde, wie etwa in der Berry (MARRES, 1950, S. 9) oder in Bessarabien (SALOMON, 1872, S. 98). Außer Erde wurde auch Stroh, Heu oder Dung verwendet, wie zum Beispiel in Čuguev (ČEKAN, 1954, S. 642), in Böhmen (SCHAMS, III, 1835, S. 168) und in Ostpreußen (POSCHMANN, 1956, S. 14). Häufig mußte die Rebe durch Pfähle oder Pflöcke, die man kreuzweise darüberschlug, am Erdboden festgehalten werden (P. RICHTER, 1929, S. 276). Die Abdeckung konnte auch mit Brettern erfogen (POMTOW, 1910, S. 147). Alle diese Verfahren erfüllten insgesamt nur sehr mangelhaft ihren Zweck, wie die vielen Winterfrostschäden in den Chroniken beweisen. Der Nachteil, der durch vielfältige Verletzungen der Rebe sowohl beim Abdecken als auch beim Aufheben im Frühjahr entstand, war wahrscheinlich größer als der Nutzen. So heißt es zum Beispiel vom böhmischen Weinbau im vorigen Jahrhundert: „Kömmt der Herbst, so mus der ganze Weingarten, um vor Frost in seiner Schwäche geschützt zu sein, niedergelegt und durch Stäbe und Erde verwahrt werden. Diese theuere Manipulation verursacht noch dazu daß die bestreifen Augen abgeschlagen werden und bei feuchtem Wetter unfehlbar verfaulen" (A. SCHMIDT, 1869, S. 9).

Nur selten, wenn die Zeit nicht ausreichte, ließ man einzelne Partien ungeschützt in den Winter gehen, obwohl es oft ohne Nachteil abging. In Guben wird 1790 als eine Besonderheit hervorgehoben, daß die dortigen Winzer die Weinstöcke über den Winter nicht abdeckten, sondern sie der Witterung preisgaben, um die Reben nicht zu verzärteln (KRAUSCH, 1967b, S. 34 f). Sehr häufig wurde der Weinberg im Herbst auch mit einer schützenden Dornenhecke umgeben (KRAMER, 1954, S. 881). Heute wird bereits mancherorts, nach Einführung frostresistenter Sorten im nördlichen Weinbau, auf ein Niederlegen bzw. Abdecken verzichtet.

Aus Ismailowo wird schon im 17. Jahrhundert auch von einem Abdecken der Re-

ben mit Matten im Frühjahr gegen Spätfröste berichtet (ČEKAN, 1954, S. 643)[46].
Im 19. Jahrhundert werden die Methoden zur Verhütung von Spätfrostschäden im Weinberg verbessert. Schon im Jahre 1835 wird in Meißen das „Räuchern" propagiert (v. WEBER, 1872, S. 36). Alle modernen Methoden der Frostbekämpfung (vgl. VOGT/GÖTZ, 1977, S. 221-226) bringen dem nördlichen Weinbau außer einem besseren Schutz aber auch einen erhöhten Arbeits- und Kostenaufwand.
Die Ausführung aller bisher genannten Weinbergsarbeiten geschah in früherer Zeit mit der Hand. Die dabei verwendeten einfachen Geräte werfen ein Licht auf die nach heutigen Begriffen höchst mangelhafte Weinbergsbearbeitung: „Bis tief in das 18. Jahrhundert hinein waren fast überall in Europa Ackerwerkzeuge in Gebrauch, welche sich in ihrer Konstruktion wenig von den vollkommeneren Geräten unterschieden, die man in der römischen Kaiserzeit benutzte" (WINKLER, 1959, S. 104). Der Winzer in Mähren kannte um 1400 nur das Weinmesser und Hacken (FROLEC, 1973, S. 67), im nördlichen russischen Weinbau werden im 17. Jahrhundert als Arbeitsgeräte lediglich Hacken, Beile und krumme Messer genannt, Zugtiere fehlen (ČEKAN, 1954, S. 635 und 639). Noch 1869 berichtet A. SCHMIDT (1869, S. 13) aus Böhmen: „Um nun das Bild neuer Beobachtungen voll zu machen, muß ich auch noch erwähnen, daß ich aber auch nicht ein einziges für den Weinbau geeignetes Werkzeug hier fand. Den Karst und die eigentliche Weinhaue kannte man ebensowenig als eine Rebscheere. Statt sich dieser Werkzeuge zu bedienen, mit denen jeder, auch der steinreichste Boden, tüchtig durchgewühlt werden kann, hat man hier eine Art von Gartenhäundeln, mit welchen die Weingärten wohl aufgekratzt, aber durchaus nicht bearbeitet werden können".
Die Bevorzugung flacher Lagen geschah deshalb auch ohne Maschineneinsatz schon in früheren Jahrhunderten zur Erleichterung der Handarbeit (TISOWSKY, 1957, S. 31). Noch stärker wurde das Relief beim Aufkommen von Gespannen und Drahtrahmenunterstützung aufgewertet (H.-C. SCHMIDT, 1965, S. 178). Der Pflug, der als Weinbergspflug schon den Römern bekannt gewesen sein soll (BASSERMANN-JORDAN, 1975, S. 317), wurde in Jena zur Bearbeitung von größeren Weinbergen mit nicht zu steiler Lage seit dem 15. Jahrhundert herangezogen (FALK, 1955, S. 93). Die Pflüge in der Landwirtschaft waren aus Holz und ihre Pflugtiefe betrug nicht mehr als 13 cm (WINKLER, 1959, S. 104). Nach KLEIN (1934, S. 27) dagegen sollen die ersten Versuche, den Pflug im Weinberg einzusetzen, erst um die Mitte des 19. Jahrhunderts durchgeführt worden sein. Als erste Fabrik hat danach im Jahre 1880 die rheinhessische Landmaschinenfabrik F. Böhmer in Alzey mit dem Bau von Weinbergspflügen begonnen.
Eine umwälzende Neuerung und Arbeitserleichterung stellte die Einführung der Motorzugwinden für den Weinbau an steileren Hängen dar, wie es in Deutschland seit 1923 geschah (KLEIN, 1934, S. 29). Gerade im nördlichen Weinbau, wo aus klimatischen und Qualitätsgründen die Hanglage bevorzugt wird, fand diese technische Neuerung schnell Eingang. Schon Mitte der 30er Jahre wurde mit finanzieller Unterstützung der zuständigen Landwirtschaftskammer in allen Winzergemeinschaften an Saale und Unstrut die Bodenbearbeitung an den terrassierten Rebhängen mit Seilwinden durchgeführt (A. HOFFMANN, 1956, S. 119). Die Bearbeitung des Steilhangs ist allerdings bedeutend teurer als die flacher und weniger steiler Lagen[47]. Daher lassen sich die Ergebnisse SCHLEGELs (1973, S. 91) über den schweizerischen Weinbau gut auch auf andere nördliche Randgebiete des Weinbaus über-

tragen: Der schweizerische Weinbau blieb der ausländischen Konkurrenz deshalb unterlegen, weil er vorwiegend am Steilhang betrieben werden muß. Dadurch sind die Mechanisierungsmöglichkeiten beschränkt, der Arbeitsaufwand wird größer und damit die Weinproduktion teurer.

Die Pflege der Weinberge, und damit ihr Ertrag, wurde nicht nur von den unzulänglichen Gräten bestimmt, sondern auch von der inneren Einstellung der Winzer. Fronarbeit und Lehnsverhältnis waren deshalb einer qualitativen Entwicklung des Weinbaus von Anfang an abträglich, der Winzer verlor mit wachsenden Abgaben die Lust an einer sorgfältigen Pflege. Aber gerade die Sorgfalt ist für den Weinbau und seinen Ertrag von großer Bedeutung. So schreibt HORNN (1801, S. 1): „Der Weinbau ist eine Wissenschaft, die sehr viel Kenntniß, Geduld und Aufwand erfordert. Der Arbeiten sind sehr viele dabey, die alle zu ihrer gehörigen Zeit mit äusserster Ordnung und Pünktlichkeit unternommen und betrieben werden müssen. Hauptsächlich muß daher ein Bergbesitzer auf rechtschaffene und kenntnisvolle Winzer halten, die weder durch zu hastige Eile, noch durch zu langsame Zögerung dem Bergbesitzer Schaden verursachen". Auch PAETZ (1922, S. 129) nennt als Voraussetzungen für ein gutes Gelingen des Weinbaus neben der örtlichen Lage und der ausreichenden Düngung die sachkundige Behandlung, ohne die die Rebe niemals mit Erfolg gebaut werden kann. In Franken finden sich Klagen über eine Vernachlässigung der Weinberge schon im 13. Jahrhundert, in Thüringen im verstärkten Maße seit der Mitte des 16. Jahrhunderts (TÖPFER, 1909, S. 73). In Brandenburg häufen sich seit dem 17. Jahrhundert die Klagen über die Unzuverlässigkeit der Weinmeister (SCHWARTZ, 1896, S. 34). Die Besitzer der Weinberge bei Potsdam bitten im Jahre 1780 Friedrich den Großen um eine neue Winzerordnung, da ihre Weinberge wegen der üblen Bestellung durch die ungeschickten und teuren Weinmeister seit 20 Jahren in Verfall geraten seien (SCHWARTZ, 1896, S. 26). Aus Tetschen in Böhmen wird 1787 berichtet, daß die Rebstöcke so verflochten seien, daß man nicht hindurchgehen könne. Stellenweise seien die Weinberge völlig mit Gänsekresse und schattigen Bäumen zugewachsen (FROLEC, 1973, S. 144). Aus der gleichen Zeit stammt folgende Beschreibung des Weinbaus auf der südlichen Krim: „Wenig Wartung genießen daselbst die Weinstöcke, man baut sie auch selten auf Anhöhen, und überläßt sie mehrentheils der Mutter Natur. Aus diesen Ursachen muß auch der beste Wein das nicht liefern, was er liefern kann, wenn besonders auch nachher der Most bey der Gährung vernachlässiget wird" (FRIEBE, 1793, S. 197).

Vielfach waren äußere Einflüsse die Ursachen der mangelnden Pflege. Vor allem Kriege und politische Wirren trugen dazu bei, aber auch wirtschaftliche Gründe oder etwa der Mangel an Rebpfählen. Um Jena wurden zum Beispiel im 16. Jahrhundert vielfach die Reben im Lagenwerk gezogen, weil nicht genügend Hölzer vorhanden waren (FALK, 1955, S. 92). Der Pfarrer von Gumperda bei Jena ließ 1545 den größten Teil seiner Weinberge unbehackt, da es ihm an Geld zur Verlohnung fehlte (H. LÖBE, 1884, S. 436). Auch in Arnstadt wandelte man im 16. Jahrhundert die 2. Hacke in ein mehr oberflächliches „Rühren" um, um Arbeit und Kosten zu sparen (ELBRACHT, 1958, S. 159). Die unsachgemäße Behandlung und die schlechte Pflege der Weinberge beruhten nicht selten auf einer im nördlichen Weinbau weitverbreiteten Unkenntnis in weinbautechnischen Fragen. So schädigten den sächsischen Weinbau Ende des 17. Jahrhunderts außer der ausländischen Konkurrenz auch die „ungenügende Ausbildung der Winzer" (REINDL, 1904, S. 97). Zu der, wohl mit der Zunahme der geographischen Entfernung von den Kerngebieten des Weinbaus verbundenen, schwindenden Kenntnis gesellte sich anscheinend auch noch ein mangelndes Verständnis gegenüber dem Weinbau im allgemeinen, was wohl auf die wirtschaftlichen Schwierigkeiten mit dieser Kulturart zurückzuführen ist. Auf Unkenntnis und fehlendes Verständnis führt zum Beispiel PAETZ (1922, S. 114) den Niedergang des Grünberger Weinbaus zurück. Auch GUYOT (III, 1868, S. 547) nennt folgende Gründe für den Rückgang des Weinbaus an der Sarthe: „La première, celle qui domine toutes les autres, c'est l'absence absolue de saines notions sur la culture de la vigne et sur la nature des cépages tardifs ou précoces; la seconde c'est l'ancienneté des vignes et leur perpétuation, par un provignage indéfini, dans les mêmes terrains". Das Interesse am Weinbau und seiner Anbautechnik wächst mit zunehmender Rentabilität. Die mangelhafte Pflege hat zwar den Rückgang des Weinbaus nicht ausgelöst, aber sie ist Ausdruck einer sinkenden Wertschätzung dieser Kulturart in den Grenzbereichen ihrer Verbreitung.

4.3.3 Rebsorten

Ebenso wie die Heimat unserer Kulturrebe im Dunkeln liegt, ist die Herkunft ihrer einzelnen Sorten weitgehend ungeklärt. Unsere Rebsorten etwa auf römische zurückführen zu wollen ist jedenfalls ein „vergebliches Bemühen" (BASSERMANN-JORDAN, 1975, S. 364). Aber auch die Herkunft einiger jüngerer Sorten, beispielsweise des Silvaners, ist ungeklärt (BASSERMANN-JORDAN, S. 382)[48]. Vielfach wird die Entstehung autochthoner Sorten aus den europäischen Wildrebenformen angenommen. Nach K. und F. BERTSCH (1947, S. 138–142) sollen die wichtigsten mitteleuropäischen Rebsorten wie Riesling, Traminer, Ortlieber, Silvaner, Blaufränkisch und Blauer Portugieser erst im Laufe des Mittelalters aus der Wildrebe gezüchtet worden sein. Neben der Neuzüchtung wurde schon seit ältester Zeit die Verpflanzung an andere Orte betrieben, wobei sich die Erkenntnis, daß sich die Reben in andersartigen Umständen nur schwer akklimatisieren, erst allmählich durchsetzte. So schreibt FRIEBE (1793, S. 199): „Fremde Weinsorten in einem Lande anzupflanzen erfordert viele Kosten, Mühe, Vorsicht und noch mehr Geduld". Aus Ismailowo wird im 17. Jahrhundert von unermüdlichen Versuchen und Bitten um neues Pflanzenmaterial berichtet, um die günstigsten Sorten herauszufinden (ČEKAN, 1954, S. 642). Auch wurde wilder Wein vom Terek dorthin geschickt (ČEKAN, 1954, S. 656). In Polen führte man 1466 aus Österreich den weißen Traminer ein, der sich zwar als relativ unempfindlich gegen Frost erwies, aber zu spät reifte (MADEJ, 1955, S. 10). Aus Dresden und Meißen wurden im Jahre 1670 Klagen laut über „neue Berge auf ungeeigneten Lagen mit neuen Sorten, die viel tragen, aber sauer sind" (GESCHICHTE DES WEINHANDELS IN SACHSEN, 1845, S. 134).
Eine Unterscheidung der Sorten erfolgte im deutschen Mittelalter wahrscheinlich nur nach besseren und minderwertigen Sorten durch die Bezeichnung „vinum francicum" und „vinum Hunicum" (vgl. BASSERMANN-JORDAN, 1975, S. 370–377). Im späten Mittelalter traten dann häufiger die Namen bestimmter

Sorten auf. Während in Böhmen bis ins 14. Jahrhundert hinein die mährischen und donauischen Sorten überwogen, wurden unter Kaiser Karl IV. Versuche mit der blauen Burgunderrebe in Melnik unternommen, die von dort auch ihre Verbreitung in Nordböhmen und Mähren fand (FROLEC, 1973, S. 185). Selbst bis Sachsen und Thüringen gelangte sie von dort, wie der Name „Blauer Böhmischer" belegt (REINDL, 1904, S. 140), ebenso nach Guben (KRAUSCH, 1966, S. 100). In den meisten Weinbaugebieten hatten die Rebsorten unterschiedliche Namen, selbst gleiche Namen bezeichneten oftmals an verschiedenen Orten verschiedene Reben (BASSERMANN-JORDAN, 1975, S. 380; vgl. auch KOOCK, 1866, S. 60–70).

Bis weit ins 19. Jahrhundert hinein war für den nördlichen Weinbau neben der Vielzahl der Sortennamen auch die Vielzahl der angebauten Sorten typisch. In Verbindung mit der gemischten Anbauweise und der gemeinsamen Kelterung war sie kennzeichnend für den niedrigen Stand des Weinbaus. Dazu schrieb RADING (1973, S. 254 f.) über den russischen Weinbau: „Noch ein wesentlicher Fehler ist dieser: daß man sowohl die frühzeitigen als späten Reben zu gleicher Zeit aufgräbt, sie gleich behandelt, und die ganze Weinlese auf einmal vornimmt, wodurch es denn geschieht, daß der eine Theil entweder noch unreif, und nur ein Mittel ist guten Essig zu bekommen, aber keinen guten Wein, oder daß die andere Hälfte schon überreif und faul geworden ist, und also keinen guten Wein geben kann". Selbst der Riesling wurde vor dem 18. Jahrhundert kaum irgendwo ungemischt angepflanzt (BASSERMANN-JORDAN, 1975, S. 412 f.). Allein in der Mark gab es um 1700 30 verschiedene Sorten in den Weinbergen und acht andere in den Lustgärten des Adels (SCHWARTZ, 1896, S. 36). In Meißen wurden im ersten Drittel des 18. Jahrhunderts zusammen 30 verschiedene rote und weiße Sorten angebaut, Ende des 18. Jahrhunderts dagegen nur noch 20 (KIRBACH, 1900, S. 60 f.). Schon Mitte des 19. Jahrhunderts wurden von der Sächsischen Weinbaugesellschaft nur noch etwa zehn Sorten zum Anbau empfohlen (KIRBACH, 1900, S. 61). In Akkerman (Bessarabien) zählte man noch 1860 60–70 verschiedene Sorten (WITT, 1866, S. 219).

Im Mittelalter überwog der Anbau minderwertiger Quantitätsreben, die allein im Rheingebiet etwa 3/4 der Anbaufläche einnahmen (BASSERMANN-JORDAN, 1975, S. 385). Die Verbesserungen hinsichtlich der Wahl der Rebsorten im 15. und 16. Jahrhundert gingen aber in den Kriegen des 17. Jahrhunderts zumeist wieder verloren (BASSERMANN-JORDAN, 1975, S. 386). Mit der Vermehrung durch Senkreben wurden Qualität und Ertrag dieser minderwertigen Sorten sogar noch verringert. Der Elbling, im 18. Jahrhundert Hauptsorte am Mittelrhein, neigte dort, wo „er generationenlang immer wieder aus den lokalen Beständen vermehrt wurde, zu einer gewissen Dekadenz" (GRIES, 1969, S. 49). Auch vom Traminer gibt es Beispiele für die nachlassende Fruchtbarkeit (BASSERMANN-JORDAN, 1975, S. 404). Für Grünberg nennt PAETZ (1922, S. 119) als einen Grund des Rückgangs des dortigen Weinbaus die geringe Tragfähigkeit und die geringe Krankheitswiderstandsfähigkeit verschiedener, in der Mehrheit angebauter Pflanzen.

Nach den schweren Kriegen des 17. Jahrhunderts wurden in Deutschland verstärkt minderwertige, reichtragende Sorten angebaut, um den erhöhten Abgaben gerecht werden zu können (SCHRÖDER, 1953, S. 66). Dieser „generelle Übergang zum sogenannten Quantitätsbau" (SCHRÖDER, 1953, S. 66) im 18. Jahrhundert wird deutlich in den Klagen und den obrigkeitlichen Befehlen, die schlechten Sorten auszureißen (vgl. BASSERMANN-JORDAN, 1975, S. 386 und 389). Die Weinbergsbesitzer von Dresden und Meißen beschwerten sich 1670 beim sächsischen Landtag darüber, daß die Bauern auf ebenen Lagen Weinberge anlegten und dabei „auf lauter sogenanntes fremdes Holz, als Lumpisch, Elbinger, Heinisch, Gänsefuß und dergleichen sich befleißigen, hingegen den edlen blancken Wein, Kleinbraunes, Rheinisch und dergleichen süße Beeren nicht halb so viel tragendes Holz eingepflanzt lassen und wenn sie nur in der Lese viel Most bekommen, die innerliche bonitaet wenig achten" (zit. nach CARLOWITZ, 1846, S. 161). Noch im 19. Jahrhundert überwogen in Mitteldeutschland die Massenträger wie Elbling, Heunisch und Gutedel (DIETER, 1965, S. 180). Für die Winzer war die geerntete Menge, nicht aber die Qualität entscheidend: „Eine Veredlung des Weinbaus würde mit Anlegung besserer Gattungen möglich seyn. Hierauf aber wird sich kein Weinbergsbesitzer im Großen legen, weil der gewöhnliche Wein öfterer und mehr trägt, weniger Gefahr unterworfen, und dem Klima angemeßner ist. Außerdem würde er doch immer ein mittelmäßiger Landwein bleiben, und eine angemeßne Erhöhung des Preises ist nicht leicht zu hoffen" (HAUSEN, 1798, S. 111 f.). In der Wachau und um Wien dominierten vor 1850 der „Österreichische Weiße" und der Heunisch, die in der Wachau 95 Prozent des Besatzes ausmachten (H.-C. SCHMIDT, 1965, S. 40). Die einseitige Bevorzugung minderwertiger Sorten wirkte sich bald nachträglich auf die Marktposition der Weine aus. Sie verloren ihren guten Ruf und damit auch ihren Absatz, wie dies FORLEC (1973, S. 138) für Mähren und SCHRÖDER (1953, S. 66) für Württemberg nachweisen.

Die Versuche, durch Einführung besserer Sorten den nördlichen Weinbau zu heben, reichen weit zurück und bilden einen wichtigen Bestandteil der Weinbaupolitik aller am Weinbau interessierten Gruppen. Im allgemeinen wurden die Pflanzen aus der nächsten Nachbarschaft bezogen (TÖPFER, 1909, S. 69). Aber schon im 14. Jahrhundert waren rheinische Setzlinge in Mähren begehrt (FROLEC, 1973, S. 39). Die Brünner Bürger zeigten im 15. Jahrhundert eine besondere Vorliebe für rheinische Sorten, erst an 2. Stelle pflanzten sie österreichische (FROLEC, 1973, S. 78). Die Stadt Gardelegen in der Altmark bestellte im Jahre 1559 drei Frachtwagen Setzreben aus Franken (HAUSEN, 1798, S. 43). Im Jahre 1504 ließ Herzog Heinrich V. von Mecklenburg rheinische Reben vor allem bei seiner Landeshauptstadt Schwerin und bei den fürstlichen Burgen in Stargard, Lübs und Plau anpflanzen (BERNITT, 1955, S. 234). Als Grund für den Ankauf rheinischer Setzlinge gab Kurfürst August von Sachsen im Jahre 1581 an, es gäbe „allhier nur einen gemeinen Landtwein und keine sonderlich gutte artt von weinstocken..., davon fechser könnten gezogen werden" (zit. nach WEINHOLD, 1973, S. 160). Im Jahre 1675 wurden Weinbauern aus Ismailowo nach Astrachan, Kiew und Čuguev geschickt, um Reben zu holen, ausländisches Material wird dabei nicht erwähnt (ČEKAN, 1954, S. 641.). Dieses fand aber endgültig Eingang im 18. und 19. Jahrhundert durch deutsche, französische und schweizerische Einwanderer, vor allem in Bessarabien und Taurien (WITT, 1866, S. 218). Abt Martinus vom Kloster Neuzelle ließ um 1740 Setzlinge aus Burgund kommen und die Pomologische Gesellschaft in Guben führte 1807 die Burgundertraube und 1818 die Ortlieber Traube ein (KRAUSCH, 1967b, S. 36). Ähnliche Versuche wurden im 18. und 19. Jahrhundert auch zur Hebung des böhmischen Weinbaus unternommen (FROLEC, 1973, S. 144 f.). Die wichtigsten Vertreter der neuen Sorten wurden der Riesling und der Silvaner, die in den verschiedensten Weinbaugebieten mit dazu beitrugen, die schlechten Rebsorten zu verdrängen (BASSERMANN-JORDAN, 1975, S. 383; GRIES, 1969, S. 50–52). Auf diese Weise konnten altbekannte Sorten innerhalb von 100 Jahren verschwinden und in Vergessenheit geraten (vgl. BASSERMANN-JORDAN, 1975, S. 388).

Der Qualitätsbau brachte neben dem Anbau besserer Sorten auch die Bevorzugung der weißen Sorten für die nördlichen Weinbaugebiete mit sich. Die Produkte des nördlichen Rotweinbaus konnten mit den südlichen Rotweinen nicht konkurrieren und deshalb ist die Umstellung als eine Anpassung an die veränderten Marktverhältnisse zu betrachten[49]. Da die natürliche Trennungslinie zwischen weißen und blauen Sorten der europäischen Kulturreben etwa bei dem 46. Breitenkreis verläuft (TURKOVIC, 1961, S. 88), muß der Anbau von Rotgewächs in den nördlichen Randgebieten andere Ursachen haben. In der Bevorzugung von Rot- und Weißweinen gab es lokale und zeitliche Unterschiede. In älterer Zeit war der Rotweinbau viel umfangreicher als heute (BASSERMANN-JORDAN, 1975, S. 122), die roten Sorten überwogen von der Römerzeit bis zum Mittelalter (BASSERMANN-JORDAN, 1975, S. 370). Im 13. Jahrhundert standen in der Umbegung von Paris schon die weißen Sorten an erster Stelle (DION, 1959, S. 239), auch an der Mosel wurde seit Ende des Mittelalters der Weiße bevorzugt (LAMPRECHT, I, 1886, S. 70), dagegen im Gebiet unterhalb der Mosel der Rote (H. SCHMITZ, 1925, S. 55). In Mähren war der rote Wein bis zum 16. Jahrhundert noch nicht einmal zehntpflichtig, so wenig wurde davon angebaut (FROLEC, 1973, S. 98). Auch in der Niederlausitz wurden im 16. und 17. Jahrhundert vorwiegend weiße Sorten angebaut, während im 18. Jahrhundert der Rotwein in den Vordergrund trat (KRAUSCH, 1967b, S. 35). Aus den Weinsendungen nach Moskau ist zu schließen, daß im 17. und 18. Jahrhundert die roten Weine vorherrschten (ČEKAN, 1954, S. 648).

Für die Bevorzugung von roten und weißen Sorten im nördlichen Weinbau gibt es vorwiegend subjektive Gründe: Häufig waren Ruf, und damit der Absatz, eng mit der — wenn auch wegen der Weißherbstkelterung häufig nur schwachen — roten Farbe verbunden, wie etwa beim Roten Melniker (Blauer Burgunder) oder den Ahrrotweinen. Die erhöhte Nachfrage weitete den Rotweinbau um Nikolsburg seit dem 17. Jahrhundert stark aus (FROLEC, 1973, S. 98), ebenso verbreitete sich nach der französischen Invasion in den 90er Jahren des 18. Jahrhunderts der Rotweinbau am rechten sächsischen Elbufer (CARLOWITZ, 1846, S. 133). In Guben schließlich verbreiteten sich im 18. Jahrhundert die roten Sorten deshalb so stark, weil der Gubener Arzt Dr. Kupitz den Rotwein aus gesundheitlichen Gründen in Wort und Tat nachdrücklich empfohlen hatte (GANDER, 1925, S. 492). Erst seit dem 19. Jahrhundert treten zunehmend qualitative und anbautechnische Argumente für den Anbau von weißen Sorten im nördlichen Weinbau in den Vordergrund. Am Mittelrhein verschwinden während der großen Krise des deutschen Rotweinbaus gegen Ende des vorigen Jahrhunderts die roten Sorten fast völlig (GRIES, 1969, S. 51). Schon 1910 schreibt POMTOW (1910, S. 163) über den ostdeutschen Weinbau: „Im allgemeinen werden jetzt mehr weiße Sorten angebaut, während früher die blauen überwogen. Der Grund hierfür liegt in der großen Triebkraft des Sylvaners, der auch auf leichtestem Sand gute Erträge bringen kann, andererseits in der sehr großen Empfänglichkeit der blauen Sorten für den roten Brenner, sowie in dem Umstand, daß in den blauen Beeren die Vögel häufig großen Schaden anrich-

ten". Im Naumburger Anbaugebiet schließlich ist nach dem 2. Weltkrieg der Portugieseranbau zurückgegangen, da sein Wein nicht in allen Jahren befriedigte und seine Frostwiderstandsfähigkeit nur gering ist (AUMÜLLER, 1960, S. 487).
Hand in Hand mit dem Rückgang des nördlichen Weinbaus ging eine Beschränkung auf bestimmte Sorten. Durch eine richtig gelenkte Sortenwahl wollte man zu höheren und sicheren Erträgen gelangen. Da die spätreifenden Massenträgersorten im Norden nicht befriedigen konnten, werden vorwiegend frühe und mittelfrühe Sorten angepflanzt, deren Moste eine ausreichende Süße erreichen. Dafür eignet sich vor allem die Müller-Thurgau-Rebe, die sich durch eine große ökologische Streubreite, frühe Reife und sichere und hohe Erträge auszeichnet. Auf die Sortenpläne in der DDR wurde bereits verwiesen. In Böhmen betrug der Anteil der Müller-Thurgau-Reben 1971 29,8 Prozent, des rheinischen Rieslings 13,8 Prozent, der Anteil der blauen Sorten lag noch bei 35,6 Prozent. Bis zum Jahre 1975 war geplant, den Anteil des Müller-Thurgaus auf 41 Prozent und bis 1980 gar auf 60 Prozent auszudehnen (DOHNAL, 1971; vgl. auch FROLEC, 1973, S. 167).
Auch in Franken trug die Müller-Thurgau-Rebe wesentlich zur Stabilisierung des Weinbaus bei. Ihr Anteil an der Rebfläche stieg von 0,1 Prozent im Jahre 1927 auf 46 Prozent im Jahre 1975, während der Silvaner von 60 Prozent im Jahre 1966 auf 33 Prozent im Jahre 1975 zurückging (K. M. HOFFMANN, 1977, S. 167).
Die Spezialisierung auf bestimmte Sorten ist heute das gemeinsame Merkmal aller Weinbaugebiete. Auch sie ging von den eigentlichen Weinbaugebieten aus und verhalf diesen gegenüber den nördlichen Weinbauorten zu einem Erfahrungs- und Qualitätsvorsprung. Die moderne Rebzüchtung versucht, die jährlichen Qualitätsschwankungen durch die Züchtung frühreifender und ertragssicherer Neuzüchtungen auszugleichen. Mit wissenschaftlichem Methoden werden für jede Klimazone die Sorten ausgewählt, „die am regelmäßigsten reifen und die besten Produkte liefern" (VOGT/GÖTZ, 1977, S. 13)[50]. Dadurch hat sich die Position des nördlichen Weinbaus erheblich gefestigt. Die Erfolge der Neuzüchtungen, besonders auch der von MITSCHURIN in der Sowjetunion gezüchteten frostfesten Sorten (vgl. GROSSE SOWJET-ENZYKLOPÄDIE, 1953, S. 43), würden es heute durchaus gestatten, Weinbau wieder so weit nördlich zu betreiben, wie dies im Mittelalter unter anderen Erwartungen geschah. Eine Ausdehnung der nördlichen Weinbaugrenze unter den gegenwärtigen Rentabilitätsverhältnissen wird allerdings so lange unwahrscheinlich bleiben, solange Handel und Verkehr unbehindert sind[51].

4.3.4   *Weinbereitung*

Im folgenden soll auf den Stand der Weinbereitung in den nördlichen Weinbauorten eingegangen werden, soweit er sich vom Niveau in den Kerngebieten abhebt und damit relevant für den Niedergang des nördlichen Weinbaus wird[52].
Bis ins 19. Jahrhundert hinein waren die zur Kelter gebrachten Trauben häufig zu zeitig gelesen oder unsortiert (vgl. SCHWARTZ, 1896, S. 39). Noch im Jahr 1835 schreibt SCHAMS (III, 1835, S. 214) über Böhmen: „Die gemeinen Winzer lesen und pressen alle Traubensorten zusammen, nicht so die herrschaftlichen Pflanzungen". Auch in Rußland war eine Sortierung oder Auslese der Trauben fast nirgends

gebräuchlich (WITT, 1866, S. 276). In Grünberg hielt sich das unsortierte Keltern bis in unser Jahrhundert hinein, lediglich die Weinhändler machten eine Ausnahme (PAETZ, 1922, S. 118). Dabei wurden rote und weiße Sorten gemeinsam gepreßt und gleich behandelt, was einen Schillerwein oder einen sogenannten „Bleichert" ergab. Ebenso nachteilig auf die spätere Qualität des Weines wirkte sich das im 18. Jahrhundert aufkommende Ausschneiden der besten Trauben zum Traubenverkauf aus. So heißt es 1770 aus Werder: „Der Wein könnte besser sein, wenn man nicht die besten Trauben abschnitte und verkaufte" (zit. nach WALTER, 1932, S. 30). In Astrachan wurden Ende des 18. Jahrhunderts nur die restlichen Trauben, sozusagen als Nebensache, ausgepreßt (RADING, 1793, S. 254). Nach dem Anschluß Gubens an das Eisenbahnnetz im Jahre 1846 wurde ein beträchtlicher Teil der Trauben, besonders die besseren Sorten, als Tafeltrauben nach auswärts verkauft und nur noch die geringeren Sorten gekeltert. Der davon produzierte minderwertige Wein beschleunigte den Rückgang des dortigen Weinbaus (KRAUSCH, 1967b, S. 24).

Gepreßt wurde in der Kelter, die sich bei den Wirtschaftsgebäuden oder auch im Weinberg befand, oder aber, wie etwa in Sachsen häufig, unter freiem Himmel beim Weinberg (BASSERMANN-JORDAN, 1975, S. 354). Die kostspielige Errichtung der Baum- oder Spindelkeltern führte schon sehr früh zur Benutzung von Gemeinschaftskeltern. Damit verbunden war das Kelterbannrecht, das zwecks Kontrolle des Zehnten allen Winzern einer Herrschaft die Benutzung einer gemeinsamen Kelter vorschrieb. Auch mußte eine Keltergebühr entrichtet werden. Die Nachteile dieses Verfahren reichten von vorzeitiger Lese über lange Anfahrtswege bis zu den für den Most schädlichen langen Wartezeiten und eiligem und schlechtem Keltern (BASSERMANN-JORDAN, 1975, S. 354 f.). An der Mosel, im Rheingau und am Main bauten die Winzer schon früh auch private Keltern. Noch im 19. Jahrhundert waren in Thüringen aber die wenigsten Winzer im Besitz einer Kelter (BOIE, 1922, S. 82), was vor allem auf die kleinen Betriebsgrößen zurückzuführen ist. Außerdem waren die um die Mitte des 19. Jahrhunderts aufkommenden, viel weniger Raum als die alten Systeme erfordernden Radkeltern noch zu teuer (BASSERMANN-JORDAN, 1975, S. 356 f.). Die Möglichkeit des Kelterns wurde für den Winzer im nördlichen Weinbau bald zu einer Existenzfrage. Neben dem Verkauf der Trauben an Weinhändler und größere Betriebe kam es deshalb am Ende des 19. Jahrhunderts vermehrt zu freiwilligen Zusammenschlüssen zu Winzergenossenschaften mit Gemeinschaftskeltern. Erst in unserem Jahrhundert wurde das Selbstkeltern für kleine Weinbaubetriebe wirtschaftlich.

Eine dem Aufkommen der Keltern ähnliche Entwicklung ist bei der Anlage von Weinkellern abzulesen. Ihre Anzahl war relativ klein. Die hohen Weinabgaben an die Grundherrschaften ließen dem Winzer meist nur wenig Wein übrig, der meist noch im Herbst zur Begleichung der Ausgaben verkauft wurde (SCHRÖDER, 1953, S. 111). Daneben standen die Baukosten und die lange verbreitete Vorliebe für junge Weine der Errichtung von Weinkellern entgegen. Auch der Bau von riesigen Fässern für adlige Weinbesitzer, etwa das im Jahre 1643 in Nikolsburg gebaute und 1010 hl fassende Faß (FROLEC, 1973, S. 109), oder das Königsteiner Faß in Sachsen aus dem Jahre 1725, das mit 3709 Eimern Inhalt 649 Eimer mehr faßte als das Heidelberger (THRÄNHART, 1845, S. 4), zeugten noch bis ins 18. Jahrhundert hinein von den hohen Weinabgaben an die Grundherren. Wie gering der Umfang der Vorratshaltung in früherer Zeit war, zeigen auch die immer wiederkehrenden Klagen über zu geringen Faßraum bei guten Ernten. Offensichtlich bestand in den Anbaugebieten ein dauernder Mangel an Fässern. Gute Ernten ließen die Faßpreise in die Höhe schnellen (vgl. HAAS, 1971, S. 11; H.-J. SCHMITZ, 1968, S. 66–69). Noch im 19. Jahrhundert erwähnt W. HAMM (1886, S. 478) bei der Beschreibung des rumänischen Weinbaus vor allem den Mangel an Fässern und Kellern. Auch die Pflege der Weine wird viele kleine Winzer von einer privaten Kellerhaltung abgehalten haben.

Den Ausgangspunkt für die Weinbereitung bildete der Most. Auch die roten Sorten wurden früher hauptsächlich weiß gekeltert. Die Rotkelterung nach der Maische-Gärung wurde in Deutschland erst im 19. Jahrhundert allgemein üblich (BASSERMANN-JORDAN, 1975, S. 416 und 430). Die Moste der nördlichen Anbaugebiete zeichneten sich hauptsächlich durch niedrige Mostgewichte und hohe Säureanteile aus. In Grünberg schwankten die Mostgewichte von 1900 bis 1921 zwischen 45° und 90° Öchsle und die Säureanteile zwischen 7 und 18 $^o/oo$ (PAETZ, 1922, S. 118), in Naumburg lagen die Mostgewichte von 1916 bis 1927 zwischen 49° und 135° Öchsle (THIEM, 1928, S. 55). Bei niedrigen Ausgangswerten suchte man die Weine durch Honig oder Zucker zu verbessern, was wiederum neue Probleme mit sich brachte: „Als eine andere Ursache niederer Qualität ist die hohe Zuckerung der Moste anzusehen, welche besonders in kleinen Betrieben üblich war. Der sächsische Wein verträgt keine hohe Zuckerung, er nimmt durch solche einen brandigen Geschmack an. Nach neueren Erfahrungen ist eine Zuckerung über 80° Öchsle nicht zu empfehlen" (PYRIKI, 1928, S. 7).

Andere Weine wollte man durch jahrelange Faßlagerung und den damit verbundenen biologischen Säureabbau verbessern bzw. genießbar machen. So schreibt SCHAMS (III, 1835, S. 212): „Der Tschernoseker Wein braucht sechs bis sieben Jahre zur Kellerreife, und im 10. Jahr hat er seinen Kulminationspunkt erreicht". Von den Oberlausitzer Weinen sagt HERING (1805, S. 90): „Der Wein ist übrigens, wenn er vier bis fünf Jahre liegt, sehr milde und trinkbar, und nach zehn Jahren sehr gut". Die in Niederösterreich vor 1850 dominierenden Sorten Heunisch und Österreichischer Weißer lieferten dort so säurereiche Weine, daß sie im Durchschnitt zehn Jahre Faßlagerung brauchten, um genießbar, und 15 bis 20 Jahre, um gut zu werden (H.-C. SCHMIDT, 1965, S. 40)[53]. Dementsprechend schmeckten die Weine nach der jahrelangen Faßlagerung wahrscheinlich rauh und holzig, nach wiederholter Schwefelung stumpf und ohne Frische. Die Wachauer Weine sollen sogar erst nach 50- bis 70jährigem Säureabbau die Qualität der besten Wiener Weine erreicht haben (H.-C. SCHMIDT, 1965, S. 40). Da eine solch lange Lagerung nur in ganz geringem Umfang überhaupt möglich war, wurden viele der Landweine mit fremden Weinen verschnitten (vgl. SCHWARTZ, 1896, S. 85), oder aber seit dem 19. Jahrhundert zunehmend zur Sekt- und Weinbrandherstellung verwendet.

Der Verkauf von vorwiegend jungem Wein dürfte neben dem Geschmack vor allem auf die mangelhafte Vorratshaltung und Kellertechnik zurückzuführen sein. Der Weinhändler JOHAN HELDMANN aus Olpe handelte um 1600 in der Regel mit neuem oder einjährigem Wein (HELDMANN, 1961, S. 244). Über den Jenaer Weinbau schreibt FALK (1955, S. 110): „Man pflegte die Weine im 15. und 16. Jahrhundert nicht lange zu lagern. Selten finden wir ältere als zweijährige Firnweine. Vor allem aber fehlten Erfahrungen und sorgfältige Arbeitsweise, die eine lange

Haltbarkeit sicherten. War der Wein erst ‚umgeschlagen' oder ‚rot geworden', blieb nur übrig, ihn zum Branntweinbrenner zu bringen. Trübe Weine suchte man mit Milch zu bessern und mit Arzneien zu klären". Von einer Behandlung des Weines im Faß und im Keller war kaum die Rede. Noch im 19. Jahrhundert gab es alte Weine in Bessarabien nur bei wenigen Gutsbesitzern am unteren Dnjestr (SALOMON, 1872, S. 100). Über den Wein aus Heimbach an der Rur wird zu Beginn des 19. Jahrhunderts berichtet: „Das Gewächs selbst ist zwar schön von Farbe, auch, frisch getrunken, lieblich von Geschmack; es betäubt aber leicht und läßt sich nicht aufbewahren, sondern muß im ersten Jahre gebraucht werden" (zit. nach PAULS, 1885, S. 203). Und 1832 schreibt JULLIEN (1832, S. 18 f.) über den Wein des Arrondissements Vouziers im Departement Ardennes: „Quelques propriétaires parviennent à en faire d'assez agreables; mais en général, ils manquent de corps, de spiritueux et de couleur: on est obligé de les boire dans la première année, et ils ne supportent pas le transport, même à des petites distances". Nach GRIES (1969, S. 50) konnte die geringe Haltbarkeit der Weine dem kleinen Winzer wenig schaden, da er seinen Most nach der Gärung verkaufen mußte, um seine Schulden zu bezahlen. Die Weine in den städtischen und adligen Kellern erfuhren meist eine sorgfältigere Behandlung als in den Landgemeinden (vgl. FALK, 1955, S. 127; HAUSEN, 1798, S. 104; JACOBI, 1866, S. 580). Dennoch bewegte sich bis ins 19. Jahrhundert hinein die Weinbereitung in wenig rationalen Bahnen. So sollte nach COLERUS der märkische Wein den Geschmack der besseren fremden Weine annehmen, wenn man ihn in deren Fässer füllte (HAUSEN, 1798, S. 57). FRIEBE (1793, S. 213) warnte vor der Weinlese bei Regenwetter „weil alsdann so viele wässerichte Theilchen sich an die Beeren und Trauben anhängen, wodurch der gute Most wieder vermischt würde". Noch im 19. Jahrhundert wurden die Weine in Niederösterreich teilweise 20 bis 30 Jahre ohne Abzug im Faß liegen lassen (SCHLUMBERGER, 1937, S. 41).

Mit dem Beginn des vorigen Jahrhunderts gewann die qualitative Weinbehandlung immer mehr an Bedeutung. Vor allem nach der Aufklärung des Gärungsvorgangs und dessen Lenkung und nach der Technisierung der Kellerwirtschaft gelang es, den in Süße, Säure, Duft und Frucht ausgewogenen und harmonischen Wein herzustellen. Dazu trug auch die Sortenzüchtung ihren Teil bei, deren Aufgabe es nach E. ZIMMERMANN (1966, S. 4) ist, Sorten zu züchten, „deren Weine kein Wasser und keinen Zucker benötigen".

Beide Entwicklungen ermöglichten es, auch im nördlichen Weinbau qualitativ konkurrenzfähige Weine herzustellen. Der Übergang vollzog sich aber nur langsam und kam für viele nördliche Weinbauorte schon zu spät, denn dort war außer dem Festhalten an den alten Sorten auch die altüberlieferte Weinbereitung häufig so fest verwurzelt, daß auch ihr am Rückgang des nördlichen Weinbaus die Schuld gegeben wird. Schon RADING (1793, S. 258) schreibt über den russischen Weinbau: „Mich dünkt, es werde hieraus zur Gnüge erhellen, daß nicht das Klima noch der Boden oder sonst etwas Schuld daran sey, daß der Wein in unserem Vaterlande noch keine größere Vollkommenheit hat, sondern daß es blos an der Unwissenheit und unrechten Behandlung liege". A. SCHMIDT (1869, S. 5) kommt zu dem Schluß, „daß reine Unkenntnis der Behandlung des Weinstockes und der Weinbereitung aber auch die alleinige Ursache ist, daß Böhmens Weinbau auf jenen bedauernswürdigen Stand und zu diesem Minimum zusammengeschrumpft ist, wie es vor unseren Augen steht". Und noch 1933 nennt KRAUSE (1933, S. 761) als wichtigsten Grund für den Rückgang des Weinbaus an Saale und Unstrut die „schlechte Verarbeitung der anfallenden Erzeugnisse" und die „manglnde Kenntnis über eine zweckmäßige Kellerwirtschaft".

4.3.5 Fortschritt und Tradition

Bei der Einführung technischer Neuerungen in der Landwirtschaft spielt die innere Einstellung und das Verhalten der Bauern eine entscheidende Rolle. Spricht man schon ganz allgemein vom „konservativen bäuerlichen Milieu" (GRIES, 1969, S. 90), so ist für den Weinbau das Beharren am Alten, vielleicht bedingt durch die langen Umtriebszeiten der Weinrebe, geradezu kennzeichnend: „Zudem ist der Weinbau ein Zweig der Landwirtschaft, die bekanntlich mit Zähigkeit an alten Produktionsmethoden festhält, besonders, wenn es sich um Kleinbetriebe handelt, wie es meistens beim Weinbau der Fall ist" (KLEIN, 1934, S. 12). Viele Neuerungen scheiterten zunächst an der „konservativen Einstellung der Winzer" (HELLWIG, 1955, S. 80). So stieß der in der Lößnitz Anfang des 17. Jahrhunderts eingeführte Anbau „nach württembergischer Art" teilweise auf heftigen Widerstand der Bevölkerung, ja es wird sogar von böswilligen Zerstörungen berichtet (WEINHOLD, 1973, S. 164). Als R. SCHLUMBERGER im Jahre 1843 seine ersten Weinberge in Vöslau bei Wien erwarb und den sortenreinen, reihenweisen Satz mit ein Meter Stockabstand bei sich einführte, konnten sich die anderen Winzer, selbst bei Neuanlagen, nicht entschließen, ihm zu folgen (SCHLUMBERGER, 1937, S. 35). Die konservative Einstellung der Winzer ist natürlich nicht auf den nördlichen Weinbau beschränkt. So beurteilt STEVENSON (1976, S. 264) die heutigen Probleme der südfranzösischen Weinbauern: „However the region's most intractable problem lies in the mind of the winegrower himself; his attitude to the problem is characterized by a deep seated conservatism reflected by his refusal to consider improving quality at the expense of quantity and his erroneous but strongly held conviction that the region can profitably support no other crop than the vine".
Im allgemeinen waren die städtischen Winzer dem Fortschritt mehr geneigt als die auf dem platten Land. So machte zum Beispiel der Übergang zur Reihenkultur mit Oberflächendüngung in Grünberg und Krossen gute Fortschritte, während die Bauern der Landgemeinden sich lange nicht dazu entschließen konnten (POMTOW, 1910, S. 161). Auch im Köln-Bonner Vorgebirge berührte die Förderung des Weinbaus im 19. Jahrhundert den Bauern nicht: „Er blieb bei seinem Bleichert, der notfalls mit dem Saft der tiefroten Hollunderbeeren zur Farbverbesserung verschnitten wurde, und bei den seit alter Zeit angebauten heunischen und frenschen Rebsorten, die mit Vorliebe durch Pfroffen (Senken) angebaut wurden" (ZERLETT, 1970, S. 305).
Bei einer Befragung von kleinen Weinbergsbesitzern im Jahre 1897 im böhmischen Melnik und Tschernosek war die häufigste Antwort, daß sie der „Väter Erbe aus Pietät erhalten wollten" (ŠIMÁČEK, 1899, S. 592). Die Fortführung des Weinbaus mit dieser Einstellung und oftmals geringem finanziellen und technischen Aufwand hatte sehr bald dessen Niedergang zur Folge, wie etwa in Grünberg Ende des 19.

Jahrhunderts (CZAJKA, 1938, S. 290)[54]. Auch die Gleichgültigkeit vieler Winzer in Thüringen bei der Bekämpfung der Schädlinge (BOIE, 1922, S. 37) spricht von der geringen Neigung zum Weinbau[55]. Zuerst brachen anscheinend die Söhne mit dem Weinbau: „Aussi, comme dans Eure-et-Loire-, les fils de vignerons ne veulent plus continuer les travaux des vignes sous lesquels leurs pères se sont courbés et se courbent encore par la force de l'habitude et par ennui du changement, et les bourgeois ou propriétaires rentiers ne peuvent plus conserver de vignes sans perte considérable" (GUYOT, III, 1868, S. 538). War erst einmal der Anfang gemacht, dann wirkte der Rückgang „ansteckend" (STANG, 1962, S. 291).

Die konservative Einstellung oder die Aufgeschlossenheit gegenüber den weinbautechnischen Neuerungen konnten die Entwicklung des Weinbaus wesentlich beeinflussen. Den armenischen Winzern am Terek sagte WITT (1866, S. 222) nach, daß sie am alten Schlendrian[56] hingen und allen Neuerungen sehr schwer zugänglich waren. Als einen Grund des Rückgangs des Saaleweinbaus bezeichnet DERN (1919, S. 438) das Festhalten an ererbten Gewohnheiten, wie der Nebennutzung und den alten Sorten. Für die Unterschiede im luxemburgischen und deutschen Obermoselweinbau scheint „eine primär nichtgeographische Größe entscheidend für die Stagnation mitverantwortlich zu sein, nämlich die mangelnde unternehmerische Initiative der deutschen Winzer, die gegebene Möglichkeiten, wie etwa die 1878 eröffnete Bahnlinie Trier − Metz, weit weniger zu nutzen wußten als die Luxemburger" (WERLE, 1975, S. 284). Auch das lange Festhalten an der Pfahlkultur im Moseltal spricht für eine traditionelle Einstellung (vgl. BOURQUIN, 1977). An der nördlichen Weinbaugrenze kommen Neuerungen deshalb besonders schwer an, weil die anderen Weingebiete weit entfernt liegen, der Wein für den einzelnen Betrieb nur ein Nebenerzeugnis ist, in den Kerngebieten erfolgreiche Systeme sich hier nicht immer bewährt haben und eigenständige Entwicklungen meist nicht betrieben werden.

4.4 RENTABILITÄT

Bei der Einführung von Kulturen mögen viele Gründe eine Rolle spielen, auf die Dauer jedoch ist für die Erhaltung einer Kulturart die Rentabilität entscheidend, auch wenn sich das Handeln des Menschen nicht immer nach ökonomischen Rentabilitätsberechnungen abspielt (vgl. RUPPERT, 1960, S. 59)[57]. Schon die ersten Besitzer der nördlichen Weinberge führten in der Regel genau Buch. Deshalb muß der Aussage MEITZENs (II, 1868, S. 249) widersprochen werden, daß die frühere Zeit auf das Verhältnis des Ertrages zu den Kosten und auf die zahlreichen ausfallenden Jahrgänge „keine Rücksicht" nahm. Die Mönche von Abingdon in England zum Beispiel hatten im Jahre 1388 4s4d Ausgaben für ihren Weinberg, demgegenüber standen 35s8 1/2d Einnahmen aus dem Verkauf von Trauben, Wein und Essig (HYAMS, 1949, S. 42 f.). Die Stadt Weißenfels nahm im Jahre 1621 aus den ihr gehörenden Weinbergsanlagen 403fl 20gr ein, die Ausgaben betrugen 38fl 7gr (TÖPFER, 1909,

S. 58). Der von Bischof Conrad von Meißen bei Mügeln angelegte Weinberg wurde von seinem Nachfolger 1512 „nach Versuchung von acht oder neun Jahren abgethan", da er jährlich 20 Gulden mehr kostete als er einbrachte (v. WEBER, 1872, S. 13). Im sächsischen Brehna heißt es 1549 über einen Weinberg: „... ist das erste jar... bei 18 Eimer saures weins, das ander jar... ungeferlich 9 oder 10 Eimer weins gewachsen; das hat das wintzerlon mehr gestanden, dan der wein wert gewest" (zit. nach BODE, 1909, S. 89). Überhaupt häufen sich im 16. Jahrhundert die Anzeichen für ein wachsendes Rentabilitätsbewußtsein (vgl. DION, 1959, S. 421), vor allem bedingt durch eine sich verändernde Wirtschaftsform: „Da nun gleichzeitig die stark auf Selbstversorgung ausgerichtete Wirtschaftsform des Mittelalters der mehr marktwirtschaftlich orientierten der Neuzeit Platz machte, setzte sich eine allgemeine Kommerzialisierung und Rationalisierung des Lebens durch" (HAHN, 1956, S. 85). Die Veränderungen der Anbaufläche stellen deshalb nach SCHRÖDER (1953, S. 74) lediglich eine Anpassung an die veränderten Rentabilitätsverhältnisse dar. Der Weinbau war im nördlichen Bereich so lange rentabel, wie er neben der Landwirtschaft dazu beitrug, dem Weinbauern zu Einnahmen zu verhelfen. Reichten die landwirtschaftlichen Produkte zur Versorgung des Winzers nicht mehr aus, oder konnte der Weinbau die Abgaben nicht mehr bestreiten, dann wurde er eingeschränkt. Wenn Fehljahre oder Konjunkturschwankungen die Rentabilität des Weinbaus in Frage stellten, lassen sich dort, wo die Bevölkerung nicht ausschließlich auf den Weinbau angewiesen war, die Schwankungen der Anbaufläche statistisch nachweisen. Die Grenzen der Verbreitung des Rebbaus unterliegen daher einem durch veränderte Rentabilitätsverhältnisse bedingtem „historischen Wandel" (SCHLEGEL, 1973, S. 10).

Als für den nördlichen Weinbau entscheidende Wendepunkte ergeben sich das 16./17. Jahrhundert und das 19./20. Jahrhundert. In diesen Jahrhunderten häufen sich die Verluste im nördlichen Weinbau. Die Weinbauern in Jena waren 1542 weit stärker verschuldet als die sonstigen Grundbesitzer (FALK, 1955, S. 75). Über den Weinbau in Löwen berichtet DION (1954, S. 18): „Un chroniqueur de Louvain, qui écrivait entre 1561 et 1565, rapporte qu'en cette ville les frais de culture absorbent entièrement le produit de la vente du vin, la vendange n'étant productive qu' à peine un an sur trois; en sorte de beaucoup de gens, découragés, arrachent leurs vignes". Die kurfürstlichen Weinberge in Sachsen brachten im 16. Jahrhundert nur etwa zwei Prozent Gewinn (v. WEBER, 1872, S. 17), so daß seit den Zeiten Kurfürst Augusts (1526–1586) die Bestrebungen des Fürstenhauses zunahmen, die ungünstigen und wenig ertragreichen Lagen zu verkaufen oder anderwärtig in Kultur zu nehmen (WEINHOLD, 1965, S. 194). Zwischen 1644–1650 überstiegen die Kosten für die Bestellung des hessisch-landgräflichen Weinbergs in Breitenau den Ertrag um mehr als 105fl oder um mehr als 15fl jährlich (LANDAU, 1843, S. 189). In Böhmen bewirkten nach 1650 teure Arbeitskräfte und hohe Steuerlasten, daß der Weinbau auch für Großgrundbesitzer nicht mehr rentabel war. Die Herrschaften versuchten daher, die Weinberge zu parzellieren und an Untertanen abzugeben, die ihre Schulden zusätzlich zum Zehnten mit Wein bezahlten (FROLEC, 1975, S. 115). Die Gutsherrschaft von Argenteau an der Maas hatte im Jahr 1684 170 Gulden Ausgaben für ihren Weinberg, der dafür nur 7 Eimer Wein im Gegenwert von 140 Gulden erbrachte. Auch die nachfolgenden Jahrzehnte zeigten meist Verluste an (HALKIN, 1895, S. 96 f.). Der Ratsweinberg in Meißen, der bis ins 17. Jahr-

hundert hinein noch Gewinne erbracht hatte, wurde 1716 verpachtet und auch bei den anderen Meißner Winzern mehrten sich die Verluste (KIRBACH, 1900, S. 83–85). In Naumburg an der Saale betrug um 1840 der durchschnittliche Ertrag pro Morgen 4 Eimer Wein, die Bearbeitungskosten etwas mehr als 16 Taler. Der Most wurde in den besten Jahren kaum über 8 Taler je Eimer bezahlt, in schlechten Jahren mit 1 1/2 bis 2 Taler (THRÄNHART, 1845, S. 9 f.). Bis zum Ende des 19. Jahrhunderts hatte sich in der thüringischen Bevölkerung die Überzeugung von der Unrentabilität des Weinbaus mehr und mehr durchgesetzt (BOIE, 1922, S. 46). In der Schweiz sank wegen der Verschlechterung der Rentabilität die Rebfläche von 34 000 ha im Jahre 1885 auf 12 000 ha in unseren Tagen (SCHLEGEL, 1973, S. 76). In den englischen Weinbergen muß die Lese zum großen Teil mit Familienangehörigen und Freunden erfolgen, da die Erträge nicht für einen Helferslohn ausreichen (WOMAN, 7. Februar 1976, S. 38).
Die Ursachen der mangelnden Rentabilität waren in den einzelnen Weinbaugebieten ähnlich. So spricht HAUSEN (1798, S. 85) von einer „allgemeinen Vernachlässigung ökonomischer Grundsätze" und POMTOW (1910, S. 177) macht im ostdeutschen Weinbau die „unzweckmäßige Kulturmethode" für den Rückgang der Rohertrage verantwortlich. Auch im Grünberger Weinbau lag die mangelnde Rentabilität hauptsächlich in der geringen Menge des je Haktar geernteten Weines (CZAJKA, 1938, S. 288). An der Ahr wird die Wirtschaftlichkeit des Weinbaus neben dem „natürlichen Risiko von Oberflächenbeschaffenheit und Besitzzersplitterung beeinflußt (SCHANDER, 1965, S. 932). Für WILL (1939, S. 127) ist die Weinpreisfrage das zentrale Problem, wonach sich die Wirtschaftlichkeit des Betriebes richtet. Am Siebengebirge verringern vor allem die Schwankungen in der Qualität und der Höhe des Ertrags die Wirtschaftlichkeit des Weinbaus, der dann besonders empfindlich auf eine Veränderung der Produktions- und Absatzbedingungen reagiert: „Die Rentabilität und damit der Bestand des Weinbaus am Siebengebirge sind heute vor allem durch den Wettbewerb anderer Weinbaugebiete sowie durch die Anziehungskraft der örtlichen Industrie auf die Arbeitskräfte gefährdet" (STANG, 1962, S. 291).
Die Einengung des Rentabilitätsspielraums der Weinbaubetriebe hat heute den natürlichen Faktoren eine entscheidende Aufwertung gebracht. Schon seit dem 17. Jahrhundert und verstärkt seit dem 19. Jahrhundert wurde der Weinbau in erster Linie dort unwirtschaftlich, wo die Lage nur die Erzeugung geringer Qualitäten gestattete. Der Qualitätsbau lohnte sich nur noch in klimatisch günstigen Gebieten, wobei er sich nach den Weinbaukrisen Klima, Relief und Boden besser anpaßte (SCHLEGEL, 1973, S. 91). Für DUCHAUSSOY (1928, S. 524) ist deshalb das Verschwinden der Weinberge im Norden Frankreichs „un fait économique".
Die Folgen der veränderten Rentabilitätsverhältnisse[58] bestehen für den Weinbau nicht nur in einer Verringerung der Anbaufläche und Betriebe, sondern sie zeigen sich auch in einer veränderten Betriebsstruktur und einer Umstrukturierung der Weinproduktion und des Weinangebots[59]. Einige der Komplexe, aus denen sich die veränderten Rentabilitätsverhältnisse für den nördlichen Weinbau ableiten lassen, sollen im folgenden näher untersucht werden.

4.4.1 Aufwand und Ertrag

Aus dem schon erwähnten hohen Anteil der Handarbeit bei den Arbeiten im Weinberg ergibt sich ein vergleichsweise hoher Arbeitskräftebedarf. Im Mittelalter beanspruchte ein Morgen (1/4 bis 1/3 ha) Rebland die volle Arbeitskraft eines Mannes (LAMPRECHT, I, 1886, S. 409). Bis zur Schlacht am Weißen Berg (1620) bearbeiteten in den herrschaftlichen Weinbergen in Böhmen drei bis vier Personen ein Hektar (FROLEC, 1973, S. 185). Im 19. Jahrhundert beschäftigte eine Quadratmeile Getreideland etwa 1390 Menschen, während ein Weinberg von derselben Größe 2604 Menschen Arbeit gab (H. SCHMITZ, 1925, S. 71). Nach SCHLUMBERGER (1937, S. 44) nahm 1849 die bloße Unterhaltung eines bereits angelegten Weinbergs im Jahr per Joch (0,575 ha) 151 Arbeitstage in Anspruch, während es beim Körnerbau auf derselben Fläche nur zehn Arbeitstage und bei den Hackfrüchten 20 Arbeitstage waren. Dagegen weist TISOWSKY (1957, S. 69) darauf hin, daß noch vor der Mitte des 19. Jahrhunderts auch der Arbeitsaufwand im Feldbau wegen seines hohen Anteils an Handarbeit beträchtlich war und man den Arbeitsaufwand im Weinberg nur auf das zwei- bis dreifache des Getreidebaus veranschlagte. Seither hat sich allerdings durch die stürmische technische Entwicklung in der Landwirtschaft der Arbeitsaufwand im Getreide- und Hackfruchtbau ständig verringert, während er sich im Weinbau, einmal wegen geringerer Mechanisierungsmöglichkeiten, zum andern aber auch wegen der verstärkten Schädlingsbekämpfung und dem eingeführten Qualitätsbau eher noch erhöht hat[60]. Noch in den 50er Jahren unseres Jahrhunderts verlangte ein Hektar Rebland weiterhin die Arbeitskraft von vier Personen (SCHRÖDER, 1953, S. 77). Der Mindestaufwand für einen Hektar Rebfläche beträgt nach KIEFER (1933, S. 79) 400 Arbeitstage im Jahr, WINKELMANN (1960, S. 76) zählt bis zu 800 Arbeitstage, gegenüber nur 100 bei landwirtschaftlicher Nutzung. Und TISOWSKY (1957, S. 69) schreibt: „Unter den heutigen Verhältnissen erfordert der Weinbau gegenüber dem Getreidebau rund den achtfachen Aufwand menschlicher Arbeitskraft und etwa den doppelten Aufwand an Zugkraftstunden"[61]. Heute geht die Arbeitsplanung davon aus, daß ein Betrieb mit 1,5 AK drei Hektar Ertragsrebfläche (ohne Berücksichtigung der Jungfeldfläche) in Direktzug-Normalanlage bewirtschaften kann, wenn die vorhandenen Kräfte in bestimmten Zeitspannen bereit sind, auch mehr als die erforderlichen 12 AKh je Feldtag zu leisten (VOGT/GÖTZ, 1977, S. 411–416)[62]. Im Raum Odessa wird mit 1 AK/ha bei Direktzuganlagen gerechnet (KIEFER/FETTER, 1971, S. 569)[63]. Diese Größen sind nicht gleichzusetzen mit der wirtschaftlichen Rentabilität des Betriebes. Nach RUPPERT (1960, S. 24) hängt die Ackernahrung in starkem Maße auch von sozial- und physisch-geographischen Produktionsbedingungen ab. Aussagen über Mindestbetriebsgrößen sind deshalb sehr schwierig, zumal auch noch das Vermarktungssystem zu berücksichtigen ist. In der Bundesrepublik ist nach K. M. HOFFMANN (1977, S. 50) der Familienbetrieb mit zwei Arbeitskräften und einer Rebfläche von 12 bis 15 Hektar „besonders wirtschaftlich". Noch 1967 nennt VOGT (1967, S. 15) die Größe von 0,8 bis 1 ha Rebfläche, die in unseren Gegenden ausreicht, um einer Familie Lebensunterhalt zu gewähren, gegenüber 5 bis 6 ha bei rein landwirtschaftlicher Nutzung.

Der hohe Arbeitsaufwand im Weinbau wirkt sich auch auf die Produktionskosten aus. So erforderten die herschaftlichen Weinberge bei Raudnitz in Böhmen im

Jahre 1592 an Unterhaltung und Pflege 48,2 Prozent des Bruttoeinkommens. Bei diesen beachtlichen Ausgaben ist die Fronarbeit mehrerer Dörfer von insgesamt 291 Tagen noch nicht einmal mitgezählt (FROLEC, 1973, S. 95). Im Jahre 1869 betrugen die Auslagen für die Pflege der Weinberge bei Regensburg durchschnittlich 60 Prozent des Bruttoertrages (REINDL, 1902, S. 98). Heute rechnet man in der Bundesrepublik, unabhängig vom Ertrag, mit etwa 50 Prozent fixen Lohnkosten (K. M. HOFFMANN, 1977, S. 155). Allein durch die Peronospora-Bekämpfung wurden die Produktionskosten um acht bis zehn Prozent erhöht (H.-C. SCHMIDT, 1965, S. 48). Auch wenn sich zum Beispiel die Steigerung der Lohnkosten und der Kosten für die Schädlingsbekämpfung in allen Weinbaugebieten bemerkbar macht, so sind aber die Ausgaben dafür an der Nordgrenze des Weinbaus besonders hoch, da mit zunehmender nördlicher Breite die Pflegebedürftigkeit der Rebe zunimmt (WENDLING, 1966, S. 20) und zum andern die Bindung an die Hänge einen erhöhten Aufwand mit sich bringt[64]. Die südlichen Anbaugebiete haben demgegenüber außer dem Vorteil vereinfachter Anbaumethoden infolge klimatischer Begünstigung auch noch den kellertechnischen Vorteil, daß bei überwiegendem Rotweinausbau und dem Ausbau trockener Weine nicht die gleich hohen Investitionen erforderlich sind und sich dadurch geringere Ausbaukosten je hl Wein ergeben (KALINKE, 1974, S. 668).

Die steigenden Produktionskosten müssen zwangsläufig mit steigenden Erträgen aufgefangen werden, um zu einer positiven Bilanz im Weinbau zu kommen. Nach SCHLEGEL (1973, S. 7) hängen Menge und Qualität der Traubenernte davon ab, ob die Anforderungen der Rebe an die natürlichen Verhältnisse ihres Standorts und an unterstützende pflegerische Maßnahmen des Menschen erfüllt werden oder nicht. Dabei sind die klimatisch bedingten Ertragsschwankungen um so größer, je weiter nördlich der Weinbau betrieben wird. In Wolfenbüttel zum Beispiel wurde der letzte Wein 1643 geerntet. Der Ertrag des vier Hektar großen Weinbergs betrug neun Hektoliter. Im Jahre 1618 hatte derselbe Weinberg nur 4,5 hl und 1624 31,5 hl Wein gebracht (SAALFELD, 1960, S. 65). Im 15. Jahrhundert gab es in Polen etwa 30 bis 35 Prozent guter oder zufriedenstellender Ernten (MADEJ, 1955, S. 10). Ein 2 1/4 Morgen großer Weinberg im Kreis Bomst brachte im Jahr 1900 fünf Zentner Trauben, 1901 18 1/2 Zentner, 1904 53 Zentner und 1905 zwei Zentner Trauben (BECKMANN, 1937, S. 120). Über die Ernteergebnisse in Sachsen schreibt W. HAMM (1886, S. 202): „Der Ertrag des sächsischen Weinbaus schwankt derartig auf und nieder, daß in dieser Hinsicht kein anderes Gewerbe mit ihm verglichen werden kann. Nach den Ermittlungen des statistischen Büreaus in Dresden überstieg die Weinernte von 1834 diejenige von 1836 um das 61 1/2fache; es waren dies das beste und schlechteste in einem Zeitraum von 30 Jahren". Schon ELBRACHT (1958, S. 164) weist auf die Schwierigkeit hin, aus diesen schwankenden Erträgen aussagekräftige Durchschnittswerte herauszubekommen. Zudem ist bei allen Werten zu berücksichtigen, daß sie auf unterschiedlich langen Berechnungszeiträumen beruhen. Dennoch ergeben sich für unsere Zwecke genügend Anhaltspunkte zu einer Aussage über die tendenzielle Entwicklung der Erträge im nördlichen Weinbau.

In karolingischer Zeit soll der Morgen im Durchschnitt vier Karren voll Wein gebracht haben, das wären rund 36 hl/ha (BASSERMANN-JORDAN, 1973, S. 938 f.). K. MÜLLER (1953, S. 25) errechnet den durchschnittlichen Ertrag der Weinberge in Oberbergen am Kaiserstuhl im Jahre 1341 mit 36 hl/ha und in der Markgraf-

schaft von Istein mit 41 hl/ha. Im Jahre 1592 gab es im böhmischen Raudnitz pro ha 40 hl Wein (DER WEINBAU IM KÖNIGREICHE BÖHMEN, 1891, S. 12). Daß die Erträge in Wirklichkeit zumeist beträchtlich unter den oben angeführten Zahlen lagen, beweisen Berechnungen über längere Zeiträume hinweg, aber auch andere Einzelergebnisse. Nach YOUNGER (1966, S. 243 f.) erbrachten die französischen Weinberge im ganzen Mittelalter schon deshalb wenig Erträge, weil die Reben sehr große Abstände untereinander hatten. Im 9. Jahrhundert beliefen sich die Erträge der Klosterweinberge von Villemeux und Thiais je nach angenommener Größe des Hohlmaßes „modius" beim kleinsten Wert auf etwa 50 Gallonen/Acre (= 5,6 hl/ha), beim größten Wert auf etwa 400 Gallonen/Acre (= 44,9 hl/ha) (YOUNGER, 1966, S. 243)[65]. In Nickenich in der Vordereifel kam 1340 auf ein Morgen Rebland ein Fuder Wein (etwa 40 hl/ha) (HÖHN, 1958, S. 88). Der Durchschnittsertrag in Maliče in Nordböhmen lag zwischen 1556 und 1591 bei 11,06 hl/ha, wobei die höchsten Ernten in den Jahren 1556 und 1581 etwa 30 hl/ha ergaben. Zwischen 1741–1790 lag der Ertrag nur mehr bei 9,32 hl/ha (FROLEC, 1973, S. 118–121). Nach TISOWSKY (1957, S. 41 f.) betrugen die Roherträge in Iphofen im 16. Jahrhundert langfristig rund 20 hl/ha und blieben bis ins 19. Jahrhundert hinein gleich (TISOWSKY, 1957, S. 58). Im Laufe des 19. Jahrhunderts erreichten die Gemeinden am Schwanberg Ertragssteigerungen beim Getreidebau von fast 100 Prozent: „Demgegenüber konnte im Weinbau bis 1920 keine Ertragssteigerung erreicht werden. Im Gegenteil, wegen der Ertragsausfälle infolge von Schädlingsepidemien lagen die Erträge um die Wende zum 20. Jahrhundert sogar etwas niedriger als früher. Trotz aller Fortschritte der Landwirtschaft bewegten sich die Erträge des Weinbaus nach wie vor in der Größenordnung von 20 hl/ha, entsprachen also durchaus den Ernteergebnissen früherer Jahrhunderte" (TISOWSKY, 1957, S. 68). In Mähren wurden 1785 10,3 hl/ha geerntet, zwischen 1870–72 waren es 10,6 hl/ha (FROLEC, 1973, S. 139). Der durchschnittliche Ertrag in Thüringen betrug im 19. Jahrhundert selten mehr als 2,75 bis 3 hl/ha (W. HAMM, 1886, S. 201). Im Grünberger Anbaugebiet erbrachte die Ernte von 1926 etwa 1,8 hl/ha, am Main dagegen 3,3 hl/ha und an der Nahe 7 hl (CZAJKA, 1938, S. 288).
Heute belaufen sich die durchschnittlichen Erträge in der Bundesrepublik auf über 100 hl/ha (vgl. DEUTSCHES WEINBAUJAHRBUCH, 1977, S. 250). Sie stiegen von 20 hl/ha im Jahre 1900 auf etwa 40 hl/ha im Jahre 1950, 68 hl/ha im Jahre 1958 und weiter auf 104 hl/ha im Jahre 1975 und haben sich damit mehr als verfünffacht (K. M. HOFFMANN, 1977, S. 151 f.)[66]. Diese gewaltige Ertragssteigerung wird zur Hälfte auf die Rebzüchtung zurückgeführt, zu einem Viertel auf die Schädlingsbekämpfung und zu einem Viertel auf die modernen Bodenbearbeitung und Düngung (K. M. HOFFMANN, 1977, S. 151). Die unterschiedlichen Erträge der einzelnen Anbaugebiete ergeben sich einmal aus ihrer unterschiedlichen nördlichen Lage, zum anderen aber auch aus dem Anbau verschiedener Sorten[67], den Anbaumethoden und etwa dem Schädlingsbefall. Nur so ist es erklärlich, daß im Jahre 1975 am Main durchschnittlich höhere Erträge erreicht wurden als etwa in Baden und daß der Weinbau am Siebengebirge mit 75,8 hl/ha weit abgeschlagen war (DEUTSCHES WEINBAUJAHRBUCH, 1977, S. 250)[68]. In der Tschechoslowakei belief sich der Durchschnittsertrag zwischen 1967–1970 auf 44,8 bis 52,6 Ztr/ha (FROLEC, 1973, S. 166), in Böhmen dagegen nur auf 40 bis 45 Ztr/ha, womit er gerade zur Deckung der Erzeugungskosten ausreichte (DOHNAL, 1971, S. 112).

Da der Weinbau heute in Böhmen aber erst bei 50 Ztr/ha rentabel wird, möchte man die Erträge bis 1980 auf 51,17 Ztr erhöhen (DOHNAL, 1971, S. 112 f.). Die auf das Klima zurückzuführenden geringen und unsicheren Erträge werden den nördlichen Weinbau trotz bester Pflege, Sortenwahl und Anbautechnik immer im Grenzbereich der Rentabilität belassen. Ungenügende Erträge waren daher häufig der Anlaß für die Aufgabe des Weinbaus. So schreibt DION (1959, S. 421) über den Weinbau in Amiens: „A Amiens, en 1587–1588, les religieux du couvent des frères prêcheurs exposent qu'ayant fait depuis vingt-quatre ans „tout ce qu'il leur estoit possible à labourer et cultiver la vigne de leur clos, ilz n'en auroient peu retirer le fruit correspondant à leurs fraiz et despence à leur grand dommage et intérest ...". Aussi offrent-ils de vendre à la ville le terrain où cette vigne est plantée". Der Arnstädter Bürgermeister Junghans, der 1597 in Zahlungsschwierigkeiten geriet, führte seine Verschuldung hauptsächlich auf die vielen schlechten Weinjahre zurück. Er schrieb an den Stadtrat: „Zu meiner Verarmung wirkte erstlich Mißwachsung des Weines von 1575–1596 an 21 Jahre, derer 18 sind, da nicht soviel Wein erwachsen, daß es Zinsen und Geschoß und die Arbeit verlohnet hat und ist auf 1 Jahr nur 150fl Schaden gesetzt, welches nicht zu viel, das gibt 2700fl auf diesen Jahren" (zit. nach ELBRACHT, 1958, S. 164). Bei Leubus und Clessin rodete man im 18. Jahrhundert die Weinberge, weil sie „nicht immer gleichen Gewinnst ertheilten" (HAUSEN, 1798, S. 79). Aus Huy an der Maas stammt der folgende Bericht von 1812: „La culture des vignobles de cette commune est ingrate; elle dédommage si peu les vignerons, que ceux-ci forment la classe la plus laborieuse et en même temps la plus malheureuse des cultivateurs. Rarement, on peut dire jamais, une récolte complète est le prix de leurs sueurs et cela se comprend quand on considère que les montagnes seules sont plantées de vignobles, que tous les ans, pour ainsi dire, les intempéries les désolent" (HALKIN, 1895, S. 85). Während im 19. Jahrhundert in Österreich 40 Eimer per Joch als sehr gering angesehen wurden, galten in Böhmen 10 bis 12 Eimer per Joch schon als ein gutes Weinjahr (A. SCHMIDT, 1869, S. 8). In Melnik gab es zwischen 1783–1833 elf gute, zehn schlechte und 29 mittelmäßige Weinjahre, so daß Auslagen und Ertrag sich gegenseitig die Waage hielten und nur die vermögenden Weinbergsbesitzer insgesamt noch einen Gewinn machten (SCHAMS, III, 1835, S. 148 f.). Im Grünberger Anbaugebiet setzte der Rückgang des Weinbaus infolge mangelnden Ertrags bereits am Ende des 19. Jahrhunderts ein (CZAJKA, 1938, S. 290). Nach TISOWSKY (1957, S. 64) haben die extrem schlechten Ertragsverhältnisse zu Beginn unseres Jahrhunderts den Zusammenbruch des Weinbaus am Schwanberg ausgelöst.

4.4.2 Betriebsverhältnisse

Schon in der Karolingerzeit erfolgte durch die Zunahme der großen Gutswirtschaften eine Erweiterung des Weinbaus (KRIEGE, 1911, S. 8; HUSCHER, 1953, S. 262). Die Besitzer der Weinberge im Mittelalter waren hauptsächlich Klöster, Adlige und reiche Bürger. Sie betrieben ihre Weinberge häufig mit Hilfe fest angestellter Winzer und den Frondiensten ihrer Untertanen. Die Fron bestand aus den Weinbergsarbeiten, dem Keltern und dem Transport[69]. Auch in Rußland arbeiteten

im 17. Jahrhundert Sklaven, Strelitzen und Soldaten in den höfischen Weinbergen (ČEKAN, 1954, S. 654). In Mähren überwogen allerdings schon im 14. Jahrhundert die Lohnarbeiter, da sie sorgfältiger arbeiteten (FROLEC, 1973, S. 66). Die Ausdehnung des herrschaftlichen Weinbaus im Mittelalter war aber nach FALK (1955, S. 98) nur durch die Fronarbeit möglich. Auch die Rentabilität des Meißner Weinbaus beruhte bis ins 17. Jahrhundert hinein weitgehend auf der Fron (KIRBACH, 1900, S. 80). Nach der Einführung des Fronpatents im Jahre 1775 in Mähren und der damit verbundenen Verringerung der Fronpflicht, reduzierte sich die Anzahl der herrschaftlichen Weinberge sehr schnell (FROLEC, 1973, S. 136). Im Jahre 1786 wurden die höfischen Weinberge in Astrachan der Stadt übergeben mit der Bedingung, den Hof in St. Petersburg mit Trauben zu versorgen: „Die zu den Gärten gehörigen gewesenen Bauern bekamen die Freyheit sich als Bürger einzuschreiben, oder sonst einen Stand zu wählen, wozu jeder Lust hätte, daher die Stadt alle Arbeit nunmehr mit gemietheten Leuten verrichten mußte. Als nachher die Stadt vorstellte, daß sie hiebey in 2 Jahren mehr Ausgabe als Einnahme gehabt habe, und zur Vermeidung ihres Verlustes um Erlaubniß bat, diese Gärten zu verkaufen, so erhielt sie auch diese Erlaubniß" (RADING, 1793, S. 250).
Schon früh gingen viele Besitzer aus wirtschaftlichen und organisatorischen Gründen dazu über, ihre Weinberge gegen einen bestimmten Anteil des Ertrages an kleine Winzer zu vergeben. Bei diesem sogenannten Teilbau (vgl. WEINHOLD, 1973, S. 102—110), der immer stärker seit dem 13. Jahrhundert aufkam, wurden die Winzer „sozialfrei, das heißt sie waren keine Hörige oder Leibeigene eines Großgrundbesitzers mehr. Sie gingen mit ihren ehemaligen adeligen oder geistlichen Grundherren ein freies Erbpachtverhältnis ein" (ROCKENBACH, 1966, S. 643). Letztlich zielte der Teilbau darauf hin, „den Bearbeiter des Bodens zu höheren Abgaben als unter den Bedingungen des Leihverhältnisses zu zwingen" (WEINHOLD, 1973, S. 103). Seine Verbreitung und Bedeutung war in den Ländern nicht einheitlich und beruhte auf unterschiedlichen Rechtsgewohnheiten. Außer in Italien und Frankreich fand sich der Teilbau vor allem am Rhein, in Süddeutschland, in Österreich, der Schweiz und in Thüringen (WEINHOLD, 1973, S. 103). Für WEINHOLD (1973, S. 284) stellte der Teilbau für die Entwicklung der Produktivkräfte im Weinbau ein „retardierendes Moment" dar, durch den die unmittelbaren Produzenten kaum Interesse an der Verbesserung von Gerät und Anbauverfahren verspürten. Ähnlich äußert sich auch WILL (1939, S. 13): „Diese Verhältnisse (beim Teilbau) machten einen Qualitätsbau unmöglich, denn jeder Pächter war darauf bedacht, möglichst viel zu erzeugen, um seinen Pachtzins zahlen zu können, wozu außerdem noch die besonderen Abgaben kamen, wie der Zehnte an die Kirche, Bede (staatl. Grundsteuer), Gülten (Grundzinsen), Ungeld, Eichgebühren, Deputationsabgaben für die Entlohnung von Pfarrer, Lehrer, Nachtwächter usw.".
Von diesen zusätzlichen Abgaben drückte die Weinbauern vor allem der Zehnt. Er war die „wichtigste Kirchensteuer des Mittelalters" (ROCKENBACH, 1966, S. 642), doch wurde er auch von weltlichen Herrschaften eingezogen. In manchen reformierten Ländern des Deutschen Reiches wurde er schon im 16. Jahrhundert abgeschafft, linksrheinisch aber erst nach der französischen Besetzung Ende des 18. Jahrhunderts (BASSERMANN-JORDAN, 1973, S. 581), in Baden sogar erst 1833 (K. MÜLLER, 1953, S. 32). Anfangs wurde der Zehnt nur als Naturalleistung in Trauben oder in Most abgeführt, doch wurde er gegen Ende des Mittelalters ver-

mehrt als Geldleistung gefordert. Nach WARNECK (1924, S. 73) bestanden viele Klöster in Hessen auch deshalb nicht mehr auf der Abgabe in natura, weil sie sich von dem Geld besseren fremden Wein kaufen konnten. Wie wichtig der Weinzehnt von den Herrschaften genommen wurde, zeigt das Beispiel Mähren. Dort fanden sich die Klöster zwar mit dem Verlust des Getreidezehnten ab, aber den Weinzehnt verlangten sie immer (FROLEC, 1973, S. 37). In der 2. Hälfte des 16. Jahrhunderts stand der eingenommene Zehntwein der Herrschaft von Maliče in Nordböhmen im Verhältnis von 5:16 zur eigenen Produktion; innerhalb von 37 Jahren wurden 732 Fässer (1 Faß = 496 l) Wein eingelegt, davon stammten 560 Fässer aus der Eigenproduktion, der Rest war Zehntwein (FROLEC, 1973, S. 118). Im Zusammenhang mit dem Zehnt bestand vielerorts auch der Kelterzwang. Ebenso wie der Teilbau war auch die Zehntwirtschaft „jedem Fortschritt in der Weinkultur hinderlich" (BASSERMANN-JORDAN, 1975, S. 577), da sie vor allem Wert auf die Quantität legte. Noch Anfang des 19. Jahrhunderts heißt es in einer zeitgenössischen Quelle aus Mainfranken:
„Der Naturalzehnt bleibt und ist die drückendste Last, die der ehemalige Feudalismus ersinnen konnte. In allen Weinlagen, die dem Naturalzehnt noch unterliegen, geht der Weinbau zurück und in allen solchen Weinbergen wird nur gewöhnlicher Wein durcheinander gezogen. Hier wird nur auf Quantität und nicht auf Qualität gesehen. Dem Naturalzehnt ist es zuzuschreiben..., daß der zehntbelastete Winzer den Weinbau aufgibt und Kartoffel in den Weingärten pflanzt... Wo die Weingärten mit dem Naturalzins belastet sind, sind auch die meisten verschuldeten Winzer... Den Zehntherren ist es zuzuschreiben, daß die fränkischen Weine im Allgemeinen ihre guten Namen verlieren, weil an Verbesserungen nicht angegangen werden kann... Überall wo der Zehnt fixiert ist, werden die Weinberge von Jahr zu Jahr verbessert" (zit. nach RUPPERT, 1960, S. 52 f.).
Im Mittelalter waren im Elbtal die Landesfürsten und die Meißner Bischöfe die größten Weinbergsbesitzer, während die Bauern nur wenige Grundstücke ihr eigen nannten und zudem infolge der feudalen Besitzerweiterungen in die Elbniederung abgedrängt wurden (WEINHOLD, 1965, S. 194). Nach 1450 erlangte der Weinbau auch für Städter und Ackerbauern eine steigende Anziehungskraft (H.-C. SCHMIDT, 1965, S. 21), so daß zum Beispiel schon im 16. Jahrhundert fast alle Bauern im Gubener Land Weinberge besaßen (KRAUSCH, 1966, S. 101). Nach der Reformation und der Säkularisation der Klöster erhöhte sich der Weinbergsbesitz der Naumburger Bürger sehr schnell (TÖPFER, 1909, S. 55). In Jena war der Weinbau so verbreitet, daß fast jede Familie Weinberge besaß. Im Jahre 1572 waren von den Jenaer Steuerzahlern 74 Prozent Weinbergsbesitzer, 1659 nur noch 44 Prozent (FALK, 1955, S. 40 und 85). Das Spaargebirge bei Meißen wurde im 17. Jahrhundert an kurfürstliche und städtische Beamte zur Anlage von Weinbergen aufgeteilt und veräußert (ZAUNICK, 1929, S. 327). In der Niederlausitz wurde der Weinbau sowohl von den Bürgern der Städte als auch von den Grund- und Gutsherrschaften und der bäuerlichen Bevölkerung betrieben (KRAUSCH, 1967b, S. 34).
Schon im 16. Jahrhundert machte sich eine erste Veränderung der Besitzverhältnisse bemerkbar. In den reformierten Ländern erweiterten die Landesfürsten und reichen Bürger ihren Weinbergsbesitz auf Kosten der Klöster. Seit dem 17. Jahrhundert erfolgte in verschiedenen Weinbaugebieten ein allmählicher Übergang der Weinberge an ortsfremde Besitzer, so etwa unterhalb der Mosel (H. SCHMITZ, 1925,

S. 70). In Grinzing waren 1680 rund 75 Prozent der Weingärten in den Händen Auswärtiger, davon 63 Prozent in der Hand von Wienern (H.-C. SCHMIDT, 1965, S. 21). Das soziale Ansehen, der Reichtum bestimmter sozialer Schichten war in den Städten häufig an den Besitz von Weinbergen geknüpft. Über den sächsischen Weinbau Ende des 17. Jahrhunderts schreibt CARLOWITZ (1846, S. 114): „Indessen wurde die Acquisation von Weinbergen bald ein Luxusartikel der hohen Staatsdiener und der Reichen dieser Periode und durch diese ist allerdings mit nicht geringem Aufwand viel zur Belebung des Weinbaus geschehen". In Jena gab es das Sprichwort: „Wer einen Weinberg am Jenzig, ein Haus am Markt, 9 Acker im Feld und 300 Gulden im Kasten hat, mag wohl ein Bürger von Jena bleiben", und in Naumburg wurde nur als Bürger angesehen, wer ein Haus, einen Pelz und einen Weinberg hatte (BOIE, 1922, S. 17). An dieser Tradition wurde bis weit in das 19. Jahrhundert hinein festgehalten, was vielerorts das lange Bestehen der städtischen Weinkultur an der nördlichen Anbaugrenze erklärt. Dagegen scheint der bäuerliche Weinbau in Sachsen schon nach dem Dreißigjährigen Krieg zurückgegangen zu sein (HUSCHER, 1953, S. 263). Auch in der Umgebung von Guben nahmen die Bauern Abstand vom Weinbau, vor allem wegen der vielen schlechten Weinjahre. Der Schwerpunkt des Weinbaus lag jetzt bei den Guts- und Grundherrschaften, für die in diesem Zeitraum auch Neuanlagen überliefert sind (KRAUSCH, 1966, S. 101). Auch am Main überstand der geistliche Großgrundbesitz die schlechten Weinjahre besser als die kleinbäuerlichen Winzer (WELTE, 1934, S. 25). In Niederösterreich wurden im Laufe des 18. Jahrhunderts viele verödete Weinberge billig von Adligen aufgekauft und teilweise in Felder und Wiesen umgewandelt (H.-C. SCHMIDT, 1965, S. 29). Das 19. Jahrhundert brachte einschneidende Veränderungen in den Besitzverhältnissen, die zu einer sozialen Umschichtung führten. Im Gefolge der französischen Revolution wurden an der Ahr die Weinberge der Klöster und Domstifte Anfang des 19. Jahrhunderts im Zuge der Säkularisation an die bisherigen Pächter verkauft (KRIEGE, 1911, S. 12 f.; SCHANDER, 1965, S. 932). Am Main dauerte der Übergang aus dem feudalzeitlichen Lehn- und Teilbausystem in den freien Besitz der Winzer bis 1820 (WELTE, 1934, S. 44). An der Saale wurden die letzten herrschaftlichen Weinberge in den Jahren 1808 und 1809 an die seitherigen Pächter verkauft, die dadurch vor allem von der Pflicht der Weinablieferung loskommen und das freie Verfügungsrecht über die Bestellung der Grundstücke erlangen wollten. Viele Weinbergsbesitzer gaben danach den Weinbau auf (FALK, 1955, S. 159). Dieses Beispiel bestätigt RUPPERTs These, daß ein Besitzwechsel, „besonders wenn er mit einem Wechsel der sozialen Gruppe verbunden ist, ein sehr einflußreicher Faktor für die Gestaltung des Bildes der Agrarlandschaft ist" (RUPPERT, 1960, S. 63).

Der Besitzwechsel erfuhr noch in der 2. Hälfte des 19. Jahrhunderts durch die geringen Erträge und die steigenden Kosten der Schädlingsbekämpfung eine Beschleunigung. An der Elbe verkaufte der Staat die letzten fiskalischen Weinberge, da die Bekämpfungsverfahren zu umständlich und kostspielig waren (ZAUNICK, 1929, S. 330). Bei den Städtern wurde der Weinberg als Sozialstatus zunehmend durch andere Objekte ersetzt, es kam zu „einer Kapitalflucht aus dem Weinberg heraus" (RUPPERT, 1960, S. 52). Das war wahrscheinlich auch in Guben der wahre Grund für die Verschiebung der Besitzverhältnisse nach der verstärkten Industrialisierung in der 2. Hälfte des 19. Jahrhunderts, auch wenn GANDER (1925, S. 496 f.)

schreibt: „Es hatte zur Folge, daß viele wohlhabende Bürger aus Zeitmangel sich ihrer Berge entledigten, die dann vielfach in den Besitz von Arbeitern oder minderbemittelten Leuten übergingen, die selbst vom Weinbau nichts verstanden ... und darauf sehen mußten, Nahrungsmittel für den Haushalt zu gewinnen". An der Elbe hatten die „ehemals in vorbildlicher Weise Weinwirtschaft treibenden Kreise des Großgrundbesitzes jede Lust und Geduld, aber auch die Opferwilligkeit für den unberechenbarsten Betrieb der Landwirtschaft, den Weinbau, verloren..." (M. ZIMMERMANN, 1922, S. 1). Auch DERN (1919, S. 439) weist darauf hin, „daß der Weinbergsbesitz der Provinz Sachsen sich vorwiegend in den Händen von Kleinbesitzern befunden hat, welche nicht kapitalkräftig genug sind, um eine längere Reihe nur mittelguter oder gar schlechter Weinjahre aushalten zu können".

Mit dem Umschwung der Ertragsverhältnisse in unserem Jahrhundert kamen noch andere soziale Gruppen zum Weinbau (vgl. TISOWSKY, 1957, S. 75). An der Elbe zwischen Dresden und Meißen waren unter den Besitzern der Neuanpflanzungen ab 1910 Professoren, Adlige, Ingenieure, Fabrikbesitzer und Baumeister (PFEIFFER, 1924, S. 216). Im Jahre 1932 wurden von den Weinbergen im Kreis Querfurt 49 Prozent von Landwirten, 22 Prozent von Geschäftsleuten und 29 Prozent von Arbeitern und Rentnern betrieben (KRAUSE, 1933, S. 761).

Neben den Besitzverhältnissen hat auch die Betriebsstruktur einen großen Einfluß auf die Wirtschaftlichkeit des Weinbaus. In den meisten nördlichen Weinbauorten war der Weinbau für die Betriebe nur eine Komponente der bäuerlichen Wirtschaft. Zum einen erforderten betriebstechnische Gründe, wie der hohe Dünger-, Weiden- und Holzbedarf, die Nebenkulturen (H. SCHMITZ, 1925, S. 48), vor allem aber erlaubten die Erträge, die „stets die Untergrenze des Existenzminimums" bildeten (VEITH, 1966, S. 157), nicht den Anbau in Monokultur. Auf dem Lande wurde der Weinbau meist mit dem Ackerbau verbunden, in der Stadt auch mit anderem Erwerb. Die hauptsächliche Bewirtschaftung des Ackerlandes führte bei den Bauern häufig zu einer sehr extensiven Bearbeitung des Weinbergs (POMTOW, 1910, S. 98)[70]. In der Stadt betrieben den Weinbau als Nebenerwerb vor allem die kleinbürgerlich-handwerklichen Kreise. Sie waren zum Beispiel in Grünberg zusammen mit den im 19. Jahrhundert hinzutretenden Industriearbeitern bis zuletzt die Hauptträger des Weinbaus (VEITH, 1966, S. 158). Auch für Witzenhausen, Eschwege und Allendorf war die Verbindung von Weinbau und Gewerbe kennzeichnend (MENK, 1972, S. 61). Wie sehr in Witzenhausen Handwerker und Gewerbetreibende mit dem Weinbau verbunden waren, zeigt ihre starke Hinwendung zu dieser damals fast unrentablen Einkommensquelle in der Zeit ihrer schlechten wirtschaftlichen Situation seit der 2. Hälfte des 18. Jahrhunderts: „Die intensive Bebauung der Rebflächen geschah also aus Not, und nur so ist die ökonomisch paradoxe Entwicklung zu erklären, daß noch im 19. Jahrhundert in Witzenhausen die Rebfläche erweitert wurde" (MENK, 1972, S. 69).

Bei der Bearbeitung mittlerer und größerer Flächen durch Lohnarbeiter waren im nördlichen Weinbau regelmäßige Einkünfte aus Handel und Gewerbe als notwendige Kapitalrücklage für die Überwindung von Mißernten unentbehrlich. In Jena wurden nur kleine Flächen bis zu einem Hektar nebenberuflich mit der eigenen Familie bearbeitet. Die im Hauptberuf als Winzer tätigen waren Lohnarbeiter und gehörten dort zu den ärmeren Einwohnern, die im Winter ihren Lebensunterhalt mit Dreschen und Holzmachen verdienen mußten (FALK, 1955, S. 42). In Grünberg waren im Jahre 1787 unter den 880 Gewerbetreibenden nur 48 (= 5,5 Prozent) Winzer, die den zugleich nebenberuflichen Weinbauern und hauptberuflichen Tischmachern, Böttchern, Fleischern und „Weinessigmachern" die Gärten bestellten (VEITH, 1966, S. 160). Noch bis ins 20. Jahrhundert hinein wurden dort die Weinberge auf diese Weise bestellt. POMTOW (1910, S. 167) berichtet von Betrieben mit festangestellten Winzern, mit zeitweise eingestellten Winzern und Tagelöhnern und auch von Betrieben mit Eigenbearbeitung, die vor allem charakteristisch für die Landgemeinden waren.

Während in den Kerngebieten des deutschen Weinbaus die „Zersplitterung in Parzellenbetriebe mit Zuerwerb oder gar die Degradierung des Weinbaus zum Nebenerwerb" erst jüngeren Datums ist (HAHN, 1956, S. 137), kann VEITH (1966, S. 156) für Schlesien nachweisen, daß dort der Weinbau schon seit Jahrhunderten einen Nebenerwerb darstellt. Aber auch HAHN (1956, S. 137 f.) unterscheidet im westdeutschen Bereich die Kerngebiete des Weinbaus von denjenigen Gebieten, „in denen der Wein immer nur zusätzliches, wenn auch zeitweilig wirtschaftlich bedeutendes Produkt war". In Franken stellte nach WELTE (1934, S. 21 f.) der Getreidebau immer die Wirtschaftsgrundlage, während der Rebbau auch in Zeiten seiner größten Ausdehnung Nebenerwerb blieb. Für mehr als 4/5 aller Steuerzahler Jenas waren im 16. Jahrhundert die Erträge aus eigenen Weinbergen nur ein kleines Nebeneinkommen. Sie mußten daher als Tagelöhner oder Halbpächter ihr Brot verdienen (FALK, 1955, S. 48). Im 17. Jahrhundert waren dort die kleinen und mittleren Betriebe am wenigsten vom Verfall betroffen, während sich die Anzahl der Groß- und Kleinstbetriebe verringerte (FALK, 1955, S. 86). Auch von Thüringen wird berichtet, daß dort der Weinbau im Nebenerwerb betrieben wurde und durchschnittlich nur den 10. bis 30. Teil des Gesamtbesitzes ausmachte. Bei städtischem Besitz war häufig ein Obst- oder Gemüsegarten mit dem Weinberg verbunden (BOIE, 1922, S. 19). An der Ahr betrieben im Jahre 1965 mehr als 2/3 der Besitzer den Weinbau im Nebenerwerb (SCHANDER, 1965, S. 934). Noch heute bewirtschaften in der Bundesrepublik rund 3/4 aller Betriebe kleine Rebflächen mit durchschnittlich 0,84 ha, lediglich 2 Prozent der Betriebe haben mehr als 5 ha Reben. Im Durchschnitt ist die gesamte landwirtschaftlich genutzte Fläche fünfmal so groß wie die Rebfläche (K. M. HOFFMANN, 1977, S. 153). Mit zunehmender nördlicher Lage des Weinbaus bleibt zwar der Mischbetrieb erhalten, die Stellung des Weinbaus innerhalb des Betriebes verringert sich jedoch: „Bei den Betrieben mit Weinbau als Nebenerwerb wird in dem Umfang, wie der Haupterwerb an Bedeutung gewinnt, die Rebfläche schlechter bearbeitet oder ganz aufgegeben. Besonders deutlich ist dies, wenn der Haupterwerb nicht im Zusammenhang mit dem Weinbau steht" (STANG, 1962, S. 290).

Der Weinbau als Haupterwerb spielt an der nördlichen Anbaugrenze nur eine ganz geringe Rolle. In der Niederlausitz waren es nur wenige Betriebe in Guben und wohl auch in Sommerfeld (KRAUSCH, 1967b, S. 34). Auch in Werder bei Berlin fanden etliche Besitzer im Weinbau „ihre ausschließliche Nahrung" (WALTER, 1932, S. 25). Obwohl der Weinbau in Monokultur schon für das Mittelalter nachgewiesen werden kann (vgl. H.-J. SCHMITZ, 1968, S. 75), so gibt es jedoch die reinen Weinbaubetriebe, zum Beispiel im Oberrheingebiet, erst seit dem 19. Jahrhundert (WINKELMANN, 1960, S. 76). In der Bundesrepublik, aber auch in den anderen Weinbauländern, wird heute in den Kerngebieten des Weinbaus die Tendenz zum reinen

Weinbaubetrieb deutlich: „Diese Entwicklung wird erleichtert durch die Ablösung der früher notwendigen Viehzucht, das heißt durch den gesteigerten Maschinenbesatz und die Möglichkeit der künstlichen Düngung. Auch die Selbstversorgung mit landwirtschaftlichen Produkten spielt eine immer geringere Rolle. Dies führt zur allmählichen Aufgabe der übrigen landwirtschaftlichen Nutzfläche bzw. zur Aufstockung der Betriebe allein in Richtung einer Ausweitung der Rebfläche" (HAHN, 1968, S. 136 f.). In den nördlichen Weinbauorten hatte zwar die allgemeine Verringerung der Weinbaubetriebe für einzelne Betriebe eine Vergrößerung ihrer Rebflächen zur Folge, doch hat sich hier der Trend zum reinen Weinbaubetrieb nicht im gleichen Umfang durchsetzen können; dagegen ist eine verstärkte Selbstkelterung bzw. ein Zusammenschluß der Nebenerwerbswinzer auf genossenschaftlicher Basis festzustellen. In Iphofen (Schwanberg) erweiterten seit 1896 nur Weingüter oder Weinhändler ihr Rebland, die sich unter den neuen Verhältnissen als Selbstvermarkter dank ihrer kellertechnischen und absatzmäßigen Überlegenheit als stabilste Träger des Weinbaus erwiesen (TISOWSKY, 1957, S. 70–77; vgl. auch RUPPERT, 1960, S. 60–64). Auch die kleinen Betriebe profitierten vom guten Ruf der großen (vgl. GRIES, 1969, S. 85). In der Bundesrepublik sind 65 Prozent der kleinen Winzerbetriebe zu Genossenschaften zusammengeschlossen (K. M. HOFFMANN, 1977, S. 154), auch in Frankreich steigt die Zahl der Winzergenossenschaften ständig (KALINKE, 1974, S. 669). Die Genossenschaften betreiben die Rationalisierung aller Arbeiten, wie Anbauberatung, gemeinschaftliche Schädlingsbekämpfung, Rebenveredlung, Hebung der Weinqualität, gemeinsamer Absatz, moderne Kellerwirtschaft, Werbung und Marktforschung (K. M. HOFFMANN, 1977, S. 154)[71]. In den sozialistischen Ländern erfolgte der Zusammenschluß mehr oder weniger freiwillig. Trotz Verstaatlichung sind heute in der Sowjetunion noch 14 Prozent der Weinberge in individuellem Kleinbesitz, 38 Prozent werden von Kolchosen, 48 Prozent von Sowchosen (Staatsgütern) bebaut (SCHURICHT, 1973, S. 127). An Saale und Unstrut gehörten vor dem 2. Weltkrieg fast 2/3 der Rebfläche zu landwirtschaftlichen Mischbetrieben, etwa 15 Prozent Geschäftsleuten und der Rest sogenannten Feierabendwinzern. Im Jahre 1965 entfielen 80 Prozent der Rebfläche auf volkseigene Güter (VEG) und landwirtschaftliche Produktionsgenossenschaften (LPG)[72], und die restlichen 20 Prozent auf die Nebenerwerbswinzer (DIETER, 1965, S. 180). Diese sind in Weinbaugemeinschaften, den sogenannten Vereinigungen der gegenseitigen Bauernhilfe (VdgB), zusammengeschlossen. Die Weinberge der Nebenerwerbswinzer sind meist kleiner als 1/4 ha. Die Besitzer verkaufen die Trauben an ihre VdgB und erhalten den abgefüllten Wein dafür zurück, wobei sie für je 100 kg Lesegut einen bestimmten Betrag bezahlen müssen (WILD, 1976, S. 1077). Die beiden größten und zugleich einzigen reinen Weinbaubetriebe sind die VEG Naumburg und Radebeul, VdgB-Winzergenossenschaften gibt es in Meißen und in Freyburg an der Unstrut (LIEPE, 1973, S. 121).
Wenn auch viele der bisher aufgeführten Betriebsverhältnisse sowohl für die Kerngebiete als auch für die Randgebiete des Weinbaus zutrafen, so trugen dennoch in den nördlichen Weinbauorten etwa der Teilbau und die Aufgabe der Fron, sowie die überwiegend nebengeordnete Stellung des Weinbaus innerhalb des landwirtschaftlichen Betriebes oder beim Einkommen zur besonderen Empfindlichkeit des Weinbaus bei. In den nördlichen Weinbauorten machten es die Betriebsgrößen und die höheren Erträge aus anderen Produkten oder anderer Arbeit leichter, sich zur Auf-

gabe des Rebbaus zu entschließen oder allerhöchstens kleinere Parzellen zur Selbstversorgung beizubehalten. Ähnliches gilt auch bei der andersartigen Besitz- und Sozialstruktur der Feierabendwinzer, für die ebenfalls in neuerer Zeit ein fortschreitendes Auflassen der Rebfläche kennzeichnend ist (vgl. GRIES, 1969, S. 234). Die Ausbildung von einzelnen Weinbauorten steht deshalb auch im Zusammenhang mit ehemaligen Herrschaftssitzen, Klöstern und Städten. Die Existenz dieser Plätze mit einer ganz bestimmten Sozialstruktur war für die Entstehung von Weinbauinseln an der nördlichen Weinbaugrenze von großer Bedeutung (RUPPERT, 1960, S. 33). Aber auch beim Rückgang des Weinbaus spielten diese anthropogenen Gesichtspunkte eine wichtige Rolle. So waren zum Beispiel in Franken alle „als Rückzugszentren angesprochenen Gemeinden Sitz von Weingütern, Sitz von Winzergenossenschaften oder einer solchen direkt angeschlossen" (RUPPERT, 1960, S. 160; vgl. auch TISOWSKY, 1957, S. 84). In Mittel- und Ostdeutschland orientierten sich die Rückzugszentren des Weinbaus außer am Klima auch an den Betriebsverhältnissen. In Oberdollendorf am Siebengebirge konnte sich der Weinbau besser erhalten als in den Nachbargemeinden, „weil die Gründung einer Genossenschaft die Kelterung erleichterte" (STANG, 1962, S. 289). Ein Zusammenhang zwischen Bestand und Alter des Weinbaus und der Betriebsgröße allein läßt sich allerdings nicht herstellen, da letztere doch zu sehr an die Sozialstruktur und andere Faktoren gebunden ist. So schreibt LAMB (1966, S. 192) über die mittelalterlichen englischen Weinberge: „It is noticeable in Fig. 13 that the longest continued, and presumably most successful, English vineyards were not the biggest ones; probably careful management and choice of ground was always a factor in the successful ones".

Dagegen stehen die Betriebsgrößen eng in Verbindung mit der Betreibung des Weinbaus als Haupt- oder Nebenerwerb. Da der nördliche Weinbau schon allein wegen seiner unsicheren Erträge fast ausschließlich im Nebenerwerb betrieben wurde, waren die bearbeiteten Rebflächen meist relativ klein. Hinzu kam die Besitzzersplitterung als Folge der hohen Arbeitsintensivität, die typisch für alle Weinbaugebiete war. Im 16. und 17. Jahrhundert lag die untere Grenze der Nährfläche einer Vollperson bei 6 Morgen (rd. 1,2 ha) Ackerland (TISOWSKY, 1957, S. 45). Am Schwanberg hatten daher die kleinen „Häcker" neben ihrem Weinberg meist noch ein bis zwei Morgen Feld, ein Stück Wiese und einen Krautgarten (TISOWSKY, 1957, S. 30). In Jena gab es 1542 über 56 Prozent Weinbergsbesitzer mit weniger als drei Acker (ein Jenaer Acker = 0,427 ha) Rebfläche, im Jahre 1659 gar schon über 60 Prozent (FALK, 1955, S. 41 und 86). Um 1580 lag die mittlere Rebparzellengröße in Witzenhausen, Eschwege und Allendorf bei 1 1/2 Acker (ein Acker = 0,25 ha), im 18. Jahrhundert nur noch bei 1/2 Acker (MENK, 1972, S. 59). In Astrachan betrug die durchschnittliche Größe der höfischen Betriebe im 17. Jahrhundert nur zwei Desjatinen (1 D = 109 Ar). Überhaupt war der gesamte höfische Weinbergsbesitz mit 24 Desjatinen in Astrachan, 5 1/2 Desjatinen in Čuguev und 16 Desjatinen in Ismailowo sehr unbedeutend (ČEKAN, 1954, S. 647).

Die städtischen Weinberge waren meistens größer als die der Bauern auf dem Lande, was die tragende Rolle der Städte im Weinbau unterstreicht. In Mähren bestand der bäuerliche Weinbergsbesitz im 17. Jahrhundert im allgemeinen nur aus 1/4 oder 1/8 Weinberg (FROLEC, 1973, S. 183). Während die Betriebsgrößen im 19. Jahrhundert in Züllichau noch im Durchschnitt 2,5 ha erreichten, lagen sie in Grünberg und Krossen nur bei 0,5 ha und in den umliegenden Landgemeinden nur bei 0,3 ha

(VEITH, 1966, S. 157). In den thüringischen Städten Jena, Camburg und Sulza betrug der städtische Rebbesitz zwischen 1/2 bis 3 Morgen, derjenige der Landbewohner nur 10 bis höchstens 50 ar (BOIE, 1922, S. 18). Von der im letzten Drittel des vergangenen Jahrhunderts einsetzenden Tendenz zur Verkleinerung der Besitzungen machte nur Freyburg an der Unstrut eine Ausnahme, wo sich viele Keltereien und Sektfabriken befanden, die auch eigenen Anbau betrieben (BOIE, 1922, S. 17). Heute geht in den Kerngebieten des Rebbaus der Trend hin zur Vergrößerung der Betriebe. Diese Entwicklung läßt sich in den Randgebieten nur in abgeschwächter Form beobachten, da ein Großteil der Rebfläche wie seit alters im Nebenerwerb bearbeitet wird. Den größten Zuwachs verzeichnen hier die Weingüter und die staatlichen Betriebe in den sozialistischen Ländern[73]. Für die Erweiterung der Betriebe ist nicht nur entscheidend, ob sie damit ihre Existenz ganz im Weinbau finden können, sondern ob ihnen dafür auch die nötigen Arbeitskräfte zur Verfügung stehen. Um ganz vom Weinbau leben zu können, bedarf es für den Winzer und seine Familie je nach Anbauform und Anbaugebiet unterschiedlich großer Flächen. Nach STANG (1962, S. 290) muß mindestens ein Hektar Rebfläche vorhanden sein, damit der Weinbau als Haupterwerb gelten kann. An der deutschen Obermosel liegen die Richtgrößen bei 2,4 ha, an der Saar bei 2 ha (WERLE, 1977, S. 145). Für Luxemburg fordert FABER (1970, zit. nach WERLE, 1977, S. 147) 3 bis 4 ha für einen reinen Weinbaubetrieb.

4.4.3   *Arbeitskräfte und Löhne*

Der Weinbau als arbeitsaufwendige Sonderkultur konnte sich nur dort in größerem Umfang entfalten, wo genügend Arbeitskräfte zur Verfügung standen. Auch deshalb wurden bei seiner Ausbreitung nach Norden Klöster und Städte seine wichtigsten Träger, während er sich in den ländlichen Gebieten erst später entwickelte. So war in Schlesien der Weinbau zunächst nur eine städtische Kultur, die erst im 16. Jahrhundert sekundär auf die Dörfer übergriff (VEITH, 1966, S. 21). Der Zusammenhang zwischen Weinbau und Bevölkerung wurde schon früh erkannt. So schreibt RADING (1793, S. 179): „Es sey nun, daß physische Ursachen die Population befördern, oder daß das sanfte und milde Klima mehrere Menschen vereint, deren Thätigkeit hie mehr Befriedigung findet, als bey dem gewöhnlichen Ackerbau; so ist doch gewiß, daß der Weinbau für Rußlands südliche Provinzen auch ein sicheres Mittel zur größeren Bevölkerung würde". Für Frankreich stellt DION 1959, S. 33) fest: „Hors de la Bretagne, où la vie maritime provoque des phénomènes démographiques particuliers, on peut poser en principe que, dans la France non méditerranéenne, les régions rurales dont la population dépasse 70 habitants au km^2 sont ou des districts industriels ou des vignobles". In Stuttgart-Hedelfingen wird der Weinbau seit 1366 in Urkunden erwähnt. Etwa eine Generation später wird erstmals der bäuerliche Grundbesitz real geteilt, wodurch sich die Bevölkerung schnell verdichtete[74]. Auch SCHRÖDER (1953, S. 77–82) konnte an ursprünglich ländlichen Siedlungen in Württemberg nachweisen, daß sich durch das Hinzutreten starken Weinbaus (8 bis 15 Proznet der LNF) die Bevölkerungsdichte verdoppelte und bei sehr starkem Weinbau (mehr als 15 Prozent der LNF) sogar verdreifachte. Die bevölkerungsverdichtende Wirkung des Weinbaus war in den meisten nördlichen Weinbauorten allerdings gering, da die städtische Bevölkerung zu sehr vom Gewerbe bestimmt wurde und die Dörfer mit ihrem geringen Rebflächenanteil mehr den Ackerbausiedlungen zuzurechnen waren. So nahm zum Beispiel in den Weinbaugemeinden an der Werra der Weinbau mit nur 2 bis 6,5 Prozent innerhalb der landwirtschaftlichen Nutzfläche eine relativ unbedeutende Stellung ein (MENK, 1972, S. 58). Die Veränderungen in der Zahl der Bevölkerung und ihrer Struktur blieben aber auch im nördlichen Weinbau nicht ohne Auswirkung. Dabei traten große regionale und zeitliche Unterschiede auf, auf die im einzelnen im Rahmen dieser Arbeit nicht eingegangen werden kann. So nahm zum Beispiel in Böhmen bis zum Dreißigjährigen Krieg die Zahl der herrschaftlichen Weinberge ständig zu, da genügend Lohnarbeiter zur Verfügung standen (FROLEC, 1973, S. 96–99). Anfang des 17. Jahrhunderts verstärkten die Bevölkerungsverluste in Iphofen die Tendenz zur Einschränkung der Rebfläche, auch wenn sie letztlich nicht entscheidend dafür waren (TISOWSKY, 1957, S. 36). Nach dem 2. Weltkrieg ging in Grünberg der Weinbau auch deshalb stark zurück, weil durch Flucht und Aussiedlung die sachkundige Bevölkerung stark dezimiert worden war (KRES, 1966, S. 78). Ähnliches wird aus Teilen Ungarns berichtet (RUPPERT, 1960, S. 55) und auch in Böhmen kam es vor allem zwischen 1950–1954 zu einem starken Rückgang wegen des Wechsels in der Bevölkerung und ihrer Umschichtung (FROLEC, 1973, S. 159).

Die meisten Probleme für alle Weinbaugebiete aber brachte die wachsende Industrialisierung seit dem 19. Jahrhundert, die eine Abwanderung der Arbeitskräfte aus der ganzen Landwirtschaft zur Folge hatte. Neben besseren und höheren Verdienstmöglichkeiten lockten vor allem die sicheren Arbeitsplätze, kürzere Arbeitszeiten und auch die leichtere Arbeit. Die Arbeitskräftefrage wurde damit zur Kernfrage des modernen Weinbaus und bestimmte weitgehend seine Rentabilität. Immer wieder wurde von den Winzern behauptet, die Industrie sei schuld am Niedergang des Weinbaus (vgl. H. SCHMITZ, 1925, S. 72; HELLWIG, 1955, S. 80), zumal sie sich bei ihrer Ausbreitung vorwiegend an die dicht besiedelten und meist verkehrsmäßig gut erschlossenen Weinbaugebiete hielt (HELLWIG, 1955, S. 80). Zuerst waren es vor allem Betriebe der Steine und Erden, die dem Weinbau Arbeitskräfte und zum Teil auch den Boden entzogen. Aus Werder wird von der nachteiligen Wirkung der Ziegeleien auf Äcker und Gärten schon aus dem 17. Jahrhundert berichtet (WALTER, 1932, S. 11 f.). Als bei Oberkassel (Siegkreis) seit den 40er Jahren des 19. Jahrhunderts die Basalte in steigendem Maße abgebaut wurden, fielen die Weinberge teils den Steinbruchbetrieben direkt zum Opfer oder indirekt, indem die Arbeiter in die Basaltbetriebe und das neu entstandene Zementwerk abwanderten (ZEPP, 1927, S. 123). In Bonn-Vilich fiel um die Jahrhundertwende enbenfalls eine große Rebfläche den Steinbruchbetrieben zum Opfer, ebenso in Nickenich in der Vordereifel (ZEPP, 1927, S. 137 und 144). In Bad Neuenahr und Umgebung fanden viele Arbeiter und Kleinwinzer im Appollinarisbrunnen und in den Tongruben eine höhere und sichere Einnahmequelle (KRIEGE, 1911, S. 17). Über den Kreis Kalau in Posen berichtet POMTOW (1910, S. 122): „Der Kreis Kalau kommt heute für den Weinbau nicht mehr in Betracht. Die dortigen Weinberge bei Senftenberg, Hörlitz und Reppist sind von den wertvollen Braunkohlelagern unterlagert, welche allmählich abgebaut werden. Dadurch verschwinden die Weinberge völlig, deren Bodenwert bereits eine unerschwingliche Höhe erreicht hat".

Seit dem Ende des 19. Jahrhunderts war es dann vor allem das Großgewerbe, das dem Weinbau die Arbeitskräfte entzog. Beispiele dafür liegen aus vielen Weinbauorten vor. So heißt es vom Weinbau zwischen Koblenz und Bonn: „Man kann von der Sieg ab aufwärts beobachten, wie seit den 80er Jahren jedesmal, sobald sich in einem Orte ein Fabrikunternehmen niederließ, die geschilderte Abwanderung einsetzte, wie nach 15 bis 20 Jahren fast niemand mehr, besonders kaum noch Frauen vorhanden waren, die Weinbergsarbeiten gelernt hatten und wie infolgedessen der Winzer, wenn dann auch noch Mißwachsjahre eintraten, im Unmut begann, seine Weinberge auszustoßen" (H. SCHMITZ, 1925, S. 72). In Grünberg blieben dem Weinbau „meistens nur ältere, oftmals noch ungeschulte Männer und Frauen oder kaum der Schule entwachsene Kinder, die von Weinbauarbeiten nichts verstanden" (PAETZ, 1922, S. 119; vgl. auch CZAJKA, 1938, S. 290). An der Rur erlosch um 1910 in Winden und Üdingen der Weinbau vor allem wegen der „Abwanderung zur Industrie, mit deren Löhne der Weinbau nicht wetteifern konnte" (GÜNTHER, 1958, S. 71). An der Maas entzogen die Fabriken von Lüttich und das riesige Eisenwerk Seraing bei Huy dem belgischen Weinbau die Arbeiter (BASSERMANN-JORDAN, 1940, S. 7; vgl. auch HALKIN, 1895, S. 123); in Thüringen waren es vor allem die Leuna-Werke bei Merseburg, die Braunkohlenwerke zwischen Teuchern und Zeitz und die Wollwebereien in Apolda (THIEM, 1928, S. 57). Auch in der Schweiz zog die starke Industrialisierung Arbeitskräfte aus Landwirtschaft und Weinbau ab (SCHLEGEL, 1973, S. 42); dagegen ist der dortige Rückgang des Weinbaus nach 1930 hauptsächlich der Ausbreitung der Siedlungs- und Industrieflächen in der Nähe der großen Städte zuzuschreiben. Nach HAHN (1968, S. 131) erlischt heute in stadtnahen Räumen das Interesse am Weinbau schnell und entsprechend sinkt die Zahl der Nebenerwerbsbetriebe. Der freie Samstag hat aber auch die Bereitschaft zum Zuerwerb gefördert, sofern am Ort eine Genossenschaft oder ein Großbetrieb (wie z. B. in Leimen) das Keltern und den Ausbau im Lohn übernimmt. Sehr deutlich wird der Zusammenhang zwischen Rebfläche und Industrie am Beispiel der Gemeinde Hönningen am Mittelrhein. Dort sinkt die Weinbergsfläche von 70 ha bei der ersten Industrieansiedlung im Jahre 1871 auf etwa 6 ha im Jahre 1926, während gleichzeitig die Zahl der Industriearbeiter auf fast 1000 anwächst (ZEPP, 1927, S. 176). Während aber in den eigentlichen Weinbaugebieten jede Einschränkung der Rebfläche „wirtschaftliche und soziale Notstände hervorrufen muß" (HAHN, 1956, S. 9), ist für den nördlichen Nebenerwerbsweinbau eher das Gegenteil zutreffend: die wirtschaftliche Situation der ehemaligen Winzer verbesserte sich durch die Industriearbeit.

Neben der Industrieansiedlung am Ort trug auch die wachsende Verkehrserschließung dazu bei, den Weinbergsarbeitern anderwärts einen besseren Verdienst zu ermöglichen. Als im Jahre 1896 der Zabergäu durch die Zabertalbahn Anschluß an die Industriezentren des Neckartales erhielt, ging der Weinbau sofort zurück (BADER, 1970, S. 326). Auch die Bauern in den Cevennen, die früher regelmäßig zur Frühjahrsarbeit in die Weinberge der Ebene kamen, suchten sich seit der Entwicklung der Eisenbahnen andere Arbeit (RIEMANN, 1957, S. 21).

Die Auswirkungen der Industrialisierung waren in den einzelnen Weinbaugebieten nicht gleich stark. Für das Vorgebirge zwischen Bonn und Köln spielten zum Beispiel die niedrigen Löhne und eine dadurch bedingte Abwanderung der Arbeitskräfte im vorigen Jahrhundert nur eine „ganz unbedeutende Rolle", da der Weinbau ausschließlich im Kleinstbetrieb mit eigenen Kräften betrieben wurde (ZERLETT, 1970, S. 304). Auch in industriefernen Räumen müssen andere Faktoren den Rückgang des Weinbaus stärker beeinflußt haben. Insgesamt hat aber der nördliche Weinbau unter dem Verlust der Arbeitskräfte besonders schwer zu tragen, da seine Hang- und Steillagen einen hohen Einsatz an Arbeitskräften erfordern, so daß die Verluste durch Abwanderung nur in geringem Umfang durch Rationalisierung und Mechanisierung aufgefangen werden können (vgl. FROLEC, 1973, S. 137). So wurden im Siebengebirge keine neuen Reben mehr gepflanzt und die Terrassenmauern nicht mehr ausgebessert (STANG, 1962, S. 287). Die Weingüter erhalten heute nur schwer Arbeitskräfte[75]. Eine positive Auswirkung der Industrialisierung auf den Weinbau darf nicht übersehen werden: Neben der Ansiedlung von Hilfsindustrien für die Weinwirtschaft (vgl. KLEIN, 1934, S. 119 f.) förderte sie durch den vermehrten Wohlstand den Weinkonsum, wie dies SCHLEGEL (1973, S. 204) für die Schweiz nachweist.

Eng in Verbindung mit dem Arbeitskräfteangebot stehen auch die Arbeitslöhne. Sie stiegen in dem Maße, wie Arbeitskräfte dem Weinbau fernblieben[76]. So schreibt KNIAJIEWITSCH (1872, S. 96) über die Verhältnisse auf der Krim: „Der Mangel an Arbeitskräften, sowie der in der letzten Zeit ungemein gestiegene Arbeitslohn, ist hier besonders zu betonen: ein Umstand, der sich sehr fühlbar gemacht hat seit die Tartaren, welche früher massenweise zur Herbstzeit und zur Zeit der Bodenarbeit in die Weingärten an der Küste kamen, um Arbeit zu suchen, aus den Steppendistricten der Krim ausgewandert sind". Im Zusammenhang mit der Höhe der Löhne steht auch die Rentabilität der Weinbaubetriebe. Gegen Ende des 14. Jahrhunderts scheint die Lohnauszahlung in Geld schon allgemein üblich gewesen zu sein (H. SCHMITZ, 1925, S. 50). Die täglichen Löhne waren nach Art der Weinbergsarbeit unterschiedlich hoch (vgl. H. SCHMITZ, 1925, S. 50; BASSERMANN-JORDAN, 1975, S. 801 f.). Im Jahre 1434 erhielt ein Weinbergsarbeiter im Kreis Düren einen Tagelohn von 3 1/2 sh, eine Arbeiterin nur 2 1/2 sh, während die Arbeiten im Kelterhaus mit 4 bis 5 sh vergütet wurden (H. SCHMITZ, 1925, S. 52). Bei der Neuanlage eines Weinbergs in Süptiz im Amte Torgau wurde 1483 ein Tagelohn von 12 Pfennigen gezahlt (v. WEBER, 1872, S. 11). Auch in Guben wurden für die Hilfsarbeiten im Weinberg und bei der Weinlese meist Tagelöhner angeworben. „Deren Entlohnung war vom Rat der Stadt festgesetzt und betrug von Martini (11. November) bis Mitfasten (= Lätare: März bis April) 18 Pfennig, von da an bis Michaelis 2 Groschen und durfte nicht überschritten werden, dazu erhielten sie zu Mittag etwas zu essen und Cofent (Dünnbier) zu trinken. 1567 bekamen in Guben die Leser am Tage zwei Groschen und Vesperbrot, die Treter und Träger sechs Fürstengröschlein" (KRAUSCH, 1967b, S. 34).

Im 16. Jahrhundert wurden die Weinbergsarbeiter in Prag und anderen Städten zu Beginn der Fastenzeit verdingt und zu Martini entlassen (FROLEC, 1973, S. 97). Neben der reinen Geldzahlung für die Tagelöhner setzte sich der Jahreslohn für die Winzer in manchen Gegenden aus Geld, Naturalien und Kleidung zusammen (vgl. WEINHOLD, 1973, S. 125; KRAUSCH, 1966, S. 92). Auch wurde bis ins 19. Jahrhundert hinein in den Arbeitsverträgen zwischen Stammlohn und zusätzlichem Entgelt für einzelne Leistungen unterschieden (WEINHOLD, 1973, S. 128; BOIE, 1922, S. 24 f).

Ein starker Einfluß auf die Löhne im Weinbau sowie auf den Geldwert überhaupt ging auch von der allgemeinen wirtschaflichen Situation aus. So stieg zum Beispiel der Stammlohn an Elbe und Saale vom Ende des 15. Jahrhunderts bis zum Anfang des 17. Jahrhunderts nominal ganz erheblich, bis auf das Doppelte oder Dreifache (WEINHOLD, 1973, S. 126; KIRBACH, 1900, S. 63). Der Reallohn sank jedoch, gemessen an den Getreidepreisen, im 16. Jahrhundert außerordentlich stark (ABEL, 1935, S. 67). In Mähren hatte der sinkende Reallohn für die städtischen Weinbergsarbeiter katastrophale Folgen (FROLEC, 1973, S. 92). Zudem brachte die tägliche Lohnzahlung in kleiner Münze den Tagelöhnern zusätzliche Verluste, da diese Münze dem Preisverfall viel mehr ausgesetzt war als die große Münze, mit welcher der Winzer bis zu 20 Prozent Zuwachs erzielte (FROLEC, 1973, S. 183).

Die hohen Löhne wirkten sich entsprechend nachteilig auf den Weinbau aus. Um an Löhnen zu sparen, wurde die Weinbergspflege eingeschränkt. An die Stelle des zwei- und dreimaligen Hackens trat in Thüringen vielerorts ein einmaliges „Rühren", das noch dazu bis Ende Juli hinausgeschoben wurde (TÖPFER, 1909, S. 118). Aus Löwen wird Ende des 16. Jahrhunderts berichtet: „. . . mais maintenant le prix de la journée est si élevé que beaucoup de vignobles ont été, pour ce motif, détruits et les ceps de vignes arrachés, de sorte que le vin du pays est devenu fort cher et coûte 4, 5 ou 6 stuivers le pot" (zit. nach HALKIN, 1895, S. 111). Daß sich der nördliche Weinbau bei den steigenden Lohnkosten überhaupt noch lohnte, ist auf die Fronarbeit und, nach deren Ablösung, vor allem auf die zunehmende Frauenarbeit zurückzuführen (FROLEC, 1973, S. 120). So erreichte das Arnstädter Kloster nur noch Gewinne dadurch, daß es hauptsächlich Frauen und Kinder – auch für schwere Arbeiten wie Mist- und Erdetragen – im Weinberg beschäftigte und so die Lohnkosten drückte. Die Löhne für Kinder und Frauen lagen bis zu 50 Prozent unter den üblichen Handarbeitslöhnen von 10 bis 15 Pfennigen je Tag (ELBRACHT, 1958, S. 160). Nach dem Dreißigjährigen Krieg wirkte sich der durch die Bevölkerungsverluste bedingte Mangel an Arbeitskräften ebenfalls auf die Löhne aus. Sie stiegen derart an, daß am Rhein sogar die Maximaltaxen für Weinbergsarbeiten im Zeitlohn festgesetzt werden mußten (GRIES, 1969, S. 80). In Mähren verteuerten die hohen Löhne den Weinbau der Großgrundbesitzer so sehr, daß sie sich zu einer Einschränkung gezwungen sahen (FROLEC, 1973, S. 137). Als in Jena keine billigen Arbeitskräfte mehr zur Verfügung standen, gab der Adel den Weinbau auf, obwohl er noch kurz zuvor seinen Besitz teilweise durch günstigen Aufkauf liegengelassener Weinbergsgrundstücke vergrößert hatte (FALK, 1955, S. 88).

Ein Kennzeichen des modernen Industriezeitalters ist das Steigen der Löhne in allen Bereichen. In Thüringen erhöhten sich die Tagelöhne der Weinbergsarbeiter von 1850–1900 um 260 Prozent (BOIE, 1922, S. 33). Über den Weinbau am Siebengebirge schreibt STANG (1962, S. 286): „Unter dem Druck des Arbeitskräftemangels im allgemeinen und der Industrielöhne des engeren Gebietes im besonderen stieg der Stundenlohn für Weinbergsarbeiter auf 2,00 bis 2,50 DM an, das ist fast das Vierfache der dreißiger Jahre". Insgesamt stiegen in der Bundesrepublik die Löhne im Weinbau von 1948 bis 1968 um 360 Prozent (HILLEBRAND, 1969, S. 556). Diese Zahlen zeigen deutlich, wie sehr die Lohnkostenfrage für den modernen Weinbau zu einer Existenzfrage geworden ist, der auch mit verstärkter Rationalisierung, Mechanisierung und Ertragssteigerung nur unzureichend begegnet werden kann[77], solange die Weinpreise nicht ausreichen, die höheren Erzeugungskosten auszugleichen (vgl. HILLEBRAND, 1969, S. 560).

4.4.4 Krisen und Blütezeiten

Die Entwicklung des Weinbaus ist eng verbunden mit der gesamtwirtschaftlichen Situation eines Landes. Wie in allen Wirtschaftsbereichen unterscheidet man auch im Weinbau zwischen Boom- und Krisenzeiten. In ihnen spiegelt sich die unterschiedliche Stellung und Bedeutung des Weinbaus innerhalb der Landwirtschaft. Die im Konjunkturverlauf veränderten Rentabilitätsverhältnisse wirken sich auch auf die Anbauflächen aus. Das äußere Erscheinungsbild des Weinbaus wird daher bestimmt von der Abfolge der Krisen und Blütezeiten. Ihre Häufigkeit, Dauer und Auswirkung ist allerdings räumlich und zeitlich so unterschiedlich, daß sie hier nicht im einzelnen für alle Weinbaugebiete festgehalten werden können. Im ganzen dauerte die „Sonderkonjunktur der Rebe" in West- und Mitteleuropa bis zum 16. Jahrhundert (ABEL, 1943, S. 32). Sie stand im Zusammenhang mit der Entwicklung der allgemeinen wirtschaftlichen Verhältnisse des Spätmittelalters und der frühen Neuzeit, die das Aufkommen von Sonderkulturen begünstigte (vgl. MENK, 1972, S. 23).

Nach der spätmittelalterlichen Rodungsperiode setzte seit der Mitte des 14. Jahrhunderts ein starker Bevölkerungsschwund ein, vor allem verursacht durch Hungersnöte und Seuchen (vgl. ABEL, 1943, S. 73). Dies wirkte sich aber auf die einzelnen Siedlungen unterschiedlich aus. Während sich auf der einen Seite die Ackerbauorte zunehmend entvölkerten und etliche sogar aufgegeben wurden, konnten sich die Weinbauorte noch vergrößern (GRUND, 1901, S. 125–127; POHLENDT, 1950, S. 44–46). Diese unterschiedliche Entwicklung hatte nach GRUND (1901, S. 126) ihre Ursache in einer Agrarkrise und einer Münzverschlechterung. Die Festigung dieser „Agrarkrisentheorie" erfolgte durch W. ABEL (1943, S. 78–80), der nachweisen konnte, daß das Absinken der Getreidepreise[78] bis in das 16. Jahrhundert hinein auf das Mißverhältnis zwischen Erzeugung und Bedarf zurückzuführen war (vgl. auch ABEL, 1962, S. 93), was noch verstärkt wurde durch das gleichzeitige Ansteigen der Fleischpreise und der Preise für gewerbliche Produkte. Diese Entwicklung führte zu Verschiebungen innerhalb der Landwirtschaft. Während einerseits der Getreideanbau stark zurückging, dehnte sich andererseits die Viehhaltung und der Sonderkulturenbau, allen voran der Weinbau stark aus[79]. Um hier ähnliche Überentwicklungen zu vermeiden, verboten einzelne Grundherren schon seit dem 14. Jahrhundert, neue Flächen mit Reben zu bepflanzen.

Die spätmittelalterliche Agrarkrise klang im 16. Jahrhundert mit dem erneuten Anwachsen der Bevölkerung aus, was eine verstärkte Nachfrage nach Nahrungsmitteln bewirkte. In Verbindung damit ging auch die Blütezeit des Weinbaus zu Ende, und zwar im gleichen Maße, „in dem die zeitweise erheblich gesunkenen Preise der Kornfrüchte wieder anzogen" (WEINHOLD, 1973, S. 283). Während seit der Mitte des 16. Jahrhunderts die Getreidepreise zum Beispiel in Sachsen auf das Doppelte (ABEL, 1935, S. 57 f.), an der Werra sogar um das drei- bis fünffache stiegen (MENK, 1972, S. 24), konnte der Weinpreis mit dieser Entwicklung nicht Schritt halten. An der Werra stieg der Preis des Landweins im 16. Jahrhundert nur etwa um das Doppelte an (MENK, 1972, S. 26). Aus dieser Streuung der Preise, zu denen sich auch noch eine Streuung der Einkommen gesellte, ergaben sich „Veränderungen der relativen Knappheit der wirtschaftlichen Güter und Leistungen", die als „... Wirkung und Ursache den Anstieg und die Stockung wirtschaftlicher Aktivitäten" begleiteten (ABEL, 1962, S. 182). Die Preisscheren zwischen den einzelnen landwirtschaftlichen Produkten am Ende des 16. und am Anfang des 17. Jahrhunderts[80] hatten in vielen Weinbaugebieten einen Rückgang der Rebflächen zugunsten des Getreideanbaus zur Folge. Darüber schreibt WALTER (1932, S. 29): „Eine Erscheinung, die auf das Verschwinden des märkischen Weinbaus den größten Einfluß ausübte, war die permanente Steigerung der Getreidepreise". Über ihre Folgen am Steigerwald bemerkt TISOWSKY (1957, S. 38–40): „ Eine derart nachhaltige Veränderung des Preisgefüges zuungunsten der Mostpreise mußte selbstverständlich die Rentabilität der Rebkultur, noch mehr aber die Möglichkeit einer ausschließlich auf Weinbau gegründeten Existenz in Frage stellen. Es wird verständlich, daß die Häcker schließlich dazu übergingen, Weinberge in Ackerland umzuwandeln, um ihre Existenzbasis zu verbreitern, und auch manchem Bauern mochte der Getreidebau unter den veränderten Verhältnissen einträglicher als der Weinbau dünken. Es waren also letzten Endes wirtschaftliche Gründe, die zur Einschränkung des Weinbaus Anlaß gaben... Daß andere Einflüsse den zeitlichen Ablauf der landschaftlichen Veränderungen gelegentlich modifizierten, erscheint bei der überaus langfristigen Rotation des Reblandes nicht ausgeschlossen. Sie trafen jedoch lediglich einen Weinbau, dessen Ausdehnung unter den veränderten wirtschaftlichen Verhältnissen längst nicht mehr tragbar war".

Nach dem Dreißigjährigen Krieg, der die Getreidepreise noch höher getrieben hatte, sanken sie wieder (WINKLER, 1959, S. 123). Gleichzeitig stiegen die Löhne (ABEL, 1962, S. 79) und die Preise für gewerbliche Produkte, was die landwirtschaftlichen Produktionskosten und den Wiederaufbau im Agrarsektor nachteilig beeinflußte (WINKLER, 1959, S. 125). Bis zum Ende des 17. Jahrhunderts hatte sich deshalb das Preisgefüge zugunsten des Weines verschoben (vgl. TISOWSKY, 1957, S. 50), so daß sich die Weinberge mancherorts wieder ausdehnten[81]. So erlebte um 1700 der Meißener Weinbau eine zweite Blütezeit (M. ZIMMERMANN, 1922). Diesem Aufschwung folgte im 18. Jahrhundert eine erneute Krise, in deren Verlauf die Mostpreise hinter den Getreidepreisen zurückblieben (TISOWSKY, 1957, S. 52). Die ständige Verteuerung des Getreides im letzten Viertel des 18. Jahrhunderts hatte an der unteren Werra die teilweise Umwandlung der Weingärten in Ackerland zur Folge (MENK, 1972, S. 73). Ähnliches wird vom Mittelrhein berichtet (GRIES, 1969, S. 87–89).

Die letzte entscheidende Krise, die in ihren Auswirkungen noch heute andauert, kam für den nördlichen Weinbau in der 2. Hälfte des 19. Jahrhunderts mit dem „Wirksamwerden der großen Umwälzung der Wirtschafts- und Sozialverfassung", die ihren Ausdruck fand in der Industrialisierung, dem Wachstum der Städte, dem Ausbau der Wege und Verkehrsmittel und dem Aufbau der Weltwirtschaft (WELTE, 1934, S. 26). Während in früheren Jahrhunderten die Weinbaukonjunktur meistens von der übrigen Landwirtschaft abhing, ist heute der gesamte Agrarbereich sehr viel stärker mit den anderen Wirtschaftsbereichen, nicht nur des eigenen Landes, sondern auch des Auslands verzahnt (vgl. SCHLEGEL, 1973, S. 44 f.). Der Weinbau ist dadurch sehr viel mehr Einflüssen ausgesetzt und damit auch krisenanfälliger geworden. Dies zeigt sich in der rascheren Konjunkturschwankung, die einen reinen Weinbaubetrieb mehr gefährdet als einen gemischten Betrieb; es unterscheiden sich dabei Kern- und Randgebiete des Weinbaus beträchtlich. Nach WELTE (1934, S. 26) äußern sich „schwerwiegende Krisen in Übergangszeiten immer zuerst und am lebhaftesten an den exponierten Außengrenzen kultureller Erscheinungsformen". Hier verfällt die Rebkultur (vgl. HAHN, 1968, S. 142 f.). Umgekehrt verursachen die Blütezeiten vor allem in den Kerngebieten eine Ausdehnung des Rebareals (HAHN, 1956, S. 29). Da aber allen Konjunkturerscheinungen eine „Tendenz der Selbstverstärkung" innewohnt (SCHLEGEL, 1973, S. 35), machen sich die Konjunkturen auch in den Randgebieten bemerkbar. Deshalb ist die Geschichte des nördlichen Weinbaus im wesentlichen die Geschichte aufeinanderfolgender Krisen und Blütezeiten.

4.4.4.1 Absatzkrisen

Die im vorigen Abschnitt beschriebenen Krisen und Blütezeiten des Weinbaus beruhten letztlich auf einer Veränderung der Absatzverhältnisse. Während sich die Absatzkrisen früher aber meist auf einen langen Zeitraum verteilten, „scheinen sie sich in jüngster Zeit häufiger zu wiederholen und kürzer zu dauern" (H.-C. SCHMIDT, 1965, S. 26). Die Ursachen der Absatzkrisen sind vielfältig und liegen nur selten in den örtlichen Verhältnissen begründet, sie reichen von Veränderungen des Geschmacks, der Weinbaupolitik und der politischen Verhältnisse bis hin zu erhöhten Preisen, Nachfragerückgang und Überproduktion: „Jeder Krise kann ein anderer Ursachenkomplex zugrunde liegen. Er bildet sich schon während der vorhergehenden Konjunktur aus und ist oft eine Folge dieser Konjunktur" (H.-C. SCHMIDT, 1965, S. 26). Hinzu kommen große regionale Unterschiede beim Auftreten der Absatzkrisen, so daß im Rahmen dieser Arbeit nur beispielhaft einige ihrer Ursachen und ihrer Folgen beschrieben werden.
Die Nachbarschaft der nördlichen Weinbauorte zu großen rebfreien Zonen müßte eigentlich den Absatz ihrer Weine fördern. So schreibt W. HAMM (1886, S. 221): „Die Absatzverhältnisse der mährischen Weine gestalten sich infolge der günstigen Lage des Landes sehr vorteilhaft, wie dies bei einer jeden Weingrenze gegen Norden Naturgemäß der Fall sein muß". Tatsächlich aber sind die nördlichen Weinbaugebiete gerade wegen ihrer meist einseitigen Absatzrichtung sehr viel anfälliger gegenüber Störungen und auch sehr viel mehr den übrigen Mitbewerbern auf dem Getränkemarkt ausgesetzt.
Seit dem 17. Jahrhundert verschlechtert sich in fast allen Weinbaugebieten wegen der Verbilligung des Bieres und der Verbreitung anderer Geränke der Absatz und die Rebfläche schrumpft. Für die Absatzkrise im rumänischen Weinbau nach 1924 macht AVRAMESCU (1930, S. 81—90) vor allem den Rückgang des inländischen Verbrauchs verantwortlich, der unter anderem durch die große Verbreitung der Zuika und des Bieres hervorgerufen wurde. Erst an 2. Stelle nennt er den fehlenden Export und eine Erhöhung der Produktion. Während der Reblauskrise wurde in Frankreich vermehrt auf spanischen, italienischen, algerischen und sogar auf künstlichen Wein zurückgegriffen: „Daneben gewannen Bier, Cidre (Obstwein), Milch und Fruchtsäfte Einfluß auf den Markt und schränkten die Absatzmöglichkeiten ein" (RIEMANN, 1957, S. 25). Als Grund für den Rückgang des Weinbaus am Siebengebirge formuliert STANG (1962, S. 284) etwas vorsichtiger: „In erster Linie muß eine relative Verschlechterung der Produktionsbedingungen gegenüber anderen Weinbaugebieten oder eine nachteilige Veränderung im Absatz oder in den Konsumgewohnheiten vorliegen".

In manchen Boomjahren war die Rebfläche zu stark ausgedehnt worden. Schon im 15. Jahrhundert soll eine Überproduktion im Rheingau zu einer allgemeinen Verarmung der weinbautreibenden Bevölkerung geführt haben (H. SCHMITZ, 1925, S. 69). Auch in Böhmen folgten der steigenden Weinproduktion Absatzschwierigkeiten. In den Jahren 1497 und 1530 wurde deshalb die Einfuhr fremder Weine verboten, und 1559 und 1593 schützten sich die Prager Bürger sogar vor Einfuhren aus Nordböhmen (FROLEC, 1973, S. 92). Auch die nachgebenden Preise vermochten es nicht, die guten Ernten am Markt unterzubringen. In den Jahren 1825–1836 ließen sich die Weine aus den Orten nördlich Andernachs „durch fehlende Wirtschaftsverbindungen und mangelnde Verkehrswege, sowie durch die Einfuhr von billigeren hessischen Weinen" nur schwer absetzen (ZEPP, 1927, S. 172 f.). Heute steht die gesamte Weltweinwirtschaft im Zeichen einer überhöhten Produktion, die den derzeitigen Weinverbrauch bei weitem übersteigt. Vor allem der Übergang zur Massenproduktion in den vom Klima besonders begünstigten Weinbauländern führte zum Ungleichgewicht von Produktion und Absatz (vgl. REICHARDT, 1960, S. 68). Dieser Zustand der Ausweitung der Rebflächen über den Bedarf hinaus, scheint aber nicht ohne Zollschutz und andere staatliche Förderung zustande gekommen zu sein. Die Weinbaupolitik als Urheberin von Absatzkrisen ist nicht erst neueren Datums. Für die österreichische Weinbaukrise im 17. Jahrhundert macht H.-C. SCHMIDT (1965, S. 26) die Steuerpolitik der Habsburger verantwortlich. Und KRAUSCH (1967b, S. 38) schreibt über den Weinbau in der Niederlausitz nach 1720: „Absatzschwierigkeiten infolge schwächerer Nachfrage und vor allem infolge der zahlreichen Behinderungen durch merkantilistische Einfuhrbeschränkungen verursachten dann aber einen starken Rückgang der Weinexporte und verringerten die Einnahmen".

Die politische Zugehörigkeit eines Weinbaugebietes und seiner Absatzmärkte zu einem Staat oder einer Wirtschafts- und Zollunion bestimmt nicht erst in unserer Zeit die Absatzbedingungen. Für den fränkischen Weinbau bedeutete der Beitritt Bayerns zum Deutschen Zollverein im Jahre 1834 eine besondere „Konkurrenzkrise" (TISOWSKY, 1957, S. 80), die ungünstige Absatzverhältnisse und damit den Rückgang des dortigen Weinbaus zur Folge hatte (IMMICH, 1920, S. 62). Schon vorher hatten sich der Anschluß der Pfalz an Bayern (1777) und die Kontinentalsperre nachteilig auf den Absatz der fränkischen Weine ausgewirkt (WELTE, 1934, S. 24). Auch bei Regensburg an der Donau ging der Weinbau nach dem Anschluß der Pfalz und nach dem bayerischen Bündnis mit Napoleon zurück (BREIDER, 1960, S. 1143). Als einen Grund für den Rückgang des Weinbaus auf der Hohenloher Ebene nennt SAENGER (1957, S. 106) den „Verlust des bayerischen Absatzmarktes, der bis dahin viel Tischwein aus Hohenlohe aufgenommen hatte, sich aber nach der Pfalz öffnete, nachdem diese mit Bayern vereinigt worden war". Ebenso schlimme Folgen hatte der Anschluß der Rheinprovinz und später von Hessen-Nassau (1866) an Preußen für die ostdeutschen Weinbaugebiete (SCHWARTZ, 1896, S. 70). Das luxemburgische Weinbaugebiet an der Obermosel verkleinerte sich nach dem Verlust des deutschen Absatzmarktes (1919) und dem Anschluß an das belgische Wirtschaftsgebiet (1922) innerhalb von fünf Jahren (1924–1929) um etwa ein Viertel der ursprünglichen Fläche, das sind rund 450 Hektar (WERLE, 1977, S. 94). Durch die Teilung Ungarns im Trianoner Friedensvertrag ergaben sich ganz besondere Absatzschwierigkeiten. Einer um 2/3 verminderten Bevölkerung

stand eine nur um 1/3 reduzierte Rebfläche gegenüber, so daß im Jahre 1920 auf jeden Einwohner 76,4 Quadratklafter Weinberge entfielen, während es 1918 nur 45,4 Quadratklafter gewesen waren (TELEKI, 1937, S. 15).
In der Zeit der größten Ausdehnung des Rebbaus waren die Absatzmöglichkeiten für den Wein anscheinend unbegrenzt. Spätestens seit dem 16. Jahrhundert veränderte sich jedoch die Absatzlage, was die Rentabilität des nördlichen Weinbaus verringerte. Soweit die Schwierigkeiten nicht aus der verringerten Kaufkraft der Bevölkerung herrührten (vgl. HÄBERLE, 1926, S. 428), wurde bei den Käufern außer auf den Preis auch auf die Qualität geachtet. Deshalb sank in den Jahren vor dem 1. Weltkrieg zum Beispiel in Deutschland vor allem die Erzeugung in den Quantitätsgebieten (IMMICH, 1920, S. 54). Auch heute führt die „weltweite Überproduktion in Verbindung mit dem Abbau der Außenhandelsschranken dazu, daß die Absatzaussichten für geringwertigere Weine allgemein und somit auch in der Bundesrepublik vermindert werden" (REICHARDT, 1960, S. 69).

4.4.4.2 Anbaukrisen

Die Anbaukrisen des Weinbaus beruhen auf einer Veränderung der ökologischen Faktoren. Neben der langfristigen Klimaveränderung und den Schäden durch einmalige Unwetter sind es Schäden durch Bodeneinflüsse sowie ein gehäuftes Auftreten von Schädlingen und Krankheiten der Rebe, die ihren Anbau gefährdeten. Obwohl der Nachweis von Anbaukrisen für das Mittelalter wegen der ungenügenden Quellenaussagen darüber nur schwer zu führen ist, dürfte es sich bei diesen Krisen in ihrer regionalen Ausformung mehr um neuzeitliche Erscheinungsformen handeln.

4.4.4.2.1 Schädlinge und Krankheiten

Der Aufwand für die Schädlingsbekämpfung ist seit dem 19. Jahrhundert gewaltig gestiegen (vgl. RUPPERT, 1960, S. 53). Verursacht wurde diese Steigerung durch das Auftreten neuer und für den Weinbau verheerender Schädlinge: der Pilzkrankheiten (Peronospora, Oidium) und der Reblaus. Bis dahin hatte sich auf dem weiten Feld der Schädlingsbekämpfung seit dem Mittelalter nur wenig verändert. Noch 1866 schrieb JACOBI (1866, S. 583) über den Grünberger Weinbau: „Endlich sei nicht vergessen, daß die Frucht des Weinstocks wie keine andere Fruchtart der Beraubung durch Menschen, Füchse, Dachse, Ratten, Mäuse, Hunden, Krähen, Drosseln, Staare, Sperlinge, Bienen, Wespen etc. ausgesetzt ist". Trotz ihrer Vielzahl waren diese Schädlinge weit weniger gefährlich als die neu aufgetretenen und dürften daher den Weinbau nur selten zu einer lokal begrenzten Anbaukrise geführt haben. Diese Vermutung wird durch Aussagen bekräftigt, daß der Mensch letzten Endes der schlimmste Feind des Rebbaus sei. So schreibt HORNN (1801, S. 31 f.): „Die Feinde des Weinstocks sind, zu mancher Zeit Trockenheit, Nässe und späte Frühjahrsfröste. Ferner die Made, schwarze Schnecken, die Käfer, die grünen Fliegen, Füchse, Dachse, Igel, Staare, wilde Tauben, Elstern, schwarze und rothe Lohe, rohe Düngung, Diebe, und die allergefährlichsten Feinde sind faule und unwissende Winzer und geizige Besitzer, die nichts an den Berg wenden sollen". Überhaupt wird die mittelalterliche Ausbreitung der Rebe auch auf die geringe Zahl der Schädlinge zurückgeführt: „Cette extension du vignoble était d'autant plus aisée que la vigne, nous dit Olivier de Serres, n'avait pour ennemis que les coigneaux[82], ou cigariers, les escargots et les lapins dont on se débarrassait par des fumigations de soufre" (MARRES, 1950, S. 9).

Zum Schutz gegen das Wild und das Weidevieh war das Umzäumen der Weingärten allgemein üblich (H. SCHMITZ, 1925, S. 58), auch wurden sie mit Hecken oder Wällen umgeben (KRAUSCH, 1967b, S. 35). Von der Notwendigkeit solcher Maßnahmen sprechen zum Beispiel die Klagen einiger Bauern aus Saalfeld vom Jahre 1784, daß die wilden Schweine die besten Beeren abgefressen und die Stöcke ausgewühlt hätten (E. KOCH, 1926, S. 84). Gegen die Vögel mußte man die Weinberge auf eine andere Art schützen. Im Jahre 1516 gab der Burggraf von Heimbach an der Rur „2 Pont pulffers" für die Vogelbekämpfung aus (GÜNTHER, 1958, S. 70; vgl. auch KIRBACH, 1900, S. 65). In der Mark mußten die Winzer mancherorts dem Magistrat eine bestimmte Anzahl von Sperlingsköpfen abliefern (LÖ, 1963; vgl. auch BASSERMANN-JORDAN, 1975, S. 691—694). In den Weinbergen unterhalb des Schlosses von Tetschen standen drei große Windmühlen zur Abwehr der Vögel (FROLEC, 1973, S. 185). Die seit alters am meisten verbreitete Methode (vgl. BASSERMANN-JORDAN, 1975, S. 691) dürfte aber die von Rading (1793, S. 256) für Astrachan beschriebene sein: „Man macht deshalb hohe Gestelle, und miethet Knaben, die auf diesen Stellagen ein unaufhörliches Geschrey machen, auch Steine nach den Vögeln schleudern, wodurch sie mit genauer Noth von großen Verwüstungen abgehalten werden". Die Verluste durch Vogelfraß waren häufig der Anlaß für eine vorzeitige Lese (vgl. PAETZ, 1922, S. 120).

Wenn auch die Bezeichnungen für die einzelnen tierischen Schädlinge in den alten Berichten sehr unterschiedlich sind, so wird doch immer wieder der gefürchtete „Wurm" erwähnt (vgl. BASSERMANN-JORDAN, 1975, S. 662—666). Damit war die Raupe der Traubenwickler gemeint, der Heu- oder Sauerwurm. Auch vom „Käfern" wird berichtet, das heißt vom Ablesen von schädlichen Käfern. Es waren dies vor allem die verschiedenen Rüsselkäferarten, insbesondere der Rebenstecher oder Rebstichler, die Blätter und Knospen der Reben befraßen (vgl. BASSERMANN-JORDAN, 1975, S. 671—675). Heute werden sie mit Insektiziden bekämpft (VOGT/GÖTZ, 1977, S. 303).

Von den seit jeher in den europäischen Weinbaugebieten heimischen Pilzkrankheiten waren in früheren Jahrhunderten der Rote Brenner und der Grauschimmel (Botrytis) besonders gefürchtet (VOGT/GÖTZ, 1977, S. 267—270); BASSERMANN-JORDAN, 1975, S. 698—708). Der Rote Brenner zerstört die Blätter des Weinstocks, wodurch die heranwachsenden Trauben in Größe und Reife zurückbleiben und dadurch die Ertragsverluste bei schwerem Befall mehr als 70 Prozent betragen können (VOGT/GÖTZ, 1977, S. 268). Der Grauschimmel befällt alle grünen Rebteile und einjähriges Holz und ist daher besonders bei der Rebveredlung und als Erreger der Sauer- und Stielfäule gefürchtet (VOGT/GÖTZ, 1977, S. 270 f.). Dagegen kann die Traubenfäule, wenn sie sich erst im Herbst auf reifen oder gar vollreifen weißen Trauben ansiedelt, als Edelfäule noch zur Qualitätsverbesserung beitragen. Diese auf den Most günstige Wirkung der Edelfäule wurde erst im 18. Jahrhundert im Rheingau durch Zufall entdeckt, als im Kloster Johannisberg die Erlaubnis für den Herbstbeginn durch den Bischof von Fulda 14 Tage zu spät einging (BASSERMANN-JORDAN, 1975, S. 167 f.). Die Bekämpfung der Botrytis, die in

England als „major pest in English vineyards" bezeichnet wird (ENGLISH VINE-YARDS ASSOCIATION, JOURNAL No 9, 1975, S. 58), ist „äußerst schwierig und bis heute noch nicht gelöst" (VOGT/GÖTZ, 1977, S. 273). Da sie seit dem 2. Weltkrieg überall durch die intensivere Wirtschaftsweise mit ausgewähltem Pflanzgut, dichteren und höheren Laubwänden und erhöhten Düngergaben noch gefördert wurde, muß durch hohe Stammerziehung, große Pflanzweiten und Unkrautbekämpfung ein rasches Abtrocknen der Trauben erreicht und damit der Pilzbefall vermindert werden (VOGT/GÖTZ, 1977, S. 270–274). Ähnliche vorbeugende Maßnahmen, neben der Anwendung von Spritzmitteln (Fungiziden), sind auch gegen die anderen Pilzkrankheiten erforderlich.

Im 19. Jahrhundert wurden zwei neue Pilzkrankheiten aus Nordamerika nach Europa eingeschleppt, die dem Weinbau große Schäden zufügten. Der Echte Mehltau (Oidium tuckeri) wurde 1845 erstmals in einem englischen Gewächshaus entdeckt und verbreitete sich danach schnell über die europäischen Weinbaugebiete (vgl. BASSERMANN-JORDAN, 1975, S. 703 f.). Zunächst brachte er dem französischen Weinbau schwere Verluste (s. Tab. 5). Danach war die Oidiumkrise zwar überwunden, aber nicht ihre Folgen. Die Bekämpfung des Pilzes durch das Schwefeln verteuerte den Weinbau erheblich. Während sich die Kosten für die Bearbeitung eines Hektars im Jahre 1829 noch auf 232 frs beliefen, waren es im Jahre 1868 400 frs (RIEMANN, 1957, S. 21). Der Alkohol aus Zuckerrüben, der in der Zeit der geringen Weinernten an die Stelle des Weinbrandes trat, blieb auch nach der Krise dem Cognac als Konkurrent erhalten (RIEMANN, 1957, S. 21). In Österreich trat das Oidium im Jahre 1860 auf (H.-C. SCHMIDT, 1965, S. 47), in Franken erst 1894, (WELTE, 1934, S. 26) und in den ostdeutschen Weinbauorten wurde es nur ganz selten beobachtet (POMTOW, 1910, S. 165). Da sich im Schwefel schnell ein geeignetes Bekämpfungsmittel gefunden hatte und das Oidium zeitlich verschoben in den nördlichen und östlichen Weinbaugebieten auftrat, waren seine Auswirkungen dort vergleichsweise gering.

Dagegen verbreitete sich die Peronospora (auch falscher Mehltau, Blattfallkrankheit oder Lederbeerenkrankheit genannt) nach ihrem Auftauchen in Südfrankreich im Jahre 1878 in wenigen Jahren über alle europäischen Weinbaugebiete. Schon 1879 war sie in Österreich zu finden (H.-C. SCHMIDT, 1965, S. 47), 1880 in Franken (WELTE, 1934, S. 26) und um 1885 auch in Ostdeutschland (POMTOW, 1910, S. 165). Obwohl in der Kupfervitriol-Kalkbrühe bald ein wirksames Bekämpfungs-

Tab. 5: Die Weinproduktion in Frankreich während der Oidium- und Reblauskrise (nach SCHULTE, 1905 und K. MÜLLER, 1930)

Oidium						
1850	1851	1852	1853	1854	1855	
45	39	29	23	11	15	Mio. hl

Reblaus						
1874	1875	1884	1885	1889	1900	
63	83	35	28	23	68	Mio. hl

mittel zur Verfügung stand (vgl. BASSERMANN-JORDAN, 1975, S. 705), sanken die Erträge, da es „vielerorts an der nötigen Erfahrung und Belehrung, an Geräten, Materialien und an Musterbetrieben fehlte" (DERN, 1919, S. 432; vgl. auch BASSERMANN-JORDAN, 1975, S. 706). Bei Iphofen am Schwanberg lösten die extrem niedrigen Ertragsverhältnisse Anfang des 20. Jahrhunderts den „Zusammenbruch des Weinbaus" aus (TISOWSKY, 1957, S. 64). Nach H.-C. SCHMIDT (1965, S. 47) war das Auftreten der Peronospora eine der Hauptursachen für den Rückgang des Weinbaus in der regenreichen Südweststeiermark, in Vorarlberg und im Bezirk Mattersburg. Auch in Grünberg war sie für den Niedergang des Weinbaus verantwortlich (PAETZ, 1922, S. 119). Dabei schlug neben der Ertragsminderung vor allem die Qualitätsminderung zu Buch. So betrugen die Mostgewichte in Grünberg im Jahre 1905 in nicht gespritzten Weinbergen nur 30 bis 35° Öchsle bei 14 bis 15 °/oo Säuregehalt, in gespritzten dagegen 72 bis 74° Öchsle bei 8,5 bis 10 °/oo Säure (POMTOW, 1910, S. 165).

Bis 1920 hatte sich die Bekämpfung überall durchgesetzt, so daß zu dem Schwefeln auch noch das mehrmalige Spritzen gegen die Peronospora kam. Es erfordert heute allein rund 2/3 des Aufwandes für die Schädlingsbekämpfung, wodurch sich die Produktionskosten der Winzer um rund 8 bis 10 Prozent erhöhten, da im allgemeinen drei- bis viermal, in gefährdeten Lagen sogar zehn- bis zwölfmal jährlich gespritzt wird (H.-C. SCHMIDT, 1965, S. 48). Heute stehen zur Bekämpfung der Peronospora neben den Kupfermitteln auch kupferfreie Präparate, sogenannte organische Fungizide, zur Verfügung, die mit Schwefel kombiniert werden können, was die Bekämpfung des Echten und des Falschen Mehltaus in einem Arbeitsgang ermöglicht (VOGT/GÖTZ, 1977, S. 264). Nach VOGT/GÖTZ (1977, S. 262) ist heute der Weinbau mit europäischen Sorten ohne eine Bekämpfung der Peronospora nicht mehr möglich.

Die Reblaus (Phylloxera vastatrix), der gefährlichste tierische Schädling der Rebe, gelangte ebenfalls von Nordamerika über Frankreich in die europäischen Weinbaugebiete. Im Jahre 1863 wurde sie in Südfrankreich zum ersten Mal beobachtet und im Jahre 1868 wissenschaftlich bestimmt (vgl. BASSERMANN-JORDAN, 1975, S. 689)[83]. Bis zum Jahre 1882 hatte sie in Frankreich schon 52 Departements mit über einer Million Haktar Rebfläche vollständig verseucht, 1892 wurden 67 und 1897 75 Departements als verseucht erklärt (K. MÜLLER, 1930, S. 673). In der Champagne trat die Reblaus erstmals 1892 bei Epernay auf (SCHULTE, 1905, S. 25). Für Deutschland wurde sie zuerst in den Rebschulen nachgewiesen, so zum Beispiel in Erfurt im Jahre 1875, im elsässischen Bollweiler 1876 und in Metz-Plantières 1877, von wo sie in die übrigen Weinbaugebiete und selbst bis Ungarn, Bessarabien und zur Krim gelangte (vgl. K. MÜLLER, 1930, S. 671–677). Die erste Weinbergsverseuchung in Deutschland wurde 1881 an der Ahr festgestellt. Weitere Stationen auf ihrem Weg nach Norden und Osten waren Freyburg an der Unstrut und die Lößnitz bei Dresden (beide 1887), Franken (1902), Mähren (1890), Kischinew in Bessarabien (1886) und die Krim (1880) (K. MÜLLER, 1930, S. 671–677). In Österreich wurde sie 1872 nachgewiesen (H.-C. SCHMIDT, 1965, S. 43), in Ungarn 1875 (TELEKI, 1937, S. 11). Auf Grund strenger staatlicher Schutzmaßnahmen und wegen ihrer isolierten Lage blieben einige kleinere Weinbaugebiete von der Reblaus verschont bzw. wurden nur von der zuerst eingeschleppten

(langrüssligen) Reblausrasse verseucht (vgl. K. MÜLLER, 1930, S. 662 f.; DERN, 1919, S. 467; BREIDER, 1960, S. 1145: KNIPPEL, 1953, S. 114).
In den betroffenen Staaten wurde die Reblausbekämpfung durch Gesetze geregelt. So verbot zum Beispiel Preußen schon im Jahre 1873 die Einfuhr von Reben, und das preußische Reblausgesetz von 1878 enthielt bereits das Ausrottungsverfahren (BASSERMANN-JORDAN, 1975, S. 690). Der Internationalen Reblaus-Konvention von 1881 folgte in Deutschland das Reichsreblausgesetz von 1883, das 1904 neu geregelt wurde, vor allem im Hinblick auf die „Undurchführbarkeit des Ausrottungsverfahrens" (BASSERMANN-JORDAN, 1975, S. 690). Die Reblausbekämpfung wurde zur Aufgabe des Staates, der auch den Versand und die Ein- und Ausfuhr von Reben sowie deren Zucht überwachte[84].
Anfangs beruhte die Bekämpfung der Reblaus vorwiegend auf direkten Maßnahmen, wie etwa dem Vernichtungsverfahren durch Schwefelkohlenstoff (s. Bild 8), dem Kulturalverfahren mit einer reduzierten Menge von Schwefelkohlenstoff, wodurch der Rebstock erhalten blieb oder dem Submersionsverfahren, mit dem verseuchtes Rebgelände in der Ebene unter Wasser gesetzt wurde (vgl. K. MÜLLER, 1930, S. 664–671; VOGT/GÖTZ, 1977, S. 288; NAUMANN, 1924, S. 201–207).
Bei der schnellen Ausbreitung der Reblaus und der Größe der verseuchten Rebfläche versagte das Vernichtungsverfahren bald, so daß man zur indirekten Bekämpfung übergehen mußte. Man legte Weingärten auf Sanden an, wo die Reblaus nicht auftritt, und seit etwa 1880 wurden europäische Edelreben auf resistente amerikanische Unterlagen gepfropft, auch zur Bekämpfung der Peronospora. Diese Entwicklung setzte zuerst in Frankreich ein (vgl. Tab. 6).
In der Bundesrepublik bestehen heute 3/4 aller Weinberge aus Pfropfreben mit amerikanischen Unterlagen (K. M. HOFFMANN, 1977, S. 49).
Trotz der „Ausrottungsversuche" (s. Bild 9) war die deutsche Rebfläche nur wenig geschrumpft (vgl. K. MÜLLER, 1930, S. 666). Während zum Beispiel in Frankreich die Fläche infolge der Reblausinvasion um etwa 1/4 zurückging (K. MÜLLER, 1930, S. 673), in Ungarn zwischen 1875–1885 um fast die Hälfte (TELEKI, 1937, S. 12), in Rumänien 160 000 ha zerstört wurden (VELCEA, 1968, S. 1) und in Rußland zwischen 1881–1927 fast 180 000 ha, die meisten davon in der Moldau, Georgien und der Ukraine (PELIAKH, 1963, S. 1404), wurden in Deutschland bis zum 1. Weltkrieg nur etwa 1000 ha reblausverseuchte Weinberge ausgehauen (K. M. HOFFMANN, 1977, S. 48). Deshalb hat die direkte Vernichtung von Weinbergen kaum Anteil am Rückgang des nördlichen Weinbaus, zumal viele Gebiete davon überhaupt nicht betroffen waren. An Saale und Unstrut wurden zwischen 1887–1898 über 40 ha verseuchtes Rebgelände vernichtet, bei einer Gesamtanbaufläche von 742 ha, was den Staat jährlich etwa 60 000 Mark für das Verfahren und die Entschädigung kostete (BOIE, 1922, S. 29). Wegen der hohen Kosten, der bereits stark fortgeschrittenen Verseuchung und der abgelegenen Lage dieses Weinbaugebietes wurde schon 1898, als erstem Gebiet in Deutschland, die direkte Bekämpfung eingestellt und Versuche mit dem Pfropfrebenbau begonnen (DERN, 1919, S. 462). Im ganzen fränkischen Weinbaugebiet wurden zwischen 1905–1913 wegen Reblausverseuchung oder Seuchenverdachts 69,8 ha ausgerottet (TISOWSKY, 1957, S. 63).
Die mittelbaren Folgen der Reblausverseuchung waren dagegen sehr viel weitreichender. Wenn auch die Kosten für die Pfropfreben durch staatliche Zuschüsse zu

Bild 8: Bodendesinfektion mit Schwefelkohlenstoff (NAUMANN, 1924)

Bild 9: Verbrennen der Reben und Rebpfähle (NAUMANN, 1924)

Tab. 6: Umfang der Reblausverseuchung und der Bekämpfungsverfahren in Frankreich zwischen 1879 und 1902 (KROEMER, 1918)

Jahr	Gesamtrebfläche in ha	Verseuchte Weinberge ha	Vernichtete Weinberge ha	Insgesamt ha	Überschwemmungsverfahren wird angewendet auf ha	Kulturalverfahren wird angewendet auf ha	Das Veredlungsverfahren wird angewendet auf ha
1879	2 241 477	319 760	474 760	794 520	5 114	3 749	3 830
1880		454 254	558 605	1 012 859	8 093	7 019	6 441
1881		582 604	671 802	1 254 406	8 195	18 742	8 904
1882		642 978	763 799	1 406 777	12 543	20 154	17 096
1883		642 363	859 352	1 501 715	17 792	26 323	28 012
1884		664 511	1 000 619	1 665 130	23 303	39 732	52 777
1885					24 339	45 812	75 262
1886					24 339	51 674	110 787
1887					26 665	75 025	166 517
1889					30 336	66 728	283 108
1894					35 325	59 196	663 214
1897					38 911	48 953	883 248
1899					36 200	49 722	961 958
1902	1 733 338				35 827	37 132	1 126 529

den Anlagekosten (vgl. TISOWSKY, 1957, S. 63) anfangs teilweise aufgefangen wurden, so ergab sich dennoch für den Winzer eine veränderte Marktsituation. So wanderten zum Beispiel viele französische Winzer während der Reblauskrise nach Algerien aus. Dort wuchs die Rebfläche von 9800 ha im Jahre 1871 auf 184 000 ha im Jahre 1901 (SÉE, II, 1936, S. 393). In Italien und Spanien, die später als Frankreich von der Reblaus heimgesucht wurden (vgl. K. MÜLLER, 1930, S. 675), stieg durch die starke Nachfrage aus Frankreich die Rebfläche beträchtlich (vgl. RIEMANN, 1957, S. 25). Je weiter die Reblaus in Frankreich nach Norden vordrang, desto mehr dehnten sich die Weinberge im Midi aus, das durch seinen Vorsprung in der Reblausbekämpfung und die Ausweichmöglichkeit auf Sandböden die Krise schneller als andere Gebiete überwand und ausnutzte. Der Schwerpunkt des französischen Weinbaus verlagerte sich nach Süden, die Qualität sank, womit der Grundstein für spätere Absatzkrisen und die Überproduktion gelegt wurde (vgl. SÉE, II, 1936, S. 393). Schon 1937 wuchsen 54 Prozent aller ungarischen Reben auf Flugsandböden (TELEKI, 1937, S. 34), was sich ebenfalls auf die Qualität auswirkte: „Das Heruntergleiten der Rebkulturen von den Berghängen in die Ebene ging Hand in Hand mit der Verschlechterung der Weinqualität" (TELEKI, 1937, S. 78).

Während in den Kerngebieten des Weinbaus die Aktivitäten der Winzer durch die Reblauskrise eher noch verstärkt wurden, erlahmten sie mehr und mehr bei den Nebenerwerbswinzern der kleinen nördlichen Weinbaugebiete. Der jahrelange Ertragsausfall und die lange Sperrzeit nach den Vernichtungsaktionen nahm vielen dieser Winzer die Lust am Weinbau (vgl. ZEPP, 1927, S. 170; DERN, 1919, S. 446; NAUMANN, 1924, S. 207; STANG, 1962, S. 284). Nur so ist es zu verstehen, wenn zum Beispiel der Niedergang des sächsischen Weinbaus auf die Reblausschäden zurückgeführt wird (vgl. DERN, 1919, S. 467; IMMICH, 1920, S. 81). Die vielen Neuerungen, die seit der Reblauskrise im Weinbau Eingang gefunden haben, haben nachträglich deren schlimme Folgen etwas vergessen lassen und sie eher in den Geruch eines Förderers des Weinbaus gebracht: „Eigentlich hat die Reblaus den modernen Weinbau eingeleitet und den Winzer zu einer kritischen Betrachtung seiner seitherigen Arbeiten im Weinbau veranlaßt" (C. LABONTE, 1973; zit. nach GOLLMICK, 1976, S. 70). Und bei RIEMANN (1957, S. 23) heißt es: „Mit der Phylloxera-Krise wechselte der Weinbau in großem Maße seine Grundeinstellung. War er vorher eine Kultur, in der Altüberkommenes die Wirtschaft bestimmt hatte, so traten jetzt wissenschaftliche Experimente und planvoll geleitete Versuchsstationen in den Vordergrund. Reben, Unterlagen, Pfropfungs- und Kulturmethoden allgemein waren Gegenstand vieler Untersuchungen, die durch die Landwirtschaftsgesellschaften der breiten Masse der Winzer zugänglich gemacht wurden". In diesem Zusammenhang wird es verständlich, wenn die abseitige Lage Frankens, die zunächst eine gewisse Sicherheit vor dem Befall bot, im Vergleich mit anderen Weinbaugebieten nicht mehr als Vorteil angesehen wird (RUPPERT, 1960, S. 41). Die überragende Bedeutung der Reblaus für den Weinbau in diesem Sinn unterstreicht auch die Einteilung der Geschichte des rumänischen Weinbaus in einen Zeitabschnitt „prephylloxérique" bis 1884, einen eigentlichen Phylloxeraabschnitt von 1884–1900 und seither einen Abschnitt „postphylloxérique", in dem „la viticulture commenca à se modifier dans ses assortiments, l'agrotechnique des vignes greffées, la technologie de vinification" (NEAGU, 1967, S. 543).

Auch heute noch ist die Reblausgefahr in den europäischen Weinbaugebieten ein aktuelles Problem, das viele Forschungsanstalten und Behörden beschäftigt. In Deutschland hat die Verseuchung seit der Invasion der kurzrüssligen Laus in den 30er Jahren sogar noch zugenommen[85]. Der Anteil der reblausverseuchten Fläche an der Gesamtweinbaufläche betrug in der Bundesrepublik 1951 60,1 Prozent, 1960 72,4 Prozent und 1973 62,1 Prozent (SCHAEFER, 1976, S. 73)[86] Zusammenfassend läßt sich feststellen, daß die Bedeutung der Schädlingsbekämpfung von etwas „Nebensächlichem" im 19. Jahrhundert heute zur „Hauptsache" geworden ist (IMMICH, 1920, S. 80). Die Produktionskostenerhöhung durch die Bekämpfungsmittel wird auf etwa 40 Prozent geschätzt, „die trotzdem eintretenden Ertragsverluste auf 60 Prozent und die durch die Bekämpfung erhöhten Ausgaben für Löhne auf weitere 100 Prozent, zusammen also eine Verdreifachung der Gestehungskosten" (HAHN, 1956, S. 31). Nach K. M. HOFFMANN (1977, S. 46) werden bis zu 8 Prozent der jährlichen Betriebskosten für die Schädlingsbekämpfung ausgegeben. Beim Weglassen jeder Bekämpfung würde der Ernteausfall 75 Prozent betragen (ZILLIG, 1941; zit. nach HAHN, 1956, S. 67). Die Verluste entfielen zu 5,1 Prozent auf Schädlinge, 36,9 Prozent auf Krankheiten und zu 15,9 Prozent auf Unkrautkonkurrenz (GOLLMICK, 1976, S. 55). Nach einer anderen Berechnung werden von den Weinernten 20 Prozent durch Pilzkrankheiten und weitere 20 Prozent durch tierische Schädlinge zerstört (K. M. HOFFMANN, 1977, S. 46). Trotz der unterschiedlichen Schätzungen wird der starke Einfluß der Schädlinge auf die Rentabilität des Weinbaus in allen Beispielen sehr gut deutlich.

An der nördlichen Weinbaugrenze im westlichen Europa werden dem Weinbau wegen des feuchten Klimas vor allem die Pilzkrankheiten gefährlich. Sie verteuern die Pflege der Weinberge so sehr, daß er an manchen Orten die Grenzen seiner Rentabilität erreichte und aufgegeben wurde. Diese „selektive Wirkung auf die Verbreitung der Rebe" kommt unter den Rebschädlingen besonders den Pilzkrankheiten zu (H.-C. SCHMIDT, 1965, S. 48). So ging zum Beispiel in Nordfrankreich der Weinbau schon zurück, bevor die Reblaus dort überhaupt Fuß fassen konnte (s. Tab. 7). Auch bei diesem Beispiel ist eine Entflechtung des Ursachenkomplexes nicht möglich, eine alleinige Ursache der Pilzkrankheiten für den Rückgang ist nicht anzunehmen. So schreibt RUPPERT (1960, S. 53) über den fränkischen Weinbau: „Weder Peronospora noch Reblaus sind zwar in größerem Maße als eigentliche Ursachen der Aufgabe des Weinbaus anzusehen, aber dort, wo der Rebbau seit längerer Zeit schon auf dem „absteigenden" Ast stand, gaben sehr kalte Winter oder Schädlingsbefall oft den noch nötigen Anstoß für die endgültige Aufgabe. Zu einer Verringerung der Rebflächen führten die Maßnahmen zur Schädlingsbekämpfung sicher in sehr zahlreichen Fällen, da die auf die Rebfläche zu konzentrierende Arbeitskraft nun um einen sehr wesentlichen Betrag erhöht werden mußte". Die hauptsächliche Bedeutung der Schädlinge und Krankheiten als Beschleuniger und Offenbarer einer bereits bestehenden Krise (vgl. STANG, 1962, S. 284) wird auch dadurch unterstrichen, daß man darüber in den nördlichen Weinbaugebieten schon immer weniger geklagt hat als in den Kerngebieten des Weinbaus (vgl. BASSERMANN-JORDAN, 1975, S. 667; POMTOW, 1910, S. 166).

Tab. 7: Rückgang des Weinbaus in den nordfranzösischen Departements Aisne, Ardennes, Eure und Oise von 1840–1903 (DUCHAUSSOY, 1928)

Jahr	Aisne	Ardennes	Eure	Oise	
1840	7248	1744	1396	2465	ha
1852	9033	1604	1136	2285	ha
1860	8638	1350	556	811	ha
1875	4348	896	640	355	ha
1880	2800	707	430	255	ha
1885	3406	638	305	199	ha
1890	3235	678	367	255	ha
1895	2523	470	356	197	ha
1903	1824	250	217	35	ha

4.4.4.2.2 Bodeneinflüsse

Neben den Rebschädlingen können auch ungünstige Bodenverhältnisse (Bodenverdichtungen, Staunässe etc.) und Nährstoffmangel für schlechtes Wachstum und Krankheitserscheinungen verantwortlich sein. Die Bodenanalysen geben dem Winzer darüber Aufschluß, so daß er in die Lage versetzt wird, durch eine verbesserte Bodenbearbeitung und eine gezielte Düngung dem Mangel abzuhelfen (vgl. VOGT/ GÖTZ, 1977, S. 237–239). In früheren Jahrhunderten dagegen wurde der einseitige Entzug der Bodennährstoffe durch die Rebe noch beschleunigt durch das Senkverfahren und die geringen Düngergaben. Daraus wird von einigen Autoren eine zunehmende Nährstoffarmut und Rebenmüdigkeit des Bodens abgeleitet, die sich einmal im kümmerlichen Wachstum und in sinkenden Erntemengen seit dem Ende des Mittelalters äußerte, zum anderen auch in der deshalb notwendigen Zunahme der Düngergaben seit jener Zeit (H. SCHMITZ, 1925, S. 43, 54 und 69; POMTOW, 1910, S. 85). Im Zusammenhang damit wird auch die lange Brachzeit nach der Rodung und vor der Neuanlage gesehen. An der Mosel betrug sie bis zu drei Jahre (H. SCHMITZ, 1925, S. 44), bei Nikolsburg benutzte man nach der Rodung die ehemaligen Weinberge zehn bis zwölf Jahre lang als Felder oder Weiden (FROLEC, 1973, S. 85).
Die Bodenforschung hat inzwischen festgestellt, daß es sich bei der „Rebenmüdigkeit" des Bodens zumeist um Viruserkrankungen handelt, die mit chemischen Mitteln durch eine Bodenentseuchung bekämpft werden können, oder aber durch eine acht- bis zehnjährige Brache auf natürlichem Wege zurückgedrängt werden (VOGT/ GÖTZ, 1977, S. 127 f.; vgl. auch HILLEBRAND, 1974; BIRK, 1959). Daß Anbaukrisen im Weinbau allein auf Rebenmüdigkeit beruhen, läßt sich für die vergangenen Jahrhunderte nirgends nachweisen. Ein direkter Zusammenhang zwischen der Bodenmüdigkeit und der Aufgabe des Weinbaus läßt sich daher nicht feststellen. Für das Siebengebirge schließt STANG (1962, S. 284) eine Bodenerschöpfung sogar ausdrücklich aus. Allerdings wurden bestimmte Böden zeitweise bevorzugt. In Kros-

sen an der Oder wurden zum Beispiel aus wirtschaftlichen Überlegungen zunächst die Sandweinberge ausgerodet, während sich die besser tragenden Lehmweinberge länger hielten (POMTOW, 1910, S. 121).

4.4.5 Weinpreise

Bis in die Neuzeit hinein bestimmte die Höhe der Ernte weigehend die Weinpreise[87], da eine Vorratskellerwirtschaft noch nicht entwickelt war und die Nachfrage nach Wein bis zum 16. Jahrhundert relativ konstant blieb. Die Qualität der Ernten fand bei der Preisbildung nur wenig Berücksichtigung. Seit dem 15. Jahrhundert verstärkte sich zunehmend der Einfluß anderer Faktoren auf den Weinmarkt: Die preisbildende Wirkung von Quantität, allgemeiner Wirtschaftskonjunktur, obrigkeitlicher Preisfestsetzung, Qualität, Handel, Geschmack, Nachfrage, Geldentwertung, Kriegen, Steuern und Zöllen etc. lassen sich nur schwer voneinander trennen. An den Weinpreisen mißt der Winzer die Wirtschaftlichkeit seines Betriebs. Im folgenden sollen beispielhaft die Auswirkungen des Handels und der Krisen auf die Weinpreise und damit auf die Rentabilität des nördlichen Weinbaus aufgezeigt werden. Da die Verschiedenheit der Währungen und Geldwerte den Vergleich von Weinpreisen verschiedener Weinbauorte untereinander sehr erschwert und auch die Umrechnung auf heutige Geldwerte nur unzureichend möglich ist (vgl. BASSERMANN-JORDAN, 1975, S. 1052; K.-O. MÜLLER, 1913, S. 720 f.), werden die Preise nur innerhalb desselben Ortes bzw. Gebietes verglichen.
Die Stellung des Weines als Volksgetränk beruhte nicht zuletzt auf seiner Billigkeit, seinem niedrigen Preis. Um 1400 schwankten die Weinpreise in Königswinter am Mittelrhein zwischen 12 und 15 Mark je Fuder. Der Preis für zwei Fuderfässer betrug 8 Mark, der Zuglohn für zwei Pferde, die Wein von Geislar nach Königswinter zogen, 2 Mark (H. SCHMITZ, 1925, S. 51). In Amiens kostete 1546 der beste Somme-Wein, weißer oder roter, nicht mehr als 8 deniers das „lot" (ca. 1 l), während ein Weißbrot 3 d., ein Pfund Rindfleisch 12 d., ein Pfund frisches Schweinefleisch 10 d., ein gebratenes Huhn 3 sous 6 d., eine Gans 6 s., ein Pfund frische Butter 2 s. 4 d., ein Pfund Olivenöl 2 s. 6 d. und ein Pfund holländischer Käse 17 d. kosteten (DUCHAUSSOY, 1928, S. 374). Im Jahre 1558 kostete im thüringischen Ohrdruf das Pfund Schweinefleisch 4 1/2 Pf., Kalbfleisch 2–4 Pf., ein Pfund Lichte 14 Pf., ein Scheffel Korn 5–8 Gr. und die Kanne Bier und Wein 8 und 14 Pf. (TÖPFER, 1909, S. 95). Auch im Vergleich zu anderen Getränken war der Wein sehr preisgünstig. In Pirna kostete 1478 ein „kennichen" Wein zwischen 3 Hellern und 6 Pfennigen, Meth war zu 3 oder 4 Pfennigen zu haben (v. WEBER, 1872, S. 10). Gegenüber dem Bier war der Wein bis zum 16. Jahrhundert in Gegenden mit eigenem Weinbau nur unerheblich, bzw. bei guten Ernten überhaupt nicht teurer. Ein Seidel guten Landweins kostete 1453 in Leitmeritz 1/2 Heller, ebensoviel wie das Bier (LIPPERT, 1868, S. 252). In Cölleda (Thüringen) betrug 1506 der Preis für ein Maß Bier oder Wein je 1 Pfennig (TÖPFER, 1909, S. 79). In Guben kosteten 1540 und 1552 der rote Wein und das Bier je 2 Pf. je Nößel (KRAUSCH, 1967b, S. 38). Noch im Jahr 1540 betrug in Krossen der Preis für das Quart Wein (1,145 l) nur 12 Pf., während das Quart Krossener Bier 16 Pf. kostete (POMTOW, 1910, S.

105). Seit dem 16. Jahrhundert sank dann auch in Weingegenden der Bierpreis (vgl. 4.6.1.3).
In Gebieten ohne nennenswerten Weinbau war die Stellung des Weines unter den Getränken nicht so bedeutend, was hauptsächlich im Preis begründet lag. Im 13. Jahrhundert kostete in England die Gallone Wein (im Mittelalter etwa 3 Liter) zwischen 2 d. (Weißwein) und 3 d. (Rotwein). Demgegenüber standen Tageslöhne von etwa 2 d. für einen Landarbeiter und 4 bis 5 d. für einen Handwerker in London. Der Preis für 100 Muscheln betrug 1/2 d., 1 Lachs kostete 1 Schilling, 1 Dutzend Lampreten (Neunaugen) 7 Schilling. Im 15. Jahrhundert kostete der Rotwein mit nur 6 d. zwar weniger als der Weißwein (8 d.), doch lag der Bierpreis mit 1 d. für die Gallone weit unter beiden (YOUNGER, 1966, S. 262). In Nürnberg kostete in der 2. Hälfte des 16. Jahrhunderts ein Maß Bier 5 bis 6 Pfennige, ein Maß Wein dagegen 25 Pfennige (ABEL, 1962, S. 182). Im Jahre 1571 betrug der Preis eines Liters einheimischen Bieres in Königsberg in der Neumark 3 Pfennig, der des Bernauer Bieres 7,35 Pfennig, während Krossener Wein 21 Pfennig und Frankenwein 19 Pfennig kosteten (SCHWARTZ, 1896, S. 29).
Die Entwicklung von Handel und Verkehr spiegelt sich einmal in der Erweiterung des Angebots und des Umfangs, zum anderen aber auch in den sinkenden Preisen für die fremden Weine. In Reims galt im Jahre 1328 die „queue" einheimischen Weines nur 6 livres, während für den Wein aus Beaune 56 livres gezahlt werden mußten (BASSERMANN-JORDAN, 1975, S. 158). In Danzig war 1406 der Preis für 1 Faß Rheinwein etwa 10mal höher als für 1 Faß Gubener Landwein (HARTMEYER, 1905, S. 44). Mit zunehmender Leistungsfähigkeit des Transportwesens sanken auch die Preise für die fremden Weine. Diese Entwicklung setzte seit dem 14. Jahrhundert zunächst in den Verbrauchsgebieten in Küsten- bzw. Hafennähe ein, da dort die Transportkosten am geringsten zu Buche schlugen (vgl. 4.7). Im Binnenland dagegen dauerte die Entwicklung länger und war in ihren Auswirkungen weniger deutlich. Der Preis des hessischen Landweins betrug im 14. und 15. Jahrhundert in der Regel nur halb so viel wie der des Rheinweins, im 16. Jahrhundert aber schon 3/4 des Preises des Rheinweins (LANDAU, 1843, S. 193). Gegen Ende des 16. Jahrhunderts kostete in Münster das Quart Rheinwein im allgemeinen 4 Schillinge 4 bis 8 Pfennige, von den Südweinen kostete der „Rumeney" 7 bis 8 Schillinge, der „Canarienwein" 8 bis 9 Schillinge und der Malvasier 14 bis 15 Schillinge je Quart (SIEGLOHR, 1947, S. 43 f.). Wenn auch die Preise der einzelnen Jahrgänge verschieden sind, so ergibt sich dennoch insgesamt im Verhältnis zwischen Landwein und fremden Weinen eine langsame Annäherung. In Hessen kosteten die fremden Weine im 16. Jahrhundert nur noch 30 Prozent mehr als die einheimischen Landweine (LANDAU, 1843, S. 189). Die Wittenberger Kämmereirechnungen weisen 1508 eine Kanne Baruther Landwein mit 6 Pfennigen aus, eine Kanne Rheinwein kostete doppelt so viel. Im Jahre 1510 kostete 1 Stübchen (4 Kannen) Baruther Landwein 2 Groschen, Jenaer Landwein 2 Groschen 4 Pfennige, ein Stübchen Frankenwein 4 Groschen und der Malvasier 24 Groschen (v. WEBER, 1872, S. 12). Um 1690 wurde in Jena die Kanne spanischen Weins zu 7 gr, die Kanne Frankenwein zu 3 gr, die Kanne Landwein aber nur für 4 bis 6 Pfennige geschenkt (FALK, 1955, S. 154). Im Zittauer Ratskeller kostete 1721 1 Kanne (1,87 l) böhmischer Wein 8 Groschen, 1 Kanne ungarischer 22 gr und 1 Kanne Rheinwein 24 gr (SEELIGER, 1931, S. 35 f.). Trotz der Verbilligung der fremden

Weine gegenüber dem 15. Jahrhundert blieb immer noch ein Preisvorteil für den Landwein, der aber mit der Veränderung der Konsumgewohnheiten und des Geschmacks nicht mehr voll zur Geltung kam. Seit dem Ausbau des Eisenbahnnetzes im 19. Jahrhundert und der Erweiterung der Handelsbeziehungen der Länder untereinander ist heute für den Preis der fremden Weine nicht mehr so sehr ihr weiter Transportweg entscheidend, als vielmehr ihre Qualität und ihre Produktionskosten, was zu einer teilweisen Preisumkehr im Verhältnis der südlichen gegenüber den nördlichen Weinen geführt hat.

Die verschiedenen Krisen des Weinbaus fanden alle auch ihren Niederschlag in den Weinpreisen. Im ausgehenden 16. Jahrhundert wurde die große mitteleuropäische Agrarkrise in ihrer Auswirkung auf die Preise noch verstärkt durch große Mißernten im Getreidebau (vgl. LE ROY LADURIE, 1972, S. 67) und eine wachsende Geldentwertung durch vermehrte Edelmetalleinfuhren (vgl. K.-O. MÜLLER, 1914, S. 721; UYTVEN, 1965, S. 247). Während daher etwa in Arnstadt die Verkaufspreise für 1 Viertel Wein (= 1 l) in den Jahren 1404 mit 6 Pfennigen, 1430 mit 3 Pfennigen, 1479 mit 3 Pfennigen, 1495 mit 4 und 1517 mit 6 Pfennigen ungefähr stabil blieben, stiegen sie im 16. Jahrhundert schnell an (ELBRACHT, 1958, S. 160). Der Landwein der Somme kostete in Amiens zwischen 1532 und 1554 je nach Ernteergebnis zwischen 8 und 12 deniers das „lot" (ca. 1 l), von 1558 bis 1584 aber zwischen 15 und 30 d. (DUCHAUSSOY, 1928, S. 375 f.). In Meißen stieg der Preis pro Faß von 3 Schock im Jahre 1550 auf 10 Schock im Jahre 1625 (KIRBACH, 1900, S. 81). Wie stark die Preissteigerung gerade im 16. Jahrhundert war, zeigt ein Vergleich mit den folgenden Jahrhunderten. So kostete in Mähren zum Beispiel um 1500 der Eimer Wein 1 zl. (Gulden), im Jahre 1605 2 zl. 30 kr., zwischen 1640—48 2 zl. 12 kr. und im Jahre 1756 2 zl. 32 kr. (FROLEC, 1973, S. 110).

Auch die Anbaukrisen des 19. Jahrhunderts wirkten sich auf die Weinpreise aus. Nach dem Oidium-Befall staute sich in Frankreich der Bedarf, so daß die Preise für 1 hl Wein von durchschnittlich 9 frs im Jahre 1849 auf durchschnittlich 49 frs im Jahre 1856 stiegen. In den darauffolgenden Jahren betrug der Hektoliterpreis im Durchschnitt 27,5 frs (SCHULTE, 1905, S. 16)[88]. Ähnlich verhielten sich die Preise auch nach dem Reblausbefall. Im Midi betrugen sie 1875 pro hl 10 frs, 1877 25 frs und 1882 33 frs (RIEMANN, 1957, S. 22).

Die neueste Absatzkrise in einigen europäischen Weinbauländern, die aus einer latenten Überproduktion resultiert, wirkt preisdämpfend, so daß lediglich die Qualitätsflaschenweine eine begrenzte Preissteigerung erreichen (vgl. HILLEBRAND, 1969, S. 558).

4.5 WEINBAUPOLITIK

4.5.1 Träger der Weinbaupolitik

4.5.1.1 Kirche und Klöster

Die weite Ausdehnung des Weinbaus im Mittelalter nach Norden ist ohne die Mitwirkung der Kirche und der Klöster nicht denkbar (vgl. Fig. 23). Ihre Verdienste bei der Anlage von Weinbergen sind unbestritten und wurden bereits in vielen Werken gewürdigt (vgl. TÖPFER, 1909, S. 9–14; NORDHOFF, 1883, S. 7–15;

Kartengrundlage: Topographische Karte 1 : 25 000
2929 (Ausg. 1970).
Vervielfältigt mit Erlaubnis des Herausgebers: Niedersächsisches Landesverwaltungsamt - Landesvermessung - B 5 - 482/78.

Fig. 23: Kloster in Medingen (53° 5' n. Br.) und benachbarter Flurname „Weinberg"

SCHREIBER, 1962, S. 30–34; FROLEC, 1973, S. 29 f.). Weniger einheitlich werden dagegen die Beweggründe für die weinbaulichen Aktivitäten der geistlichen Institutionen gesehen: Sie reichen von „gottesdienstlichen Bedürfnissen" (BECKMANN, 1937, S. 114) über Handelszwecke (SVOBODA, 1930, S. 67) bis hin zur „höheren Culturidee" (NORDHOFF, 1883, S. 6). Im Zuge der Christianisierung und Missionierung entstanden die Klöster oft in entlegenen Gegenden. Daher mag anfangs die Sorge um den für kirchliche Zwecke benötigten Wein eine wichtige Rolle gespielt haben[89]. In England gingen die Klöster gegen Ende des 7. Jahrhundert zum Eigenweinbau über, als der Schiffsverkehr durch die Überfälle der Dänen und Normannen erheblich gestört wurde (SIMON, I, 1964, S. 8). Die Sicherung des Eigenbedarfs spielte deshalb in der Ausdehnungsphase der Kirche für den Weinbau eine wichtige Rolle (vgl. BECKMANN, 1937, S. 114). Ebenso bedeutend waren die Anforderungen an den reinen unverfälschten Wein (HAHN, 1956, S. 21), zumal diese Überlegung auch beim Übergang zum Handelsbezug Beachtung fand (vgl. POSCHMANN, 1956, S. 14). Die gewaltige Ausdehnung des kirchlichen und klösterlichen Weinbergsbesitzes im 11. und 12. Jahrhundert kann aber nicht mit dem steigenden Bedarf begründet werden, da sich die Kelchentziehung für Laien allgemein durchsetzte und die Teilnehmerzahl an den Kommunionsfeiern ständig sank (SCHWARTZ, 1896, S. 15)[90]. Die Stellung des Weines als tägliches Getränk verhalf den Kirchen und Klöstern zu einer bedeutenden Einnahmequelle, er wurde zum Handelsartikel (vgl. SVOBODA, 1930, S. 67). Dabei wurde die Kirche in ihrer beherrschenden Position als Trägerin des frühen Weinbaus gefördert durch den verbreiteten Brauch der Weinbergsschenkungen (vgl. COCHET, 1866, S. 17 f.; WEINHOLD, 1973, S. 79–83; HALKIN, 1895, S. 174; H. SCHMITZ, 1925, S. 30; WERWECKE, 1923). Schon im Jahre 765 erhielt die Abtei Prüm eine Reihe von Orten mit Weinbergen in der Gegend von Rouen (REICHELT, 1886, S. 28). Mehrere Klöster in Flandern und Hainaut kamen zu Weinbergen an der unteren Aisne (DION, 1959, S. 207; vgl. Bild 10). Die Klöster in Cottbus, Dobrilugk und Neuzelle besaßen Weinberge in Guben (GANDER, 1925, S. 490). Durch Schenkungen gelangte das Kloster in Hildesheim zu Weinbergsbesitz in Geisenheim, Boppard und Würzburg (HARTMEYER, 1905, S. 6).

Wie sehr wirtschaftliche und geschmackliche Gründe entscheidend waren für den kirchlichen Weinbergsbesitz geht auch aus folgenden Beispielen hervor. Bei den Klöstern richtete sich der auswärtige Weinbergsbesitz nach der Wohlhabenheit. Kleinere Klöster waren oft nicht in der Lage, fremde Weinberge oder fremden Wein zu kaufen, und betrieben deshalb Eigenbau (vgl. PAULS, 1885, S. 184 f.; MENK, 1972, S. 27). Kennzeichnend für den kirchlichen Weinbau war bis zum Hochmittelalter die Zweigleisigkeit des Weinbergsbesitzes: So besaßen die Abtei Corvey und das Stift Meschede sowohl Weinberge in der Umgebung als auch bessere am Rhein (SCHREIBER, 1962, S. 30 und 35). Das Kloster Walkenried in Thüringen legte in den Jahren 1193 und 1205 eigene Weinberge in der Nähe an, doch erwarb es auch 1202 wegen des besseren Weines einen großen Weinberg in Würzburg (WINTER, I, 1868, S. 172). Dieses Verhalten scheint sowohl in den Schwierigkeiten des Transports als auch in der Sicherung der Weinversorgung begründet zu sein, denn mit der Verbesserung der Handelsbedingungen änderten die nördlichen Klöster ihre Weinbaupolitik. Schon im 12. Jahrhundert fand der Eigenweinbau der Abtei Corvey nach dem Erwerb von Weinbergen in der Nähe Bonns ein Ende, und der Bischof und das Dom-

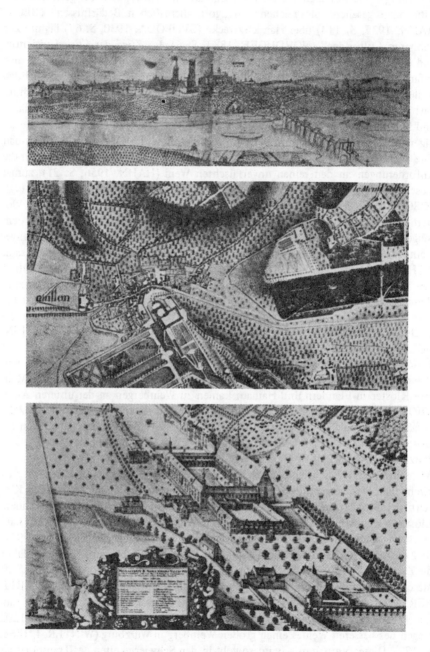

Bild 10: Kirchlicher und klösterlicher Weinbau in Nordfrankreich: 1. Limoges 1612; 2. Das Schloß von Gaillon, Residenz der Erzbischöfe von Rouen; 3. Die Abtei von Groenendael im Wald von Soignes in Brabant 1649 (DION, 1959)

stift von Hildesheim verkauften 1236 allen Weinbesitz bei Boppard, um fortan Wein im Handel zu erstehen (NORDHOFF, 1883, S. 44). Bei dieser Entscheidung wird auch die schwierige Verwaltung weit entfernt liegender Besitztümer und die langwierige und kostspielige Herbeiführung des Weines eine Rolle gespielt haben. Im Jahre 1315 verkaufte das Kloster von Löwen seine Weinberge am Rhein, um welche am Ort selbst kaufen zu können (HALKIN, 1895, S. 105). Die Abtei Saint-Trond in Lüttich verkaufte 1265 ihre Weinberge an der Mosel. Der Abt begründete den Verkauf mit der Feststellung: „... cum curtes ... minus fructuose et minus utiles nobis essent propter locorum distantiam et viarum discrimina, necnon et propter graves injurias que per quorundam violentiam in predictis bonis et curtibus nobis multociens sunt illate" (WERWECKE, 1923, S. 659). Im Jahre 1412 tauschte das Stift Meschede mit dem Abt von Siegburg seine Weinberge am Rhein gegen Zehnten und Renten in Westfalen (DETTEN, 1910/11, S. 458).

Die Neigung, den Eigenweinbau oder den auswärtigen Besitz aufzugeben, setzte dort zuerst ein, wo sich der Handel am besten entwickelte: im Bereich der Häfen und Märkte. Während daher der auswärtige Weinbergsbesitz für viele belgische Klöster wegen des geringen Handels im Hochmittelalter noch notwendig ist, haben die holländischen Klöster bereits keine entsprechenden Besitzungen mehr (WERWECKE, 1923, S. 657). Im Jahre 1215 belieferte der Graf von Ponthieu die religiösen Gemeinschaften in der Picardie schon mit Wein aus La Rochelle, so daß dort, wie auch in anderen nordwestlichen Küstengebieten Frankreichs, der aufkommende Handel mit Poitou-Weinen den Eigenbau der Klöster verdrängte (DION, 1959, S. 420). Wie sehr die Wirtschaftlichkeit den kirchlichen und klösterlichen Weinbau bestimmte, zeigt neben der völligen Aufgabe der Weinberge auch deren Verpachtung gegen feste Abgaben (vgl. MENZEL, 1875, S. 233; KRES, 1972, S. 215; H. SCHMITZ, 1925, S. 34). Die Unsicherheit der Ernten veranlaßte das Kloster Meerholz im Jahre 1344 die Nutznießung seines Weingartens zu verkaufen, nachdem es für die Kosten der Unterhaltung noch hatte zuzahlen müssen (WARNECK, 1924, S. 97). In Budissin in der Oberlausitz tauschte im 16. Jahrhundert das Domkapitel seinen Weinberg gegen eine Wiese (KNOTHE, 1873, S. 199). Am Harz gab die höhere Geistlichkeit schon im 15. Jahrhundert den südlichen Weinen den Vorzug (MENZEL, 1875, S. 235). In Polen bezogen Adel und Klerus seit dem 16. Jahrhundert ihren Wein überwiegend aus Ungarn, und 1568 heißt es in einem Bericht an den Papst: „Es gibt in Polen an verschiedenen Orten Weinberge, aber wenig Wein, er ist nicht stark und sauer" (KRES, 1966, S. 22).

Trotz des frühen Niedergangs der klösterlichen Weinkultur in Gebieten, in denen der Handel ihn billiger anbieten konnte, hielt er sich in entlegenen Gegenden und in den Kerngebieten des Weinbaus sehr viel länger und zum Teil in bedeutendem Umfang. So gab es im Mittelalter kaum eine weinbautreibende Ortschaft an der Ahr, die keine Besitzungen von Klöstern oder Domstiften auf ihrer Gemarkung hatten (KRIEGE, 1911, S. 10). Wegen der Anhäufung klösterlicher Güter in den Weinbaugemeinden am Mittelrhein sprach man von einer „Pfaffenstraße" (KEES, 1976, S. 264). Gegen Ende des 15. Jahrhunderts wurden die Klosterbrüder in Thüringen ermahnt, nicht zuviel Äcker mit Weinreben zu bepflanzen, damit, falls der Wein mißriete, wie es häufig in Deutschland der Fall sei, die armen Klosterbrüder nicht geschädigt würden (K. HERRMANN, 1875, S. 83). In Fritzlar waren der Erzbischof und das Petersstift die reichsten Weinbergsbesitzer (KRAMER, 1954, S. 905).

Durch Schenkungen gelangten im Hochmittelalter in Niederösterreich 20 niederösterreichische, 14 oberösterreichische, 6 steirische und 21 bayrische Klöster zu Weinbergen (H.-C. SCHMIDT, 1965, S. 16). Sogar die junge, 1608 eröffnete evangelische Kirche in Brüx besaß bei ihrer Aufhebung im Jahre 1625 neben Gärten und Feldern auch zwei Weinberge am Schloßberg aus Vermächtnissen (BLUMER, 1930, S. 113). Im 13. Jahrhundert besaßen fünf Prager Klöster in der nördlichen Elbgegend und in Mähren Weinberge, ebenso wie bei Prag (FROLEC, 1973, S. 32). Bis zur Mitte des 13. Jahrhunderts waren die Klöster die Hauptträger des mährischen Weinbaus (FROLEC, 1973, S. 32). Der Grund für die Vermehrung des geistlichen Weinbesitzes lag in der erhöhten Nachfrage, nicht so sehr der eigenen als vielmehr der des Handels. Der Weinhandel wurde für die Klöster zum großen Geschäft, das sie sich durch allerlei Privilegien zu wahren wußten (vgl. BASSERMANN-JORDAN, 1975, S. 1112). In Hanau und Friedberg durften selbst Priester Wein ausschenken (WARNECK, 1924, S. 104). Auch in Rußland besaßen Kirche und Klöster schon sehr früh Weinberge, sowohl für den Eigenbedarf als auch für den Handel, vor allem in Kiew, Smiewsk und Astrachan (ČEKAN, 1954, S. 659). Wie umfangreich der kirchliche Weinbergsbesitz sein konnte, verdeutlichen auch folgende Beispiele: Der Stiftsdechant von Bonn besaß 1575 neben verschiedenen Weinbergen auch den Zehnten aus über 40 Morgen Weingärten (ZEPP, 1927, S. 125). Dem Kloster Pforta gehörten bei seiner Sequestration im Jahre 1540 über 100 Eigenweinberge mit einem Ertrag von 200 000 Litern im Jahresdurchschnitt (WEINHOLD, 1973, S. 80). Diese gewaltige Menge konnte narürlich nur im Weinhandel abgesetzt werden. An der Donau hatten einige Klöster deshalb sogar eigene Weinschiffe (vgl. H.-C. SCHMIDT, 1965, S. 23). Dem Kloster von Nikolsburg flossen im 16. Jahrhundert 3/5 seiner Einnahmen aus Weinverkäufen zu (FROLEC, 1973, S. 86). In Arnstadt bewirtschaftete das Benediktinerinnenkloster 45 Acker Weinberge (1 großer Arnstädter Acker = 32,6 a) im Eigenbau. Dazu kamen noch Erträge aus in Teilpacht vergebenen Weinbergen. Der Gesamtertrag an Wein betrug im Jahre 1404 273 Eimer (1 Arnstädter Eimer = 72,13 l), wovon das Kloster 44 1/2 Eimer selbst verbrauchte und den Rest verkaufte, was einen Anteil von 27,6 Prozent der Gesamteinnahmen ausmachte. Im Jahre 1479 betrug der Anteil des Weinverkaufs am Gesamterlös sogar 53,8 Prozent, während er 1517, bei einem geringen Herbst, nur 7,2 Prozent ausmachte (ELBRACHT, 1958, S. 159 f.). Der kirchliche und klösterliche Weinhandel trug deshalb wesentlich zur Ausdehnung der Weinkultur bei.

Auch nach dem Dreißigjährigen Krieg blieb der kirchliche Besitz an Weinbergen in den nichtreformierten Ländern noch sehr groß. So gehörten um 1680 in Nußdorf am Wienerwald 95,71 Prozent der Weingärten zu einer geistlichen Grundherrschaft, hauptsächlich aber dem Stift Kloster Neuburg. Diese Weinberge wurden allerdings nur zu 26,7 Prozent von den geistlichen Institutionen selbst bewirtschaftet (H.-C. SCHMIDT, 1965, S. 21). Im linksrheinischen Kurtrier waren 1720 25,4 Prozent aller Weinberge in geistlichem und 11,8 Prozent in ritterschaftlichem Besitz (CHRISTOFFEL, 1923, S. 7).

Bei diesem Umfang des geistlichen Weinbaus mußte jede Änderung der kirchlichen Weinbaupolitik auch Folgen für den Weinbau überhaupt haben. Nach der Einführung des Weinbaus an vielen nördlichen Orten, erlosch er schnell wieder dort, wo die geistlichen Institutionen aus wirtschaftlichen und geschmacklichen Motiven ihren Wein lieber über den Handel bezogen und wo sich keine adligen, bürgerlichen oder bäuerlichen Nachfolger fanden (vgl. KRES, 1966, S. 21). Dagegen hielt sich der kirchliche Weinbau dort, wo er Einnahmen versprach, auch wenn er im allgemeinen schon im 13. und 14. Jahrhundert vom bürgerlichen Weinbau an Umfang übertroffen wurde. Wo Klöster aufgehoben wurden, schrumpfte der Weinbau, doch waren die Auswirkungen in der Landschaft nicht einheitlich. In England, wo die Klöster die „Hauptträger der Weinkultur" waren, ging sie mit deren Unterdrückung zugrunde (BASSERMANN-JORDAN, 1975, S. 109). Während in Sachsen der geistliche Weinbergsbesitz im 16. Jahrhundert durch die Sequestration im Gefolge der Reformation überwiegend in die Hände der daran interesssierten Landesfürsten gelangte und damit erhalten blieb (DIETER, 1965, S. 176), führte der Besitzwechsel in Thüringen, Oberfranken und Württemberg zu Verlusten an Weinbergsareal (DIETER, 1965, S. 175; WELTE, 1934, S. 25). Die Ausbildung von geistlichem Großbesitz in den nördlichen Weinbaugebieten war eine der Grundlagen für die Kontinuität und Bedeutng des nördlichen Weinbaus[91]. An der Obermosel sank die Bedeutung des Weinbaus schnell, als nach dem Dreißigjährigen Krieg die Trierer Klöster und Stifte das Schwergewicht ihrer Wiederaufbauarbeit an die Mittelmosel, Saar und Ruwer verlegten (WERLE, 1975, S. 281). In Mähren ging nach FROLEC (1973, S. 136) der Rückgang des Weinbaus auf die Josephinischen Reformen Ende des 18. Jahrhunderts zurück. Die starke Einschränkung des Adels und der Kirche, die Auflösung der katholischen Institutionen und großen Klöster und die Aufhebung der Leibeigenschaft schadeten dem örtlichen Weinbau sehr.

Die kirchliche Weinbaupolitik in West- und Mitteleuropa sank nach der Französischen Revolution, dem Reichsdeputationshauptschluß von 1803 und der Verweltlichung des kirchlichen Besitzes in vielen Teilen Europas unter Napoleon zur Bedeutungslosigkeit herab[92]. In Deutschland ging das Rebland der rechtsrheinischen Klöster zum großen Teil in Staatsbesitz über, während die linksrheinischen ehemaligen kirchlichen Weinberge an private Interessenten verkauft wurden (WINKELMANN, 1960, S. 64). Der Übergang in die Hände von Kleinbesitzern hatte häufig eine Schrumpfung der Rebfläche zur Folge (vgl. 4.4.2).

Im osteuropäischen Bereich dagegen spielte der kirchliche Weinbau noch bis in unser Jahrhundert hinein eine bedeutende Rolle, vor allem was die Qualität der Weine betraf (vgl. SALOMON, 1872, S. 101).

4.5.1.2 Adel

Schon die Schenkungen bereits fertig angelegter Weinberge weisen darauf hin, daß sich neben der Kirche und den Klöstern noch andere Kreise mit dem Weinbau befaßten. Die Stifter kamen hauptsächlich aus den Reihen des Adels, der den Weinbau in seinen Dörfern und an seinen Burgen pflegte, wenn auch zunächst in geringerem Umfang als die geistlichen Institutionen. Im Norden Frankreichs wurden seit dem 11. Jahrhundert Weinberge vor allem in der Nähe der Herrschaftssitze angelegt (vgl. Fig. 24), wobei sich die Grafen von Flandern und die Herzöge der Normandie und Brabants besonders hervortaten (vgl. DION, 1959, S. 190 f.). Allerdings fand schon im 11. Jahrhundert der Prestigeweinbau des Grafen Baudouin V. von Flandern um einige seiner Schlösser keine Nachahmer beim Volk (DION, 1959, S. 11),

Fig. 24: Ehemaliges Schloß und benachbarte Flurnamen „Vattevigne" und „les Bouliévins" nordöstlich Amiens, 50° 1' n. Br. (Topograph. Karte 1:50 000 von Frankreich, Blatt XXIII–8 Amiens und XXIV–8 Albert, 1970)

was auch von andern Gegenden anzunehmen ist. In England ließ König Richard Löwenherz bei seiner Residenz Rockingham einen Weinberg anlegen (DION, 1959, S. 191). Von weiteren Anlagen gräflichen Ursprungs wird aus Hessen (BERGMANN, 1957/58, S. 24), aus dem Sauerland (WIBBE, 1911/12, S. 244) und aus Belgien (HALKIN, 1895, S. 78) berichtet. Auch für Arnstadt ist es ziemlich sicher, daß die fränkischen Grundherren den Weinbau einführten. Dort gehörten im Jahre 1411 132 1/2 Acker dem Grafen von Arnstadt, der davon 101 Acker in Eigenwirtschaft betrieb, während das Kloster 45 Acker bewirtschaftete (ELBRACHT, 1958, S. 158). Auch die Verbreitung des Weinbaus auf den Dörfern im 15. und 16. Jahrhundert scheint vielerorts auf die wirtschaftlichen Interessen der adligen Grundherren zurückzugehen, die die Bildung von Gutsbetrieben anstrebten. Dabei diente der Eigenweinbau im allgemeinen nur dem Haustrunk[93] und nicht dem Er-

werb (vgl. MENK, 1972, S. 29) und darf deshalb in seiner Bedeutung nicht überschätzt werden. Der Umfang des frühen Weinbaus weltlicher Grundherren war meist geringer als der der Kirche und Klöster, was auch aus der Tatsache hervorgeht, daß die Aktivitäten des Adels im Weinhandel sehr begrenzt waren (vgl. WEINHOLD, 1973, S. 85).
Dagegen wuchs seit dem ausgehenden 14. Jahrhundert das Interesse der Landesfürsten am Weinbau. Neben dem Eigenbau, dessen Erträge sie zum Teil auch vermarkteten (WEINHOLD, 1973, S. 85), förderten sie verstärkt den Weinbau ihrer Untertanen. Der Wein bekam eine „Rolle in der Territorialpolitik" (SCHLEGEL, 1973, S. 36), weil er Geld brachte. Bei der Verleihung des Magdeburger Rechts an die Stadt Przemyśl in Polen im Jahre 1389 empfingen die Bürger gleichzeitig eine Steuerbefreiung von ihren Äckern für 6, von den Weinbergen für 16 Jahre (BECKMANN, 1937, S. 114). Nach dem vernichtenden Frost von 1453/54 ließ Herzog Heinrich IX. von Glogau Reben aus Ungarn, Österreich und Franken kommen (POMTOW, 1910, S. 105 f.). In der Mark Brandenburg erfolgte im 15. Jahrhundert auf kurfürstliche Anordnung die Anlage von Weinbergen mit fränkischen Reben um Berlin, Potsdam, Werder, Wriezen, Fürstenwalde, Mittenwalde, Zossen, Teuplitz, Rathenow, Treuenbrietzen, Beeskow und Frankfurt a. O. (F. SCHMIDT, 1920, S. 4). Die protestantischen Kurfürsten erreichten bei der Durchführung der Reformation durch die Aneignung der Klostergüter eine Verdoppelung ihres Weinbergbesitzes, was ihnen auf dem Augsburger Reichstag 1530 starke Vorhaltungen von kaiserlicher Seite einbrachte (FALK, 1955, S. 58 f.). In Sachsen und Thüringen betrug der in Eigenregie bewirtschaftete landesherrliche Rebbesitz zwischen 1548 und 1568 nach vorsichtiger Schätzung rund 230 ha (WEINHOLD, 1973, S. 85). Im Elbtal wurde bis ins 18. Jahrhundert hinein durch Tausch und Ankäufe versucht, ein geschlossenes Anbaugebiet zu erhalten, das die besten Lagen umfaßte (WEINHOLD, 1973, S. 45). Der Zar war im 17. Jahrhundert in Rußland neben den Klöstern der größte Weinbergsbesitzer, während sich der Adel erst im 18. Jahrhundert verstärkt dem Weinbau zuwandte (ČEKAN, 1954, S. 658 f.). Auf der Hohenloher Ebene wurde der Weinbau im 17. Hahrhundert von den Grafen von Hohenlohe sehr gefördert (SAENGER, 1957, S. 104–107). So stieg zum Beispiel in Belsenberg der Anteil der Rebfläche an der LNF von 18 Prozent im Jahre 1595 auf 26 Prozent im Jahre 1698.
Mit der zunehmenden Verschlechterung der Rentabilität des nördlichen Weinbaus änderte sich die adlige Weinbaupolitik. So wurden im Jahre 1787 die kurfürstlichen Weinberge bei Freyburg an der Unstrut den Bürgern der Stadt in Erbpacht und für alle Zeiten steuerfrei überlassen (WEINHOLD, 1973, S. 89). In Sachsen, wo die königlichen Weinberge noch 1831 rund 4 Prozent (106 ha) der gesamten Rebfläche ausmachten (WEINHOLD, 1973, S. 114), wurden sie am Ende des Jahrhunderts wegen der Anbaukrisen verkauft (ZAUNICK, 1929, S. 330). Auch die Grafen von Hohenlohe, die mit ihrer Initiative dem Weinbau einst starken Auftrieb gegeben hatten, bereiteten ihm jetzt selbst ein Ende, indem sie die letzten bäuerlichen Rebflächen aufkauften und aufforsteten (SAENGER, 1957, S. 106). Seit dem 17. Jahrhundert war der adlige Weinbau in den nördlichen Weinbauorten häufig mehr im Ansehen und Liebhabertum als in seiner Wirtschaftlichkeit begründet. In England gab es Anfang des 17. Jahrhunderts königliche Weinberge bei Oatlands in Surrey:

„And, no doubt, following the Royal example, Sir Robert Cecil, first Earl of Salisbury, planted a large vineyard on the banks of the River Lea, at Hatfield, the vines for which were obtained from France by Madame de la Boderie, wife of the French Ambassador" (HYAMS, 1949, S. 49). Prinz Heinrich von Brandenburg-Schwedt ließ 1735 den ehemaligen Ratsweinberg in Prenzlau wieder neu anlegen; schon nach wenigen Jahren ging er aber wieder ein (RUDOLPH, 1929, S. 112).
Der Adel war in vielen nördlichen Weinbauorten die Stütze des Weinbaus. Er reagierte aber auf die sinkende Rentabilität als erster und war damit oftmals Vorreiter des Niedergangs.

4.5.1.3 Städte

Seine größte Bedeutung erlangte der nördliche Weinbau erst, als sich die aufblühenden Städte seiner annahmen. Durch die Anhäufung von Arbeitskraft, Kapital und Absatz konnten sie ihn in weit größerem Umfang betreiben, als es den geistlichen und weltlichen Grundherren möglich war. Waren in der Ausbreitungsphase Kirche und Adel die wichtigsten Träger des Weinbaus, so trat bei der Konsolidierung das Bürgertum an ihre Stelle[94]. In einigen Gegenden, etwa in der Lausitz, geht der Weinbau überhaupt auf städtische Initiative zurück (vgl. GANDER, 1925, S. 488; KRAUSCH, 1967b, S. 30). Der Kauf und die Anlage von Weinbergen durch die städtischen Bürger wurde im Mittelalter besonders gefördert durch das Streben der Menschen nach Sachwerten (vgl. KUSKE, 1952, S. 250). Die Weinberge waren Wertobjekte und wurden dementsprechend gern zur Kapitalanlage genutzt. Weinberge zu erwerben, brachte dem Bürger soziales Ansehen (RUPPERT, 1960, S. 31). Ihre Beliebtheit als Anlageobjekt spiegelt sich auch in den Bodenpreisen. Dabei zeigt der größere Preisanstieg der mittleren Weinberge das lebhafte Interesse des unteren Bürgertums (s. Tab. 8). Im 17. Jahrhundert nahm der Wert der Weinberge in vielen nördlichen Weinbauorten ab. So betrug zum Beispiel in Jena der durchschnittliche Wert je Acker im Jahre 1659 trotz Geldentwertung nur noch 23 Gulden gegenüber 29 Gulden im Jahre 1542 (FALK, 1955, S. 84). Für das 18. Jahrhundert zitiert SCHUBERT (1862, S. 21) als Beispiel für die gesunkenen Weinbergspreise in Sachsen die Verkaufsannonce für einen großen Weinberg samt Winzerhaus und Obstbäumen zwischen Dresden und Meißen, wofür nur 519 Taler gefordert werden. In Naumburg an der Saale kostete um 1850 der Morgen angelegten Weinbergs zwischen 1000 und 1500 M.; nach der Reblausverseuchung wurden 1902 in Freyburg an der Unstrut 6 Morgen für 4550 M. verkauft (BOIE, 1922, S. 18). Mit der Entwicklung der Weinbergspreise lief das Verhalten der Bürger gegenüber dem Weinbau parallel: Sie betrieben den Weinbau so lange, solange er rentabel war und solange es keine besseren Kapitalanlagemöglichkeiten gab.
Schon im 11. Jahrhundert traten am Mittelrhein Bürger und niedere Geistlichkeit als Besitzer von Weinbergen auf (H. SCHMITZ, 1925, S. 31). Weingärten gab es auch innerhalb und an den Stadtmauern, wie dies Urkunden aus den Jahren 1003 für Remagen, 1131 für Andernach, 1321 für Linz, 1344 für Bonn und 1366 für Köln belegen (H. SCHMITZ, 1925, S. 21–28). In Bonn kam es wegen der starken Ausbreitung des Weinbaus sogar zu einem Mangel an Arbeitskräften: „Bis zum Jahre 1341 waren die Weinberge innerhalb der Stadt Bonn und ihres Weichbildes

Tab. 8: Durchschnittliche Schätzwerte der Brünner Weinberge 1365–1509 (FROLEC, 1973)

	1/1 Weinberg	1/2 Weinberg	1/4 Weinberg	1/8 Weinberg
1365	7 Pfd. 34 Gr.	5 Pfd. 15 Gr.	2 Pfd. 20 Gr.	4 Pfd. 10 Gr.
1462	31 Pfd. 38 Gr.	20 Pfd. 35 Gr.	9 Pfd. 43 Gr.	10 Pfd. 54 Gr.
1477	41 Pfd. 32 Gr.	32 Pfd. 15 Gr.	14 Pfd. 20 Gr.	13 Pfd. 36 Gr.
1509	55 Pfd. 43 Gr.	40 Pfd. 3 Gr.	21 Pfd. 14 Gr.	15 Pfd. 8 Gr.
Steigerung insgesamt	786 Prozent	800 Prozent	1050 Prozent	375 Prozent
Anteil der Abwertung des Groschens gegenüber dem Jahr 1365	450 Prozent	240 Prozent	340 Prozent	243 Prozent
Inflationsbereinigte Wertsteigerung	336 Prozent	560 Prozent	710 Prozent	132 Prozent

so zahlreich geworden, daß es an arbeitenden Händen für ihre Bebauung fehlte, und es ist ein Zeichen für die Wertschätzung dieses Wirtschaftszweiges, daß die landesherrliche Politk den Zudrang zum Handwerk zu seinen Gunsten eindämmte. Erzbischof Walram von Köln suchte dem „defectum notabilem laborantium in vineis" dadurch abzuhelfen, daß er die Zahl der Weberfamilien in Bonn auf 12 beschränkte" (H. SCHMITZ, 1925, S. 28). In den Aachener Stadtrechnungen des 14. Jahrhunderts finden sich Belohnungen für die Anlage von Weingärten (PAULS, 1885, S. 248). Der Anteil der Weinberge am Gesamtvermögen der Brünner Bürger stieg von 23,75 Prozent im Jahre 1365 auf 42,4 Prozent im Jahre 1509 (FROLEC, 1973, S. 78). Während aber die Weinberge in und um Brünn überwiegend von kleinen Winzern mit ihren Familien bearbeitet wurden, hatten die reichen Familien Weinbesitz in Südmähren (FROLEC, 1973, S. 39). Im 15. Jahrhundert bewirtschaftete mehr als die Hälfte der Bürger von Arnstadt Weinberge (ELBRACHT, 1958, S. 161). In Fritzlar mußten im Jahre 1515 126 verschiedene Bürger den Weinzehnten in natura entrichten (KRAMER, 1954, S. 906). Auch an der Werra ging nach MENK (1972, S. 28) die Verdichtung der Rebflächen in der 1. Hälfte des 16. Jahrhunderts auf die Bürger und Städte zurück. Bis zum 16. Jahrhundert hatten sich die Städte zum Hauptträger des Weinbaus entwickelt, (vgl. Bild 11) „sowohl hinsichtlich des Anbauumfangs als auch in ihrer Funktion als Verbraucher-, Markt- und Handelszentrum" (MENK, 1977, S. 29; vgl. auch FROLEC, 1973, S. 93; TÖPFER, 1909, S. 16).

Im Jahr 1509 beschloß der Rat von Spandau die Anlage von neuen Weinbergen in der Umgebung und im Jahr 1525 wurden die Bürger der Neustadt Brandenburg von ihrem Magistrat dazu aufgefordert, neue Weinberge anzulegen (SCHWARTZ, 1896, S. 18). Die Steuereinnahmen der Stadt Lauda betrugen 1605 etwas mehr als 7 Fuder (1 Fuder = 900 Liter) Wein, die einen Erlös von 603 Goldgulden erbrachten; demgegenüber betrugen die Kosten für die ganze Stadtverwaltung nur etwa 100 Gulden (FRIESE, 1961, S. 18). Der Anteil des Reblandes am Gesamtvermögen der Bürger Jenas lag im Jahre 1542 bei 32 Prozent, im Jahre 1583 war er bereits auf 19 Prozent gesunken und betrug 1659 nur noch 13,6 Prozent (FALK, 1955, Tab. 3 und 11). Auch nach der großen Blütezeit des städtischen Weinbaus waren manche Städte noch bemüht, den Weinbau zu halten. So entstanden in den Jahren 1797 und 1816 bei Prag Neuanlagen durch den Magistrat und Bürger der Stadt (SCHAMS, III, 1835, S. 167). Um 1900 legten die Kreise Camburg, Querfurt und Eisleben, sowie die Städte Naumburg, Freyburg und Meißen Musterweingärten an (A. HOFFMANN, 1956, S. 118). Noch in den 30er Jahren unseres Jahrhunderts ließ die Krossener Stadtverwaltung eine 18 Morgen große Anlage neu entstehen (CLAUSS, 1961, S. 114). Im allgemeinen haben aber die Städte seit dem 19. Jahrhundert wegen der wachsenden Urbanisierung und Industrialisierung eine eher negative Auswirkung auf den umliegenden Weinbau (vgl. FROLEC, 1973, S. 143).

Die städtische Politik wurde vom Wein auch dort beeinflußt, wo er nicht angebaut wurde und nur Handelsartikel und Getränk war. Das Schankmonopol der Städte führte zur Einrichtung der Ratskeller, die eine gute und regelmäßige Einnahmequelle bildeten. In den Niederlanden war das „Stadswijnhuis" schon im 14. Jahrhundert bekannt (ALANNE, 1963, S. 11). Während der Rat meist an dem Schankmonopol für fremde Weine festhielt, überließ er den Verkauf der Landweine auch den Bürgern (HARTMEYER, 1905, S. 105). In Leipzig durften nach 1452 aller-

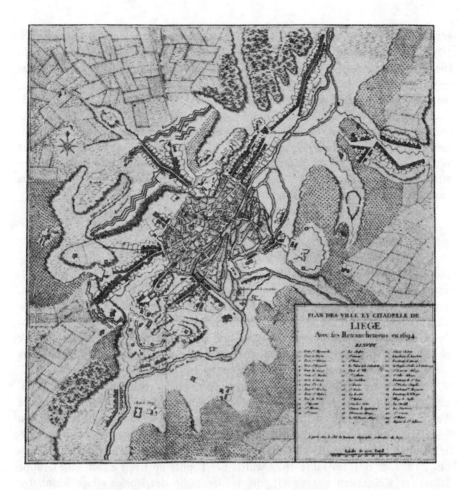

Bild 11: Weinberge um Lüttich 1694 (R. DION, Grands traits d'une géographie viticole de la France, Revue des Sciences Humaines, NS **10**, 1944, Lille)

dings nur die Bürger Wein einlegen und ausschenken, die Vollbürger waren, das heißt halbjährlich mehr als 72 gr. Steuer zahlten (E. MÜLLER, 1969, S. 10). Die Einnahmen aus dem städtischen Weinschank konnten beträchtlich sein. So standen 1588 in Cottbus 68 Prozent der Gesamteinnahmen und 41 Prozent der Gesamtausgaben mit dem Wein in Verbindung (F. SCHMIDT, 1920. S. 13). Seit dem 17. Jahrhundert überwogen dort allerdings die Verluste, so daß der Cottbuser Ratskeller verpachtet werden mußte (F. SCHMIDT, 1920, S. 17).

Neben der Förderung des Weinbaus und des Weinhandels richtete sich die städtische Weinbaupolitik auch auf den Schutz der bestehenden Anlagen und die Förderung des Absatzes. Im Jahre 1375 erhielt die Stadt Znaim von Kaiser Karl IV. das Privileg, ihren Wein nach Böhmen, Mähren und in alle Städte außer Prag ausführen zu dürfen (FROLEC, 1973, S. 43). Nach einem anderen Privileg aus dem Jahre 1454 für die Stadt Brünn durften fremde Weine und Biere nur in der Stadt ausgeschenkt werden (FROLEC, 1973, S. 82). Wenn in Frankfurt an der Oder der Wein

geraten war, war es nicht erlaubt, andere Landweine auszuschenken (KRAUSCH, 1967b, S. 37).
Die Auswirkung des nördlichen Weinbaus auf die Bevölkerungsdichte war weit geringer als in den Kerngebieten. Die „geographische Hauptbedeutung" des Weinbaus, die „bevölkerungsverdichtende Wirkung" (RUPPERT, 1960, S. 11) gilt an der Nordgrenze des Weinbaus nur beschränkt. Was DION (1959, S. 11) für Nordfrankreich feststellt, läßt sich deshalb durchaus auch auf die anderen nördlichen Weinbaugebiete Europas übertragen: „Même à l'époque des extension les plus audacieuses de la vigne au direction du Nord, les marges septentrionales de France viticole n'ont jamais présenté les caractères économiques et sociaux des pays capables de viticulture commerciales".

4.5.1.4 Staat

Die staatliche Weinbaupolitik, die in früheren Jahrhunderten durch die sehr zahlreichen Landesherren vertreten wurde, verband sich oftmals mit dem Bemühen der Fürsten, fremde Siedler in ihr Land zu holen. Mit ihnen kamen Weinbauern, die auch im Norden und Osten versuchten, ihren Lebensunterhalt mit dem vertrauten Gewächs zu verbessern oder doch wenigstens daraus den liebgewonnen Haustrunk zu erhalten[95]. Die Ausdehnung der Weinkultur folgte deshalb in Mitteleuropa „dem Gang der Landnahme von Westen nach Osten und Nordosten" (H.-C. SCHMIDT, 1965, S. 16). An einigen Orten blieb es bei Versuchen, so daß der Weinbau nicht von langer Dauer war. Auf die Hochebene nördlich von Brünn kam der Weinbau während der spätmittelalterlichen Rodungsperiode, doch fand er ein Ende, sobald das Gebiet dichter besiedelt und die Möglichkeiten der landwirtschaftlichen Produktion und die klimatischen Bedingungen erkannt worden waren (FROLEC, 1973, S. 61). Im Jahre 1683 wurde bei Töplitz im Kreis Zauch eine Gruppe Schweizer Kolonisten angesiedelt, die in der Nähe der Dörfer einige Weinberge anlegten (HAUSEN, 1798, S. 117 f.). Noch in den Jahren 1749 und 1750 legten in das Herzogtum Braunschweig eingewanderte Pfälzer in Veltenhof bei Braunschweig Weinberge an, die aber nach mehrmaligen Mißernten wieder aufgegeben wurden (STROMBECK, 1870, S. 368 f.) und durch Tabak und Gartenfrüchte, vor allem Zichorie, ersetzt wurden (SAALFELD, 1960, S. 97).
Andere Versuche dagegen waren erfolgreich. Im 12. und 13. Jahrhundert brachten hauptsächlich fränkische Siedler den Weinbau in die Lausitz, nach Posen und nach Schlesien (vgl. KRAUSCH, 1967b, S. 30; REINDL, 1904, S. 72; VEITH, 1966, S. 287–289)[96]. In Schlesien werden zur Zeit der Ostkolonisation an verschiedenen Orten Weinberge und Wollweberei gleichzeitig erwähnt (POMTOW, 1910, S. 102). Auch rheinische Kolonisten gehörten zu den ersten Winzern, etwa in Oderberg und Krossen oder am Harlunger Berg bei Brandenburg an der Havel (REINDL, 1904, S. 74). Um 1300 und 1350 holten ungarische Könige italienische Siedler ins Land, die auch neue Rebsorten ins Tokajergebiet brachten (KAŠA, 1969, S. 60). Dort erinnern noch die Ortsnamen Olaszlizka, Olaszfala, Oliszi, Olaszka und andere an die italienischen Einwanderer (TELEKI, 1937, S. 8)[97]. In der Bukowina begründeten im Jahre 1786 aus der Moldau eingewanderte Ungarn den Weinbau (POLEK, 1904, S. 6). Die russische Regierung siedelte 1793 100 Per-

serfamilien aus Karabaglu in Kisljar an, wo sie die Reben ihrer Heimat anbauten (WITT, 1866, S. 220). In den Tälern von Sudak und Kozza legten seit 1824 auch württembergische Kolonisten Weinberge an (HENDERSON, 1833, S. 290). Als Begründer des Weinbaus von Chabow gelten Österreicher, Schweizer, Deutsche und Franzosen (SCHÜTZE, 1964, S. 11).
Auf die weite Verbreitung des Weinbaus nach Norden hatte somit auch die landesherrliche Politik großen Einfluß. In Mähren nahm schon gegen Ende des 16. Jahrhunderts die Obrigkeit vor den Bürgern die erste Stelle im Weinbau ein (FROLEC, 1973, S. 89). Die brandenburgischen Kurfürsten förderten den Weinbau in ihrem Land noch im 17. Jahrhundert (vgl. HAUSEN, 1798, S. 64 f.), doch schon im 18. Jahrhundert hatte diese Förderungspolitik ein Ende. König Friedrich Wilhelm I. erläßt im Jahre 1736, ein Akziserreglement, wonach allen Weinbergsbesitzern erlaubt wird, von ihren Weinbergen einen anderen Gebrauch zu machen. Gleichzeitig wird die Akzisefreiheit für den Landwein aufgehoben (SCHWARTZ, 1896, S. 21). Unter König Friedrich II. wird sogar dem Landwein auf Grund seiner geringen Erträge und Güte und seiner gegenüber dem Bier geringeren Akziseeinnahmen die volkswirtschaftliche Rentabilität bestritten (vgl. WALTER, 1932, S. 30–36). Stattdessen wird die Ausdehnung des Obstbaus propagiert (WALTER, 1932, S. 50). Auch in Belgien war der Weinbau den wechselhaften Einflüssen der Politik unterworfen (vgl. JOIGNEAUX, 1852, S. 10). Wie sehr die durch staatliche Maßnahmen geschaffenen Wirtschaftsbedingungen die unterschiedliche Entwicklung des Weinbaus in benachbarten Ländern bestimmen können, zeigt WERLE (1977, S. 18 f.) am Beispiel des deutsch-luxemburgischen Obermoselgebietes. Er verweist auf die Auswirkungen einer straff organisierten luxemburgischen Wirtschaftspolitik und den Mangel an staatlichem Interesse auf deutscher Seite und hebt damit die „Funktion der Grenze innerhalb eines ökologisch nahezu gleichwertigen Raumes" hervor (WERLE, 1977, S. 18). Während zum Beispiel im Herzogtum Nassau die feudalen Zustände bis 1840 erhalten blieben und damit keinen Anreiz für Neuanlagen darstellten, erfolgte auf linksrheinischem Gebiet eine intensivere Bebauung und Ertragserhöhung (GRIES, 1969, S. 200). Die schlesische Landwirtschaftskammer lehnte eine Weinbauschule für Grünberg ab, während die brandenburgische der einer Gründung in Krossen zustimmte (DERN, 1919, S. 456).
Überhaupt wird seit dem 19. Jahrhundert in der Anlage von Schulen, Instituten und anderen Anstalten das Interessse des Staates an der Landwirtschaft am besten dokumentiert. So entstanden die ersten landwirtschaftlichen Lehranstalten in Süddeutschland 1818 in Hohenheim und 1822 in Schleißheim (BASSERMANN-JORDAN, 1975, S. 182). Speziell für den Weinbau erfolgte schon im Jahre 1808 die Gründung einer Winzerschule in Zaschendorf bei Meißen, deren Schüler ab 1817 sogar vom Wehrdienst freigestellt wurden (CARLOWITZ, 1846, S. 116–119). Auf der Krim wurden staatliche Rebschulen in den Jahren 1812 und 1829 angelegt, im Jahre 1844 folgte die Gründung einer Weinbauschule in Kischinew (PELIAKH, 1963, S. 1404). Im Jahre 1858 wurde in Beaune (Burgund) eine Wein- und Obstbauschule ins Leben gerufen, ein Jahr später eine solche in Klosterneuburg (SCHLUMBERGER, 1937, S. 42). In Böhmen bewilligte der Landtag 1870 die Mittel zur Errichtung einer Weinbauschule in Troja bei Prag und 1887 für Melnik und Leitmeritz (ŠIMÁČEK, 1899, S. 591). Der Unterricht in Melnik dauerte zwei Jah-

re in tschechischer Sprache, in Leitmeritz ein Jahr in deutscher Sprache (DER WEINBAU IM KÖNIGREICHE BÖHMEN, 1891, S. 14).
Nach den großen Schädlingsinvasionen in der 2. Hälfte des 19. Jahrhunderts übernahm der Staat die Aufsicht über die Rebenzucht und die Rebenveredlung. In Geisenheim am Rhein entstand 1872 eine Lehr- und Versuchsanstalt (BASSERMANN-JORDAN, 1975, S. 181), an der seit 1880 Versuche mit veredelten Reben stattfanden (KROEMER, 1918, S. 13). An der Saale wurde 1899 eine Rebenveredlungsstation bei Naumburg eingerichtet (KROEMER, 1918, S. 15). Die preußische Rebenzüchtung umfaßte im Jahre 1908 schon über 60 Veredlungsanlagen in allen wichtigen Anbaugebieten (KROEMER, 1918, S. 16).
Einen positiven Einfluß auf den Weinbau ihrer Umgebung hatten auch die staatlichen Weingüter. So wurden in Würzburg zum Beispiel das Bürger- und das Juliusspital schon bald nach ihrer Gründung zu den bedeutendsten Weinbergsbesitzern (vgl. LUTZ, 1965, S. 95–100). Noch heute gehören die staatlichen und fürstlichen Weinbaudomänen, Stiftungen, Spitalverwaltungen und staatlichen Weinbauinstitute zu den größten deutschen Weingütern (K. M. HOFFMANN, 1977, S. 155). Daneben bilden die staatlichen Forschungsanstalten, Versuchsstationen, Beratungsstellen und Rebveredlungsanstalten die wichtigsten Instrumente staatlicher Weinbaupolitik.

4.5.1.5 Vereine und Genossenschaften

Während Kirche und Adel den Weinbau in vielen nördlichen Orten begründeten, die aufblühenden Städte ihn vielerorts zu einem bedeutenden Wirtschaftszweig ausbauten, die Obrigkeit ihn ins 18. Jahrhundert hinüberrettete, gebührt den Vereinen und später den Genossenschaften mit das Verdienst, den nördlichen Weinbau am Leben erhalten zu haben. Schon die seit dem 18. Jahrhundert entstehenden landwirtschaftlichen Gesellschaften und Vereine bemühten sich um den Weinbau. In Sachsen wirkte in dieser Hinsicht vor allem die 1763 gegründete Leipziger Ökonomische Gesellschaft (PYRIKI, 1928, S. 5), in Mähren seit 1770 die Mährische Landwirtschaftliche Gesellschaft (FROLEC, 1973, S. 142). Auch die vielerorts gegründeten Pomologischen Vereine kümmerten sich um den Weinbau (vgl. FROLEC, 1973, S. 140: GANDER, 1925, S. 495). Die erste speziell dem Weinbau gewidmete Gesellschaft entstand im Jahre 1800 in Sachsen unter dem Namen „Gesellschaft zur Beförderung und Verbesserung des Weinbaus und der Weinpflege" (BASSERMANN-JORDAN, 1975, S. 180)[98]. Ihr folgten Vereine und Gesellschaften mit ähnlicher Zielsetzung zum Beispiel im Jahre 1807 in Burgund (BASSERMANN-JORDAN, 1975, S. 180), 1811 in Naumburg (FALK, 1955, S. 160), 1825 in Württemberg, 1826 in Grünberg (MEITZEN, II, 1868, S. 268), 1828 in Jena (FALK, 1955, S. 160), 1835 in Franken und danach in vielen anderen Weinbaugebieten (vgl. BASSERMANN-JORDAN, 1975, S. 180). Der Deutsche Weinbauverein wurde 1874 gegründet, seit 1913 führt er den Namen Deutscher Weinbauverband (BASSERMANN-JORDAN, 1975, S. 184). In Frankreich schlossen sich die Winzer im Jahre 1907 während der großen Absatzkrise zur „Confédcration générale des vignerons" zusammen (SÉE, II, 1936, S. 394). Die politische Zielrichtung der Vereine und Gesellschaften wird dabei deutlich erkennbar. Sie liegt in der Vertretung der Interessen der Winzer und des Weinbaus gegenüber den Regierungen (vgl. v. WEBER, 1872, S. 32). Dagegen bestand die Arbeit der lokalen und regionalen Weinbaugesellschaften und Weinbauvereine anfangs hauptsächlich in der Vermittlung der neuen Anbau- und Kellertechniken. Dies geschah in Form von Vorträgen und Publikationen, aber auch durch praktische Vorführungen und der Anlage von Musterweingärten. Außerdem gaben sie auch Prämien für Neuanlagen oder die Ausrodung alter Weinberge. So setzte die Weinabteilung des landwirtschaftlichen Vereins für Rheinpreußen im 19. Jahrhundert für das Roden von mindestens 20 Ruten Weinberg auf ungünstiger Lage oder schlechtem Boden Prämien aus. Danach wurde die Neuanlage auf besserem Standort durch die unentgeltliche Abgabe von Setzlingen guter Rebsorten gefördert (ZEPP, 1927, S. 173). Überhaupt stand die Verbesserung der Qualität ganz im Mittelpunkt der Bemühungen. Neben der Empfehlung geeigneter Sorten (vgl. SCHUBERT, 1862, S. 13), kaufte zum Beispiel die Weinbaugesellschaft für die Krim um 1820 auch gute Weine auf, so daß die Weinbergsbesitzer angespornt wurden, bessere Qualitäten anzubauen (HENDERSON, 1833, S. 290). Der 1891 in Grünberg gegründete Ostdeutsche Weinbauverein förderte den Qualitätsweinbau durch die Einstellung eines Wanderlehrers, durch die Einrichtung von Musterweingärten und Rebschulen und die Prämiierung von Neuanlagen (POMTOW, 1910, S. 138). Daher verwundert es nicht, wenn die örtlichen und regionalen Weinbauvereine seit dem 19. Jahrhundert in vielen nördlichen Weinbauorten als die Hauptträger des Weinbaus angesehen werden (vgl. PAETZ, 1922, S. 123). In Brandenburg wurde der Zuwachs an Rebfläche in den Jahren 1893/94 vornehmlich auf die Tätigkeit des Ostdeutschen Weinbauvereins zurückgeführt (SCHWARTZ, 1896, S. 80).

Auch die von den Vereinen und Gesellschaften seit der Mitte des 19. Jahrhunderts veranstalteten Ausstellungen (vgl. BASSERMANN-JORDAN, 1975, S. 185) leisteten ihren Beitrag zur Hebung des nördlichen Weinbaus. Auf der österreichischen Landwirtschaftsausstellung von 1857 wurde Kritik am böhmischen Wein laut. Die Prüfkommission wies auf seine minderwertige Qualität hin, die weit hinter der österreichischer und mährischer Weine zurücklag. Nach Bemühungen von Privatleuten und örtlichen Weinbauvereinen wurden böhmische Weine auf der Weinausstellung von 1876 in Maribor prämiiert, ebenso 1878 in Paris und 1879 in Wien. Die internationalen Erfolge blieben nicht ohne Wirkung. Den Weinbauvereinen wurde vermehrte Unterstützung zuteil. Weitere Erfolge bei Ausstellungen in Wien 1889 und in Prag 1891 hatten eine erhöhte Nachfrage nach böhmischem Wein zur Folge. Die Rebfläche in Böhmen erhöhte sich bis 1890 um etwa 150 ha (FROLEC, 1973, S. 145−148). In Dresden sollte die Durchführung des ersten Winzerfestes im Jahre 1840 ebenfalls zur Belebung des Weinbaus an der Elbe beitragen (CARLOWITZ, 1846, S. 126). Noch heute wirbt das Freyburger Winzerfest mit der Wahl einer Weinkönigin für den Absatz (DER NEUE DEUTSCHE OBSTBAU, 19, 1973, S. 127).

An manchen Orten trug auch das in der Mitte des 19. Jahrhunderts aufkommende ländliche Genossenschaftswesen wesentlich zur Erhaltung und Festigung des Weinbaus bei. In Württemberg wurden von den seit 1854 aufkommenden Weingärtnergenossenschaften (1854 Asperg, 1855 Neckarsulm, 1857 Tübingen) die sortierten Trauben im Herbst versteigert, jedoch noch keine gemeinsame Einkellerung vorgenommen (BASSERMANN-JORDAN, 1975, S. 187 f.). Der im Jahre 1868 gegründete Winzerverein Mayschoß an der Ahr war die erste deutsche Winzergenossenschaft, die zum gemeinsamen Weinausbau einen eigenen großen Keller baute. Bis zum Jahre 1880 gab es an der Ahr schon elf Winzergenossenschaften mit eigenen Kellern (SCHANDER, 1965, S. 932). Die ersten Winzergenossenschaften in Österreich werden für 1882 (Eisenstadt – Rust), 1889 (Matzen) und 1902 (Gumpoldskirchen) belegt (KALINKE, 1976, S. 9). In Rumänien wurde die erste Winzergenossenschaft 1914 in Topoloveni im Distrikt Muscel gegründet (THEODORESCU, 1943, S. 90). Am Anfang unseres Jahrhunderts machte in Thüringen der Staat die weitere Förderung des Weinbaus vom Zusammenschluß der Weinbergsbesitzer zu Genossenschaften abhängig, woraufhin sich drei Weinbaugenossenschaften in Naumburg, Freyburg und Laucha bildeten (BOIE, 1922, S. 48 f.). Eine ausgesprochene Dynamik in ihrer wirtschaftlichen Entwicklung ist vor allem seit den 60er Jahren festzustellen (vgl. KALINKE, 1976; K. M. HOFFMANN, 1977, S. 154). Heute gehört in den nördlichen Weinbaugebieten der Zusammenschluß zu Genossenschaften zur Existenzsicherung des Weinbaus.

4.5.2 Mittel der Weinbaupolitik

Die Möglichkeiten einer zielbewußten Einflußnahme auf den Weinbau sind weitgehend abhängig von den vorhandenen Mitteln. Im Laufe der Jahrhunderte hat sich ihre Zahl stark vermehrt und ihre Wirkung verfeinert, so daß heute den Trägern der Weinbaupolitik, vor allem aber dem Staat, ein ganzes Instrumentarium von Maßnahmen zur Verfügung steht, um auf den Weinbau einzuwirken. Alle haben die Regelung des Marktes, des Anbaus und der Weinbereitung zum Ziel. Ihre Anwendung geschieht meist innerhalb eines durch Gesetze festgelegten Rahmens. Aus der Fülle der verschiedenen Maßnahmen sollen im folgenden die beiden wohl zu allen Zeiten wichtigsten herausgegriffen werden: Am Beispiel der Gesetze und Verordnungen sowie der Steuern und Zölle soll aufgezeigt werden, wie die Weinbaupolitik Einfluß auf den nördlichen Weinbau genommen hat. Dabei ist nicht zu vergessen, daß viele der weinbaupolitischen Maßnahmen gar keiner Gesetzestexte bedurften. Vor allem die Heranziehung von fremden Fachkräften durch die jeweiligen Landesherren war ein beliebtes Mittel dieser direkten Eingriffe[99]. Als zum Beispiel der Erzbischof von Gnesen im Jahre 1441 neue Weinberge anlegte, überließ er die Pflege und die Produktion qualifizierten Winzern aus dem Ausland (KRES, 1966, S. 21). In Sachsen führten die ins Land gerufenen Winzer im 17. Jahrhundert den „württembergischen Anbau" ein (REINDL, 1904, S. 97 f.). Bereits im 17. Jahrhundert wurden in den Dokumenten aus Astrachan ausländische Winzer erwähnt. So oblag um 1664 einem französischen Meister die Ausbildung der Winzer und die Weinherstellung (ČEKAN, 1954, S. 653; vgl. auch RADING, 1793, S. 247). Von Astrachan wiederum wurden Winzer nach Ismailowo (1666), Čuguev (1671) und Kursk (1676) geholt (ČEKAN, 1954, S. 656).

4.5.2.1 Gesetze und Verordnungen

Schon seit ältester Zeit wird die Weingesetzgebung hauptsächlich von zwei Aspekten bestimmt: Von der Herstellung und Behandlung des Weines und der Regelung des Anbaus (vgl. H.-J. KOCH, 1970, S. 3–13). In römischer Zeit und später in der „Capitulare de villis" Karls des Großen wird zur Sorgfalt und Reinlichkeit bei der Weinbereitung gemahnt. Im Mittelalter dienen die Verordnungen vornehmlich der Kontrolle des Weines und seiner Zusätze, es handelt sich dabei um eine „rein gesundheitspolizeiliche Gesetzgebung" (H.-J. KOCH, 1970, S. 4). In vielen Einzelregelungen wird gegen die Weinfälschungen angegangen (vgl. H.-J. KOCH, 1970, S. 4; TÖPFER, 1909, S. 88). Gegen Ende des 15. Jahrhunderts finden die Bestrebungen zur Vereinheitlichung der rechtlichen Regelungen und Maßnahmen zur Bekämpfung der zunehmenden Weinfälschungen in Deutschland ihren Höhepunkt in der Verabschiedung einer Weinordnung auf dem Reichstag zu Rothenburg ob der Tauber im Jahre 1487 und in der „Ordnung und Satzung über Wein" auf dem Reichstag zu Freiburg i. Br. im Jahre 1498 (H.-J. KOCH, 1970, S. 4 f.). Nach weiteren strafrechtlichen Bestimmungen in den folgenden Jahrhunderten richten sich die gesetzlichen Maßnahmen im 19. Jahrhundert vor allem gegen die Kunstweinproduktion. In den Weingesetzen des 20. Jahrhunderts wird der Begriff „Wein" erstmals definiert, die erlaubten Stoffzusätze aufgezählt und seine Anreicherung geregelt (vgl. H.-J. KOCH, 1970, S. 8–13; FROLEC, 1973, S. 155; IMMICH, 1920, S. 77; VINROMAN, o. J., S. 5). Die EG-Definition für den Wein lautet: „Wein ist das ausschließlich durch vollständige oder teilweise Gärung der frischen, auch eingemaischten Weintrauben oder des Traubenmostes gewonnene Erzeugnis" (AID, 1976, H. 345, S. 5). Damit wird der Kunstwein ausgeschlossen und Fälschungen weitgehend verhindert.

Bestimmungen über die Regelung des Anbaus finden sich ebenfalls schon früh (vgl. H.-J. KOCH, 1970, S. 3). Sie reichen von Maßnahmen über die Ausdehnung und Beschränkung des Anbaus bis hin zum Verbot bestimmter Rebsorten. In Böhmen schuf Kaiser Karl IV. im Jahre 1358 das Amt des Berg- oder Weinbergmeisters, der im ganzen Land für den Weinbau geeignete Flächen aussuchen sollte, die dann den Städten und Dörfern zur Bebauung zugewiesen wurden, was innerhalb von vier Wochen zu geschehen hatte (LIPPERT, 1868, S. 248 f.; HAUDECK, 1898, S. 365 f.; FROLEC, 1973, S. 63–67). In Wolfach im Schwarzwald schrieb eine Schifferordnung aus dem Jahre 1557 vor, daß jeder Schiffer, der flößen wollte, jährlich einen halben Morgen Reben anzubauen hatte oder eine Strafe von 1 Gulden für je 100 Holz in den Stadtsäckel zahlen mußte (K. MÜLLER, 1953, S. 143). Für die kurfürstlichen Weinberge in Brandenburg erließ Kurfürst Johann Georg im Jahre 1578 eine Weinmeisterordnung (HAUSEN, 1798, S. 51; vgl. auch SCHWARTZ, 1896, S. 19). Heute regeln in den meisten Ländern die Weingesetze den Rebanbau auf dazu bestimmten Lagen, die Rebsorten, die Traubenlese, den Verschnitt, die Zuckerung und die weitere Kellerbehandlung, die Herkunftsbezeichnung und Benennung der Weine etc. (vgl. H.-J. KOCH, 1970; AID, 1976, H. 345; MÉMENTO de l'OIV, 1975; VOGT/GÖTZ, 1977, S. 425–438).

Die Förderung des Weinbaus stand seit alters im Mittelpunkt aller weinbaupolitischen Maßnahmen. Darauf wurde schon in den vorhergehenden Abschnitten hingewiesen, doch sollen hier weitere Beispiele angeführt werden. Nachdem schon Peter der Große befohlen hatte, Weinreben aus Ungarn in Asow anzubauen (ČEKAN, 1954, S. 629), erging im Jahre 1663 ein Ukas, der befahl, ungeachtet der nördlichen Lage, einen Weinberg in Čuguev und Tambov durch Winzer aus Astrachan anlegen zu lassen (ČEKAN, 1954, S. 632 f.). Seit dem 18. Jahrhundert machte sich das zunehmende Qualitätsbewußtsein auch in den Gesetzen und Verordnungen bemerkbar. Schon im Jahre 1699 verbot der Kurfürst von Trier das Anpflanzen von Gemüse im Weinberg, ab 1737 wurden wüste Stellen nicht mehr im Weinberg geduldet und im Jahre 1757 wurde das Jagen und Hetzen in den Weinbergen vor der Lese verboten (WILL, 1939, S. 13 f.). Im Zusammenhang mit der Förderung des Weinbaus steht auch die Lenkung der Sortenwahl. Um 1600 erließ der Graf von Hohenlohe den Befehl, „den heimischen Stock roth und weiss, in Weinbergen gäntzlich abzuthun und auszureuthen und dargegen sich eines guten Zeugs alss Muskateller, Tramminer, Roth und Weiss, Fränkisch Junger, gueth Edel Riessling und Elbing befleissen Pflantzen und bawen... bei Vermeidung der hiervor gesetzten Straff" (zit. nach SAENGER, 1957, S. 105). Der letzte Kurfürst von Trier ordnete um 1780 die Umstellung vom Elbling auf den Riesling an, was aber die Obermosel aus edaphischen Gründen nicht mitmachen konnte (WERLE, 1977, S. 44). Im Jahre 1787 verbot die kurtrierische Regierung auch die „rheinischen Trauben", weil ihre Säure dem Wein schädlich sei (CHRISTOFFEL, 1923, S. 11).

Auch durch die Zusage von Prämien sollte die Ausdehnung und Qualität des Weinbaus gefördert werden. Solche Vergünstigungen sind schon für das Mittelalter belegt (vgl. PAULS, 1885, S. 248). In Rußland gewährte ein Ukas vom Jahre 1828 den Weinbauern auf der Krim bedeutende Vergünstigungen (W. HAMM, 1886, S. 481). Die sächsische Staatsregierung setzte im Jahre 1844 Prämien auf die Verbesserung des Weinbaus aus (CARLOWITZ, 1846, S. 138 f.). Ein königlicher Erlaß aus dem Jahre 1833 erklärte in Belgien einen privaten Weinberg zwischen Etichove und Renaix zum Modellweinberg und beauftragte seinen Verwalter, eine genaue Anleitung über den Weinbau in Belgien zu schreiben (BERGET, 1899, S. 106). In Grünberg wurden von 1900—1911 zwei Musterweingärten mit staatlicher Hilfe angelegt, die danach aber wieder aufgegeben werden mußten, nachdem der Staat kein Geld mehr für die „Erhaltung von Luxusbau und historische Überlieferung" ausgeben wollte (PAETZ, 1922, S. 121). Aber schon im Jahre 1940 wurde wieder für „... Neuanlagen von Weinbergen, für Gerätebeschaffung, Erneuerung alter Anlagen und Umzäumungen eine Beihilfe von 50 Prozent der Kosten — bis zum Höchstbetrage von 750 Mark pro Morgen" in Aussicht gestellt (VOM SCHLESISCHEN WEINBAU, 1940). Dieses Beispiel macht deutlich, daß die staatliche Weinbaupolitik nicht nur vom Rentabilitätsdenken beherrscht wurde. In Luxemburg wurde in den 20er Jahren unseres Jahrhunderts das Ausstocken von Reben auf geringwertigen Standorten und die Umstellung auf Edelsorten durch staatliche Subventionen gefördert (WERLE, 1977, S. 94).

Diesen Maßnahmen zur Förderung des Weinbaus standen andere zur Seite, die einen Rückgang und Verfall des Weinbaus verhindern sollten. In Thüringen mußte gegen Ende des 16. Jahrhunderts der Landesherr seinen Untertanen verbieten, wegen der vielen Mißjahren die Weinberge auszuroden und zu Ackerland zu machen (vgl. FALK, 1955, S. 72). Ähnliche Verbote erließen 1678 der bayrische Kurfürst (BASSERMANN-JORDAN, 1975, S. 102) und 1683 der brandenburgische, wobei in Brandenburg für die Neuanlage wüster Weinberge gleichzeitig die Befreiung von Abgaben versprochen wurde (SCHWARTZ, 1896, S. 20). In Erfurt versuchte die Stadt den Verfall des Weinbaus im 18. Jahrhundert dadurch aufzuhalten, indem sie verfügte, daß auch die Besitzer von ausgeschlagenen Weinbergen den Hutlohn fortzah-

len mußten, eine Anordnung, die von 1760 bis zur Mitte des 19. Jahrhunderts galt (K. HERRMANN, 1875, S. 84).
Als Förderung des Weinbaus müssen auch die Schutzmaßnahmen zur Sicherung des Absatzmarktes für die Landweine angesehen werden. Ihr frühes Auftreten und ihre große Zahl weisen schon auf die schwache Stellung des nördlichen Landweins sowohl bei den Produzenten als auch bei den Konsumenten hin, sie lassen aber auch eine gewisse Überproduktion erkennen. Die Marktregulierung erfolgte zumeist einseitig durch Schank- und Einfuhrverbote fremder Weine, die wahrscheinlich nur einen kleinen Käuferkreis hatten[100]. Wegen der Konkurrenz der billigeren österreichischen Weine in Südmähren erwirkten die Brünner Bürger im Jahre 1325 ein Verbot ihres Ausschanks von der Weinlese an bis Ostern (FROLEC, 1973, S. 42). In Österreich wiederum waren die Landesfürsten und Städte darauf bedacht, die Ein- und Durchfuhr ungarischer Weine zu verhindern (vgl. PRICKLER, 1965, S. 495). Kaiser Karl IV. verbot 1370 in Böhmen für die Zeit von der Weinlese bis Ostern und 1373 für das ganze Jahr über die Einfuhr von österreichischen, mährischen, französischen, schweizer, elsässer und rheinischen Weinen für jedermann. Nur die vorzüglichsten Sorten, wie „Malvasier, Romagner, Botzner und Rivoler" waren ausdrücklich ausgeschlossen, ebenso die großen Städte Kuttenberg, Budweis, Pisek und Deutschbrod, die vom böhmischen Anbaugebiet zu weit entfernt lagen (LIPPERT, 1868, S. 250; FROLEC, 1973, S. 64 f.). In Sachsen erließ Markgraf Wilhelm III. im Jahre 1440 ein Gebot für Dresden, „keine fremden Weine und sonderlich böhmischen Wein in Fässern zu kaufen und zu schenken, sondern Landwein zu Dresden, Krötschenbroda und anderswo im Land zu Meißen . . .". Die Beachtung dieser Anordnung war allerdings in den darauffolgenden Jahren im starken Maße davon abhängig, wie die eigene Weinernte ausgefallen war (CARLOWITZ, 1846, S. 91). Die Stadt Prag war im 16. Jahrhundert ständig bemüht, fremde Weine aus der Stadt fernzuhalten (FROLEC, 1973, S. 91). Der Absatz der Landweine um Paris sollte dadurch sichergestellt werden, daß im Jahre 1577 vom Pariser Parlament allen Weinhändlern, ausgenommen den bürgerlichen Weinbergsbesitzern, verboten wurde, sich im Umkreis von 88 Kilometern um die Stadt (= ganze Ile de France) mit Wein zu versorgen (DION, 1959, S. 498 und 540). In Sachsen sicherte sich der Kurfürst den Absatz seiner Gewächse dadurch, daß zum Beispiel im Jahre 1580 alle Stadträte von Meißen aus seinen Beständen kaufen mußten (WEINHOLD, 1973, S. 86). Laut einer Polizeiverordnung für die Städte Berlin und Cöln an der Spree von 1580 durften bei Hochzeiten, Kindtaufen und anderen Festen nur die vornehmsten Personen des ersten Standes fremden Wein trinken, während die vom zweiten Stand märkische Weine trinken mußten (HAUSEN, 1798, S. 57).
Auch in Sachsen wurde 1684 das Einlegen und Verzapfen fremden Weines „den gemeinen Bürgern und Handwerksleuten und anderen geringen Personen" verboten (v. WEBER, 1872, S. 27) und noch im Jahre 1765 erfolgte dort ein Einfuhrverbot für böhmische, mährische, österreichische, brandenburgische und schlesische Weine zum Zwecke des Konsums und des Verkaufs (v. WEBER, 1872, S. 31). In Kaaden erfolgte das Verbot böhmischer Weine durch den Rat der Stadt wohl mehr aus Angst um den einträglichen Bierkonsum als um die wenigen Weinberge, denn die anderen fremden Weine waren weiterhin erlaubt (STOCKLÖW, 1880, S. 234). Die territoriale Wirtschaftspolitik sicherte den Landwein nicht nur mit Einfuhrverboten, sondern auch mit Steuern. Dieses etwas feinere Mittel der unterschiedlichen

Besteuerung einheimischer und fremder Weine löste, oft auch in Verbindung mit der Kontingentierung der Einfuhrmenge, in unserer Zeit die direkten Verbote weitgehend ab.
Am stärksten wirkte zu allen Zeiten die Beschränkung oder das Verbot des Anbaus (vgl. BASSERMANN-JORDAN, 1975, S. 552–557). Dieser Eingriff in die Entwicklungsmöglichkeiten des Weinbaus erfolgte früher häufig aus Sorge um die ausreichende Versorgung mit Getreide, um die Qualität des Produkts und schon sehr früh auch aus Angst vor einer möglichen Überproduktion. Mit zu den ältesten Anbaubeschränkungen gehört das Verbot des römischen Kaisers Domitian (81–96 n. Chr.), der wegen Mißernten im Getreidebau und zum Schutz der Weinausfuhr aus Italien die Neuanlage von Weinbergen dort verbot und befahl, wenigstens die Hälfte der Weinberge in den Provinzen auszureißen, was allerdings nicht durchgeführt wurde (BASSERMANN-JORDAN, 1975, S. 553 f.). Der Magistrat der Stadt Metz verbot im 14. Jahrhundert wiederholt jede Neuanpflanzung wegen Rückgangs der Getreidefläche und dem starken Sinken der Weinpreise (BASSERMANN-JORDAN, 1975, S. 555). In Esslingen am Neckar wurden in den Jahren 1458 und 1467 Neuanlagen nicht zugelassen wegen der Gefahr für den „Waidgang und den Viehtrieb" (NÜBLING, 1893, S. 10). Wegen der großen Ausdehnung des Weinbaus erließ die herzoglich-württembergische Regierung in den Jahren 1527, 1611, 1621 und 1627 Verordnungen mit dem Ziel, eine übermäßige Ausbreitung zu verhindern (ADELMANN, 1962, S. 7). In Frankreich befahl König Karl IX. im Jahre 1566, daß 2/3 des Bodens dem Getreidebau und 1/3 dem Weinbau vorbehalten sein sollten. Sofern die Weinbergsfläche über diesen Wert hinausging, sollte sie ausgehauen werden. Dieses Gesetz kam jedoch nicht zur Ausführung und seine Abänderung durch Heinrich III. elf Jahre später zeigt auch den Grund für die beiden Gesetze: Es war die Sorge um die Getreideversorgung. Die bestehenden Weinberge durften erhalten bleiben, lediglich durften hinfort für den Getreidebau geeignete Flächen nicht mehr mit Reben bestockt werden (BASSERMANN-JORDAN, 1975, S. 554). Später verbot noch einmal Ludwig XIII. im Jahre 1627 jede Vermehrung der Weinberge (BASSERMANN-JORDAN, 1975, S. 554 f.) und Ludwig XV. erließ im Jahre 1731 eine Verordnung, die jede neue Weinbergsanlage ohne besondere Genehmigung untersagte und auch die Wiederbenutzung von zwei Jahre lang nicht bestellten Weingärten ohne besondere Erlaubnis verbot (SÉE, I, 1936, S. 179; vgl. auch DION, 1959, S. 597–602). Der Pyrenäenfrieden von 1659 zwischen Spanien und Frankreich soll angeblich dem Weinbau in Brabant ein Ende bereitet haben (JOIGNEAUX, 1852, S. 10; vgl. auch HALKIN, 1895, S. 125).
Nachdem sich in Sachsen besonders die Weinbergsbesitzer von Dresden und Meißen über die zunehmende Zahl der bäuerlichen Weinberge in der Ebene und deren saures Gewächs beklagt hatten, erging im Jahre 1684 eine Verordnung, „daß weder in ebnem Lande, wo entweder schon vormals Getraide erbaut worden, oder doch zum Ackerbau dienliche Felder zu machen, noch auch an andern, der Lage halber zum Weinwachs untüchtigen Orten keine Weingebirge angelegt..." (v. WEBER, 1872, S. 26). Auch in Baden schränkten seit dem 18. Jahrhundert staatliche Maßnahmen zur Förderung des Qualitätsbaus die Rebfläche ein. Markgraf Karl Friedrich von Baden verbot die Anlage von Weinbergen in frostigen Lagen, in Nordlagen und in der Ebene (K. MÜLLER, 1953, S. 30). Die kurtrierische Agrarpolitik nach 1700 zielte auf eine Vergrößerung der Getreideanbaufläche auf Kosten des

Reblandes ab, wovon besonders der Saargau und das Obermoselgebiet betroffen wurden (WERLE, 1977, S. 43). Wie stark auch wirtschaftliche Überlegungen im 18. Jahrhundert die Weingesetzgebung bestimmten, zeigt folgendes Beispiel: Der Grünberger Magistrat verbot 1730 die Neuanlage von Weinbergen, weil dadurch die Bierbrauerei geschädigt würde. Später, zum Beispiel in den Jahren 1751 und 1775, wurde die Anlage neuer Weinberge mit der Begründung untersagt, daß sie „eine dem Schaafstande, dem Ackerbau und dem Holzanbau schädliche Sache" seien. Nur wenn der Nachweis erbracht werden konnte, daß sich das Land für keine andere Kultur eignete, wurde eine besondere Genehmigung erteilt (POMTOW, 1910, S. 107 f.).

In unserem Jahrhundert werden die Anbaubeschränkungen und Anbauverbote in vielen Ländern hauptsächlich von der latenten Überproduktion und dem Anspruch an die Qualität bestimmt. Seit 1931 ist in Frankreich die Ausdehnung der Rebflächen durch Gesetze untersagt (vgl. LE MONDE DOSSIERS ET DOCUMENTS, Nr. 32, Juni 1976, S. 1). Wo nur Massenwein erzeugt wird, zahlt der Staat Prämien fürs Ausroden. In der Bundesrepublik bedarf es nach dem Weinwirtschaftsgesetz für Neuanpflanzungen, die Wiederanpflanzung und für die Rebsorten einer Genehmigung (vgl. VOGT/GÖTZ, 1977, S. 425 f.). Bei der Entscheidung darüber wirkt ein Sachverständigenausschuß mit, der insbesondere die Höhenlage, Hangneigung, Hangrichtung, Bodenbeschaffenheit und Frostgefährdung überprüft. Bei geplanten Anpflanzungen in Grenzlagen wird mit Hilfe einer sogenannten Richt- oder Leitparzelle auf die zu erwartenden Mostgewichte geschlossen: „Die Genehmigung zur Anpflanzung darf nur versagt werden, wenn das Grundstück für die Erzeugung von Wein ungeeignet ist. Ungeeignet ist ein Grundstück für die Erzeugung von Wein, wenn es im zehnjährigen Durchschnitt einen Weinmost erwarten läßt, der die im Weinwirtschaftsgesetz für die einzelnen Weinbaugebiete festgesetzten Mindestmostgewichte der Vergleichssorten nicht erreicht. Die Landesregierungen können zur Steigerung der Weinqualität durch Rechtsverordnung die im Weinwirtschaftsgesetz festgelegten Mindestmostgewichte um bis zu 20 Prozent erhöhen und weitere Vergleichssorten mit vergleichbaren Werten bestimmen. Baden-Württemberg hat die im Weinwirtschaftsgesetz festgelegten Mindestmostgewichte etwas erhöht und alle wirtschaftlich bedeutenden Rebsorten als Vergleichssorten bestimmt. Auch Bayern und Hessen haben weitere Vergleichssorten festgelegt" (VOGT/GÖTZ, 1977, S. 426)[101]. Diese Anbauregelung ist durch EWG-Erlaß von 1976, für die Zeit vom 1. 12. 1976 bis 30. 11. 1978 außer Kraft gesetzt. In dieser Zeit sind innerhalb der EG alle Rebenneuanpflanzungen, von wenigen Ausnahmen abgesehen, verboten (VOGT/GÖTZ, 1977, S. 427).

4.5.2.2 Abgaben und Zölle

Die Förderung des Weinbaus in früheren Jahrhunderten erfolgte nicht uneigennützig. Die verschiedenen Träger erhofften sich dadurch steigende Einnahmen, weil die Weinberge mehr einbrachten als die Felder. Eine ganze Reihe von unterschiedlichen Abgaben bezeugt die wirtschafts- und finanzpolitische Bedeutung des Weinbaus und des Weinhandels (vgl. BASSERMANN-JORDAN, 1975, S. 571–610; ROCKENBACH, 1966; KEES, 1976). Die Einnahmen waren zum Teil beträchtlich. In Brünn wurden im 14. Jahrhundert die Steuern für Weinberge gleich bemessen mit denen für Häuser, Metzgereien, Müllereien, Gerbereien etc., was ihren Wert unterstreicht. Im Jahre 1365 stammten 27,7 Prozent aller Einnahmen der Stadt Brünn aus Weinbergssteuern (FROLEC, 1973, S. 38 und 41). Aus den Aachener Stadtrechnungen des 14. Jahrhunderts geht hervor, daß die Weinsteuer die Hälfte der gesamten städtischen Jahreseinnahmen einbrachte (PAULS, 1885, S. 263). In Erfurt erbrachte das Ungeld[102] im Jahre 1400 für den nach außerhalb verkauften Landwein 14 Prozent der Gesamteinnahmen (TÖPFER, 1909, S. 95 f.). Ein Beispiel für die Besteuerung des Weins gibt DUCHAUSSOY (1928, S. 373) aus Amiens. Dort nahm der Fiskus im Jahre 1538 etwa 24 Prozent vom Wert des Weines ein. Aber auch der Händler machte seinen Gewinn: „En 1601, à Pernes (Pas-de-Calais), pour un déboursé de 137 liv. le tavernier réalisait un bénéfice de 21 livres, c'est-à-dire plus de 19 p. %; et la pièce du vin, dont le prix d'achat n'était que de 58 l. 10 s. coûtait près de 3 fois cette somme sur le comptoir du détaillant Le fisc absorbait à son profit la moitié de cette dépense dont la consommation supportait tous les frais".

Auch nach der Blütezeit des nördlichen Weinbaus brachte die hohe Versteuerung des Weines den Städten noch beträchtliche Einnahmen. In Benshausen wurden von Michaelis (29. 9.) 1619 bis Michaelis 1620 198 Eimer Wein öffentlich ausgeschenkt, die der Gemeinde einen Reingewinn von 239 Gulden 8 Groschen 9 1/2 Pfennigen erbrachten. Demgegenüber betrug der Gewinn aus dem Ausschank von 742 1/2 Eimer Bier nur 185 Gulden, 13 Groschen, 1 Pfennig (K. WEISE, 1939, S. 45). Interessant ist hierbei aber auch die Bevorzugung des Bieres durch die Konsumenten. In Aachen waren zwischen 1776–1785 die Einnahmen aus der Weinsteuer noch höher als aus der Biersteuer, wobei das Bier allerdings wesentlich niedriger besteuert wurde (PAULS, 1885, S. 263).

Durch die unterschiedliche Festlegung der Abgaben für einheimische und fremde Weine wurde der Absatz des Landweins gesichert und sein Anbau gefördert. In Naumburg betrug zum Beispiel die Weinsteuer im Jahre 1560 für einen Eimer Rheinwein 10 gr, für einen Eimer Landwein nur 5 gr (TÖPFER, 1909, S. 96). Die Sächsische Generalakziseverordnung von 1707 sah für inländische Weine weit geringere Abgaben vor als für fremde (CARLOWITZ, 1846, S. 112). Ein Ukas vom Jahre 1830 erlaubte in Rußland allen Bewohnern der weinbautreibenden Gouvernements die eigenen Weine abgabenfrei zu verkaufen, während der Verkauf der ausländischen Weine weiterhin besteuert wurde (HENDERSON, 1833, S. 288; vgl. auch WITT, 1866, S. 281). Im Herzogtum Warschau wurde im 19. Jahrhundert der Weinbau so gering bewertet, daß eine Versteuerung überhaupt unterblieb (LAUBERT, 1938, S. 175). Die 1820 in Preußen eingeführte Weinsteuer förderte den nördlichen Weinbau dadurch, daß sie die Weinberge in sechs Bonitätsklassen einteilte. Die beste Lage mußte auch am meisten Steuern zahlen. In Posen gab es zum Beispiel nur Rebland VI. Klasse, in Schlesien nur IV. Klasse und in Brandenburg 1/10 IV., 1/3 V. und sonst nur VI. Klasse (POMTOW, 1910, S. 110 f.). Auch in Bayern und Württemberg erfolgte eine Einteilung in Bonitätsklassen (vgl. BASSERMANN-JORDAN, 1975, S. 606–610).

Seit dem 16. Jahrhundert mehren sich aber auch die Anzeichen dafür, daß die steuerliche Förderung und Bevorzugung des Landweins an manchen Orten geringer wird. In Prenzlau protestierten die Bürger gegen die hohe Besteuerung fremder

Weine, ein Zeichen für deren wachsende Beliebtheit (WENDTLANDT, 1962, S. 44). Der Schlägschatz (= Umsatzsteuer) betrug in Leipzig im Jahre 1538 für einen Eimer Landwein 3 Gr, für Rheinwein 6 1/2 Gr, für spanischen Wein und „Reinfal" (= Graubündner bzw. norditalienischer Wein) 12 Gr und für Malvasier 18 Gr. Im Jahre 1629 mußten für den Eimer Landwein 6 Gr, für Rheinwein 10 Gr, für spanischen und Reinfal 16 Gr und für Malvasier 20 Gr an Schlägschatz bezahlt werden (E. MÜLLER, 1969, S. 8). In der Mark war 1631 der Unterschied in der Besteuerung zwischen märkischen und fremden Weinen ebenfalls nicht mehr so groß: Von einem Eimer (= 60 Quart) rheinischem oder fremdem Wein waren 6 Silbergroschen, von einer Tonne (= 96 Quart) Landwein auch 6 Silbergroschen zu zahlen (HAUSEN, 1798, S. 63). In Sachsen wurde 1641 eine Verkaufssteuer auf den inländischen Wein gelegt, wogegen die Städte protestierten, weil dadurch die herrschaftlichen Weinberge mit ihrem hohen Anteil an Fronarbeit bei der Produktion in Vorteil kämen (KIRBACH, 1900, S. 67). Die Besteuerung der verschiedenen Weine wurde in Münster bis 1650 einander angeglichen und einheitlich festgesetzt (SIEGLOHR, 1947, S. 42).

Im Zusammenhang mit der langsam abnehmenden steuerlichen Bevorzugung der Landweine muß das seit dem 16. Jahrhundert ständig wachsende Aufkommen der Biersteuer gesehen werden. In Nürnberg betrug das Steueraufkommen des Weines im Jahre 1551 45 124 Gulden, das des Bieres 26 922 Gulden. Im Jahre 1570 erhöhten sich die Einnahmen aus der Getränkesteuer beim Wein auf 58 546 Gulden, beim Bier sogar auf 47 867 Gulden, was allein auf einer Erhöhung der Steuersätze beruht (ABEL, 1962, S. 181). Das Maß Bier kostete in Nürnberg damals 5 bis 6 Pfennige, wobei der Steueranteil seit 1551 36 Prozent und seit den 70er Jahren des 16. Jahrhunderts rund 50 Prozent ausmachte. Das Maß Wein kostete 25 Pfennig mit einem Steueranteil von 28 Prozent am Verkaufspreis. Nach ABEL (1962, S. 182) hatte der Nürnberger Rat beim Bier „. . . die bessere Steuerchance. Der Verbrauch von Bier war weniger steuerempfindlich als der Verbrauch von Wein. Der Verbraucher konnte nicht weiter ausweichen als bis zum Bier, wenn er nicht Wasser trinken wollte".

Die Erhöhung der Steuern und die Steuerpolitik im allgemeinen gilt deshalb auch als eine der ersten Ursachen für den Rückgang des Weinbaus (vgl. HAHN, 1956, S. 24). Für Sachsen weist FALK (1955, S. 24) nach, daß dort die Steuerschraube um so schärfer angezogen wurde, je kleiner das Territorium war. In Österreich lag nach H.-C. SCHMIDT (1965, S. 26) die Hauptursache für die Weinbaukrise im 17. Jahrhundert in der Steuerpolitik der Habsburger im 16. Jahrhundert. So wurde das Ungeld im 16. Jahrhundert innerhalb von zwölf Jahren um 200 Prozent erhöht, indem die Weingefäße bei gleichbleibenden Preisen ständig verkleinert wurden (H.-C. SCHMIDT, 1965, S. 27). BUJACK (1834, S. 41 f.) sieht eine der Ursachen für die Hinwendung zum Obstwein in den nordwestlichen Gebieten Frankreichs in der fast gleichen Besteuerung der schlechten und guten Weine und in der geringen Steuer auf den Cidre. Im Vorgebirge zwischen Bonn und Köln soll das preußische Weingesetz, das die Kontrolle der Anzahl der Rebstöcke durch Steuerkontrolleure und die schriftliche Anzeige der Lese vorsah, den Weinbauern die Lust am Weinbau verleidet haben (ZERLETT, 1970, S. 309). Die Beschränkungen des Weinbaus in der Pfalz und das Verbot des Rebbaus in den Niederungen seit dem 18. Jahrhundert beruhen nach TICHY (1954, S. 31) auf den nach Frostjahren häufigen Steuerausfällen. In England klagen heute die Hobbyweingärtner über die mangelnde Konkurrenzfähigkeit ihrer Produkte, da die Besteuerung der Inlandweine fast ebenso hoch ist wie die der importierten Weine und eine Angleichung an EG-Verhältnisse geplant ist (CHAPMAN, 1972, S. 9).

Neben den Steuern erlaubte auch die Erhebung von Zöllen den Landesherren und dem Staat einen starken Eingriff in den Weinbau. Außerdem konnten sie dadurch besser den Weinhandel kontrollieren, indem sie, etwa in Mangeljahren, die Ausfuhrzölle erhöhten und nach guten Ernten die Einfuhrzölle. Die Zollpolitik war entscheidend für die Entwicklung des Weinbaus in vielen Gebieten. Durch die Zusicherung der Zollfreiheit für die Ausfuhr von märkischem Wein in den Jahren 1538, 1540 und 1553 war für den märkischen Adel der Anreiz zum Weinbau geschaffen (vgl. SCHWARTZ, 1896, S. 19 f.). Auch die Bürger von Leitmeritz sicherten sich das Privileg eines niedrigeren Ausfuhrzolls vor den umliegenden Dörfern (FROLEC, 1973, S. 93). Die Winzer an der Nahe weiteten nach 1818 die Rebfläche aus, da das preußische Zollgesetz aus demselben Jahr die Rheinprovinz von den benachbarten außerpreußischen Weinbaugebieten abgrenzte (K. MÜLLER, 1953, S. 480).

Insgesamt gesehen bedeutete aber die Vielzahl der Zölle und ihre Höhe in früheren Jahrhunderten eine Behinderung des Weinhandels (vgl. BASSERMANN-JORDAN, 1975, S. 589–595). Auf dem Rhein ergab sich nach dem Passieren der Zollstellen von Ehrenfels, Bacharach, Kaub, Boppard, Oberlahnstein und Koblenz eine Belastung in Höhe von 2/3 des Wertes der Weinladung (LAMPRECHT, II, 1886, S. 305). Die Eingangszölle nach Paris für den Landwein, der um die Stadt gewachsen war, betrugen noch im 18. Jahrhundert oft mehr als das Doppelte des Einkaufspreises (DION, 1959, S. 503). Allein auf dem niederösterreichischen Teil der Donau gab es um 1400 77 Mautstellen. Der Weinhandel, vor allem mit Bayern, erlahmte fast völlig, als Rudolf II. im Jahre 1590 die Zollgebühren verdoppelte (H.-C. SCHMIDT, 1965, S. 27). Der Grenzzoll für die Einfuhr ungarischen Weins nach Österreich betrug vor 1591 1,66 Prozent, im Jahre 1674, 7,5 Prozent (PRICKLER, 1965, S. 733). In manchen Jahren soll er sogar bis zu 30 Prozent betragen haben (BASSERMANN-JORDAN, 1975, S. 107).

Diese Beschwernisse hatten große Auswirkungen auf Weinhandel und Weinbau. In Ungarn richtete sich der Export vor allem nach Norden und Nordosten, nach Polen und Rußland (BASSERMANN-JORDAN, 1975, S. 107). Die Festsetzung der Zölle wurde immer mehr zu einem politischen Mittel, das nur allzu oft die Belange des Weinbaus und des Weinhandels übersah. Als im Jahre 1822 die französische Regierung durch hohe Zölle zum Schutze der eigenen Viehzucht die Einfuhr fremden Viehs praktisch unterband, antworteten die am meisten betroffenen Länder Baden und die Schweiz mit einem hohen Einfuhrzoll für Elsässer Wein, so daß der elsässische Weinexport in diese zwei Länder, der noch 1820 6 787 624 Liter ausgemacht hatte, auf Null im Jahre 1824 und 58 833 Liter im Jahre 1825 schrumpfte (K. MÜLLER, 1953, S. 48). In den Niederlanden mußten um 1840 die Weine des Deutschen Zollvereins pro Hektoliter 6 Gulden 60 Cents mehr Zoll zahlen als die zur See eingehenden Weine (ROBIN, 1845, S. 134). Der russische Zolltarif von 1841 setzte den Einfuhrzoll für Weine aus Österreich, Ungarn, der Moldau, der Walachei und aus Griechenland auf 18 Rubel pro Oxhoft (zirka 200 bis 250 Liter) fest, für alle anderen Weine auf 35 Rubel (ROBIN, 1845, S. 134). In Artikel 68 des Versailler

Vertrages sicherte sich Frankreich die zollfreie Einfuhr von jährlich bis zu 260 000 hl Wein nach Deutschland für fünf Jahre (KIEFER, 1933, S. 75).
Die Auswirkung der Zölle lassen sich auch im Weinbau selbst nachweisen. So ging in der Niederlausitz die Rebfläche seit dem 18. Jahrhundert deswegen erheblich zurück: „Ungünstig wirkten sich auch die erhöhten Zölle und Einfuhrbeschränkungen des Merkantilismus aus, wodurch zum Beispiel der früher blühende Weinexport von Guben völlig zum Erliegen kam" (KRAUSCH, 1967b, S. 32). Aus Luxemburger Winzerdörfern wird von starken Abwanderungen berichtet, besonders nach dem Anschluß des Großherzogtums an den Deutschen Zollverein im Jahre 1842 (vgl. GERGES, 1977, S. 9 f.). Zu der Konkurrenz der deutschen Weine traten noch die nunmehr erhöhten Zölle beim Absatz der Luxemburger Weine nach Belgien und den Niederlanden. Als im Jahre 1842 auf Betreiben des Königs der Niederlande, der in Personalunion auch gleichzeitig Großherzog von Luxemburg war, die Militärgarnison vom Haag mit Luxemburger Wein beliefert werden sollte, forderte die holländische Verwaltung für ein Fuder Wein, das 125 Gulden wert war, und dessen Transport zu Wasser 26 Gulden kosten sollte, an Oktroi-, Zoll- und Akzisenabgaben 238 Gulden. Der Handel kam nicht zustande (GERGES, 1977, S. 10). Umgekehrt stiegen in Luxemburg die Weinpreise binnen acht Tagen von 30 Fr auf 300 Fr pro Fuder, als Frankreich 1854 während des Krimkrieges zeitweilig seine Grenzen öffnete (GERGES, 1977, S. 11). Am Mittelrhein führten „schlechte Jahrgänge und eine Zollpolitik, die den Unterschied der Produktionskosten nicht ausgleichen konnte ... mit der erhöhten Einfuhr billiger Auslandsweine zu einem Rückgang der Rebfläche von 1885–1895" (GRIES, 1969, S. 201). Nach STANG (1962, S. 284) zeigen auch am Siebengebirge Rückgang und Ausweitung des Areals seit dem 19. Jahrhundert „eine gewisse Übereinstimmung mit zoll- und wirtschaftspolitischen Maßnahmen". Eine nachteilige Wirkung auf den deutschen Weinbau insgesamt wird der vermehrten Einfuhr ausländischer Weine seit den Handelsverträgen mit den südlichen Weinbauländern Ende des 19. Jahrhunderts und nach dem europäischen Zusammenschluß zugeschrieben (vgl. STANG, 1962, S. 284; WITT, 1866, S. 15).

4.6 WERTSCHÄTZUNG DER REBE UND DES WEINES

4.6.1 Stellung des Weines

In unserer Zeit ist der Wein ein Getränk unter vielen. Seine Bedeutung nimmt zu in den Anbaugebieten der Rebe und geht mit wachsender Entfernung davon zurück. Zu diesen regionalen Unterschieden in der Bevorzugung der Getränke treten auch zeitliche. Seit dem Aufkommen der Rebkultur in Europa wird die Geschichte des Weinbaus bestimmt von der jeweiligen Wertschätzung des Weines[103]. Vom 12. bis 17. Jahrhundert erreichte die Bedeutung des Weines in weiten Teilen Europas einen Höhepunkt in ihrer wechselvollen Geschichte. Damals spielte der Wein in vielen Bereichen des öffentlichen und privaten Lebens neben dem allgemeinen Weinkonsum eine viel größere Rolle. Allein die liturgische und volksliturgische Verwendung des Weines nahm im Mittelalter einen weit größeren Umfang ein als heute und reichte vom Meßwein bis hin zur Weineulogie (Segenswein) und dem Minnetrinken zu verschiedenen Heiligen (vgl. SCHREIBER, 1962, S. 37; ROCKENBACH, 1963a, S. 146). Der Wein war auch als Gesundheitstrank und Heilmittel sehr beliebt (vgl. BASSERMANN-JORDAN, 1975, S. 1203–1213): „So wurde von den Ärzten empfohlen: für den Januar, als den kalten Monat, morgens nüchtern klaren Wein zu trinken; im Februar guten, alten Wein; im März guten starken Wermutwein; im April guten Wermutwein; im Mai auch einen guten Trunk Wein, ziemlich alt, rein, fein und lauter; im Juni mäßig; im Juli mit Wasser – und so fort das ganze Jahr hindurch" (SCHWARTZ, 1896, S. 54 f.). An vornehme Besucher und Gäste wurden Weinspenden überreicht, wobei bezeichnenderweise häufig Weine aus südlichen Ländern bevorzugt wurden (vgl. H. WEBER, 1895, S. 237 f.; TÖPFER, 1909, S. 96 f.: DION, 1954, S. 3 f.). Beim Abschluß von Geschäften mußte der Käufer dem Verkäufer, zum Zeichen, daß der Kauf abgeschlossen und damit rechtsgültig war, zu einem Trunk einladen. Später wurde dieser Brauch, der sogenannte Weinkauf, in eine Geldleistung umgewandelt und in Deutschland auch als „Handgeld" bezeichnet (vgl. KUSKE, 1952; MAMMEN, 1963). Auch die Verwendung des Weines als Strafe ist belegt. Ein Bündnisvertrag zwischen den Städten Soest, Dortmund, Münster und Lippstadt aus dem Jahre 1253 nennt als eine der Strafbestimmungen bei Verletzung des Abkommens unter anderem ein Fuder Wein (SIEGLOHR, 1947, S. 17). Für kleinere Vergehen wird ebenfalls Wein als Buße gefordert, wobei sich vor allem die Zünfte hervortun (vgl. WARNECK, 1924, S. 110–112; LANDAU, 1843, S. 200). In Wetzlar mußte jeder Bürger, der nach der Chorglockenzeit ohne Licht auf der Straße anzutreffen war, 1/2 Viertel des besten Weines zahlen (WARNECK, 1924, S. 110).

Der Wein galt als Zahlungsmittel bei vielen Handelsgeschäften (vgl. PRICKLER, 1965, S. 500) und war Bestandteil der Besoldung (vgl. BASSERMANN-JORDAN, 1975, S. 807 f. und 818). Wenn auch in den Anbaugebieten des Weines beim Deputatswein und Offizialwein seine Billigkeit und die Sicherung des Absatzes der obrigkeitlichen Weinernten eine Rolle gespielt haben mögen, so beweisen doch die gleichen Einrichtungen in den Nichtanbaugebieten, daß der Wein als Getränk und als Handelsartikel weit verbreitet war. In Jena erhielten die ordentlichen Professoren jährlich 12, die außerordentlichen 6 und der Rektor noch zusätzlich 10 Eimer Wein (FALK, 1955, S. 132). Zur Besoldung des Syndikus in Görlitz gehörten seit 1530 eine Kanne Malvasier und eine Kanne Rheinwein (SEELIGER, 1931, S. 36)[104]. In Münster erhielt jeder Angehörige der städtischen Verwaltung, von den Bürgermeistern bis zu den Stallknechten, jährlich achtmal eine Zuwendung in Wein (SIEGLOHR, 1947, S. 46). Die Wein- und Bierdeputate hielten sich in Gera bis zum Jahre 1851 (KRETSCHMER, 1936, S. 39), in Meißen bis 1876 (KIRBACH, 1900, S. 80). Für die Stellung des Weines im Norden ist aber auch kennzeichnend, daß zum Beispiel in den Ratsweinkellern von Hamburg, Lübeck und Bremen die Gesellen des Kellerhauptmanns mit Brot und Bier verköstigt wurden (HARTMEYER, 1905, S. 102). Auch in der Bretagne und der Normandie blieb der Wein eher der Geistlichkeit und den oberen Ständen vorbehalten (MUSSET, 1908, S. 269). Im Mittelalter war dort die „cervoise", ein einfaches, noch ohne Hopfen bereitetes Bier, das

Getränk des Volkes (F. KOCH, 1936, S. 29). Der Einfluß des Preises auf die Stellung des Weines wird von YOUNGER (1966, S. 262 f.) auch für England aufgezeigt. Noch vor den geschmacklichen Gründen bestimmte der Weinpreis die Beliebtheit dieses Getränks in den nördlichen Gebieten und in Osteuropa. Im 17. Jahrhundert war der Wein in Astrachan nicht Gegenstand großer Nachfrage, er war teuer und wurde nur von wohlhabenden Leuten getrunken (ČEKAN, 1954, S. 658). Der allgemeine wirtschaftliche Aufschwung und die Wohlhabenheit der Städte, verbunden mit einem steigenden Lebensstandard, förderten den Weinkonsum. Während die Zünfte in den Städten an der Werra noch im 14. und 15. Jahrhundert ihre Feste mit Bier feierten, wurde im 16. Jahrhundert vermehrt dem Wein zugesprochen (vgl. MENK, 1972, S. 29). Und bei PAULS (1885, S. 193) heißt es: „Die allgemein übliche, scharf gewürzte Fleischkost, der herrschende Wohlstand und das meist wenig gehaltreiche Bier erklären den damals in allen Ständen gebräuchlichen reichlichen Weingenuß". Noch am Ende des 17. Jahrhunderts überwogen unter den in der Stadt Jena verbrauchten Weinen die Landweine, da die anderen als tägliches Getränk zu teuer waren (FALK, 1955, S. 154). In Posen war im Jahre 1816 die Auswahl der Weine in den Dörfern gering, in den Städten dagegen größer (LAUBERT, 1938, S. 183).

Im Gegensatz zu seinen nördlichen Absatzgebieten waren die alten Produktionsgebiete des Weines, wie etwa die Pfalz, das Elsaß, Rheinhessen und das Moselgebiet „schon in karolingischer Zeit Weinländer in dem Sinne ..., daß der Wein Volksgetränk war" (BASSERMANN-JORDAN, 1975, S. 1163). Die Bezeichnung Volksgetränk schließt den Weinkonsum breiter Schichten ein. Das war vom 12. bis 17. Jahrhundert zumeist überall dort in West-, Mittel- und Südosteuropa der Fall, wo der Weinbau betrieben wurde oder wo der Wein auf Grund guter und billiger Transportmöglichkeiten wohlfeil angeboten werden konnte. Die 248 Weinstuben der Stadt Köln im Jahre 1441 lassen auf den gewaltigen Weinverbrauch schließen (HARTMEYER, 1905, S. 66). Er war „Bestandteil der täglichen Ernährung" (FROLEC, 1973, S. 88) und diente der „Befriedigung eines Existenzbedürfnisses" (POMTOW, 1910, S. 105). Noch 1798 schrieb HAUSEN (1798, S. 109) über den Weinkonsum in Züllichau: „... und das Trinken der hiesigen Weine ist unter dem gemeinen Mann allgemein und fast unentbehrlich geworden". Die Voraussetzung für die hervorragende Stellung des Weines als Konsumgut bildeten sein niedriger Preis, daneben spielten aber auch „Motive des Gaumens" (SCHWARTZ, 1896, S. 16) und vor allem auch die schlechte Wasserqualität eine Rolle. Der Wein war der „risikofreie Trunk" (HELDMANN, 1961, S. 208), besonders in den Städten: „Die Bedeutung des Weines beruhte nicht zuletzt darauf, daß im allgemeinen Wasser im Mittelalter nicht getrunken wurde, vermutlich wegen der damit verbundenen Infektionsgefahr. Dieses Argument gewinnt natürlich besonders mit fortschreitender Urbanisierung, also etwa seit dem 11. Jahrhundert an Gewicht" (H.-J. SCHMITZ, 1968, S. 2). Im frühen Mittelalter galt das Wassertrinken gar als Entbehrung und Strafe (vgl. LAMPRECHT, I, 1886, S. 568). Noch im 17. Jahrhundert schrieb ELSHOLZ: „Aber das rohe Wasser als ein Getränk über der Tafel oder nach dem Essen, wie es Galenus den Knaben vergönnet, bei uns zu gebrauchen, solches liefe nicht allein wider unsere gewöhnliche Diät, sondern es würde auch ohne merklichen Schaden nicht abgehen" (zit. nach SCHWARTZ, 1896, S. 51). Damit wird dem Wein eine Bedeutung in der Ernährung und Gesunderhaltung zugeschrieben, die er durch sei-

nen Gehalt an Mineralien, Spurenelementen und Vitaminen (vgl. KLIEWE, 1967) in der mittelalterlichen Ernährungsweise und der Bevorzugung junger Weine[105] bis zu einem gewissen Grad auch erfüllen konnte. Diese Ansichten haben sich bis in unsere Zeit hinein bewahrt. Noch im 19. Jahrhundert schreibt FABINI (1860, S. 8): „Während das Wasser den Durst stillt und erfrischend anfeuchtet, aber nicht nährt und stärkt, bewirkt der Wein Beides". Und bei GUYOT (III, 1868, S. 537) heißt es: „La vigne jouant avant tout, au milieu des autres cultures, un rôle hygiénique et alimentaire, analogue à celui du verger du jardin".
Dieser gesundheitliche Aspekt des Weinverbrauchs fand seinen Niederschlag auch in der häufigen Verwendung des Weines in der Küche (vgl. F. SCHMIDT, 1920, S. 14). Zudem waren die im allgemeinen scharf gewürzten Gerichte und der starke Brotverzehr einem gesteigerten Weingenuß sehr förderlich. Ein im Jahre 1732 gedrucktes Kochbuch zeigt aber schon deutlich eine Veränderung bezüglich der Verwendung des Weines auf: „Während früher die Speisen im Wein „schwimmen" mußten, heißt es jetzt, daß man nur wenig Wein geben solle, lieber viel Essig, und andere Zutaten" (HELLER, 1969, S. 210). Der Umschwung im Verhalten der Verbraucher hatte bereits im 17. Jahrhundert eingesetzt. Durch den Bevölkerungsrückgang und die Verarmung weiter Käuferschichten verlor der Wein schnell seine Bedeutung als Volksgetränk (vgl. SCHRÖDER, 1953, S. 65; GRIES, 1969, S. 79) selbst in vielen Anbaugebieten. Und dort, wo die importierten Weine nur den Reichen zugänglich waren, wurde er noch mehr zum „Luxusgetränk" (vgl. HYAMS, 1949, S. 55). Im Zusammenhang mit der Wandlung des Weines vom Nahrungs- zum Genußmittel bzw. zum „Luxusgetränk" außerhalb der eigentlichen Weinbaugebiete (POMTOW, 1910, S. 105) muß daher auch der Rückgang des nördlichen Weinbaus gesehen werden[106].

4.6.1.1 Weinkonsum

Die Entwicklung des Weinkonsums lief mit dem wirtschaftlichen Aufschwung parallel, solange es für den Wein keine ernsthaften Konkurrenten auf dem Getränkemarkt gab. In Deutschland begann die Periode „übermäßiger Trinklust" im 13. Jahrhundert und erreichte ihren Höhepunkt im 16. Jahrhundert (BASSERMANN-JORDAN, 1975, S. 1166–1188). Jeder Vorwand wurde zum Trinken benutzt, Ansprüche an den Wein wurden kaum gestellt. So tranken die „durstigen Norddeutschen" immer noch lieber sauren, als gar keinen Wein (REINDL, 1904, S. 118) und man bevorzugte im allgemeinen viel schlechten vor wenig gutem Wein (FALK, 1955, S. 128). Aber auch das Ausland stand nicht hinter den deutschen Trinkern zurück (vgl. BASSERMANN-JORDAN, 1975, S. 1170). So schreibt YOUNGER (1966, S. 242): „The Man of the Middle Ages drank what they could get. Good wine was welcome, inferior wine was tolerated, and almost any wine was preferable to none at all". Die steigende Nachfrage führte zu einer entsprechenden Ausdehnung des Reblandes im Hochmittelalter. In Deutschland soll es um 1600 viermal größer gewesen sein als heute (HAHN, 1956, S. 23).
Der Obrigkeit kam der hohe Weinverbrauch gelegen, da sie am Konsum und am Weinhandel mitverdiente. Nur bei allzu schlimmen Auswüchsen versuchte sie, den Konsum einzuschränken (vgl. BASSERMANN-JORDAN, 1975, S. 1170 f.). So

wandte sich der Rat zu Nürnberg im Jahre 1500 gegen die weit verbreitete Sitte des Zutrinkens, ebenso Kaiser Maximilian I. auf dem Reichstag zu Köln im Jahre 1512 (REINDL, 1901/02, S. 101). Auch erhoben sich seit dem 15. Jahrhundert Stimmen, die zur Mäßikeit und Enthaltsamkeit im Weintrinken mahnten (vgl. TÖPFER, 1909, S. 102: BASSERMANN-JORDAN, 1975, S. 1170). Allerdings scheint unter der Angabe „mäßig" damals weit mehr Wein als heute verstanden worden zu sein. So heißt es etwa in der Polizeiverordnung des Markgrafen Johann I. von Brandenburg-Küstrin aus dem Jahre 1540, die der Trunksucht entgegenwirken sollte, unter dem Abschnitt Kindtaufen: „Die Frauen, d. i. die Paten sollen das Kind ins Haus tragen aus der Kirche, sich nicht niedersetzen, sondern ihnen stehend etliche Kuchen und Semmeln und 1/2 Stübchen Bier o. Wein zu trinken gereicht werden". Die „mäßige Menge" von einem 1/2 Stübchen als Stehtrunk für die Frauen entspricht 2,4 Litern (F. SCHMIDT, 1920, S. 14). Entsprechend hoch war in jener Zeit der durchschnittliche Weinverbrauch. In Amiens betrug er pro Familie zwischen 1388 und 1436 im Jahresdurchschnitt 613 Liter (DUCHAUSSOY, 1928, S. 413). In England soll er im Mittelalter dreimal so hoch pro Kopf der Bevölkerung gewesen sein wie heute (MARRISON, 1958, S. 29), womit er bei etwa 12 Liter im Jahr gelegen hätte (DEUTSCHES WEINBAUJAHRBUCH, 1977, S. 244). Um 1600 betrug nach ADELMANN (1962, S. 9) der Weinverbrauch in Deutschland im Jahr 120 l/E, nach HAHN (1956, S. 23) 150 l/E und nach einer anderen Schätzung sogar 200 l/E (DER DEUTSCHE WEINBAU, 10. 1955, S. 202). Dieser auf jeden Fall enorm hohe Verbrauch wird durch Einzelnachrichten bestätigt. So gab das Überlinger Heiliggeistspital jedem seiner Insassen nach der Spitalordnung von 1589 täglich 3 Maß (4,5 l) Wein (K. MÜLLER, 1953, S. 54). Die Abtei in Rouen erhielt allein im 16. Jahrhundert 400 to Wein jährlich (COCHET, 1866, S. 37). Daher verwundert es nicht, daß die Generalkapitel der Klöster immer wieder versuchten, den Weingenuß einzuschränken (vgl. SVOBODA, 1930, S. 67). In Österreich lag der Weinverbrauch im Spätmittelalter in den Hauptverbrauchsgebieten zwischen 100 und 200 Litern pro Kopf. So wurden in Krems an der Donau im Jahre 1470 180 l/E Wein ausgeschenkt, ohne den Eigenverbrauch der weinbautreibenden Bürger. Und in Wien trank um 1580 jeder Bewohner allein im Buschenschank durchschnittlich 120 l Wein (H.-C. SCHMIDT, 1965, S. 25).

Weit geringer war der Weinverbrauch in den Gebieten ohne eigenen Weinbau. So lag in Lemgo der Jahresbedarf für die Weinhändler der Stadt zwischen 1604 und 1624 im Durchschnitt bei 250 Ohm, bei hohen Marktpreisen darunter (HELDMANN, 1961, S. 244). Die seit dem 16. Jahrhundert entstehenden Riesenfässer einiger Landesherren scheinen mit dem gewaltigen Weinkonsum dagegen nicht unmittelbar in Zusammenhang gestanden zu haben, sondern hatten ihren Ursprung eher in der „Prachtliebe der Fürsten" (vgl. BASSERMANN-JORDAN, 1975, S. 733–739)[107]. Allerdings bezeugen die Weinvorräte den großen Bedarf. Im Jahre 1383 hatte das Ordenshaus in Thorn einen Vorrat von 104 Faß Wein (BECKMANN, 1937, S. 112) und im Burgkeller von Fritzlar lagerten 1427 31 Fuder Wein (KRAMER, 1954, S. 905).

Der Weinkonsum in den Nichtanbaugebieten West- und Mitteleuropas sank seit dem 16. Jahrhundert (SIEGLOHR, 1947, S. 27)[108], selbst in den Kerngebieten des Weinanbaus wirkte der wirtschaftliche Niedergang im 17. und 18. Jahrhundert in die gleiche Richtung: „Wenn breite Schichten der Bevölkerung in jener Zeit verarmten, so mußten sie zuerst ihren Konsum an Gütern des elastischen Bedarfs, vor allem den Weinkonsum einschränken und sich billigeren Getränken zuwenden" (TISOWSKY, 1957, S. 80). Später wirkten sich kleinere Wirtschaftskrisen ebenfalls stark auf den Weinabsatz aus. In den 20er Jahren unseres Jahrhunderts zwangen die Inflation und die Jahre der Arbeitslosigkeit weite Kreise der Bevölkerung zur Einschränkung oder Aufgabe des Weinkonsums (GRIES, 1969, S. 230).

In der Bundesrepublik wurden noch Mitte der 50er Jahre etwa 90 Prozent der Weinernte in den Erzeugungsgebieten selbst konsumiert, während der Rest in die Verbrauchergebiete bzw. zur Ausfuhr gelangte (HAHN, 1956, S. 79). Insgesamt kann der deutsche Weinverbrauch etwa zur Hälfte aus eigener Produktion befriedigt werden (REICHARDT, 1960, S. 42). Interessant ist in diesem Zusammenhang der Vergleich mit einem nördlichen Randgebiet des Weinbaus. In Grünberg wurden Anfang dieses Jahrhunderts nur rund 1/6 der Produktion am Erzeugungsort konsumiert, während die übrigen 5/6 nach außerhalb verschickt wurden, vor allem zum Verschnitt und zur Schaumweinherstellung (POMTOW, 1910, S. 136).

In den Anbaugebieten selbst war der Weinverbrauch schon immer größer als die Mittelwerte der Länderstatistiken aufzeigen. So lag der Weinverbrauch zwischen 1900 und 1910 in Baden im Durchschnitt bei 34 l, während er im ganzen Deutschen Reich nur 4,76 l betrug. Selbst zur Zeit der Wirtschaftskrise zwischen 1927 und 1929 wurden in Baden noch durchschnittlich 11,3 l Wein pro Kopf der Bevölkerung im Jahr getrunken, dagegen waren es im Reich nur 3,21 l (KIEFER, 1933, S. 76). Heute entspricht der Weinverbrauch nur in Frankreich und Italien mit über 100 l pro Kopf der Bevölkerung annähernd den mittelalterlichen Verhältnissen. In der DDR und der Sowjetunion beträgt er trotz staatlicher Förderung (vgl. GOLLMICK, 1976, S. 5) nur etwa 6 bzw. 12 l (vgl. MÉMENTO DE l'OIV, 1975; K. M. HOFFMANN, 1977, S. 152 und 194; VOGT/GÖTZ, 1977, S. 15). Entsprechend der wirtschaftlichen Entwicklung in Europa nach dem 2. Weltkrieg und dem damit verbundenen steigenden Lebensstandard zeigt auch der Weinverbrauch in den meisten Ländern eine aufsteigende Tendenz (vgl. DEUTSCHES WEINBAUJAHRBUCH, 1951–1978; LE MONDE DOSSIERS ET DOCUMENTS, No 32, Juni 1976, S. 3)[109]. Lediglich in den südlichen Ländern scheint der Absatzmarkt gesättigt zu sein. Dabei ist allerdings zu berücksichtigen, daß sich der Weinkonsum zum Beispiel in Frankreich schon im 19. Jahrhundert gewaltig vergrößert hatte. Er stieg von 26 l/E im Jahre 1830 auf 92 l/E im Jahre 1900 und schließlich auf 136 l/E im Jahre 1936 (WINKELMANN, 1960, S. 85). Der höhere Weinverbrauch der südlichen Anbauländer hängt auch damit zusammen, daß der Wein ein wichtiger Bestandteil der Mahlzeiten ist, während er in anderen Ländern überwiegend für sich alleine getrunken wird, eine Folge der veränderten Lebens- und Ernährungsgewohnheiten seit dem 17. Jahrhundert (vgl. RUPPERT, 1960, S. 51 und 59). Im Zusammenhang damit steht auch die Verlagerung des Konsums aus den Gaststätten in die private Wohnung (CANSTEIN, 1962, S. 773). Gleichzeitig setzte eine „qualitative Entwicklung der Nachfrage" ein, die bis heute andauert (INFORMATIONSBLÄTTER, Französische Botschaft Bonn, Nr. 168, Sept. 1976, S. 10). Schon im 17. Jahrhundert zahlte man in Brandenburg „lieber einige Groschen mehr für einen trinkbaren Wein" (SCHWARTZ, 1896, S. 61)[110]; und im 19. Jahrhundert zog man in der Bukowina die Siebenbürger Weine wegen ihrer Güte den moldauischen vor (POLEK, 1904, S. 10).

Die Qualitätsbestrebungen im Weinbau führten im allgemeinen zu einer Verteuerung der Weine und damit auch zu einem Rückgang des Weinabsatzes, während der Konsum billigerer Getränke zunahm. Der Wein wurde in den nördlichen Verbrauchsgebieten nach der Umstellung vom Qantitäts- zum Qualitätsbau zum Getränk „sozial höher gestellter Schichten" (WINKELMANN, 1960, S. 85), wobei der Weinverbrauch mit dem Einkommen stieg (vgl. HAHN, 1956, S. 79). Schon im Mittelalter waren deshalb Absatz und Verbrauch des Weines im Norden hauptsächlich an die Städte und die Herrschaftssitze gebunden, die zudem noch durch Handelsverbindungen begünstigt waren. Dazu bemerkt ALANNE (1959, S. 7): „It is worth remembering that most of the overseas commerce was conducted to supply the luxuries of castles and manor-houses...". Auch für Frankreich stellt DION (1959, S. 409) fest: „Dans les pays septentrionaux, où le commun peuple boit de la bière, ce sont les gens d'église qui forment, avec l'aristocratie, la classe des bouveurs de vin". Im Ermland gab es Weintrinker nur in den Städten, während die Bauern Bier und Schnaps tranken (POSCHMANN, 1956, S. 15). Während der Handel mit Rheinwein von Münster aus auch die umliegenden Grundbesitzer mit einbezog, dienten die Weine aus südlichen Ländern fast ausschließlich zur Deckung des Bedarfs innerhalb der Stadt (SIEGLOHR, 1947, S. 53 f.). In Astrachan gab es im 17. Jahrhundert den Wein nur auf den Tafeln der wohlhabenden Schichten (ČEKAN, 1954, S. 658) und noch im 19. Jahrhundert war er in ganz Rußland nur bei den mittleren und höheren Schichten in Gebrauch (WITT, 1866, S. 216). Über den Weinverbrauch in England schreibt SIMON (I, 1964, S. 358): „After the King, the Church, and the nobles, the larger consumers of wine in England during the Middle Ages were the townsmen, and particularly the merchants and citizens of those parts where wine was cheap and easy to procure". Noch heute haben in England die Einwohner von London und den südöstlichen Vorstädten einen Anteil von mehr als 75 Prozent am gesamten Weinverbrauch des Landes (DER WEINFREUND, 1/1977, S. 6). Das Getränk der unteren Klassen war bis ins 20. Jahrhundert hinein das Bier (vgl. YOUNGER, 1966, S. 262 f.; MARRISON, 1958, S. 32) und erst nach dem 2. Weltkrieg erfolgte durch den verstärkten Weinkonsum „a minor revolution in British drinking habits" (GEOGRAPHICAL MAGAZINE, Februar 1975, S. 320). Ende 1975 lag der Pro-Kopf-Verbrauch von Wein in England schon bei etwa 6 Liter (DER WEINFREUND, 1/1977, S. 5). Eine ähnliche Entwicklung vollzog sich auch in Nordamerika: „Until recently wine was a rather exotic drink for most Americans. Within the past decade the picture has begun to change. Eine has been discovered in the U. S. The increase in wine drinking has been widespread, steady and only partly faddish, and it shows no sign of abating" (P. WAGNER, 1974, S. 108). Entsprechend dieser starken Nachfrage stehen die USA, Großbritannien und Kanada an erster Stelle der deutschen Weinabnahmeländer mit Steigerungsraten zwischen 30 und 50 Prozent von 1975 auf 1976 (DER WEINFREUND, 2/1977, S. 24; vgl. auch K. M. HOFFMANN, 1977, S. 153).

4.6.1.2 Bevorzugung bestimmter Weine

Unter der Voraussetzung eines ausreichenden Angebots hing die Bevorzugung eines bestimmten Weines zu allen Zeiten zunächst von seinem Preis ab. Während deshalb zum Beispiel die Handwerker und Kleinbürger von Amiens im 15. und 16. Jahrhundert fast ausnahmslos Landweine der umliegenden Weinbaugebiete in ihren Kellern hatten, lagerten bei den reichen Bürgern Weine aus nahezu allen Teilen Frankreichs (DUCHAUSSOY, 1928, S. 411). In den Niederlanden bevorzugte die Oberschicht im Mittelalter den roten Bourgognewein, im Zeitalter der Renaissance den weißen Rheinwein und später den roten Bordeauxwein, während die unteren Schichten mit dem billigeren aus Bergerac vorlieb nahmen (ALANNE, 1963, S. 10). Wenn nun aber unter der gleichen Voraussetzung im 15. Jahrhundert auf den Tafeln des hessischen Adels durchaus noch Landweine zu finden waren, solche aber schon im 16. Jahrhundert von den Hofleuten abgelehnt wurden (vgl. LANDAU, 1843, S. 180–185), dann müssen andere Gründe dafür maßgeblich gewesen sein. Auch an den ostdeutschen Fürstenhöfen wurde der Landwein im 17. Jahrhundert nicht mehr geschätzt (vgl. GANDER, 1925, S. 494). Hierbei spielte der Geschmack, dessen Bedeutung sich in den nördlichen Anbau- und Verbrauchsgebieten mit zunehmendem Handel und verbesserter Vergleichsmöglichkeit ständig erhöhte, eine entscheidende Rolle. Aber auch schon zur Zeit der Alleinvertretung der Landweine hatten sich geschmackliche Motive auf den Weinkonsum ausgewirkt, wobei große regionale und zeitliche Unterschiede auftraten.

Eine Bevorzugung alter Weine von der römischen Kaiserzeit bis ins Mittelalter nimmt BASSERMANN-JORDAN (1975, S. 110 und 472) an. Dagegen weist H.-J. SCHMITZ (1968, S. 67 und 70) nach, daß die Weine im Mittelalter wegen der Faßknappheit überwiegend jung getrunken wurden. Auch in England fanden die Weine ihre Abnehmer, sobald die großen Weinflotten im Herbst aus Südfrankreich eintrafen (vgl. SIMON, II, 1967, S. 162). Noch im Jahre 1618 war unter den Ehrengeschenken, die Fürstbischof Johann Gottfried bei seiner Huldigungsreise durch das Hochstift Würzburg in Aschhausen erhielt, kein Wein älter als vom Jahrgang 1616 und 1617, die auch sofort bei der Festtafel getrunken wurden (H. WEBER, 1895, S. 237 f.). Allerdings scheint im 17. Jahrhundert eine Veränderung einzutreten. In einer Steuerordnung des brandenburgischen Kurfürsten Friedrich Wilhelm aus dem Jahre 1641 heißt es: „Alle überjährige auszuschenkende Weine, weil selbige besseren und also häufigeren Abgang hätten, sollten von jedem Ohmen ein und zwanzig Groschen entrichten" (zit. nach HAUSEN, 1798, S. 67)[111]. Auch in Böhmen konnte man im 17. Jahrhundert schon 8 bis 10 Jahre alte Weine kaufen (LIPPERT, 1868, S. 255), und im 18. Jahrhundert wurden von den Zittauer Weinhändlern fast ausnahmslos alte Weine bestellt (BALDAUF, 1931, S. 29). Seit dem 19. Jahrhundert wählen die Verbraucher wieder jüngere Weine (vgl. CARLOWITZ, 1846, S. 127; K. M. HOFFMANN, 1977, S. 78).

Die Bevorzugung roter oder weißer Weine hing wohl, abgesehen von den lokalen Unterschieden im Anbau der Sorten (vgl. H. SCHMITZ, 1925, S. 55), hauptsächlich von den Handelsbeziehungen ab. Im hohen und späten Mittelalter verdrängten zum Beispiel die roten Gascogneweine den Rheinwein vom englischen Markt, während in Mitteleuropa die rheinischen und elsässischen Weißweine am begehrtesten waren. Bei den Klöstern waren Rot- und Weißweine gleichberechtigt (PAULS, 1885, S. 185). Die holländischen Händler bevorzugten im 16. und 17. Jahrhundert beim Kauf in Frankreich den Weißwein, ähnlich wie ihre flämischen Vorgänger im 12. und 13. Jahrhundert (DION, 1959, S. 425). Seit dem 18. Jahrhundert und besonders seit dem Beginn des Eisenbahnverkehrs hat sich in den nördlichen Verbrauchergebieten der Rotweinkonsum stark erhöht[112].

Daß sich der Geschmack der Weintrinker auch im Mittelalter mit den meist sauren Gewächsen der weit nach Norden vorgedrungenen Weinbauorte nicht anfreunden konnte, zeigt die Beliebtheit der Würzweine, die die Verwertung auch qualitativ minderwertiger Weine gestatteten. Der Landwein wurde mit allerlei Zutaten vermischt oder abgekocht als Glühwein getrunken (vgl. BASSERMANN-JORDAN, 1975, S. 467–469; LANDAU, 1843, S. 194–196: O. WEISE, 1894, S. 28). Im 15. Jahrhundert war im Stift Asbeck in Westfalen folgendes Rezept gebräuchlich: „3 Quart Wein, 2 Lot je Muskatblumen, Nägelchen und Nüsse, 6 Lot Kaneel, 1 Lot Galgan, 1 Lot Paradieskörner, 3 Lot Ingwer, 1 Lot Safran und 4 Pfund verzuckerten Honig" (DETTEN, 1906, S. 33). Für Männer und Frauen verwendete man oftmals unterschiedliche Mischungen (vgl. LEMKE, 1898/99, S. 28). Kurfürst August von Sachsen soll sogar jungen Rheinwein mit Milch vermischt haben (v. WEBER, 1872, S. 22). Die Mischungen waren so verbreitet, daß sie in Konkurrenz zu den naturreinen Weinen traten. Ein gutes Beispiel hierfür gibt der Weinkeller des Grafen Albrecht Georg zu Wernigerode. Dort lagerten Anfang 1566 insgesamt 59 Eimer Wein, davon 3 1/2 Eimer französischer, 4 Eimer Erfurter, 3 Eimer rheinischer, 8 Eimer alter rheinischer, 11 Eimer roter, 2 Eimer roter rheinischer, 11 Eimer Kirschwein mit den Beeren, 6 Eimer Schlehenwein mit der Beere, 2 1/2 Eimer Isobwein mit dem Kraut, 1 1/2 Eimer Salbewein mit dem Kraut, 2 Eimer Wermutwein mit dem Kraut, 2 Eimer Speisewein und 2 1/2 Eimer Wein aus „Muscaten, Neglein, Balgian und Bundrum" (JACOBS, 1870, S. 729).

Auch durch das Verschneiden mit besseren fremden Weinen suchte man die Qualität der Landweine aufzubessern (vgl. NORDHOFF, 1883, S. 42; SCHWARTZ, 1896, S. 57). An Werra und Fulda versüßte man den Landwein mit Birnenmost (MENK, 1972, S. 45). Alle „Veredelungsverfahren" sollten durch attraktiven Geschmack höhere Preise bringen (vgl. GRIES, 1969, S. 75). Noch im 19. Jahrhundert wurden am unteren Don, dem Geschmack der Bewohner entsprechend, dem Most Rosinen, Maulbeeren und Honig zugesetzt (W. HAMM, 1886, S. 486). Von Naumburg an der Saale wird berichtet, daß man dort die schlechten Sorten gern in Form von Bowlen trank (O. WEISE, 1894, S. 28). Bis in unsere Zeit hinein hat sich die Beliebtheit des Wermutweines erhalten. Das deutsche Weingesetz von 1901 verbot alle Geschmacksbeigaben (K. M. HOFFMANN, 1977, S. 24).

Neben den Mischweinen verschiedenster Art wurde aber auch der saure Wein unvermischt getrunken. Noch im 19. Jahrhundert berichtet HENDERSON (1833, S. 245) von den „oesterreichischen Staaten": „Die Einwohner sind aber so sehr an dieselben (scharfen und ganz sauren Weine) gewöhnt, daß sie alle anderen Sorten dafür stehen lassen, und die Säure sogar als ein Zeichen von Güte betrachten". Der Konsum von sauren Weinen und allerlei Mischweinen entspricht nicht mehr unserer modernen Geschmacksrichtung bzw. -anforderung. Wenn auch viele Autoren für frühere Jahrhunderte einen „anderen Geschmack" (POSCHMANN, 1956, S. 14) oder einen „weniger empfindlichen Geschmack" (LUCAS, 1916, S. 35) annehmen, oder gar von einem noch nicht „verzärteltem Gaumen" (NORDHOFF, 1883, S. 41) sprechen, so muß man doch berücksichtigen, daß der saure Naturtrunk oder die süße Mischung die einzigen Alternativen für den Konsumenten darstellten. Wichtig am Wein war der Alkohol, den Geschmack konnte man verbessern bzw. verändern.

Die seit dem 12. Jahrhundert eingeführten qualitativ besseren ausländischen Weine konnten wegen ihres hohen Preises bei der großen Masse der Weintrinker keine Veränderung der Konsumgewohnheiten herbeiführen.

Daß das Geschmacksmotiv beim Konsum der Landweine damals nur unterdrückt wurde, äußert sich auch in dem zunehmenden Verlangen nach fremden Weinen jener Kreise, denen der Erwerb zuerst möglich war: dem Klerus, dem Adel und dem reichen Bürgertum. Darüber schreibt REINDL (1902, S. 106 f.):

„In vielen Büchern, selbst in Hehns so vortrefflichem Buch über die Kulturpflanzen lasen wir, dass die Fürsten und Grafen, Herzöge und Könige in früheren Jahrhunderten keine ‚allzu kritischen und wählerischen Kenner des Weines waren..., auch darf man sich die Zunge der Bischöfe und Aebte des heiligen römischen Reiches nicht allzu fein denken, denn auch sie, wie die Ritter, waren Kinder einer rohen Zeit'. Diese Worte mögen eine gewisse Berechtigung haben, wenn sie auf die Zeit von den ersten Anfängen der Weinkulturen in unserem Vaterlande bis zum 12. Jahrhundert bezogen werden, allein ihre Anwendung auf die darauf folgende Zeitperiode ist geradezu fehlerhaft. Das Studium über die Einführung fremder Weine in Bayern belehrt uns eben recht, dass der fremde Rebensaft bei uns von jeher ob seiner besseren Güte stets dem einheimischen vorgezogen wurde".

Diese Aussage läßt sich auch auf andere Randgebiete des nördlichen Weinbaus übertragen, je mehr sie mit dem Handel mit fremden Gewächsen in Berührung kamen. So schreibt CARUS-WILSON (1947, S. 148) über das Verhalten der englischen Weinkäufer im Mittelalter: „The royal household too now relied on Gascon wines rather than on its own vineyards or the wines of northern France, just as the monks of Canterbury scorned the French king's annual gift of wine from certain vineyards near Paris, preferring to sell this on the spot and import from Gascony". In Prenzlau kam es sogar zu einem Konsumstreik gegenüber den Landweinen (WENDTLANDT, 1962). Aus Jena heißt es im 16. Jahrhundert „die rheinischen und fränkischen Weine genössen so hohe Achtung, daß Kosten und Zoll den Käufer nicht abhielten und man diese dem Jenaer vorziehen würde, wie man von den Fremden erfahren hätte" (FALK, 1955, S. 146)[113]. Dabei spielte eine Rolle, daß mit der Gründung der Universität anspruchsvollere Verbraucher in die Stadt gekommen waren (FALK, 1955, S. 163). In Cottbus wurde im Jahre 1588 am meisten der Rheinwein ausgeschenkt, dann erst folgte der Landwein und schon an dritter Stelle der Malvasier (F. SCHMIDT, 1920, S. 13). Eine Denkschrift über die „Commercien in der Mark" beklagt Anfang des 18. Jahrhunderts die Geringschätzung des heimischen Weins und den steigenden Konsum des Champagners, Burgunders sowie französischer, ungarischer und spanischer Süßweine in der Stadt Berlin, ebenso auch die Zunahme des Kaffee- und Teeverbrauchs (GANDER, 1925, S. 494). In Posen trank man 1816 vor allem ungarische und französische Weine, während die deutschen Weine völlig zurücktraten (LAUBERT, 1938, S. 183).

Die Bevorzugung ausländischer Weine wird in Deutschland vielfach auf die besondere Vorliebe der Deutschen für alles Fremde zurückgeführt. So heißt es schon im 18. Jahrhundert: „Vieles besteht in der Einbildung, wenn es nur fremde genennet wird"[114]. Und in unserem Jahrhundert schreibt KNOOP (1923, S. 14): „Es ist gewiß eine unleugbare Tatsache, daß das kaufende Publikum in Deutschland vielfach ausländische Erzeugnisse nur deswegen bevorzugt, weil sie eben ausländisch sind und deshalb als besser und preiswerter gelten". Diese den Deutschen nachgesagte

Vorliebe für fremde Weine läßt sich aber mit gutem Recht auf alle Verbraucher an der nördlichen Weinbaugrenze übertragen, die die bessere Qualität zu allen Zeiten wohl zu schätzen wußten. So versuchte man im 16. Jahrhundert in Paris durch Rotfärbung einen besseren Absatz der minderwertigen eigenen Gewächse zu erzielen: „A Paris, en effet le consommateur populaire, habitué à recevoir sous forme de vins blancs les produits les plus communs du vignoble proche, voyait en la couleur rouge la marque de l'origine lointaine, le signe de la qualité..." (DION, 1959, S. 543).
Bei der Vorliebe für bestimmte Weine kam es zur Ausbildung einer besonderen Nachfrage für einen oder mehrerer Weine besonderer Güte, die zu „Modeweinen" wurden. Unter den deutschen Weinen galt im Mittelalter der Elsässer als der beste Wein (AMMANN, 1955, S. 148), daneben auch der Bacharacher (HAHN, 1956, S. 23). Im 15. und 16. Jahrhundert folgten ihnen die verschiedenen Würzweine und der Neckarwein (AMMANN, 1955, S. 23); FALK, 1955, S. 152–156) und danach bis zum 18. Jahrhundert die Frankenweine (BASSERMANN-JORDAN, 1975, S. 870). Der Rheinwein und anschließend der Moselwein erreichten im 19. Jahrhundert eine große Beliebtheit, die zu Beginn unseres Jahrhunderts vom Pfalzwein übertroffen wurde (WINKELMANN, 1960, S. 78). Daß auf Grund des steigenden Absatzes jedesmal die Anbauflächen ausgedehnt wurden, sei am Beispiel der Mosel vorgeführt, wo die Rebfläche von 1908 bis 1935 um rund 20 Prozent wuchs (WILL, 1939, S. 19). Umgekehrt läßt sich aus dieser Entwicklung aber auch auf eine Abnahme der Anbaufläche in den nördlichen Weinbauorten schließen, da die Landweine als Modeweine selbst in weit entfernten Verbrauchsgebieten spätestens seit dem 16. Jahrhundert nicht mehr gefragt waren. In Belgien ging zum Beispiel um die Mitte des 16. Jahrhunderts der Ruf des Weines von Löwen zurück (SCHAYES, 1833, S. 293). Da man in Sachsen anspruchsvoller geworden war und Weine vom Rhein, der Mosel und aus Frankreich und Italien bevorzugte, „haben manche Land-Cavaliere ihre Weinberge eingehen lassen, und solche statt dessen mit Hafer und anderem Getreide besät"[115].
Die Weine aus südlichen Ländern kamen in Deutschland seit dem 15. Jahrhundert in Mode und wurden in immer größeren Mengen eingeführt (BASSERMANN-JORDAN, 1975, S. 866). Im Münsterschen Weinhandel war im 16. und 17. Jahrhundert der „Rumeney" der beliebteste dieser Weine (SIEGLOHR, 1947, S. 29). In den Niederlanden nahm im 18. Jahrhundert der Handel mit französischen Rotweinen zu, während der Handel mit Rheinwein abnahm (BAASCH, 1927, S. 323). Die russische Oberschicht hatte stets eine besondere Vorliebe für schwere süße Weine (HARTMEYER, 1905, S. 49; PELIAKH, 1963, S. 1403). Gegen Ende des 19. Jahrhunderts begannen die inländischen russischen Weine die französischen zu verdrängen (W. HAMM, 1886, S. 483 und 489). Wie sehr sich die Handelspolitik auf die Ausbildung von Modeweinen auswirken kann, zeigt das Beispiel England. Auch nach dem Verlust der Gascogne im 15. Jahrhundert lieferten Frankreich, Spanien und Portugal den meisten Wein. Während der englisch-französischen Rivalitäten im 18. Jahrhundert wurden die portugiesischen Weine sehr viel niedriger besteuert, worauf mehr Portwein getrunken wurde (ORDISH, 1953, S. 14). Im Jahre 1786 wurden rund vier Millionen Gallonen Wein nach England gebracht, davon allein 2/3 aus Portugal, während sich Spanien und Frankreich den Rest zu etwa gleichen Teilen teilten (MARRISON, 1958, S. 31). Dagegen standen in den Jahren 1859 und 1860 unter den nach Großbritannien eingeführten Weinen die spanischen an erster, die

portugiesischen an zweiter und die französischen an dritter Stelle (DER WEINBAU IM PREUSSISCHEN STAATE, 1861, S. 306).
Die Ursachen für die Veränderungen des Verhaltens der Weinkonsumenten sind sehr komplexer Natur. Auf den bedeutenden Einfluß von Angebot und Preis wurde bereits hingewiesen. Daneben wirkte sich auch die Werbung auf den Weinabsatz aus. Die besten Hilfsmittel mittelalterlicher Reklame waren die Medizin und der gute Ruf eines Weinbaugebietes (vgl. DION, 1959, S. 402—404). Die Vorliebe für bestimmte, mit bekannten Ortsnamen bezeichneten Weinen, blieb bis heute erhalten. Vorreiter des guten Rufes waren zumeist Großbetriebe, die das Renommee und damit auch die Weinpreise eines Gebietes hoben (vgl. TISOWSKY, 1957, S. 74). So zeigt die Preisentwicklung von Bacharach und dem Rheingau zwischen 1550 und 1792 die zunehmende Beliebtheit der Rheingauer Weine, die entsprechend gut bezahlt wurden, während im Gegensatz dazu Preis und Ruf der Bacharacher Weine zurückgingen (GRIES, 1969, S. 85).
Nach dem Geschmack der Konsumenten richteten sich die Weinhändler auch in früheren Jahrhunderten, was sich etwa in dem großen Angebot an Würzweinen ausdrückte. Im 17. und 18. Jahrhundert baute man zwischen Gironde und Loire den Wünschen der holländischen Händler entsprechend überwiegend weiße Weine an, die man stark zuckerte (DION, 1959, S. 369 f. und 425 f.). Da damals die leichten Bordeauxweine, der Claret, auch bei den Engländern nicht gefragt waren, entstanden in Anpassung an den Geschmack der Kundschaft die schweren, herben Bordeauxweine (RIEMANN, 1957, S. 17 und 19). Um 1800 durchpflanzte man im Rheingau die Weinberge mit einem gewissen Prozentsatz von Rieslingreben, die den Geschmack und die Lagerfähigkeit des Weines verbesserten (GRIES, 1969, S. 85). Für den modernen Weinbau fordert STAAB (1977, S. 10): „Der Winzer muß — will er verkaufen und existieren — auf die Wünsche des Publikums eingehen, das, verwöhnt von guten Weinjahren, auch in den weniger guten die gewohnte geschmackliche Abrundung finden möchte". Heute steht der Kellertechnik dazu die sogenannte „dienende Süße", die „Süßreserve", zur Verfügung (vgl. K. M. HOFFMANN, 1977, S. 66 f.).
Der schlechte Ruf eines Weines ging zunächst wohl von der schlechten Qualität des Produktes aus, woran schlechte Rebsorten und eine schlechte Kellertechnik am meisten Schuld trugen (vgl. DERN, 1919, S. 439; Boie, 1922, S. 41). Schon im 17. Jahrhundert wurde die schlechte Lage als Ursache für den schlechten Ruf angeführt (vgl. CARLOWITZ, 1846, S. 111). Auch der „Rufmord" einiger nördlicher Weine durch Witze und Schüttelreime ist in diesem Zusammenhang von Bedeutung (vgl. CZAJKA, 1938, S. 288). Am schädlichsten für den Weinabsatz und für die Stellung und den Ruf des Weines überhaupt wirkten sich aber die Weinfälschungen aus. Sie sind seit alter Zeit belegt (vgl. BASSERMANN-JORDAN, 1975, S. 611—655) und trugen sehr zur Verunsicherung der Konsumenten und letztlich wohl auch zu Zurück- bzw. Enthaltung eines Teils davon bei, wie es auch heute noch nach sogenannten Weinpanscherprozessen geschieht. Besonders nach dem Dreißigjährigen Krieg trat mit dem äußeren auch ein innerer Verfall der Weinkultur hervor, der sich vor allem in der wachsenden Zahl der Fälschungen, die sogar gesundheitsschädigende Folgen haben konnten (vgl. STAAB, 1977, S. 8), bemerkbar machte (SCHRÖDER, 1953, S. 65 f.). Nicht zuletzt deshalb dürften sich seit dem 17. Jahrhundert auch Kaffee, Tee und andere Getränke so schnell verbreitet haben, denn in demsel-

ben Maße wie „Kaffee zum Bedürfnis, wurde Wein zum Luxus" (WALTER, 1932, S. 29). In einem Berliner Handbuch für Weinhändler aus dem Jahre 1788 heißt es: „Die mehrsten Sorten Weine können nachgemacht werden, und öfters kann man diese Verfälschung kaum kennen. Mit Fliederblumen, die man mit einem kleinen Franzwein, der mit Zucker angemacht ist, digerieren läßt, beköm mt man wohlschmeckenden, dem Auge und Geruch ähnlichen Muskatwein; mit Cassis, Honig und Franzwein, wann solches zuvor wohl vereiniget ist, die erforderliche Quantität in gedeckten Cahorswein gethan, giebt einen Alicantenwein. Eine Art Pflaumen, Bigararden genannt, den Saft davon ausgepreßt, ihn mit Zucker vermengt, gibt einen Cereswein" (SCHWARTZ, 1896, S. 58 f.).
Seit dem 19. Jahrhundert schädigten den Weinbau vor allem die verschiedenen künstlichen Verfahren der Weinherstellung (vgl. MEITZEN, II, 1869, S. 276). An der Ahr hatten in den 60er Jahren des 19. Jahrhunderts die Überhandnahme der Fälschungen und die Fabrikation künstlicher Rotweine den Weinbau „in Verruf gebracht und ihm alles Vertrauen im Publikum genommen" (IMMICH, 1920, S. 58). Durch die „Ära der Zuckerwasserweine" litt der Ruf der deutschen Weine derart, daß die USA sogar die Einfuhr von deutschen Wein erschwerten (KNOOP, 1923, S. 16). In Frankreich beruhte die große Absatzkrise von 1907 unter anderem auch auf der hohen Produktion von künstlichem Wein (vgl. LONG, 1970, S. 735). Vor dem 1927 erlassenen Verbot von künstlichen und gefälschten Weinen hatten diese 40 bis 50 Prozent Anteil am Verbrauch Rumäniens, was eine starke Depression im rumänischen Weinbau zur Folge hatte (AVRAMESCU, 1930, S. 81—90). Noch weit folgenschwerer als die einzelnen Absatzkrisen war für die Entwicklung des Weinbaus das weitere Verhalten der Konsumenten. Durch die stets gleichen Weine, die dem Publikum entgegenkamen, ergab sich eine „Verbildung des Geschmacks breiter Kreise der Konsumenten durch die künstlich erzeugte Gleichartigkeit des Produkts und die Erzeugung von Mißtrauen unter anspruchsvolleren Verbraucherkreisen gegenüber den einheimischen Weinen" (SCHLEGEL, 1973, S. 66). Für Rumänien stellt AVRAMESCU (1930, S. 85 f.) fest: „Die Weinfälschungen haben außer dem Konsumrückgang der ‚natürlichen' Weine auch eine Änderung der Geschmacksrichtung verursacht, in dem Sinne, daß heute nicht mehr die starken, wertvollen Weine, sondern die leichten, säuerlichen Weine von der breiten Masse der Bevölkerung begehrt werden. Ferner wurde durch die wiederholt vorgekommenen Vergiftungen mit dem zur Weinfälschung verwendeten Methylalkohol das Mißtrauen der weinkonsumierenden Bevölkerung erweckt und diese zum Konsum der Konkurrenzgetränke, hauptsächlich der Zuika und des Bieres, abgelenkt". Die allgemeine Zurückhaltung gegenüber dem Wein wirkte sich vor allem auf den Absatz der nördlichen Weine aus. Sie hatten unter der ständigen Erweiterung der Einfuhr ausländischer Weine besonders zu leiden, denn die „süßen und alkoholreichen südlichen Weine ... mußten das Empfinden für die Eigenart und Güte deutscher Weine in immer weiteren Volksschichten abtöten" (HAHN, 1956, S. 30). Die Krise des Weinbaus an der Ahr in der 2. Hälfte des 19. Jahrhunderts beruhte auch auf der verstärkten Einfuhr von mildem ausländischem Rotwein, der dem herben Ahrrotwein vorgezogen wurde (IMMICH, 1920, S. 58)[116]. Für ZEPP (1927, S. 174) ist die Umstellung in der Geschmacksrichtung der Konsumenten einer der Gründe für den Verfall des Weinbaus am Vorgebirge zwischen Bonn und Köln (vgl. auch LUCAS, 1916, S. 35). Und JÉZOWA (1938, S. 100) schreibt vom polnischen Weinbau: „Le goût

pour les vins étrangers doit être une des causes de la mort de beaucoup de vigne polonaises...". In Paris wurde der Landwein nach dem Bau der Eisenbahn durch südfranzösische Weine ersetzt (DION, 1959, S. 539). Auch in der Schweiz bewirkten die ausländischen Erzeugnisse einen Wechsel der Konsumgewohnheiten, was vor allem in der Ostschweiz zu einem Rückgang des Weinbaus führte. Die diesbezügliche Aussage SCHLEGELs (1973, S. 66) läßt sich auf alle nördlichen Weinbaugebiete übertragen: „Das Bedürfnis, möglichst Jahr für Jahr Weine von ähnlicher Qualität zu erhalten, wurde außer von den Kunstweinen auch von den Konsumweinen aus südlichen Ländern erfüllt. Der schweizerische Weintrinker lernte an den Importweinen eine weitere Eigenschaft kennen und schätzen, welche diese von der schweizerischen Produktion abhob. Das war die Milde und Armut an Säure".

4.6.1.3 Verdrängung durch andere Getränke

Das Angebot auf dem Getränkemarkt ist heute weit umfangreicher als in früheren Zeiten. Allein die Zahl der Mitbewerber um die Gunst der Konsumenten setzt den Wein unter einen starken Wettbewerbsdruck. Hinzu kommt der verstärkte Trend zu Mineralwasser, Limonaden und Fruchtsäften, die die alkoholischen Getränke vor allem bei den Mahlzeiten verdrängen. Aus der großen Zahl der alkoholischen und nichtalkoholischen Getränke sollen hier nur die berücksichtigt werden, die die Entwicklung des nördlichen Weinbaus wesentlich beeinflußt haben[117].

Mit zu den ältesten Rivalen des Weines gehört das Bier, das schon verschiedenen alten Völkern bekannt war und auch für Kelten, Gallier und Germanen belegt ist (vgl. O. WEISE, 1894, S. 19). Im frühen Mittelalter scheint es in weiten Teilen Süddeutschlands und anderen Kerngebieten des Weinbaus außer Gebrauch gekommen zu sein (TÖPFER, 1909, S. 113). Jedenfalls verschwinden um 800 in den St. Gallener Urkunden die Bierzinsen, was darauf hinweist, daß dort der Wein das Bier als Hauptgetränk abgelöst hatte (SCHLEGEL, 1973, S. 30). In den nördlichen Grenzgebieten des Weinbaus war dagegen der Bierkonsum und die Bierbrauerei während des ganzen Mittelalters weit verbreitet. Zu den bekannten deutschen Bieren im Mittelalter zählten zumeist norddeutsche (vgl. HEYNE, 1901, S. 350). Hamburg war führend in der Braukunst (KUSKE, 1952, S. 250). Aber auch von Lübeck, das eine bedeutende Stellung in der Hopfenproduktion innehatte, und von Bremen gingen im 13. und 14. Jahrhundert Biere nach Skandinavien, wo der Bierkonsum „allgemein" war (HARTMEYER, 1905, S. 32 f.). In Norddeutschland wurde entsprechend des verbreiteten Biertrinkens aus dem Weinkauf, einer Institution des Wirtschaftsrechts, der „Bierkauf" (KUSKE, 1952, S. 250; vgl. auch DÜCKERT, 1952, S. 108).

Das Bier wurde aus Weizen (Dinkel) oder Hafermalz gebraut, war obergärig und wurde leicht sauer (PREISS, 1963, S. 542). Das „Hauptgetränk des Schlesiers im Mittelalter war das Bier", das vor allem in den Zentren der Bierbrauerei in Breslau, Striegau und Schweidnitz gebraut wurde (RADLER, 1964, S. 293). Einen Schweidnitzer Keller gab es in Breslau, Thorn und Krakau und das Schweidnitzer Bier wurde bis nach Prag und Pisa verschickt (RADLER, 1964, S. 293; vgl. auch NORDHOFF, 1883, S. 27). Die weite Verbreitung des Hopfens im Mittelalter nach Norden läßt ebenfalls auf die Beliebtheit des Bieres schließen. Schon um 1387 gab es in

Aachen 14 Brauereien (PAULS, 1885, S. 263). Der Ratskeller in Merseburg verzapfte Mitte des 15. Jahrhunderts außer Wein auch zwölf verschiedene fremde Biere (TÖPFER, 1909, S. 93). Das Zittauer Bier gelangte bis Böhmen, Wien, Ungarn und Frankfurt an der Oder (SEELIGER, 1932, S. 17). Aus den Arnstädter Stadtrechnungen wird ersichtlich, daß seit der Mitte des 15. Jahrhunderts die Bierbrauerei in der Stadt sprunghaft zunahm und zusätzlich noch die bekannten Biere aus Naumburg, Einbeck und Hof eingeführt wurden (ELBRACHT, 1958, S. 164). Das Hopfenbier gab seit dem 14. Jahrhundert dem Bierverbrauch im Hansegebiet und in den Niederlanden einen so starken Aufschwung, daß der Absatz von Rheinwein im 15. Jahrhundert in diesen Gebieten sank (UYTVEN, 1965, S. 251 f.).

Die Braugerechtigkeit lag bei den Städten und Landesherren und wurde bis zum 16. Jahrhundert in vielen Gebieten an die Grundherren übertragen, so daß nun auch in vielen Dörfern Malz- und Brauhäuser entstanden. Seine eigentliche konkurrierende Stellung dem Wein gegenüber erhielt das Bier aber erst durch die verbesserte Brautechnik und durch die Senkung der Herstellungskosten seit dem 16. Jahrhundert. Durch die Verwendung von Gerstenmalz und der Einführung der untergärigen Brauweise wurde das Bier haltbarer und damit auch transportfähiger: „Das Brauereiwesen gewann eine Bedeutung, die es im Spätmittelalter noch nicht gehabt hatte" (ABEL, 1962, S. 181). Viele Biere und Bierorte erreichten einen überregionalen Ruf. In Norddeutschland galten im 16. Jahrhundert neben dem Einbecker Bier das seit 1492 von Mumme in Braunschweig und das seit 1526 von Broyhan in Hannover gebraute als die besten (TÖPFER, 1909, S. 114).

In Thüringen war das Naumburger Bier das beliebteste und machte schon im 15. Jahrhundert dem dortigen Landwein starke Konkurrenz. Im Jahre 1454 verbot Herzog Wilhelm seinen Untertanen, Naumburger Bier zu kaufen, da es die Thüringer Weine im Preis drücke (TÖPFER, 1909, S. 115). Überhaupt war wohl der Bierkonsum in den nördlichen Absatzgebieten des Weines im ganzen Mittelalter wegen seiner Billigkeit sehr viel verbreiteter als der Weinkonsum. Aber auch in den nördlichen Weinbauorten selbst scheint das Bier den Wein als tägliches Getränk spätestens seit dem 16. Jahrhundert an Bedeutung übertroffen zu haben. So erhielten die Tagelöhner in den Weinbergen Gubens im 16. Jahrhundert neben dem Lohn ein Mittagessen und Cofent (Dünnbier) zu trinken (KRAUSCH, 1967b, S. 34). In der Altstadt Brandenburg setzt die Weingärtnergilde in ihrer Satzung von 1535 fest, daß Verstöße mit einem Pfund Wachs oder einer Tonne Bernauisch Bier geahndet werden sollten. Auch der Winzer des dortigen Ratsweinberges bezog seinen Lohn zum Teil in Bier (TSCHIRSCH, 1938, S. 289). In den Städten Eschwege, Allendorf und Witzenhausen an der Werra wurden im Jahre 1556 über 2865 Fuder Bier gebraut, an Landwein wurden nur etwa 160 Fuder ausgeschenkt (MENK, 1972, S. 45). Dazu bemerkt MENK (1972, S. 46): „Im Gegensatz zu eigentlichen Weinländern konnte der im Werratal gezogene Wein das Bier vermutlich zu keiner Zeit völlig verdrängen".

In Jena wurde bis zum 16. Jahrhundert nur gebraut, wenn einmal die Weinernte für den Getränkebedarf nicht ausreichte. Zum Schutze des Weinbaus war die Einfuhr von Bier aus den umliegenden Dörfern nur bei Festen erlaubt, oder wenn der Wein mißraten war. Nach der Gründung der Universität im Jahre 1558 änderte sich das Konsumverhalten der Stadt vor allem wegen der vielen Studenten aus Norddeutschland. Die Universität errichtete 1570 ein eigenes Brauhaus in der Stadt, und um

1580 wurde von den Angehörigen der Universität fünf- bis siebenmal mehr tranksteuerfreies Bier als steuerfreier Wein getrunken (FALK, 1955, S. 154 f.). Aus der Verteilung der Brauhäuser und Braupfannen der Kirchen und Gemeinden im Westen Thüringens ist ersichtlich, daß bis 1550 die Bierbrauerei größtenteils nur dort bestand, wo kein Wein gebaut wurde (H. LÖBE, 1884, S. 440). Durch die verbesserte Qualität und seinen gegenüber dem Wein sinkenden Preis erreichte das Bier bald aber auch in den eigentlichen Weinanbaugebieten einen steigenden Absatz. Noch bis zum Ende des 15. Jahrhunderts hatte das Bier im Vergleich zum Wein im Ulmer Handel nur eine untergeordnete Rolle gespielt. Aus dem Jahre 1486 wird berichtet, daß „der Wein in gar hohem Geld stehe und die Bürger sich deshalb mehr als seither auf das Biertrinken legen". 1616 gab es in Ulm fünf Braustätten, 1665 bereits dreizehn und 1785 schon 17 (NÜBLING, 1893, S. 30).

Die Verdrängung des Weines durch das Bier in den Grenz- und Kerngebieten des Weinverbrauchs beruhte auf verschiedenen Faktoren[118]. Einmal lag dort der Bierpreis spätestens seit der 2. Hälfte des 16. Jahrhunderts unter dem Weinpreis (BASSERMANN-JORDAN, 1975, S. 148), so daß schon allein vom Preis her ein starker Anreiz zum Kauf des Bieres bestand, der noch durch die oben angeführte verbesserte Brautechnik verstärkt wurde. So heißt es im Jahre 1549 aus Niedersachsen: „Der Wein ist theur und seltsam bey jenen, aber Bier sauffer seind es, schier unglaublich zu sagen, wer nicht weidlich saufft, der pack sich" (zit. nach STROMBECK, 1870, S. 370). In Benshausen kostete 1619 das Maß Wein 2 bis 3 Groschen, das Maß Bier 5 Pfennig (K. WEISE, 1939, S. 45). Der niedrige Preis wurde dann im 17. und 18. Jahrhundert für den Umstieg auf das Bier ausschlaggebend, als weite Kreise der Bevölkerung verarmten. Für das Gebiet am Schwanberg schreibt TISOWSKY (1957, S. 53; vgl. auch WELTE, 1934, S. 24): „Infolge der Verarmung breiter Volksschichten war das Brauwesen nicht mehr aufzuhalten. Jeder Ort besaß schließlich um die Mitte des 18. Jahrhunderts eigene Bierbrauer". In Erfurt wurden um 1785 jährlich 30 000 bis 40 000 Eimer Bier, aber nur 2000 bis 4000 Eimer Landwein und 250 bis 400 Eimer fremder Wein ausgeschenkt (FALK, 1955, S. 155).

Die Umstellung der Konsumenten auf das Bier wurde aber erst vollendet, als die Obrigkeit sie wegen der stabileren und dadurch auf die Dauer höheren Gewinne offiziell billigte und schließlich auch förderte. Der Grünberger Magistrat verbot 1730 die Neuanlage von Weinbergen, weil dadurch die Bierbrauerei geschädigt würde (POMTOW, 1910, S. 107 f.). In der Bukowina verringerten die Brauhäuser den „Weinverschleiß" des Militärs (POLEK, 1904, S. 8). Nach 1900 sank der Weinverbrauch in der Schweiz im allgemeinen, während sich der Bierverbrauch innerhalb von 30 Jahren verdoppelte, was nicht zuletzt auf die verstärkte Einfuhr von Gerste mit der Eisenbahn zurückzuführen war (SCHLEGEL, 1973, S. 66 f.). In Rumänien erhöhte sich der Bierkonsum ab 1920 (AVRAMESCU, 1930, S. 88). Heute ist das Bier in Europa zum Modegetränk geworden, dessen Absatz in allen jungen Bierländern noch stark steigt. Wurde das Bier früher in den Weinbaugebieten vor allem in den Krisenzeiten des Weinbaus als Konkurrenz empfunden (vgl. TISOWSKY, 1957, S. 37), dessen Verbrauch nach guten Weinjahren wieder abnahm (WEHR, 1934, S. 36–40), so ist der Bierkonsum heute weitgehend von den Weinjahren unabhängig geworden.

In Deutschland gehen die Anfänge der Alkoholdestillation auf das 13. Jahrhundert zurück. Sie wurde als arabische Technologie zwischen dem 10. und 12. Jahrhundert von der medizinischen Hochschule in Salerno verbreitet (ARNTZ, 1976, S. 2–5). Zunächst fand das „aqua vitae" hauptsächlich im Heilgewerbe Verwendung. Es wurde anfangs nur aus Wein gebrannt und erst ab 1600 wurden vermehrt auch Getreide, Obst, Beeren u. a. verwendet, wobei die Bezeichnung „Branntwein" beibehalten wurde (ARNTZ, 1976, S. 8). Er konnte nun in allen Gegenden unabhängig vom Weinbau erzeugt werden. In Frankreich kamen unter Ludwig XIV. starke Getränke am Hof und später allgemein in Mode, wodurch die Destillation sehr gefördert wurde (RIEMANN, 1957, S. 15). Überall im Land entstanden Brennereien. Von La Rochelle aus wurde der Weinbrand aus der Umgebung von Cognac in großen Mengen nach England, den Niederlanden und nach Skandinavien exportiert. Unter dem Einfluß der holländischen Händler wurde die Weindestillation im 17. Jahrhundert eine bäuerliche Beschäftigung, da der Weinbrand auch zur Verbesserung der weißen Weine diente, die den Holländern dann besser schmeckten (DION, 1959, S. 427 f.).

Der Weinbrand, und später auch der Branntwein allgemein, machten dem Wein vor allem in seinen nördlichen Absatzgebieten Konkurrenz. In Langensalza wurde 1593 „Branntwein" selbst in den Ratssitzungen getrunken und die Zahl der Brennereien in Thüringen nahm während des 17. Jahrhunderts stetig zu (TÖPFER, 1909, S. 117). Der Branntweinausschank in Eschwege stieg von über 2 Fuder im Jahre 1660 auf über 8 1/2 Fuder im Jahre 1682. Die Bauern der Umgebung brannten seit dem 19. Jahrhundert in zunehmenden Umfang Schnaps aus Kartoffeln (MENK, 1972, S. 52). In Holland ist der Genever seit dem 17. Jahrhundert nachweisbar (ALANNE, 1963, S. 10). Der Branntwein wurde in der Mark im 18. Jahrhundert das Lieblingsgetränk der untersten Volksklassen, während sich die bürgerlichen Kreise mehr dem Bier zuwandten (SCHWARTZ, 1896, S. 61). Am meisten verbreitete sich der Branntweinkonsum jedoch seit der zweiten Hälfte des 17. Jahrhunderts in Polen, Rußland, Ost- und Westpreußen (REINDL, 1904, S. 131), was sich auf den Landweinhandel nach diesen Ländern stark auswirkte und zu einer Einschränkung der Produktion führte (POMTOW, 1910, S. 105). Die Bukowina bezog Ende des 18. Jahrhunderts Wein aus der Moldau und Branntwein aus der Ukraine (POLEK, 1904, S. 4). In der Mitte des 19. Jahrhunderts wurde eine Vermehrung des siebenbürgischen Weinabsatzes nach Galizien für nicht möglich gehalten, da dort „Wuttky und Spirr" zu sehr verbreitet waren (FABINI, 1860, S. 38). Über die preußische Grenze wurde 1887 nach Rußland und Polen fast dreimal soviel Branntwein wie Wein verfrachtet (METZEN, III, 1870, S. 336). In Rumänien senkte die Zuika noch im 20. Jahrhundert den Weinverbrauch vor allem in den unteren Schichten der Bevölkerung (AVRAMESCU, 1930, S. 86 f.).

Die steigende Beliebtheit des Branntweins schränkte sowohl den Weinabsatz als auch den Anbau in vielen nördlichen Weinbauorten stark ein. Heute wird in einigen sozialistischen Ländern mit Hilfe der Weinwerbung zum Gegenangriff übergegangen, womit der nördliche Weinbau eine gesundheitspolitische Berechtigung erhielt (vgl. GOLLMICK, 1976, S. 5).

Während der wachsende Bier- und Branntweinkonsum mehr oder weniger Rückwirkungen auf alle Weinbaugebiete hatte, entstand die Konkurrenz des Obstweins vor allem in den nördlichen Grenzgebieten des Weinbaus. Dabei ging der Anstoß zur Obstweinbereitung im größeren Umfang vielfach von der Weinkelterei aus: Der

Obstwein sollte den Wein in schlechten Weinjahren ersetzen (F. KOCH, 1936, S. 29). Dafür eigneten sich besonders der Apfel- und der Birnenwein. Aber auch die schlechte Qualität des nördlichen Weines spielte bei der Suche nach einem Ersatz eine Rolle. So heißt es in einem Bericht aus Nordfrankreich vom Jahre 1724: „Le vin de Vannoise est d'une qualité qui n'excède jamais le prix du cidre. Cette sorte de vin se recueille dans le pays et sert de boisson aux pauvres gens, à la place du cidre qui y est assez rare" (VITAL, 1956, S. 159). Die Lage der heutigen Obstweingebiete in West- und Mitteleuropa zeigt deutlich, daß sie alle am Nordrand des Weinbaus liegen, in Gebieten, in denen früher selbst Weinbau betrieben wurde, zum Beispiel im österreichischen „Mostviertel", ferner an Tauber, Main und Neckar, während der Apfelwein in die Kerngebiete des Rebbaus, wie Pfalz und Rheinhessen, nicht eindringen konnte (F. KOCH, 1936, S. 72 f.). Auch in Grünberg wurde viel Apfelwein gekeltert (MEITZEN, II, 1869, S. 263). In Frankreich nahm um 1200 die Verbreitung des Apfelweins (cidre) ihren Ausgang vom Pays d'Auge. Von dort gelangte er bis zum 16. Jahrhundert in die Normandie, zur Halbinsel Cotentin, die Bretagne, die Maine und die Perche: „Dès le XVIIe siècle, la limite du cidre et du vin dans l'alimentation populaire était la limite actuelle de la vigne" (MUSSET, 1908, S. 269, vgl. Fig. 25). In England wurde Obstwein (Cider und Perry) ebenfalls schon im Mittelalter hergestellt (vgl. SKALWEIT, 1907). Nach F. KOCH (1936, S. 44—47) hängt die starke Mosterzeugung in den Grafschaften Hereford, Worcester, Gloucester, Somerset und Devon mit der ehemaligen Verbreitung der Weinrebe zusammen, die durch das Mostobst ersetzt wurde. In Württemberg und im Untermaingebiet wurde der Apfelmost im 17. Jahrhundert hauptsächlich dem Wein beigemischt, wogegen viele Verordnungen ergingen. Alle zielten auf den Schutz des Weinbaus (F. KOCH, 1936, S. 54—57). Bis zum 18. Jahrhundert hatte sich der Obstmost dort jedoch so eingebürgert, daß er den Wein als Haustrunk übertraf. Im Jahre 1776 wurde in Württemberg der Obstmostausschank offiziell gestattet (SCHRÖDER, 1953, S. 65). Auf der Hohenloher Ebene bereitete der Birnenmost Ende des 18. Jahrhunderts dem Weinbau ein Ende (SAENGER, 1957, S. 107).
Von anderen Fruchtweinen, wie etwa dem Erdbeer-, Johannisbeer- oder Stachelbeerwein, die nicht zur Massenproduktion gelangten, aber im Zusammenhang mit der Ablösung des Weinbaus durch das Obst stehen und auf der Anwendung und den Vorkenntnissen der Kelter- und Kellertechnik beruhen, wird aus Werder (WALTER, 1932, S. 57), aus Guben (GANDER, 1925, S. 497), aus Freyburg (BOIE, 1922, S. 42) und von der Sieg berichtet (GRONEWELD, 1939, S. 167).
Die Hinwendung zu den alkoholfreien Getränken Kaffee, Tee und Kakao seit dem 17. Jahrhundert betraf alle Weinbaugebiete gleichermaßen und verstärkte den Rückgang des Weines als tägliches Getränk[119]. Wenn auch diese Getränke anfangs wohl nur den Reichen vorbehalten waren und damit ein Luxusgetränk darstellten, so verhalf ihnen doch bald der verstärkte Import zu niedrigen Preisen und damit zur Volkstümlichkeit. In einer Denkschrift über die „Commercien in der Mark" heißt es im 18. Jahrhundert, „Thee werde in großer Abundanz konsumieret; die Konsumtion sei beinahe so stark wie die des Weins und dem Lande höchst schädlich, denn es gehen dafür an die 100 000 Thlr. aus dem Lande. Deshalb müsse der Thee, desgleichen auch der Kaffee mit hoher Accise belegt werden" (zit. nach SCHWARTZ, 1896, S. 63). Aus der Werragegend wird Mitte des 19. Jahrhunderts berichtet: „Die gebräuchlichen Getränke sind auch in unserem Bezirke der Kaffee, welcher in den

Fig. 25: Verbreitung des Obstweins in Westeuropa (F. KOCH, 1936)

meisten Familien zweimal getrunken wird und bei den Aermern oft noch die Mittags- und Abendmahlzeit vertritt, der chinesische Thee, das gemütliche Vereinigungsmittel der bevorzugten Klasse der Menschen..." (zit. nach MENK, 1972, S. 74). Die Niederlande waren durch ihr Kolonialreich besonders gut mit Tee und Kaffee versorgt. Entsprechend hoch war der Verbrauch. Im Mittel der Jahre 1927–1931 etwa wurden von einer Person 1,7 kg Tee und 4,6 kg Kaffee im Jahr getrunken, gegenüber 0,08 kg Tee und 2,2 kg Kaffee in Deutschland (F. KOCH, 1936, S. 43 f.).

4.6.2 Stellung des Weinbaus

Das Ziel des Weinbaus im Mittelalter in den weit nach Norden vorgeschobenen Außenposten war stets die Herstellung eines trinkbaren Weines (vgl. YOUNGER, 1966, S. 240 f.). Demgegenüber wurden seit dem 19. Jahrhundert die Erträge der Weinberge in Nord-, Mittel- und Ostdeutschalnd überwiegend zur Herstellung von Schaumwein, Verschnittwein und Weinbrand verwendet, sowie als Tafeltrauben verkauft (REINDL, 1904, S. 140–143)[120]. Diese Änderung des Produktionsziels war eine notwendige Konsequenz aus der Umstellung vom Quantitäts- zum Qualitätsweinbau[121].
Die Pioniere des Weinbaus pflanzten ihre Reben überall dort, wo die Trauben reif werden konnten. Dabei spielte die Qualität zunächst keine Rolle, die Ansprüche an das Produkt waren gering. Seit dem Spätmittelalter wurde die Rebe mit dem Rückgang des Getreidebaus bewußt als Sonderkultur zur Erzielung eines möglichst hohen Gewinns angebaut (ABEL, 1962, S. 126). Mit dem aufkommenden Qualitätsgedanken seit dem 18. Jahrhundert hing dieser Gewinn wieder mehr vom Produkt selbst ab und war deshalb wieder abhängiger von den natürlichen Bedingungen. Die Herstellung von Weinen wurde für die nördlichen Winzer zu einem erhöhten Risiko, das den Absatz ihrer Weine unsicher werden ließ. Auch die moderne Rebenzüchtung und Kellertechnik konnten diese Unsicherheit nicht überwinden, da sie letztlich auf dem Faktor Klima beruht. Die Verschiebung der nördlichen Weinbaugrenze nach Süden hat ihren Ursprung in den veränderten Anforderungen an die Güte des Weines. Vor allen anderen Ursachen des Rückgangs bestimmte die Veränderung der Qualitätsansprüche die Entwicklung des Weinbaus in den klimatisch weniger begünstigten Gebieten.
Die ersten Anzeichen für eine höhere Bewertung der Qualität finden sich bereits im ausgehenden Mittelalter. Bei Klagen Brünner Bürger über zu hohe Abgaben an das Zisterzienserkloster setzte der mährische Markgraf Hans Heinrich vier Schiedsrichter ein, die die Klosterweinberge in hohe, mittlere und mindere Qualitäten einteilten und danach den Zehnt festlegten (FROLEC, 1973, S. 40). In Guben war es den Bürgern verboten, Trauben von den umliegenden Dörfern aufzukaufen und nachher als Gubener Gewächse auszugeben. Dadurch wollte man den guten Ruf des Gubener Weines erhalten (GANDER, 1925, S. 491). Eine notwendige Folge des verstärkten Strebens nach Qualität war auch die exakte Bezeichnung des Weines, die sich seit dem 16. Jahrhundert immer mehr einbürgerte (BASSERMANN-JORDAN, 1975, S. 876). In Mähren konzentrierte sich im 16. Jahrhundert der beginnende Qualitätsweinbau um die herrschaftlichen Schlösser, deren Weine für die Ausfuhr nach Böhmen und Schlesien bestimmt waren und sich daher der Konkurrenz aus Österreich und Ungarn stellen mußten (FROLEC, 1973, S. 89). Auch in Deutschland ging die Erneuerung des Weinbaus von den freien, „von Abgaben möglichst unabhängigen Großbetrieben aus" (BASSERMANN-JORDAN, 1975, S. 167), wobei die Klöster

an der Spitze standen. Noch hemmten aber vielerorts die Naturalabgaben die allgemeine Entwicklung zum neuzeitlichen Qualitätsweinbau. Erst im Verlaufe des 18. und des beginnenden 19. Jahrhunderts wurden die wirtschaftlichen und besitzrechtlichen Voraussetzungen dafür geschaffen.
Der Qualitätsweinbau bedeutete eine Einschränkung der Ertragshöhe und der Rebfläche. In Baden wirkte zum Beispiel im 18. Jahrhundert der Markgraf Karl Friedrich darauf hin, daß die Reben in frostigen Nordlagen und in der Ebene entfernt und bessere Sorten, vor allem in Südlagen, gepflanzt wurden (K. MÜLLER, 1953, S. 30). Die regionalen Unterschiede bei der Einführung der verbesserten Produktionstechniken waren allerdings groß. So ging man im Rheingau schon Mitte des 18. Jahrhunderts zum Qualitätsweinbau über, während in Franken noch 100 Jahre später die Anbaumethoden vielfach rückständig waren (RUPPERT, 1960, S. 52). Letzten Endes aber blieb dem nördlichen Weinbau zur Sicherung seiner Existenz nur der Rückzug auf die besten Lagen und der Übergang zum Qualitätsweinbau, da er mit den billigen Konsumweinen des Südens nicht konkurrieren konnte. Daß mit Hilfe der modernen Anbau- und Kellertechnik sowie der Sortenwahl auch in nördlichen Weinbauorten ein hervorragender Wein zu erzielen ist, zeigt zum Beispiel die Prämiierung sächsischer Weine auf der Weinausstellung in Budapest 1962 (DIETER, 1965, S. 181).
Die veränderten Ansprüche an die Qualität des Weines brachten auch eine Veränderung des Ansehens des Weinbaus bei den nördlichen Bauern und Winzern mit sich. Die Beliebtheit der Rebe als Anbaupflanze fiel mit sinkender Rentabilität. Solange der Absatz des Weines nahezu unbegrenzt möglich war, wurde auf geeigneten und ungeeigneten Lagen Weinbau betrieben. Der Anbau der Rebe als Sonderkultur bot selbst auf kleinster Fläche ein Auskommen, was die für viele Weinbaugebiete typische starke Parzellierung bestätigt. Die Reichen und die Armen strebten gleichermaßen den Besitz oder die Bearbeitung eines Weinberges an. Der hohe Stellenwert des Weinbaus blieb solange erhalten, solange allein die Ertragshöhe für den Gewinn entscheidend war. Nachdem aber Absatz und Gewinn verstärkt von der Qualität abhängig wurden, sank bei vielen nördlichen Weinbauern die Beliebtheit der Rebe. Sie war jetzt nicht mehr die wirtschaftlichste Anbaupflanze, sondern eine, die nur unter ganz bestimmten Voraussetzungen noch in Frage kam. Demgegenüber stieg in den südlichen Anbaugebieten der Stellenwert der Rebe, so daß heute die nördlichen Flächenverluste des Rebbaus von der Zunahme im Süden wieder ausgeglichen sind. Mit der Einführung des Qualitätsweinbaus wurden die klimatischen Bedingungen im nördlichen Weinbau vielerorts zu einem Risikofaktor, der vielen Weinbauern die Wahl einer anderen Kulturpflanze nahelegte.

4.6.2.1 Übergang zu anderen Kulturen

Der Übergang von der Weinrebe zu anderen Kulturen erfolgte in den wenigsten Fällen ganz abrupt. Viele fein abgestufte Anzeichen sprechen für ein langsam nachlassendes Interessse am Weinbau. Der gleichzeitige Anbau von anderen Pflanzen im Weinberg ist dabei aber eher ein Ausdruck für die Unsicherheit des nördlichen Weinbaus[122]. Man wollte durch den Anbau von Nebenkulturen eine gewisse Ertragsgarantie erreichen. Die Nebennutzung der Weinberge begleitet deshalb den nördlichen

Weinbau von seinen Anfängen bis ins 20. Jahrhundert. Die Betreibung des Weinbaus im bäuerlichen Nebenerwerb und verhältnismäßig kleine Betriebsgrößen führten häufig zur Einbeziehung der Weinberge in die Futterproduktion[123]. Schon um 1500 scheint die Nutzungskombination Wein- und Grasberg an der Werra allgemein üblich gewesen zu sein (MENK, 1972, S. 37). In den Weinbergen von Čuguev und Ismailowo standen im 17. Jahrhundert neben Obstbäumen auch Gräser und Blumen (ČEKAN, 1954, S. 647).

Die anderen Nutzungskombinationen im Weinberg dienten hauptsächlich dem Risikoausgleich. So schreibt COLERUS in seiner „Oeconomia", erschienen im Jahre 1600 in Leipzig: „Weinberge bringen nicht alle Jahre, doch sein etzlich Weinherren auch noch so gescheid, daß sie an ihre Weinberge nach Gelegenheit allerlei Bäume und Obst zeugen; bringens nicht Wein, so bringens doch Kirschen, Nüsse, Aepfel, Birnen, Quitten" (zit. nach WALTER, 1932, S. 37). Neben den verschiedenen Obstbäumen und Beerensträuchern wurde vor allem viel Gemüse angepflanzt, wie es zum Beispiel COCHET (1866, S. 48) für die Weinberge der Normandie nachweist. Noch gegen Ende des 18. Jahrhunderts wurde für größere Weinberge in der Mark Brandenburg die Nebennutzung empfohlen (vgl. HAUSEN, 1798, S. 156). Allerdings wurden die Nebenanpflanzungen, vor allem von den großen Weinbergsbesitzern, nicht immer gern gesehen und sie waren deshalb schon in alter Zeit häufig Gegenstand von Verboten (vgl. BASSERMANN-JORDAN, 1975, S. 417–429). Diese Verbote häuften sich seit den Bemühungen um eine Verbesserung der Qualität und seit der Einführung neuer Anbaumethoden. Um 1600 gab der sächsische Kurfürst Anweisung, in einigen seiner Weinberge alle Obstbäume zu fällen (WEINHOLD, 1973, S. 62). Bei dieser Entscheidung mag vielleicht noch ein anderer Grund eine Rolle gespielt haben. So heißt es bei HORNN (1801, S. 2): „In vielen Weingebürgen findet man Obstbäume, Beergesträuche, Kürbisse und Spargel, welches ich aber aus doppelten Ursachen gar nicht für gut halte. 1. nehmen dergleichen Früchte von unten die nährende Bodenkraft, 2. bekommen die Herrschaften von diesen Nebenfrüchten immer das wenigste, weil sich meistens die Winzer die große Hälfte davon selbst zueignen". In Luxemburg verfügte eine Verordnung aus dem Jahre 1767 das Abhauen der in den Weingärten angepflanzten Bäume und verbot die Mischkultur von Reben und Gemüse (GERGES, 1977, S. 7). Die Meißener Ratswinzer erhielten noch in der 1. Hälfte des 19. Jahrhunderts je 2 Taler 15 Groschen Entschädigung dafür, daß sie keine Kürbisse stecken durften (KIRBACH, 1900, S. 64).

Trotz aller Verbote nahm der Anbau von Nebenkulturen in dem Maße zu, wie die Rentabilität des nördlichen Weinbaus zurückging. Gerade die lohnabhängigen Winzer hielten an dieser Unterhaltsquelle fest, „die die Lücke zwischen der im Durchschnitt sehr gering bemessenen finanziellen Vergütung und den elementaren Lebensbedürfnissen schließen helfen sollte" (WEINHOLD, 1973, S. 129). In einem Bericht über den Weinbau von Noyon aus dem Jahre 1732 heißt es: „En général, les vignes autour de Noyon sont d'un mauvais revenu. Elles ne rapportent dans certaines années que les frais du vigneron. La plupart des vignerons qui dépouillent ces vignes, au lieu de les entretenir et de les replanter lorsqu'il y manque du plant, les ensemencement en pois, féves, bleds ou autres grains" (zit. nach DION, 1959, S. 421, Anm. 20). Der Ratsweinberg in Meißen enthielt eine Vielzahl verschiedener Bäume (vgl. Tab. 9). Überhaupt wurde im sächsischen Weinbau die Nebennutzung im Laufe des 19. Jahrhunderts ständig ausgedehnt. So hatten zum Beispiel die Winzer in Krötzschenbroda um 1880 erhebliche Einkünfte aus dem Verkauf des Obstes, der Himbeeren, Erdbeeren und Spargel, die sie in ihren Weinbergen zogen (WEINHOLD, 1973, S. 63; vgl. auch SCHUBERT, 1862, S. 13). Noch 1911 standen in Meißen Obstbäume und Beerenpflanzen zwischen den Weinreben (DIE WIEDERBELEBUNG DES MEISSNER WEINBAUES, 1937, S. 1) und während der beiden Weltkriege lebte die Mischkultur vielerorts wieder auf (WEINHOLD, 1973, S. 64).

Aus Böhmen wird im Jahre 1790 über die Vernachlässigung des Weinbaus berichtet: „Die Bürger in Jungbunzlau überlassen ihre Weingärten einem unkundigen Winzer, der gewöhnlich einige alte Weiber zu Hilfe nimmt. Hat dieser einmal sein Tagewerk ohne alle Ordnung verrichtet, so kommt der Wirth und stopfet den Garten mit Spargel, Küchengewächsen und Bäumen an und wundert sich sodann in der Folge, daß die von Nebenpflanzen ausgewucherte Erde dem Weinstock wenig oder keine Nahrung gibt und dieser nur wenige Trauben ansetzet, die in dem ewigen Schatten der Gartenbäume Mühe haben zur Reife zu gelangen" (zit. nach ÜBER DEN WEINBAU IN BÖHMEN, 1876, S. 6).

In Melnik waren Anfang des 19. Jahrhunderts der Adel und die Bürger die „alleinigen Bewahrer und Verwahrer des guten Melniker Weines ...", denn in den minder günstigen Gebirgslagen, besonders in den sandigen Thalgründen sucht der Landmann schon durch anderweitige Rebenpflanzungen den Ertrag seiner Rebengärten zu erhöhen, und man findet da mehrere Obstbäume, allerley Küchengewächse, besonders viel Stachel- und Johannisbeeren, durch deren Verkauf nach der Hauptstadt mancher Gulden die häußliche Wirthschaft erleichtert. In den mehr nördlichen Gebirgslagen richtet der Landmann sein vorzügliches Augenmerk auf die Anpflanzung von Weichsel- und Zwetschkenbäumen, und das vielseitig von letzteren erzeugte Zwetschgen-Muß liefert oft mehr Gewinn, als eine mittelmäßige Weinernte" (SCHAMS, III, 1835, S. 183).

Auch in Leitmeritz standen in den Weingärten der kleineren Besitzer Johannis- und Stachelbeeren, Aprikosen, Pfirsiche und Kirschbäume (HAUDECK, 1897, S. 151).

In Mähren bestand der „dritte Übelstand" des Weinbaus, neben falscher Sortenwahl und fehlerhafter Behandlung, in einem „Wust von Obstbäumen" (SCHAMS, III,

Tab. 9: Baumbestand im Meißener Ratsweinberg 1716–1834 (nach KIRBACH, 1900)

	1716	1755	1834
Pflaumenbäume		61	352
Apfelbäume		6	87
Birnbäume		4	60
Kirschbäume		22	35
Eichen		1	0
Eschen		1	0
Andere		0	3
Gesamt	95	525	537

1835, S. 155). Auf einem Weinberg bei Guben standen im Jahre 1814 insgesamt 398 Obstbäume, und zwar 157 Pflaumenbäume, 56 Birnbäume, 147 Sauerkirschen, 10 Süßkirschen, 8 Apfelbäume, 12 Pfirsichbäume, 6 „gute" Kastanien und 2 Nußbäume (KRAUSCH, 1967b, S. 53, Anmerkung 107). Der Weinberg von Collm in der Oberlausitz brachte gegen Ende des 18. Jahrhunderts in guten Jahren einen Erlös aus dem Traubenverkauf — seit 1786 wurde nicht mehr gekeltert — von 190 Talern, während der Erlös des darin angebauten Obstes über 380 Taler betrug (HERING, 1805, S. 86). Schon Ende des 18. Jahrhunderts machte man in Werder für den Rückgang des Weinbaus neben anderen Ursachen auch die Zwischenkulturen verantwortlich, doch heißt es bezeichnenderweise „. . . da aber Obstbau mehr einbringet als Wein, so achtet man den Schaden nicht" (zit. nach WALTER, 1932, S. 41). Von den im Jahre 1907 noch in Züllichau vorhandenen 45 Weinbergen mit einer Gesamtfläche von 37,35 ha hatten 75 Prozent Obstzwischenpflanzungen (POMTOW, 1910, S. 117). Noch bis in unsere Zeit hinein standen in Rumänien die Weinberge in der Umgebung von Cetatea Albă im sogenannten Zwischenfruchtkammerbau mit Gemüsepflanzen zwischen den Reben (THEODORESCU, 1943, S. 44).

In vielen nördlichen Weinbauorten wird die schleichende Verdrängung der Rebe durch Nebenkulturen nicht auf Widerstand gestoßen sein. Hatte die Durchdringung von Obst, Gemüse und Reben derart zugenommen, daß die Rebe in der Minderzahl war, dann setzte der nächste Schritt zum Abbau der Rebkultur ein. Er beginnt mit der Vernachlässigung der Pflege der Reben, da die anderen Kulturen jetzt mehr Arbeit erfordern und ihre wirtschaftliche Bedeutung für den Betrieb stetig steigt. Parallel zum Abbau der Pflege der Rebe läuft der Abbau der Pflege des Weines. Geradezu typisch für dieses Stadium ist deshalb der Wegfall der Kelterung[124]. Die Trauben werden als Speisetrauben verkauft. Die Umstellung auf den Frischkonsum bei den Verbrauchern im 19. Jahrhundert erklärt an vielen Orten die Fortsetzung des Rebbaus[125]. Schon im 18. Jahrhundert wurden aus Werder Trauben nach Berlin geschickt (HAUSEN, 1798, S. 117). Im Jahre 1853 wird aus Fürstenberg an der Oder berichtet: „Auch der Weinbau nimmt immer mehr ab, weil wegen der Armut der Bewohner daran nicht viel gewendet werden kann; gepreßt wird wenig Wein, meistens wird er in Trauben hauptsächlich nach Frankfurt an der Oder verkauft" (zit. nach KRAUSCH, 1966, S. 98). Vom Speisetraubenverkauf vor der endgültigen Aufgabe des Weinbaus wird auch aus der Oberlausitz (HERING, 1805, S. 82) und aus Eisleben berichtet, wo noch im Jahre 1909 Trauben zum Verkauf gelangten (TÖPFER, 1909, S. 65). Die sächsischen Elbweintrauben gelangten bis Leipzig, Magdeburg, Berlin und Hamburg (W. HAMM, 1886, S. 203), die Grünberger Trauben sogar bis St. Petersburg (W. HAMM, 1886, S. 205). Die Stadt Grünberg, die 1850 das 700jährige Bestehen ihres Weinbaus feierte (JUNG, 1968), war in den Jahren 1852–1854, 1857–1859, 1863, 1868, 1872 und 1874 sogar Traubenkurort (POMTOW, 1910, S. 135). Nach schlechten Ernten wurde diese Einrichtung 1884 wieder aufgehoben. Die Traubensendungen aus den nördlichen Weinbauorten waren so schwankend (vgl. BOIE, 1922, S. 36; POMTOW, 1910, S. 135), daß die Händler die regelmäßigen Lieferungen aus Spanien, Frankreich und Italien vorzogen. Von 1893–1913 stieg die Einfuhr ausländischer Tafeltrauben nach Preußen von 49 000 dz auf über 384 000 dz (BOIE, 1922, S. 36). In Grünberg wurde deshalb der Versand von Weintrauben seit etwa 1900 durch den Obstversand abgelöst (CZAJKA,

1938, S. 291). Der ehemalige Pariser Weinbau beschränkte sich nach dem 2. Weltkrieg auf die Produktion von Tafeltrauben in Thomery bei Fontainebleau, wo die Trauben an Spalieren entlang von Mauern gezogen wurden (MARRES, 1950, S. 83 f.).
Das letzte Stadium vor der entgültigen Aufgabe der nur noch vereinzelt stehenden Reben war die Essigbereitung (vgl. SCHWARTZ, 1896, S. 26). Danach waren aus den Nebenkulturen echte Nachfolgekulturen geworden.

4.6.2.2 Nachfolgekulturen

Die agrargeographischen Beiträge über die Nachfolgekulturen gehen von zwei verschiedenen Ansätzen aus. Zum einen wird dabei der äußerliche Aspekt besonders hevorgehoben. Die Nachfolgekultur wird als Kultursukzession verstanden, die auf der gleichen Parzelle stattfindet[126]. Der andere Ansatz geht von der Nachfolge in der Funktion aus. Nach RUPPERT (1960, S. 20) heißt das auf den Weinbau bezogen: „Von einer Nachfolgekultur des Weinbaus kann man dann sprechen, wenn eine neue Anbaufrucht die gleiche Steuerwirkung innerhalb eines Betriebes ausübt, wie vorher der Weinbau. Die Kriterien hohe Arbeitsintensität, hoher Geldertrag pro Fläche, ein gewisser spekulativer Charakter und eine Orientierung aller übrigen Kulturen innerhalb des Betriebes nach dieser Anbaufrucht kennzeichnen die Stellung der Nachfolgekultur". Entsprechend dieser Definition braucht eine Kultursukzession, die rein äußerlich auf der gleichen Fläche unmittelbar dem Weinbau folgte, nicht unbedingt auch funktional eine Nachfolgekultur zu sein.
Bei seinen Untersuchungen in Bayern ging RUPPERT (1960, S. 24) von Weinbaubetrieben mit mindestens 5 bis 10 Prozent Rebflächenanteil an der landwirtschaftlichen Nutzfläche aus, wodurch alle die Betriebe erfaßt wurden, die den Weinbau im Haupterwerb betreiben. Von daher kommt auch seine Forderung, daß sich alle übrigen Kulturen des gleichen Betriebes nach dem Weinbau zu richten hätten. Dieser Forderung allerdings genügt der nördliche Nebenerwerbsweinbau nicht (vgl. MENK, 1972, S. 75 f.). Eine Nachfolge in der Funktion ist aber auch für Nachfolgekulturen des Weinbaus, der im Nebenerwerb ausgeübt wurde, durchaus nachweisbar. Auf die Darstellung dieser sehr komplizierten betriebsstrukturellen Zusammenhänge muß allerdings im Rahmen dieser Arbeit verzichtet werden. Für unsere Zielsetzung ist allein entscheidend, welcher Anreiz von bestimmten Ersatzkulturen ausging, wobei festgeahlten werden soll, welche Pflanzen der Rebe im Sinne der Kultursukzession von LEHMANN (1950) am gleichen Ort nachfolgten. Dadurch ergeben sich über die reine Beschreibung der verschiedenen Nachfolgekulturen hinaus interessante Einblicke in die Häufigkeit und Verteilung ihres Auftretens, wodurch wiederum viele Kennzeichen des nördlichen Weinbaus zutage treten.
An Flachhängen konnte der Weingärtner unter mehreren Pflanzen als Nachfolgekulturen auswählen. Wie schon bei der Einführung des Weinbaus selbst bildeten dabei die physisch-geographischen Faktoren lediglich einen Rahmen, innerhalb dessen die anthropogenen Momente eine breite Entfaltungsmöglichkeit hatten[127]. Für die endgültige Entscheidung dürften vor allem wirtschaftliche und betriebstechnische Gründe maßgebend gewesen sein[128]. Im einzelnen ist dabei das Herausfinden der ursprünglichen Motivation auf Grund der unvollkommenen Quellen kaum möglich,

doch lassen sich an Hand der allgemeinen Entwicklung der Landwirtschaft und des Konsumverhaltens Rückschlüsse auf die Bevorzugung bestimmter Kulturen ziehen. Entsprechend der Bindung des nördlichen Weinbaus an mehr oder weniger steile Hänge waren vielerorts Nachfolgekulturen fast ausgeschlossen, die trockenen Hänge eigneten sich kaum für die Landwirtschaft (vgl. KNIPPEL, 1953, S. 115). Dieser Voraussetzung hatte nach WEINHOLD (1973, S. 100) der Bauernweinbau in Thüringen unter anderem seine Ausdehnung im 15. Jahrhundert zu verdanken. Aber auch auf den Bestand des Weinbaus wirkte sich die Morphologie aus. So berichtet LIPPERT (1868, S. 254) vom Weinbau im böhmischen Tschernosek: „Im allgemeinen bestehen nun nur noch jene Weinberge, deren Boden für eine andere Kultur sich schwer oder gar nicht eignet; in den Thälern und an den sanfteren Abhängen aber hat Getreide- und Obstbau den Wein vollständig verdrängt und nur hie und da mahnt noch eine verwilderte Rebe an den alten Schmuck der Gegend". Für die Besitzer der Weinberge an Steilhängen stellte sich also die Frage einer Nachfolgekultur nur bedingt, sie mußten ihn betreiben, solange er wirtschaftlich zu vertreten war. Die danach folgende Auflassung der Weinbergsflächen, wie etwa an der mittleren Ahr (vgl. WENDLING, 1966, S. 115), rührt vom Fehlen eines Ersatzes her, auch wenn dieser Vorgang vor allem seit dem 19. Jahrhundert von der Sozialbrache verstärkt und überlagert wird. Doch ist deren Kennzeichen ja gerade das Übergreifen auf alle Lagen, wie es zum Beispiel vom Siebengebirge berichtet wird (STANG, 1962, S. 284 und 291).

Eine Aufforstung der ehemaligen Weinberge wird nicht nur durch die Steilheit und Trockenheit der erodierten Hänge, sondern auch durch den Kleinbesitz und die starke Parzellierung sehr erschwert (WENDLING, 1966, S. 115). Allein die Kiefer kommt auf (WENDLING, 1966, S. 115; KRAUSCH, 1967b, S. 33). Schon seit dem Mittelalter ist die Aufforstung von Weinbergen belegt. Der Weinberg zu Falkenberg in Hessen war schon 1541 wieder mit Wald bestanden (LANDAU, 1843, S. 190). Bischof Ferdinand zu Fürstenberg ließ 1618 den späteren Wilhelmsberg bei Neuhaus zu einem Weinberg machen, der allerdings schon bald wegen mangelnden Ertrags zu einem Forst umgewandelt wurde (DETTEN, 1910/11, S. 458). In Frankreich wurde nach der Reblauskrise Ende des vergangenen Jahrhunderts vor allem in klimatisch ungünstigen Rebgebieten der Charente und des Poitou aufgeforstet (SÉE, II, 1936, S. 393).

Im Gegensatz zu den Steilhängen konkurrierten auf den flacher geneigten Weinbergslagen mehrere Nutzpflanzen, die man zunächst in der notwendigen Brachezeit angebaut hatte. Durch bessere und sicherere Erträge wurden viele Weinbauern davon abgehalten, überhaupt wieder Weinberge anzulegen (vgl. POMTOW, 1910, S. 230 f.). Abgesehen davon dienten viele flache Lagen nur vorübergehend dem Weinbau. Sie waren seit alters Ackerland und wurden dieser Verwendung nach der Aufgabe des Weinbaus auch wieder zugeführt. So wurden schon 1334 aus einem Weinberg bei Merseburg wieder Äcker (HEYNE, 1901, S. 104). Vor allem seit der 2. Hälfte des 16. Jahrhunderts lohnte sich der Getreidebau immer mehr. Am Schwanberg machte die Umwandlung von Rebparzellen in Ackerland seit 1580 erhebliche Fortschritte (TISOWSKY, 1957, S. 32). In Plauen waren die Weingärten schon 1600 mit Buchweizen und Roggen besät (NORDHOFF, 1883, S. 48). Während es in Fritzlar noch in der Mitte des 16. Jahrhunderts über 150 Weinberge gegeben hatte, waren im Jahre 1620 70 davon in Ackerland umgewandelt (LANDAU,

1843, S. 190). In Jena steigt der Anteil des Ackerlandes am Gesamtvermögen der Bürger auf Kosten der Weinberge von 6 Prozent im Jahre 1542 auf 11 Prozent im Jahre 1659 (FALK, 1955, S. 85). Die Landwirtschaft machte dem Weinbau vor allem dort Konkurrenz, wo für die Produkte frühzeitig ein gutbezahlter Absatz in Zuckerfabriken, Schnapsbrennereien, Malzfabriken und Brauereien bestand (FROLEC, 1973, S. 138). Der bessere und sicherere Ertrag, zum Beispiel durch Kartoffeln auf den leichten Böden der Mark, entschied zugunsten der Nachfolgekultur (REINDL, 1904, S. 132). Der Rückzug des Weinbaus aus Ackerlagen ist für die Nordgrenze des Weinbaus kennzeichnend. So schreibt DION (1959, S. 18); „La viticulture commerciale du bassin de la Seine, au fur et à mesure qu'elle s'approche de sa limite Nord, se cantonne de plus en plus étroitement sur les emplacements qui ne conviennent pas à grande culture des céréales".

In der Nähe der Städte wurden die ehemaligen Weingärten meist dem intensiven Gartenbau zugeführt. Dieser Wechsel erfolgte seit dem 16. Jahrhundert in verstärktem Maße (vgl. FRICKE, 1959, S. 44). Zu dem steigenden Verbrauch von Obst und Gemüse gesellte sich dabei das Eigeninteresse der Städte an einer ausreichenden Versorgung. So wurde in der 2. Hälfte des 18. Jahrhunderts um Berlin ein Kranz von Gärtnersiedlungen mit staatlicher Förderung angelegt (WALTER, 1932, S. 52). Im 19. Jahrhundert wurden viele Weinberge um Paris (DION, 1959, S. 539), Lüttich (HALKIN, 1895, S. 123), Erfurt, Dresden und Meißen (WEINHOLD, 1973, S. 283), Guben (KRAUSCH, 1966, S. 95) und an der unteren Sieg (GRONEWALD, 1939, S. 167) zu Gartenland. Für den Rückgang des Weinbaus am Vorgebirge bei Bonn im 19. Jahrhundert macht ZERLETT (1970, S. 305) die weitaus bessere Verdienstmöglichkeit durch den Gemüsebau verantwortlich. Zwischen 1849 und 1857 wurden im Kreis Bonn unterhalb von Godesberg soviele Weingärten zu Gemüsegärten, daß im Jahre 1869 kaum noch 2/3 der früheren Fläche als Weinberge genutzt wurden (MEITZEN, II, 1869, S. 274). Begünstigt wurde die Umstellung auf den Gemüsebau durch die wachsende städtische Bevölkerung und die Verkehrserschließung.

Neben Gemüse und Kräutern wurden in den ehemaligen Weingärten vor allem Beeren angepflanzt. So berichtet W. HAMM (1886, S. 204) vom sächsischen Weinbau: "Es sei hier noch erwähnt, daß wegen geringer Rentabilität in unserer Zeit viele Weingärten mit Erdbeeren besetzt waren, welche ein sehr hohes und sicheres Erträgnis abwerfen". In Grünberg erfolgte eine verstärkte Umstellung auf Beerenobst nach 1900 (CZAJKA, 1938, S. 291). Besonders ausgedehnte Himbeerpflanzungen gab es dort bei Heinersdorf (POMTOW, 1910, S. 84). Auch die noch heute bestehenden großen Erdbeerkulturen in Bodendorf an der unteren Ahr stellen eine Kultursukzession auf den Weinbau dar (WENDLING, 1966, S. 115). Über die Gründe für die Hinwendung zum Gartenbau heißt es bei DERN (1919, S. 441): „Es kommt hinzu, daß die Erträge aus dem Obst- und Gemüsebau gegenwärtig auch sehr hoch, die Unkosten aber nicht in dem gleichen Maße wie beim Weinbau gestiegen sind". Für den Gartenbau auf ehemaligen Rebflächen in Stadtnähe waren im allgemeinen Mischkulturen kennzeichnend. Je nach Standort und Bedarf wurden Gemüse, Beerensträucher und Obstbäume gepflanzt. In Godesberg waren es zum Beispiel Ende des 19. Jahrhunderts hauptsächlich Pfirsiche, Stachelbeeren, Süß- und Sauerkirschen (ZEPP, 1927, S. 133), im Sandweingebiet von Jessen-Schweinitz dagegen An-

fang dieses Jahrhunderts Himbeeren, Sauerkirschen und Spargel (DERN, 1919, S. 465).
Obst wurde schon seit alters neben dem Wein erzeugt. Seit dem 17. Jahrhundert verdichtete sich in vielen Gebieten der Baumbestand. Für RÖDER (1953, S. 193) ist der Weinbau weitgehend als Schrittmacher des bäuerlichen Obstbaus anzusehen, „nachdem der Obstbau in Mittelalter und Neuzeit hauptsächlich eine Angelegenheit der Klostergüter war". So wurde im Jahre 1617 ein Weinberg bei Löwen durch Kirschbäume ersetzt (HALKIN, 1895, S. 110). Andere Anpflanzungen zeugen von dem zunehmenden Interesse des Staates am Obstbau (vgl. MENK, 1972, S. 83). Mit dem Merkantilismus begann in vielen Gebieten eine Periode der bewußten Förderung des Obstbaus als selbständiger Wirtschaftszweig (WALTER, 1932, S. 48–50). Mit zahlreichen Verordnungen, wie dem preußischen Ehestandsbaumgesetz von 1680, wurde zum Anpflanzen von Obstbäumen angehalten. Der Obstbau wurde zum Konkurrenten des Weinbaus und schließlich zu seiner wichtigsten Nachfolgekultur: „In demselben Maße, wie sich die Weinkrise verschärfte, stieg das Interesse an der Obstkultur, so daß mit dem Zurückweichen des Weines am Ausgang des 18. Jahrhunderts das Obst an seine Stelle trat (WALTER, 1932, S. 41; vgl. auch MENK, 1972, S. 86). Am Ende diente in Werder die Weinrebe nur noch zum Einwickeln der Pfirsiche (LAUFER, 1884, S. 88). Zum anbautechnischen Vorteil des Obstbaus, seiner großen Anbaubreite[129] in Bezug auf Klima, Boden und Relief trat zu Beginn des 19. Jahrhunderts eine verstärkte Nachfrage nach Frischobst, der eine Veränderung der Ernährungsweise zugrunde lag (WALTER, 1932, S. 57). Die guten Absatzbedingungen aber waren eine Voraussetzung für die Umstellung auf den Obstbau. Nach WINKELMANN (1960, S. 45) war es deshalb kein Zufall, daß dem Weinbau im Kanton Basel-Land, im Kraichgau, an der Bergstraße, im unteren Neckartal, in der südlichen Wetterau und am Taunusrand Obst- und Beerenobstanbau folgten. Im Aussig lösten mehrere aufeinanderfolgende Fehljahre die Umwandlung der Weinberge in Obstgärten aus, und die Lage an der Elbe erlaubte den Obsthandel bis ins Ausland (SCHAMS, III, 1835, S. 221).
Noch im 18. Jahrhundert gelangte das frische Obst hauptsächlich auf den nahegelegenen Märkten zum Verkauf. Der größte Teil des Obstes wurde getrocknet, gebacken oder zur Obstwein- und Branntweinherstellung verwendet. Die Bedeutung des Backobstes schildert SCHWARTZ (1896, S. 64): „Das getrocknete und gebackene Obst mußte in teurer Zeit, wenn das Getreide mißraten war, als Ersatz dafür dienen". Die Konservierung in Backhäusern erlaubte schon im 17. und 18. Jahrhundert die Lagerung und den Transport des Obstes über weite Entfernungen (MENK, 1972, S. 85). Von den Städten an der Werra wurden bereits Anfang des 18. Jahrhunderts große Mengen davon auf dem Wasserwege in die norddeutschen Seehäfen gebracht (MENK, 1972, S. 85), wo sie den Schiffen als Proviant mitgegeben wurden.
Zur Verschiedenartigkeit der angepflanzten Bäume trug zum einen der gewählte Standort bei. Die unterschiedlichen Böden, die einst dem Weinbau dienten, konnten nicht alle die gleiche Obstart tragen. Für die steileren Lagen bevorzugte man die Kirsche, die von allen die wenigsten Ansprüche an den Wasserhaushalt ihres Standorts stellt und daher vielerorts ein typischer „Wingertsbaum" wurde, während Apfel und Zwetschge dagegen Lösse und Lehme bevorzugen (MENK, 1972, S. 87). In der Gegend von Köstritz und Pohlitz bis nach Zeitz wurden viele Kirschbäume

auf den Hängen des Zechsteins und des Buntsandsteins gepflanzt (KRETSCHMER, 1936, S. 32), im Schiefergebiet von Höhnstedt-Rollsdorf vor allem Aprikosen (DERN, 1919, S. 465). Neben physikalischen Faktoren bestimmten auch der steigende Absatz von Obstwein und Schnaps sowie geschmackliche Gründe die Auswahl der Obstsorten. Im Kanton Liancourt gab es im Jahre 1779 noch 270 ha Weinberge, 1836 nur noch 60 ha und 1868 gar keine Weinberge mehr. Ihre Stelle nahmen hauptsächlich Kirschen- und Pflaumenbäume ein (GUYOT, III, 1868, S. 482). Der Weinbau zwischen Metz und Nancy ging mit der Reblauskrise zurück und wurde außerdem von der schwerindustriellen Entwicklung dieses Raumes stark beeinflußt. Häufig traten Mirabellenbämue die Nachfolge des Weinbaus an, wovon noch heute die Mirabellenfeste in einigen Dörfern der Gegend künden. Bei Laon folgten der Rebe vor allem Apfelbäume (DUCHAUSSOY, 1926, S. 509), um Clermont hauptsächlich Kirschen (DUCHAUSSOY, 1928, S. 522). In Luckau in der Niederlausitz wurden im Jahre 1802 die erfrorenen Reben durch mehrere hundert Obstbäume ersetzt (KRAUSCH, 1967b, S. 14). Der Weinberg auf dem Galgenberg bei Calau sollte 1804 aufgelassen und mit 1200 Kirschbäumen bepflanzt werden (KRAUSCH, 1967b, S. 16). In Guben wurde seit etwa 1850 nicht nur der Weinbau vom Obstbau abgelöst, sondern auch der Wein vom Apfelwein (K. RICHTER, 1912, S. 275). Bezeichnenderweise änderte der 1868 in Guben gegründete Winzerverein seinen Namen im Jahre 1891 in „Obst- und Gemüsegärtner-Verein" (GANDER, 1925, S. 497). Die Gubener Baumblüte mit mehr als 100 000 Bäumen war bis zu den Verwüstungen des 2. Weltkrieges berühmt (KRAUSCH, 1967b, S. 33).

Die Anbaukrisen des Weinbaus in der 2. Hälfte des 19. Jahrhunderts förderten und beschleunigten vielerorts die Umstellung auf den Obstbau (vgl. Bild 12). So berichtet TÖPFER (1909, S. 60), daß in Wallhausen in Thüringen die Rebe „erst in neuerer Zeit" dem ertragreicheren Kirschbaum gewichen sei. Im Stadtgebiet von Grünberg stieg die Zahl der Obstbäume von 105 000 im Jahre 1912 auf 130 000 im Jahre 1922 (CZAJKA, 1938, S. 291). Die Weinberge im Rurtal, die schon vor dem 1. Weltkrieg zum gorßen Teil aufgelassen worden waren, wurden nach dem Krieg überwiegend in Obstanlagen umgewandelt (BAUR, 1962, S. 76). An der unteren Ahr wurden in verschiedenen Weinbaugemeinden die weniger steilen Hänge mit Obstbäumen bepflanzt (WENDLING, 1966, S. 115). Im Honnefer Becken, wo die Reblaus große Schäden verursachte, entwickelte sich, weitgehend auf die Flachlagen beschränkt, als Nachfolgekultur zunächst der Anbau von Äpfeln und Birnen, seit der Mitte des 20. Jahrhunderts von Erdbeeren und Sauerkirschen (STANG, 1962, S. 284).

Als Nachfolgekultur des Weinbaus trat an manchen Orten auch der Hopfen auf. Schon im Jahr 1371 wurde in Göttingen aus einem Weinberg ein Hopfenberg (HEYNE, 1901, S. 104). An der Werra wurde der Hopfen besonders von den Klöstern bereits im 15. Jahrhundert als Parallelkultur neben der Weinrebe angebaut. Mit dem Rückgang des Weinbaus verbreitete sich dort der Hofpen vor allem im 17. Jahrhundert (MENK, 1972, S. 111 f.). Auch in Kassel wurden damals Weingärten in Hopfengärten umgewandelt (LANDAU, 1843, S. 191), ebenso im 19. Jahrhundert in Tettnang (FEZER und MUUSS, Luftbildatlas Baden-Württemberg, 1971, S. 144). In Arnstadt wurde der Weinbau um die Wende vom 15. zum 16. Jahrhundert allmählich vom Waidbau und Waidhandel verdrängt (ELBRACHT, 1958, S. 184). Von einer wohl relativ seltenen Nachfolge des Weinbaus wird aus Frank-

Bild 12: Erdbeerkulturen auf früheren Reblausherden (NAUMANN, 1924)

reich berichtet. Dort entstand in Chaillé an der Grenze zwischen Deux-Sèvres und Charente Inférieure die erste Maierei-Genossenschaft Frankreichs, nachdem die Reblaus den Weinbau vernichtet hatte, der dann durch die Viehzucht ersetzt wurde (SÉE, **II**, 1936, S. 403 f.). Dies ist nur dort denkbar, wo die Viehzucht auch vorher als Produktion wichtig war.

Aus der Ablösung des arbeitsintensiven Weinbaus durch andere Intensivkulturen läßt sich schließen, daß bis zum 19. Jahrhundert nicht der vielbeklagte Arbeitskräftebedarf der Grund für die Umstellung des Anbaus war. Vielmehr war es zu allen Zeiten eine gesunde Marktorientierung.

4.7 WEINHANDEL

Das Vordringen und der Rückzug des nördlichen Weinbaus werden immer wieder mit der Entwicklung des Handels und Verkehrs in Verbindung gebracht. Einige Beispiele sollen stellvertretend für viele hier angeführt werden. Über den Weinbau in der Mark Brandenburg schreibt RUDOLPH (1929, S. 111): „Die ehemalige weite Verbreitung des Weinbaus bei uns findet zum großen Teil ihre Erklärung in den Verkehrsschwierigkeiten früherer Jahrhunderte, die als Triebkraft nur Menschen- und

Tierkraft kannten und im Straßenbau überaus mangelhaft ausgebildet waren. Daraus aber ergaben sich Unsicherheit und Verteuerung des Verkehrs und der Waren, damit verbunden wieder das Streben, den Bezug von außerhalb durch Erzeugung daheim zu ersetzen". Auch FALK (1955, S. 128) sieht in der mangelnden Möglichkeit, bessere Weine zu erhalten, die Ursache für die Anlage von Weinbergen weit im Norden, doch betont er dabei weniger die Unzulänglichkeiten des mittelalterlichen Transportwesens als vielmehr die Behinderungen des Handels: „Man hat das Aufblühen des mitteldeutschen Weinbaus schlechten Verkehrsverhältnissen zugeschrieben. Dabei sind große Ferntransporte im Binnenland auf der Achse keineswegs selten gewesen, doch waren es die zahlreichen Zoll- und Geleitstellen, die einen Transport aus dem Rheinland oder gar aus dem Süden Europas unmäßig verteuerten und damit den Weinhandel hinderten. Bezeichnend ist, daß Südweine als Apothekerware galten".

Dementsprechend werden die Veränderungen der Verkehrsverhältnisse und Handelsbedingungen auch für den Niedergang des nördlichen Weinbaus verantwortlich gemacht. Nach SCHRÖDER (1953, S. 68) ist die „Generalursache für den Rückgang des deutschen Weinbaus" die „Entwicklung des Verkehrswesens". Für den ostdeutschen Weinbau wirkte sich nach IMMICH (1920, S. 53) die Umgestaltung der Verkehrsverhältnisse „geradezu vernichtend" aus. Schließlich schreibt REINDL (1904, S. 131): „Die Hauptursache war wohl die seit dem Anfang des 15. Jahrhunderts immerfort zunehmende Einfuhr besserer Fremdweine. Die verbesserten Verkehrsverhältnisse machten eben die Zufuhr der billigeren Weine aus bevorzugten Weingegenden nicht mehr so kostspielig wie früher. Die nordischen Weine mußten Vergleichsproben bestehen, bei denen sie unterlagen". Über die Auswirkungen des Handels in anderen nördlichen europäischen Weinbaugebieten liegen ähnliche Zitate vor (vgl. DION, 1959, S. 418). Die bisher zitierten Aussagen haben mehr allgemeinen Charakter. Deshalb soll im folgenden der tatsächliche Einfluß des Handels und Verkehrs auf den nördlichen Weinbau anhand von Einzelbeispielen untersucht werden.

4.7.1 *Entwicklung des Weinhandels*

Weinhandel und Weinbau stehen seit alter Zeit in wechselseitiger Abhängigkeit. Beide sind deshalb gleichermaßen betroffen von den Verkehrs- und Handelsbedingungen.

Im Gegensatz zu anderen landwirtschaftlichen Produkten, wie etwa dem Getreide, erfüllte der Wein schon von vornherein einige Voraussetzungen für die Aufnahme eines Handels: Seine Hauptanbaugebiete lagen zum großen Teil unmittelbar an schiffbaren Flüssen, die Weinfässer ließen sich relativ leicht und sicher verfrachten und schließlich standen Rauminhalt und Wert des Weins von Anfang an in einem günstigen Verhältnis (H.-J. SCHMITZ, 1968, S. 73 f).[130]. Deshalb ist es nicht verwunderlich, daß schon im Altertum viel Wein gehandelt wurde (BASSERMANN-JORDAN, 1975, S. 1101–1136). Am Oberrhein fanden sich nach den Stürmen der Völkerwanderungszeit schon wieder aus karolingischer Zeit Belege für einen Weinhandel, so in Straßburg (um 825), Worms (830) und Mainz (886) (H.-J. SCHMITZ, 1968, S. 74), den vor allem Friesen vermittelten (WINKELMANN, 1960, S. 86).

Entsprechend ihrer Bedeutung bei der Ausbreitung der Weinkultur und bei den allgemeinen Besitzverhältnissen wurde der Weinhandel zunächst hauptsächlich von den Klöstern und dem Adel getragen (vgl. ARNTZ, 1964b). Wenn auch die vielen auswärtigen Weinbergsbesitzungen der Grundherrschaften einen Transport des Weines notwendig machten, so kam es doch schon bald zu einem echten Weinhandel aus kaufmännischen Gründen (vgl. LAMPRECHT, I, 1886, S. 569). Seit dem 11. Jahrhundert ging der Weinhandel in zunehmendem Maße in die Hände der Bürger über, auch wenn zum Beispiel die Klöster durch Niederlassungen an den Weinmärkten und durch besondere Privilegien beim Weintransport ihren Handel noch zu wahren wußten (BASSERMANN-JORDAN, 1975, S. 1105 f.). Wegen der günstigen Transportmöglichkeit traten im nördlichen und nordwestlichen Europa die Rheinweine zuerst in Erscheinung (HARTMEYER, 1905, S. 114). Für England nimmt YOUNGER (1966, S. 263) das Vorhandensein von Rheinwein schon für die Zeit vor der Eroberung durch die Normannen an. Auch von Rouen aus wurden seit dem 10. Jahrhundert Schiffsladungen von Wein nach England und Irland gebracht (ALANNE, 1957, S. 7). Die erste Urkunde über den Rheinweinhandel der Stadt Köln mit London stammt aus dem Jahre 1157 (HARTMEYER, 1905, S. 10). Im ganzen Mittelalter blieb England der Hauptabnehmer für den Rheinwein (HARTMEYER, 1905, S. 22). Daneben traten dort verstärkt französische Weine auf. Schon 1154 ist Bordeaux-Wein in England belegt (HENDERSON, 1833, S. 315), 1198 auch in Lüttich (WERWECKE, 1923, S. 659). Bereits die ersten Urkunden über den Weinhandel in Belgien lassen eine Durchdringung von französischen und rheinischen Weinen seit dem 11. Jahrhundert vermuten (WERWECKE, 1923, S. 657 f.).

Gegenüber dem lebhaften Weinhandel auf den Flüssen und entlang der Küsten stand der Handel auf dem Land höchstens dem Umfang nach zurück, denn viele Altwege heißen „Weinstraße". Schon im Jahre 908 wird die Einfuhr von Tirolerwein nach Konstanz erwähnt (K. MÜLLER, 1953, S. 24), und im Jahre 1278 waren in Sachsen zum ersten Mal französische Weine anzutreffen (HARTMEYER, 1905, S. 115). Eine starke Belebung erfuhr der deutsche Weinhandel seit dem 12. Jahrhundert, als er sich in zunehmendem Maße auch dem Import von Weinen aus südlichen Ländern widmete, die bereits im 14. Jahrhundert im großen Umfang bezogen wurden (BASSERMANN-JORDAN, 1975, S. 1106 und 1114). In Paderborn werden Weinhändler bereits 1281 urkundlich erwähnt, die die fremden Weine um 1300 verstärkt in Westfalen verbreiteten (SCHREIBER, 1962, S. 30). Auch die Zunft der Weinschärter, die schon 1289 in Erfurt bestand und deren Mitglieder die Weine auf- und abzuladen hatten, zeugt von dem großen Umfang des dortigen Weinhandels (K. HERMANN, 1875, S. 83). Schließlich muß der Handel im 13. Jahrhundert bereits soviel Wein zur Verfügung gestellt haben, daß er im Münsterland schon 1253 selbst als Strafe auferlegt werden konnte (vgl. SIEGLOHR, 1947, S. 17). Nach der Gründung der Hanse wurde der Wein im ganzen Nord- und Ostseeraum weit verbreitet (vgl. HARTMEYER, 1905). Die Hanseschiffer bezogen ihre Weine entweder von den großen holländischen und flandrischen Umschlagplätzen oder, etwa seit der Mitte des 14. Jahrhunderts, auch direkt aus La Rochelle und anderen Häfen Südwestfrankreichs (PIRENNE, 1933, S. 236 und 241). Von dort brachte der sogenannte Baienhandel (die Baie = Bucht von Bourgneuf) vor allem Salz und Weine aus Poitou und Orleans (HARTMEYER, 1905, S. 37), die gegen Getreide, getrockneten Fisch und Pelze eingetauscht wurden (PIRENNE, 1933, S. 236). In Lüneburg wird Wein aus La Rochelle im Jahre 1278 erwähnt, in Pirna 1325 und etwas später auch in Polen (PIRENNE, 1933, S. 236 f.). In der Mitte des 15. Jahrhunderts fuhren Danziger Schiffe auch bis Spanien und Portugal (HARTMEYER, 1905, S. 34). In Preußen wurden bereits 1390 die verschiedensten spanischen und französischen Weine namentlich aufgeführt (HARTMEYER, 1905, S. 37). Auch in England tauchten seit dem 13., vermehrt aber seit dem 14. Jahrhundert spanische, portugiesische und selbst italienische und griechische Weine auf, die aber im Vergleich mit den Anjou-, Gascogne- und Rheinweinen nur in geringem Umfang getrunken wurden (YOUNGER, 1966, S. 277).

In Nordfrankreich entwickelte sich der Weinhandel seit dem 10. Jahrhundert zunächst in den Tälern von Seine, Aisne, Marne und Oise und versorgte von dort Flandern und England (PIRENNE, 1933, S. 230–239). Nach dem Anschluß Aquitaniens an die englische Krone im Jahre 1152 verlagerte sich der Weinhandel nach Süden auf die Häfen La Rochelle, Bordeaux und Bayonne, die jetzt auch Flandern und Holland belieferten. Innerhalb von 50 Jahren erlangten die südwestfranzösischen Weine in England und den Niederlanden den höchsten Marktanteil (PIRENNE, 1933, S. 234) und drängten die Rheinweine auf diesen Märkten zurück[131].

Auch der Weinhandel über Land wurde ausgedehnt. In der 2. Hälfte des 14. Jahrhunderts gelangten vermehrt Weine aus Böhmen nach Sachsen und aus Mähren nach Schlesien und Polen, wo sie in Krakau, Lipska und Breslau mit den österreichischen Weinen konkurrierten (FROLEC, 1973, S. 66). Aus den Arnstädter Stadtrechnungen wir ersichtlich, daß die Einfuhr fränkischer und rheinischer Weine seit der Mitte des 15. Jahrhunderts ständig zunahm, obwohl sie doppelt soviel wie die Arnstädter Landweine kosteten. Die bessere Qualität überzeugte offensichtlich die Verbraucher (ELBRACHT, 1958, S. 163). Ähnliches wird auch von Gera berichtet (KRETSCHMER, 1936, S. 34).

In Deutschland erfuhr der Weinhandel nach seiner Blütezeit im 15. und 16. Jahrhundert eine Zeit starker Depression, die im Zusammenhang mit dem Rückgang des Weinbaus zu sehen ist und im einzelnen auf viele Ursachen zurückgeht (vgl. BASSERMANN-JORDAN, 1975, S. 1117–1120). Der Rheinhandel wurde im Dreißigjährigen Krieg zum großen Teil von französischen und vor allem von holländischen Kaufleuten übernommen (BASSERMANN-JORDAN, 1975, S. 1117), die auch im 17. und 18. Jahrhundert dem Binnenweinbau in Frankreich den Zugang zum Handel öffneten (DION, 1959, S. 458). Der Export an deutschem Wein betrug im Jahre 1822 nur noch 1/10 der Menge vom Jahre 1700 (BASSERMANN-JORDAN, 1975, S. 1119). Erst im Verlaufe des 19. Jahrhunderts erlebte der deutsche Wein im Gefolge des sich verstärkenden Qualitätsweinbaus wieder einen erhöhten Absatz, der auch die nördlichen Verbrauchsgebiete mit einbezog. Für Grünberg wurde das 19. Jahrhundert zu einer Periode des „eigentlichen Weinhandels" (PAETZ, 1922, S. 111). So gab es dort im Jahre 1910 etwa 40 Weinhandlungen (POMTOW, 1910, S. 135). Der Benshäuser Weinhandel erlebte in der 1. Hälfte des 19. Jahrhunderts ebenfalls noch einmal eine kurze Blüte (K. WEISE, 1939, S. 54).

Die nördlichen Weinhandelshäuser handelten auch im 19. Jahrhundert wie schon früher fast ausschließlich mit fremden Gewächsen. Der einheimische Landwein diente überwiegend dem örtlichen Bedarf, was sowohl Rückschlüsse auf seinen Umfang als auch seine Qualität zuläßt. Seine Stellung im Weinhandel seit dem 17. Jahrhundert ist mit dem Obstwein vergleichbar, dessen Erzeugungs- und Verbrauchsgebiet ebenfalls zusammenfallen (F. KOCH, 1936, S. 7). Die lokale Bedeutung des Landweins wird von DION (1959, S. 10) für den Norden Frankreichs, von MENK (1972, S. 42–46) für das Werratal, von KRAUSCH (1966, S. 101) für Guben, von WARNECK (124, S. 113) für Nordhessen, von TÖPFER (1909, S. 80) und BOIE (1922, S. 22) für Thüringen und von K. LÖBE (1969, S. 351) für den Weinbau im Einzugsbereich der Weser ausdrücklich hervorgehoben. Entscheidend dafür war hauptsächlich seine geringe Qualität, auch wenn BASSERMANN-JORDAN (1940, S. 5) feststellt, „daß minder bedeutende Weinbaugebiete vom einheimischen Weinhandel gewissermaßen vernachlässigt werden".

In früheren Zeiten spielte für den Weinhandel die Rückfracht eine entscheidende Rolle (vgl. K. WEISE, 1939, S. 48; AMMANN, 1955, S. 148). Auf den Warenaustausch im hansischen Baienhandel wurde bereits hingewiesen. In Franken brachten die fremden Kaufleute Salz aus Bayern, Tuche aus Sachsen, Pelzwaren aus Schlesien oder Spezereien aus Nürnberg mit und nahmen Wein als Rückfracht (WELTE, 1934, S. 23). Der Bodenseehandel zwischen der Schweiz und den süddeutschen Gebieten beruhte jahrhundertelang auf dem Austausch von Schweizer Wein und süddeutschem Getreide (SCHLEGEL, 1973, S. 41). Der Absatz des württembergischen Weins war lange mit dem Bezug des bayrischen Salzes verbunden (vgl. RAUCH, 1927). Auch der Elsässer Wein wurde erst mit den Salzwagen aus den Reichenhaller Salinen in Bayern zu einem Begriff (AMMANN, 1955, S. 149). Kam unter solchen Bedingungen der Fernhandel in Gang, so litt der einheimische Weinbau. Dazu schreibt MÜLLER-WILLE (1957, S. 193): „Weiterhin verstärkte sich der Rückgang seit dem 17. Jahrhundert, vor allem im Bereich von Werra und Fulda, wo die Salzhändler auf ihren Leerfahrten vom Rhein und Main her bessere Weine einführten und so den einheimischen Weinbau zum Erliegen brachten". Auch in Frankreich verbreitete sich der Wein entlang der Salzstraßen: „Les pistes d'accès au sel servaient aussi à la diffusion du vin. L'une d'elles, partant d'Arbois vers l'Est, est encore connue sous le nom de chemin vinetier" (DION, 1959, S. 55). In nördlichen Gegenden machten Tuche, Hering und Stockfisch den Handel mit Wein erst lohnend. Die starke Stellung der Kölner Weinhändler am Ober- und Mittelrhein beruhte nicht zuletzt darauf, daß sie dort die nötigen Tauschwaren anbieten konnten (UYTVEN, 1965, S. 238).

Der Fernhandel war also schon sehr früh in der Lage, die steigende Nachfrage nach Wein zu befriedigen. Bereits im 12. und 13. Jahrhundert verkauften mehrere flandrische und niederländische Abteien ihren Weinbesitz am Rhein, da sie durch den Handel billiger mit französischem Wein versorgt wurden (DION, 1959, S. 419 f.). So kam der Wein, den das Kloster Saint-Trond im Jahre 1252 von seinen Weinbergen an der Mosel bezog, auf 216 livres 10 sous zu stehen, während anderer Wein auf dem Markt von Löwen nur 192 livres kostete (PIRENNE, 1933, S. 236). Die Umwandlung der Weinabgabe von den Weinbergen in Järischau bei Striegau an das Breslauer Sandstift in eine Geldzahlung im Jahre 1333 (REINDL, 1904, S. 84) dürfte neben den Qualitätsanforderungen auch mit dem erweiterten Handelsangebot in Zusammenhang stehen. Die Rechnungskammer des Herzogtums Brabant wies im Jahre 1451 den damaligen Herzog von Brabant darauf hin, daß sein Weinberg in Löwen mehr koste, als er einbringe und kam zu dem Schluß: „On achèterait à moindre prix des vins de Beane ou du Rin" (BERGET, 1899, S. 105; vgl. auch SCHAYES, 1843, S. 392–395).

Der mittelalterliche Weinhandel war an die Verkehrsgunst eines Raumes gebunden (vgl. DION, 1959, S. 234), was sich nicht nur auf die Absatzgebiete, sondern auch auf die Weinbaugebiete selbst auswirkte. Die Rebfläche dehnte sich nur dort aus, wo der Handel Ansatzpunkte hatte, das heißt entlang der Verkehrswege (vgl. SCHLEGEL, 1973, S. 34; H.-C. SCHMIDT, 1965, S. 17). So schreibt DION (1959, S. 380): „On constate que, dans ce bassin fluvial (Garonnebecken) comme dans celui de la Seine, les vignobles les plus éloignés de la mer, ceux des extrémités superieures des voie navigables, ne furent pas les moins prospères, ni les moins prompts à s'éveiller". Die Qualität des Weinbaus hing in Frankreich von der Entfernung zum Exporthafen ab (DION, 1959, S. 58). Die starke Nachfrage nach Neckarwein im 16. Jahrhundert konnte nur deshalb zu einer Vergrößerung der Rebfläche in der Umgebung Stuttgarts um mehr als 300 Hektar von 1550 bis 1620 führen (WEINHOLD, 1975, S. 40), weil eine günstige Transportmöglichkeit bestand[132].

Als später die Verkehrwege weiter verbessert wurden, fanden auch bisher abgelegene Weinbauorte der Kerngebiete Zugang zum Markt. Dagegen hatte die Verkehrserschließung für die nördlichen Weinbauorte mehr negative Folgen. Die zahlreichen Auflassungen von Weinbergen im Norden und Osten Deutschlands bereits im 15. und 16. Jahrhundert deuten darauf hin, daß sie nach der Belieferung mit fremden Weinen durch den Handel wirtschaftlich nicht weiter zu vertreten waren. In einer englischen Schrift aus dem 17. Jahrhundert heißt es: „No doubt many parts woult yeald at this day, but that the inhabitants forbeare to plant vines, as well because they are served plantifully, and at a good rate, with French wines, as for the hills most fit to beare grapes, yeelde more commoditie by feeding of sheepe and cattell" (zit. nach DARBY, 1972, S. 408). Der Weinbau um Wanfried, dem Endpunkt der Werraschiffahrt, wurde bereits im 17. Jahrhundert aufgegeben, während er sich in den anderen Kleinstädten des Werratals bis ins 18. bzw. ins 19. Jahrhundert hinein hielt (MENK, 1972, S. 54). Für die frühzeitige Aufgabe des Wanfrieder Weinbaus dürfte neben den besseren Verdienstmöglichkeiten bei der Schiffahrt auch der günstige Bezug fremder Weine von Bremen her eine Rolle gespielt haben (vgl. K. WEISE, 1939, S. 56). Auch in Nordfrankreich trug die Entwicklung des Weinhandels zum Rückgang des Weinbaus bei. Dazu schreibt DION (1959, S. 418): „La cause première des régressions récentes de la viticulture septentrionale doit être cherchée dans les développements médiévaux de la navigation atlantique, et plus précisément dans les progrès qui, dès la fin du XIIe siècle, avaient offert au littoral d'entre Loire et Gironde la possibilité d'exportations régulières et massives, par voie maritime, vers les pays de la mer du Nord". Nach dem Bau der Eisenbahn Berlin – Guben im Jahre 1846 setzte ein schneller Rückgang des Gubener Weinbaus und eine Umstellung auf den Tafeltraubenversand und später den Obstbau ein (GANDER, 1925, S. 496; vgl. auch KRAUSCH, 1967b, S. 33). Von den Sandweinbergen zwischen Jessen und Schweinitz sowie bei Schmiedeberg heißt es bei DERN (1919, S. 440): „Für die Sandweinberge rechts und links der Elbe bedingt die ungünstige Eisenbahnverbindung und der Mangel an Schaumweinkellerei die ausschließliche Verwertung der Traubenernte zur Weinbereitung. Von den Sandweinen kann man sagen, daß sie überhaupt keinen Ruf hatten, nicht einmal einen schlechten". Am Vorgebirge zwischen Bonn und Köln brachten nach ZERLETT (1970, S. 307 f.) das Marktschiff (seit 1826) und der Marktzug (seit 1844) nach Köln den Weinbau zum

Erliegen, da sich die Weinbauern nun vom unrentablen Weinbau ab und dem Gemüse zuwenden konnten. Über die Auswirkung des Eisenbahnbaus, der die anderer Verkehrssysteme weit übertraf, schreibt HAHN (1956, S. 29): „Der Ausbau des Eisenbahnnetzes verbilligte die Transportkosten und führte zu derartigen Preisstürzen bei den billigen Konsumweinen, daß der Anbau in vielen Rebsorten mit schlechten Lagen nun völlig unrentabel wurde."
Insgesamt trug auch die Entwicklung des Handels und Verkehrs zur Aufwertung der natürlichen Bedingungen des Weinbaus bei, da die naturbegünstigten Weinbaugebiete erst dadurch ihren Vorteil wahrnehmen konnten. Der nördliche Weinbau auf schlechten Standorten hielt sich so lange, so lange ihn der Weinhandel nicht gefährdete.

4.7.2 Umfang und Verbreitung des Weinhandels

Der Begriff des Weinhandels umschloß in älterer Zeit sowohl den Vertrieb des sebstgeernteten Weines als auch den Wiederverkauf des Weines durch Händler (BASSERMANN-JORDAN, 1975, S. 1116). Die sogenannten Weinhändler hatten ihr Geschäft in den wenigsten Fällen ganz dem Wein gewidmet, sondern vertrieben auch noch andere Waren oder hatten gar einen anderen Beruf. In Münster waren es vor allem Viehhändler, Tuchhändler und Krämer, die zusätzlich Wein vertrieben (SIEGLOHR, 1947, S. 93; vgl. auch KROPP, 1948, S. 140). Bis ins 17. Jahrhundert hinein reisten diese Händler selbst oder ihre Beauftragten zum Wein, den sie beim Erzeuger oder auf den Weinmärkten kauften und selbst verfrachteten (BASSERMANN-JORDAN, 1975, S. 1122; vgl. auch HELDMANN, 1961, S. 245). In Leitmeritz zum Beispiel wimmelte es zur Zeit der Weinlese von sächsischen Kaufleuten. Im Zollregister finden sich Händler aus Pirna, Dresden, Bischofswerder, Königstein, Stolpen, Freiberg etc. (FROLEC, 1973, S. 93). Die Kaufleute aus Münster traten an der Mosel und im ganzen Oberrheingebiet als Weinkäufer auf, im Jahre 1583 wird einer sogar in Zürich erwähnt (SIEGLOHR, 1947, S. 20 f.). Auf dem Weinmarkt von Rauenthal im Rheingau trafen sich im 17. Jahrhundert Kaufleute aus Köln, Deventer, Hamburg, Danzig, Magdeburg, Dordrecht, Amsterdam und anderen Städten (HAAS, 1971, S. 62–64). Noch im 19. Jahrhundert kamen armenische, russische und jüdische Händler in die Dörfer am Don, kelterten am Ort die Trauben und fuhren mit dem Most davon (Witt, 1866, S. 276). Blieben die gewohnten Käufer aus, traf dies den Weinbau schwer. So ging zum Beispiel in Jena im 16. Jahrhundert das Interesse am Weinbau stark zurück, nachdem viele Händler nicht mehr kamen (FALK, 1955, S. 147).
Die Gründung von städtischen Weinmärkten seit dem 12. Jahrhundert verstärkte den Einfluß der Städte auf den Weinhandel. Gleichzeitig damit bildeten sich Weinhandelsgebräuche heraus, die die Vorgänge beim Handel und Verladen örtlich genau festlegten und einem bestimmten Personenkreis zuordneten, was letztlich zu einer Vermehrung der Abgaben führte (vgl. BASSERMANN-JORDAN, 1975, S. 1109 f.; FALK, 1955, S. 138). Die bedeutendsten Weinmärkte am Rhein waren im Mittelalter Straßburg (vgl. AMMANN, 1955) und Köln (vgl. UYTVEN, 1965). Von den Weinmärkten in Frankfurt, Nürnberg und Ulm gelangte der Wein hauptsächlich nach Norden und Osten (BASSERMANN-JORDAN, 1975, S. 1114 f.; NÜBLING,

1893). In Flandern entstand ein internationaler Markt mit einem Zentrum in Brügge, von wo aus rheinischer, französischer und anderer Wein den Weg nach Norden und Nordosten nahm (HARTMEYER, 1905, S. 17; PIRENNE, 1933, S. 235). Im Gegensatz zum deutschen Weinhandel konzentrierte sich der französische auf wenige Städte, vor allem auf Paris, Marseille, Bordeaux, La Rochelle, Nantes und Rouen (BASSERMANN-JORDAN, 1975, S. 1114).

Neben den großen Weinmärkten gab es noch zahllose kleinere Weinhandelsplätze mit regionaler Bedeutung. So bezogen die Kaufleute in Münster ihren Wein außer aus Köln auch aus Deventer, Wesel und Düsseldorf (SIEGLOHR, 1947, S. 30). In Bayern waren die Städte Mittenwald, München, Augsburg und Regensburg die wichtigsten Weinhandelsplätze (REINDL, 1902, S. 107). An der Ostsee bildete Danzig den Mittelpunkt des Weinhandels nach Nord- und Osteuropa (HARTMEYER, 1905, S. 44). Die Weineinfuhr in diese Städte war besonders groß während und nach der Lese (UYTVEN, 1965, S. 244). Die Ansammlung von anderen Waren in den Städten begünstigte dabei den Tauschhandel. Deshalb führte das nachlassende Interesse am Rheinwein, der für die Kölner Händler bei ihren Handelsgeschäften mit den niederländischen Märkten Antwerpen und Dordrecht das wichtigste Zahlungsmittel gewesen war, zu einem Rückgang des Kölner Weinhandels seit der Mitte des 15. Jahrhunderts und bevorteilte immer mehr die süddeutschen Kaufleute, die in Antwerpen zum Beispiel so gefragte Tauschwaren wie Gewürze aus Italien und Silber aus Süddeutschland und Ungarn anboten (UYTVEN, 1965, S. 252).

Seit dem 17. Jahrhundert entstanden in den Städten vermehrt Handelshäuser, die sich ganz dem Wein widmeten. Sie boten ihre Weine jetzt als Proben per Post an, ihre Vertreter reisten mit Musterkoffern und nahmen die Bestellungen auf (vgl. K. WEISE, 1939, S. 54; SCHLUMBERGER, 1937, S. 139 und 240). Wegen des hohen Kapitalbedarfs (vgl. HELDMANN, 1961, S. 246) befanden sich die Häuser häufig in jüdischem Besitz (LAUBERT, 1938, S. 183; BAUMANN, 1973, S. 19). Die Lieferanten des Zittauer Ratskellers hatten im 18. Jahrhundert ihren Sitz in Frankfurt am Main (deutscher Wein) und in Hamburg (französischer Wein und Südwein) (BALDAUF, 1931, S. 29). Eine Rechnung des Cottbuser Ratskellers aus dem 17. Jahrhundert nennt als Bezugsquelle für die fremden Weine Berlin und Dresden (F. SCHMIDT, 1920, S. 21). Im 17./18. Jahrhundert ließ sich ein Weinhändler aus Düsseldorf in Königsberg und einer aus Kaiserswerth in Braunsberg nieder (POSCHMANN, 1956, S. 15). Für den Qualitätsweinbau positiv wirkten sich die seit dem 18. Jahrhundert aufkommenden Weinversteigerungen aus, an denen die Händler maßgeblich beteiligt waren (BASSERMANN-JORDAN, 1975, S. 1128–1132). Auch die Umstellung, sortierte Trauben anstatt des Mostes aufzukaufen, förderte die Qualität des Weines (vgl. SCHUBERT, 1862, S. 13).

Das Angebot der Weinhändler wurde im Laufe der Zeit immer umfangreicher. Wenn auch im Mittelalter in Deutschland oft nur zwischen gutem und schlechtem Wein unterschieden und das Erzeugungsgebiet allenfalls weitgefaßt genannt wurde (vgl. BASSERMANN-JORDAN, 1975, S. 863), so war bei den fremden Weinen doch meistens das Herkunftsland bekannt. Seit dem 16. Jahrhundert bürgerte sich auch für einheimische Weine die Nennung der Reborte immer mehr ein (BASSERMANN-JORDAN, 1975, S. 868; HARTMEYER, 1905, S. 115). So wurden in Münster um das Jahr 1600 die einzelnen Herkunftsorte der Rheinweine schon angegeben, auch wenn noch allgemeine Bezeichnungen wie „gemein wyn" anzutreffen waren (SIEGLOHR, 1947, S. 25 f.). In Frankreich lief der Wein aus der Champagne bis zum 17. Jahrhundert unter dem Namen „vin francais" oder „vin de France", die auch solche nordfranzösischen Weine umfaßten wie die aus Suresnes oder Argenteuil (DION, 1959, S. 229).

Die Handelsverbindungen spielten bei dem Weinangebot der Händler eine bedeutende Rolle. So wurde der Frankenwein vor allem nach Bayern, Thüringen, Hessen, Sachsen und Schlesien abgesetzt (WELTE, 1934, S. 23). Schon im Jahre 1274 wurde erstmals ungarischer Wein in Schlesien erwähnt (PRICKLER, 1965, S. 495; vgl. Fig. 26), in Görlitz 1381 der Osterwein und 1404 der Ungar- und Rheinwein (SEELIGER, 1931, S. 35). Im 14. Jahrhundert gelangte bereits regelmäßig Wein aus Ungarn nach Krakau (GOLLMICK, 1976, S. 116). Polen war jahrhundertelang der wichtigste Käufer ungarischer Weine und führte während des Mittelalters vor allem Soproner, Pozsonger und Szerémer Wein ein (TELEKI, 1937, S. 8). Daneben fanden sich, vor allem in Südpolen, auch österreichische, böhmische, mährische und Lausitzer und Gubener Weine (BECKMANN, 1937, S. 115). Selbst rumänischer

Fig. 26: Weinfernhandel vom Neusiedlerseegebiet in der Mitte des 17. Jahrhunderts (PRICKLER, 1965)

Wein soll seinen Absatz außer in Rußland auch in Polen gefunden haben (VINROMAN, o. J., S. 14). Im 16. Jahrhundert sind dort bereits auch südliche und französische Weine anzutreffen (JEŻOWA, 1938, S. 99). So wurden im schlesischen Schweidnitz Weine aus Ungarn, Franken, Österreich, der Steiermark, Böhmen, Mähren, vom Rhein und aus Frankreich und Italien angeboten (RADLER, 1964, S. 297). Ebenso umfangreich war im 16. Jahrhundert auch das Weinangebot in Prag (vgl. FROLEC, 1973, S. 92). Im Regierungsbezirk Posen überwogen im Jahre 1816 im Weinhandel die ungarischen und österreichischen Weine, während im Regierungsbezirk Bromberg die französischen und spanischen Weine vor dem Rheinwein lagen (LAUBERT, 1938, S. 178). Gerade dieses Beispiel zeigt deutlich, wie noch bis zum Beginn des Eisenbahnzeitalters im Binnenland die den Verbrauchsgebieten am nächsten liegenden Anbaugebiete das Angebot bestimmten, während in Küstennähe bereits die ausländischen Weine vorherrschten.

Von der Nachbarschaftslage zu großen rebfreien Gebieten profitierten auch einige wenige nördliche Weinbauorte, deren Weine in den Handel gelangten. Durch die Arbeit von FALK (1955) ist der Weinabsatz Jenas näher bekannt. Die ersten Belege für den Handel mit Jenaer Wein stammen aus dem 14. Jahrhundert. Sein Absatzgebiet umfaßte im 15. und 16. Jahrhundert etwa einen Umkreis von 85 bis 100 km, mit einem Schwergewicht auf der nördlichen Hälfte (S. 141). Diese Grenzen wurden vor allem durch die Konkurrenz anderer Weine bestimmt, so im Osten durch die sächsischen und böhmischen Elbweine, im Westen und Südwesten durch die Frankenweine und die Weine von der Werra und aus Erfurt. Nach Norden machte dem Jenaer Wein vor allem das Bier Konkurrenz (S. 140). Das Vordringen der Rhein- und Frankenweine läßt sich in Jena schon seit dem späten Mittelalter nachweisen. Sie wurden mit dem Wagen über den Thüringer Wald gezogen oder auf der Frankfurter Messe gekauft und über Eisenach nach Thüringen gebracht (S. 153). Die Frankenweine wurden Ende des 16. Jahrunderts sogar schon in den Dorfschenken ausgeschenkt (S. 154). In Leipzig sah um 1600 das Mengenverhältnis der ausgeschenkten Weine folgendermaßen aus: Auf 1000 Eimer Rheinwein kamen etwa 150 Eimer spanischer Wein, etwa 300 Eimer Landwein (Kötschberger, Erfurter, Saalewein etc.) und etwa 10 bis 20 Eimer Malvasier. Die anderen Weine, wie französischer und fränkischer, kamen erst Ende des 17. Jahrhunderts zum Ausschank (E. MÜLLER, 1969, S. 9). Im Jahre 1669 wurde der Landweinausschank schon nicht mehr angeführt, dagegen wurden 1340 Eimer Rhein- und Frankenwein, 160 Eimer spanischer Wein und 6 1/2 Eimer Malvasier in Leipzig ausgeschenkt (v. WEBER, 1872, S. 27).

Bis zum 16. Jahrhundert kamen die südlichen Weine in die zentralen Gebiete Deutschlands und seiner östlichen Nachbarn vor allem über die großen Weinmärkte Süddeutschlands (vgl. FALK, 1955, S. 153). In Görlitz waren bereits 1381 der „Reinfal" (= istrischer Wein — vinum rabiole) und 1386 der Malvasier anzutreffen (SEELIGER, 1931, S. 36). Eine Zeitzer Urkunde aus dem Jahre 1332 nennt zwar „walesch wîn, elsâzer, osterwîn, wirzberger oder lantwîn", aber noch keine Weine aus südlichen Ländern (O. WEISE, 1894, S. 27). Dagegen lagerten im Altenburger Ratskeller 1437 neben vier Faß welschen Weines auch eine Tonne „Reynfal", den man aus Leipzig bezogen hatte. Dorthin gelangte der „Reynfal" zusammen mit griechischen Weinen vor allem über Nürnberg und Frankfurt (v. WEBER, 1872, S. 8). Die Zahl der auf den süddeutschen Märkten angebotenen Weine stieg bis zum Anfang des 17. Jahrhunderts ständig (vgl. H. WEBER, 1895, S. 248; REINDL, 1902, S. 108 f.). Im 15. Jahrhundert waren zwar in Thüringen schon Weine aus Frankreich, Italien, von der dalmatinischen Küste, aus Ungarn und Griechenland bekannt, aber noch keine spanischen und portugiesischen Weine (TÖPFER, 1909, S. 91). Diese wurden erst seit dem 16. Jahrhundert verstärkt über die norddeutschen Häfen bezogen (FALK, 1955, S. 154).

Bis zum 16. Jahrhundert vermittelten die Stettiner noch märkische Landweine nach Preußen, Polen und Rußland (SCHWARTZ, 1896, S. 17). Vor allem der Gubener Wein war einer der wenigen nördlichen Landweine, die auch im auswärtigen Handel eine Rolle spielten (vgl. GANDER, 1925, S. 488—491). Als seine Absatzorte werden erstmals genannt im Jahre 1327 Breslau, 1364 Braunsberg im Ermland, 1372 Lübeck und Greifswald, 1384—1390 Rostock, 1406 Marienburg, 1412/13 Elbing, 1433 Kulm, 1432 Danzig und seit 1460 Stockholm (KRAUSCH, 1967b, S. 37). Die Herzöge von Mecklenburg waren bis zum Anfang des 17. Jahrhunderts bedeutende Abnehmer des Gubener Weines (vgl. MOELLER, 1898, S. 441). Die größte Verbreitung in den Ostseeländern aber fand bis ins 17. Jahrhundert hinein der Rheinwein (AMMANN, 1955, S. 145; UYTVEN, 1965, S. 242). Zusammen mit den französischen und südlichen Weinen drängte er schon im späten Mittelalter die Landweine zurück. So fanden sich 1364 im Braunsberger Ratskeller neben dem Gubener Landwein auch Rheinwein und Malvasier (POSCHMANN, 1956, S. 13). Im Lübecker Ratskeller erbrachte der Rheinwein 1372 mehr als die Hälfte aller Einnahmen (M. HOFFMANN, 1909, S. 37). Wie sehr sich das Verhältnis von Landwein und Rheinwein zugunsten des letzteren gewendet hatte, zeigt eine Aufstellung der Weine in den Kellern der Herzöge von Mecklenburg. In Güstrow lagerten im Jahre 1603 neben 79 Ohm Rheinwein, nur 1 1/2 Ohm Gorloser Wein und 14 Viertel Gubener Wein, in Stargard waren es 1624 46 Ohm Rheinwein gegenüber 6 Ohm Gubener und 3 Ohm anderer Weine (MOELLER, 1898, S. 449).

Die Verbreitung des Elsässer Weines im Mittelalter hat AMMANN (1955) näher untersucht (s. Fig. 27). Er teilte das Verbreitungsgebiet in Absatzzonen ein, in denen der Elsässer Wein eine unterschiedliche Stellung innehatte. In der ersten Zone „besaß der Elsässer eine unbeschränkte Vorherrschaft, die er höchstens mit lokalen Erzeugnissen zu teilen hatte" (S. 146). Sie umfaßte die deutsche Schweiz, den Schwarzwald, das schwäbische Alpenvorland und im Westen Oberlothringen. Um diese erste Zone schlossen sich im Osten Schwaben, Franken, Bayern und teilweise Böhmen an, im Nordosten Hessen, Niedersachsen, Thüringen, Sachsen, die Lausitz, Brandenburg und Westpreußen, im Nordwesten der Niederrhein und Westfalen, das östliche Holland, Brabant und das nördliche Flandern, wo der elsässische Wein zwar noch sehr geschätzt wurde, aber schon ständig im Kampf mit anderen Weinen lag. In der dritten Zone schließlich, die die am weitesten vom Ursprungsland entfernt liegenden Absatzgebiete umfaßte, wie die südlichen Niederlande, England, Skandinavien, Pommern, das Baltikum und Finnland, Schlesien und Polen, war der Elsässer nicht mehr unter seinem Namen, sondern nur mehr unter der allgemeinen Bezeichnung „Rheinwein" bekannt und lediglich ein Wein unter vielen (S. 146). Die Grenzen seiner Verbreitung fand der Elsässer im Wettbewerb mit anderen großen Weinbaugebieten und mit anderen Getränken sowie der Möglichkeit einer geeigneten Rückfracht (S. 148 f.). Auch die Verteuerung des Weines durch Transport und Zoll setzte seiner Verbreitung eine Grenze. So gelangte anfangs der Rheinwein über

Flandern bis nach Lille, Douai und Calais, doch kostete er schon im 14. Jahrhundert erheblich mehr als französischer Wein, so daß er sich später in Nordwestfrankreich nicht mehr nachweisen läßt (WINKELMANN, 1960, S. 102). Im Jahre 1689 mußten österreichische Händler ihren Versuch aufgeben, den niederländischen Markt mit österreichischen und ungarischen Weinen zu erobern, da sie preislich dem Rheinwein nicht gewachsen waren (PRICKLER, 1965, S. 518).

Weit folgenschwerer als die wachsende räumliche Verbreitung der fremden Weine wurde für die Entwicklung des nördlichen Weinbaus ihr stetig steigender Anteil am Weinhandel. Schon die vom spätmittelalterlichen Weinhandel vertriebenen Weinmengen waren beträchtlich. Auf dem Weinmarkt von Kolmar wurden um 1400 jährlich etwa 93 000 hl Wein umgesetzt, zur gleichen Zeit passierten die Donau bei Passau rund 100 000 hl Osterwein (AMMANN, 1955, S. 151 f.). In Köln, dem Mittelpunkt des Rheinweinhandels, wurden 1432 über 120 000 hl Wein, in Dordrecht um 1380 mindestens 33 000 hl umgesetzt (AMMANN, 1955, S. 152). Allein die Zisterzienser aus Eberbach im Rheingau schickten zwischen 1462 und 1474 jährlich meist mehrere Millionen Liter Wein nach Köln (WINKELMANN, 1960, S. 94). Auf die großen Schwankungen im Weinhandel, bedingt durch unterschiedliche Ernten

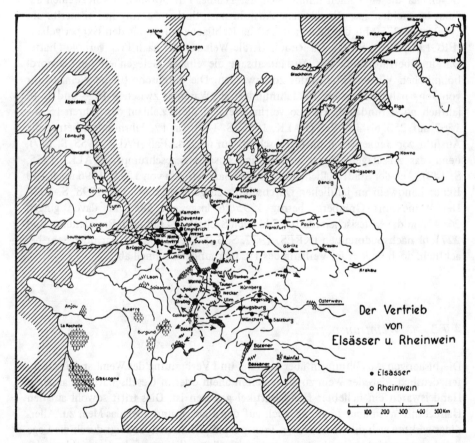

Fig. 27: Die Verbreitung des Elsässer- und des Rheinweins im Mittelalter (AMMANN, 1955)

und äußere Einflüsse, wie etwa Kriege, weist UYTVEN (1965, S. 240) hin und betont die Schwierigkeit eines Vergleichs der einzelnen Weinmärkte untereinander. So wurden von 1378–1380 im flämischen Weinhafen Damme jährlich rund 10 440 Fässer zu 900 Liter angeliefert, im 15. Jahrhundert aber betrug die höchste Einfuhr eines Jahres nur 1920 Fässer (UYTVEN, 1965, S. 240). Zu Beginn des 14. Jahrhunderts wurden von Bordeaux aus jährlich rund 100 000 Fässer verschifft, gegen Ende des Jahrhunderts nur noch etwa 20 000 (UYTVEN, 1965, S. 240)[133]. Diese Zahlen, deren Veränderung auch mit der Verlagerung des Handels auf andere Märkte zusammenhängen kann, zeigen immer noch den gewaltigen Umfang des damaligen Weinhandels. Nach HOLINSHED besaß kein Land größere Weinvorräte als England, das jährlich 20 000 bis 30 000 Tonnen[134] und mehr einführte (zit. nach HENDERSON, 1833, S. 336; vgl. auch SIMON, II, 1964, S. 160). Vom Mai 1566 bis März 1567 wurden allein von Ödenburg 11 673 Eimer Wein in den Handel gebracht, die vornehmlich in den böhmischen, mährischen, schlesischen und polnischen Städten ihre Abnehmer fanden (PRICKLER, 1965, S. 500 f.). Der großen Gesamtmenge entsprechend war auch der Umfang der einzelnen Weintransporte in diese Städte sehr groß (PRICKLER, 1965, S. 738–743).

Gegenüber diesen Zahlen nimmt sich der Handel mit nördlichen Landweinen äußerst bescheiden aus. Die jährliche Ausfuhr nach Sachsen betrug in Leitmeritz um 1600 etwa 2750 hl, das heißt auf 250 ha Rebfläche wurde für den Export gebaut (FROLEC, 1973, S. 93). Da Rudolf II. die Weinausfuhr nach Prag verboten hatte, war in Überflußjahren der Auslandsabsatz die einzige Gelegenheit für die nordböhmischen Winzer, ihre Weine loszuwerden. Die durchschnittliche Weinausfuhr von Jena nahm schon im 16. Jahrhundert ab. Waren es zwischen 1524 und 1546 jährlich noch rund 400 Faß, so verringerte sich diese Zahl in den Jahren 1550–1563 auf 250 bis 300 Faß (FALK, 1955, S. 145). Im 17. Jahrhundert betrug die Ausfuhr von Jenaer Wein im Durchschnitt nur noch 43 Faß (FALK, 1955, S. 147), denn das Absatzgebiet war beträchtlich zusammengeschrumpft (FALK, 1955, S. 148). Aus der Stadt Züllichau in der Neumark wurden von 1791–1796 noch 130 Eimer Landwein im jährlichen Durchschnitt ausgeführt (HAUSEN, 1798, S. 107). Der Weinexport Grünbergs betrug 1795/96 insgesamt 5885 hl, davon gingen 2664 hl in die schlesischen Städte, 7 hl nach Sachsen, 943 hl nach Brandenburg und 2271 hl nach Südpreußen (KRES, 1972, S. 57). Dieser Export war noch sehr beachtlich, doch sank er im Verlaufe des 19. Jahrhunderts schnell ab.

4.7.3 Weintransport

Die bisherigen Ausführungen über Umfang und Verbreitung des Weinhandels machten deutlich, daß der Wein zu allen Zeiten allein oder in Gesellschaft mit anderen Handelswaren ein beliebter Handelsartikel gewesen ist. Dies trifft sowohl auf den Handel mit Wein über Land, als auch auf den Flüssen und über das Meer zu. Allerdings wirkten sich die vorhandenen Transportmöglichkeiten, bedingt durch die Lage der Anbau- und Absatzgebiete, in unterschiedlicher Weise auf die Entwicklung des nördlichen Weinbaus aus, worauf im folgenden eingegangen werden soll.

4.7.3.1 Landtransporte

Wie häufig der Transport von Wein über die mittelalterlichen Handelsstraßen war, davon zeugt der Name „Weinstraße" in vielen Landschaften[135]. Die schon früh belegten Transporte über weite Entfernungen beweisen, daß auch die sprichwörtlich schlechten Straßenverhältnisse die Verbreitung des Weines nicht verhindern konnten. Innerhalb der Städte begann man seit dem 13. Jahrhundert mit der Pflasterung der Straßen. Außerhalb der Stadtmauern aber blieben sie zumeist ohne festen Unterbau, steinig-lehmig und ausgefahren, so daß sie bei schlechtem Wetter überhaupt nicht benutzt werden konnten (vgl. LOTZ, 1920, S. 8—15; HESS, 1954). Daß unter den schlechten Straßenverhältnissen neben den Fahrzeugen auch der Wein zu leiden hatte, läßt sich leicht vorstellen[136]. Unter diesen Umständen ist es verständlich, daß viele Weintransporte im Winter stattfanden (vgl. VINROMAN, o. J., S. 14). Von den im Jahre 1566/67 vom Ödenburger Weinhandel ins Ausland vertriebenen 11 673 Eimer (1 Eimer = zirka 75 l) Wein, wurden 10 000 Eimer in den Mo-Monaten November bis Januar transportiert (PRICKLER, 1965, S. 501 und 513). Aus Rußland berichtet WITT (1866, S. 279 f.) vom Handel mit gefrorenem Wein.

Die Spurweiten der Frachtwagen wichen in den einzelnen Ländern stark voneinander ab, weshalb fremde Wagen in den ausgefahrenen Spurrinnen oft umkippten (REHBEIN, 1974, S. 26). Zudem mußte meist mehrspännig gefahren und an den Steilstrecken ein Vorspanndienst in Kauf genommen werden (vgl. NÜBLING, 1893, S. 9)[137]. Die Landesherren erließen gar zum Schutz dieser Straßen — oder der Fuhrwerke? — Verordnungen über die zulässigen Ladegewichte[138]. In Frankreich mußten die Weinfuhrwerke von Orleans seit 1682 ab einer bestimmten Zuladung auf ihrem Rückweg von Paris Steine und Sand mitnehmen und sie unterwegs auf der Straße abladen (DION, 1959, S. 555). Seit dem 17. Jahrhundert trat mit dem Bau von Kunststraßen eine grundlegende Änderung der Straßenverhältnisse ein. Die ersten Chausseen entstanden in Frankreich und im 18. Jahrhundert folgten die Habsburger und einzelne deutsche Fürsten diesem Beispiel. Während aber in Frankreich um 1789 schon ein Netz von etwa 40 000 km Kunststraßen vorhanden war, waren in Deutschland um 1800 die Landwege im allgemeinen noch sehr schlecht (vgl. LOTZ, 1920, S. 9).

Zu den schlechten Straßenverhältnissen kamen die unzulänglichen Transportmittel, die noch keinen Massenverkehr gestatteten. Der Gütertransport vollzog sich entweder auf Saumtieren[139] oder auf kleinrädrigen Karren (LOTZ, 1920, S. 9). Die Tragfähigkeit der zwei- oder vierrädrigen plumpen Karren, die eine große Eigenmasse besaßen, lag etwa bei einer Tonne und steigerte sich bis zum 18. Jahrhundert auf etwa 2 bis 2,5 t (REHBEIN, 1974, S. 26).

Entsprechend dieser schlechten Verkehrsbedingungen waren die Kosten, die der Landtransport verursachte, bedeutend. Die Fuhrwerke bewältigten nicht mehr als 20 bis 25 km täglich, wozu noch Ausgaben für die starke Abnutzung der Fahrzeuge und der großen Belastung des Zugviehs kamen (REHBEIN, 1974, S. 24)[140]. Auch die Futterkosten für die Zugtiere verteuerten den Landtransport (vgl. KNIAJIEWITSCH, 1872, S. 98). Die Unsicherheit der Straßen führte nicht selten zu einer Verlängerung und Erschwerung der Handelsfahrten. Viele Weinhändler suchten sich zwar durch Gruppenreisen und Bedeckungsmannschaften vor Überfällen und Belästigungen zu schützen[141], doch wurden dadurch häufig Umwege und Aufenthalte

notwendig. Am meisten aber schlugen die vielfältigen Abgaben an die Städte und Landesherren, wie Grenz- und Binnenzölle, Wege- und Brückenabgaben beim Weinhandel über Land zu Buch. Ein Frachttransport von Basel nach Fankfurt am Main zum Beispiel kostete im 16. Jahrhundert für einen sechsspännigen Frachtwagen auf der rechten Rheinseite 131 Florins, auf der linksrheinischen Seite nur 60 Florins. Der Unterschied der Kosten lag in den unterschiedlichen Wegegeldern begründet, die auf der rechten Rheinseite alleine etwa 60 Florins ausmachten (REHBEIN, 1974, S. 24). In Hannover waren bis ins 18. Jahrhundert hinein auch für Reiter, leere Wagen, Ochsen, Pferde, Kühe und Schafe Wegegelder zu zahlen, an Sonn- und Feiertagen sogar doppelt (REHBEIN, 1974, S. 24). Die Preise der transportierten Weine erhöhten sich deshalb mit wachsender Entfernung vom Ursprungsort. So war der Elsässer wegen seines kostspieligen Transports schon in seiner zweiten Absatzzone ein teurer Wein, der an den Höfen und von den Reichen getrunken wurde, während die Masse des verbrauchten Weines aus einheimischen oder benachbarten Gewächsen bestand (AMMANN, 1955, S. 117). Der Transport von 24 Fudern Wein von Kolmar nach Hagenau im Jahre 1466 sollte 3 Gulden je Fuder kosten. Deshalb zog es der Pfalzgraf Friedrich bei Rhein vor, den Wein in Kolmar für 5 Gulden das Fuder zu verkaufen (ARNTZ, 1964a, S. 800). Als im Jahre 1587 der Stadtrat von Sangershausen an verschiedenen Orten in Franken insgesamt 8 Fuder 4 Eimer Wein für zusammen 472 fl. 19 gr. 10 Pf. kaufen ließ, kostete der Fuhrlohn dafür 158 fl. (TÖPFER, 1909, S. 92). Die Frachtkosten für den Weintransport über Land vom Rhein nach Bremen betrugen etwa die Hälfte des Ankaufspreises (BASSERMANN-JORDAN, 1975, S. 1112). Im Jahre 1787 zahlte ein Zittauer Bürger für 1 1/2 Eimer Meißner Wein, den er aus Dresden bezog, 75 Taler 12 Groschen, für die Fracht 5 Taler 10 Groschen und für das Abfüllen 1 Taler 8 Groschen (SEELIGER, 1931, S. 35). Für eine Sendung von 6 Stückfässern Rheinwein und 2 kleineren Fässern im Gesamtwert von 2200 Talern von Frankfurt nach Leipzig wurden im Jahre 1742 445 Taler Transportkosten berechnet (BALDAUF, 1931, S. 30). Um 1700 betrug der Anteil der Transportkosten am Bourgognewein in Amiens etwa 11 Prozent des Ankaufspreises (DUCHAUSSOY, 1928, S. 293). Noch 1845 berichtet ROBIN (1845, S. 134 f.), daß die Weine der Krim im Norden Rußlands teurer seien, als die über St. Petersburg eingeführten ausländischen Weine, trotz des hohen Eingangszolls. Die Frachtdauer von der Krim bis Moskau betrug etwa drei bis vier Monate und verteuerte den Wein um 100 Prozent (ROBIN, 1845, S. 135).
In den Einzugsbereichen der Flüsse konkurrierten Land- und Wassertransport schon früh. Während aber der Weintransport zu Berg wegen des mühsamen Ziehens der Schiffe vom Ufer aus dem Landtransport an Kosten etwa gleichkam oder ihn gar übertraf, verursachte der Weintransport zu Tal weit geringere Kosten als der Transport über Land. So kostete der Transport von Rappolsweiler nach Gemar (6 bis 9 km) über Land 10 Gulden, während dieselbe Ladung von Gemar bis Straßburg (60 km) per Schiff für 9 Gulden verfrachtet wurde (UYTVEN, 1965, S. 235). Um 1530 betrugen die Frachtkosten für einen Weintransport von Köln nach 's Hertogenbosch 12,5 Prozent des Gesamtwertes, während eine Rheinfahrt von Köln nach Dordrecht im Jahre 1559 nur etwa 5 Prozent des Fuderpreises ausmachte (UYTVEN, 1965, S. 235). Der Landtransport von Corbie nach Amiens kostete Anfang des 16. Jahrhunderts 12 sous, ein Transport auf der Somme dagegen nur 3 sous (DUCHAUSSOY, 1928, S. 290).

Diese für den Wassertransport sprechenden Zahlen konnten aber durch die Flußzölle und andere Behinderungen noch zum Vorteil des Landverkehrs verändert werden. Schon im dritten Viertel des 15. Jahrhunderts häuften sich die Nachrichten über den direkten Landverkehr zwischen den deutschen Weinbaugebieten und den Niederlanden (vgl. UYTVEN, 1965, S. 249). Im 16. Jahrhundert stand, besonders wegen der Rheinzölle, der Transport zu Land bereits an 1. Stelle (BASSERMANN-JORDAN, 1975, S. 1115). Bis zum 18. Jahrhundert steigerte sich die Leistungsfähigkeit der Landtransporte gewaltig, so daß sich die Frachtkosten annäherten. Im Jahre 1789 kostete der Transport von 228 Litern Wein von Blois nach Paris über die Landstraße 8 Livres, über die Binnenwasserstraßen 5 Livres (DION, 1959, S. 565). Auch die Fortschritte im Straßen- und Wagenbau trugen zum Aufschwung des Landverkehrs bei (vgl. K. WEISE, 1939, S. 53)[142]. Der deutsche Landverkehr soll im 18. Jahrhundert eine theoretische Leistungsfähigkeit von 500 Mill. t/km gehabt haben, während die Binnenschiffahrt nur 80 bis 90 Mill. t/km aufweisen konnte (REHBEIN, 1974, S. 25).

Die Lage an großen Flüssen begünstigte bis ins 17. Jahrhundert hinein den Absatz der Weinbaugebiete, wovon auch kleinere nördliche Weinbauorte, etwa an Elbe und Oder, profitierten. Diesen Transportvorteil konnte der Landverkehr nur langsam seit dem 16. Jahrhundert einholen. Deshalb trug auch zum Rückgang des nördlichen Weinbaus im 16./17. Jahrhundert weniger der Umfang des Weinhandels auf dem Land bei als vielmehr sein qualitativ besseres Angebot. Dabei spielten aber die Weine aus südlichen Ländern nur eine ganz geringe Rolle, da sie zum Teil erst im 17. Jahrhundert erstmals angeboten wurden (vgl. FALK, 1955, S. 153 f.; SEELIGER, 1931, S. 36).

Mit dem weiteren Ausbau der Landstraßen und der Entwicklung der Eisenbahn gelang es dem Landverkehr im 19. Jahrhundert schließlich, auch vom Umfang seines Angebotes her, den nördlichen Weinbau zu beeinflussen. So führt zum Beispiel KRAUSCH (1966, S. 101) den Rückgang des Gubener Weinbaus auf den Anschluß der Stadt an das Eisenbahnnetz zurück. Selbst der Weinhandel mußte sich nach dem neuen Verkehrsmittel orientieren: „Der Bau von Eisenbahnen war in der Hauptsache die Ursache dafür, daß der Benshäuser Weinhandel immer mehr sank und schließlich einging, da der Ort abseits von jeder Bahnverbindung lag" (K. WEISE, 1939, S. 57). Vom Eisenbahntransport profitierten vor allem die fernen südlichen Weinbaugebiete, so daß jetzt der Anteil dieser Weine in den nördlichen Verbrauchsgebieten ständig stieg. Während noch 1850 etwa 3/4 der Weinproduktion des Midi zu Weinbrand verarbeitet worden waren, wurde nach dem Bahnanschluß die gesamte Produktion direkt vom Markt aufgenommen (RIEMANN, 1957, S. 24). Der Transport von Tafeltrauben mit der Bahn in die Städte im Norden brachte bald auch diese letzte Absatzmöglichkeit nördlicher Weinbauorte zum Erliegen (vgl. MARRES, 1950, S. 196). Die Entwicklung des Landverkehrs förderte also den Weinbau in den Kerngebieten und schwächte den der Randgebiete.

4.7.3.2 Flußtransporte

Die Flußläufe erlangten für den nördlichen Weinbau gleich eine dreifache Bedeutung. Wegen der günstigen Verkehrs- und Transportmöglichkeit wurden sie zu Leit-

linien seiner Ausbreitung (vgl. RUPPERT, 1960, S. 31). Ihre Wasserfläche und ihr Verlauf in Tälern schuf die kleinklimatischen Vorausstzungen für die Anlage von Weinbergen und schließlich sorgte ihr hoher Verkehrswert wiederum für den Absatz der Gewächse. So ist etwa die Entwicklung des Weinbaus und des Weinhandels von Oderberg (vgl. RUDOLPH, 1929, S. 107 f.) ebenso mit dem Fluß verbunden wie die von Werder an der Havel (vgl. WALTER, 1932, S. 7). Und DION (1959, S. 214) schreibt vom Weinbau an Seine und Rhein: „Sur la Seine comme sur le Rhin donc, l'afflux des trafiquants du Nord justifie l'importance des vignobles proches de la voie fluviale". Auf der böhmischen Elbe ist der Weinhandel schon in einer Urkunde aus dem Jahre 1057 belegt: „De vino etiam quod ducitur superius sive inferius" (BLUMER, 1930, S. 85). In Koblenz wurden bereits im Jahre 1104 Straßburger Weinschiffe verzeichnet (AMMANN, 1955, S. 119). Auch auf der Weser, Werra und Fulda gehörte der Wein zu den ältesten Frachtgütern (K. LÖBE, 1969, S. 350). Über die Lippe gelangten schon im 13. Jahrhundert Weine nach Hamm und Herford (SIEGLOHR, 1947, S. 22; SCHREIBER, 1962, S. 31). Die umfangreichen Weinfuhren des Klosters Corvey an der Weser vom Rhein her nahmen meist ihren Weg die Lippe aufwärts (ROCKENBACH, 1963a, S. 150 f.).
Nach Guben kamen viele Weinaufkäufer aus Stettin, wohin der Wein mit Kähnen auf Neiße und Oder gebracht und anschließend weiter verhandelt wurde (GANDER, 1925, S. 488). Als Herzog Johann Albrecht von Mecklenburg im Jahre 1573 Wein in Jena kaufte, wurden die Fässer nach Magdeburg und von dort zu Wasser nach Schwerin gebracht (FALK, 1955, S. 143). Im Jahre 1395 bestellte der Kommandant der hansischen Besatzung in Stockholm zwei Lasten thornschen Weins und später noch einmal drei Lasten, die ihren Weg weichselabwärts nahmen (HARTMEYER, 1905, S. 48)[143]. Auf der Wolga wurde Wein im 17. Jahrhundert und wahrscheinlich schon früher gehandelt (ČEKAN, 1954, S. 648). Noch im 19. Jahrhundert gelangten die meisten Weine Südrußlands auf dem Wasserweg in die Städte (WITT, 1866, S. 278).
Das Juliusspital in Würzburg sandte seine Weine per Schiff bis Köln und Amsterdam (WELTE, 1934, S. 23). Im 15. Jahrhundert besaßen einige Klöster in Niederösterreich sogar eigene Weinschiffe auf der Donau, die 250 bis 350 hl Wein faßten (H.-C. SCHMIDT, 1965, S. 23). Das Absatzgebiet der österreichischen Weine reichte im Westen bis zur Isar, als Rückfracht wurden vor allem Salz und Textilien geladen (H.-C. SCHMIDT, 1965, S. 24). Umgekehrt gingen aber auch von Ulm aus Weine donauabwärts (vgl. EHMANN, 1929, S. 394). Dazu benutzten die Ulmer bis zum Jahre 1570 Flöße und danach auch Schiffe, die sogenannten Wienerzillen (NÜBLING, 1893, S. 12)[144]. Der gute Ruf der sogenannten „Bacharacher" Weine beruhte wahrscheinlich darauf, daß in Bacharach die „in kleinen tannenen Schiffen" von Oberrhein und Rheingau herangeführten Weine auf die „großen schwarzen Cölner Schiffe" umgeladen wurden (ARNTZ, 1964a, S. 803)[145]. Im 15. Jahrhundert war der Weintransport auf dem Rhein so umfangreich, daß er den ganzen Flußverkehr beherrschte. Von Januar bis Dezember 1483 kamen insgesamt 1502 zollpflichtige Ladungen den Fluß bis Köln herab. Davon waren 1020 ausschließlich Weinladungen und elf Schiffe enthielten neben Wein auch andere Güter. Die Zolleinnahmen der Stadt Köln von diesen flußabwärts kommenden Schiffen betrugen insgesamt 211 890 albi, wovon der Weinzoll allein zirka 200 000 albi ausmachte (UYTVEN, 1965, S. 245).

Der große Vorteil der Flußtransporte gegenüber den Landtransporten, die sehr viel höhere Ladekapazität, kam nur bei der Talfahrt zur Geltung. Dagegen war der Transport von Gütern flußaufwärts sehr mühsam und bot nur noch wenig Vorteile gegenüber dem Landverkehr (vgl. REHBEIN, 1974, S. 55 f.). Auf der Fahrt von Frankfurt bis Straßburg, die zwischen 26 und 36 Tage dauerte, konnten die Pferde auf dem Leinpfad nur bis Speyer eingesetzt werden; von dort mußten Schiffsknechte am sumpfigen Ufer das Schiff ziehen (ARNTZ, 1964a, S. 800[146]. Im 18. Jahrhundert dauerte die Fahrt mit dem Schiff von Wien nach Ulm acht bis elf Wochen, in umgekehrter Richtung zehn bis vierzehn Tage (SCHLUMBERGER, 1937, S. 1220).

Die Fließrichtung bestimmte den Umfang des Weinhandels und auch die Absatzmärkte, wobei sich an den Mündungen der Flüsse zunehmend die Konkurrenz der Seetransporte bemerkbar machte. Befahrbarkeit und Wasserstand waren weitere Faktoren, die sich auf den Weinhandel und auch auf den Weinbau entlang der Flüsse auswirkten. Im Jahre 1304 war zum Beispiel der Wasserstand des Rheins infolge der Trockenheit so niedrig, daß man in Kolmar den Wein weit unter Wert verkaufen mußte (ARNTZ, 1964b, S. 4). Daher verwundert es nicht, daß zur Sicherung des Weinbaus eine Verbesserung des Wasserstraßennetzes angestrebt wurde. So wollte im 16. Jahrhundert, als die Neckarweine in Mode waren, Herzog Christoph den Neckar wegen des besseren Weinabsatzes schiffbar machen lassen (BAUMANN, 1974, S. 5). In Ungarn ließ die Rekordweinernte von 1719 die Idee eines March-Oder-Kanals aufkommen, um den Transport nach Norden zu erleichtern (PRICKLER, 1965, S. 519 f.). Der Bau von Kanälen blieb in der Tat nicht ohne Auswirkungen auf die Weinbaugebiete. Der schon im Jahre 1398 eröffnete Stecknitzkanal erweiterte dem Meißner Landwein seinen Absatz bis Lübeck (HARTMEYER, 1905, S. 40). In Südfrankreich begann die Ausdehnung des Weinbaus nach der Eröffnung des Canal du Midi im Jahre 1681 von Séte bis Bordeaux und nach 1720 von Séte bis zur Rhone (RIEMANN, 1957, S. 14). An der Loire verhalf die Kanalisierung des kleinen Flüßchens Layon unter Ludwig XVI. den dortigen Gewächsen zu einem besseren Absatz (KERDÉLAND, 1964, S. 156). Umgekehrt brachte der Ausbau des norddeutschen Wasserstraßennetzes den einheimischen Landweinen eine starke ausländische Konkurrenz[147].

Die Abgaben auf den Binnenwasserstraßen verteuerten im 16. und 17. Jahrhundert die Frachtkosten derart, daß die Flußtransporte immer mehr gemieden wurden. Nach dem Dreißigjährigen Krieg bewirkten die überhöhten Wasserzölle, „daß der Handel die Landwege bevorzugte und den Rhein auf Gebirgsstraßen umging. Als Umschlagsort für Weine gewann Frankfurt im Binnenhandel eine immer größere Bedeutung. Bacharach verlor allmählich seine Funktion als Stapel- und Handelsplatz, und damit schwand der Ruf des „Bacharachers" als Modewein (GRIES, 1969, S. 78).

Während die Binnenschiffahrt bis zum 16. Jahrhundert für den Wein das wichtigste Transportmittel stellte, wurde das Schiff danach von den Landtransporten an Bedeutung übertroffen. Dazu trug neben den Zöllen auch der Umstand bei, daß es bis zum 18. Jahrhundert kaum Fortschritte in der Technik des Flußverkehrs gab (vgl. REHBEIN, 1974, S. 55). Noch gegen Ende des 18. Jahrhunderts blieben auf dem Main Schiffe mit nur 32 cm Tiefgang auf dem Sand liegen. Auf das mühsame Treideln flußaufwärts wurde bereits hingewiesen. Die Kaufleute bevorzugten in der

Regel Lastkähne mit einer Tragfähigkeit bis zu 20 t, auch wegen der schnelleren Beladung mit den hauptsächlich transportierten Stückgütern. Auf den größeren Flüssen gab es seit dem Hochmittelalter aber auch größere Schiffe. So verkehrten auf der Elbe im 14. Jahrhundert Einheiten mit rund 60 t, am Ende des 16. Jahrhunderts mit etwa 80 t. Die größten Kähne auf dem Rhein oberhalb Kölns hatten im 18. Jahrhundert eine Tragfähigkeit von 150 t, unterhalb Kölns von 500 t. Neben den Schiffen gab es noch den Floßtransport, der die verschiedensten Güter auf zum Teil riesigen Flößen beförderte (REHBEIN, 1974, S. 55). Als im 19. Jahrhundert die Flußregulierungen und die aufkommende Dampfschiffahrt die Flußtransporte für den Wein wieder günstiger werden ließen, war es dafür bereits zu spät. Der Weinhandel hatte sich im großen Umfang auf die Straße verlagert und zog zudem die schnelle Eisenbahn den Dampfern vor.

4.7.3.3 Seetransporte

Zu Beginn des 11. Jahrhunderts belebte sich der Handel entlang der Küsten West- und Nordeuropas (PIRENNE, 1933, S. 226)[148]. Schon gegen Ende des 12. Jahrhunderts tauchten französische Weine in Flandern auf (PIRENNE, 1933, S. 235) und seit dem 13. Jahrhundert läßt sich ihre Verbreitung an den Küsten der Nord- und Ostsee nachweisen (PIRENNE, 1933, S. 237). Die schnelle technische Entwicklung der Seeschiffe begünstigte die Weintransporte. Im 12. Jahrhundert wurde auf den im Fernhandel benutzten Koggen vier- bis fünfmal soviel Gut transportiert wie auf den Booten der Wikinger (DION, 1959, S. 344). Im 14. Jahrhundert erreichten sie eine Tragfähigkeit von 100 bis 200 t (REHBEIN, 1974, S. 37) und bereits im 15. Jahrhundert wurden von ihren Nachfolgern, der Holk und dem Kraweel, Schiffe mit bis zu 400 t gebaut (REHBEIN, 1974, S. 40)[149]. Neben der technischen Entwicklung trugen auch der bessere Schutz und die Sicherheit des Seeverkehrs zur Ausdehnung der Weintransporte auf dem Meer bei (vgl. DION, 1959, S. 346–349). Der Umfang dieses Weinhandels war beträchtlich. In Bordeaux wurden 1311/12 41 739 Faß Wein verladen (BASSERMANN-JORDAN, 1975, S. 1114). Im Jahre 1350 liefen 141 Schiffe aus Bordeaux aus, die jeweils mit 13 429 Schiffspfund (1 Schiffspfund = 4 Faß) beladen waren (CARLOWITZ, 1846, S. 71). Im Jahre 1372 kamen 209 Schiffe, um Wein zu holen (CARLOWITZ, 1846, S. 71). Die jährliche Anfahrt dieser „Weinflotten" (vgl. YOUNGER, 1966, S. 263) wirkte sich natürlich auch auf Umfang und Qualität des Anbaus aus. Dazu schreibt DION (1959, S. 238): „... par suite de la difficulté des transports et de leur faible efficacité, la proximité relative des pays de la mer du Nord était un avantage décisif qui encourageait à relever la qualité des vins".
Die Verteilung der französischen Weine in den Häfen der Nord- und Ostsee lag bis zum 15. Jahrhundert hauptsächlich in den Händen der Hanseschiffer und anschließend bis zum 18. Jahrhundert in steigendem Maße bei den holländischen Händlern (vgl. REHBEIN, 1974, S. 42). Im Gegensatz zum Massenabsatz von Wein in den Häfen der Nordsee nahm sich der Weinhandel in der Ostsee relativ bescheiden aus (vgl. HARTMEYER, 1905, S. 41; BAASCH, 1927, S. 286 f.). Da die technischen Möglichkeiten des Transports auf beiden Meeren gleich waren, muß für die niedrigere Transportquote von Wein auf der Ostsee die geringere Nachfrage verantwort-

lich gemacht werden. Dennoch reichte das Angebot an Wein aus, daß sich auch im Hinterland der südlichen Ostseeküste seit dem 15. Jahrhundert, ähnlich wie schon im 13. und 14. Jahrhundert in Flandern und Holland, der qualitative und später auch preisliche Vorteil der fremden Weine zum Nachteil der Landweine auswirken konnte.

4.7.4 Bedingungen des Weinhandels

Seit seinen Anfängen stand der Weinhandel in enger Abhängigkeit von dem Willen der Obrigkeit. Ihre Verordnungen und Gesetze lenkten ihn in eine bestimmte Richtung, förderten oder behinderten ihn. Schon früh erlangten bestimmte Personen und Gruppen Privilegien für ihren Handel mit Wein. Im Mittelalter waren es vor allem die Klöster. So befreite Erzbischof Philipp von Köln im Jahre 1186 die Weintransporte des Benediktinerklosters Liesborn vom Zoll in Neuß (SCHREIBER, 1962, S. 29). Den Karthäusermönchen in Frankfurt a. d. O. bewilligte Markgraf Joachim I. Nestor am 1. März 1535, „daß sie alle Jahre zu ewigen Zeiten einmal vier Fuder (33 hl) Weins ihres eigenen Gewächses zu Wasser und zu Lande zoll- und aller Beschwernisse frei und ungehindert zu ihrem Nutz und Besten schiffen und führen mögen" (zit. nach HELLER, 1969, S. 203). Auch den Apothekern wurde häufig in ihrem Privileg das Recht zum Weinhandel eingeräumt, insbesonders für die teuren südländischen Weine (vgl. LAUBERT, 1938, S. 181). So heißt es in dem Jenaer Apothekenprivileg Herzog Johann Wilhelms für den Magister Joachim Gmunder von 1554: „Es soll niemand denn er ein Apotheken zu Jena anrichten, auch er allein süßen Wein, als Malvasier, Rheinfall, Claret und Met schenken" (FALK, 1955, S. 33, Anmerkung 685). Die Gewährung der Zollfreiheit für den neu- und kurmärkischen Adel im 16. und 17. Jahrhundert bei der Ausfuhr eigener Gewächse und dieselbe Begünstigung für einige Städte (vgl. HELLER, 1969, S. 203 f.) sollte den dortigen Weinbau fördern. Herzog Ulrich von Mecklenburg erbat sich im Jahre 1565 von Kaiser Maximilian ein Zollprivileg auf jährlich „40 Fuder Wein aus dem Herzogtum Schlesien, zu und um Guben gekauft, da er 1562 von Kaiser Ferdinand ein Zollprivileg auf jährlich 70 Fuder erworben, wovon zwei Jahre noch laufen" (GANDER, 1925, S. 490).

Die Erteilung solcher Privilegien war kennzeichnend für die Bedingungen des Weinhandels. Seit dem 13. Jahrhundert war in Deutschland von einer einheitlichen Reichshandelspolitik kaum mehr die Rede (BASSERMANN-JORDAN, 1975, S. 1109). Die einzelnen Landesherren vertraten ihre territorialen Interessen, was sich in immer größeren Eingriffen in den Handel äußerte (vgl. BASSERMANN-JORDAN, 1975, S. 564 und 589–594). Die Zahl der Maut- und Zollstellen wuchs ständig. Daneben wurde der Handelsverkehr durch Straßen-, Markt- und Stapelzwänge behindert, da sie Verzögerungen und vermehrte Abgaben mit sich brachten[150]. Vor allem hatte der Fernverkehr darunter zu leiden. So erreichte die Stadt Görlitz im Jahre 1341, daß der Fernhandel von Zittau nach Schlesien nicht mehr über die bequeme Handelsstraße über Friedland seinen Weg nehmen konnte, sondern durch ihre Stadt gezwungen wurde (SEELIGER, 1932, S. 18). Die Geschichte der Weinausfuhr aus dem burgenländisch-westungarischen Raum wurde bestimmt von einem

ständigen Wechsel der Ein- und Durchfuhrgenehmigungen und deren Aufhebung (PRICKLER, 1965, S. 496). War die Durchfuhr des Weines durch Österreich nicht möglich, so wurde er über Preßburg nach Mähren, Böhmen, Schlesien und Polen gebracht (PRICKLER, 1965, S. 498).
Auch Handelsverträge wirkten sich auf Umfang und Richtung des Weinhandels aus. So mußten nach dem Vertrag von Methuen zwischen England und Portugal im Jahre 1703 die portugiesischen Weine beim Austauch gegen englische Wollwaren 1/3 weniger Zoll zahlen als die französischen Weine (HENDERSON, 1833, S. 355). Der deutsche Weinexport nach Holland ging seit dem Frieden mit Frankreich im Jahre 1748 stark zurück, „da Frankreich durch zollpolitische Begünstigung holländischer Waren den holländischen Weinmarkt fast gänzlich für französisches Gewächs eroberte" (BASSERMANN-JORDAN, 1975, S. 1119). In Württemberg belebte der Salzhandelsvertrag mit Bayern von 1751 den Weinbau (BAUMANN, 1974, S. 28).
Selbst der Weinkleinhandel war nicht frei von Beschränkungen. In vielen Städten wurde der Ausschank von fremden Weinen bis ins 19. Jahrhundert hinein zum Monopol des Rates, der auch die Preise festsetzte[151]. Dagegen war es den Bürgern zum Teil erlaubt, Landweine auszuschenken (vgl. FALK, 1955, S. 148; RADLER, 1964, S. 297 f.). In Brünn durften seit 1520 sogar Bürger ohne eigenen Weinwachs jährlich bis zu 6 Dreiling (zirka 52 hl) Wein in der Stadt verkaufen (FROLEC, 1973, S. 84). Das zeigt nach FROLEC (1973, S. 89) deutlich, daß dort die Obrigkeit im 16. Jahrhundert das Interesse am Schankmonopol verlor, weil der Handel mehr Einnahmen brachte.
Zum Schutze des Weinbaus und zur Sicherung des Weinabsatzes erließen die Landesherren und Städte schon früh besondere Verordnungen, die den Weinhandel ebenfalls erschwerten. Schon seit dem Mittelalter gab es Importverbote für Ungarweine nach Österreich (H.-C. SCHMIDT, 1965, S. 24). In Sachsen wurde die Einfuhr fremder Weine seit dem 15. Jahrhundert beschränkt (REINDL, 1904, S. 92 f.), wobei für den Adel Ausnahmen gemacht wurden (v. WEBER, 1872, S. 27). Wenn in Frankfurt a. d. O. der Wein geraten war, durfte kein fremder Landwein ausgeschenkt werden (KRAUSCH, 1967b, S. 37). Umgekehrt wurde zum Beispiel in Straßburg in den Jahren 1544 und 1565 der Weinhandel dadurch behindert, daß wegen großer Teuerung die Ausfuhr von Wein verboten wurde (ARNTZ, 1964a, S. 805). Anfang des 17. Jahrhunderts untersagte der Rat der Stadt Münster die Verzapfung französischer Weine innerhalb der Stadt, da diese wegen ihrer niedrigen Preise den Handel mit Rheinwein beeinträchtigten. Nur in den Jahren 1628 und 1633 wurde das Verbot wegen schlechter Weinernten aufgehoben (SIEGLOHR, 1947, S. 31 f.). Die Einfuhr ausländischer Weine wurde in Württemberg bis ins 18. Jahrhundert hinein erschwert (BASSERMANN-JORDAN, 1975, S. 1147).
Vor allem behinderten den Weinhandel aber die vielen Zollstellen. So bestanden um 1200 am Rhein zwölf solcher Einrichtungen, gegen Ende des 13. Jahrhunderts 45 und wiederum 100 Jahre später schon 62 (ARNTZ, 1964a, S. 802; REHBEIN, 1974, S. 49)[152]. Am niederösterreichischen Abschnitt der Donau gab es gegen Ende des 14. Jahrhunderts allein 77 Mautstellen (H.-C. SCHMIDT, 1965, S. 27). Gegen Ende des 17. Jahrhunderts befanden sich auf der schiffbaren Strecke der Elbe zwischen Melnik und Hamburg 48 Zollstellen (REHBEIN, 1974, S. 50) und noch um 1800 waren es zwischen Magdeburg und Hamburg 14 (LOTZ, 1920, S. 13), weshalb jedesmal auch ein längerer Aufenthalt nötig wurde. So dauerte zum Bei-

spiel die Fahrt eines Weinschiffes aus dem Languedoc, das die Rhone hinauf und die Loire hinunterfuhr, um durch den Kanal von Briare (1604—1624) nach Paris zu gelangen und dabei an 15 oder 16 Orten vierzig verschiedene Gebühren zu bezahlen hatte, zwölf oder fünfzehn Tage länger, als wenn alle Gebühren an einem Ort entrichtet worden wären[153]. Gegen Ende des 18. Jahrhunderts gab es zwischen Rotterdam und Germersheim noch 53 Rheinzollämter (REHBEIN, 1974, S. 49) und um 1770 von Basel bis Mannheim über 20 (KIEFER, 1933, S. 69).

Das Zollunwesen auf den Flüssen, die damit verbundenen Belästigungen und Wartezeiten, wozu noch zusätzlich Abgaben für Kran-, Lager- und Stapelgelder kamen, führte seit dem 15. Jahrhundert, etwa an Mosel und Oder, zu einer Abwanderung des Verkehrs auf die Straße (REHBEIN, 1974, S. 50). So konnte zum Beispiel ein „Stück" Wein aus Franken von Frankfurt billiger mit dem Wagen nach Amsterdam befördert werden, wobei man 10 bis 12 Taler sparte und sogar zwei Monate früher ankam (BASSERMANN-JORDAN, 1975, S. 593). Die Verteuerung auf den Strömen kam auch dadurch zustande, daß der Zoll nicht nur nach Gewicht, sondern auch nach Wert berechnet wurde (REHBEIN, 1974, S. 51).

Aber auch der Handelsverkehr auf der Straße war nicht frei von Zöllen, Abgaben und Aufenthalten. Im Jahre 1618 mußte ein Graf aus Oldenburg mit 15 Landesherrschaften schriftlich verhandeln, um einen Weintransport aus Frankreich hereinzubekommen (BASSERMANN-JORDAN, 1975, S. 1112). Auf dem mühsamen Landweg von Südfrankreich nach Paris und in den Norden waren viele Zollstellen zu passieren. Abgaben und Transportkosten konnten zusammen das 15fache vom Wert der Ladung erreichen (RIEMANN, 1957, S. 15). In einem Bericht über die Weinfahrten der Benshäuser Händler aus dem Jahe 1743 heißt es:

„Im Meiningischen müssen die Fuhrleute, wenn sie Wein, Salz und Branntwein geladen, vom Pferd 3 Pfennig, vom Gut aber 9 Pfennig Zoll geben. Im Gothaischen müssen sie zu Oberhof von allem was sie aufgeladen, Zoll entrichten. Wenn sie Wein geladen, vom Pferd 2 Groschen 8 Pfennig oder vom Eimer 8 Pfenig, obwohl die Zollrolle (nach der Zoll- und Geleitsordnung von 1712) klar anführet vom Eimer 4 Pfennig, vom Pferd 1 Groschen. Im Hessischen hingegen geben die Fuhrleute weiter nichts als ihren Licent und Pflastergeld. Wenn sie aber mit Wein vom Frankenland herauf durchgefahren, müssen sie den Guldenzoll und von den Frachtgütern den ordinären Zoll zahlen" (zit. nach K. WEISE, 1939, S. 50 f.).

Erst die Aufhebung der Zollstellen, in Frankreich seit 1776 (DION, 1959, S. 330), in Deutschland nach 1815 und vor allem nach der Gründung des Deutschen Zollvereins im Jahre 1835, schafften dem Weinhandel günstigere Bedingungen, die im Zusammenhang mit der Entwicklung der Verkehrstechnik vor allem dem Absatz der Weine aus den Kerngebieten des Weinbaus zugute kamen. Den nördlichen Randgebieten des Weinbaus dagegen brachten sowohl Zollfreiheit im Binnenhandel als auch die Verbilligung der Transportmittel eine verstärkte Konkurrenz besserer und billigerer Weine, so daß dort die verbesserten Verkehrs- und Handelsbedingungen zu einem Rückgang des Weinbaus führten. Bis dahin waren vom nördlichen Weinbau lediglich die ungünstigen Standorte im Einzugsbereich der Küsten- und Flußschiffahrt und in der Nähe von Weinhandelsplätzen aufgegeben worden.

4.8 KRIEGE

Zu allen Zeiten wurde die wirtschaftlche Entwicklung der Völker von kriegerischen Ereignissen begleitet, die die einzelnen Wirtschaftszweige mehr oder minder stark beeinflußten. Für die Entwicklung des nördlichen Weinbaus in Europa scheinen die Kriege von besonderer Bedeutung gewesen zu sein, werden sie doch von vielen Autoren im Zusammenhang mit seinem Rückgang genannt. Einige Zitate sollen stellvertretend für viele andere hier angeführt werden[154]. So schreibt HÄMPEL (1928, S. 82): „Viele Weinberge haben die Kriege auf dem Gewissen. So vernichteten schon die Hussitenkriege die meisten schlesischen Weingärten, der preußische Städtekrieg (1453–66) verderbte die östlichsten Wingerte, der Dreißigjährige Krieg die brandenburgischen". Bei CLAUSS (1961, S. 24) heißt es: „Man sagt nicht zuviel, wenn man behauptet, daß der Hussitenkreig den Weinbau in weiten Gebieten Schlesiens und der Mark den Todesstoß versetzt hat". Vom Rheinland berichtet H. SCHMITZ (1925, S. 58): „Doch der Schaden, den Naturereignisse und ‚Schädlinge' in den Weinkulturen angerichtet haben, ist gering gegen die Verheerungen der Rebenfelder in den Kriegen".

In vielen Zitaten wird pauschal behauptet, daß die Kriege den Rückgang des Weinbaus verursacht hätten, ohne daß im einzelnen etwas über die Art ihrer Einwirkungen gesagt wird. Im folgenden soll deshalb zwischen den unmittelbaren Auswirkungen der Kriege, wie Zerstörungen und Verwüstungen, und den Folgen für Weinbau und Weinwirtschaft unterschieden werden. Dabei können bei der Ausdehnung des Untersuchungsgebietes nicht alle lokalen und regionalen kriegerischen Ereignisse berücksichtigt werden, was zudem auch die nur unzureichenden Quellen über Weinbau und Kriege nicht erlauben würden[155]. Die Aufteilung in Kriegsschäden und Kriegsfolgen an Hand einzelner Beispiele ermöglicht aber schon zuverlässige Aussagen über die Bedeutung des Krieges für den nördlichen Weinbau, auch wenn deren Genauigkeit im einzelnen letzten Endes regionalen und lokalen Untersuchungen überlassen werden muß.

4.8.1 *Zerstörungen*

Für die Zerstörungen von Weinbergen durch kriegerische Ereignisse reichen die Belege vom Altertum (vgl. BASSERMANN-JORDAN, 1975, S. 485–514) bis in unsere Zeit. Als die Tataren im Jahre 1241 das Gebiet um Tokaj eroberten, wurden viele Weinberge zerstört (KAŠA, 1969, S. 60). In Aachen vernichtete um 1397 eine brabantische Armee einen Teil der Weinberge (PAULS, 1885, S. 194). Die völlige Vernichtung der schlesischen Weingärten durch die Hussiten (POMTOW, 1910, S. 102) ist im einzelnen nicht nachzuweisen, doch werden zum Beispiel bei ihrem Sturm auf Krossen und der Plünderung der Stadt im Jahre 1430 wohl auch die Weinberge in Mitleidenschaft gezogen worden sein (CLAUSS, 1961, S. 24). Die Weinberge des Klosters Doubravnik nordwestlich von Brünn, die im Jahre 1425 von hussitischen Soldaten zerstört wurden, wurden nachher nicht wieder angelegt (FROLEC, 1973, S. 61). Im Ordensland richteten die Polen 1410 und 1422, als sie die Vorstädte von Thorn verbrannten, an den Weinbergen große Schäden an. Nachdem diese Stadt von den Ordensrittern abgefallen war, verbrannten diese im Jahre 1455 viele Weinstöcke (GIGALSKY, 1908, S. 7 f.). Bei der Belagerung der Stadt Saint Quentin in der Picardie durch die Spanier im Jahre 1557 wurden auch Weinberge zerstört; 20 Jahre später werden dort keine Rebanlagen mehr erwähnt (DUCHAUSSOY, 1926, S. 511). Die Kriege Ludwig XIV. sollen wesentlich zum Untergang der Rebkultur in Nordfrankreich und im heutigen Belgien beigetragen haben (BASSERMANN-JORDAN, 1975, S. 159). Den Zerstörungen von Weinbergen im Verlaufe des Pfälzischen Erbfolgekrieges gegen Ende des 17. Jahrhunderts entsprachen nach BASSERMANN-JORDAN (1975, S. 162) in Brandenburg und Pommern die Verwüstungen durch den Schwedischen Krieg. So zerstörte im Jahre 1674 König Karl XI. von Schweden bei der mittelmärkischen Stadt Rathenau über 70 Weinberge, so daß es danach viele Einwohner vorteilhafter fanden, Getreide anzubauen und nur die Vermögenden unter ihnen neue Weinberge anlegten (HAUSEN, 1798, S. 65). Auch in Polen wurden bei den Schwedeneinfällen im 18. Jahrhundert einige Weingärten verwüstet, so zum Beispiel nahe der Schlösser von Teczyn und Wawrzeńczyce (JEŻOWA, 1938, S. 101). Bereits Mitte des 17. Jahrhunderts hatten die ukrainischen Kosaken unter Chmielnicki in Podolien Schäden an den dortigen Weinbergen angerichtet (JEŻOWA, 1938, S. 101). Im 18. Jahrhundert brachten vor allem die Kämpfe im Verlauf des Siebenjährigen Krieges dem nördlichen Weinbau etliche Ausfälle. So lagerte und kämpfte das Heer Friedrichs II. von Preußen 1756 in der Schlacht von Lobositz in den dortigen Weingärten (HAUDECK, 1897, S. 149). Als am 7. September 1760 russische Truppen in Grünberg Quartier nahmen, holten sie sich die Trauben, fuhren mit ihren Fahrzeugen in den Weinbergen herum und verbrannten die Pfähle auf Lagerfeuern (CLAUSS, 1961, S. 27). Auch in Erfurt soll der Siebenjährige Krieg die meisten Weinbergspfähle ruiniert haben (K. HERRMANN, 1875, S. 101). Die Napoleonischen Kriege hinterließen in den Weinbergen ebenfalls ihre Spuren. Im Elbtal wurden viele Weinberge zerstört (DIETER, 1965, S. 176; PYRIKI, 1928, S. 5). In Kendenich/Krs. Köln sollen die Kosaken 1813/14 alle Weingärten ausgerottet haben (ZERLETT, 1970, S. 303). Die beiden Weltkriege in unserem Jahrhundert schädigten die Weinberge in vielen Teilen Europas. Während etwa die Anbaufläche Rußlands im Jahre 1914 259 700 ha betrug, war sie bis 1921/22 auf 137 000 ha zurückgegangen (GROSSE SOWJETENZYKLOPÄDIE, 1953, S. 29). Im 2. Weltkrieg wurden 60 Prozent der Rebfläche von deutschen Truppen besetzt, wobei 20 Prozent der Anbaufläche vernichtet und der übrige Teil stark geschädigt wurde (SCHURICHT, 1973, S. 127). In Grünberg sollen die Weinberge im 2. Weltkrieg völlig zerstört worden sein (KRES, 1972, S. 216)[156].

Diese häufig sehr allgemein gehaltenen Aussagen über die unmittelbaren Auswirkungen der Kriege auf die Weinberge lassen einen direkten Zusammenhang zwischen Kriegsschäden und Aufgabe des Weinbaus nur in wenigen Fällen erkennen. Daraus muß geschlossen werden, daß allein die Zerstörung und Verwüstung im allgemeinen nicht für seinen Rückgang verantwortlich gemacht werden kann und beide die Aufgabe des Weinbaus nur ausgelöst haben, verursacht wurde sie durch wirtschaftliche Überlegungen. So war der Weinbau an der Rur schon am Zurückgehen, als die Franzosen 1794 einrückten, denen die Überlieferung, stark übertreibend, die mutwillige Zerstörung der Weinberge zuschreibt (GÜNTHER, 1958, S. 70). Auch im belgischen Weinbau war es zuerst die nachlassende Rentabilität, die zur Aufgabe der Weinberge zwang. Die Kriege zerstörten lediglich eine bereits sterbende Kultur. Dazu heißt es bei HALKIN (1895, S. 124): „Les guerres qui désolèrent les Pays-Bays aux XVIIe et XVIIIe siècles amenèrent la destruction de quelques vignobles; mais si cette branche d'industrie avait été alors florissante, elle aurait continué malgré ce petit arrêt; c'est ainsi qu'après le sac de Liége, en 1468, par Charles le Téméraire, presque toutes les vignes furent détruites, mais elles ne tardèrent pas à être de nouveau soignées". Einen gesunden Weinbau, wie etwa in der Pfalz, konnten selbst so schlimme Verwüstungen und Zerstörungen von Weinbergen wie im Pfälzischen Erbfolgekrieg nicht zugrunde richten (vgl. BASSERMANN-JORDAN, 1975, S. 496—501). Die direkten Kriegsschäden waren deshalb im allgemeinen für den Weinbau nur von kurzfristiger Bedeutung, denn die Wurzeln schlugen wieder aus. In Wirklichkeit zeichneten sich die Weinbaugemeinden dadurch aus, daß sie sich schneller als andere erholten.

4.8.2 Folgen

Im Gegensatz zu der meist nur kurzfristigen Auswirkung der direkten Kriegsschäden auf den Weinbau, waren die Kriegsfolgen sehr viel weitreichender und damit auch schwerwiegender, da sie Veränderungen der Rentabilität, des Konsumverhaltens, der Besitzverhältnisse (vgl. BOIE, 1922, S. 76) und Einschränkungen des Weinhandels und des Absatzes mit sich bringen konnten. So ist nach PIRENNE (1933, S. 229) die Ausdehnung des europäischen Weinbaus nach Norden letztlich auf die Sperrung des Mittelmeeres und Störung des Handels durch die Araber zurückzuführen. In England begannen die Klöster schon gegen Ende des 7. Jahrhunderts wegen der ständigen Dänen- und Normannenüberfälle mit dem eigenen Weinbau (SIMON, I, 1964, S. 8). Noch im 15. Jahrhundert, als während der Soester Fehden (1444—1449) der Handelsverkehr zwischen den Rheinlanden und dem östlichen Westfalen jahrelang unterbrochen war, pflanzte man dort an vielen Orten Reben an, um die Kirche mit Meßwein zu versorgen (POSCHMANN, 1956, S. 14). Dagegen war nach dem Hundertjährigen Krieg der Weinbau um Amiens nicht mehr rentabel, da man nun ungehindert den Wein günstiger aus dem Midi beziehen konnte (DUCHAUSSOY, 1928, S. 525)[157].
Die Folgen der Kriege betrafen sowohl die Anbaugebiete als auch ihre Absatzgebiete. So stieg gegen Ende des 16. Jahrhunderts das Interessse am Tokajerwein auch deshalb, weil die Türken nach der Schlacht bei Mohacs im Jahre 1526 fast alle anderen Weinbaugebiete Ungarns besetzt hatten (KAŠA, 1969, S. 60). Am Anfang des Dreißigjährigen Krieges fand der märkische Wein auch Eingang in Sachsen, Thüringen und Böhmen, da dort wegen der Kriegsunruhen die Ernte nicht ausreichte (SCHWARTZ, 1896, S. 20). Im Jahre 1624 hörten die Weinkäufe des Herzogs von Mecklenburg in Guben auf, wohl wegen der unterbrochenen Handelsverbindungen (GANDER, 1925, S. 490). Der in Kolmar verkaufte Wein lag zwischen 1600 und 1627 bei 113 560 hl im Jahresdurchschnitt, im Jahre 1635 (1632 wurde das Elsaß von den Schweden besetzt) erreichte er 68 640 hl und sank bis zum Jahre 1648 auf 20 000 hl. Diese Menge blieb bis 1700 nahezu konstant (ARNTZ, 1964b, S. 16).

Die südmährischen Weinbaugebiete litten lange an dem Verlust Schlesiens an Preußen unter Maria Theresia (FROLEC, 1973, S. 109). Auch für Ödenburg und Rust hatten die Schlesischen Kriege schwerwiegende Folgen. Um 1753 wurden aus Absatzmangel in Ödenburg und Umgebung mehr als 20 000 Pfund Weingärten ausgeschlagen und in Äcker verwandelt (PRICKLER, 1965, S. 300)[158], die Weinpreise sanken beträchtlich (PRICKLER, 1965, S. 317). Die Rückwirkung der Kriege auf die Weinpreise wird auch an anderen Beispielen deutlich. Als im Jahre 1632 das Kloster St. Pantaleon in Trier den Wein von seinen Weingütern an der Mosel nicht abholen konnte, weil die Schweden das Land besetzt hatten, schickte es einen Mönch, der den ganzen Ertrag unter der Hand sehr billig verkaufte (H. SCHMITZ, 1925, S. 59). Die französische Revolution unterbrach den Weinhandel mit Südfrankreich: „La Révolution et le Blocus continental paralysèrent le commerce des vins bordelais et languedociens au profit de la viticulture du val de Loire, plus voisin de Paris" (MARRES, 1950, S. 9). Dagegen zogen in Deutschland im 1. Weltkrieg die Weinpreise in allen Weinbaugebieten an, da die ausländischen Weine ausblieben (BOIE, 1922, S. 74). Während des Krimkrieges belebte sich auch der Weinbau in Bessarabien (SALOMON, 1872, S. 100). In der Sowjetunion entwickelte sich während des 2. Weltkrieges der Weinbau in Usbekistan, Kasachstan und Kirgisien, weil viele südrussischen Weinbaugebiete besetzt waren (GROSSE SOWJET-ENZYKLOPÄDIE, 1953, S. 29). Daß Kriege den Weinbau in besetzten Gebieten nicht unbedingt immer einschränkten, zeigt die Besetzung Rumäniens im Jahre 1916. Die Militärverwaltung setzte einen Wirtschaftsstab ein, der auch eine eigene Gruppe „Wein" bildete, die die Weinernte zu überwachen hatte und die Produzenten mit den nötigen Bekämpfungsmitteln für die Rebschädlinge versah (SCHLUMBERGER, 1937, S. 270–273).

Als Folge von Kriegen konnte sich auch das Konsumverhalten der Bevölkerung verändern. So trugen die Religionskriege in den Niederlanden im 17. Jahrhundert zum verstärkten Bierkonsum bei, da sie die Verbindungen mit den Weinmärkten unterbrachen (SCHAYES, 1843, S. 399). Die Verarmung weiter Schichten der Bevölkerung nach den Kriegen des 17. Jahrhunderts führte zum verstärkten Verbrauch von Obstwein (F. KOCH, 1936, S. 55; BASSERMANN-JORDAN, 1975, S. 1185). Dagegen trug der 1. Weltkrieg in Frankreich viel zur Verbreitung des Weinverbrauchs bei (DION, 1959, S. 14). Die Rationierung des Weines dort im 2. Weltkrieg – zwei Liter je Woche für Arbeiter – war eine Maßnahme, die den Schwarzhandel mit Wein blühen ließ (HUNDERT JAHRE FRANZÖSISCHER WEINBAUWIRTSCHAFT, 1950).

Während die direkten Kriegsschäden von den nördlichen Weinbauorten zumeist aus eigener Kraft überwunden werden konnten, bedeuteten die Veränderungen der Produktionsbedingungen und des Absatzmarktes infolge der Kriege für viele das Ende des Weinbaus.

4.8.3 *Der Dreißigjährige Krieg*

Sowohl hinsichtlich seiner Zerstörungen als auch wegen seiner weitreichenden Folgen wurde dem Dreißigjährigen Krieg häufig eine Schlüsselfunktion in der Geschichte des nördlichen mitteleuropäischen Weinbaus eingeräumt. Für viele Autoren war er der Wendepunkt von einem expandierenden zu einem schrumpfenden Weinbau. So schreibt KRAMER (1954, S. 906): „Trotz mancherlei Schädigungen durch Kriege, Verwüstungen, Frost usw. stand doch der Weinbau in Fritzlar bis zum 17. Jahrhundert in schönster Blüte. Erst im Verlaufe des Dreißigjährigen Krieges wurden ihm so schwere Wunden geschlagen, daß er sich nicht wieder erholte. Viele Weinberge wurden durch Umsichgreifen der Pest, durch Hungersnot usw. herrenlos. Die herrschende große Armut zwang dazu, die Flächen mit dem schneller wachsenden Getreide und sonstigen Küchengewächsen zu bepflanzen". Über den Weinbau bei Paderborn heißt es bei ROHRBACH (1963, S. 180): „Die Gründe (für den Rückgang des Weinbaus) mögen von Landschaft zu Landschaft verschieden gewesen sein. In unserem Gebiet werden vor allem die Verwüstungen des Dreißigjährigen Krieges die Weinkultur zum Erliegen gebracht haben. Soweit die Rebstämme nicht als Brennholz gedient hatten, verwilderten die Anlagen in den Wirren der langen Kriegsjahre, und bei der allgemeinen Verarmung wird man es nach dem Kriege vorgezogen haben, die Weingärten in Acker- oder Weideland umzuwandeln". Ähnliche Berichte, die von „schweren Schlägen" oder gar dem „Todesstoß" sprechen, liegen aus der Eifel (BAUR, 1962, S. 78), dem Nessetal (GERBING, 1907, S. 55) und aus Kaaden (STOCKLÖW, 1880, S. 234) vor. In Thüringen war er der „schlimmste Verderber" (TÖPFER, 1909, S. 120).

Tatsächlich waren sowohl die Kriegsschäden (vgl. BASSERMANN-JORDAN, 1975, S. 491—496) als auch die Kriegsfolgen für manche Weinbaugebiete besonders schlimm. So erlebte die Stadt Grünberg in 26 Jahren 26 Einquartierungen, einen großen Stadtbrand und mehrere Feuersbrünste (CLAUSS, 1961, S. 25). In der Stadt Brüx, wo Anfang des Krieges etwa 400 Familien in ebensovielen Häusern wohnten, lebten 1651 nur noch 60 Menschen in 36 Häusern (BLUMER, 1930, S. 114). Der Bevölkerungsverlust Deutschlands wird auf dem Lande auf 40 Prozent, in den Städten auf 33 Prozent geschätzt (MENK, 1972, S. 50)[159]. Wenn auch die Zahlen für die einzelnen Landschaften stark voneinander abweichen, so war dennoch die Rückwirkung der Bevölkerungsverluste auf Landwirtschaft und Weinbau sehr schwerwiegend. Es fehlten die Arbeitskräfte, landwirtschaftliche Gebäude, Vieh[160], Wagen und Gerät (WINKLER, 1959, S. 7). Zu den augenfälligsten Folgen des Krieges für den Weinbau gehörte deshalb die große Zahl der wüsten Weinberge (vgl. v. WEBER, 1872, S. 24; WELTE, 1934, S. 22). Von den Weinbergen bei Leitmeritz wird berichtet, daß sie derartig verwildert und mit Gras und Gestrüpp überwuchert waren, daß man ihre Rainungen nicht wiederfinden konnte (LIPPERT, 1868, S. 253). Im Herzogtum Württemberg sollen über 40 000 Morgen Weinberge unbebaut geblieben sein (SCHRÖDER, 1953, S. 64). Nach einem Register aus dem Jahre 1678 lagen im Kreis Brünn noch 60 Prozent aller Weinberge öd, im Kreis Znaim 50 Prozent und in ganz Mähren 51 Prozent (FROLEC, 1973, S. 105). In Böhmen waren es im Saazer Kreis 22 Prozent und im Kreis Leitmeritz noch mehr (FROLEC, 1973, S. 114).

Die gänzliche Aufgabe der verödeten Weinberge erfolgte hauptsächlich dort, wo der Weinbau auch vorher schon lediglich eine ganz untergeordnete Rolle gespielt hatte und ohne große wirtschaftliche Bedeutung gewesen war. In den anderen Gebieten blieb er, wenn auch zumeist in kleinerem Umfang, erhalten. So gab es zum Beispiel in Werben nördlich von Cottbus vor dem Kriege zwei Weinberge, von denen nur einer wieder instandgesetzt wurde (KRAUSCH, 1967b, S. 20). Während in einigen Dörfern der Niederlausitz der Weinbau ganz einging, fanden sich auf den Kaltenborner Bergen bei Guben im Jahre 1670 sechs Weinberge mehr als 1573 (KRAUSCH, 1967b, S. 31). Auf der Böhmisch-Mährischen Höhe, wo der Weinbau nie sehr verbreitet gewesen war, litt er durch den Dreißigjährigen Krieg besonders stark und wurde zum großen Teil aufgegeben (FROLEC, 1973, S. 111). Wie sehr die Rentabilität im nördlichen Weinbau auch dessen Wiederaufbau bestimmte, zeigt die unterschiedliche Schnelligkeit der Wiederherstellung der Weinberge. Um Bacharach, das im 17. Jahrhundert seinen guten Ruf als Weinbauort verlor, lagen um 1680 noch zahlreiche Weinberge wüst und die Preise für Rebland blieben bis in das 18. Jahrhundert hinein sehr niedrig (GRIES, 1969, S. 78—81). Auch in Mähren erfolgte der Wiederaufbau nur sehr zögernd, und erst in den 90er Jahren des 17. Jahrhunderts konsolidierte sich der Weinbau (FROLEC, 1973, S. 106). In Brüx wurde erst 1684 die alte Weinerzunft wieder eingerichtet (BLUMER, 1930, S. 114). Dagegen verzeichnete die Pfalz trotz großer Zerstörungen ein schnelles Wiederaufblühen des Rebbaus nach dem Dreißigjährigen Krieg (BASSERMANN-JORDAN, 1975, S. 160 und 491—496). Auch in Guben war die Zahl der Weinberge im Jahre 1670 insgesamt höher als vor dem Krieg (KRAUSCH, 1966, S. 90). In Sachsen erreichte der Weinbau schon um 1680 mancherorts wieder eine so große Ausdehnung, daß er eingeschränkt werden mußte (vgl. REINDL, 1904, S. 96)[161]. Selbst in Thüringen belebte sich der Weinbau, wenn auch nur an einzelnen Orten, zu Beginn des 18. Jahrhunderts wieder (TÖPFER, 1909, S. 122).

Unter Berücksichtigung seiner ehemaligen Ausdehnung und dieser Wiederaufbaumaßnahmen kann festgestellt werden, daß der Dreißigjährige Krieg selbst dem nördlichen Weinbau keinen wesentlichen Rückschlag brachte (vgl. KRAUSCH, 1966, S. 101), sondern hauptsächlich eine bereits latent vorhandene krisenhafte Situation verstärkte. So ist zum Beispiel für THIEM (1928, S. 49) allein die Tatsache, daß sich andere Weinbaugebiete von den Folgen des Krieges erholten, ein Beweis dafür, daß der Weinbau in Thüringen ein Opfer der Verkehrs- und Wirtschaftsverhältnisse wurde. Zahlreiche Untersuchungen bestätigen die Annahme einer Vorkriegskrise des nördlichen mitteleuropäischen Weinbaus. So sank der Weinbergsbesitz der Bürger Iphofens beträchtlich (TISOWSKY, 1957, S. 33):

1582	1522 3/8 Morgen
1592	1253 3/8 Morgen
1601	1181 Morgen
1611	1127 1/4 Morgen
1623	948 7/8 Morgen
1633	871 3/8 Morgen
1648	217 3/4 Morgen

Auch der Jenaer Weinbau war bereits im 16. Jahrhundert am Zurückgehen: „Der Dreißigjährige Krieg mit seinen Transportbeschränkungen und der Einengung des Kundenkreises hat der Jenaer Weinausfuhr keinen großen Abbruch mehr tun können, so sehr lag sie bereits darnieder" (FALK, 1955, S. 147). Der Krieg beschleunigte den Verfall des nördlichen Weinbaus und die wirtschaftlichen Bedingungen verhinderten einen Neuaufbau der verödeten und zerstörten Weinberge im alten Umfang. So wurden in Mitteldeutschland nur 1/3 bis 1/4 der Vorkriegsanbaufläche weiter als Weinberge genutzt (HÄBERLE, 1930, S. 9). Die Schrumpfung des

Weinbauareals bereits im 16. Jahrhundert beweist eindeutig, daß der nördliche Weinbau in Mitteleuropa den Höhepunkt seiner räumlichen Ausdehnung bereits überschritten hatte und somit der Dreißigjährige Krieg nicht als Einleiter oder gar Urheber dieser Entwicklung angesehen werden kann (vgl. WEINHOLD, 1973, S. 284; ABEL, 1962, S. 180). Eine Bekräftigung findet diese Aussage auch in den unterschiedlichen Auswirkungen des Krieges auf den Weinbau in den einzelnen Anbaugebieten. In Franken zum Beispiel erhielt sich der Weinbau in seiner früheren Ausdehnung mit Ausnahme des Baunachgrundes, wo er einging (WELTE, 1934, S. 23). Auch der Schweizer Weinbau blieb vom Dreißigjährigen Krieg nahezu unberührt (SCHLEGEL, 1973, S. 37) und auch in der Mark Brandenburg waren die Schäden nicht allzu groß (HAUSEN, 1798, S. 61) Bei Carolath in Schlesien wurden im Jahre 1638 sogar 30 Morgen neue Weinberge angelegt (REINDL, 1904, S. 86) und in Sachsen wurden die kurfürstlichen Weinberge in Gorrenberg durchgehend gepflegt (v. WEBER, 1872, S. 24). Das im Jahre 1629 in Sachsen veröffentlichte „Weinbawbuch" von DEHN-ROTHFELDER weist ebenfalls darauf hin, daß der Krieg allein das Interesse am Weinbau nicht schmälern konnte.

Zu den Folgen des Krieges gehörte neben dem äußeren Bild der verödeten Weinberge und der Verkleinerung der Weinbergsfläche auch ein innerer Verfall der Weinkultur. Die während der Kriegszeiten auferlegten hohen Weinkontributionen[162] ließen die „Fälschungen zur Gewohnheit werden", wobei in einigen Gegenden vor allem der Zusatz von Obstmost eine Rolle spielte (HAHN, 1956, S. 25). Die Verschuldung der Bevölkerung (vgl. WINKLER, 1959, S. 81–83), die wiederum erhöhte Abgabe und verstärkte Abhängigkeit mit sich brachte (vgl. FROLEC, 1973, S. 106), führte zum Anbau von Massenträgern, der den Anbau weiter Gebiete bis ins 19. Jahrhundert hinein bestimmte (BASSERMANN-JORDAN, 1975, S. 160; SCHRÖDER, 1953, S. 66). Die mit der Verschuldung einhergehende Verarmung der Bevölkerung schränkte den Verbrauch stark ein (HAHN, 1956, S. 25). Diese indirekten Folgen wogen viel schwerer als unmittelbare Zerstörungen von Weinbergen während des Dreißigjährigen Krieges (vgl. MENK, 1972, S. 48). Man richtete die verwüsteten oder verödeten Weinberge nur dort wieder her, wo der Weinbau nach dem Krieg noch wirtschaftlich erschien. Während die Quellen für das untere Werratal keinen einzigen Fall überliefern, daß durch Kriegseinwirkung verwüstete Weinberge für immer aufgelassen wurden (MENK, 1972, S. 51), lösten die Zerstörungen in den Eifeltälern von Prüm, Kyll und Enz sowie im oberen Sauertal die endgültige Aufgabe des Weinbaus aus (WERLE, 1977, S. 43).

4.9 HOBBYWEINBAU

Seit den Anfängen des Weinbaus wird die Verbreitung des Weinstockes außer von wirtschaftlichen Überlegungen auch vom Interesse der Menschen an seiner Kultur überhaupt bestimmt. Während aber der wirtschaftliche Weinbau bestimmte Anforderungen an die natürlichen Bedingungen und die Mindestgröße eines Weinberges stellt, treten diese Anforderungen beim Hobbyweinbau in den Hintergrund. Ihm wird, aus verschiedenen Gründen, von vorneherein ein finanzieller Zuschuß eingeräumt. Letztlich geht es um den Zuchterfolg, die Selbstversorgung mit Früchten und Wein und um eine vergnügliche Freizeitbeschäftigung. Entsprechend dieser Intention reicht die Größe der Hobbyweingärten von einigen wenigen Pflanzen im Gemüsegarten bis hin zu einem kleinen Weinberg von einigen hundert Ar. Die geringe Zahl der Stöcke ermöglicht eine sorgfältige Pflege, die die nördliche Anbaugrenze des Hobbyweinbaus gegenüber dem Erwerbsweinbau weit nach Norden vorschiebt.

Während heute nahezu alle sozialen Schichten am Hobbyweinbau beteiligt sind, blieb er lange Zeit dem Adel, Klerus und reichen Bürgern überlassen, die ihn ebenso aus Geltungssucht wie aus Liebhaberei betrieben bzw. betreiben ließen. In England befaßten sich nach der normannischen Eroberung im Jahre 1066 nur noch Klöster und reiche Leute mehr aus Liebhaberei als des Gewinnes wegen mit dem Weinbau (HENDERSON, 1833, S. 308; vgl. auch DARBY, 1972, S. 408). Die Anlage solcher Weinberge, etwa durch Herzog Otto I. zu Harburg im 16. Jahrhundert (KAUSCHE, 1959, S. 37), entsprach häufig einer Modeerscheinung der Zeit. Darüber schreibt NORDHOFF (1883, S. 35): „Manche Pflanzungen mochten, wo die Arbeit billig war, als Liebhabereien der Fürsten angelegt sein und erhalten werden, gleich viel, ob sie ein gutes oder schlechtes Gewächs brachten. Dem Ausländer, der von allen Producten des Landes zuerst nach dem Weine frug, konnte dann mit „Ja" geantwortet werden". In einem Bericht über den gräflichen Weinberg in Wernigerode heißt es im Jahre 1558:

„Der weinberg vndrem schlos / mag zwehen morgen haltenn vngefehr / wirt durch den Gertner gearbeitet / vnndt die trauben so darin ehrwachssenn seinndt mehr zu guten sauren agrest (Saft) / dann zu wein zu gebrauchen / vnndt wirt dieser weinberg mehr zum lusten / dann vmb sonderliches nutzes willen erbauet / Derwegenn auch / dieweil keinn gewechs aus diesem berg niehe nicht berechent ist hierauf kein anschlag zumachen gewesenn / Vnndt ist nhun ein garte daraus gemacht" (zit. nach JACOBS, 1869, S. 146).

Auch in Frankreich verdankten die Weinberge an den Schlössern ihre Entstehung vielfach der Renommiersucht der Adligen (DION, 1959, S. 192–194).

Der bürgerliche Hobbyweinbau fand sich ebenfalls schon im Mittelalter. Im 17. Jahrhundert betrieben ihn in Jena selbst einige Professoren (FALK, 1955, S. 87). Während in der Niederlausitz der Weinbau im 18. Jahrhundert insgesamt stark zurückging, wurden noch an verschiedenen Orten neue Weinberge aus Liebhaberei angelegt (KRAUSCH, 1967b, S. 31). In Sachsen wurde der Erwerb von Weinbergen zum Luxusartikel der höheren Beamten (CARLOWITZ, 1846, S. 114). Wie in den herrschaftlichen Weinbergen (vgl. POMTOW, 1910, S. 167) wurden dort auch in den bürgerlichen Häuser errichtet, die als Sommersitz dienten und den ganzen Stolz des Besitzers darstellten (BOIE, 1922, S. 21; vgl. Bild 13 und 14). Diese „Lusthäuser" im Weinberg[163] dienten zur „Erholung und zum Festefeiern" (GANDER, 1925, S. 499) und waren geradezu ein Wahrzeichen der Liebhaberweinberge (DERN, 1919, S. 437). Dazu bemerkt WEINHOLD (1973, S. 97): „So war die von Städtern betriebene Rebkultur des 19. und 20. Jahrhunderts im großen und ganzen ähnlich der Feudalklasse auf Zurschaustellung des eigenen Wohlstands gerichtet". Die hohe finanzielle Belastung dieser Bürgerweinberge führte zu einem häufigen

Bild 13: Weinberge „Wackerbarths Ruhe", Niederlößnitz bei Dresden (PFEIFFER, 1924)

Bild 14: „Winzerhaus" bei Grünberg 1929 (KRES, 1972)

Besitzwechsel und schließlich zur Aufgabe der Weinberge (WEINHOLD, 1973, S. 97). Immerhin wurde dadurch der Weinbau an vielen Orten über seine wirtschaftliche Lebensfähigkeit hinaus noch lange bewahrt. So hielt sich am linken Rheinufer in Hersel der Weinbau bis 1905 wegen der „Lust und Liebe reicher Besitzer" (ZERLETT, 1970, S. 308). Das Kloster Kamp leistete sich bis zu seiner Aufhebung Anfang des 19. Jahrhunderts trotz vieler Mißernten den Weinbau als Luxus (ZEPP, 1927, S. 119).
Gegenüber diesem „Luxusweinbau" (BASSERMANN-JORDAN, 1975, S. 190 f.) hat sich seit dem 19. Jahrhundert ein Hobbyweinbau entwickelt, der wegen seines hohen Freizeitwertes von den Besitzern selbst aktiv ausgeübt wird. So sind in den VdgB-Winzergenossenschaften an Saale und Unstrut vom Professor bis zum Rentner alle Berufszweige vertreten, die den Weinbau selbst als Hobby und Freizeitgestaltung betreiben (SCHIELE, 1973, S. 132). An der Elbe bewirtschaften Hobby- und Nebenerwerbswinzer zusammen etwa 40 ha (WILD, 1976, S. 1077). Die meisten Weinberge am Siebengebirge liegen unter 0,25 ha, sehr häufig sogar unter 0,1 ha und besitzen damit den Charakter eines „Schrebergartens", deren Bearbeitung der Freizeitbeschäftigung dient (STANG, 1962, S. 288). In Franken entstanden nach dem 2. Weltkrieg einige neue Weinberge, die von Heimatvertriebenen aus Weinbaugebieten angelegt wurden. Dieser sogenannte „Flüchtlingsweinbau" (RUPPERT, 1960, S. 40) ist als eine besondere Form des Hobbyweinbaus anzusehen[164].
Bei der Anlage von Hobbyweinbergen sind wirtschaftliche Aspekte nicht immer ausgeschlossen. Bei Budissin in der Oberlausitz legte im Jahre 1740 ein Ungar an einem wüsten Hang einen Weinberg mit einem Häuschen an, in welchem er Wein und Bier ausschenkte, wodurch dieser Ort zu einem „Vergnügungsplatz für die Bewohner der Stadt" wurde (HERING, 1805, S. 91). Eine ähnliche Touristenattraktion wurde der im Jahre 1952 in Böddiger bei Gensungen errichtete Weinberg, dessen Besitzer sein Gewächs im eigenen Gasthaus verkauft (BERGMANN, 1957/58, S. 23)[165]. In Horam/Sussex besichtigen täglich rund 400 Besucher den Weinberg und die Keller der Merrydown Wine Company (CHAPMAN, 1972, S. 5; vgl. Bild 15 und 16). Der Naturschutzverein „Association Ardenne et Gaume" legte im belgischen Torgny einen Weinberg für die Besucher an (AMBROSI, 1975, S. 36).
Allein dem modernen Hobbyweinbau ist es gelungen, die nördliche Weinbaugrenze auszudehnen. Der „English Vineyards Association", die 1966 gegründet wurde, gehörten 1973 schon über 300 Mitglieder an (PEARKES, 1976, S. 16), was auf die große Beliebtheit des Hobbyweinbaus in England schließen läßt. Daneben vereinigten sich über 80 Weingärtner in der „South West Vinegrowers Association" (PEARKES, 1976, S. 16). Ähnliche Vereine gibt es auch in Belgien. Einer davon, „Les Cordeliers de St Vincent" brachte es seit seiner Gründung im Jahre 1965 auf über 150 Mitglieder, die im Durchschnitt zwei bis fünf Ar in ihrer Freizeit bearbeiten[166]. In der Sowjetunion kultivieren Hobbyweingärtner den Rebstock bis hoch in den Norden (vgl. ŠATILOV, 1972; ŠALIMOV, 1973). Auch in Polen, Schweden und Norwegen ist das Interessse am Anbau von Weinreben in Gärten und an Häusern gestiegen, wozu entsprechende Sorten von den Gartenbauinstituten empfohlen werden (vgl. 3.4).

Bild 15: Weinberg für Touristen in Hambledon, Hampshire (Aufnahme: GRÜTZNER, 1976)

Bild 16: Blick über die Rebanlage des Hambledon Vineyard (Aufnahme: GRÜTZNER, 1976)

5. GESAMTBETRACHTUNG

Der Vorstoß der Rebe gehört nach Raum und Zeit, nach wirtschaftlicher Bedeutung und sozialen Folgen zu den gewaltigsten Ausbreitungsvorgängen, die eine Anbaupflanze für Europa gebracht hat. Wenn auch BORCHERDT (1961, S. 14 f.) den Begriff „Innovation" auf einen Vorgang beschränkt, „der von einem Zentrum aus durch Nachahmung in Verbindung mit einer unterschiedlichen Wertung bei den einzelnen Sozialgruppen flächen- oder linienhaft nach außen vordringt und dabei die Gegenkräfte der ‚Tradition' zu überwinden hat" und ausdrücklich die mittelalterliche Ausbreitung des Weinbaus durch Kirche und Adel dafür ausschließt, so erfüllte dennoch auch die Verbreitung der Rebe insgesamt wesentliche Merkmale des Begriffes. Die räumlichen und zeitlichen Auswirkungen des Ausbreitungsprozesses waren eng mit wirtschaftlichen, soziologischen und psychologischen Faktoren verknüpft und in besonders starkem Maße von konjunkturellen Schwankungen abhängig. Die „psychologische Seite des Problems", die Nachahmung, trug auch im Weinbau wesentlich zur Ausbreitung bei. Der Innovationsvorgang selbst erscheint auch bei der Rebe als eine Abfolge von verschiedenen Phasen (vgl. WERLE, 1977, S. 78–81). Lediglich bei der Ersteinführung dieser Pflanze zeigten sich Abweichungen vom agrargeographischen Innovationsbegriff im Sinne BORCHERDTs: Es waren häufig nicht nur Initiativleistungen „eines Einzelnen oder einiger Weniger" (BORCHERDT, 1961, S. 42), sondern von Gruppen und *vieler* Einzelner, die teilweise bei der Einführung im Gründungsstadium, etwa im Rahmen der Ost- oder Binnenkolonisation, keine anderen traditionellen Kräfte zu überwinden hatten. Daraus ergibt sich, daß der Ausbreitungsvorgang an zahlreichen Stellen gleichzeitig einsetzte und es nicht zur Ausbildung eines einzelnen modellhaften Innovationszentrums, sondern zu einer breiten Streuung solcher Zentren bereits im Anfangsstadium kam. Mehr noch als bei anderen Pflanzen bestimmten bei der Rebe neben den Markteinflüssen die physisch-geographischen Faktoren Richtung, Ausdehnung und Intensität des Innovationsvorgangs im Verteilungsstadium. Die Weinbauinnovationen häuften sich im westlichen Europa im frühen Mittelalter, in Mitteleuropa im hohen und späten Mittelalter und in Osteuropa in der Neuzeit. Heute ist im nördlichen europäischen Erwerbsweinbau überall das Sättigungsstadium erreicht, doch zeigt der Hobbyweinbau noch alle Phasen, so daß die Nordgrenze des europäischen Weinbaus auch nach 3500 Jahren keinen stabilen Zustand erreicht hat.

In Mitteleuropa gewann die Weinkultur erst nach griechisch-römischer Vermittlung eine Bedeutung. Ein direkter Einfluß des schwarzmeerischen Weinbaus auf Mittel- und Südosteuropa vor dem 9. Jahrhundert n. Chr. ist nicht zweifelsfrei geklärt. Mit kurzer Unterbrechung während der Völkerwanderungszeit dehnte sich die Rebe bis zum 15. Jahrhundert kontinuierlich nach Norden und Nordosten aus. Zwar fanden sich schon seit dem 12. Jahrhundert einzelne Nachrichten über die Aufgabe von Weinbergen, doch setzte eine allgemeine rückläufige Bewegung an der Nordgrenze des Erwerbsweinbaus im größeren Maße erst seit Ende des 15. Jahrhunderts ein, die sich dann im 16. und 17. sowie im 19. und 20. Jahrhundert noch verstärkte. Dagegen drang der Weinbau in Osteuropa seit dem 17. Jahrhundert nach Norden vor und scheint erst in unserer Zeit an ökologische Grenzen zu stoßen.

Bei der Beschreibung der aktuellen Nordgrenze des Weinbaus wurde nach dem äußeren Erscheinungsbild zwischen der Nordgrenze des Flächenweinbaus, des verbreiteten Hangweinbaus und des vereinzelten Hangweinbaus unterschieden. Wärend in den Gebieten des Flächen- und des verbreiteten Hangweinbaus der Weinbau auch im Haupterwerb betrieben werden kann, wird in der Zone des vereinzelten Hangweinbaus das klimatische Risiko nur noch von Nebenerwerbs- und Hobbywinzern getragen. Als Grenzwert für den verbreiteten Hangweinbau wurden mindestens ein Hektar Rebfläche gefordert, für den Flächenweinbau in der Ebene mindestens 30 Prozent der LNF der Weinbaugemeinden.

Kirche und Klöster gehörten zu den ersten Trägern des nördlichen Weinbaus. Sie pflanzten Reben zur Sicherung ihrer Weinversorgung und wegen der Schwierigkeiten des Transports, doch änderten sie mit der Erweiterung des Handels ihre Weinbaupolitik. Die Neigung, den Eigenweinbau oder den auswärtigen Weinbesitz aufzugeben, setzte dort zuerst ein, wo sich der Handel am besten entwickelte: im Bereich der Häfen und der Märkte. Dagegen hielt sich der kirchliche und klösterliche Weinbau in entlegenen Gebieten sehr viel länger und zum Teil in bedeutendem Umfang. Die Ausbildung von geistlichem Großbesitz war dort eine der Grundlagen für die Kontinuität des Weinbaus. Auch die Landesfürsten und adligen Grundherren hatten großen Einfluß auf die weite Verbreitung der Rebe nach Norden, vor allem durch die Ansiedlung von Winzern. Die hervorragende Stellung der Kirche bei der Begründung des Weinbaus wurde bei seiner Erweiterung vom Bürgertum eingenommen. Die Weinberge waren Wertobjekte und wurden entsprechend gern zur Kapitalanlage genutzt. Weinberge zu erwerben, brachte dem Bürger soziales Ansehen. Bis zum 16. Jahrhundert hatten sich die Städte zum Hauptträger des Weinbaus entwickelt, sowohl nach Umfang als auch als Verbraucher-, Markt- und Handelszentren. Die bevölkerungsverdichtende Wirkung des nördlichen Weinbaus war gering. Während die aufblühenden Städte ihn zu einem bedeutenden Wirtschaftszweig ausbauten und ihn die Obrigkeit ins 18. Jahrhundert hinüberrettete, gebührte den Vereinen und später den Genossenschaften das Verdienst, den nördlichen Weinbau am Leben erhalten zu haben. Heute gehört in den nördlichen Weinbauorten der Zusammenschluß zu Genossenschaften zur Existenzsicherung des Weinbaus.

Die Entwicklung an seiner nördlichen Verbreitungsgrenze in Europa hing zu allen Zeiten eng zusammen mit den allgemeinen wirtschaftlichen und politischen Verhältnissen. Er schwankte mit der Konjunktur, die das innere und äußere Bild des nördlichen Weinbaus veränderte. Die Untersuchung der Ursachen der Verschiebungen ergab ein sehr komplexes Bild, in dem eindeutig die anthropogenen Momente überwogen. Der Markt und das Transportwesen prägten den nördlichen Weinbau, soweit ihn die natürlichen Bedingungen zuließen. Dabei wurden die naturgeographischen Faktoren im subtilen Kräftespiel mit dem wirtschaftlichen Aufwand des Menschen wechselnd bewertet. Dies zeigte sich auch in den vielfältigen Versuchen einer klimatischen Abgrenzung des Rebbaus nach Norden, in denen sich die zeitlich und räumlich unterschiedlichen Ansichten über ein rentables biologisches Wachstum der Rebe darstellten. Über die tatsächliche Anbauwürdigkeit gibt die topoklimatische Situation Auskunft, deren Bedingungen der Mensch mit seinem Einfluß auf das Bestandsklima noch ein wenig verbessern kann. Die Entscheidung für den Weinbau fällt aber allein der Mensch aus seiner wirtschaftlichen und soziologischen Situation heraus. Im nördlichen Erwerbsweinbau findet die Höhe des menschlichen Pflegeaufwands für die Weinrebe ihre Grenzen dort, wo Zeit-, Arbeits- und Sachaufwand größer werden als der Preis für das erzielte Produkt, den Wein. Die Veränderungen der Anbaufläche waren deshalb bis auf wenige Ausnahmen (z. B. Kriege, Anbaukrisen) immer eine Anpassung an die veränderten Rentabilitätsverhältnisse. Geradezu kennzeichnend für den nördlichen Weinbau war und ist seine Reduzierung zur wirtschaftlichen Bedeutungslosigkeit, je mehr er sich von der Rentabilitätsgrenze entfernt. Auch der nördliche Hobbyweinbau, der den Anbau bis in die Nähe der absoluten Anbaugrenze treibt, kann den ökonomischen Bezug der aufgestellten klimatischen Grenzwerte nicht widerlegen. Der wirtschaftliche Erfolg fällt von den Kern- zu den Grenzräumen des Anbaus deutlich ab, indem sich die Produktionskosten in einem ähnlichen Maß erhöhen, wie sich die Erträge verschlechtern. Wegen dieser Einengung des Rentabilitätsspielraums hing der nördliche Weinbau schon sehr früh von weinbaupolitischen Maßnahmen der verschiedensten Art ab. Alle fanden ihren Niederschlag auch in der Weinbaulandschaft. Die Förderung des nördlichen Weinbaus und seine Existenzsicherung zeigten, daß die staatliche Weinbaupolitik nicht nur vom Rentabilitätsdenken beherrscht wurde. Das frühe Auftreten von Schutzmaßnahmen zur Sicherung des Absatzes der Landweine bewies ihre schwache Position auf dem Markt. Durch die unterschiedliche Festlegung der Abgaben für einheimische und fremde Weine wurde der Anbau der Rebe begünstigt. Seit dem 16. Jahrhundert mehrten sich aber die Anzeichen dafür, daß die steuerliche Förderung und Bevorzugung des Landweins geringer wurde. Die durch zoll- und steuerpolitische Maßnahmen geschaffenen Wirtschaftsbedingungen verursachten eine unterschiedliche Entwicklung des Weinbaus. Der Rückgang und die Ausbreitung der Rebfläche zeigten deshalb gewisse Übereinstimmungen mit der Wirtschafts- und Handelspolitik. Heute wird die staatliche Weinbaupolitik beherrscht von der latenten Überproduktion an Wein und den hohen Anforderungen an die Qualität, was zu Anbaubeschränkungen und Anbauverboten führte.

Einen großen Einfluß auf die Marktsituation hatten auch die Beliebtheit des Weines als Getränk, die Qualitätsansprüche der Konsumenten, die Entwicklung des Handels und Verkehrs und die Folgen der Kriege. Sie trugen alle wesentlich zur Veränderung der Rentabilitätsverhältnisse im nördlichen Weinbau bei.

Die Geschichte des Weinbaus wird bestimmt von der jeweiligen Wertschätzung des Weines. Früher spielte der Wein in vielen Bereichen des öffentlichen und privaten Lebens eine viel größere Rolle, was den Anbau in nördlichen Gebieten förderte. Im Zusammenhang mit der Wandlung des Weins vom Nahrungs- zum Genußmittel steht deshalb auch der Rückgang des nördlichen Weinbaus. Der Weinkonsum war zwar im Mittelalter im allgemeinen sehr groß, doch hing er hauptsächlich vom Einkommen ab. Deshalb waren schon früh Absatz und Verbrauch des Weins im Norden an die Städte und Herrschaftssitze gebunden. Im Gefolge des wirtschaftlichen Niedergangs seit dem 16. Jahrhundert nahm der Weinverbrauch ab.

Die Rolle des Geschmacks erhöhte sich in den nördlichen Anbau- und Verbrauchsgebieten mit zunehmendem Handel und verbesserter Vergleichsmöglichkeit ständig. Daß sich der Geschmack der Weintrinker auch schon im Mittelalter mit den meist sauren Gewächsen der weit nach Norden vorgedrungenen Weinbauorte nicht anfreunden konnte, zeigte die Beliebtheit der Würzweine und das Verschneiden mit

fremden Weinen. Nach diesen verlangten zuerst die reichen Weintrinker. Die Konsumenten lernten vor allem bei den südlichen Weinen die Milde und Armut an Säure schätzen, was letztlich zu einem Wechsel der Konsumgewohnheiten und damit zu einem Rückgang des Absatzes der nördlichen Landweine führte. In weit größerem Maße aber wurde er durch andere Getränke verdrängt. Schon im ganzen Mittelalter war der Bierkonsum in den nördlichen Gegenden wegen seiner Billigkeit sehr viel verbreiteter. Aber auch in den Weinbauorten selbst scheint das Bier den Wein als tägliches Getränk spätestens seit dem 16. Jahrhundert an Bedeutung übertroffen zu haben, wobei vor allem seine durch die obergärige Brauweise verbesserte Qualität beitrug. Auch der Branntwein und besonders die Konkurrenz des Obstweins schränkten den Weinabsatz und damit den Anbau ein.
Erst der Weinhandel ermöglichte die überregionale Bedeutung des Weines, denn die einheimischen Landweine dienten hauptsächlich dem örtlichen Bedarf und waren deshalb nur von lokaler Bedeutung. Gegenüber dem lebhaften Handel auf den Flüssen und entlang der Küsten stand der Weinhandel auf dem Land höchstens dem Umfang nach zurück. Bereits im 13. Jahrhundert gelangte französischer Wein nach Norddeutschland und ungarischer Wein nach Schlesien. Im 12. und 13. Jahrhundert gaben die ersten Klöster ihren Eigenweinbau bzw. Weinbesitz auf, da sie durch den Handel billiger mit Wein versorgt wurden. Dieser Vorgang verstärkte sich, auch hei anderen Trägern des nördlichen Weinbaus, im 15. und 16. Jahrhundert.
In früherer Zeit spielte für den Weinhandel die Rückfracht eine entscheidende Rolle. Kam unter solchen Bedingungen der Fernhandel in Gang, so litt der einheimische Weinbau. Wegen der hohen Frachtkosten bestimmten bis zum Beginn des Eisenbahnzeitalters im Binnenland die den Verbrauchsgebieten am nächsten liegenden Anbaugebiete das Angebot, während in Küstennähe bereits die ausländischen Weine vorherrschten. Die Lage an großen Flüssen begünstigte bis ins 17. Jahrhundert hinein den Absatz. Die Fließrichtung bestimmte den Umfang des Weinhandels und auch die Absatzmärkte. Den Transportvorteil der Binnenschiffahrt konnte der Landverkehr nur langsam seit dem 16. Jahrhundert einholen. Deshalb trug auch zum Rückgang des nördlichen Weinbaus im 16./17. Jahrhundert weniger der Umfang des Weinhandels auf dem Land als vielmehr sein qualitativ besseres Angebot bei, wobei die Weine aus südlichen Ländern nur eine ganz geringe Rolle spielten. Mit dem weiteren Ausbau der Landstraßen und der Eisenbahn gelang es dem Landverkehr schließlich, den nördlichen Weinbau auch vom Umfang seines Angebots her zu beeinflussen. Die Entwicklung des Landverkehrs förderte den Weinbau in den Kerngebieten und schwächte den der Randgebiete. Im Zusammenhang damit stand auch die Aufhebung der Zollgrenzen. Die nördlichen Randgebiete des Weinbaus litten sowohl unter der Zollfreiheit im Binnenhandel als auch unter der Verbilligung der Transportmittel, die eine verstärkte Konkurrenz besserer und billigerer Weine mit sich brachten, so daß dort die verbesserten Verkehrs- und Handelsbedingungen zu einem Rückgang des Weinbaus führten.
Die Entwicklung von Handel und Verkehr spiegelte sich einmal in der Erweiterung des Angebots und des Umfangs, zum anderen aber auch in den sinkenden Preisen für die fremden Weine. Trotz ihrer Verbilligung blieb immer noch ein Preisvorteil für den Landwein, der aber mit der Veränderung der Konsumgewohnheiten und des Geschmacks nicht mehr voll zur Geltung kam. Heute ist für den Preis der fremden Weine nicht mehr so sehr ihr weiter Transportweg entscheidend, als vielmehr ihre

Qualität und ihre Produktionskosten, was zu einer teilweisen Preisumkehr im Verhältnis der südlichen gegenüber den nördlichen Weinen geführt hat.

Bei den Auswirkungen der Kriege auf den nördlichen Weinbau blieben die direkten Kriegsschäden nur von kurzfristiger Bedeutung. Nur ganz selten lassen sich Zerstörungen und Verwüstungen für seinen Rückgang verantwortlich machen. Dagegen waren die mittelbaren Kriegsfolgen sehr viel schwerwiegender. Während die direkten Kriegsschäden von den nördlichen Weinbauorten zumeist aus eigener Kraft überwunden werden konnten, bedeuteten die Veränderungen der Produktionsbedingungen und der Marktsituation infolge der Kriege für viele das Ende des Weinbaus. Der Dreißigjährige Krieg selbst brachte dem nördlichen Weinbau keinen wesentlichen Rückschlag, sondern verstärkte hauptsächlich eine bereits latent vorhandene krisenhafte Situation. Er beschleunigte den Verfall, und die wirtschaftlichen Bedingungen verhinderten einen Neuaufbau der verödeten und zerstörten Weinberge im alten Umfang. Die Schrumpfung des Weinbauareals bereits im 16. Jahrhundert beweist eindeutig, daß der mitteleuropäische Weinbau den Höhepunkt seiner räumlichen Ausdehnung bereits überschritten hatte und somit der Dreißigjährige Krieg nicht als Einleiter oder gar Urheber dieser Entwicklung angesehen werden kann.

Auch die Wertschätzung der Rebe bei den Weinbauern, Umfang und Art der Weinbergsarbeiten, Betriebsverhältnisse, Weinpreise und Krisen und Blütezeiten blieben nicht ohne Auswirkung auf die Entwicklung der nördlichen Weinbaugrenze. Die Vorzugsstellung des Weinbaus innerhalb der Sonderkulturen lag lange Zeit darin begründet, daß er den Bauern die Möglichkeit bot, auf kleinster Fläche einen größtmöglichen Gewinn zu erwirtschaften und dies auch bei für andere Kulturen ungeeigneten Boden- und Reliefverhältnissen. Der hohe Stellenwert des Weinbaus blieb so lange erhalten, so lange allein die Ertragshöhe für den Gewinn entscheidend war. Nachdem aber Absatz und Gewinn verstärkt von der Qualität abhängig wurden, sank bei vielen nördlichen Weinbauern die Beliebtheit der Rebe. Sie war jetzt nicht mehr die wirtschaftlichste Anbaupflanze, sondern eine, die nur unter ganz bestimmten Voraussetzungen noch in Frage kam. Vor allen anderen Ursachen des Rückgangs bestimmte deshalb die Veränderung der Qualitätsansprüche die Entwicklung des Weinbaus in den klimatisch weniger begünstigten Gebieten.

Der gleichzeitige Anbau von anderen Pflanzen im Weinberg war ein Ausdruck für die Unsicherheit des Weinbaus. Man wollte durch den Anbau von Nebenkulturen eine gewisse Ertragsgarantie erreichen. Trotz aller Verbote nahm er in dem Maße zu, wie die Rentabilität des nördlichen Weinbaus zurückging. Hatte die Durchdringung von Obst, Gemüse und Reben derart zugenommen, daß die Reben in der Minderzahl waren, begann der nächste Schritt zum Abbau der Rebkultur: die Vernachlässigung der Pflege. Sobald die Reben nicht mehr ausreichend gepflegt wurden, verschlechterte sich auch die Pflege des Weines. Kennzeichnend für dieses Stadium war deshalb der Wegfall der Kelterung und der Verkauf der Trauben zum Verzehr. Das letzte Stadium vor der endgültigen Aufgabe der nur noch vereinzelt stehenden Reben bildete die Essigbereitung.

Unter den Nachfolgekulturen auf den ehemaligen Rebparzellen stand der Obstbau an erster Stelle. Die Anbaukrisen in der 2. Hälfte des 19. Jahrhunderts förderten und beschleunigten vielerorts diese Umstellung. Aus der Ablösung des arbeitsintensiven Weinbaus durch andere Intensivkulturen wurde geschlossen, daß bis zum 19. Jahrhundert nicht der vielbeklagte Arbeitskräftebedarf der Grund für die Umstellung des Anbaus war, sondern eine gesunde Marktorientierung. Die Arbeitskräftefrage wurde erst nach der Industrialisierung zur Kernfrage des modernen Weinbaus und bestimmte weitgehend seine Rentabilität. Da die Hang- und Steillagen des nördlichen Weinbaus einen hohen Arbeitsaufwand erfordern, konnten die Verluste durch Abwanderung nur in geringem Umfang durch Rationalisierung und Mechanisierung aufgefangen werden. Durch den Einsatz von Maschinen erfuhr das Relief eine Aufwertung, da es jetzt die Produktionskosten bestimmte. Deshalb geht heute im europäischen Weinbau der Hangweinbau insgesamt zurück, während sich der Flächenweinbau weiter ausdehnt.

Die im nördlichen Weinbau weitverbreiteten Unzulänglichkeiten in der Anbau- und Kellertechnik wurden mit der geographischen Entferung zu den Kerngebieten größer. Das Interesse an der Weinbautechnik sank mit abnehmender Rentabilität. Die mangelhafte Pflege hat zwar den Rückgang des Weinbaus nicht verursacht, aber sie war Ausdruck einer sinkenden Wertschätzung dieser Kulturart in den Grenzbereichen ihrer Verbreitung. Hinzu kam das allzulange Festhalten an traditionellen Arbeitsverfahren, das für den nördlichen Weinbau kennzeichnend war. Die konservative Einstellung oder die Aufgeschlossenheit gegenüber den weinbautechnischen Neuerungen aber konnten die Entwicklung des Weinbaus wesentlich beeinflussen. Auch einschneidende Veränderungen in den Besitzverhältnissen, wodurch andere soziale Gruppen zum Weinbau gelangten, konnten zu seinem Niedergang führen.

In früheren Jahrhunderten war die Weinbaukonjunktur hauptsächlich von der übrigen Landwirtschaft abhängig. Heute ist der gesamte Agrarbereich stark mit anderen Wirtschaftsbereichen, auch des Auslandes, verzahnt. Der Weinbau ist dadurch sehr viel mehr Einflüssen ausgesetzt und damit auch krisenanfälliger geworden. Diese Krisen äußerten sich am ersten und am stärksten an seiner Arealgrenze. Die Geschichte des nördlichen Weinbaus war im wesentlichen die Geschichte aufeinanderfolgender Krisen und Hochkonjunkturen.

In der Zeit der größten Ausdehnung waren die Absatzmöglichkeiten für den Wein anscheinend unbegrenzt. Spätestens seit dem 16. Jahrhundert verschlechterte sich jedoch die Absatzlage wegen der Verbilligung des Bieres und der Verbreitung anderer Getränke, und die Rebfläche schrumpfte. Heute steht die gesamte Weltweinwirtschaft im Zeichen einer erhöhten Produktion, die den Weinverbrauch bei weitem übersteigt. Zu diesem Ungleichgewicht führte vor allem der Übergang zur Massenerzeugung im Flächenweinbau, wodurch sich die Absatzaussichten für minderwertige Weine des Hangweinbaus verringerten.

Die Anbaukrisen des Weinbaus sind erst neuzeitliche Erscheinungsformen und wurden durch die Krankheiten und Schädlinge der Rebe verursacht. Ohne Schädlingsbekämpfungsmittel ist deshalb heute Weinbau nicht mehr möglich. Dadurch sind die Produktionskosten gestiegen, so daß vor allem den Pilzkrankheiten eine selektive Wirkung auf die Verbreitung der Rebe zugesprochen werden muß. Dagegen hatte die direkte Vernichtung von Weinbergen durch die Reblaus kaum Anteil am Rückgang des nördlichen Weinbaus. Die mittelbaren Folgen der Reblausverseuchung waren sehr viel weitreichender und hatten eine veränderte Marktsituation zur Folge. Während in den Kerngebieten des Weinbaus die Aktivitäten der Winzer durch die Reblauskrise eher noch verstärkt wurden, erlahmten sie bei den Nebenerwerbswinzern an der Arealgrenze mehr und mehr. Dort offenbarten und beschleunigten die Schädlinge und Krankheiten eine bereits bestehende Krise.

Das Klima steckt den ökologischen Rahmen ab, innerhalb dessen der Mensch Weinbau treiben kann. An seiner Nordgrenze ist dazu eine Selektion extremer Standorte notwendig. Die geringen Erntemengen, viel Säure und wenig Zucker, das erhöhte Risiko durch Spät- und Frühfröste und der hohe Pflegeaufwand aber haben eine erhöhte Konkurrenz durch Ersatzpflanzen zur Folge. Die heutige Nordgrenze des Erwerbsweinbaus wird daher von disjunkten und Reliktstandorten bestimmt. Trotz bester Pflege, Sortenwahl und Anbautechnik belassen die auf das Klima zurückzuführenden geringen und unsicheren Erträge den nördlichen Weinbau im Grenzbereich der Rentabilität. Ungenügende Erträge waren deshalb häufig der Anlaß für die Aufgabe des Weinbaus. Der Notwendigkeit, steigende Produktionskosten mit steigenden Erträgen aufzufangen, kann der nördliche Hangweinbau nur noch sehr begrenzt entsprechen, während der Flächenweinbau noch große Ertragsreserven besitzt.

An günstigen Lagen fehlte es an der nördlichen Weinbaugrenze schon immer, auch wenn die klimatische Selektion der Standorte und damit die Aufwertung des Standortfaktors erst neueren Datums ist. Bei der Ausbreitung des Weinbaus überwogen die anthropogenen Faktoren, während beim Rückgang die klimatischen Bedingungen aus Gründen der Wirtschaftlichkeit in den Vordergrund traten. Der Weinbau wurde dadurch immer mehr von einer historisch bedingten Anbauform zu einer klimabestimmten Anbauform. Mit der Einführung des Qualitätsweinbaus wurden die klimatischen Bedingungen im nördlichen Weinbau vielerorts zu einem Risikofaktor, der immer mehr Weinbauern zur Wahl einer anderen Kulturpflanze zwang. Der Bedeutungszuwachs des Topoklimas für den Weinbau hängt mit vielen anthropogenen Faktoren zusammen und ist deshalb auch ohne eine Klimaveränderung zu erklären. Der Weinbau zog sich nicht erst durch eine Klimaverschlechterung auf inselartige Relikte zurück. Dieser Vorgang setzte schon in einer Epoche ein, für die noch ein wärmeres Klima angenommen wird. Wenn eine Klimaveränderung in historischer Zeit heute auch unbestritten ist, so konnte doch aufgezeigt werden, daß der Weinbau als Indikator dafür ungeeignet ist, weil sich in ihm klimatische und anthropogene Faktoren überlagern, und es nicht möglich ist, den klimatischen Faktor zweifelsfrei und eindeutig abzuspalten. Zudem waren ihre Auswirkungen auf den nördlichen Weinbau wohl weit geringer, als von den Klimaforschern angenommen wird. Die wiederholten Aufbaumaßnahmen des Menschen zeigten, daß Klimaschwankungen allein den Weinbau kaum zurückdrängen konnten, sondern allenfalls andere Ursachen in ihrer Wirkung verstärkten.

Soweit die Ursachen des Rückgangs auf eine falsche Abschätzung der natürlichen Bedingungen zurückzuführen sind, ist heute die Weinbauwissenschaft in der Lage, durch geeignete Sortenzucht, Anbau- und Kellertechnik den nördlichen Weinbau bis zu einem gewissen Grad ertrags- und qualitätsmäßig abzusichern. Der erhöhte Aufwand macht ihn allerdings weniger wirtschaftlich, so daß eine erneute Ausdehnung nach Norden, die von der Rebenzüchtung durchaus ermöglicht würde, so lange unwahrscheinlich bleibt, so lange weltweit zuviel Wein auf den Markt drängt und damit kein Bedarf an einem nördlichen europäischen Weinbau im großen Umfang besteht. Einzig dem Hobbyweinbau, der die Erfolge der Rebenzüchtung nutzte, ist es nach dem 2. Weltkrieg gelungen, die Grenze des Weinbaus wieder nach Norden zu verschieben.

SUMMARY

The extension of the grape-vine — in terms of distance, time, economic importance and social consequences — ranks amongst the most remarkable processes of expansion that Europe has seen in a plant. Its spread involved many examples of what we mean by the word 'innovation'. Whilst at the present time commercial viticulture in Northern Europe has reached saturation peak, amateur wine-growers still lie at various degrees of development. The result of this is that the northern limit of European viticulture has not reached any stable position — even after 3,500 years.

Up to the fifteenth century the grape-vine spread constantly north- and north-eastwards. Although we find single instances of vineyard abandonment ever since the twelfth century, general regression of the northern limit of viticulture only set in to any great extent after the end of the fifteenth century followed by a strengthening of the tendency in the sixteenth, seventeenth, as well as the nineteenth and twentieth centuries. In contrast, East European viticulture pressed northwards after the seventeenth century and appears only nowadays to have reached its ecological limits.

Church and cloister rank amongst the first agents of northern viticulture. This extension was very largely a result of the clergy's acquisition of estates. Monarchs, Lords of the manor, as well as towns, all joined to encourage the growing of the vine.

The development of viticulture at Europe's northern limit of extension was at all times very closely related to the prevailing economic and political circumstances. Its fortunes rose and fell with the vicissitudes of the economy — which changed viticulture in the North both internally and externally. Research into the reasons for these rises and falls in importance threw up complex states of affairs, in which anthropogenic factors predominate. Market forces and conditions of transport determined the state of northern viticulture in as far as natural circumstances permitted.

So, changes in the area under cultivation were, with very few exceptions, (e. g. wars and agricultural crises), adjustment to changing conditions of profitability. From the early appearance of protective measures to secure the marketing of rurally-produced wines we can deduce that their position on the market was a weak one.

Great influences on the market situation were also exerted by the popularity of wine as a beverage, the consumers' demands for quality, the development of trade and transport as well as the consequences of war. All these factors contributed to northern viticulture's change in profitability. Wine was transformed from a common foodstuff to a luxury product and became increasingly subject to competition from other beverages — noticeably from beer, spirits cider and perry.

The wine-trade was the most important factor in giving wine significance beyond its own region, for locally-grown wines from the country served mainly local demands. As early as the twelfth and thirteenth centuries the first monasteries were giving up their own vineyards in favour of cheaper wine from traders. Nowadays, transportation costs play a small part in fixing the price of foreign wines; it is rather quality and costs of production which have led to a partial reversal in the cost relationship of southern, as opposed to northern wines.

The damaging effects of war upon northern wine-growers were but short-lived. Destruction and laying to waste are only seldom responsible for their decline. In contrast, the indirect effects of war, such as changes in production conditions and the market situation, played a much more significant role. The Thirty Years War itself dealt no essential blow to northern viticulture − on the contrary, it exacerbated in the main a crisis that was already, if latently, in existence.

The prominent position held by viticulture amongst speciality crops was for a long time explainable by the fact that it gave farmers the opportunity to achieve the greatest possible gain from the smallest acreage and from soil and relief unsuitable for other crops. Viticulture only kept its relative prominence as long as profit depended on yield. So, above every other reason for the decline of the development of viticulture in climatically less favourable areas, it was determined by changes in requirements of quality.

Concurrent cultivation of other plants in vineyards shows clearly the insecure position held by viticulture. By growing other varieties of crop the farmer could secure his profits. Despite all inhibitions these crops gained an importance proportional to the decline in profitability in northern viticulture. Of all crops that superseded the vine, fruit growing was pre-eminent.

The history of northern viticulture is essentially that of successive depressions and booms. During times of greatest expansion the possibilities for wine sales seemed infinite. In the sixteenth century at the latest the sales potential of wine deteriorated owing to the fall in the price of beer and the broadened availability of other beverages. As a result, the acreage under vine shrank.

Crises in vine growing are thoroughly modern phenomena and were caused by pests and diseases. So, nowadays, viticulture is not possible without pesticides. Thus production costs have risen with the result that we must attribute at least a partial effect on the extension of the vine to fungus diseases above all else.

Climate dictates the ecological limits within which man can grow the vine. At its northern limit, therefore, a natural selection of border lines and localities must take place. Even if the selection of sites by climate and, consequently, upgrading of the site is only recent, there has always been a lack of suitable sites at this northern limit. Anthropogenic factors predominated in viticulture's expansion in importance whilst when in decline climatic considerations, for reasons of profitability, exerted most influence. For all these reasons viticulture changed from an agriculture determined for its progress on historical factors to an agriculture determined by climate.

The retreat of the vine to an isolated relict-like form was not necessitated primarily by a deterioration of climate. This process set in in an epoch we still take to be relatively warm. Even if a change of climate in historical time still remains indisputable we could still point out that viticulture is an inappropriate indicator of this for climatic and anthropogenic factors overlap here and it is not possible to clearly differentiate climatic factors to our complete satisfaction. Moreover, their effect on northern viticulture were without doubt less significant than climatologists assume. Repeated instances of Man's reconstruction show us that variations in climate alone were not able to halt viticulture's progress for, on the contrary, they exacerbated the effect of other causes.

Today, modern viticultural science has the ability — by means of tailored plant cultivation and growing and storing techniques — to guarantee, to a certain extent, the yield and quality of northern viticulture. Higher costs make it admittedly less profitable and hence a new expansion northwards would appear improbable as long as so much wine is available on the World Market; and thus there is no need for an expansive North European wine industry. Only amateur wine-growers, using the successes of grape culture, have managed to extend the limit of viticulture further northwards.

ANMERKUNGEN

1. Problemstellung, Übersicht, Gliederung

1   Dieser Standpunkt findet sich vor allem in der älteren Weinbauliteratur. So heißt es etwa bei MUSSET (1908, S. 270): „La limite actuelle de la vigne est donc une limite stable, que les vicissitudes économiques ne semblent guère pouvoir modifier, par conséquent, une limite naturelle".

2   Wie sehr wirtschaftliche Motive im heutigen Weinbau eine Rolle spielen, geht auch aus der folgenden Aussage DIONs (1959, S. 11) über die nördliche Weinbaugrenze in Frankreich hervor: „Là où la viticulture est payante, le peuple rurale s'efforce de la pratiquer pour son propre compte. Au Nord de la ligne où elle cesse de l'être, il faut. pour qu'elle paraisse encore, des gens assez riches pour pouvoir s'y adonner de façon désintéressée".

3   Im freien Spiel der Marktkräfte ist aber die Rentabilitätsgrenze des Weinbaus durchaus mit der Nordgrenze des Erwerbsweinbaus identisch.

4   Vgl. STANG (1962, S. 290); VOGT (4. Aufl. 1967, S. 115); REICHARDT (1960, S. 18 f.) und KIEFER/FETTER (1971, S. 569). Über die Auslastung der Arbeitskapazität einer AK vgl. Kapitel 4 und 4.4.

2. Die Bedingungen des Weinbaus

1   Vgl. auch die Beschreibungen und Karten bei DAVITAYA (1938); EVREINOFF (1951); KIRCHHEIMER (1944) und WERTH (1931);

2   Kosmos, Entwurf einer physischen Weltbeschreibung, Stuttgart 1845, Bd. I, S. 350.

3   Wie sehr diese Grenzwerte von zeitlich und lokal unterschiedlichen ökonomischen Gesichtspunkten beeinflußt werden, zeigt der Vergleich mit folgender Begrenzung; „Weinbau endet auch in günstigen ökologischen Nischen spätestens bei Jahres-Isotherme von + 17,5° C und mittlerer Januar-Temperatur von − 2,5° C, für manche Rebsorten darf sie nicht unter − 1° C absinken" (K. M. HOFFMANN, 1977, S. 34).

4   Econ. rur., 1844, II, 674; zit. nach CANDOLLE, 1855, S. 360

5   J. BRANAS, Viticulture, Montpellier 1974.

6   Das ist etwa nördlich der Linie Loiremündung − Ahr − Meißen − Grünberg (nach N. J. BECKER, 1978, S. 72, Abb. 1). Einige Vergleichswerte für das heliothermische Produkt für Orte in Frankreich: Perpignan 6,78; Montpellier 5,24; Bordeaux 4,00; Colmar 3,44 (N. J. BECKER, 1978, S. 78).

7   Auf einen anderen Aspekt verweist JENSCH (1957, S. 85). Danach braucht nicht nur die Rebe günstige klimatische Verhältnisse im Winter, sondern auch der Weinbaubetrieb für seine Winterarbeit.

8   Nur 1959 näherte sich die Temperatursumme mit 2893° dieser Grenze. Im Mittel betrug sie in diesen Jahren nur 2637° (WENDLING, 1966, S. 23).

9   Dabei informieren die Klimagrenzen aber immer noch besser als die Identifizierung des Rebanbaugebietes durch andere Kulturpflanzen. So soll in Österreich die Rebe überall

dort gedeihen, „wo der Pfirsich wächst und der Maisanbau lohnend" (GOLLMICK, 1976, S. 125). In Deutschland wird die Nordgrenze des Weinbaus begleitet von „Edelkastanie, Pfirsich, Mandel und Mais" (HÄBERLE, 1930, S. 9). Nach NAUMANN (1924, S. 200 f.) ist „das gute Gedeihen des Nußbaums u. a. ein besonderes Kennzeichen guter u. warmer Weinlagen, auch die Edelkastanie deutet auf solche hin".

10 VOGT/GÖTZ (1977, S. 18) sprechen von „Spezialitäten und Originalitäten".

11 Diese werden z. B. von der EG und vielen andern Staaten in der Weinbaugesetzgebung auch ausgewiesen, doch ist dabei der Begriff „Qualität" nicht einheitlich definiert (vgl. MÉMENTO de l'OIV, Abschnitt Législation, 1975).

12 Gerade in den nördlichen mitteleuropäischen Weinbaugebieten zeigt sich ganz deutlich, wie heute an der nördlichen Weinbaugrenze die Rentabilität die Verbreitung bestimmt. In den Anbaugebieten wird die verstärkte Frostgefahr nur dann hingenommen, wenn die damit verbundenen höheren Ausgaben für kosten- und arbeitsaufwendige Schutzmaßnahmen und ein Minderertrag durch höhere Weinpreise ausgeglichen werden können.

13 Auch aus den Schadensmeldungen wird ersichtlich, wie sehr die Temperatur der Hauptgrenzfaktor des Weinbaus ist. Im Ahrtal verursachte der strenge Winter 1955/56 mit einer absoluten Tiefsttemperatur von − 21,8° C Schäden von 4,7 Mill. DM (WENDLING, 1966, S. 23).
Versuche mit Reben in Orenburg am südlichen Ural zeigten, daß die kontinentalen Sommer das Wachstum beschleunigten, so daß bei einer 21 Tage später als in der Steppenkrim beginnenden Vegetationszeit die Reife der Beeren dort nur 2 bis 5 Tage später eintrat. Dabei werden im Juli und August Temperaturen von 30 bis 38° C erreicht. Die Länge der frostfreien Vegetationsperiode beträgt nur 130 bis 145 Tage, wobei die Wärmesumme in dieser Zeit 2500 bis 2800° C ausmacht. Allerdings werden im Januar und Februar Tiefsttemperaturen von − 20° bis − 40° C erreicht, so daß nur ein 30 cm hoher Erdwall, eine daraufliegende 40 bis 70 cm hohe stabile Schneedecke und das Fehlen einer nennenswerten Tauwetterperiode eine Überwinterung erlauben, wobei die Bodentemperatur in 60 cm Tiefe zwischen + 3° C und − 1° C schwankt (ŠATILOV, 1972, S. 41).

14 Darunter verstehen VOGT/GÖTZ (1977, S. 68) den durch Kleinklima und Boden gegebenen Standort der Rebe. Das deutsche Weingesetz von 1971 bezeichnet als Lage eine Rebfläche, von deren Erträgen gleichwertige Weine gleichartiger Geschmacksrichtung hergestellt werden können.

15 Über die zur Ermittlung der kleinklimatischen Gunst eines Geländes notwendigen klimatologischen Vergleichsmessungen vgl. N. J. BECKER (1977) und VOGT/GÖTZ (1977, S. 77).

16 Am Siebengebirge betrug 1957 der Anteil der Flachlagen 12 Prozent (BRD: 43 %), der Hanglagen 37 Prozent (BRD: 40 %) und der Steillagen 51 Prozent (BRD: 17 %) (STANG, 1962, S. 286). In der Sowjetunion liegen von einer Anbaufläche von über 1 Mill. ha ca 100 000 ha in Hang- und Steillage, vorwiegend im nördlichen Bereich (KIEFER/FETTER, 1971, S. 569).

17 Nach BRANDTNER (1973, S. 322) hat in 50° n. Br. ein mit 28° geneigter Südhang den besten Rebwuchs zu verzeichnen.

18 So konnte 1965 im Rheingau zwischen Südlagen in 110 m Höhe und Südlagen in 280 m Höhe eine Verzögerung der Rebblüte von 13 Tagen beobachtet werden (N. J. BECKER, 1971, S. 15). Vgl. hierzu auch die Darstellung bei VOGT/GÖTZ (1977, S. 87): Vergleich der Rebenentwicklung und des Reifeverlaufs in einer sehr guten und einer geringen Lage (auch in N. J. BECKER, 1978, S. 80).

19 Dabei sind auch tages- und jahreszeitliche Unterschiede festzustellen. Bei entsprechenden Versuchen in Geisenheim Ende September/Anfang Oktober betrug die Differenz mittags noch etwa 2° C und zwischen 15 und 16 Uhr noch 1° C (HORNEY, 1972, S. 313).

20 Im Mittel rund 5° Öchsle (HORNEY, 1972, S. 315).

21 Nach VOGT/GÖTZ (1977, S. 71) beginnt bei voller Belaubung die Zerstörung des Bestandsklimas, wenn der Wind mit einer Geschwindigkeit von mehr als 1 m pro sec in Zeilenrichtung, oder mit mehr als 2 m pro sec quer zu den Zeilen bläst.

22 vgl. auch HÄBERLE (1926, S. 419) und SARTORIUS (1936/37, S. 80).

23 Der Mensch kann die Wärme im Boden noch dadurch erhalten, indem er bei Frostgefahr den Boden nicht bearbeitet, da „der frisch aufgerissene Boden in den ersten Tagen mehr Verdunstungskälte erzeugt als ein Boden mit abgetrockneter Oberfläche (SARTORIUS, 1936/37, S. 80), oder aber den Boden durch Abdeckung isoliert (vgl. VOGT/GÖTZ, 1977, S. 75).

24 In Frankreich werden sie deshalb zur Abgrenzung der Appellations-Gebiete benutzt (N. J. BECKER, 1977, S. 88).

25 Für einige deutsche Weinbaugebiete liegen bereits Standortkartierungen mit Boden- und Klimakarten vor.

26 Demgegenüber führt TELEKI (1937, S. 33) die Bildung der für eine bestimmte Weinbaulandschaft typischen Geschmacks- und Bukettstoffe auf örtlich bedingte klimatische Einflüsse zurück und gibt als Beispiel das Tokajergebiet an, wo auf drei verschiedenen Böden ein Wein von ganz einheitlichem Charakter gekeltert wird.

27 So weist RUPPERT (1960, S. 49) eine Determinanz der physikalischen Faktoren, die den Weinbau „zwingend vorschreiben", ausdrücklich zurück.

28 KRIEGE (1911, S. 181 f.) z. B. nennt als Gründe für die Erhaltung des Ahrweinbaus an erster Stelle die Erhaltung der Bevölkerung und an zweiter Stelle die Erhaltung des deutschen Medizinalweines.

29 So kam es z. B. in der DDR zur Umstellung von der Pfahlerziehung zur mittelhohen Erziehung an Drahtrahmen (DIETER, 1965, S. 179). In Böhmen und Mähren hatten 1970 bereits 72,6 Prozent aller Weinberge eine mittlere und breite Erziehung (FROLEC, 1973, S. 166).

30 Die unterste Grenze der Stammhöhe sollte heute, auch in Steillagen, bei 50 cm liegen. Nach wissenschaftlichen Untersuchungen erbringt eine Laubwandhöhe von nicht weniger als 1,30 m die besten Resultate in Ertrag und Qualität (VOGT/GÖTZ, 1977, S. 148), bei 1,60–2,00 m Zeilen- und 1,00–1,50 m Stockabstand (K. M. HOFFMANN, 1977, S. 40).

31 So sollte die Stockentfernung in extrem steilen Lagen wegen der geringeren Wuchsfreudigkeit nicht über 1,30 m betragen (SCHWAPPACH, 1977, S. 74).

32 Nach NISSLER (1968, S. 212) stehen in der Sowjetunion nur 25 Prozent der Reben im offenen Anbau (ohne Zudecken).

33 Über Aufgaben, Ziele und Methoden der Rebenzüchtung vgl. VOGT/GÖTZ, 1977, S. 363–366 und K. M. HOFFMANN, 1977, S. 52–56.

34 Die Rebenzüchtung überwand z. B. beim Silvaner die Degeneration durch systematische Selektion (Erhaltungszüchtung) (DER WEINFREUND, 2/1977, S. 19). In Deutschland bemüht sich die Züchtung um besonders farbkräftige blaue Trauben (K. M. HOFFMANN, 1977, S. 141). Einige neue Sorten, z. B. Optima und Ehrenfelser, haben einen geringeren Säuregehalt und sind sehr frühreifend (K. M. HOFFMANN, 1977, S. 127 f.).

35 Einige Sorten, wie z. B. der Müller-Thurgau, faulen rasch und zwingen dadurch zu schneller Lese; sie sollten deshalb nur in beschränktem Umfang angepflanzt werden: „Auch Sorten, die viel Heftarbeiten verursachen, wie z. B. Kerner, oder mehr als normal gespritzt werden müssen, wie z. B. Müller-Thurgau, sollten im Anbau nicht im Vordergrund stehen" (HILLEBRAND, 1975/76, S. 20).

36 Beim Silvaner konnte die Rollkrankheit durch Selektion überwunden werden (DER WEINFREUND, 2/1977, S. 19). Gegenüber der Peronospora sind die einzelnen Sorten unterschiedlich anfällig (vgl. VOGT/GÖTZ, 1977, S. 261 f.). Es gelang auch Sorten zu züchten, die gegen Roten Brenner resistent sind (vgl. VOGT/GÖTZ, 1977, S. 364). Bei

den Unterlagssorten gibt es welche mit ausgeprägten Erbanlagen für die Resistenz gegen Reblaus, Peronospora und Oidium (VOGT/GÖTZ, 1977, S. 365).

37 Nach KNIPPEL (1953, S. 113) zeichnen sich DDR-Weine durch Säuremangel aus (vgl. auch AUMÜLLER, 1960, S. 488).

38 Eine natürliche Erhöhung des Zuckergehaltes während der Reife ist sowjetischen Züchtern im hohen Norden durch Aufzucht in Treibhäusern gelungen. In einer Zeitungsmeldung heißt es: „Die Produktion von Wein aus Treibhäusern im hohen Norden der UdSSR ist geglückt. Auf der Kola-Halbinsel in Murmansk ist die Züchtung einer Weinsorte gelungen, die zuletzt durchschnittlich 30 kg Trauben je Treibhaus-Quadratmeter erbrachte. Wie die sowjetischen Fachleute behaupten, kommt dieser nordische Wein nicht nur billiger als der aus dem Süden importierte, sondern er hat auch einen höheren Zuckergehalt. Diesen erklären die Agronomen mit der wohltuenden Einwirkung des langen Polartages auf die Weinrebe im Treibhaus".
(FLÜSSIGES OBST, Bad Homburg, 41. Jg., 1974, S. 207).

39 Das hindert viele Hobbyweingärtner nicht daran, ihre kleinen Weinberge bis nahe der absoluten Grenze anzulegen. Im Organ des englischen Weinbauverbandes heißt es deshalb warnend: „... the prospects of an adequate financial return on your investment are pretty bleak (English Vineyards Association Journal No 9, 1975, S. 35).

40 Über die Schwierigkeit einer Abgrenzung des „vorteilhaften Weinbaus" vgl. auch HÄBERLE (1930, S. 9).

41 Die damit verbundenen Kosten, z. B. der Spätfrostbekämpfung, sind je nach Frosthäufigkeit und Kostenart enorm (vgl. K. ADAMS, Spätfrostbekämpfung durch rationelles Vernebelungsverfahren, in: Der Deutsche Weinbau, 11/1970, S. 403–406). Allein die Investitionskosten für Geländeheizöfen wurden 1970 mit 3000 bis 4000 DM/ha angegeben (O. FOLTYN, Die Bedeutung des Frostschutzes und die Geländebeheizung, in: Der Deutsche Weinbau, 11/1970, S. 396–402).

42 So wurden z. B. von den 400 ha im sächsischen Elbtal und etwa 700 ha in Thüringen und Sachsen-Anhalt ausgewiesenem „guten bzw. wertvollen Rebland" (DIETER, 1965, S. 180) im Jahre 1972 insgesamt nur etwa 400 ha für den Weinbau genutzt (GOLLMICK, 1976).

43 Nach HAHN (1956, S. 138) ist die Ausdehnung der großen Weinbaubetriebe eine Folge der gesunkenen Rentabilität.

44 Das Zitat steht im Zusammenhang mit dem europäischen Gereideanbau, doch trifft es meiner Meinung nach auch auf die Verhältnisse im Weinbau zu.

45 Mit der Erhöhung der Erträge stiegen aber auch gleichzeitig die Kosten für die Düngung, so in der BRD auf mehr als 10 Prozent der Roherträge, in Österreich nur auf 6 Prozent, worauf H.-C. SCHMIDT (1965, S. 56) die dortige mangelnde Flächenproduktivität zurückführt.

46 In Baden gab es im Weinbau zwischen 1886–1916, also zur Zeit der großen Reblauskrise, Ertragsschwankungen von 95 Prozent, im Tabakanbau „nur" von 60 Prozent (KIEFER, 1933, S. 78). Im Jahre 1972 hatte die BRD einen ha-Ertrag von 10 189 kg gegenüber einem Weltdurchschnitt von 5246 kg (DIE WEIN-WISSENSCHAFT, 1/1976, S. 56).

47 Er ist außerdem abhängig von der Erziehung, der Wegeerschließung, der Stockdichte und der Parzellierung. Auch der besonders hohe Anteil der Handarbeit bei der herbstlichen Lese schränkt diese Möglichkeit ein. Sie macht allein 16 Prozent des jährlichen Gesamtaufwandes aus (JENSCH, 1957, S. 82). In der UdSSR betragen die Arbeitskosten der Ernte rund 30 Prozent der Gesamtproduktionskosten (KRAMARTCHOUK, 1974, S. 242).

48 In der BRD werden etwa 20 bis 25 Prozent der Rebflächen in Seilzuglagen bewirtschaftet (VOGT/GÖTZ, 1977, S. 395).

49 Bei Hangwinkel um 40° müssen Weinberge terrassiert werden (WERLE, 1977, S. 34). Schmalspurschlepper können unter günstigen Voraussetzungen 35 bis 40 Prozent Steigung bewältigen. Bei Schieferverwitterungsböden mit sehr hohem Steinanteil konnten Raupen aber schon bei 20 Prozent nicht mehr eingesetzt werden (BOURQUIN/MADER, 1977, S. 64). Über die Nachteile beim Raupeneinsatz, die bis etwa 50 Prozent Steigung eingesetzt werden können, vgl. VOGT/GÖTZ (1977, S. 201). Die Mechanisierung am Steilhang ist deshalb, im Gegensatz zur Hanglage und der Ebene, noch ungelöst (VOGT/GÖTZ, 1977, S. 200).

50 Dabei ist noch zu berücksichtigen, daß z. B. im Saale-Unstrut-Gebiet gerade die Nebenerwerbswinzer den höchsten Anteil an Seilzuglagen haben, die LPGs dagegen den größten Anteil an Direktzuglagen (SCHIELE, 1973, S. 132).

51 Vgl. hierzu die entsprechenden Tabellen bei BOURQUIN/MADER (1977); HILLEBRAND (1969); REICHARDT (1960, S. 13).

52 Nach H.-C. SCHMIDT (1965, S. 59) liegen ihre Bearbeitungskosten durch die höheren Mechanisierungsstufen um rund 50 Prozent niedriger als in Kulturen mit niedriger Erziehung.

53 In Mähren z. B. läuft nach FROLEC (1973, S. 165) trotz hoher Erzeugungskosten die Planung weiter auf den Weinbau an Hängen hinaus, wegen der guten Qualität und geringerer Frost-, Fäulnis- und Peronosporagefahr.

54 Vgl. hierzu die Weingesetzgebung der einzelnen europäischen Länder in: MÉMENTO de l'OIV, 1975, Abschnitt: Législation, S. 9–442.

55 Unterstützt werden diese Bemühungen durch die gesetzliche Regelung der Güteklassifizierung für französische Weine. So darf z. B. ein AOC-Wein (Appellation d'Origine Contrôlée) nur aus Mosten über 75° Öchsle und bestimmtem Mindestalkoholgehalt sowie von dafür bestimmten Anbauflächen, Rebsorten, Rebschnitten und Erträgen (40 hl/ha) gekeltert werden (K. M. HOFFMANN, 1977, S. 195).

56 zuletzt geändert 1968 und 1975 (vgl. VOGT/GÖTZ, 1977, S. 437).

57 Verordnungen (EWG) Nr. 816/70 und 817/70 des Rates vom 28. April 1970 (s. MÉMENTO de l'OVI, 1975, S. 31–61).
In der Bundesrepublik gehören alle Rebflächen zur Zone A mit Ausnahme von Baden (Zone B) (s. Karte bei AMBROSI, 1975, S. 9). Ihnen ist eine höhere Anreicherung als in Zone B und C erlaubt (s. AID, Heft 345, S. 12).

58 Dies zeigt ganz deutlich die Einschränkung des nördlichen Weinbaus in der Sowjetunion in den letzten Jahren. Im Rahmen der Intensivierung des Weinbaus macht sich die Tendenz zur Verkleinerung der Weinbaugebiete in der Abdeckzone bemerkbar (Frdl. Mitteilung von Herrn L. F. SCHAJTURO, Leiter der Abt. Weinbau im sowjet. Ernährungsministerium).

59 Der Speisetraubenanbau wurde auch in Ungarn stark vorangetrieben. Für neue Anpflanzungen wurden 30 Prozent nicht rückzahlbare Kredite gewährt (INDREAS, 1971, S. 324).

60 Auch die DDR ist „wie die anderen sozialistischen Länder bemüht, möglichst viele Menschen für den Wein zu gewinnen und eine Entwicklung zu fördern, die parallel zu einer Einschränkung des Verbrauchs hochprozentiger alkoholischer Getränke verläuft und zugleich unsere Bemühungen um die Hebung des kulturellen Niveaus aller Bürger unserer Republik widerspiegelt" (GOLLMICK, 1976, S. 5).

61 Der Anbauplan für das Saale-Unstrut-Gebiet sieht 30 Prozent Silvaner, 25 Prozent Weißburgunder, 20 Prozent Müller-Thurgau, je 10 Prozent Riesling und Gutedel sowie 5 Prozent Traminer und Spätburgunder vor, für Sachsen sollen es 30 Prozent Müller-Thurgau, 25 Prozent Riesling, 20 Prozent Traminer, 10 Prozent Silvaner und 15 Prozent Burgunderarten sein (GROSSER, 1972, S. 95).

62 So z. B. in Rumänien 1971 (VINROMAN, o. J., S. 5).

63 Der aufstrebende englische Weinbau, der eng im Zusammenhang mit dieser Weinbauvereinigung steht, scheint für den französischen Sozialisten Pierre Lagarce zu einer Gefahr für den ohnehin überlasteten EG-Weinmarkt heranzuachsen. In einer entsprechenden Anfrage an die Brüsseler Kommission verlangt der Europa-Parlamentarier Auskunft darüber, ob der Umfang der britischen Weinerzeugung die Vermarktungsbedingungen anderer EG-Importweine in Großbritannien auf die Dauer erschweren könne (DER DEUTSCHE WEINBAU, 31. Jg., 27/1976, S. 1080).

64 Eine gute Vergleichsmöglichkeit bietet das Elsaß. Nach seiner Wiedereingliederung in den französischen Weinmarkt nach dem 1. Weltkrieg konnte sich letzten Endes nur das Qualitätsprinzip durchsetzen (RUPPERT, 1960, S. 56).

65 Im Gegensatz zum Apfelwein allerdings, der fast ausschließlich in den Erzeuger- und daran angrenzenden Gebieten verbraucht wird (F. KOCH, 1936, S. 37), wird der Wein auch an vom Produktionsgebiet weit abgelegenen Orten getrunken.

66 Im Jahre 1974 betrug der Pro-Kopf-Verbrauch an Getränken in der Bundesrepublik: 147 l Bier, 136,2 l Kaffee, 92,6 l Milch, 76,6 l Erfrischungsgetränke, 29 l Tee, 17,5 l Wein, 11,6 l Fruchtsäfte, 10,1 l Kaffeeersatz, 7,2 l Spirituosen und 2,7 l Sekt (Badische Neueste Nachrichten, Karlsruhe, 22. 7. 1975).

67 Nach dem deutschen Weingesetz darf deshalb kein deutscher Wein mit ausländischem vermischt werden, mit Ausnahme der Tafelweine, bei denen ein EG-Verschnitt erlaubt ist (K. M. HOFFMANN, 1977, S. 68). Nach REICHARDT (1960, S. 101) wäre eine Freigabe des Verschnitts „ein Bärendienst für den deutschen Weinabsatz", da dann die werbe- und verkaufswirksame Originalität verlorenginge.

68 „Durch Verschnitt großer Mengen hergestellte geschmacklich stets gleichbleibende Weine". In der Bundesrepublik beträgt ihr Marktanteil nur noch etwa 2 Prozent (K. M. HOFFMANN, 1977, S. 68 f.). Die Winzergenossenschaft Freyburg/Unstrut produziert die Weinsorte „Schloßkeller", einen Standardmarkenwein, der aus dem Verschnitt der Weinsorten Silvaner, Müller-Thurgau und Gutedel entstanden ist. Er wird so egalisiert, daß es keinen Jahrgangscharakter gibt. Der „Schloßkeller" ist ein leichter, lieblicher Wein mit kräftiger Blume und einer angenehmen Restsüße. Ein zweiter Standardmarkenwein ist der „Rosé süß", der als Verschnitt aus den Sorten Portugieser und Gutedel hergestellt wird. Der, wie sein Name besagt, rosafarbene Wein ist ebenfalls ein leichter, lieblicher und im ganzen harmonischer Wein mit leichter Restsüße" (SCHOPF, 1973, S. 187 f.).

69 Nach dem Deutschen Weingesetz dürfen Weine ab 1. 9. 1976 als „Trocken" bezeichnet werden, wenn sie bis zu 9 g/l vergärbaren Restzucker enthalten, wobei der Säuregehalt mit berücksichtigt wird (K. M. HOFFMANN, 1977, S. 89).

3. Die historisch-geographische Entwicklung der Rebkultur in Europa

1 Eine genaue Festlegung der jeweiligen Nordgrenze des Erwerbsweinbaus ist selbst im lokalen und regionalen Bereich kaum möglich, da viele Dokumente nur ungenaue Angaben enthalten oder aber ganz verlorengegangen sind.

2 Als Zeugen einstigen Weinbaus werden beschrieben:
Ehemalige Weinbergsterrassen: in der Eifel (BAUR, 1962, S. 75), bei Löwen (BASSERMANN-JORDAN, 1940, S. 4), in Thüringen (GERBING, 1907, S. 55), in Franken (WELTE, 1934, S. 19), an der Saar (WILL, 1939, S. 19) und in England (ORDISH, 1953, S. 32).
Flurnamen: im Kreis Uelzen (OSTEN, 1966, S. 40), an der Weser (K. LÖBE, 1969, S. 5), am Niederrhein (H. SCHMITZ, 1925, S. 21), in Thüringen (BODE, 1909, S. 85 f.), in der

Uckermark (RUDOLPH, 1929, S. 105) und in der Niederlausitz (KRAUSCH, 1967b, S. 28 f.).
Ortsnamen: in Polen etwa 75 Orte nach Wein benannt (Winniza, Winiary, Winna Góra, Winosady etc. (KRES, 1966, S. 21; BECKMANN, 1937, S. 117); in den Niederlanden (ALANNE, 1963, S. 8).
Stadtwappen: Jena (TÖPFER, 1909, S. 49); Rathenow (TSCHIRSCH, 1938, S. 285); Winzig, Krs. Wohlau (JACOBI, 1866, S. 515).

3 Deshalb wird das Alter der Rebkultur auf mehr als 5000 Jahre geschätzt (K. M. HOFFMANN, 1977, S. 38). Mit Sicherheit waren in Ägypten zwischen 2900–2700 v. Chr. bereits mehrere Rebsorten und die Zucht der Reben an Pergeln bekannt (K. M. HOFFMANN, 1977, S. 38). In Mesopotamien soll Wein bereits vor 10 000 Jahren hergestellt worden sein, in Kleinasien wurden Traubenpressen gefunden, deren Alter auf 8000 Jahre geschätzt wird (K. M. HOFFMANN, 1977, S. 17).

4 Die Griechen begannen um 1500 v. Chr. mit dem Weinbau und verbreiteten ihn weiter in ihrem Herrschaftsbereich. Mit den Phöniziern gelangte die Kulturrebe nach Zypern, Kreta, Karthago und um 1100 v. Chr. nach Spanien (K. M. HOFFMANN, 1977, S. 38).

5 Nach neueren Ausgrabungen steinzeitlicher Siedlungen am Bodensee, am Neckar bei Stuttgart und Heilbronn, soll „der Wein im süddeutschen Raum bestimmt schon um 3500 v. Chr. gekeltert worden sein" (K. M. HOFFMANN, 1977, S. 18).

6 Nach K. u. F. BERTSCH (1947, S. 135) wurden die Trauben „gesammelt und gegessen wie die Erdbeeren, Himbeeren und Brombeeren". Die geringe Anzahl der Kerne weist ebenfalls nicht auf Preßrückstände hin (SCHRÖDER, 1953, S. 24, Fußnote 7). Schließlich weist SCHRÖDER (1953, S. 24 f.) darauf hin, daß das Klima, selbst in Südeuropa, den Wildrebenfrüchten „in der Regel den für eine Weinkultur erforderlichen Reifegrad versagt" und damit einen planmäßigen Anbau nicht ermöglicht. Die gefundenen Kerne konnten z. T. nicht zweifelsfrei als Edelkerne bestimmt werden (vgl. SCHLEGEL, 1973, S. 24). Auch die von NORDHOFF (1883, S. 30) beschriebenen „wohlerhaltenen Weinreben", die 1843 beim Bau der Altona-Kieler-Eisenbahn im Esinger Moor bei Elmshorn gefunden worden waren, entpuppten sich bald als entrindete Eichenzweige (FISCHER-BENZON, 1894, S. 158). Für R. GRADMANN (zit. nach SCHRÖDER, 1953, S. 26, Fußnote 16) sind prähistorische Vorkommen der Edelrebe nördlich der Alpen „nur von antiquarischer Bedeutung".

7 Sowjetrussischer Genetiker und Ampelologe (1900–1971), unterteilte die botanische Art Vitis vinifera L. in drei pflanzengeographische Formenkreise: einen mittel- und westeuropäischen Formenkreis (V. v. occidentalis), einen vorder- und zentralasiat. Formenkreis (V. v. orientalis) und in einen südost- und südeuropäischen Formenkreis (V. v. pontica) (K. M. HOFFMANN, 1977, S. 26).

8 Nach THEODORESCU (1943, S. 5 f.) soll es auch in Dacien „auf den subkarpathischen Hügelabhängen der Oltenia und Muntenia, längs der Ufer der Flüsse in Siebenbürgen, im südlichen Teile der Moldau und in der Dobrudscha (Scythia minor)" schon vor den Griehen ausgedehnten Weinbau gegeben haben.

9 Ihr Aussagewert muß dabei eindeutig über den bloßen Nachweis des Weinkonsums hinausgehen.

10 Als Beleg für einen römischen Weinbau in England wird häufig (z. B. bei COCHET, 1866, S. 31) folgende Stelle von FLAVIUS VOPISCUS (Probus, XIV–XV; zit. bei BASSERMANN-JORDAN, 1975, S. 42) angegeben: „Gallis omnibus et Hispanis ac Britannis hinc permisit, ut vites haberent vinumque conficerent", doch ist SIMON (I, 1964, S. 3) der Meinung, daß sich diese Stelle auf die Britannier am Niederrhein bezieht.

11 Vgl. hierzu das Eindringen der Rebkultur in die Schweiz (SCHLEGEL, 1973, S. 29). Für Tirol nimmt BASSERMANN-JORDAN (1975, S. 106) röm. Weinbau im 1. Jh. v. Chr. an.

12 Über den gallischen Weinbau s. BASSERMANN-JORDAN (1975, S. 27 f.).

13 Im 7. Jh. werden Weinberge bei Térouenne südl. Amiens erwähnt (BASSERMANN-JORDAN, 1975, S. 159), bei Rouen und in einigen Abteien in der Bretagne unter Karl dem Kahlen (843–877) (COCHET, 1866, S. 9).

14 Diese Aussage ist allerdings mit großer Vorsicht zu betrachten (YOUNGER, 1966, S. 238).

15 Der „außerfränkische Weinbau Bayerns ist damit älter als der fränkische" (BREIDER, 1960, S. 1143). Nach ARIBO soll es im 4. und 5. Jh. schon Weinberge bei Freising und um Regensburg gegeben haben (ARETIN, 1834, S. 89); nach BASSERMANN-JORDAN (1975, S. 97) ist er für Freising 753 belegt und für Niederbayern in der 1. Hälfte des 8. Jhs. wahrscheinlich.

16 Über den Weinbau der Sorbenwenden vgl. auch REINDL (1904, S. 89), HAUSEN (1798, S. 29) und HUSCHER (1953, S. 262). Auch der schlesische Weinbau wurde nicht von den Slawen beeinflußt (RADLER, 1964, S. 293). Nach der Untersuchung der schlesischen Weinbauterminologie konnte VEITH (1966, S. 252) feststellen, daß die Slawen dort den Weinbau nicht kannten.

17 Nach BASSERMANN-JORDAN (1975, S. 73) ist die damalige Ausdehnung der Rebkultur in der Pfalz und in Rheinhessen mit der heutigen vergleichbar.

18 Noch 1131 erhielten der König von England, 1291 der Erzbischof von Rouen und 1376 die Königin Blanche von Navarra Wein aus der Normandie. Besonders Longueville an der Scie war „villam optimam et vinearum fertilem" (DION, 1959, S. 219). Nach MUSSET (1908, S. 268) besaß der ganze Westen Frankreichs im Mittelalter Weinbau, außer vielleicht „le pays de Domfront".

19 Nach REICHELT (1886, S. 81) liegt die erste Urkunde für Böhmen aus dem Jahre 901 vor, nach LIPPERT (1868, S. 244) aus dem Jahr 973.

20 Nach FROLEC (1973, S. 28) stammen die ersten schriftlichen Aufzeichnungen über Weinbau in Böhmen vom Domkapitel Vycherhrad aus den Jahren 1178 und 1185, nach SCHAMS (III, 1835, S. 161) vom Jahre 1248 aus Lobositz.

21 Nach KRAUSCH (1967b, S. 24) stammt der erste sichere Beleg für Guben aus dem Jahre 1280.

22 Allerdings ist der Weinbau in Polen bis zum 13. Jahrhundert ohne wirtschaftliche Bedeutung (KWAPIENIOWA, 1959, S. 400).

23 Eine Urkunde über schottischen Weinbau stammt aus dem Jahre 1564 (WINKELMANN, 1960, S. 33), doch dürfte es sich dabei wohl um einen Anbauversuch im Rahmen des Hobbyweinbaus gehandelt haben.

24 Für Polen dagegen stellt KWAPIENIOWA (1959, S. 400) Anfang des 16. Jahrhunderts einen Rückgang fest, der zuerst bei den großen Grundherrschaften einsetzt.

25 Nach HÄBERLE (1930, S. 7) dagegen nur 260 ha.

26 Einen ähnlichen Rückgang erlebte die Zahl der dortigen Hopfenberge (MENZEL, 1875, S. 228).

27 Laut Statistik war der Weinbau zwischen 1822–1864 in Posen, Brandenburg, Schlesien und Sachsen überall am Steigen mit teilweise unterschiedlichen Zuwachsraten (MEITZEN, II, 1868, S. 267). Wie vorsichtig allerdings mit Statistiken umzugehen ist, weist SCHWARTZ (1896, S. 72) für Brandenburg nach, wo im Jahre 1862 laut Statistik 1146 ha Rebfläche nachgewiesen wurden, von denen allerdings nur 678 ha im Ertrag standen.

28 Auch in Kripp an der Ahrmündung wurde der Weinbau erst Anfang des 19. Jahrhunderts eingeführt und hielt sich bis 1910 (ZEPP, 1927, S. 142).

29 SALOMON (1872, S. 99) gibt eine Fläche von 100 000 preußischen Morgen vor allem um „Akkjerman, Tardan und Kischeneff" an.

30 Bei dem letzten Standort beruft sich CANDOLLE auf eine Notiz von PALLAS aus dem Jahre 1774 (CANDOLLE, 1855, S. 341).

31 Nach BAUR (1962, S. 76) allerdings erst 1902.

32 Nach BERNITT (1955, S. 235) nur bis 1855.

33 Eine Übersicht über den Rückgang der Rebflächen in den einzelnen Dörfern des Kreises Grünberg zwischen 1908–1913 gibt KRES (1972, S. 31).

34 Für das russische Gouvernement Podolien nennt F. GOLDSCHMIDT (1909, S. 691) eine Weinbaufläche von 400 Desjatinen (1 D = 109 a), im Gouvernement Katrinoslaw 200 Desjatinen. Im tschechischen Karpatorußland gab es 1927 3063 ha Weinberge (H. MÜLLER, 1930, S. 844).

35 Seinen stärksten Rückgang erlebte der böhmische Weinbau im 18. und 19. Jahrhundert. Nach FROLEC (1973, S. 121) betrug seine Rebfläche:
    1756   3336 ha
    1787   2622 ha
    1820   2576 ha
    1831   2407 ha
    1847   1802 ha
    1857   1065 ha
    1870   684 ha

36 Vgl. hierzu die Darstellungen bei DAVITAYA (1938); CLAUSS (1961, S. 12); K. M. HOFFMANN (1977, S. 192 f.); P. WAGNER (1974, S. 108 f. und 110).

37 Dieser Begriff bezieht sich nicht auf die Größe der Betriebe. So beträgt z. B. der Anteil der Betriebe unter 5 ha im Languedoc-Roussillon über 68 Prozent, im Biterrois (bei Beziers) sogar über 75 Prozent (STEVENSON, 1976, S. 264). Auf Grund der ökologischen Gegebenheiten, der südosteuropäischen Weinbaugebiete unterscheidet BERÉNYI (1972, S. 88) zwischen „Zonen ebenflächigen Charakters" und „Zonen bergigen Charakters".

38 Soweit dieser Begriff im Weinbau überhaupt verwendet werden kann. In der Donau-Theiß-Niederung haben 70 Prozent der Rebanlagen keine Unterstützung (BERÉNYI, 1972, S. 88).

39 Dieser Grenze des Flächenweinbaus entspricht heute in etwa auch die Grenze des rentablen Tafeltraubenanbaus (vgl. NEMETH, 1972, S. 25).

40 Hierunter fallen auch die in einigen geschützten Flußtälern angelegten Talweinberge, die als Ausnahme anzusehen sind.

41 Damit grenzt der Flächenweinbau in Frankreich auch die Haupterzeugungsgebiete für Tafeltrauben ab (INFORMATIONSBLÄTTER, Franz. Botschaft Bonn, Nr. 148, Dez. 1974, S. 13).

42 Frdl. Mitteilung von Mrs. J. G. Barrett, Secretary, English Vineyards Association, London.

43 Frdl. Mitteilung des Institut National des Appellations d'Origine des Vins et Eaux-de-Vie, Paris.

44 Vgl. MARRES (1950, S. 13); DION (1959, Karten S. 12 f., 28 f. und 44 f.); ATLAS de FRANCE (1960, Karte 45); P. WAGNER (1974, S. 110).

45 Frdl. Mitteilung von Herrn F. Lebon, Association de Vignerons, Ransart.

46 Frdl. Mitteilung von Herrn van Hamelen, Landwirtschaftsattaché der Königlich Niederländischen Botschaft, Bonn.

47 Rebfläche 1976: 10 ha (DER DEUTSCHE WEINBAU, H. 11, 1977, S. 382).

48 Frdl. Mitteilung von Herrn Ministerialrat Erich Schäfer, Ministerium für Landwirtschaft und Umwelt, Wiesbaden.

49 Laut frdl. Mitteilung von Professor Soczek, Instytut Sadownictwa, Skierniewiece, sind es

„einige Hektar" bei Grünberg. Auf jeden Fall sind 200 ha (K. M. HOFFMANN, 1977, S. 238; AMBROSI, 1975, S. 84) weit übertrieben.

50   Frdl. Mitteilung von Herrn Professor Soczek, Instytut Sadownictwa, Skierniewiece.

51   Die folgenden Angaben mußten Werken entnommen werden, die sich mit dem sowjetischen Weinbau insgesamt oder dem der Teilrepubliken befassen, da mir Einzelstudien über den aktuellen nördlichen Weinbau in der Sowjetunion sowie Einzelheiten nicht bekannt wurden. Nach einer frdl. Mitteilung von Herrn L. F. SCHAJTURO (Abt. Weinbau, Ernährungsministerium, Moskau) macht sich aber im Rahmen der Intensivierung des Weinbaus eine Tendenz zur Verkleinerung der Weinanbaugebiete in der Abdeckzone bemerkbar.

52   Im Jahre 1953 schrieb ORDISH (1953, S. 17): „... the vine whose northern limit, with our present varieties, appears to be the climate associated with the 53 degrees parallel in England, though new varieties may well extend this range northward."

53   PEARKES (1976, S. 32); ENGLISH VINEYARDS ASSOCIATION Ltd: A LIST OF ENGLISH AND WELSH VINEYARDS, o. J. (1977).

54   Frdl. Mitteilung von Herrn F. Lebon, Association de Vignerons, Ransart.

55   Frdl. Mitteilung von Herrn van Hamelen, Landwirtschaftsattaché der Königlich Niederländischen Botschaft, Bonn.

56   Frdl. Mitteilung von Prof. B. Ljones, Norges Landbrukshøgskole, Dpt. of Pomology, As.

57   Frdl. Mitteilung von Prof. Dr. I. Fernqvist, Swedish University of Agricultural Sciences, Dep. of Pomology, Alnarp.

58   Frdl. Mitteilung von Prof. Soczek, Instytut Sadownictwa, Skierniewiece.

59   Über die Größe dieser Anlagen ist leider nichts bekannt. Sie werden deshalb als Hobbyweinberge betrachtet.

60   Vgl. hierzu die Gesetzmäßigkeiten der Entwicklung in Deutschland bei HAHN (1956, S. 17 f.) und der Schweiz bei SCHLEGEL (1973, S. 33 f.).

61   Dieser Nachweis gelingt auch in anderen Bereichen. So schließt KIRBACH (1900, S. 17) aus dem Vorhandensein des Schutzpatrons St. Urban in Meißen, daß der Weinbau aus dem Südwesten kam.

62   Beispiele für Innovationen Ende des 19. Jahrhunderts beschreiben WERLE (1977, S. 78) für den Saargau und BECKMANN (1937, S. 119) für den Kreis Bomst.

63   Während der Rückgang in Frankreich allerdings positiv aufgenommen wird, wird er in Deutschland bedauert (DION, 1959, S. 422).

64   Bis ins 19. Jahrhundert hinein betrug das Alter der Weinberge oft bis zu 100 Jahre (THRÄNHART, 1845, S. 8), während man heute nur noch mit einer Umtriebszeit von 25–30 Jahren rechnet (WERLE, 1977, S. 125).

4. Die Ursachen der Verschiebungen der Weinbaugrenze

1   Vgl. WILKE (1903, S. 7); REINDL (1904, S. 131); BASSERMANN-JORDAN (1975, S. 146); ZEPP (1927, S. 112) rückt ab dem 19. Jahrhundert wirtschaftliche Ursachen in den Vordergrund.

2   H. SCHMITZ (1925, S. 72) weist für einige Dörfer an der unteren Sieg nach, daß dort der Weinbau seit den 80er Jahren des vorigen Jahrhunderts binnen 15 bis 20 Jahren nach der Ansiedlung eines Industrieunternehmens einging.

3   Vgl. auch HÄBERLE, 1930, S. 8; IMMICH, 1920, S. 52 f.; WEINHOLD, 1975, S. 40; HAHN, 1956, S. 24−27; THIEM, 1928, S. 48; O. WEISE, 1894, S. 26; FALK, 1955, S. 163; DERN, 1919, S. 455; FRIEDEL, 1900, S. 296; BASSERMANN-JORDAN, 1975, S. 147.

4   So fallen z. B. im Jahre 1244 einige Weinberge in Bonn dem Bau der Stadtmauer zum Opfer (H. SCHMITZ, 1925, S. 65).

5   Für die Weinrebe bezeichnend ist, daß Trockenheit und Dürre in Verbindung mit hohen Temperaturen in den Chroniken zumeist als gute Weinjahre verzeichnet sind, während niedere Temperaturen und übermäßige Niederschläge zu Schäden führten.

6   Vgl. hierzu BROOKS, 1949; FLOHN, 1950 und 1967; LAMB, 1964 und 1966; RUDLOFF, 1967; A. WAGNER, 1940.

7   Vgl. hierzu die Tabellen 1 und 2 im Anhang 2 über trockene und feuchte Sommer bzw. milde und strenge Winter in Großbritannien, Deutschland und Rußland von 1100 bis 1950 bei H. LAMB, 1966, S. 217−221.

8   Der Erfolg des englischen Weinbaus zwischen 1100−1300 soll den französischen Weinhandel sogar veranlaßt haben, ihn in einem frühen Friedensvertrag mit England zu unterbinden (LAMB, 1966, S. 188).

9   Auch aus dem Namen des Klosters Oliva bei Danzig (gegr. 1170) wurde abgeleitet, daß diese Klostersiedlung nach einem Olivenbaum genannt wurde, den man aus Italien mitgebracht hatte (FINKENSTEIN, 1960, S. 287). Dagegen ist die Benennung für WINTER (I, 1868, S. 136) nur ein Vergleich: „Mit den Zweigen eines fruchtbaren Oelbaums verglichen sich die Ordenszweige ebenso gern, wie mit den Reben des Weinstocks. Ein Orden sah sich als das geistliche Israel an, ,dessen Zweige sich ausbreiten, daß es sei so schön als ein Oelbaum, und soll so guten Geruch geben, wie Libanon' (Hosea, 14, 7)".

10 Nach BASSERMANN-JORDAN (1975, S. 1047) kann dieser Gegensatz zum Teil auch an der Darstellungsweise der damaligen Zeit liegen.

11 Eine kritische Stellungnahme zu den auf den verschiedensten Berechnungen beruhenden Perioden findet sich bei RUDLOFF (1967, S. 76−78).

12 E. BRÜCKNER, Klimaschwankungen seit 1700, Geographische Abhandlungen, hrg. von A. PENCK, Bd. 4, H. 2, Wien 1890. Seine 35jährige Periode wurde bald „als nicht existent erkannt" (RUDLOFF, 1967, S. 77).

13 Vgl. A. ANGOT, Étude sur les vendanges en France, Annales du Bureau central météorologique de France, 1883.

14 Die positiven Zeugnisse von der besonderen Güte des Landweins stammten meist von Einheimischen (vgl. SCHWARTZ, 1896, S. 42−48; KRAUSCH, 1967, S. 36).

15 In den alten Chroniken bezieht sich die Bewertung „gut" meistens auf die Quantität.

16 Auch WEHR (1934, S. 6−8) kommt anhand von Vergleichen verschiedener Weinbaugebiete zu dem Ergebnis, „daß reine Gegensätze in den Erträgnissen und in der Güte innerhalb der einzelnen Weingegenden eine Gegebenheit sind".

17 Deshalb muß auch der Versuch erfolglos bleiben, etwa die schlechten Weinjahre im Moselgebiet zwischen dem 9.−16. Jahrhundert in die langfristigen Klimaschwankungen einordnen zu wollen Nach LAMPRECHT (I, 1886, S. 597) betrug dort die Anzahl der schlechten Weinjahre:

Jahrhundert	9	10	11	12	13	14	15	16
Anzahl der schlechten Weinjahre	1	1	3	5	5	7	2	3

Auch REINDL (1904, S. 135 f.) kommt bei seiner Aufstellung über die guten und schlechten Weinjahre von 1200 bis 1900 in Brandenburg, Sachsen und Thüringen zu dem Ergebnis, daß es im 16. Jahrhundert mehr gute, im 18. Jahrhundert mehr schlechte Ernten gab. Dieser Tatsache schreibt er allerdings keine so große Bedeutung zu, „um schon auf irgendwelche Klimaschwankungen schließen zu können" (S. 138).

18 Die starke Streulage der Weinberge, die geradezu charakteristisch für den Weinbau an der nördlichen Verbreitungsgrenze ist (WEINHOLD, 1973, S. 92), begünstigte natürlich noch die Traubendiebstähle und den Vogelfraß. Außerdem erhöhten sich dadurch die Kosten für die Bewachung, so daß die Weinbergsbesitzer es vorzogen, früh zu lesen (CLAUSS, 1961, S. 114; vgl. auch SCHWARTZ, 1896, S. 39). Noch in unserem Jahrhundert berichtet PAETZ (1922, S. 118) aus Grünberg: „Die Mostgewichte aus dem Jahrgang 1921 wären bei dem schönen Herbstwetter dieses Jahres noch mehr in die Höhe gegangen und sicher bis auf 100 Grad und darüber gestiegen, wenn nicht wegen der vielfach vorgekommenen Diebstähle und des starken Vogelfraßes die Lese früher, als es notwendig war, hätte vorgenommen werden müssen".

19 Die Festsetzung des Lesetermins war in den einzelnen Weinbaugebieten unterschiedlich geregelt. So gab es z. B. in Meißen keinen einheitlichen Herbst, jeder Weinbergsbesitzer konnte seine Lese beginnen, wann es ihm paßte (KIRBACH, 1900, S. 76). Dagegen durfte im Moldaufürstentum schon im 17. Jahrhundert niemand ohne Erlaubnis der Behörde (zumeist am 1. Oktober erteilt) anfangen zu lesen (VINROMAN, o. J., S. 4). An der Mosel wurde im Jahre 1727 eine Leseordnung für das ganze Land erlassen, die den unterschiedlichen Interessen der einzelnen Weinbergsbesitzer ein Ende machte (CHRISTOFFEL, 1923, S. 12). In Grünberg regelte ab 1842 eine Lokalverordnung mit königlicher Genehmigung den Lesezeitpunkt (JACOBI, 1866, S. 585).

20 Schon A. WAGNER (1940, S. 101) weist darauf hin, daß die Grundlagen viel zu unsicher sind, um irgendein Ergebnis zu beweisen.

21 Dabei wird vor allem auf die klimatischen Folgen der großen mittelalterlichen Rodungen hingewiesen (KRIEG, 1954, S. 34; DETTEN, 1906, S. 33), da die großen Wälder die Winter milderten (NORDHOFF, 1883, S. 38). Im 14./15. Jahrhundert sollen sich die Unterschiede zwischen Sommer und Winter und Tag und Nacht auf dem böhmisch-mährischen Höhenzug wegen des Abholzens derart vergrößert haben, daß deswegen der Rebbau auf der Hochebene nordwestlich Brünns einging (FROLEC, 1973, S. 60).

22 Dazu schreibt FALK (1955, S. 13): „Dabei mußte erst die Praxis erweisen, ob die örtlichen Verhältnisse ein Fortkommen der Reben zuließen. Trotz bescheidener Ansprüche an die Güte des erzeugten Weines mußte manche an ungeeignetem Ort begonnene Kultur nach einiger Zeit wieder aufgegeben werden; eine Erscheinung, die in der Kolonisationsepoche nicht ungewöhnlich war, kam es doch auch zu Fehlgründungen ganzer Siedlungen und Dörfer".

23 In vergleichbarer Höhenlage fanden sich die Weinberge im Warschau – Berliner – Urstromtal, wo der Weinbau auf Höhen bis 90 m betrieben wurde, um Grünberg sogar bis 200 m, mit Böschungen von 20 bis 35° (POMTOW, 1910, S. 82).

24 Am Rhein waren sei erst seit dem 12.–13. Jahrhundert weiter verbreitet (LAMPRECHT, I, 1886, S. 572).

25 So beklagten sich im Jahre 1670 die Bürger von Dresden und Meißen, daß die Bauern Weinberge in den Niederungen anlegten und damit den guten Ruf des dortigen Weines schädigten (CARLOWITZ, 1846, S. 111).

26 „Die klimatischen Leitlinien des einstigen Vordringens waren auch die des Rückzugs und so ist es kein Zufall, daß im Unterland die Umrisse der Rebzonen um 1830 etwa dieselben sind wie um 1400 und 1939 wie um das Jahr 1300" (SCHRÖDER, 1953, S. 74).

27 Dazu heißt es bei DION (1959, S. 39 f.): „En des temps où les bourgeois des villes attachaient du prix à récolter eux-mêmes le vin servi sur leur table, ceux de Caen et ceux de Rodez cherchèrent , danz l'espace qui leur était accessible en moins d'une journée, les sites offrant au vignoble les meilleures chances de succès. Donnant la préférénce aux emplacements les plus proches, ils ne pouvaient hésiter entre beaucoup. Les gens de Caen trouvèrent pour leurs vignes, sur les coteaux d'Argences, à 18 km de la ville, une protection contre les vents pluvieux; ceux de Rodez, dans le vallon de Marcillac, à 20 km, un adoucissement au climat d'altitude".

28 Interessant ist in diesem Zusammenhang, daß sich diese Areale z. T. mit jenen Gebieten deckten, „die bereits seit dem Mittelalter als geistlicher oder weltlicher Feudalbesitz Zentren der Rebkultur waren" (WEINHOLD, 1973, S. 50).

29 Entsprechendes gilt natürlich auch für die Ausbreitung des Weinbaus. So schreibt WALTER (1932, S. 18): „Allerdings war es nicht die Gunst der natürlichen Lage – und das ist besonders bemerkenswert – welche die Einwanderer zum Weinbau in der Mark veranlaßten, sondern die Gewohnheit, Wein wie in ihrer Heimat zu trinken, und auch der Wille, auf diese Gewohnheit keineswegs zu verzichten. So entstanden die Weingebiete, die sich bis zum Erscheinen der ausländischen Weine halten konnten".

30 Diese Ergebnisse setzen natürlich voraus, daß der Wein für den Handel produziert wurde, was für viele nördliche Weinbauorte nicht zutrifft.

31 Bis zur Inbetriebnahme des Moselkanals zerstörten die Frühjahrsfröste zwei- bis dreimal in einem Jahrzehnt die luxemburgische Traubenernte ganz oder teilweise. Seither blieb das Luxemburger Weinbaugebiet von Schäden verschont, allerdings sind Messungen, inwieweit diese Umstellung die Frühjahrsfröste neutralisiert, im Luxemburger Raum bisher noch nicht erfolgt (GERGES, 1977, S. 2).

32 Nach FRIEDEL (1900/01, S. 296) soll auch in Brandenburg der Boden rebenmüde gewesen sein.

33 So schließt z. B. STANG (1962, S. 284) für das Siebengebirge ausdrücklich eine Bodenerschöpfung und eine Klimaverschlechterung aus.

34 Die Intensivierung in der Landwirtschaft und der Viehzucht wurde von einer sinkenden Anzahl landwirtschaftlicher Betriebe getragen (TISOWSKY, 1957, S. 68).

35 Bis zum 13. oder 14. Jahrhundert allerdings schließt YOUNGER (1966) für den Weinbau in Nordwesteuropa jeglichen Fortschritt aus. Um die Weinkultur soll es dort eher noch schlechter bestellt gewesen sein als zur Römerzeit (S. 245). Überhaupt hält YOUNGER das Mittelalter „for the most part technically uninterested" (S. 244).

36 Nach ZERLETT (1970, S. 311) bedingt das „Senken" eine Verewigung aller Schädlinge und Krankheiten eines Weinbergs.

37 Ähnliche Verfahren sind u. a. aus Astrachan überliefert (RADING, 1793, S. 255), aus Belgien das „Zinken" (LINDEMANS, I, 1952, S. 128), aus Burgund bis zur Reblauskrise (BASSERMANN-JORDAN, 1940, S. 7), aus Grünberg (JACOBI, 1866, S. 577), wo noch 1920 etwa ein Zehntel des Rebbesatzes auf diese Weise jährlich verjüngt wurde (PAETZ, 1922, S. 116). Bei den Neuanlagen scheinen im Mittelalter und bis in die Neuzeit hinein die Blindreben die wichtigste Rolle gespielt zu haben (BASSERMANN-JORDAN, 1975, S. 208). Dazu wurde der Weinberg vorher nicht immer rigolt. Für das 17. Jahrhundert ist es in Rußland zweifelhaft, ob vor dem Anpflanzen und später zwischen den Reihen umgegraben wurde (ČEKAN, 1954, S. 640). Die Reben wurden in den Boden gelegt, mit Erde bedeckt, so daß an beiden Köpfen Triebe ansetzen konnten (H. SCHMITZ, 1925, S. 44).

38 Da es unter den nördlichen Klimaverhältnissen geringere Quantitäten und mindere Qualitäten brachte und zudem noch mit dem Kopf- oder Bockschnitt verbunden werden mußte, ist es dieser Nachteile wegen wahrscheinlich noch während des 17. und 18. Jahrhunderts ganz aufgegeben worden (WEINHOLD, 1973, S. 208).

39 Selbst in der Pfalz überwogen noch im 18. und 19. Jahrhundert der Kopf- und Bockschnitt: „Die endgültige Entscheidung für das heute gebräuchliche Verfahren ist also erst in jüngster Zeit gefallen" (WEINHOLD, 1973, S. 208 f.).

40 Auch die Stammhöhe wird dementsprechend gehalten: Während man an der Elbe einen Stamm von 60 cm Höhe bevorzugt, hält man ihn an Saale und Unstrut auf etwa 25 cm (KNIPPEL, 1953, S. 106).

41 Der Jahreskostenvergleich zwischen traditioneller Anlage und Weitraumkultur ergibt etwa 25 Prozent geringere Kosten für die Weitraumlage (VOGT/GÖTZ, 1977, S. 418).

42   Nach BASSERMANN-JORDAN (1975, S. 817) stiegen sie von vier im 9. Jahrhundert auf acht im 19. Jahrhundert.

43   Sehr anschaulich wird die Mehrbelastung im Weinbau beim Vergleich eines Arbeitskalenders des ausgehenden 15. Jahrhunderts mit einem aus der Gegenwart (vgl. RUPPERT, 1960, S. 54).

44   Der Nährstoffentzug durch die Reben wird errechnet (vgl. HILLEBRAND, 1975/76, S. 156 f.). Die Düngergaben werden auf Grund von Bodenuntersuchungsergebnissen oder von Blattanalysenwerten genau bestimmt.

45   Allerdings stiegen auch die Kosten der Düngung. Sie betragen gegenwärtig pro Jahr etwa 1600 DM/ha, davon sind 600 DM für mineralische und 1000 DM für organische Dünger (K. M. HOFFMANN, 1977, S. 46).

46   Diese Methode wird noch heute in der Schweiz verwendet (VOGT/GÖTZ, 1977, S. 222).

47   Nach VOGT/GÖTZ (1977, S. 394) werden je Hektar und Jahr in Direktzuglagen 600 bis 1000 AKh, in Seilzuglagen aber 1200 bis 1800 AKh benötigt.

48   Über die Herkunft einiger wichtiger europäischer Rebsorten vgl. WEINHOLD (1975, S. 41–46).

49   In der BRD beträgt der Anteil der blauen oder roten Rebsorten an der Rebfläche 12 Prozent, in Frankreich 69 Prozent und in Italien 52 Prozent (K. M. HOFFMANN, 1977, S. 139).

50   Über die Vorteile der einzelnen Neuzüchtungen vgl. K. M. HOFFMANN, 1977; VOGT/ GÖTZ, 1977; GOLLMICK, 1976.

51   Diese Aussage gilt nicht für den nördlichen Hobbyweinbau, der natürlich auch von den Ergebnissen der Rebenzüchtung profitierte und sich in jüngster Zeit deutlich nach Norden ausgedehnt hat (vgl. 3.4 und 4.9).

52   Zu der technischen Entwicklung beim Keltern und der Weinbereitung vgl. die entsprechenden Kapitel bei BASSERMANN-JORDAN, 1975.

53   Für mittlere deutsche Weine ist heute der Höhepunkt der Entwicklung nach fünf bis sieben Jahren erreicht. Für die Lebensdauer der Rheingauer Weine gilt: Normallesen bis 10 Jahre, Spätlesen 20 Jahre, Auslesen und Spitzengewächse 40 Jahre und mehr (K. M. HOFFMANN, 1977, S. 78).

54   Über die österreichischen Verhältnisse schreibt SCHRÖER (1889, S. 9): „Schreitet auch der Weinbau vorwärts und bricht mit der traditionellen Wirtschaftsweise, deren Mängel in allen Ländern, mit mehr oder weniger Abänderungen, ziemlich dieselben sind und sich im Wesentlichen in folgenden Punkten zusammenfassen lassen: gemischter Satz mit häufig für die Verhältnisse nicht passenden oder überhaupt der Cultur nicht würdigen Traubensorten; zu dichter Stand; zu spärliche Düngung und ungenügende Bodenbearbeitung; unzweckmäßiger Schnitt; unrichtige Wahl der Lesezeit; fehlerhafte Mostelung und schlechte Kellerwirtschaft".

55   Das lange Festhalten am unrentablen Weinbau liegt im Norden zum Teil auch in seiner Stellung begründet, da er fast nirgendwo den Haupterwerb bildete.

56   Bei CARLOWITZ (1846, S. 118, Fußnote 1) findet sich folgendes Zitat von HÖRTER aus dem „Rheinländ. Weinbau", Coblenz, 1822, Th. 3, S. 10: „Wie nennt man den Weinbau jener Leute, die ohne Sinn und Nachdenken ihre Weinberge bestellen, weil es ihre Väter und Großväter so gethan haben? Ein soches Verfahren nennt man Schlendrian, welcher der Vater zweier Töchter, der Faulheit und der Armuth ist".

57   So hielten z. B. im 17. und 18. Jahrhundert in Arnstadt nur die reichsten Bürger trotz der Unwirtschaftlichkeit noch am Weinbau fest, „offenbar aus Geltungsbedürfnis und Ehrgeiz, selbstgekelterten Wein zu trinken" (ELBRACHT, 1958, S. 164). Auch von der Weiterführung des Weinbaus als Grundlage der sozialen Stellung wird berichtet (BOIE, 1922, S. 39).

58   Die von FABINI (1860, S. 38) vertretene Meinung, daß mit dem ökonomischen Ruin

des Bauern Hand in Hand auch sein sittlicher Ruin gehe, dürfte etwa übertrieben sein.

59 So ist z. B. in Frankreich eine Abnahme der Rebfläche für Konsumweine und die Zunahme für Qualitätsweine zu verzeichnen (KALINKE, 1974, S. 668).

60 Allein die Lese erfordert etwa 30 Prozent des Arbeitsaufwands (K. M. HOFFMANN, 1977, S. 49). Die Flurbereinigung, die Anfang 1975 in der BRD 43 Prozent der fast 90 000 ha in Ertrag stehenden Rebfläche erfaßt hatte (S. 49), förderte allerdings „die mechanisierbaren Transport-, Bodenpflege- und Düngungs- sowie Schädlingsbekämpfungs- und Laubarbeiten: Die Arbeitsstundeneinsparung, welche durch die Wegeerschließung, Grundstücksvergrößerung und Erosionsminderung zustande kommt, beträgt meist 100 bis 400 AKh/ha und Jahr im Ertragsweinberg. In Steillagen mit Pfahlanlagen und einem bisherigen Stundenverbrauch von 3000 AKh/ha sind jedoch auch Arbeitsaufwandsverkürzungen um 1500 bis 1800 AKh/ha möglich, wenn die Umstellung auf handarbeitssparende Unterstützungsvorrichtungen erfolgt. Neben dem geringeren Stundenverbrauch und den Arbeitserleichterungen erhöht die Tatsache der mechanisierbaren Arbeitserledigung die Attraktivität flurbereinigter Rebflächen und ihren Verkehrswert" (VOGT/GÖTZ, 1977, S. 424). An der Ahr konnte durch Umstellung von der Pfahlerziehung auf Drahtrahmen-Anlagen mit 1,50x1,20 m Pflanzabständen der Arbeitsaufwand auf die Hälfte gesenkt werden (K. M. HOFFMANN, 1977, S. 185).

61 Nach HAHN (1956, S. 11) benötigt der Weinbau die sechs- bis achtfache Zahl von Arbeitskräften. Über den größeren Aufwand in einem Weinbaubetrieb vgl. auch JENSCH (1957).

62 Für die Ernte ist der Bedarf an zusätzlichen Lesehelfern dabei selbstverständlich (VOGT/GÖTZ, 1977, S. 411).

63 Nach REICHARDT (1960, S. 18 f.) sind in reinen Weinbaubetrieben in Gebieten mit vorwiegend steilen Lagen (Württemberg, Mosel u. a.) etwa 2 bis 2,5 ha Rebland notwendig, um die Arbeitskapazität einer selbständigen Familienwirtschaft auszulasten, in Gebieten mit vorwiegend ebenen und schwach geneigten Lagen kann dagegen bei gleicher Arbeitskapazität ein um ein Drittel größeres Rebareal bewirtschaftet werden. Dagegen hielt BOIE (1922, S. 24) für den thüringischen Weinbau des 19. Jahrhunderts die Einstellung eines Vollwinzers ab 1 1/2 ha noch für gerechtfertigt, da erst dann die Arbeit einer Winzerfamilie während des ganzen Jahres in Anspruch genommen wurde.

64 An der Ahr z. B. gibt es 93 Prozent terrassierte, felsige Steillagen, 3 Prozent Hanglagen und 4 Prozent Falchlagen (K. M. HOFFMANN, 1977, S. 185).

65 Der Ertrag eines modernen englischen Weinbergs sollte mindestens 600 Gallonen/Acre (= 67,4 hl/ha) betragen (YOUNGER, 1966, S. 243).

66 Damit hat die Ertragssteigerung bei uns nahezu ihre Grenzen erreicht, während etwa Frankreich und Italien mit halben Hektarerträgen noch hohe Erzeugungsreserven besitzen (K. M. HOFFMANN, 1957, S. 150). In Frankreich betrug der Durchschnittsertrag 1972 51 hl/ha (KALINKE, 1974, S. 668).

67 Über deren Erträge (vgl. DEUTSCHES WEINBAUJAHRBUCH, 1977, S. 252 f.).

68 Aber schon im Jahre 1976 lag Baden wieder weit vor Franken, während am Siebengebirge, am Mittelrhein und an der Mosel weniger geerntet wurde (vgl. DER DEUTSCHE WEINBAU, H. 11, 1977, S. 382).

69 Vgl. hierzu die Beschreibung der Weinbergsfrondienste bei KIRBACH (1900, S. 66); KRAUSCH (1967b, S. 34); GERBING (1907, S. 57) und KRETSCHMER (1936, S. 35). Im Jahre 1586 war z. B. die Gemeinde Bertsdorf bei Zittau verpflichtet, der Ortsherrschaft jährlich 2 Faß Wein aus Leitmeritz zu holen oder 8 Schock Groschen Weingeld zu zahlen (SEELIGER, 1931, S. 35).

70 Der umgekehrte Fall war im nördlichen Weinbau selten. Dabei konnte sich zeit- und stellenweise der intensiv betriebene Rebbau nachträglich auf den Ackerbau auswirken, etwa in Form des extensiven Zweifeldersystems, wie dies GRIES (1969, S. 152–154) für den

oberen Mittelrhein und JENSCH (1957, S. 88) für die Mosel nachweisen. Dagegen geschah die intensive Bebauung der Rebflächen im unteren Werratal nach MENK (1972, S. 69 f.) nur aus Not, da „die schlechte wirtschaftliche Situation der Handwerker und Gewerbetreibenden seit der 2. Hälfte des 18. Jahrhunderts viele Bewohner zwang, die fast unrentablen Weingärten als Einkommensquelle beizubehalten".

71   Auch die Hobbyweingärtner in England haben die Vorteile des Zusammenschlusses erkannt: „The majority of English wine is produced by Merrydown (Wine Company, Horam/Sussex) under an co-operative scheme. The company keeps half the produce processed by the members in return for the use of their equipment" (CHAPMAN, 1972, S. 9).

72   Die LPGs betreiben den Weinbau auch nur als einen Zweig ihrer Wirtschaft.

73   So beträgt in der Sowjetunion die durchschnittliche Größe der weinbautreibenden Sowchosen 226,7 ha und der Kolchosen 72,2 ha (SCHURICHT, 1973, S. 127). In der für den Weinbau als Vorbild geltenden Moldauischen SSR beträgt die mittlere Rebfläche der Kolchosen 485 ha; 20 Prozent aller Weinbaubetriebe haben mehr als 400 ha und 14 Betriebe mehr als 1000 ha Reben (SCHURICHT, 1973, S. 129).

74   Frdl. Mitteilung von Prof. Dr. Fritz Fezer, Heidelberg.

75   Auch die früher an erster Stelle stehende saisonbedingte Arbeitswanderung im Herbst zur Lese ist nur noch schwach ausgeprägt. In früheren Jahrhunderten dagegen waren bei der Weinlese alle Bevölkerungskreise angesprochen. In Erfurt hatten selbst die Gerichte zwei bis drei Wochen Weinleseferien (K. HERRMANN, 1875, S. 83). Noch im 16. Jahrhundert kamen jedes Frühjahr zahlreiche Häcker aus Meinfranken nach Thüringen gewandert, um in den Weinbergen der dortigen Bürger Arbeit zu finden (WEINHOLD, 1975, S. 48).

76   Daneben sind sie natürlich auch abhängig von der allgemeinen Konjunktur- und Wirtschaftslage.

77   Wobei diese Maßnahmen im nördlichen Weinbau nur im begrenzten Umfang überhaupt möglich sind.

78   In ganz Westeuropa lagen im 15. Jahrhundert die Getreidepreise niedriger als die Weinpreise (UYTVEN, 1965, S. 248).

79   Dem Pächter der Pfarräcker in Brüx wurde es im Jahre 1383 freigestellt, die Äcker nach Belieben in Wein-, Hopfen- oder Obstgärten umzuwandeln (ZUR GESCHICHTE DES WEIN- u. HOPFENBAUES BEI BRÜX UND OSSEGG, 1961, S. 5). – Der Anteil der Weinberge an den Liegenschaften der Brünner Bürger erhöhte sich von 23,75 Prozent im Jahre 1365 auf 42,4 Prozent im Jahre 1509 (FROLEC, 1973, S. 77 und Tab. S. 38 und 75).

80   Vgl. hierzu die Beispiele bei ABEL (1962, S. 182–184); FRICKE (1959, S. 44 f.) und TISOWSKY (1957, S. 36–40).

81   Dagegen wird noch 1681 aus Kaub berichtet: „An öden Weinbergen sind in diesem Unteramt eine große Zahl vorhanden; weil solche aber viel anzubauen kosten, können sie in Ermangelung (von) Lebens- und Geldmitteln nicht angebaut werden, da die Weine ein Geringes gelten und der gemeine Mann seine Lebensnahrung auf dem Leyenberg (Schieferbergwerk) suchen und sich ernähren muß" (zit. nach GRIES, 1969, S. 127).

82   Rebenstecher (vgl. BASSERMANN-JORDAN, 1975, S. 664).

83   Über ein angebliches Reblausauftreten schon im Mittelalter vgl. die Beispiele bei BASSERMANN-JORDAN, 1975, S. 674; ZUR GESCHICHTE DER REBLAUS, 1924; KERDELAND, 1964, S. 152; MARRES, 1950, S. 9.

84   Auf der Krim wurde bei den Vernichtungsaktionen sogar Militär eingesetzt (PORTES/RUYSSEN, I, 1886, S. 214).

85   In der DDR ist diese Form bisher noch nicht aufgetreten (KNIPPEL, 1953, S. 114).

86   Als reblausverseucht gelten solche Flächen, auf denen die Reblaus oder ihre Spuren aufgefunden worden sind, sowie auch Gemeinden, in denen die Reblaus oder ihre Spuren nachgewiesen worden sind, bis zum Ablauf von fünf Jahren nach der Vernichtung

des letzten Reblausherdes (§ 8 der Verordnung zur Ausführung des Gesetzes betreffend die Bekämpfung der Reblaus im Weinbaugebiet vom 23. 12. 1935) (SCHAEFER, 1976, S. 72).

87 Nach LOTZ (1920, S. 138) trugen vor dem Aufkommen der Eisenbahn und in den Binnengegenden, die nicht mit Wasserstraßen erreichbar waren, „die örtlichen Verbraucher allein das volle Risiko der Ernten".

88 Vereinzelt kam es wegen der schwankenden Erträge zwischen 1850–1860 sogar zu Preissteigerungen bis zu 300 Prozent (SÉE, II, 1936, S. 376).

89 Ähnlich verhält es sich mit der Vorschrift, in den Kirchen- und Klostergärten Nußbäume anzupflanzen, um unverfälschtes Öl für die ewige Lampe zu erhalten (vgl. NORDHOFF, 1883, S. 52).

90 Bei SCHLEGEL (1973, S. 34) heißt es dazu: „Kirche und Klöster waren im Weinkonsum vorangegangen; der Verbrauch für sakrale Zwecke, welcher in der Literatur immer so sehr hervorgehoben wird (z. B. H. HAHN, 1956, S. 21) machte dabei sicher nur einen verschwindend kleinen Bruchteil des gesamten Bedarfs aus".

91 So schreibt WELTE (1934, S. 25): „Der geistliche Großgrundbesitz konnte schlechte Weinjahre, die der ungünstigen Naturgrundlagen wegen in Franken häufiger sind als etwa am Rhein, leichter überdauern und die kostspieligen Erneuerungsarbeiten in den Weinbergen leichter durchführen als seine kapitalschwachen bäuerlichen Besitznachfolger".

92 In Belgien gab es im Jahre 1903 noch zwei Klosterweinberge mit jeweils 1 bis 1 1/2 ha in Tongerloo (Prämonstratenser) und in Westmalle in der Provinz Antwerpen (Trappisten) (BASSERMANN-JORDAN, 1903, S. 531).

93 Noch im 19. Jahrhundert berichtet MEITZEN (II, 1868, S. 268) von einigen Dörfern in Schlesien, in denen noch sog. „Gesindetrank" gekeltert wurde.

94 Nach H. SCHMITZ (1925, S. 3) waren die Städtegründungen der Anstoß für die fortwährende Erweiterung der Rebflächen.

95 Nach WALTER (1932, S. 16) war der Grund für die Ausbreitung des Weinbaus in der Mark ein „dringendes wirtschaftliches Bedürfnis, welches sich mit der durch die Kolonisation gesteigerten Bevölkerungsziffer immer stärker geltend machen mußte".

96 Daß der Weinbau von einem verliebten schwäbischen Schneider im Jahre 1743 in Schlesien eingeführt worden sein soll (WIE DER WEINBAU NACH SCHLESIEN KAM, 1950), ist ein modernes Märchen.

97 Olasz = ung.: italienisch oder Italiener.

98 Für Guben wird als Gründungsjahr einer aus 16 Bürgern bestehenden Gesellschaft zur Verbesserung des Weinbaus ebenfalls das Jahr 1800 genannt (GANDER, 1925, S. 495).

99 Neben der Anwerbung von fremden Winzern wurden auch Böttcher ins Land geholt (vgl. v. WEBER, 1872, S. 20).

100 Vgl. auch die Beispiele für Einfuhrverbote bei BASSERMANN-JORDAN, 1975, S. 546–552.

101 Die Genehmigungspflicht für Neuanlagen galt bisher auch für die Hobbywinzer. Deshalb ist eine Entscheidung des Verwaltungsgerichts Bayreuth für den Hobbyweinbau in der Bundesrepublik vielleicht von „weittragender Bedeutung". Das Gericht stellte fest, „daß eine Genehmigungspflicht für einen nicht weinbergsmäßigen Weinbau nicht bestehen könne und hob die Bescheide der Bezirksregierung von Unterfranken auf, mit denen dem Kläger, einem Bauingenieur aus Weissenohe (Krs. Forchheim/Bayern), „die Erteilung der Pflanzgenehmigung auf seinem für die Erzeugung von Wein – nach Meinung der Fachleute – ungeeignetem Grundstück versagt worden war". Der Bauingenieur hatte drei Jahre zuvor auf seinem Grundstück 450 Reben der Sorte Ortega gepflanzt (HEIDELBERGER TAGEBLATT vom 18. Nov. 1977).

102 Eigentlich eine Konsumsteuer, die aber auch auf den Weinhandel übertragen wur-

de und hier eher eine Akzise darstellt (vgl. BASSERMANN-JORDAN, 1975, S. 598).

103 Nach HELLER (1969, S. 207) wurde in der Mark Brandenburg nur deshalb so lange Wein gebaut, weil es keine Ersatzgetränke für ihn gab.

104 1 Zittauer Kanne = 1,87 Liter.

105 Vor allem ist gärender Wein ein natürlicher Vitaminspender (K. M. HOFFMANN, 1977, S. 105).

106 Nach K. M. HOFFMANN (1977, S. 191) gilt der Wein heute in den „klassischen Weinländern" Frankreich, Italien, Spanien und Portugal als „Grundnahrungsmittel", in der Bundesrepublik als „Genußmittel".

107 Das im Jahre 1554 entstandene Landshuter Faß hatte ein Fassungsvermögen von 1300 Eimer (REINDL, 1901/02, S. 99).

108 UYTVEN (1965, S. 251 f.) sieht sogar schon im 15. Jahrhundert Anzeichen für einen Rückgang dess Absatzes von französischem und rheinischem Wein in West- und Nordeuropa, den er u. a. auf eine Abnahme des wirtschaftlichen Wohlstandes vor allem im Hansegebiet und auf eine Zunahme des Bierverbrauchs, etwa in Holland und Brabant, zurückführt.

109 In den letzten zwei Jahrzehnten ist die Weinerzeugung in der Welt um 35 Prozent gestiegen, der Weinverbrauch jedoch nur um 3 Prozent (K. M. HOFFMANN, 1977, S. 191).

110 Die Verfeinerung des Geschmacks machte sich nach ELBRACHT (1958, S. 164) schon im ausgehenden 15. Jahrhundert bemerkbar: „Man trank zwar teurer und weniger, dafür aber genußreicher". Die ermländischen Bischöfe ermahnten im Jahre 1575 ihre Pfarrer, nur spanischen oder sonst recht guten Wein zu nehmen, der nicht leicht verdarb (POSCHMANN, 1956, S. 14).

111 Für die jungen Weine mußten dagegen nur 10 Gr 6 Pf entrichtet werden (HAUSEN, 1798, S. 67).

112 Heute entfallen in der Bundesrepublik 3/4 des Konsums auf weiße und 1/4 auf rote Weine (K. M. HOFFMANN, 1977, S. 152).

113 So wollte z. B. im Jahre 1564 niemand den sauren Firnwein kaufen, „aber den heurigen zu verkaufen, hatte die Stadt verboten" (FALK, 1955, S. 146).

114 CHRISTIAN REICHARDT, Gemischte Schriften, Erfurt 1762 (zit. nach K. HERRMANN, 1875, S. 101).

115 v. ROHR, Vollständiges Haußwirtschafftsbuch, Leipzig 1751 (zit. nach KRAUSCH, 1967b, S. 53, Fußnote 103).

116 Von der Abkehr von den alten schweren Rotweinen profitierten aber auch die rassigen und spritzigen Moselweine (vgl. H. SCHMITZ, 1925, S. 72).

117 So konnte z. B. der beliebte Meth, da er nicht der Massenerzeugung zugängig war, den Aufstieg des Weines nirgendwo behindern.

118 Aus Iphofen wird 1598 dem Bischof von Würzburg berichtet, daß der „arme Heckersmann" seinen Wein „wegen des vielfeltigen Bierbrauens nit verkauffen khann" (TISOWSKY, 1957, S. 36).

119 Der Kaffee kam im Jahre 1650 über Marseille nach Europa. In England wurde er 1652 bekannt, in Deutschland um 1670. Die ersten Kaffeehäuser wurden zwischen 1672–1686 in Paris eröffnet (DION, 1959, S. 603), in Wien im Jahre 1683 und im selben Jahr auch in Regensburg und Nürnberg (BASSERMANN-JORDAN, 1975, S. 1185, Fußnote 6). Seit etwa 1660 wurde in den großen Städten bereits Tee getrunken, nachdem ihn die Holländer oder Jesuiten um die Mitte des Jahrhunderts nach Europa gebracht hatten (Fußnote 7). Der Kakao war bereits im 16. Jahrhundert in Spanien bekannt, doch wurde er erst seit 1606, besonders von Florenz aus, in Europa weiterverbreitet. Nach Deutschland gelangte er etwa 1660 (S. 1186, Fußnote 1).

120 Diese Verwertung brachte dem ostdeutschen Weinbau im 19. Jahrhundert eine vorübergehende Verbesserung der Absatzverhältnisse (HEGI, 1925, S. 381). In Grünberg begann man mit der Sektherstellung im Jahre 1826 (POMTOW, 1910, S. 106). Noch im Jahre 1910 gab es dort vier Sektfabriken, die in Fehljahren ausländischen Wein kaufen mußten, und 13 Weinbrandfabriken, welche vor allem saure Weine verarbeiteten (POMTOW, 1910, S. 135).

121 Nachdem die Qualität als subjektive Auffassung im Laufe der Zeit Wandlungen unterworfen war (vgl. STAAB, 1977), wird sie in unserer Zeit von den Weingesetzen festgelegt.

122 Nebenanpflanzungen in den Weinbergen gab es zu allen Zeiten und in allen Weinbaugebieten (vgl. BASSERMANN-JORDAN, 1975, S. 417–429), doch scheinen sie an der nördlichen Weinbaugrenze besonders umfangreich gewesen zu sein.

123 Diese Nebennutzung betrieben deshalb in Franken hauptsächlich die kleinen Winzer auf den ebenen Weingärten oder nur leicht geneigten Hängen (RUPPERT, 1960, S. 22).

124 So schreibt CLAUS (1895, S. 58): „Die Weinberge bei Sorquitten im Krs. Sensburg im Gebiet der masurischen Seen, einem früher ziemlich viel Wein erzeugendem Gebiet, dienen heute nur noch dazu, Trauben zum Verspeisen zu liefern".

125 Damit in Verbindung steht auch die Weintraubenzucht unter Glas, wie etwa in England (vgl. SKALWEIT, 1907, S. 6) und Belgien, wo 1865 das erste Glashaus für Weinreben in Hoeilaart gebaut wurde (ULLENS, 1957, S. 123).

126 H. LEHMANN, Das naturräumliche Gefüge des oldenburgisch-ostfriesischen Geestrückkens und der Hunte-Leda-Niederung; Berichte z. dt. Landeskunde, Bd. 8, 1950, S. 324–339.

127 So wurde im Jahre 1750 bei Cottbus ein ehemaliger Weinberg mit Maulbeerbäumen bepflanzt (KRAUSCH, 1967b, S. 20).

128 Aus Hessen berichtet LANDAU (1843, S. 191): „Die Rebenpflanzungen zu Breitenau wurden in Folge des Mißverhältnisses zwischen den Ausstellungskosten und der Erndte 1650 gerodet und mit Obstbäumen bepflanzt". Der letzte Weinberg Braunschweigs in Jerxheim wurde wegen der schwankenden, geringen Erträge um 1680 in Fruchtgärten umgewandelt (SAALFELD, 1960, S. 65). Von Grünberg meint POMTOW (1910, S. 84): „Das Schwanken der Erntemengen, die Mißerfolge vieler Jahre trotz unausgesetzter Arbeit in den Weingärten trugen mit dazu bei, auf vielen Hügeln bei Grünberg, wie früher bei anderen Weinorten des Ostens, die Rebe zugunsten der Obstbäume, der Beerensträuher, vor allem der Himbeere, der Kartoffel, ja selbst der Kiefer zu verdrängen".

129 Nach MEITZEN (II, 1869, S. 261) findet der Obstbau in Mitteleuropa seine günstigsten klimatischen Bedingungen südlich einer Linie, die von den nordöstlichen Tälern des Riesengebirges zu den Südhängen des Flämings, über das Elbtal zu der südöstlichen Hälfte des Harzes, über die Weserketten und entlang der westfälisch-rheinischen Gebirge bis zum Hohen Venn verläuft. Allerdings hält MEITZEN den Anbau härterer Obstsorten auch weiter nördlich noch für „hinreichend vorteilhaft", wie der Anbau von Äpfeln und Sauerkirschen in Ostpreußen zeige. Einzelne Klimainseln, wie bei Grünberg und Werder, böten noch bessere Bedingungen.

130 Wie sehr sich diese Vorteile bei den mittelalterlichen Verkehrsverhältnissen auswirkten, zeigt am besten ein Vergleich mit anderen Gütern. Für das Holz zu Brennzwecken wurde errechnet, daß es im Mittelalter eine Achsfracht von nicht mehr als 5 Meilen vertrug. Noch im 18. Jahrhundert zogen es in Bayern die Bauern, die zur Holzablieferung an die in der Stadt lebenden Grundherren verpflichtet waren, schon bei dreitägiger Entfernung vor, das Holz in der Stadt zur Lieferung zu kaufen als das eigene hinzubringen. Auch der Transport von Getreide über Land war zu kostspielig. Selbst als Schiffsfracht flußaufwärts von Szegedin an der Theiß bis Raab an der Donau kostete es mehr an Schiffsfracht als die Ladung wert war (LOTZ, 1920, S. 20 f.).

131 Dazu trug auch die Loslösung Hollands vom Deutschen Reich im 16. Jahrhundert bei, wodurch der Handel erschwert wurde (BASSERMANN-JORDAN, 1975, S. 1116).

132 Interessant ist in diesem Zusammenhang auch, daß sich die Weinberge der Gemeinden am Schwanberg dort besonders lange hielten, wo sie gut zugänglich waren, also besonders in der Nähe der Ortschaften (TISOWSKY, 1957, S. 31).

133 Auf die Bedeutung des Handels für den örtlichen Weinbau wurde bereits hingewiesen. In der Gascogne kauften die fremden Händler zwischen 1350–1377 etwa 1/4 bis 1/5 des Weines (PIRENNE, 1933, S. 238).

134 1 englische Tonne im Mittelalter faßte 252 Gallonen zu 3 Liter (YOUNGER, 1966, S 473).

135 Vgl. hierzu SCHREIBMÜLLER, 1953; SPIESS, 1913; REINDL, 1902, S. 99; KELLER, 1970, S. 313; WELTE, 1934, S. 20.

136 Vor allem aber litten die Tafeltrauben unter diesen Transportverhältnissen. Von 59 Sendungen aus Čuguev nach Moskau (etwa 800 km), die durchschnittlich vier Wochen unterwegs waren, erreichten 21 (= 36 Prozent) ihren Bestimmungsort in verfaultem Zustand. Man half sich deshalb z. T. mit der Konservierung in Honigseim. Allein in den Jahren 1683–1684 wurden etwa 2,5 bis 3 to frischer Trauben nach Moskau geschickt (ČEKAN, 1954, S. 649–651). Gegen Ende des 18. Jahrhunderts gelangten die hartschaligen Trauben aus Astrachan in alle Teile Rußlands (RADING, 1793, S. 254). Über die weitere Entwicklung des russischen Speisetraubenhandels und dessen Transportmethoden im 19. und 20. Jahrhundert vgl. W. HAMM, 1886, S. 487 f.; WITT, 1866, S. 274 und GROSSE SOWJET-ENZYKLOPÄDIE, 1953, S. 8.

137 Aus den Kolmarer Annalen des 13. Jahrhunderts ist zu erfahren, daß für den Transport eines Fuderfasses mit Wein sechs Pferde nötig waren, im Regenjahr 1415 mußten gar 12 Pferde vorgespannt werden (ARNTZ, 1964a, S. 800).

138 Vgl. BASSERMANN-JORDAN, 1975, S. 334; BAUMANN, 1973, S. 23; EHMANN, 1929, S. 394.

139 Nach LAMPRECHT (II, 1886, S. 247) war das Pferd das charakteristische Beförderungsmittel des deutschen Mittelalters. Die meisten Alpenpässe waren nur mit Saumtieren zu überqueren.

140 Die Strecke von Ehnen zur Festung Luxemburg (= 22 km) bewältigte im 15. Jahrhundert ein mit 8 Pferden bespannter und mit 1 Fuder Wein beladener Wagen in 2 Tagen (GERGES, 1977, S. 6).

141 Vgl. PRICKLER, 1965, S. 315; HELDMANN, 1961, S. 250; SIEGLOHR, 1947, S. 24 f.; K. WEISE, 1939, S. 50.

142 Die neben dem Fuder gebräuchlichen Bezeichnungen wie „Wagenschwer" und „Dreiling" (3 Fässer je Wagen) zeugen von der geringen Nutzlast der mittelalterlichen Frachtwagen. Im 17. Jahrhundert betrug die Zuladung im Weinfernhandel vom Neusiedlersee nach Schlesien bereits über 1700 l (PRICKLER, 1965, S. 315). Nach H.-C. SCHMIDT (1965, S. 24) konnte ein Überlandwagen sogar bis 25 hl Wein laden. Im 19. Jahrhundert trugen die Wagen, die von Österreich nach Böhmen und Polen fuhren, etwa 20 bis 26 Eimer Wein (SCHLUMBERGER, 1937, S. 139).

143 Da Thorn durch direkte Handelsstraßen mit Guben und Breslau verbunden war, könnte es sich bei der Weinlieferung auch um diese Landweine gehandelt haben (HARTMEYER, 1905, S. 48).

144 Eine Salzzille faßte ca. 170 hl Wein (H.-C. SCHMIDT, 1965, S. 24).

145 Über die Schiffahrt auf dem Rhein bis ins 17. Jahrhundert und nach der Sprengung einiger Stromschnellen im Jahre 1720 vgl. REHBEIN (1974, S. 51 f.).

146 Für eine Last von 150 t brauchte man dazu bei durchschnittlicher Strömung 10 bis 12 Pferde oder 80 bis 90 Menschen (REHBEIN, 1974, S. 55 f.).

147 Schon 1678 umfaßte das brandenburgisch-preußische Kanalnetz 530 km und stieg bis 1778 auf 1272 km (REHBEIN, 1974, S. 54).

148 Zur gleichen Zeit entwickelte sich auch der mittelmeerische Weinhandel von neuem. So gelangten im Jahre 1293 Cotnari-Weine auf 15 eigens zum Weintransport gebauten Galeeren nach Venedig (VINROMAN, o. J., S. 8).

149 Voraussetzung für den Bau solch großer Schiffe war die Einführung des Stevenruders, das 1242 erstmals bezeugt wird (REHBEIN, 1974, S. 38).

150 Über das Stapelrecht der Stadt Leipzig hinsichtlich des Weins (vgl. v. WEBER, 1872, S. 8 f.).

151 Vgl. BASSERMANN-JORDAN, 1975, S. 566; BALDAUF, 1931, S. 29; KRETSCHMER, 1936, S. 35; SEELIGER, 1931, S. 32.

152 Über die Rheinzölle im einzelnen vgl. BASSERMANN-JORDAN, 1975, S. 591–595.

153 M. GÖHRING, Geschichte der großen Revolutionen, Bd. 1, Tübingen 1950, S. 112.

154 Vgl. auch KRAMER, 1954, S. 906; BAUR, 1962, S. 78; H.-C. SCHMIDT, 1965, S. 27; ROHRBACH, 1963, S. 180.

155 Deshalb weichen auch in der übrigen wirtschaftsgeschichtlichen Forschung die Meinungen über den Umfang der Verwüstungen, etwa des Dreißigjährigen Krieges, stark voneinander ab (vgl. WINKLER, 1959, S. 7).

156 Dagegen schreibt CLAUSS (1961, S. 29), daß die gesamte Traubenernte Grünbergs im Jahre 1945 durch Plünderung verloren ging. Nach VEITH (1966, S. 284) wurde die Stadt nur wenig zerstört.

157 Nach UYTVEN (1965, S. 248) gibt es auch Anzeichen dafür, daß die Weinausfuhr von Bordeaux nach den Niederlanden und in die Hansegebiete in der 2. Hälfte des 15. Jahrhunderts zugenommen hat.

158 Daneben bemühten sich die Weinhändler um andere Absatzmärkte. So verkaufte ein Ödenburger Händler im Jahre 1757 Wein nach St. Petersburg (PRICKLER, 1965, S. 520).

159 Weitere Beispiele über die Dezimierung der Bevölkerung bei MENK (1972, S. 49 f.) und bei GRIES (1969, S. 78).

160 Vor allem mangelte es an Zugtieren. So litten die Benshäuser Fuhrleute besonders unter der häufigen Wegnahme der Pferde (K. WEISE, 1939, S. 45). K. MÜLLER (1953, S. 28) weist besonders auf den Düngermangel hin.

161 Nach KIRBACH (1900, S. 51) brachte die lange Brachzeit der Weinberge in Verbindung mit günstiger Witterung nach Wiederaufnahme des Weinbaus besonders gute Ernten.

162 Vgl. hierzu BASSERMANN-JORDAN, 1975, S. 491–496; KRIEG, 1954, S. 34; RADLER, 1964, S. 296; F. SCHMIDT, 1920, S. 17; H. SCHMITZ, 1925, S. 59.

163 Vgl. hierzu KRAUSCH, 1967b, S. 23; HELLER, 1969, S. 204; HUSCHER, 1953, S. 264; NEUSS, 1955, S. 185.

164 In Laiching bei Dingolfing wurde z. B. von einem Rumäniendeutschen ein Weinberg angelegt (BREIDER, 1960, S. 1143). Laut freundl. Mitteilung von Herrn Reg.-Dir. SÜNWOLDT vom Bayerischen Staatsministerium für Ernährung, Landwirtschaft und Forsten wird in Bayern außerhalb des besonderen Anbaugebietes Franken noch an folgenden Orten und in folgendem Umfang Weinbau betrieben:

Regierungsbezirk	Landkreis	Ort	Ar
Niederbayern	Landshut	Piegendorf	25
Oberpfalz	Regensburg	Regensburg	100
Oberpfalz	Regensburg	Bach a. d. Donau	103
Oberpfalz	Regensburg	Wiesent	96
Oberfranken	Bamberg	Unterhaid	30
Oberfranken	Lichtenfels	Horsdorf	15
Schwaben	Krumbach	Günzburg	1276
Oberbayern	Lindau	Nonnenhorn/Wasserburg	1000

165 Auf die Belebung des Weinbaus an der Ahr durch den Fremdenverkehr weist SCHANDER (1965, S. 934) hin. Andererseits verdrängte am Bodensee der Fremdenverkehr als Erwerbsquelle sowohl den Obst- als auch den Weinbau (vgl. RUPPERT, 1960, S. 148).

166 Frdl. Mitteilung von Herrn F. LEBON, Sekretär der Association de Vignerons, 6210 Ransart-Charleroi.

LITERATURVERZEICHNIS

ABEL, W. (1935): Agrarkrisen und Agrarkonjunktur in Mitteleuropa vom 13. bis zum 19. Jahrhundert. — Berlin
— (1943): Die Wüstungen des ausgehenden Mittelalters. — Jena
— (1962): Geschichte der deutschen Landwirtschaft vom frühen Mittelalter bis zum 19. Jahrhundert. — Stuttgart
ADELMANN, R. (1962): Die Geschichte des württembergischen Weinbaus. — Schriften zur Weingeschichte 8
AICHELE, H. (1965): Weinbau-Meteorologie. — Weinberg und Keller, 12, 7—14
AID (Land- und hauswirtschaftlicher Auswertungs- und Informationsdienst), Heft 345: Das deutsche Weingesetz 1971, Neuauflage 1976, Bad Godesberg
ALANNE, E. (1959): Observations on the Development and Structure of English Wine-Growing Terminology. — Mémoires de la Societé Néophilologique de Helsinki XX, 3 (1957), 1—55, Helsinki
— (1963): Der Ursprung und die Entwicklung der niederländischen Weinbauterminologie. — Mémoires de la Societé Néophilologique de Helsinki XXV, 1 (1961), 1—72, Helsinki
AMMANN, H. (1955): Von der Wirtschaftsgeltung des Elsaß im Mittelalter. — Alemannisches Jahrbuch, 95—202
ARETIN, G. (1834): Ueber den Weinbau in Altbayern. — Bayerische Annalen, 12, 89—92
ARNTZ, H. (1964a): Aus der Geschichte des deutschen Weinhandels. — Deutsche Weinzeitung, 100, 799—808
— (1964b): Aus der Geschichte des deutschen Weinhandels. — Schriften zur Weingeschichte 13
— (1967): Weinhandel — historisch betrachtet. — Das Weinblatt, 62, 1380—1384
— (1976): Weinbrand. — Schriften zur Weingeschichte 39
ARTHOLD, M. (1929): Handbuch des Weinbaues. — Wien-Leipzig
AUMÜLLER, H. (1960): Weinlese im Saaletal. Natur und Heimat, 468—489, Dresden
AVRAMESCU, O. (1930): Weinbau und Weinbaupolitik in Transsylvanien (Westrumänien). — Diss. Leipzig

BAASCH, E. (1927): Holländische Wirtschaftsgeschichte. — Jena
BADER, F. J. W. (1970): Weinbau und Landschaft in den württembergischen Weinbaugebieten westlich des Neckars. — Abhandlungen des 1. Geographischen Instituts der FU Berlin, 13, 323—344
BALDAUF, E. (1931): Der Weinhandel der Stadt Zittau in den Jahren 1742 bis 1749. — Zittauer Geschichtsblätter, 8, 29—32
BALLAS, M. (1895—97): Vinodelije v Rossii (Weinbau in Rußland, in russ.). — 3 Bde, St. Petersburg

BARTH, M. (1958): Der Rebbau des Elsaß und die Absatzgebiete seiner Weine. – 2 Bde, Strasbourg–Paris

BÄRWINKEL, P. (1926): Die Förderung des Weinbaues und der Obstzucht durch Kloster Pforta im Mittelalter. – Die Scheuer. Blätter für Heimatforschung, 3. Folge, 66–68, Querfurt

BASLER, P. (1973): Weinbau in England. – Schweizerische Zeitschrift für Obst- u. Weinbau, **109**, 419–420

BASSERMANN-JORDAN, F. v. (1903): Die Rebkultur im Königreich Belgien. – Weinbau und Weinhandel, 531–532

– (1940): Weinbau und Rebkultur in Belgien. – Neustadt

– (1975): Geschichte des Weinbaus. – Nachdruck der 2. Aufl. von 1923 als dritte Auflage, 2 Bde, Neustadt

BAUER, W. (1959): Weinrebe und Klima. – Österreichische Weinzeitung, **14**, 65–68

BAUMANN, R. (1973): Weinhandel durch die Jahrhunderte. – Der Weinfreund, H. 12, 22–23; H. 13, 23–25; 28; H. 14, 18–19

– (1974): Zwölf Jahrhunderte Weinbau und Weinhandel in Württemberg. – Schriften zur Weingeschichte 33

BAUR, V. (1962): Eifeler Weinbau im Mittelalter. – Eifel-Jahrbuch, 74–78

BECKER, H. (1968): Weinbau und Weinwirtschaft in den südosteuropäischen Weinbauländern. – Der Deutsche Weinbau, **23**, 888–892

BECKER, N. J. (1971): Die Bedeutung des Kleinklimas für den Qualitätsweinbau. – Deutsches Weinbaujahrbuch, 15–20

– (1977): Ökologische Kriterien für die Abgrenzung des Rebgeländes in den nördlichen Weinbaugebieten. – Die Wein-Wissenschaft, **32**, 77–102

– (1978): Die Qualität des Weines unter dem Einfluß geografischer und topografischer Faktoren. – Deutsches Weinbaujahrbuch, 71–80

BECKMANN, O. (1937): Über den einstigen Weinbau in den Gebieten rechts der Oder (Materialien zur Geschichte des Weinbaus in Polen). – Deutsche wissenschaftliche Zeitschrift für Polen, **32**, 110–123, Posen

BERÉNYI, I. (1972): A délkelet-európai szölötermö területek agrárföldrajzi (Die agrargeographischen Typen der südosteuropäischen Weinbaugebiete, in ung.). – Földrajzi Értesitö, **21**, 69–89, Budapest

BERGET, A. (1899): Les vignobles de la Belgique. – Revue de Viticulture, **12**, 103–106 und 158–162, Paris

– (1900): Les vins de France. – Paris

BERGMANN, W. (1957/58): Vom Weinbau an Eder, Fulda und Werra. – Hessische Heimat, **7**, 23–25

BERNITT, H. (1955): Weinberge in Mecklenburg. – Natur und Heimat, 234–235

BERTSCH, K. u. F. (1947): Geschichte unserer Kulturpflanzen. – Stuttgart

BIBLIOTHECA OENOLOGICA (1875): – Heidelberg

BIRK, H. (1959): Die Rebmüdigkeit, ihre Ursachen und Bekämpfung. – Deutscher Weinbaukalender, 52–59

BLUMER, J. (1930): Zur Geschichte des Wein- und Hopfenbaues bei Brüx. – Erzgebirgszeitung, **51**, 84–88, 101–104, 113–115, Teplitz-Schönau

BODE, F. (1909): Ehemaliger Weinbau im östlichen Teile des Regierungsbezirks

Merseburg und angrenzenden Bezirken. — Mitteilungen des Sächsisch-Thüringischen Vereins für Erdkunde zu Halle a. S., 33, 83—90

BOIE, S. (1922): Der Weinbau in Thüringen. — Diss. Jena

BORCHERDT, C. (1961): Die Innovation als agrargeographische Regelerscheinung (= Arbeiten aus dem Geographischen Institut der Universität des Saarlandes, VI). — Regensburg/Kallmünz

BOURQUIN, H. D. u. MADER, H. (1977): Die Pfahlerziehung an Mosel-Saar-Ruwer, Tradition oder Notwendigkeit? — Deutsches Weinbaujahrbuch, 61—67

BRANDTNER, E. (1973): Geländeklimatologie in Weinbaulagen. — Weinberg und Keller, 22, 319—327

BRAUNSCHWEIG, J. D. v. (1842): Rußlands Weinbau. — Riga

BREIDER, H. (1960): Über den bayerischen Weinbau außerhalb Frankens. — Das Weinblatt, 55, 1143—1144

BROOKS, C. E. P. (1948): Climate through the Ages. — 2. Aufl., London

BRÜCKBAUER, H. (1957): Wechselbeziehung zwischen Rebe und Boden. — Der Deutsche Weinbau, 12, 739—740

BRUGER, P. (1921): Weinbau im alten Bautzen. — Bautzener Geschichtshefte, 1, H. 4, 50—52

BUDDE, E. (1906): Die Bedeutung der Trinksitten in der Kultur der Angelsachsen. — Diss. Jena

BUJACK, J. G. (1834): Die geographische Verbreitung des Weinstocks mit Rücksicht auf den Weinbau in Preußen während der Herrschaft des deutschen Ordens. — Band 1 der Vorträge aus dem Gebiete der Naturwissenschaften und der Oekonomie, gehalten ... zu Königsberg, hg. K. E. v. Baer, 33—58, Königsberg

CANDOLLE, A. de (1855): Géographie botanique raisonnée. — 2 Bde, Paris

CANSTEIN, C. v. (1962): Berlin und der Wein — gestern und heute. — Das Weinblatt, 57, 773—775

CARLOWITZ, G. H. v. (1846): Versuch einer Culturgeschichte des Weinbaus von der Urzeit bis auf unsere Zeiten mit besonderer Beziehung auf das Königreich Sachsen. — Leipzig

CARUS-WILSON, E. M. (1947): The affects of the acquisition and of the loss of Gascony on the English winetrade. — Bulletin of the Institute of Historical Research, 32, 145—154, London

ČEKAN, I. V. (1954): Vinogradarstvo v russkom gosudarstve XVII v. (Der Weinbau in Rußland im 17. Jahrhundert, in russ.). — Materialy do istorii sel'skogo hozjajstva i krest'janstva SSSR, 2, 623—659, Moskva

CHAPMAN, M. (1972): The English Vintage Ripe for Revival. — Off-license Journal, 53, 5—17, London

CHLÁDEK, J. (1967): Poznámky o súčasnom stave a predpokladoch rozvoja vinohradnictva v ČSSR (Bemerkungen zum gegenwärtigen Stand und zu den Voraussetzungen der Entwicklung des Weinbaus in der CSSR, in slowak.). — Vinohrad, 5, 52—53, Bratislava

CHRISTOFFEL, K. (1923): Die kurtrierische Weinbau- und Weinhandelspolitik vom 16.—18. Jahrhundert. — Diss. Köln

— (1957): Durch die Zeiten strömt der Wein. — Hamburg

CLAUS, o. V. (1895): Die geographische Verbreitung der Weinrebe. – Jahreshefte des Vereins für Mathematik und Naturwissenschaft in Ulm, 7, 48–63
CLAUSS, E. (1961): Das schlesische Weinland. – Frankfurt
CLEMENT, o. V. (1864–69): Notice sur la vigne et les causes qui ont amené successivement sa destruction depuis un siècle dans l'arrondissement de Chateâudun. – Bulletin Societé dunoise, 1, 308–316
COCHET, A. (1866): Les anciens vignobles de la Normandie. – Rouen
COCHRANE, J. (1974): Meteorological observations in Hambledon vineyard in 1972. – Weather, 29, 144–147, London
CRAEYBECKX, J. (1958): Un grand commerce d'importation: Les vins de France aux anciens Pays-Bas (XIIIe – XVIe siècle). – Paris
CZAJKA, W. (1938): Der Schlesische Landrücken. Eine Landeskunde Nordschlesiens, Teil II. – Veröffentlichungen der Schlesischen Gesellschaft für Erdkunde, 13, Breslau

DARBY, H. C. (1972): An Historical Geography of England before A. D. 1800. – Cambridge
DAVITAYA, F. F. (1938): Klimatičeskie zony vinograda v SSSR (Klimatische Zonen des Weinbaus in der UdSSR, in russ.). – Moskva
DERN, A. u. a. (1919): Die Grenzen der Anbaumöglichkeit der Rebe in Deutschland. – Jahrbuch der deutschen Landwirtschaftsgesellschaft, 34, 430–467
DER WEINBAU IM PREUSSISCHEN STAATE (1861): – Zeitschrift des Königlich-Preußischen Statistischen Bureaus, 1, 303–306, Berlin
DER WEINBAU IM KÖNIGREICH BÖHMEN (1891): – Weinbauverein für das Königreich Böhmen, Prag
DER WEINBAU DER DEUTSCHEN KOLONISTEN IN DER KRIM (1955): – Heimatbuch der Ostumsiedler. Kalender, 69–70, Stuttgart
DETTEN, G. v. (1906): Der Wein und die Klöster in Altwestfalen. – Der katholische Seelsorger, 18, 31–37, Paderborn
– (1910/11): Alte Weinkulturen in Niedersachsen. – Niedersachsen, 16, 458–460
DIE ENTWICKLUNG DER REBFLÄCHEN IN PREUSSEN NACH GEBIETEN UND GEWÄCHSEN (1924); – Statistische Korrespondenz, 50, Nr. 27, S. 1 und 3
DIETER, A. (1965): Der Weinbau in Mitteldeutschland. – Deutsches Weinbaujahrbuch, 174–181
– (1974): Faunistische und floristische Besonderheiten im Weinbaugebiet „Saale-Unstrut". – Deutsches Weinbaujahrbuch, 229–234
DIE WIEDERBELEBUNG DES MEISSNER WEINBAUES (1937): – Die Heimat, 17, Nr. 5, 1, Meißen
DION, R. (1954): Viticulture ecclésiastique et viticulture princière au Moyen-âge. – Revue historique, 78, 1–23, Paris
– (1959): Histoire de la vigne et du vin en France des origines au XIXe siècle. – Paris
DOHNAL, T. (1971): Zajištěni perspektivniho rozvoje a ekonomické efektivnosti vinarštvi v Čechách (Absicherung der perspektivischen Entwicklung und der ökonom. Effektivität des Weinbaus in Böhmen, in tschech.). – Vinohrad, 9, 112–113, Bratislava
DRUTZU, C. (1889): Untersuchungen über den Weinbau Rumäniens. – Diss. Halle

DUCHAUSSOY, H. (1926 u. 1928): La vigne en Picardie et le commerce des vins de Somme. — Mémoires de la Societé Antiquaires de Picardie, **41** und **42**, Amiens

DÜCKERT, J. (1952): Der Schäfer-Weinkauf in Ützhausen. — Heimatblätter für Stadt und Kreis Lauterbach (= Lauterbacher Anzeiger, Beil.), **17**, 108

DUMBACHER, E. (1966): Internationale Weinbibliographie 1955—1965. — Klosterneuburg

EHMANN, W. (1929): Weinverkehr und schwäbische Handelsstraßen im Mittelalter. — Schwabenspiegel, **23**, 393—394

ELBRACHT, K. (1958): Vom Weinbau in Arnstadt. — Thüringer Heimat, **3**, 158—165, Weimar

ENDRISS, G. (1965): Der Badische Weinbau in historisch-geographischer Betrachtung. — Schriften zur Weingeschichte **14**

ENGELBRECHT, T. H. (1898-99): Die Landbauzonen der außertropischen Länder. — 2. Teile, Berlin

ENGLISH VINEYARDS ASSOCIATION (1975): Journal No. 9, London

EVREINOFF, V. A. (1951): La limite septentrionale de la vigne sauvage. — Revue International de Botanique appliquée et d'Agriculture tropicale, **31**, 527—534, Paris

FABINI, J. (1860): Der Weinbau in Siebenbürgen. — Programm des evangelischen Gymnasiums A. C. zu Mediasch, Hermannstadt

FALK, G. (1955): Der Jenaer Weinbau. — Diss. Jena

FEDERLE, A. (1936): Gute und schlechte Weinjahre an der Ahr in früherer Zeit. — Heimatkalender des Kreises Ahrweiler, **4**, 25—29

FEYER, P. (1970): Szölö-és borgazdaságunk történetének alapjai (Historische Grundlagen des Weinbaus und der Weinbereitung in Ungarn, in ung.). — Budapest

FEZER, F. u. SEITZ, R. (Hg.) (1978): Klimatologische Untersuchungen im Rhein-Neckar-Raum. — Heidelberger Geographische Arbeiten **47**

FINK v. FINKENSTEIN, H. W. (1960): Die Entwicklung der Landwirtschaft in Preußen und Deutschland 1800—1930. — Würzburg

FISCHER-BENZON, R. v. (1894): Altdeutsche Gartenflora. Untersuchungen über die Nutzpflanzen des deutschen Mittelalters, ihre Wanderung und ihre Vorgeschichte im klassischen Altertum. — Kiel

FLOHN, H. (1950): Klimaschwankungen im Mittelalter und ihre historisch-geographische Bedeutung. — Berichte zur deutschen Landeskunde, **7**, 2. H., 347—357

— (1954): Witterung und Klima in Mitteleuropa. — Forschungen zur deutschen Landeskunde, **78**, 2. Aufl.

— (1967): Klimaschwankungen in historischer Zeit. — In: Rudloff, H. v., 1967, 81—90

FOLTYN, O. (1970): Weinjahre am Rhein im vorigen Jahrhundert. — Deutsche Weinzeitung, **106**, 36—38

FRICKE, W. (1959): Sozialfaktoren in der Agrarlandschaft des Limburger Beckens. — Rhein-Mainische Forschungen **48**

FRIEBE, W. C. (1793): Vom Weinbau in Rußland. — Auswahl ökonomischer Abhandlungen, welche die freie ökonomische Gesellschaft in St. Petersburg in deutscher Sprache gehalten hat, **3**, 177–243, St. Petersburg

FRIEBEL, M. (1938): Geschichtliches vom schlesischen Weinbau. – Volk und Raum, **1**, 183–185, Breslau

FRIEDEL, E. (1900/01): Warum ist unser heimischer Weinbau zurückgegangen? – Brandenburgia **IX**, 295–296

FRIESE, A. u. a. (1961): 800 Jahre Weinbau im Taubergrund. – Festschrift aus Anlaß der Taubergründer Weintage 1961, Lauda

FROLEC, V. u. a. (1973): Vinohradnictvi. Kapitoly z dějinného vývoje od minulosti do současnosti na Moravě a v Čechách (Weinbau. Kapitel aus der geschichtlichen Entwicklung in Böhmen und Mähren von der Vergangenheit bis in die Gegenwart, in tschech.). – Brno

Gadeceau, E. (1903): La flore bretonne et sa limite méridionale. – Bulletin Societé botanique de France, IVe ser., **III**, 325–333, Paris

GANDER, K. (1925). Geschichte der Stadt Guben. – Guben

GERBING, L. (1907): Über den früheren Weinbau im gothaischen Land. – Aus den coburg-gothaischen Landen, **5**, 54–58, Gotha

GERGES, M. (1977): Aus der Geschichte des Luxemburger Weinbaus. – Schriften zur Weingeschichte **41**

GESCHICHTE DES WEINHANDELS IN SACHSEN (1845): – Landwirtschaftliche Zeitschrift für das Königreich Sachsen, 133–135, Dresden

GESSINGER, J. (1956): Wein und Weinpreise – einst und jetzt. – Das Weinblatt, **50**, 477

GIGALSKY, B. (1908): Der Weinbau im Lande des Deutschen Ordens während des Mittelalters. Ein Vortrag. – Braunsberg, 9 S.

GLASER, G. (1967): Der Sonderkulturanbau zu beiden Seiten des nördlichen Oberrheins zwischen Karlsruhe und Worms. – Heidelberger Geographische Arbeiten **18**

GÖNNEWEIN, O. (1963): Zur Geschichte des Weinbaurechts. – Zeitschrift der Savigny-Stiftung für Rechtsgeschichte, Germanist. Abt., **80**, 157–196

GOLDSCHMIDT, F. (1909): Der Wein von der Rebe bis zum Konsum nebst einer Beschreibung der Weine aller Länder. – 6. Aufl., Mainz

GOLLMICK, F. u. a. (1976): Das Weinbauch. Werden des Weines von der Rebe bis zum Glase. – 4. verb. Aufl., Leipzig

GRIES, H. (1969): Winzer und Ackerbauern am oberen Mittelrhein. – Rhein-Mainische Forschungen **69**

GRONEWALD, J. (1939): Der Weinbau in früherer Zeit in der Rhein-Sieg-Ecke des Siegkreises. – Heimatblätter des Siegkreises, **15**, 165–167

GROSSE SOWJET-ENZYKLOPÄDIE (1953): Reihe Biologie und Agrarwissenschaft, Heft 14: Die Weinrebe und der Weinbau. – Berlin

GROSSER, H.-U. (1972): Der Weinbau in Mittel- und Ostdeutschland. – Rebe und Wein, **25**, 95

GROTE, J. (1869): Beiträge zur Geschichte des Weinbaues am Harz. – Zeitschrift des Harz-Vereins für Geschichte und Alterthumskunde, 2., 199–201, Wernigerode

GRUND, A. (1901): Die Veränderungen der Topographie im Wiener Walde und Wiener Becken. — Geographische Abhandlungen, VIII, 1, Leipzig
GRÜNDER, H. (1949): „Der Grünberger" — An den Grenzen des deutschen Weinbaues. — Deutsche Weinzeitung, 85, 160
GUILLAUME, A. (1934): Vigne et Mais. Limites de la culture en France. — Bulletin de la Societé de Biogéographie, 81, 657—671, Paris
GÜNTHER, W. (1958): Zur Geschichte des Weinbaus am Nordabfall der Eifel. — Eifel-Jahrbuch, 68—71
GUSEINOV, K. Z. (1970): Ekonomičeskaja effektivnost Vinogradarstva (Wirtschaftliche Rentabilität des Weinbaus, in russ.). — Sadowostwo, 108, 12—13, Moskva
GUYOT, J. (1868): Étude des vignobles de France. — 3 Bde, Paris

HAAS, R. (1971): Rheingauer Geschichts- und Weinchronik. — unveränd. Nachdruck d. Aufl. von 1854, Wiesbaden
HÄBERLE, D. (1926): Die geographischen Bedingungen des deutschen Weinbaus. — Geographische Zeitschrift, 32, 405—430
— (1930): Verschiebungen in den Anbauflächen der Weinrebe in Deutschland. — Geographischer Anzeiger, 31, 7—10
HAHN, H. (1956): Die deutschen Weinbaugebiete. — Bonner Geographische Abhandlungen 18
— (1968): Die deutschen Weinbaugebiete. — Erdkunde, XXII, 128—145
HALKIN, J. (1895): Étude historique sur la culture de la vigne en Belgique. — Bulletin de la Societé d'Art et d'Histoire du Diocèse de Liège, IX, Liège
HAMM, F. (1951): Niedersachsen im Wandel alluvialer Klimaschwankungen. — Beiträge zur Naturkunde Niedersachsens, 4, 1—14
HAMM, W. (1886): Das Weinbuch. — 3. Aufl., bearb. v. A. v. Babo, Leipzig
HÄMPEL, W. (1928): Das ostdeutsche Weingebiet. — Geographischer Anzeiger, 29, 79—85
HARTMEYER, H. (1904): Der Weinhandel im Gebiete der Hanse im Mittelalter. — Diss. Leipzig
HAUDECK, J. (1897): Der Weinbau bei Leitmeritz und Lobesitz. — Mitteilungen des Nordböhmischen Exkursions-Clubs, 20, 148—152, Böhmisch-Leipa
— (1898): Der Weinbau bei Leitmeritz. — Mitteilungen des Nordböhmischen Exkursions-Clubs, 21, 365—372, Böhmisch—Leipa
HAUSEN, C. R. (1798): Nach den Quellen ausgearbeitete Darstellung des Weinbaus und des mit einheimischen Weinen getriebenen inländischen und ausländischen Handels in den Marken Brandenburg von 1173 bis auf gegenwärtige Zeit. Nebst ökonomischen Grundsätzen nach welchen der ehemals blühende Weinbau in den Marken Brandenburg wiederhergestellt werden könne von Anton Bernhard Thiele. — Berlin
HEGI, G. (1925): Rebstock und Wein. — Sonderabdruck aus Hegi: Illustr. Flora von Mitteleuropa, V, 350—426, unter Mitw. von H. Beger, München
HEIN, L. (1957): Zum Weinbau in der Mark. — Forschungen und Fortschritte, 31, 197—199
HEINRICH, C. (1880): Die Cultur der Weinrebe im norddeutschen Klima. — Berlin

HELDMANN, F. C. (1961): Johann Heldman — Weinhändler in Olpe. — Heimatstimmen aus dem Kreise Olpe, 198—211 und 242—259

HELLER, P. (1969): Ein ehemals bedeutendes Weinbaugebiet: die Mark Brandenburg. — Deutsches Weinbaujahrbuch, 201—211

HELLWIG, W. (1955): Der Weinbau in Südwestdeutschland, seine natürliche Abhängigkeit und wirtschaftliche Stellung. — Diss. Tübingen

HENDERSON, A. (1833): Geschichte der Weine der alten und neuen Zeiten. — Aus dem Engl. übers., Weimar

HERING, o. V. (1805): Vom Weinbau in der Oberlausitz. — Neue Lausizische Monatsschrift, 2, Stück 7, 75—93, Görlitz

HERRMANN, G. (1975): Poznámky o vinohradnictve a vinárstve v NDR (Bemerkungen über den Weinbau und die Weinbereitung in der DDR, in slowak.). — Vinorhad, 13, 220—222, Bratislava

HERRMANN, K. (1875): Einige Nachrichten über den Erfurter Weinbau. — Mitteilungen des Vereins für die Geschichte und Alterthumskunde von Erfurt, 7, 79—85 und 101—102

HESS, J. (1954): Weintransporte zu alter Zeit. — Notre Moselle, Notre Vin (= Schwebsinger Moselpublikationen 2), 97—99, Schwebsingen

HEYNE, M. (1901): Das deutsche Nahrungswesen (= Fünf Bücher deutscher Hausaltertümer von den ältesten Zeiten bis zum 16. Jahrhundert, Bd. 2: Nahrung). — Leipzig

HILLEBRAND, W. (1969): Der Weinbau im Jahre 2000. — Der Deutsche Weinbau, 24, 556—563

— (1974): Die Rebenmüdigkeit des Bodens und ihre Beseitigung. — Deutsches Weinbaujahrbuch, 125—132

— (1975/76): Weinbau-Taschenbuch. — 3. Aufl., Wiesbaden

HOFMANN, R. (1959): Die Entwicklung des Weinbaus in der DDR. — Der Neue Deutsche Obstbau, Beilage zur „Deutschen-Gärtner-Post", 5, 113—115, Berlin

HOFFMANN, A. (1956): Der Weinbau in Mittel- und Ostdeutschland. — Deutscher Weinbaukalender, 118—120

HOFFMANN, K. M. (1970): Weinkunde in Stichworten. — Kiel

— (1977): Weinkunde in Stichworten. — 2. erw. Aufl., Kiel

HOFFMANN, M. (1909): Zum Gubener Weinbau und Weinhandel. — Niederlausitzer Mitteilungen, Zeitschrift der Niederlausitzer Gesellschaft für Anthropologie und Altertumskunde, 10, (1908), 410—412, Guben

HOFFMANN, Max (1900/01): Mitteilungen über den mittelalterlichen Rheinweinhandel im Hansagebiet. — Mitteilungen des Vereins für Nassauische Altertumskunde und Geschichtsforschung, 35—37, Wiesbaden

HÖHN, W. (1958): Vom Wein und Weinbau im Kreise Mayen. — Eifeljahrbuch, 87—90

HORNEY, G. (1972): Die klimatischen Grundlagen des Anbaues von Weinreben in Deutschland. — Weinberg und Keller, 19, 305—320

HORNN, F. A. (1801): Kurze Uebersicht vom Wein-Baue und der Kellerey-Wirthschaft besonders in Sachsen. — Dresden

HUNDERT JAHRE FRANZÖSISCHER WEINBAUWIRTSCHAFT (1950): — Der Deutsche Weinbau, 5, 27

HUNDT, T. (1962): Weinberge im Sauerland — oder von den Freuden eines Bauherrn anno 1598. — Westfälischer Heimatkalender, 153—154, Münster
HUSCHER, R. (1953): Zur Geschichte des Lößnitzer Weinbaus. — Natur und Heimat, 2, 262—265
HYAMS, E. (1949): The Grape Vine in England. — London
— (1953): Vineyards in England. A practical handbook for the restoration of vine cultivation and wine making to southern Britain. — London

IMMICH, W. (1920): Die Probleme des deutschen Weinbaus. — Diss. Würzburg
INDREAS, A. (1971): Aktuelle Aspekte der Erzeugung von Speiseweintrauben. — Internationale Zeitschrift der Landwirtschaft, 15, 323—327

JACOBI, L. (1866): Das schlesische Weinland. — Schlesische Provinzialblätter, NF, 5, 513—521 und 577—591, Breslau
JACOBS, E. (1869): Wein-und Hopfenbau in der Grafschaft Wernigerode.— Zeitschrift des Harz-Vereins für Geschichte und Alterthumskunde, 2, 145—147, Wernigerode
— (1870): Die Bedeutung und Verbreitung des Weinbaues am Harz. — Zeitschrift des Harz-Vereins für Geschichte und Alterthumskunde, 3, 726—731, Wernigerode
JAMAIN, P. (1901): La vigne et le vin. — Paris
JÄRGEN, H. (1974): Hundert Jahre deutsches Weinrecht. — Der Deutsche Weinbau, 29, 552—557 und 560
JENSCH, G. (1954): Die nationalstaatliche Marktregelung als agrarräumlicher Wirkungsfaktor. — Die Erde, 85, 336—346
— (1957): Das ländliche Jahr in deutscher Agrarlandschaft. — Abhandlungen des Geographischen Instituts der FU Berlin 3
JEŻOWA, K. (1938): La culture de la vigne en Pologne. — Compte rendu du Congrès International de Géographie Varsovie 1934, 4, 94—102, Warszawa
JOIGNEAUX, P. (1852): Culture de la vigne et fabrication des vins en Belgique. — Bibliothèque Rurale, instituée par le gouvernement, 2e série, No 4, Bruxelles
JULLIEN, A. (1832): Topographie de tous les vignobles connus. — 3. Aufl., Paris
JUNG, H. (1968): Weinland — einst von Oberbayern bis Tilsit. — Schwäbische Zeitung Nr. 223 vom 26. 9. 68, Leutkirch

KALINKE, H. (1969): Entwicklungstendenzen im Weinbau Südfrankreichs. — Deutsches Weinbaujahrbuch, 13—24
— (1970): Die Entwicklung der Rebflächen und der Weinernten in Italien. — Deutsches Weinbaujahrbuch, 187—196
— (1974): Entwicklungstendenz der französischen Weinwirtschaft. — Der Deutsche Weinbau, 29, 668—669
— (1976): Die Entwicklung der österreichischen Winzergenossenschaften. — Weinberg und Keller, 23, 9—24
KAŠA, A. (1969): Počiatky vinohradnictva v tokajskey oblasti (Anfänge des Weinbaus im Tokajergebiet, in slowak.). — Vinohrad, 7, 60, Bratislava
KAUSCHE, D. (1959): Weinbau in Harburg. — Harburger Jahrbuch, 8 (= Veröffentlichungen des Helms-Museums, Nr. 10), 37—40
KEES, H. (1976): Vom Zehnten im Weinbau und anderen Lasten der Weinwirtschaft aus früherer Zeit bis in unsere Tage. — Deutsches Weinbaujahrbuch, 257—271

KELLER, H. (1970): Einstmals Weinbau in München. — Das Weinblatt, **64**, 313
KERDÉLAND, J. de (1964): Histoire des vins de France. — Paris
KIEFER, W. (1933): Der Weinbau in Baden in seinen geographischen Zusammenhängen. — Diss. Heidelberg
KIEFER, W. u. FETTER, K. (1971): Die Weinwirtschaft in der UdSSR. Allgemeine deutsche Weinfachzeitung, **107**, 568–570
KILLINGER, O. (1971): Der Weinbau in Rußland. — Der Winzer, **27**, 157–159 und 208–210, Wien
KIRBACH, P. (1900): Der Meißner Weinbau. — Mitteilungen des Vereins für Geschichte der Stadt Meißen, **5**, 14–87
KIRCHHEIMER, F. (1944): Die nördlichsten Standorte der wilden Weinrebe. — Wein und Rebe, **26**, 15–22
KLEIN, J. (1934): Der Wein und die rheinische Industrie. — Diss. Köln
KLIEWE, H. (1967): Die Bedeutung des Weines für die Gesundheit. — Schriften zur Weingeschichte **17**
KNIAJIEWITSCH, A. v. (1872): Über den Zustand des Weinbaus und der Weinbereitung auf der Südküste der Krim. — Annalen der Oenologie, **2**, 94–98, Heidelberg
KNIPPEL, K. (1953): Der mitteldeutsche Weinbau. — In: Der Querschnitt durch den neuen Gartenbau, **2**, 97–117, Berlin
KNOOP, K. (1923): Der Weinhandel in Norddeutschland. — Diss. Tübingen
KNOTHE, H. (1873): Zur Geschichte des Weinbaus in der Oberlausitz. — Archiv für Sächsische Geschichte, **11**, 196–201, Leipzig
KOCH, E. (1907): Nachrichten über Weinbau bei Römhild aus der Zeit von 1577–1583. — Thüringer Monatsblätter, **15**, 8–10, Eisenach
— (1926): Ehemaliger Weinbau um Saalfeld. — Schriften des Vereins für Sächsisch-Meiningische Geschichte und Landeskunde, **84**, 78–87, Hildburghausen
KOCH, F. (1936): Die geographische Verbreitung der Obstkelterei, des Obstwein- und Mostgenusses in Mittel- und Westeuropa. — Erdgeschichtliche und landeskundliche Abhandlungen aus Schwaben und Franken, **21**
KOCH, H.-J. (1970): Weintrinker und Weingesetz. — Schriften zur Weingeschichte **21**
KOOCK, F. (1866): Über die beste und zweckmäßigste Behandlung des Weinstockes in Norddeutschland, hg. v. H. W. Palandt. — Hildesheim
KORCZ, W. (1958): Dzieje uprawy zielonogórskiej winorośli (Geschichte des Weinbaus von Zielona Góra, in poln.) (= Bibliotheka Lubuska, 2). — Poznań
KRAMARTCHOUK, M. F. (1974): Über den Weinbau in der Sowjetunion. — Obstbau — Weinbau, **11**, 241–242, Bozen
KRAMER, O. (1954): Edertal und Waldeck als Weinbaugebiet im Mittelalter. — Das Weinblatt, **48**, 881 und 905–906
KRAUSCH, H.-D. (1966): Der frühere Weinbau im Gubener Land. — Gubener Heimatkalender, 87–103
— (1967a): Die Invasionen der Wanderheuschrecke (Locusta migratori L.) in die Niederlausitz. — Beiträge zur Tierwelt der Mark, **3**, 5–25, Potsdam
— (1967b): Der frühere Weinbau in der Niederlausitz. — Jahrbuch für brandenburgische Landesgeschichte, **18**, 12–55
KRAUSE, o. V. (1933): Zum Wiederaufbau der mitteldeutschen Weinbaugebiete. — Landwirtschaftliche Wochenschrift für die Provinz Sachsen, **91**, 761, Halle

KRES, B. (1966): Zarys dziejów winiarstwa zielonogórskiego (Abriß der Geschichte des Weinbaus von Zielona Góra, in poln.) (= Bibliotheka Lubuska, 8). — Poznań

— (1972): Winiarstwo na ziemi Lubuskiej (Die Entwicklung des Weinbaus im Gebiet des heutigen Bezirks Zielona Góra, in poln.). — Poznań

KRETSCHMER, E. P. (1936): Vom Weinbau aus Geras Umgebung, seiner Ernte, seiner Geschichte. — Heimatblätter. Beilage zur Geraer Zeitung, 23; 31—32, 34—36, 38—39

KRIEG, M. (1954): Rolle des Weins in Mindens Stadtpolitik. — Mindener Heimatblätter, 26, 33—35

KRIEGE, W. (1911): Der Ahrweinbau, seine Geschichte und wirtschaftliche Lage in der Gegenwart. — Diss. Heidelberg

KROEMER, K. (1918): Das staatliche Rebenveredlungswesen in Preußen. — Landwirtschaftliche Jahrbücher, LI, Ergänzungsband II, Berlin

KROPP, O. (1948): Weinhandelswege — Die Kulturstraßen Europas. — Deutsche Weinzeitung, 84, 107—108, 139—140, 171—172

KUHIJOVYČ, V. (Hg.) (1971): Ukraine. A Concise Encyclopaedia. — 2 Bde., Toronto

KUNZE, F. (1928): Zur Geschichte des Weinbaues in Thüringen. — Thüringen. Eine Monatsschrift für alte und neue Kultur, 4, 86—94, Neustadt/Orla

KUSKE, B. (1952): Weinkauf und Gottespfennig als Wirtschaftsbräuche. — Zeitschrift für handelswissenschaftliche Forschung, N. F., 4, 248—260

KWAPIENIOWA, M. (1959): Poczatki uprawy winorośli w Polsce (Die Anfänge der Weinkultur in Polen, in poln.). — Materialy archeologiczne, 1, 353—400, Kraków

LA BAUME, W. (1961): Frühgeschichte der europäischen Kulturpflanzen. — Gießener Abhandlungen zur Agrar- und Wirtschaftsordnung des europäischen Ostens 16

LA BORDERIE, A. de (1892): Notes sur la culture de la vigne en Bretagne avant le XVIe siècle. — Bulletin Archéologique de l'Association Bretonne, 10, 65—110, Saint—Brieuc

LAMB, H. H. (1964): Das Klima vom Mittelalter bis heute. — Umschau, 64, 652—655

— (1966): The changing climate. — London

LAMPRECHT, K. (1886): Deutsches Wirtschaftsleben im Mittelalter. — 2 Bde, Leipzig

LANDAU, G. (1843): Beiträge zur Geschichte des Weinbaus in Althessen. — Zeitschrift des Vereins für hessische Geschichte und Landeskunde, 3, 160—201, Kassel

LATTIN, G. de (1939): Über den Ursprung und die Verbreitung der Reben. — Der Züchter, XI, 217—225, Berlin

LAUBERT, M. (1938): Weinbau und Weinhandel der Provinz Posen nach 1815. — Deutsche wissenschaftliche Zeitschrift für Polen, 34, 175—183, Posen

LAUFER, E. (1884): Die Werder'schen Weinberge. — Abhandlungen zur Geologischen Spezialkarte von Preußen, 5, H. 3, Berlin

LEHMANN, P. (1954): Klimatische Gütebewertung von Weinbergslagen. — Deutscher Weinbau-Kalender, 5, 60—62

LEMKE, E. (1898/99): Volkstümliches und Kulturgeschichtliches der Pflanzenwelt der Mark Brandenburg. – Brandenburgia, VII, 21–34

LEONHARDT, G. F. (1943): Zur Geschichte des Krim-Weinbaues. – Der Deutsche Weinbau, 22, 291–292

LE ROY LADURIE, E. (1972): Times of Feast, Times of Famine. A History of Climate since the year 1000 (engl. Übers. d. franz. Originals: Histoire du climat depuis l'an mil, Paris 1967). – London

LEXIQUE DE LA VIGNE ET DU VIN (1963): Office International de laVigne et du Vin, Paris

LIEPE, G. (1973): Der Weinbau in der DDR. – Der Neue Deutsche Obstbau. Beilage der Wochenzeitung „Deutsche-Gärtner-Post", 19, 121–124, Berlin

LINDEMANS, P. (1952): Geschiedenis van de landbouw in Belgie. – 2 Bde, Antwerpen

LINNEMANN, A. (1914): Beiträge zur Geschichte im vorm. Fürstbistum Hildesheim. – Niedersachsen, 19, 236–237

LIPPERT, J. (1868): Der Tschernoseker Wein. – Mitteilungen des Vereins für Geschichte der Deutschen in Böhmen, 6, 242–255, Prag

LITOŠENKO, I. P. (1973): Razvitie i Razmeščenie Vinogradarstva na Severnom Kavkaze (Entwicklung und Ausbreitung des Weinbaus im Nordkaukasus, in russ.). – Russkij Vinograd, 5, 14–23, Novocherkask

LÖ, o. V. (1963): Wo der Rüßling reifte. – Neues Deutschland vom 21. 5. 1963

LÖBE, H. (1884): Beitrag zur Geschichte des Weinbaues in unserem Westkreise vor der Mitte des 16. Jahrhunderts. – Mitteilungen des Vereins für Geschichte und Altertumskunde, 2, 431–440, Kahla und Roda

LÖBE, K. (1969): Wein an der Weser. Das Weinblatt, 63, 350–351

LONG, J. (1970): Aspects de la viticulture en France. – Bulletin de l'OIV, 43, 733–743, Paris

LOTZ, W. (1920): Verkehrsentwicklung in Deutschland seit 1800 (= Aus Natur und Geisteswelt 15). – Leipzig–Berlin

LUCAS, G. H. (1916): Vom ehemaligen Weinbau am Niederrhein und im Bergischen. – Monatsschrift des Bergischen Geschichtsvereins, 22, 35–37, Elberfeld

LUTZ, W. (1965): Die Geschichte des Weinbaues in Würzburg im Mittelalter und in der Neuzeit bis 1800. – Mainfränkische Hefte 43

MADEJ, S. (1955): Winorośl (Weinbau, in poln.). – Warszawa

MAKEJEV, A. (1971): O severnom vinogradarstve (Über den nördlichen Weinbau, in russ.). – Sadowostwo, 109, 39, Moskva

MAMMEN, H. (1963): Die Weinkaufsprotokolle des Amtes Esen. – Quellen u. Forschungen zur Ostfriesischen Familien- u. Wappenkunde, 12, H. 1, Aurich

MARRES, P. (1950): La vigne et le vin en France. – Paris

MARRISON, L. W. (1958): Wines and spirits. – Harmondsworth

MAY, H. E. (1957): Einfluß von Klima und Witterung auf Güte und Ertrag im Weinbau. – Diss. Mainz

MEITZEN, A. (1868–71): Der Boden und die landwirtschaftlichen Verhältnisse des preussischen Staates. – 4 Bde, Berlin

— (1870): Die Verbreitung des Weinbaus im preussischen Staatsgebiete. — Zeitschrift des Königlich Preußischen Statistischen Bureaus, **10**, 119—131

MÉMENTO DE L'OIV (1975): Office International de la Vigne et du Vin, Paris

MENK, L. (1972): Landwirtschaftliche Sonderkulturen im unteren Werratal. — Marburger Geographische Schriften **55**

MENZEL, C. (1875): Der Wein- und Hopfenbau um Sangershausen im Mittelalter. — Zeitschrift des Harz-Vereins für Geschichte und Alterthumskunde, **8**, 227—261, Wernigerode

MOELLER, C. (1898): Gubener Wein in Mecklenburg während des 16. und 17. Jahrhunderts. — Niederlausitzer Mitteilungen, **5**, 441—450, Guben

MORGEN, A. (1958): Klimabedingte Anbauschranken der Weinreben. — Die Weinwissenschaft, H. 4, 35—42

MÜLLER, E. (1969): Weinschank und Weinhandel im alten Leipzig. — Sächsische Heimatblätter, **15**, 7—14, Dresden

MÜLLER, K. (Hg.) (1930): Weinbaulexikon. — Berlin

— (1953): Geschichte des badischen Weinbaus. — 2. erw. Aufl., Lahr

MÜLLER, K. O. (1913): Die amtlichen Weinpreise des nördlichen Bodenseegebietes von 1538—1648. — Württembergische Jahrbücher für Statistik und Landeskunde, 713—727

MÜLLER-WILLE, W. (1957): Die spätmittelalterlich-frühneuzeitliche Kulturlandschaft und ihre Wandlungen. — Berichte zur deutschen Landeskunde, **192**, 187—199

MUSSET, R. (1908): La limite de la culture de la vigne dans l'ouest de la France. — Annales de Géographie, **17**, 268—270, Paris

NAUMANN, A. (1924): Der Untergang des Weinbaues. — Mitteilungen des Landesvereins für Sächsischen Heimatschutz, **13**, 193—207, Dresden

NEAGU, M. u. a. (1967): La culture de la vigne dans le monde moderne, ses objectifs, ses méthodes, ses moyens. Rapport Roumain. — Bulletin de l'O.I.V., **40**, 541—551, Paris

NEDER, E. (1895); Weinbau bei Höflitz. — Mitteilungen des Nordböhmischen Exkursions-Clubs, **18**, 74—76, Böhmisch-Leipa

NEMETH, M. (1972): Caractéristiques écologiques des cépages et des vignobles. Rapport Hongrois. — Bulletin de l'O.I.V., **45**, 25—43, Paris

NEUMANN, R. (1965): Weinbau und Weinhandel in Berlin. — Das Weinblatt, **60**, 432—434

NEUSS, E. (1955): Der Weinbau an Saale und Unstrut und sein Einfluß auf das Landschaftsbild. — In: Von Domen, Mühlen und goldenen Reitern (= Bücher für Heimatpflege 1), 177—186, Dresden

NISSLER, W. (1968): Studienfahrt durch Weinbaugebiete der Sowjetunion. — Rebe und Wein, **21**, 212—214 und 277-278

NORDHOFF, J. B. (1883): Der vormalige Weinbau in Norddeutschland. — 2. erw. Aufl., Münster

NÜBLING, E. (1893): Ulms Weinhandel im Mittelalter. — In: Ulms Handel und Gewerbe im Mittelalter, hg. v. E. Nübling, Heft 4, Ulm

ORDISH, G. (1953): Wine growing in England (= Countryman Library, 3). — London

OSSENDORF, K. (1978): Der Weinbau im Gebiet des ehemaligen Siegkreises. – Veröffentlichung des Geschichts- und Altertumsvereins für Siegburg und den Rhein-Sieg-Kreis e. V., Siegburg

OSTEN, G. (1966): Weinberge im Kreise Uelzen. – Heimatkalender für Stadt und Land Uelzen, 40–41

PAETZ, G. (1922): Grünbergs Wein und Weinbau. – In: Grünberg (= Monographien deutscher Städte, **10**), 108–130, Berlin

PAULS, E. (1885): Zur Geschichte des Weinbaues, Weinhandels und Weinverzehrs in der Aachener Gegend. – Zeitschrift des Aachener Geschichtsvereins, **7**, 179–280

PEARKES, G. (1976): Growing grapes in Britain. – 3. Aufl., London

PELIAKH, M. A. (1963): Histoire de la viticulture en U.R.S.S. – Bulletin de l'O.I.V., **36**, 1389–1405, Paris

PEYER, E. (1970): Der Weinbau in Jugoslawien, Ungarn und Rumänien. – Schweizerische Zeitschrift für Obst- und Weinbau, **106**, 138–142

PFEIFFER, C. (1924): Vom neuen Weinbau. – Mitteilungen des Landesvereins Sächsischer Heimatschutz, **13**, 209–224, Dresden

PIRENNE, H. (1933): Un grand commerce d'exportation au Moyen Age: Les Vins de France. – Annales d'Histoire Économique et Sociale, 225–243, Paris

POHLENDT, H. (1950): Die Verbreitung der mittelalterlichen Wüstungen in Deutschland. – Göttinger Geographische Abhandlungen 3

POLEK, J. (1904): Weinhandel und Weinbau in der Bukowina. – Sonderabdruck aus dem Jahrbuch des Bukowiner Landesmuseums 1903, Czernowitz

POMTOW, W. (1910): Der ostdeutsche Weinbau, seine natürlichen, wirtschaftlichen und anbautechnischen Grundlagen. – Rechts- und Staatswissenschaftliche Studien, **38**, Berlin

PORTES, L. u. RUYSSEN F. (1886–89): Traité de la vigne et de ses produits. – 3 Bde, Paris

POSCHMANN, A. (1956): Vom Wein im alten Ermland. – Unsere ermländische Heimat, **2**, 13–15, Münster

PREISS, F. (1963): Der Weinbau. – In: K. Hübl, Bauerntum und Landbau der Sudetendeutschen, 538–542, München

PRICKLER, H. (1965): Zur Geschichte des burgenländisch-westungarischen Weinhandels. – Zeitschrift für Ostforschung, **14**; 294–320, 495–529, 731–754, Marburg

PRÖSSLER, H. (1970): Weinhandel am Mittelrhein in alter Zeit. – Das Weinblatt, **65**, 730–732

PYRIKI, C. (1928): Über die Weine des sächsischen Elbtals. – Diss. Dresden

RADING, H. v. (1793): Beschreibung und Geschichte des russischen Weinbaues. – Auswahl ökonomischer Abhandlungen, welche die freie ökonomische Gesellschaft in St. Petersburg in deutscher Sprache gehalten hat, **3**, 244–262, St. Petersburg

RADLER, L. (1964): Weinbau im Schweidnitzer Land. – Archiv für schlesische Kirchengeschichte, **22**, 293–298, Hildesheim

RAUCH, M. v. (1927): Salz- und Weinhandel zwischen Bayern und Württemberg im 18. Jahrhundert. — Württembergische Vierteljahreshefte für Landesgeschichte, N. F , **33**, 208—250

RAUSCH, J. (1963): Die Geschichte des Weinbaus an der Ahr. — Schriften zur Weingeschichte **10**

REGNER, A. v. (1876): Der Weinbau in seinem ganzen Umfange, mit besonderer Berücksichtigung der Verhältnisse in Österreich-Ungarn und in Süddeutschland. — Wien, Pest und Leipzig

REHBEIN, E. u. a. (1974): Einbaum-Dampflok-Düsenklipper. Streifzug durch das deutsche Verkehrswesen in Vergangenheit, Gegenwart und Zukunft. — Leipzig

REICHARDT, A. (1960): Die Zukunft des deutschen Weinbaus in der Europäischen Wirtschaftsgemeinschaft. — Veröffentlichungen der Wirtschaftshochschule Mannheim, Reihe 1: Abhandlungen, **8**, Stuttgart

— (1967): Ein Beitrag zur Kenntnis des Großklimas in den Weinbaugebieten der EWG. — Das Weinblatt, **61**, 572—576

REICHELT, K. (1886): Beiträge zur Geschichte des älteren Weinbaus in Deutschland und in dessen Nachbarländern bis zum Jahre 1000 n. Chr. — Reutlingen

REINDL, J. (1901/02): Die ehemaligen Weinkulturen in Südbayern. — Jahresberichte der Geographischen Gesellschaft München, 87—120

— (1904): Die Weinbauinseln Nord- und Mitteldeutschlands. — Mitteilungen der Geographischen Gesellschaft in München, **1**, H. 1, 69—148

RHENANUS, D. (1905/06): Wo deutscher Wein im Mittelalter wuchs. — Der Deutsche Wein, **2**, 3—5

RICHTER, K. (1912): Der Altgubener Weinbau. — Niederlaus. Mitteilungen. Zeitschrift der Niederlausitzer Gesellschaft für Anthropologie und Altertumskunde, **11**, 274—278, Guben

RICHTER, M. (1978): Landschaftsökologische Standortanalysen zur Ermittlung des natürlichen Potentials von Weinbaubrachen am Drachenfels. — Arbeiten zur Rheinischen Landeskunde **45**

RICHTER, P. (1929): Lübbens erster Weinberg. — Lübbener Kreis-Kalender, 37—39

RIEMANN, I. (1957): Der Weinbau in drei französischen Regionen: Languedoc und Roussillon, Bordelais und Côte d'Or. — Marburger Geographische Schriften **6**

RIVALS, P. (1958): Notes sur la biologie de la vigne cultivée. Sa biogéographie en Russie et dans le continent asiatique. — Compte rendu sommaire ... de la Societé de Biogéographie, **34**, 25—31 u. 113—120, Paris

ROBIN, J. (1845): Die fremden und inländischen Weine in den deutschen Zollvereinsstaaten. — Berlin

ROCKENBACH, K. (1963a): Die Grafschaft Mark, Westfalen und der Weinbau. — Heimatblätter für Hohenlimburg und Umgebung, **24**, 145—152

— (1963b): Weineinfuhr auf der Lippe. — Heimatblätter, Beilage zum Patriot, **44**, Folge 7, 25—26; Folge 8, 31—32, Lippstadt

— (1966): Von der Besteuerung des Weinbaus und Weins in alter Zeit. — Schweizerische Zeitschrift für Obst- u. Weinbau, **102**, 641—645

— (1972): Vom Weinbau und seinen Wirtschaftszentren im alten Westfalen. — Rebe und Wein, **25**, 122—126

ROCZNIK, K. (1972): Der Wandel des Jahreszeiten-Klimas in Mitteleuropa im Zeitraum 1901—1970. — Meteorologische Rundschau, **25**, 106—109

RÖDER, J. (1953): Bodenspuren alten Weinbaus am nördlichen Mittelrhein. – Rheinische Vierteljahrsblätter, **18**, 170–193

ROHRBACH, J. (1963): Weinbau bei Paderborn in alter Zeit. – Die Warte, **24**, 178–180, Paderborn

ROMANOV, I. I. (1974): Vinogradarstvo Moldavii za 50 let (50 Jahre Weinbau in der Moldauischen SSR, in russ.). – Sadovodstvo Vinogradarstvoi i Vinodelje Moldavii, **29**, 17–20, Kishinev

RÖSCH, G. (1956): „... Erfreut das Menschenherz!". 800 Jahre Weinbau in Rothenbergen. – Heimatjahrbuch des Kreises Gelnhausen, 48–49

ROTH, C. F. (1830): Anleitung zur Anpflanzung und Behandlung des Weinstocks in den nördlichen Gegenden Deutschlands. – Lüneburg

RUDLOFF, H. v. (1967): Die Schwankungen und Pendelungen des Klimas in Europa seit dem Beginn der regelmäßigen Instrumenten-Beobachtungen (1670) (= Die Wissenschaft, **122**). – Braunschweig

RUDOLPH, M. (1929): Vom ehemaligen Weinbau in der Uckermark. – Heimatkalender für den Kreis Prenzlau, 105–112

RUPPERT, K. (1960): Die Bedeutung des Weinbaus und seiner Nachfolgekulturen für die sozialgeographische Differenzierung der Agrarlandschaft in Bayern. – Münchner Geographische Hefte **19**

SAALFELD, D. (1960): Bauernwirtschaft und Gutsbetriebe in der vorindustriellen Zeit. – Quellen und Forschungen zur Agrargeschichte **6**, Stuttgart

ŠALIMOV, S. (1973): Vyraščivanie vinograda v severnych rajonach (Weinbau in nördlichen Gebieten, in russ.). – Sadovostwo, **111**, 42–43, Moskva

SALOMON, A. (1872): Einige Notizen über den Weinbau Bessarabiens. – Annalen der Oenologie, **2**, 98–101, Heidelberg

SAENGER, W. (1957): Die bäuerliche Kulturlandschaft der Hohenloher Ebene und ihre Entwicklung seit dem 16. Jahrhundert. – Forschungen zur deutschen Landeskunde **101**

ŠATILOV, F. I. (1962): Vinograd v Orenburgskoj oblasti (Weinbau im Gebiet von Orenburg, in russ.). – Vinodelje i Vinogradarstvo SSSR, **6**, 41, Moskva

SARTORIUS, O. (1936/37): Die Lebensbedürfnisse des Weinstocks und der Weinbau. – Völkische Wissenschaft, **3**, H. 3, 78–81

SCHAEFER, H. (1976): Ist die Reblaus tot? – Deutsches Weinbaujahrbuch, 69–74

SCHAMS, F. (1832–35): Der Weinbau des Oesterreichischen Kaiserstaates in seinem ganzen Umfange oder vollständige Beschreibung sämtlicher berühmter Weingebirge der österreichischen Monarchie. – 3 Bde, Pesth

SCHANDER, J. (1965): Das Weinbaugebiet der Ahr. – Der Deutsche Weinbau, **20**, 932–934

SCHAYES, A. G. B. (1833): Sur la culture de la vigne en Belgique. – Messager des Sciences et des Arts de la Belgique, **1**, 285–294, Ghent

– (1843): Sur l'ancienne culture de la vigne en Belgique. – Messager des Sciences et des Arts de la Belgique, **11**, 390–414, Ghent

SCHEELE, N. (1961): Weinfuhrleute und -händler alter Zeit aus dem Olper Lande. – Heimatstimmen aus dem Kreise Olpe, **45**, 275–279

SCHELL, H. (1936): Klima, Witterung und Weinbau. – Wissenschaftliche Abhandlungen des Deutschen Reichsamtes für Wetterdienst, **1**, Nr. 8

SCHIELE, D. (1973): Die Entwicklung des Weinbaus an Saale und Unstrut seit 1960. – Der Neue Deutsche Obstbau, **19**, 132, Berlin
SCHLEGEL, W. (1973): Der Weinbau in der Schweiz (= Erdwissenschaftliche Forschung, hg. v. C. Troll, **VI**). – Wiesbaden
SCHLUMBERGER, R. (1937): Weinhandel und Weinbau im Kaiserstaat Österreich 1804–1918. – Wien-Leipzig
SCHMIDT, A. (1869): Über den böhmischen Weinbau. Ein Vortrag. – Mitteilungen des landwirtschaftlichen Clubs für Böhmen, **2**, Prag
SCHMIDT, F. (1909): Weinbau und Ratskellerwirtschaft in Cottbus. – Cottbus
SCHMIDT, G. (1909): Ein Register über den Weinhandel 1579. – Mitteilungen des Vereins für Geschichte der Deutschen in Böhmen, **47**, 94–100, Prag
– (1917): Ein Register über den Weinhandel 1579. Ein Nachtrag. – Mitteilungen des Vereins für Geschichte der Deutschen in Böhmen, **54**, 291–292, Prag
SCHMIDT, H.-C. (1965): Der Weinbau in Österreich. – Diss. Freiburg
SCHMITZ, H. (1925): Blüte und Zerfall des rheinischen Weinbaus unterhalb der Mosel. – Diss. Köln
SCHMITZ, H.-J. (1968): Faktoren der Preisbildung für Getreide und Wein in der Zeit von 800 bis 1350. – Quellen und Forschungen zur Agrargeschichte, **20**, Stuttgart
SCHNELLE, F. (1952): Klima und Witterung in ihrer Auswirkung auf die Qualität pflanzlicher Erzeugnisse. – In: Wege und Ziele der Qualitätsforschung und Güteförderung bei landwirtschaftlichen und gärtnerischen Erzeugnissen, 2. Sonderheft, Darmstadt
SCHOENE, R. (1976): Bibliographie zur Geschichte des Weines. – Mannheim
– (1978): Bibliographie zur Geschichte des Weines. Supplement 1. – Wiesbaden
SCHOPF, M. (1973): Weinbau in der DDR: Am Beispiel von Freyburg/Unstrut. – Rebe und Wein, **26**, 187–189
SCHREIBER, G. (1962): Westfälische und abendländische Weinfluren. – Beiträge zur Geschichte Dortmunds und der Grafschaft Mark, **58**, 21–41, Dortmund
SCHREIBMÜLLER, H. (1953): Heißen alle „Weinstraßen" nach dem Rebengewächs? – Jahresbericht des historischen Vereins für Mittelfranken, **73**, 48–50, Ansbach
SCHRÖDER, K. H. (1953): Weinbau und Siedlung in Württemberg. – Forschungen zur deutschen Landeskunde 73
SCHRÖER, R. (1889): Der Weinbau und die Weine Österreich-Ungarns. – Wien
SCHUBERT, G. W. (1862): Der Weinbau in der Parochie Krötzschenbroda nach Alter, Ruf und Umfang, nebst historischen Notizen über den königlich-sächsischen Weinbau überhaupt und über die Rebenkultur im Meißnischen insbesondere. – Dresden
SCHUBRING, W. (1964): Die deutschen Weinbaulandschaften. – Berichte zur deutschen Landeskunde, **32**, 292–300
SCHÜBELER, F. C. (1862): Die Kulturpflanzen Norwegens. – Christiana
SCHULTE, J. B. (1905): Kurzer Überblick über die geschichtliche Entwicklung des französischen Weinbaues vornehmlich in den letzten 50 Jahren. – Diss. Bonn
SCHURICHT, W. (1973): Der Weinbau in der UdSSR. – Der Neue Deutsche Obstbau, **19**, 127–130, Berlin

SCHÜTZE, H. (1964): Studienreise durch die ukrainischen Weinbaugebiete (= Weinblatt-Bücherei für die Berufstätigen im Weinfach, 32). — Neustadt
SCHWAPPACH, E. (1977): Zur Problematik des Steilhanges. — Deutsches Weinbaujahrbuch, 73—82
SCHWARTZ, P. (1896): Der Weinbau in der Mark Brandenburg in Vergangenheit und Gegenwart. — Berlin
SÉE, H. (1936): Französische Wirtschaftsgeschichte. — 2 Bde, Jena
SEELIGER, E. A. (1931): Zur Geschichte des Weines in Zittau. — Zittauer Geschichtsblätter, 8, 32—36
— (1932): Das Absatzgebiet des Zittauer Bieres im Mittelalter. — Zittauer Geschichtsblätter, 9, 17—24
SIEBERT, L. (1930): Der Weinbau in Westfalen. — Mindener Heimatblätter 8
SIEGLOHR, G. (1947): Der binnenwestfälische Weinhandel münsterscher Kaufleute im 16. und 17. Jahrhundert. — Diss. Münster
ŠIMÁČEK, J. (1899): Der Niedergang des böhmischen Weinbaues. — Wiener landwirtschaftliche Zeitung, 49, 591—592
SIMON, A. L. (1964): The history of wine trade in England. — 3 Bde., London (Nachdruck der 1. Aufl. von 1906—09)
SINZ, G. (1973): Die Einflußfaktoren des Verbrauchs von alkoholischen und nichtalkoholischen Getränken in der Bundesrepublik Deutschland und Westberlin. — Diss. TU Berlin
SKALWEIT, o. V. (1907): Der Obstbau in England. — Stück 15 der Berichte über Land- und Forstwirtschaft im Auslande, Berlin
SPIESS, D. F. (1913): Bemerkungen über alte thüringische Straßen, besonders die Weinstraße. — Zeitschrift des Vereins für thüringische Geschichte und Altertumskunde, N. F., 21, 510—514, Jena
STAAB, J. (1977): Qualität im Wandel der Zeiten. — Schriften zur Weingeschichte 42
STANG, F. (1962): Der Rückgang des Weinbaus im Siebengebirge. — Berichte zur deutschen Landeskunde, 28, 280—292
STEVENSON, I. (1976): Sour grapes from rich harvests — French winegrowers in revolt. — Geographical Magazine, XLVIII, H. 5, 262—264, London
STOCKLÖW, J. (1880): Der ehemalige Weinbau bei Kaaden. — Mitteilungen des Vereins für Geschichte der Deutschen in Böhmen, 18, 233—235, Prag
STROMBECK, H. v. (1870): Einige Bemerkungen über den Weinbau im nördlichen Deutschland. — Zeitschrift des Harz-Vereins für Geschichte und Alterthumskunde, 3, 361—370, Wernigerode
SVOBODA, H. (1930): Die Klosterwirtschaft der Cistercienser in Ostdeutschland (= Nürnberger Beiträge zu den Wirtschaftswissenschaften 19/20). — Nürnberg
SZAFER, W. (1966): The Vegetation of Poland. — Warszawa

TELEKI, S. (1937): Weinbau und Weinwirtschaft in Ungarn. — Berlin
TERNES, C.-M. (1975): Die Römer an Rhein und Mosel. — Stuttgart
THEODORESCU, I. C. (1943): Der Weinbau Rumäniens. — Bukarest
THIEM, H. (1928): Der Weinbau in Thüringen. — Thüringer Jahrbuch, 47—57
THRÄNHART, A. (1845): Der Weinbau bei Naumburg an der Saale dargestellt

nach den Beobachtungen und Erfahrungen der Naumburger Weinbau-Gesellschaft. — Naumburg
TICHY, F. (1954): An den Grenzen des Weinbaus innerhalb der Pfalz. — Mitteilungen der Pollichia, des Pfälzischen Vereins für Naturkunde und Naturschutz, III. Reihe, 2, Bad Dürkheim
TISOWSKY, K. (1957): Häcker und Bauern in den Weinbaugemeinden am Schwanberg. — Frankfurter Geographische Hefte 31
TÖPFER, H. (1909): Zur Geschichte des Weinbaus und Weinverbrauchs in Thüringen. — Sonderhausen
TREICHEL, A. (1898): Wein von Guben im Ordenslande. — Niederlausitzer Mitteilungen, 5, 451—452, Guben
TSCHIRSCH, O. (1938): Vom Brandenburger Wein. — In: O. Tschirsch, Im Schutze des Roland, 2. Aufl., 284—294, Brandenburg
TURKOVIC, Z. (1961): Betrachtungen über den Ursprung und über die Verbreitung der Rebsorten. — Die Wein-Wissenschaft, 16, 81—94
TURNOCK, D. (1974): An Economic Geography of Romania. — London

ÜBER DEN WEINBAU IN BÖHMEN (1876): Kurze Zusammenstellung der bezüglichen Verhältnisse aus Anlaß der I. Österreich. Weinprodukten-Ausstellung in Marburg. — 19 S., Prag
ULLENS, G. (1957): Weinbau in Belgien. — Deutscher Weinbaukalender, 123—125
UNCKRICH, A. (1953): Einfluß der Witterung auf den Ertrag verschiedener Rebsorten. — Landwirtschaftliches Jahrbuch für Bayern, 30, 463—501
UYTVEN, R. v. (1965): Die Bedeutung des Kölner Weinmarktes im 15. Jahrhundert. — Rheinische Vierteljahresblätter, 30, 234—252

VEITH, W. (1966): Die schlesische Weinbauterminologie in ihren ostmittel- und gesamtdeutschen Bezügen. Semantische, soziologische, historische Untersuchungen. — Diss. Marburg
VELCEA, I. (1968): The vine growing regions of Romania. — Revue Roumaine de Géologie, Géophysique et Géographie, Série de Géographie, 12, Nr. 1—2, 175—180
VINROMAN (o. J.): Viticulture and enology in Romania. — Hg. VINEXPORT, Außenhandelsunternehmen, Masch. vervielf., 15 S., Bukarest
VITAL, P. (1956): Les vieilles vignes de notre France. — Paris
VOGT, E. (1967): Weinbau. Ein Lehr- und Handbuch für Winzer und Weinbauschüler. — 4. Aufl., Stuttgart
VOGT, E. u. GÖTZ, B. (1977): Weinbau. Ein Lehr- und Handbuch für Praxis und Schule. — 5. neubearb. Aufl., Stuttgart
VOM SCHLESISCHEN WEINBAU (1940). — Das Weinblatt, 38, 183

WAGNER, A. (1940): Klimaänderungen und Klimaschwankungen (= Die Wissenschaft, 92). — Braunschweig
WAGNER, P. (1974): Wines, grape vines and climate. — Scientific American, 230, 107—115, New York
WALTER, U. (1932): Die Entwicklungsgeschichte des Werderschen Wein- und Obstbaus; — Diss. Landwirtschaftl. Hochschule Berlin
WARNECK, H. (1924): Der Weinbau Hessens im Mittelalter. — Diss. Marburg

WEBER, H. (1895): Handel mit Südweinen in Süddeutschland. – Das Bayerland, **6**, 236–238 u. 247–248
WEBER, K. v. (1872): Zur Geschichte des Weinbaues in Sachsen. – Archiv für die sächsische Geschichte, **10**, 1–38, Leipzig
WEGER, N. (1952): Die Sonnenscheindauer in Geisenheim und ihr Einfluß auf die Weingüte. – Berichte des deutschen Wetterdienstes in der US-Zone, Nr. 42, 190–194
WEHLING, H. G. (1971): Die politische Willensbildung auf dem Gebiet der Weinwirtschaft, dargestellt am Beispiel der Weingesetzgebung. – Göttinger Akademische Beiträge **40**
WEHR, V. H. (1934): Weinbau und Konjunktur. – Diss. Würzburg
WEINHOLD, R. (1965): Winzeraufzüge. Repräsentationsformen im sächsischen Weinbau vom 16. bis 19. Jahrhundert. – Deutsches Jahrbuch für Volkskunde, **11**, 192–205
– (1973): Winzerarbeit an Elbe, Saale und Unstrut. – Berlin
– (1975): Vivat Bacchus. Eine Kulturgeschichte des Weines und des Weinbaus. – Zürich
WEINTRANSPORT EINST UND JETZT (1948). – Schiffahrt und Weltverkehr, **75**, 15, Basel
WEISE, K. (1939): Weinhändler und Frachtfuhrleute in Benshausen. – Jahrbuch des Hennebergisch-Fränkischen Geschichtsvereins, **3**, 43–59, Meiningen
WEISE, O. (1894): Hopfenbau und Weinbau in der Eisenberger Gegend. – Mitteilungen des Geschichts- u. Alterthumsforschenden Vereins zu Eisenberg, **9**, 19–28
WEISE, R. (1950): Über die Rebe als Klimakriterium. – Berichte des deutschen Wetterdienstes in der US-Zone, Nr. 12, 121–124
WELTE, A. (1934): Der Weinbau des mittleren Mainlandes in seiner ehemaligen Verbreitung. – Forschungen zur Deutschen Landes- und Volkskunde **31**
WENDLING, W. (1966): Sozialbrache und Flurwüstung in der Weinbaulandschaft des Ahrtals. – Forschungen zur deutschen Landeskunde **160**
WENDTLAND, F. (1962): Der Weinkrieg zu Prenzlau. – Heimatkalender für den Kreis Prenzlau, 43–44
WERLE, O. (1975): Das Weinbaugebiet der deutsch-luxemburgischen Obermosel. – Geographische Rundschau, **27**, 277–285
– (1977): Das Weinbaugebiet der deutsch-luxemburgischen Obermosel. – Trierer Geographische Studien **2**
WERTH, E. (1931): Ursprüngliche Verbreitung und älteste Geschichte der Weinrebe. – Wein und Rebe, **13**, 29–38
WERWECKE, H. v. (1923): Comment les établissements religieux belge se procuraient-ils du vin au haut moyen âge?. – Revue belge de Philologie et d'Histoire, **2**, 643–662, Bruxelles
WIBBE, H. (1911/12): Alte Weinkulturen. – Niedersachsen, **17**, 167 u. 244
WIE DER WEINBAU NACH SCHLESIEN KAM (1950): Böttcher-, Schäffler- und Weinküferhandwerk, **3**, 79, Alfeld/Leine
WILD, J. (1976): Weinbau in der DDR. – Der Deutsche Weinbau, **31**, 1077
WILKE, K. (1903): Die geographische Verbreitung des Weinstocks. Programm der Oberrealschule zu Weissenfels, **XXXII**

WILL, O. (1939): Der Weinbau im Gebiete der Mosel, Saar und Ruwer. — Diss. Greifswald

WINKELMANN, R. (1960); Die Entwicklung des oberrheinischen Weinbaus. — Marburger Geographische Schriften **16**

WINKLER, K. (1959): Landwirtschaft und Agrarverfassung im Fürstentum Osnabrück nach dem Dreißigjährigen Krieg. — Quellen und Forschungen zur Agrargeschichte, **5**, Stuttgart

WINTER, F. (1868): Die Cistercienser des nordöstlichen Deutschlands. — 3 Bde, Gotha

WIRTH, E. (1964/65): Vom Nutzen und Nachteil eines weingeographischen Handbuchs für Weintrinker und Geographen (Besprechung von E. Hornickel, Die Spitzenweine Europas, 2. Aufl., Stuttgart 1963). — Mitteilungen der fränkischen geographischen Gesellschaft Erlangen, **11/12**, 428–437

WITT, N. (1866): Mitteilungen über russische Weine. — Zeitschrift des landwirtschaftlichen Vereins in Bayern, **56**, 215–224 u. 274–282

WOLF, J. C. (1911): Die Weinkrisis in Frankreich zu Anfang des 20. Jahrhunderts, ihre Entstehung und Lösung. — Berlin

YOUNGER, W. (1966): Gods, Men, and Wine. — London

ZAUNICK, R. (1929): Vom Meißner Weinbau. — Mitteilungen des Landesvereins Sächsischer Heimatschutz, **18**, 325–331, Dresden

ZEPP, P. (1927): Der Rückgang der rheinischen Weinkultur nordwärts von Andernach. — Verhandlungen des Naturhistorischen Vereins der Preußischen Rheinlande und Westfalens, **84**, 112–180

ZERLETT, N. (1970): Das Verschwinden des Weinbaues am Vorgebirge. — Rheinische Heimatpflege, N. F., **7**, 303–315, Düsseldorf

ZILLIEN, F. (1971): Der Weinbau im Blickfeld seiner Geschichte. — Rebe und Wein, **24**, 147–149

ZILLIG, H. (1950): Weinbau und Agrarmeteorologie. — Archiv der wissenschaftlichen Gesellschaft für Land- und Forstwirtschaft, **2**, 41–43, Freiburg

ZIMMERMANN, E. (1966): Wein und Verbraucher. — Schriften zur Weingeschichte **15**

ZIMMERMANN, M. (1922): Das Wiederaufblühen des Weinbaues im Elbtale. — Die Heimat, **2**, Nr. 12, 1, Meißen

ZUR GESCHICHTE DER REBLAUS (1924): Wein und Rebe, **6**, 261–262

ZUR GESCHICHTE DES WEIN- UND HOPFENBAUES BEI BRÜX UND OSSEGG (1961): — Teplitz-Schönauer Anzeiger, **199**, F. 43, 4–5, Marburg a. d. L.

VERZEICHNIS DER ATLANTEN UND KARTEN

AMBROSI, H. (1975): Wein-Atlas Europa. — Bielefeld
ATLAS DE FRANCE (1960): Hg. v. Comité National de Géographie, Paris
ATLAS SEL'SKOGO CHOZJAJSTVA SSSR (Landwirtschaftl. Atlas der UdSSR) (1960). — Moskva

BERTIN, J. u. a. (1971): Atlas des cultures vivrières. Atlas of Food Crops. — Paris

DEUTSCHER WEINATLAS (o. J.). — Hg. v. Stabilisierungsfond für Wein, Mainz
DIE BODENKULTUR DES DEUTSCHEN REICHES (1881), Atlas der landwirtschaftlichen Bodennutzung nach der Aufnahme im Jahre 1878. — Berlin

ENGELBRECHT, T. H. (1916): Landwirtschaftlicher Atlas des Russischen Reiches in Europa und Asien. — Berlin

HAMM, W. (1871): Weinkarte von Europa. — 2. Aufl., Jena
HELLRUNG, C. L. (1838): Atlas der Weinländer in Europa. — Magdeburg
— (1846): Karte des Weingebiets in den Zollvereinsstaaten. — Augsburg

JOHNSON, H. (1972): Der große Weinatlas. — Stuttgart

LARMAT, L. (1941—): Atlas de la France vinicole. — div. Bde, Paris

NIESSEN, J. (1926): Geschichtlicher Handatlas der Rheinprovinz. — 1. Aufl., Köln

RUBENS, F. (1875): Weinkarte von Europa. — Hannover und Leipzig

WEILAND, C. F. (1834): Weinkarte von Europa. — Weimar
WORLD ATLAS OF AGRICULTURE (1969), Bd. 1: Europe, U.S.S.R., Asia Minor. — Novara: De Agostini

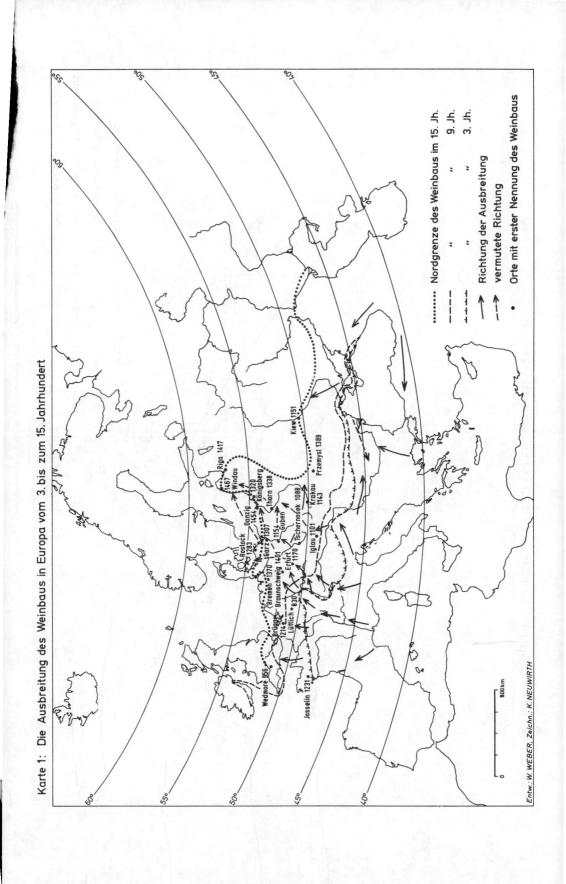

Karte 1: Die Ausbreitung des Weinbaus in Europa vom 3. bis zum 15. Jahrhundert

Karte 2: Aktuelle Nordgrenzen des europäischen Weinbaus und der europäischen Wildreben

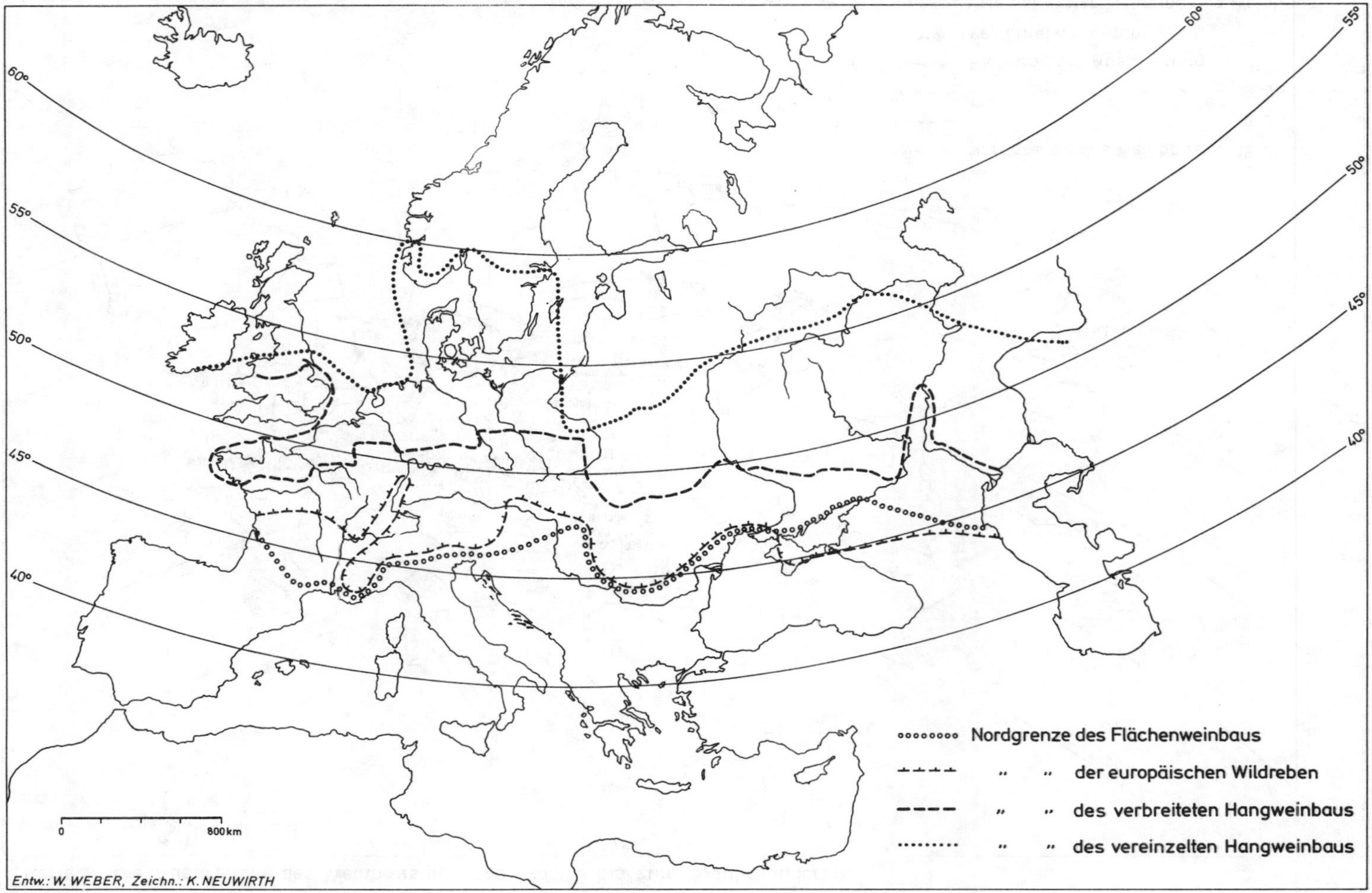

○○○○○○ Nordgrenze des Flächenweinbaus
– · – · –   „   „   der europäischen Wildreben
– – – –   „   „   des verbreiteten Hangweinbaus
········· „   „   des vereinzelten Hangweinbaus

Entw.: W. WEBER, Zeichn.: K. NEUWIRTH